D1723185

JUS PUBLICUM

Beiträge zum Öffentlichen Recht

Band 315

Armin von Weschpfennig

Strukturen des Bergrechts

Verfassungs- und verwaltungsdogmatische
Grundfragen im Lichte des Eigentums-, Umwelt-
und Ressourcenschutzes

Mohr Siebeck

Armin von Weschpfennig, geboren 1982; Studium der Rechtswissenschaft an der Rheinischen Friedrich-Wilhelms-Universität Bonn; 2007 Erste juristische Staatsprüfung; Rechtsreferendariat im OLG-Bezirk Köln; 2010 Zweite juristische Staatsprüfung; 2010–2014 Wissenschaftlicher Mitarbeiter an der Universität Bonn; 2014 Promotion; 2014–2020 Akademischer Rat a.Z. ebenda; 2020 Habilitation; 2020/21 Akademischer Oberrat a.Z. ebenda; 2021/22 Professor für Öffentliches Recht mit Schwerpunkt Planungs- und Umweltrecht an der Technischen Universität Kaiserslautern; seit Oktober 2022 Professor für Öffentliches Recht an der Helmut-Schmidt-Universität, Hamburg.

Gedruckt mit Unterstützung des Bundesministeriums des Innern und für Heimat (BMI), Berlin

ISBN 978-3-16-161770-6 / eISBN 978-3-16-161771-3
DOI 10.1628/978-3-16-161771-3

ISSN 0941-0503 / eISSN 2568-8480 (Jus Publicum)

Die Deutsche Nationalbibliothek verzeichnet diese Publikation in der Deutschen Nationalbibliographie; detaillierte bibliographische Daten sind über *http://dnb.dnb.de* abrufbar.

© 2022 Mohr Siebeck Tübingen. www.mohrsiebeck.com

Das Buch wurde von Computersatz Staiger in Rottenburg/Neckar aus der Stempel Garamond gesetzt, von Gulde Druck in Tübingen auf alterungsbeständiges Werkdruckpapier gedruckt und von der Buchbinderei Spinner in Ottersweier gebunden.

Printed in Germany.

Vorwort

Die Arbeit über Strukturen des Bergrechts wurde von der Rechts- und Staatswissenschaftlichen Fakultät der Rheinischen Friedrich-Wilhelms-Universität Bonn im Sommersemester 2020 als Habilitationsschrift angenommen. Für die vorliegende aktualisierte Fassung habe ich Gesetzgebung, Rechtsprechung und Literatur bis Sommer 2021 und vereinzelt auch später berücksichtigt.

Herzlicher Dank gebührt zuvörderst meinem akademischen Lehrer Herrn Professor Dr. Dr. Wolfgang Durner LL.M. für seine engagierte Förderung in den vergangenen Jahren, in denen er mir zugleich große Freiräume gewährt hat, seinen wertvollen Rat sowie unzählige fachlich und persönlich bereichernde Gespräche. Zudem entstammen wichtige Impulse nicht nur für meine Habilitationsschrift dem von Wolfgang Durner geleiteten Institut für das Recht der Wasser- und Entsorgungswirtschaft an der Universität Bonn. Dank gilt auch Herrn Professor Dr. Klaus Ferdinand Gärditz für die zügige Erstattung des Zweitgutachtens und seine stete Unterstützung sowie der Rechts- und Staatswissenschaftlichen Fakultät der Universität Bonn, die trotz aller Widrigkeiten im ersten „Corona-Lockdown" ein zügiges Habilitationsverfahren ermöglichte. Ebenso bin ich meinem Doktorvater Herrn Professor Dr. Wolfgang Löwer dankbar, der bereits frühzeitig meinen Wunsch nach einer wissenschaftlichen Karriere begrüßte und mich entsprechend förderte. Dem Bundesministerium des Innern und für Heimat danke ich für den gewährten Druckkostenzuschuss.

Die rechtswissenschaftliche Beschäftigung mit dem Bergrecht erfordet Einblicke in die Funktionsweise von Bergbaubetrieben sowie die Vollzugspraxis. Unter zahlreichen Personen, die mir als Gesprächspartner zur Verfügung standen oder die Besichtigung von Bergbaubetrieben ermöglichten, danke ich insbesondere Frau Dr. Bettina Keienburg, Herrn Dr. Fritz von Hammerstein sowie Frau Dr. Ruth Welsing. Verbunden bin ich darüber hinaus meinen Kolleginnen und Kollegen der vergangenen Jahre und insbesondere denjenigen am Lehrstuhl Prof. Durner für die fruchtbare Zusammenarbeit und den inspirierenden Gedankenaustausch.

Meiner Familie danke ich für ihren so wichtigen Rückhalt – aber auch für vieles unschätzbar Wertvolle mehr.

Hamburg/Bonn, im Herbst 2022   Armin von Weschpfennig

Inhaltsübersicht

Inhaltsverzeichnis

Abkürzungsverzeichnis

a.A.	anderer Ansicht
a.a.O.	am angegebenen Ort
a.F.	alte Fassung
ABBergV	Bergverordnung für alle bergbaulichen Bereiche – Allgemeine Bundesbergverordnung
ABG	Allgemeines Berggesetz für die Preußischen Staaten
ABl.	Amtsblatt der Europäischen Gemeinschaften/Union
Abs.	Absatz
Abschn.	Abschnitt
AEUV	Vertrag über die Arbeitsweise der Europäischen Union
Anm.	Anmerkung
AöR	Archiv des öffentlichen Rechts
Art.	Artikel
AtG	Gesetz über die friedliche Verwendung der Kernenergie und den Schutz gegen ihre Gefahren – Atomgesetz
Az.	Aktenzeichen
BauO BW	Landesbauordnung für Baden-Württemberg
BauO NRW	Bauordnung für das Land Nordrhein-Westfalen – Landesbauordnung
BauR	Baurecht
bayBergG	bayerisches Berggesetz
BayVBl	Bayerische Verwaltungsblätter
BB	Betriebs-Berater
BBergG	Bundesberggesetz
BBergG-E	Bundesberggesetz (Entwurf)
BImSchG	Gesetz zum Schutz vor schädlichen Umwelteinwirkungen durch Luftverunreinigungen, Geräusche, Erschütterungen und ähnliche Vorgänge – Bundes-Immissionsschutzgesetz
BBodSchG	Gesetz zum Schutz vor schädlichen Bodenveränderungen und zur Sanierung von Altlasten – Bundes-Bodenschutzgesetz
Bd.	Band
BeckOK	Beck'sche Online-Kommentare
BGB	Bürgerliches Gesetzbuch
BGBl I	Bundesgesetzblatt, Teil I
BGH	Bundesgerichtshof
BG DDR	Berggesetz der Deutschen Demokratischen Republik
BK-GG	Bonner Kommentar zum Grundgesetz
BR-Drs.	Drucksachen des Bundesrates

BSG	Bundessozialgericht
BSGE	Entscheidungen des Bundessozialgerichts
BT-Drs.	Drucksachen des Deutschen Bundestages
BVerfG	Bundesverfassungsgericht
BVerfGE	Entscheidungen des Bundesverfassungsgerichts
BVerfGK	Kammerentscheidungen des Bundesverfassungsgerichts
BVerwG	Bundesverwaltungsgericht
BVerwGE	Entscheidungen des Bundesverwaltungsgerichts
bzw.	beziehungsweise
CCS	Carbon Capture and Storage
DDR	Deutsche Demokratische Republik
ders.	derselbe
dies.	dieselbe(n)
DM	Deutsche Mark
DÖV	Die Öffentliche Verwaltung
Dtn	Deuteronomium
DVBl	Deutsches Verwaltungsblatt
EGMR	Europäischer Gerichtshof für Menschenrechte
Einl	Einleitung
EnWZ	Zeitschrift für das gesamte Recht der Energiewirtschaft
et al.	et alii
EU	Europäische Union
EuGH	(Europäischer) Gerichtshof
EuR	Europarecht
EurUP	Zeitschrift für Europäisches Umwelt- und Planungsrecht
EuZW	Europäische Zeitschrift für Wirtschaftsrecht
EWG	Europäische Wirtschaftsgemeinschaft
FAS	Frankfurter Allgemeine Sonntagszeitung
FAZ	Frankfurter Allgemeine Zeitung
FFH	Fauna Flora Habitat
FS	Festschrift
GBl DDR	Gesetzblatt der Deutschen Demokratischen Republik
Gen	Genesis
GewArch	Gewerbe Archiv
GG	Grundgesetz für die Bundesrepublik Deutschland
ggf.	gegebenenfalls
Halbs.	Halbsatz
HBO	Hessische Bauordnung
Hrsg.	Herausgeber
hrsg.	herausgegeben

i.E.	im Ergebnis/im Erscheinen
i.S.d.	im Sinne des
i.V.m.	in Verbindung mit
JURA	Juristische Ausbildung
JuS	Juristische Schulung
JZ	JuristenZeitung
KrWG	Gesetz zur Förderung der Kreislaufwirtschaft und Sicherung der umweltverträglichen Bewirtschaftung von Abfällen – Kreislaufwirtschaftsgesetz
KVBG	Gesetz zur Reduzierung und zur Beendigung der Kohleverstromung – Kohleverstromungsbeendigungsgesetz
lit.	littera
LKV	Landes- und Kommunalverwaltung
LNatSchG SH	Landesnaturschutzgesetz Schleswig Holstein
LPlG NRW	Landesplanungsgesetz Nordrhein-Westfalen
LVerfG	Landesverfassungsgericht
LVerfGE	Entscheidungen der Verfassungsgerichte der Länder
LVwVfG	Verwaltungsverfahrensgesetze der Länder (mit Vollregelung)
m.w.N.	mit weiteren Nachweisen
NABEG	Netzausbaubeschleunigungsgesetz Übertragungsnetz
NAGBNatSchG	Niedersächsisches Ausführungsgesetz zum Bundesnaturschutzgesetz
NJW	Neue Juristische Wochenschrift
NordÖR	Zeitschrift für öffentliches Recht in Norddeutschland
Nr.	Nummer
NRW	Nordrhein-Westfalen
NuR	Natur und Recht
NVwZ	Neue Zeitschrift für Verwaltungsrecht
NVwZ-RR	NVwZ-Rechtsprechungs-Report Verwaltungsrecht
NWVBl	Nordrhein-Westfälische Verwaltungsblätter
OBG NRW	Ordnungsbehördengesetz Nordrhein-Westfalen
OLG	Oberlandesgericht
OVG	Oberverwaltungsgericht
PCB	Polychlorierte Biphenyle
PrGS	Gesetz-Sammlung für die Königlichen Preußischen Staaten, Preußische Gesetzsammlung
RdE	Recht der Energiewirtschaft
RdJB	Recht der Jugend und des Bildungswesens
RG	Reichsgericht

RGBl I	Reichsgesetzblatt, Teil I
RGZ	Entscheidungen des Reichsgerichts in Zivilsachen
RL	Richtlinie
Rn.	Randnummer
ROG	Raumordnungsgesetz
S.	Seite
SächsLPlG	Gesetz zur Raumordnung und Landesplanung des Freistaates Sachsen – Landesplanungsgesetz
SH	Schleswig-Holstein
SozR	Sozialrecht
SRÜ	Seerechtsübereinkommen der Vereinten Nationen
ThürVBl	Thüringer Verwaltungsblätter
u.a.	und andere, unter anderem
UBA	Umweltbundesamt
UmwRG	Gesetz über ergänzende Vorschriften zu Rechtsbehelfen in Umweltangelegenheiten nach der EG-Richtlinie 2003/35/EG – Umwelt-Rechtsbehelfsgesetz
UN	United Nations (Vereinte Nationen)
UN-Doc.	UN-Dokument
UPR	Umwelt- und Planungsrecht
UTR	Umwelt- und Technikrecht
UVP	Umweltverträglichkeitsprüfung
UVPG	Gesetz über die Umweltverträglichkeitsprüfung
UVP-V Bergbau	Verordnung über die Umweltverträglichkeitsprüfung bergbaulicher Vorhaben
Verw	Die Verwaltung
VerwArch	Verwaltungsarchiv
VG	Verwaltungsgericht
VGH	Verwaltungsgerichtshof
vgl.	vergleiche
VO	Verordnung
Vorb.	Vorbemerkung
VVDStRL	Veröffentlichungen der Vereinigung der Deutschen Staatsrechtslehrer
VwGO	Verwaltungsgerichtsordnung
VwVfG	Verwaltungsverfahrensgesetz
W+B	Zeitschrift für Deutsches und Europäisches Wasser-, Abwasser- und Bodenschutzrecht
WHG	Gesetz zur Ordnung des Wasserhaushalts – Wasserhaushaltsgesetz
WissR	Wissenschaftsrecht
WiVerw	Wirtschaft und Verwaltung

1. Kapitel:

Grundlegung

A. Einleitung und Forschungsgegenstand

I. Zur Lage des Bergbaus in Deutschland

Der Bergbau in Deutschland befindet sich in einer historischen Umbruchphase. Nachdem bereits vor Jahrzehnten die einst bedeutsame Erzgewinnung an Bedeutung eingebüßt hatte, wurde 2018 die letzte Steinkohle in Deutschland gefördert. Damit endete zumindest dort eine jahrhundertelange Ära, die nicht nur maßgeblich die Industrielle Revolution ermöglichte und prägte, sondern auch zentrale Bedeutung in zwei Weltkriegen erlangte.[1] 2020 wurde endgültig auch der Ausstieg aus der – im Gegensatz zur Steinkohlenförderung profitablen – Braunkohlengewinnung eingeleitet, um so im Rahmen der Energiewende einen Beitrag zur globalen Klimapolitik zu leisten. Noch 2018 war Deutschland der weltgrößte Produzent für Braunkohle[2] – 2019 der zweitgrößte nach China[3]. Damit verliert die Rohstoffgewinnung im Inland erheblich an Bedeutung; es folgen komplexe Aufgaben im Rahmen der Einstellung des Bergbaus sowie mitunter dauerhaft zu bewältigende sogenannte „Ewigkeitslasten".

Gleichwohl bleibt Deutschland ein wichtiger Markt für die Gewinnung von Bodenschätzen.[4] Ein Großteil des inländischen Bedarfs an Steinen und Erden kann aus heimischen Lagerstätten gedeckt werden. Im Weltmaßstab bedeutsam ist die Gewinnung von Rohkaolin, Steinsalz sowie Kalisalz. Zahlreiche weitere Rohstoffe wie etwa Erdöl und Erdgas werden in Deutschland gewonnen, wobei der Bedarf insbesondere an Metallen, einzelnen Industriemineralien sowie – abgesehen von Braunkohle – Energierohstoffen stark importabhängig ist.

---

[1] Grundlegend *Brüggemeier*, Grubengold, 2018, der das Zeitalter der Kohle und deren Bedeutung für politische Entwicklungen beschreibt.

[2] *Bundesanstalt für Geowissenschaften und Rohstoffe (BGR)*, Deutschland – Rohstoffsituation 2018, S. 6.

[3] *Bundesanstalt für Geowissenschaften und Rohstoffe (BGR)*, Deutschland – Rohstoffsituation 2019, S. 7.

[4] Zuletzt *Bundesanstalt für Geowissenschaften und Rohstoffe (BGR)*, Deutschland – Rohstoffsituation 2019, zum Nachfolgenden insbesondere S. 6.

Die Erzgewinnung könnte künftig wieder Auftrieb erhalten. So ist bereits seit geraumer Zeit von einem neuen Berggeschrey im Erzgebirge die Rede.[5] Beispielsweise wurden dort Rechte an Lithiumlagerstätten verliehen.[6] Lithium wird für die Herstellung von Batterien benötigt, sodass im Zuge des Ausbaus der Elektromobilität der Bedarf deutlich steigen wird.

Daneben steigt das Interesse an nichtbergbaulichen Nutzungen des Untergrundes, was ebenfalls maßgeblich auf die Energiewende zurückzuführen ist. Hierzu zählen Geothermieprojekte ebenso wie die Nutzung als Speichermedium. Die derzeitige Bedeutung von Erdgas- oder Erdölspeichern könnte künftig durch Speicher für Druckluft oder Wasserstoff zunächst ergänzt und später substituiert werden.[7] Gerade letztere stehen mittlerweile zunehmend im Fokus auch des praktischen Interesses. Hinzu kommt die endgültige Ablagerung hochradioaktiver Stoffe in einem immer noch zu suchenden Endlager oder von Kohlendioxid (CCS-Technologie). Künftig verstärkte potenzielle Nutzungskonkurrenzen könnten die Folge sein.

Bergbau war und ist maßgeblicher Motor für die wirtschaftliche Entwicklung eines Landes. Die Gewinnung von Rohstoffen ist aber häufig mit erheblichen Eingriffen in den Naturhaushalt verbunden.[8] Ebenso kann die Verwendung, wie das Beispiel der Kohle zeigt, ihrerseits Umweltschäden verursachen. Lehnt man aber wirtschaftliche und gesellschaftliche Entwicklung nicht völlig ab, stellt man den derzeitigen Lebensstandard nicht grundsätzlich in Frage und will man Entwicklungsländern ebenso Entfaltungsmöglichkeiten belassen, muss man akzeptieren, dass der Rohstoffverbrauch künftig eher steigen wird. Da Substitutionen oder die Bedarfsdeckung durch Sekundärrohstoffe häufig nicht möglich sein dürften, wird die primäre Gewinnung durch Bergbau bedeutsam bleiben. Dies gilt nicht nur global betrachtet, sondern auch in Deutschland, wenn man nicht völlig auf Importe setzen will (was etwa im Bereich der Steine und Erden in aller Regel unwirtschaftlich sein dürfte[9]). Die mit dem Bergbau verbundenen Eingriffe in die Umwelt müssen dabei möglichst reduziert werden. Andererseits zeigt das Beispiel der Lithiumgewinnung, dass

---

[5] So der Titel des Beitrags vom 5. Juli 2019, https://www.saechsische.de/neues-berggeschrey-im-erzgebirge-5091132.html, zuletzt abgerufen am 9. Juli 2021; siehe bereits etwa *Nestler*, FAZ vom 16. Juni 2012, S. 22. Unter Berggeschrey versteht man den Ansturm auf Bodenschätze – vergleichbar mit dem Goldrausch in Amerika, siehe den vorgenannten Beitrag auf www.saechsische.de.

[6] *Czycholl*, FAZ vom 12. September 2019, S. V6.

[7] Vgl. dazu *Bartel/Janssen*, NuR 2016, S. 237 ff.; *Dietrich*, in: Kühne/Ehricke, Bergrecht zwischen Tradition und Moderne, 2010, S. 139 (140 ff.); *Wagner*, ZfB 160 (2019), S. 81 (85).

[8] Siehe zunächst *Uekötter*, Bergbau und Umwelt im 19. und 20. Jahrhundert, in: Tenfelde/Berger/Seidel, Geschichte des deutschen Bergbaus, Bd. 4, 2013, S. 539 ff.

[9] *Bundesanstalt für Geowissenschaften und Rohstoffe (BGR)*, Deutschland – Rohstoffsituation 2019, S. 51 zu Kiesen, Sanden und gebrochenen Natursteinen.

Bergbau gerade auch Mittel sein kann, um umweltverträglichere Technologien zu entwickeln und zu produzieren.

All diese Konflikte müssen nicht nur politisch, sondern auch rechtlich bewältigt werden. Hinzu treten weitere Nutzungsmöglichkeiten des Untergrundes. Zentrale Bedeutung hat dabei das jeweilige Bergrecht.

II. Begriff des Bergrechts und Eingrenzung der Themenstellung

Gegenstand und Reichweite des Bergrechts sind dabei keineswegs eindeutig bestimmbar. Schon der Begriff des Berg*baus* wurde über die Jahrhunderte unterschiedlich gesehen.[10] Entsprechend unterschiedlich ist auch die Reichweite des Bergrechts.[11]

Versteht man – ganz im Sinne der obigen Ausführungen – unter Bergbau „den Teil der Urproduktion, der auf den Abbau von Bodenschätzen gerichtet ist" oder „den Wirtschaftszweig, der das Suchen nach, das Erschließen, den Abbau und das Aufbereiten von Bodenschätzen umfasst",[12] liegt es nahe, die spezifisch hierauf bezogenen Vorschriften als Bergrecht zu bezeichnen. Nicht erfasst würden damit insbesondere Regelungen über die Untergrundspeicherung. Die geltenden Rechtsnormen, die den Berg(bau) im Namen tragen,[13] entsprechen dem nicht. Einerseits erfassen sie nicht alle Bodenschätze und sind damit enger ausgestaltet. Andererseits machen sie weitere Nutzungen wie etwa die Untergrundspeicherung zu ihrem Regelungsgegenstand und gehen damit über die Urproduktion hinaus.[14] Folgt man gleichwohl einem bergbaubezogenen Begriffsverständnis, würden das Bundesberggesetz und zugehörige Rechtsverordnungen nicht ausschließlich Bergrecht normieren. Zudem müssten die abgrabungsrechtlichen Regelungen der Länder hinzuzählen, die die nicht vom Bundesberggesetz erfasste bodenschatzbezogene Urproduktion normieren.[15]

Daneben tritt ein mehr normorientiertes Verständnis, das vom materiellen Regelungsgehalt der Berggesetze und zugehörigen Verordnungen ausgeht und

---

[10] Vgl. *Bartels/Klappauf*, Das Mittelalter, in: Tenfelde/Berger/Seidel, Geschichte des deutschen Bergbaus, Bd. 1, 2012, S. 111 ff.; *Vogel*, Reform unter staatlicher Aufsicht, in: Tenfelde/Berger/Seidel, Geschichte des deutschen Bergbaus, Bd. 2, 2015, S. 11 ff.

[11] Näher *Asrih*, „Das synt gemeyne bergrecht…", 2017, S. 25 ff.; ferner *Bartels/Klappauf*, Das Mittelalter, in: Tenfelde/Berger/Seidel, Geschichte des deutschen Bergbaus, Bd. 1, 2012, S. 111 (187), die auf unterschiedliche Zuordnungen der Verhüttung verweisen.

[12] *Kremer/Neuhaus gen. Wever*, Bergrecht, 2001, Rn. 2.

[13] Insbesondere das Bundesberggesetz, aber auch die hierauf basierenden Rechtsverordnungen.

[14] *Kremer/Neuhaus gen. Wever*, Bergrecht, 2001, Rn. 2.

[15] Vgl. *Kloepfer*, Umweltrecht, 4. Auflage 2016, § 11 Rn. 449; *Willecke/Turner*, Grundriß des Bergrechts, 2. Auflage 1970, S. 1.

damit insbesondere die Gewinnung von sogenannten Grundeigentümerbodenschätzen ausschließt. So besteht nach *Rudolf Klostermann* die

„Grundlage des Bergrechtes [...] also in einer Einschränkung des Grundeigenthums ver-
möge deren die Lagerstätten gewisser Mineralien der Disposition des Grundeigenthümers entzogen und als herrenlose Sachen der Occupation preisgegeben sind (*Bergbaufreiheit*)".[16]

Eduard Kremer und *Peter U. Neuhaus gen. Wever* verstehen unter Bergrecht

„die *Gesamtheit der Rechtsnormen*, die in spezifischer Weise nur für das Aufsuchen, Gewinnen und Aufbereiten von bergfreien und grundeigenen Bodenschätzen, für die Wiedernutzbarmachung der Oberfläche während und nach der Aufsuchung, Gewinnung und
Aufbereitung der genannten Bodenschätze, für die überwiegend einer der o.a. Tätigkeiten dienenden oder zu dienen bestimmten Einrichtungen sowie für die den o.g. Tätigkeiten und Einrichtungen ganz oder teilweise gesetzlich gleichgestellten Handlungen und
Einrichtungen gelten",[17]

und rezipieren damit im Kern § 2 BBergG.

Die nachfolgende Untersuchung orientiert sich im Wesentlichen am Regelungsgegenstand des Bundesberggesetzes. Möglich ist so die einheitliche Betrachtung
einer gesetzgeberischen Konzeption, die nicht nur Bergbau im Sinne der Urproduktion umfasst, sondern insbesondere auch die Untergrundspeicherung
und Geothermie. Umgekehrt ermöglicht die Fokussierung erste Einschränkungen des Untersuchungsgegenstandes. Nicht näher beleuchtet wird damit das Abgrabungsrecht der Länder, das diejenigen Bodenschätze aufgreift,
die nicht vom Bundesberggesetz erfasst werden. Gleichwohl wird die Aufspaltung in verschiedene Bodenschatztypen einer rechtlichen Würdigung unterzogen. Ausgeblendet werden auch Vorhaben betreffend den Meeresboden und den
Meeresuntergrund jenseits der Grenzen des Bereichs nationaler Hoheitsbefugnisse („Gebiet", Art. 1 Abs. 1 Nr. 1 SRÜ) sowie der in Deutschland (noch) nicht
relevante Weltraumbergbau.[18] Beides ist ebenfalls nicht Gegenstand des Bundesberggesetzes. Schließlich konzentriert sich die Untersuchung auf spezifisch
bergbaubezogene Regelungen und vertieft insbesondere nicht sonstiges materielles Recht, das für die Zulassung bergbaulicher Vorhaben relevant ist. So werden beispielsweise naturschutz- oder wasserrechtliche Anforderungen an bergbauliche Vorhaben nicht näher behandelt. Gleiches gilt für die der Zulassung
vorgelagerte Raumordnung.

---

[16] *Klostermann*, Lehrbuch des Preussischen Bergrechtes, 1871, S. 2 (Hervorh. im Original
gesperrt gedruckt).
[17] *Kremer/Neuhaus gen. Wever*, Bergrecht, 2001, Rn. 4 (Hervorh. im Original fett gedruckt).
[18] Zum Tiefseebergbau siehe die Nachweise unten in Fn. 495, S. 79 f.; zum Weltraumbergbau *Will*, ZfB 160 (2019), S. 88 ff.

Im Rahmen des so umrissenen „Berg-"rechts befasst sich die vorliegende Arbeit schwerpunktmäßig – in einem weit verstandenen Sinne – mit der Zulassung von Vorhaben, die unter das Bundesberggesetz fallen. Gegenstand ist also die Verleihung spezifischer Rechte an Bodenschätzen (Bergbauberechtigungen), die Vorhabenzulassung sowie die Einstellung des Bergbaubetriebes. Nicht behandelt wird dagegen insbesondere das Bergschadensrecht.

III. Dogmatischer Selbststand des bergrechtlichen Zulassungsregimes

Das bergrechtliche Konzessions- und Zulassungsrecht ist ein über Jahrhunderte gewachsenes System und damit durch verschiedene Staatsstrukturen und Wirtschaftssysteme geprägt. Die Regelungen müssen darüber hinaus den vielbeschworenen bergbaulichen Sachgesetzlichkeiten Rechnung tragen, um bergbauliche Vorhaben effektiv ermöglichen zu können. Rohstoffgewinnungsvorhaben sind unausweichlich an die jeweilige Lagerstätte gebunden. Sie zeichnen sich des Weiteren durch eine dynamische Betriebsweise aus; die bergbaulichen Aktivitäten schreiten sukzessive voran. Gerade unterirdischer Abbau birgt mitunter ein hohes Risiko, Schäden an der Oberfläche zu verursachen, die häufig nicht vermeidbar sein werden.[19] Hinzu kommt die Unsicherheit bergbaulicher Prognosen,[20] plakativ umschrieben mit der Bergbauweisheit „Vor der Hacke ist es duster"[21]. Schließlich zeichnen sich Bergbaubetriebe – was allerdings auch anderen Betrieben nicht unbedingt fremd ist – durch einen hohen Investitionsaufwand bei deutlich verzögertem Erreichen der Rentabilitätsschwelle aus.[22] All dies erfordert spezifische bergbauliche Regelungen, die sich in dieser Form in anderen Rechtsgebieten nicht wiederfinden.[23] So wurden bereits frühzeitig bestimmte Bodenschätze vom Grundeigentum entkoppelt, um den Zugriff unabhängig von Eigentumsverhältnissen zu ermöglichen und zu sichern. Zu erwartende Bergschäden können nur eingeschränkt abgewehrt werden. Eine dynamische Betriebsweise und Prognoseunsicherheiten

---

[19] Zu alledem BVerwG, Urteil vom 16. März 1989 – 4 C 36/85, BVerwGE 81, 329 (334); näher *Durner*, Konflikte räumlicher Planungen, 2005, S. 352 f.; *Kühne*, DVBl 2006, S. 662 f.; *Schmidt-Aßmann/Schoch*, Bergwerkseigentum und Grundeigentum im Betriebsplanverfahren, 1994, S. 66 f.

[20] OVG Brandenburg, Beschluss vom 14. Oktober 2004, 4 B 228/04, ZfB 146 (2005), S. 20 (23) unter Verweis auf BVerwG, Urteil vom 13. Dezember 1991 – 7 C 25/90, BVerwGE 89, 246 (252); vgl. *Schmidt-Aßmann/Schoch*, Bergwerkseigentum und Grundeigentum im Betriebsplanverfahren, 1994, S. 66 f. Zweifelnd an der weiterhin gleichbleibenden Bedeutung mit Blick auf heutige Technologien *Ludwig*, DVBl 2016, S. 685 (690).

[21] Siehe nur *Kremer/Neuhaus gen. Wever*, Bergrecht, 2001, Rn. 157.

[22] *Kühne*, DVBl 2006, S. 662 f.

[23] Vgl. auch den Bericht des Ausschusses für Wirtschaft, BT-Drs. 8/3965, S. 130.

erfordern ein flexibles Zulassungsinstrumentarium, das sich insbesondere in gestuften Verfahren niederschlägt.

Aber auch darüber hinaus hat sich partiell eine bergrechtliche Sonderdogmatik etabliert, die insoweit neben der Dogmatik des Verwaltungsrechts einen eigenwilligen Selbststand behauptet. So verwundert es nicht, dass dem Bergrecht zuweilen nachgesagt wird, sogar Verfassungsrecht brechen zu können.[24] So weit wird man aber jedenfalls heute nicht mehr gehen können. Richterrechtliche Korrekturen und gesetzgeberische Übernahmen haben ein im Großen und Ganzen verfassungskonformes Rechtsregime geschaffen, das zudem die nötige Flexibilität zeigt, weitreichende Verschärfungen der Umweltschutzstandards aufzunehmen. So wäre eigentlich zu erwarten gewesen, dass eine gewisse Ruhe um das Bergrecht einkehrt, nachdem das Bundesverfassungsgericht das Bundesberggesetz mit seiner *Garzweiler*-Entscheidung Ende 2013[25] im Grunde akzeptiert hat und mit dem Ende des Steinkohlenbergbaus sowie dem absehbaren Ausstieg aus der Braunkohlenförderung zentrale Konfliktträger wegfallen. Gleichwohl hat insbesondere im Anschluss an die *Garzweiler*-Entscheidung vor allem das Umweltbundesamt mehrere Forschungsvorhaben in Auftrag gegeben, die sich unter verschiedenen Schwerpunktsetzungen mit Novellierungsmöglichkeiten der Zulassungsvoraussetzungen bergbaulicher Vorhaben und hier insbesondere auch mit Änderungen des Bundesberggesetzes befassen. Daneben treten nicht auftragsgebundene rechtswissenschaftliche sowie rechtspolitische Diskussionen, die allerdings teilweise von denselben Protagonisten getragen werden.[26]

Vor diesem Hintergrund analysiert und dekonstruiert die vorliegende Untersuchung das bergrechtliche Konzessions- und Zulassungsregime einschließlich der Einstellung bergbaulicher Vorhaben insbesondere aus dem Blickwinkel der allgemeinen Verfassungs- und Verwaltungsrechtsdogmatik. Dabei nimmt sie eine grundlegend ausgerichtete Perspektive ein und beleuchtet konkrete Fragen zur Auslegung des Bundesberggesetzes[27] sowie praktische Probleme nur punktuell, soweit es der gesamtsystematischen Betrachtung dienlich ist.

---

[24] Vgl. den Hinweis bei *Stevens*, ZUR 2012, S. 338 (338 f., 347 f.), der der Aussage „Bergrecht bricht alles, sogar Verfassungsrecht!" eine Absage erteilt.

[25] BVerfG, Urteil vom 17. Dezember 2013 – 1 BvR 3139, 3386/08, BVerfGE 134, 242.

[26] Siehe beispielsweise die Nachweise unten 1. Kapitel E., S. 84 ff. Zur Übersicht der UBA-Gutachten *Umweltbundesamt* (Hrsg.), Politikempfehlungen für eine verantwortungsvolle Rohstoffversorgung Deutschlands als Beitrag zur nachhaltigen Entwicklung. Teil I – Handlungsvorschläge für eine umwelt- und ressourcenschonende Rohstoffgewinnung in Deutschland, Dezember 2020, S. 10 f., https://www.umweltbundesamt.de/sites/default/files/medien/1410/publikationen/2020_12_pp_bergrecht_bf.pdf, zuletzt abgerufen am 9. Juli 2021.

[27] Aufschluss hierzu geben u.a. mittlerweile drei umfangreiche und aktuelle Kommentierungen des Bundesberggesetzes, von denen sich zwei auch dem zulassungsrelevanten sonstigen Fachrecht widmen.

Die dogmatische Sonderrolle des Bergrechts kann im Ergebnis nicht durchgehend überzeugen. Das gilt gleichermaßen für Bevorzugungen des Bergbaus sowie für dessen Benachteiligungen. Eine konsequente Rückbesinnung auf Vorgaben des Verfassungsrechts sowie das allgemeine Verwaltungsrecht entfaltet dagegen dogmatisches Systematisierungspotential und ermöglicht so eine stärkere Rückbindung an die allgemeine Rechtsordnung. Diese Rückbindung kann zudem mancher Prämisse begegnen, die als nur vermeintliches Sonderrecht rechtspolitisch vorgetragener Kritik am Bergrecht zugrundeliegt. Näher zu beleuchten sind beispielsweise Vorschläge zur Abschaffung bzw. grundlegenden Reform des Konzessionssystems, weil sie letztlich auf einer Überbetonung der Rechtsposition der Bergbauberechtigten fußen.

Die Arbeit enthält sich allerdings weitgehend einer genuin recht*spolitischen* Bewertung der zahlreichen Reformvorschläge. Dies gilt auch, soweit unmittelbarer Reformbedarf aufgrund gesetzlicher Defizite auszumachen ist. Konkrete Vorschläge hierzu werden nicht unterbreitet. Es muss vielmehr einem etwaigen Gesetzgebungsverfahren und dem politischen und demokratischen Willensbildungsprozess überlassen bleiben, ob und wie die ausgemachten Mängel behoben werden.

IV. Zum Aufbau der Arbeit

Im Rahmen der Grundlegung in diesem Kapitel soll zunächst ein Überblick über die Entwicklung des deutschen Bergrechts gegeben werden, die nicht nur auslegungsrelevant ist, sondern unmittelbar Aufschluss über die historisch gewachsenen Funktionen des Bergrechts gibt. Das Bergrecht soll zunächst die Rohstoffgewinnung ordnen und steuern. Zunehmende Bedeutung erlangt der Ausgleich polygonaler Konflikte, wobei insbesondere der Grundsatz nachhaltiger Entwicklung und grundrechtliche Garantien relevant werden. Es folgt eine Einführung in das bergrechtliche Konzessions- und Zulassungsregime einschließlich des Anwendungsbereichs des Bundesberggesetzes sowie ein Überblick über umweltpolitisch motivierte Reformvorschläge.

Das zweite Kapitel widmet sich den Bergbauberechtigungen und deren Spannungsverhältnis zu kollidierenden Interessen. Sie sollen nach der gesetzlichen Konzeption frühzeitig ausschließliche Rechtspositionen vermitteln, ohne dass die Realisierbarkeit der Vorhaben näher geprüft wird. Ob und inwieweit hieraus problematisch starke Positionen in den nachfolgenden Zulassungsverfahren resultieren, hängt maßgeblich von der verwaltungsrechtlichen Bindungswirkung der Bergbauberechtigungen sowie von deren eigentumsverfassungsrechtlichem Schutz ab. Im Ergebnis ist eine differenzierte Auslegung geboten, die kollidierenden Interessen gleichsam Rechnung trägt, rechtspolitische Forderungen nach einer Abschaffung oder grundlegenden Umgestaltung des Berechtsamswesens marginalisiert und im Gegenteil eine Ausweitung auf sonstige Untergrundnutzungen nahelegt. Letzteres ist im dritten Kapitel (unter E. IV.) näher zu thematisieren.

Das dritte und umfangreichste Kapitel befasst sich mit der Vorhabenzulassung und der dortigen Konfliktlösung. Systematisch defizitär sind bereits die bergrechtlichen Zulassungsvoraussetzungen. Hinzu kommt die dogmatische Sonderstellung der Betriebsplanzulassung gegenüber sonstigen materiellen Planungsentscheidungen. Konzeptionell gelungen ist dagegen das System der bergrechtlichen Verfahrensstufung. Die Probleme finden sich mehr im Detail, wobei insbesondere die restriktive Rechtsprechung zu den Bindungswirkungen von Betriebsplanzulassungen problematisch ist. Gleiches gilt für die Integration der Umweltverträglichkeitsprüfung in das bergrechtliche Zulassungsverfahren. Es fügt sich zwar – trotz aller ursprünglichen Bedenken unter Verweis auf die bergbaulichen Sachgesetzlichkeiten – grundsätzlich gut in die Zulassungspraxis ein. Gesetzessystematisch sind allerdings verschiedene Mängel auszumachen, die zu konkreten Rechtsunsicherheiten führen. Angesprochen werden zudem verwaltungsrechtliche Aspekte paralleler Genehmigungen. Nur rudimentär regelt das Bundesberggesetz das sogenannte Bergnachbarrecht, Nutzungskonkurrenzen sowie die Einstellung bergbaulicher Betriebe. Die Praxis hat sich hiermit vergleichsweise gut arrangiert. Gleichwohl ist rechtspolitisch zu diskutieren, ob und inwieweit der Gesetzgeber seinen Steuerungsanspruch künftig ausbauen sollte.

Grundlegende Bemerkungen zu Steuerungspotenzialen in Bezug auf die Ressourcen- und Untergrundnutzung macht das abschließende vierte Kapitel. Dabei werden mögliche Abgrenzungsschwierigkeiten zwischen Gesamtplanung durch Raumordnung und bergrechtlicher Fachplanung aufgezeigt, soweit der Bedarf an Rohstoffen gesteuert werden soll. Kompetenziell besteht aber ein weiter Spielraum, obwohl Art. 72 Abs. 2 GG das auf Art. 74 Abs. 1 Nr. 11 GG zu stützende Bergrecht an die bundeseinheitliche Erforderlichkeit der Regelung bindet.

B. Überblick über die rechtsgeschichtliche Entwicklung des Bergrechts

Das heutige deutsche Bergrecht knüpft an eine lange Tradition an, die sich allerdings bis zu ihren Anfängen nur unvollständig rekonstruieren lässt, weil Berggewohnheitsrecht zunächst nur mündlich überliefert wurde. Insbesondere ist nicht abschließend geklärt, ob und welchen Einfluss das römische Recht auf die Entwicklung des deutschen Bergrechts hatte.[28]

---

[28] Ablehnend *Kühne*, in: Boldt/Weller/Kühne/von Mäßenhausen, BBergG, 2. Auflage

Zu den frühesten Aufzeichnungen gehören das Bergrecht von Trient von 1185, das böhmische Iglauer Bergrecht von 1249, das Goslarer Bergrecht von 1271 sowie das Freiberger Bergrecht aus dem 14. Jahrhundert.[29] Die Traditionslinien erhellen nicht nur ganz allgemein den Blick auf das heutige Rechtsregime, sondern münden gleichsam in die funktionalen Anforderungen an ein modernes Bergrecht als sektorspezifisches Recht.[30] Historisches Bergrecht hat schließlich Rückwirkungen auf die Verfassungsauslegung – namentlich von Art. 14 GG.[31]

I. Vom Mittelalter bis zum 19. Jahrhundert

So ist die Trennung einiger bedeutsamer Bodenschätze vom Grundeigentum und die damit verbundene Verleihung von Rechten an den Mineralien durch den Staat bis heute ein zentrales Prinzip, wobei das Verhältnis zwischen Grundeigentum und Bergbau nach wie vor umstritten bleibt. Die rechtshistorische Forschung geht mittlerweile wohl überwiegend davon aus, dass Bodenschätze ursprünglich dem Grundeigentum bzw. -besitz zuzurechnen waren. Auf dem Reichstag von Roncaglia im Jahre 1158 reklamierte Kaiser Friedrich Barbarossa – zunächst für Italien – das Bergregal als spezielles Königsrecht auf Edelmetalle und Salz. Durchgesetzt wurde es (jedenfalls später) jedoch unterhalb der Reichsebene von den jeweiligen Territorialmächten.[32] Dabei konnte es durchaus zu Konflikten mit den Grundherren kommen.[33] Die Aufsuchung und Gewinnung überließen die Landesherren in aller Regel wiederum Dritten gegen Zahlung von Abgaben (sog. Bergzehnt, der bereits im römischen Recht bekannt war[34]).[35] Das Bergregal war damit wichtige Einnahmequelle und zugleich Grundlage der obrigkeitlichen Macht.[36] Die Bergbautreibenden durften nach

---

2016, Vor § 1 Rn. 1; *Willecke*, Die deutsche Berggesetzgebung, 1977, S. 35 f.; Traditionslinien erkennend dagegen *Bartels/Klappauf*, Das Mittelalter, in: Tenfelde/Berger/Seidel, Geschichte des deutschen Bergbaus, Bd. 1, 2012, S. 111 (116); *Kraschewski*, Das Spätmittelalter, in: Tenfelde/Berger/Seidel, Geschichte des deutschen Bergbaus, Bd. 1, 2012, S. 249 (314); differenzierend *Schönbauer*, Beiträge zur Geschichte des Bergbaurechts, 1929, S. 193 ff. Näher unten 2. Kapitel C. III. 2. a), S. 183.

[29] Ausführlich *Willecke*, Die deutsche Berggesetzgebung, 1977, S. 35 ff.; ferner *Kühne*, in: Boldt/Weller/Kühne/von Mäßenhausen, BBergG, 2. Auflage 2016, Vor § 1 Rn. 1; *Lück*, Die Entwicklung des deutschen Bergrechts und der Bergbaudirektion, in: Tenfelde/Berger/Seidel, Geschichte des deutschen Bergbaus, Bd. 2, 2015, S. 111 (113).

[30] Nachfolgend unter 1. Kapitel C., S. 19 ff.

[31] Näher unten 2. Kapitel C. III. 2. a), S. 182 ff.

[32] Näher dazu unten 2. Kapitel C. III. 2. a), S. 184.

[33] *Maetschke*, ZRG GA 134 (2017), S. 141 ff., insb. S. 154 ff.; *Zycha*, Das böhmische Bergrecht des Mittelalters auf der Grundlage des Bergrechts von Iglau, Bd. 1, 1900, S. 141 f., 152 ff.

[34] Vgl. *Codex Iustiniani* 11, 7, 3.

[35] *Bartels/Klappauf*, Das Mittelalter, in: Tenfelde/Berger/Seidel, Geschichte des deutschen Bergbaus, Bd. 1, 2012, S. 111 (116, 217).

[36] *Bartels/Klappauf*, Das Mittelalter, in: Tenfelde/Berger/Seidel, Geschichte des deut-

dem Prinzip der Bergbaufreiheit gegen den Willen der Grundeigentümer bzw. -besitzer Bergbau betreiben und genossen auch im Übrigen weitreichende Privilegien.[37] Abbauberechtigungen wurden (grundsätzlich) an diejenigen verliehen, die zuerst eine Lagerstätte entdeckt hatten ((Erst)finderrecht).[38] Gleichwohl wurden Grundeigentümer bzw. -besitzer durchaus wirtschaftlich am Bergwerk beteiligt.[39] Später entwickelten sich auch Ansprüche auf Ersatz des Bergschadens,[40] was durchaus das seit jeher problematische Verhältnis zwischen Berg- und Grundeigentum[41] verdeutlicht.

Im 14. und 15. Jahrhundert lösten Bergordnungen der Landesherren das Berggewohnheitsrecht ab, die Bergregal und Bergbaufreiheit fortführten.[42] Ab

---

schen Bergbaus, Bd. 1, 2012, S. 111 (179 ff.); *Thieme*, ZRG GA 62 (1942), S. 57 (63 ff.), der überdies auch eine frühzeitige wohlfahrtsstaatliche Funktion der Regalien im Allgemeinen ins Zentrum rückt; *Turner*, Das bergbauliche Berechtsamswesen, 1966, S. 9 ff.; zu den (weiteren) Funktionen des Bergregals auch *Lück*, Die Entwicklung des deutschen Bergrechts und der Bergbaudirektion, in: Tenfelde/Berger/Seidel, Geschichte des deutschen Bergbaus, Bd. 2, 2015, S. 111 (115 ff.); allgemein *Badura*, Das Verwaltungsmonopol, 1963, S. 41 f., 51 f.

[37] Näher *Bartels/Klappauf*, Das Mittelalter, in: Tenfelde/Berger/Seidel, Geschichte des deutschen Bergbaus, Bd. 1, 2012, S. 111 (217 ff.); *Lück*, Die Entwicklung des deutschen Bergrechts und der Bergbaudirektion, in: Tenfelde/Berger/Seidel, Geschichte des deutschen Bergbaus, Bd. 2, 2015, S. 111 (112).

[38] *Bartels/Klappauf*, Das Mittelalter, in: Tenfelde/Berger/Seidel, Geschichte des deutschen Bergbaus, Bd. 1, 2012, S. 111 (217); *Lück*, Die Entwicklung des deutschen Bergrechts und der Bergbaudirektion, in: Tenfelde/Berger/Seidel, Geschichte des deutschen Bergbaus, Bd. 2, 2015, S. 111 (118); *Willecke*, Die deutsche Berggesetzgebung, 1977, S. 24 ff.; *Zycha*, Das böhmische Bergrecht des Mittelalters auf der Grundlage des Bergrechts von Iglau, Bd. 1, 1900, S. 192 f. Begrifflich wird allerdings unterschiedlich beurteilt, ob Bergbaufreiheit tatsächlich nur auf das Verhältnis zum Grundeigentum bezogen war, vgl. *Klostermann*, Lehrbuch des Preussischen Bergrechtes, 1871, S. 2; *Lück*, a.a.O., oder sich auch gegen den Regalinhaber im Sinne eines Verleihungsrechts des Finders richtete, *Willecke*, a.a.O.; *Willecke/Turner*, Grundriß des Bergrechts, 2. Auflage 1970, S. 12 f.; vgl. auch *Arndt*, Zur Geschichte und Theorie des Bergregals und der Bergbaufreiheit, 2. Auflage 1916, S. 55 f.; *Maetschke*, Ursprünge der Zwangskartellgesetzgebung, 2008, S. 98. Ebenso umstritten ist das Verhältnis der Bergbaufreiheit und des Bergregals zueinander, dazu *Willecke*, a.a.O., S. 16 ff., 24 ff. m.w.N.

[39] *Asrih*, „Das synt gemeyne bergrecht…", 2017, S. 48; *Bartels/Klappauf*, Das Mittelalter, in: Tenfelde/Berger/Seidel, Geschichte des deutschen Bergbaus, Bd. 1, 2012, S. 111 (116, 181 f., 188); *Kühne*, UTR 9 (1989), S. 165 (167 f.); *Maetschke*, ZRG GA 134 (2017), S. 141 (155); *Willecke*, Die deutsche Berggesetzgebung, 1977, S. 44, 51; *Zycha*, Das böhmische Bergrecht des Mittelalters auf der Grundlage des Bergrechts von Iglau, Bd. 1, 1900, S. 146, 152 ff., 167, 178 ff., insb. 188 ff., ferner S. 157 ff., der im Übrigen auf eine nicht geringe Machtposition der Grundeigentümer verweist.

[40] *Willecke*, Die deutsche Berggesetzgebung, 1977, S. 64; *Zycha*, Das böhmische Bergrecht des Mittelalters auf der Grundlage des Bergrechts von Iglau, Bd. 1, 1900, S. 191 f.; zurückhaltender *Kühne*, UTR 9 (1989), S. 165 (167 f.); *Westhoff*, Bergbau und Grundbesitz, 1. Band. Der Bergschaden, 1904, S. 1 ff.

[41] *T. Linke*, EurUP 2016, S. 199 f., dort zur Entstehungsgeschichte des Allgemeinen Berggesetzes.

[42] Näher *Kühne*, in: Boldt/Weller/Kühne/von Mäßenhausen, BBergG, 2. Auflage 2016, Vor § 1 Rn. 2 ff.

Mitte des 15. Jahrhunderts setzte sich – zunächst in Sachsen – allmählich das absolutistisch und wirtschaftlich nach merkantilistischen bzw. kameralistischen Grundsätzen geprägte Direktionsprinzip durch. Bergbau wurde nicht mehr nur als Einnahmequelle betrachtet, sondern gleichzeitig als wirtschaftliche Grundlage der Territorialstaaten. Die Landesherren schufen mit den Bergämtern eine Verwaltungsorganisation mit geschulten Beamten, denen die technische und wirtschaftliche Leitung der Bergwerksbetriebe oblag und die teils systematisch an den Gruben beteiligt waren. Private Besitzer wurden damit entsprechend ihrer Anteile (Kuxe) im Wesentlichen auf die Funktion der Geldgeber (Zubuße) sowie die Partizipation an der Ausbeute beschränkt.[43] (Vorläufig) abgeschlossen wurde die Ausbildung des Direktionsprinzips in Sachsen mit der einflussreichen Annaberger Bergordnung von 1509.[44]

Mit Blick auf die territorialwirtschaftliche Bedeutung der Bodenschätze sind schließlich Bestrebungen erwähnenswert, die zunehmend bedeutsamen Steinkohlenvorkommen unter das Regalrecht zu stellen und das Direktionsprinzip sachlich entsprechend auszuweiten. Sie wurden allerdings teils von erheblichem Widerstand begleitet und Streitigkeiten mitunter gerichtlich ausgetragen.[45]

II. Das allgemeine Berggesetz für die preußischen Staaten 1865

*Un*mittelbar prägend für das heutige Bundesberggesetz war maßgeblich das preußische Bergrecht. Nachdem mit dem Allgemeinen Landrecht für die Preußischen Staaten von 1794 auch ein gegenüber den Bergordnungen subsidiäres – ebenfalls vom Gedanken des Direktionsprinzips geprägtes[46] – Bergrecht geschaffen worden war,[47] setzte sich im 19. Jahrhundert allmählich der

---

[43] Näher *Fessner/Bartels*, Von der Krise am Ende des 16. Jahrhunderts bis zum Zeitalter des Merkantilismus, in: Tenfelde/Berger/Seidel, Geschichte des deutschen Bergbaus, Bd. 1, 2012, S. 453 (468 ff., 476 ff.); *Kraschewski*, Das Spätmittelalter, in: Tenfelde/Berger/Seidel, Geschichte des deutschen Bergbaus, Bd. 1, 2012, S. 249 (306 ff.); vgl. allgemein *Badura*, Das Verwaltungsmonopol, 1963, S. 59, 64 ff.

[44] *Bingener/Bartels/Fessner*, Die große Zeit des Silbers, in: Tenfelde/Berger/Seidel, Geschichte des deutschen Bergbaus, Bd. 1, 2012, S. 317 (363 f.); *Fessner/Bartels*, Von der Krise am Ende des 16. Jahrhunderts bis zum Zeitalter des Merkantilismus, in: Tenfelde/Berger/Seidel, Geschichte des deutschen Bergbaus, Bd. 1, 2012, S. 453 (480).

[45] Ausführlich *Fessner/Bartels*, Von der Krise am Ende des 16. Jahrhunderts bis zum Zeitalter des Merkantilismus, in: Tenfelde/Berger/Seidel, Geschichte des deutschen Bergbaus, Bd. 1, 2012, S. 453 (476, 555 ff.); speziell zum Direktionsprinzip *Brüggemeier*, Grubengold, 2018, S. 67 ff., dort auch mit Hinweisen auf die liberalere Praxis in Frankreich (ab 1810) und insbesondere Großbritannien; allgemein zur Diskussion im 16. bis 18. Jahrhundert *Lück*, Die Entwicklung des deutschen Bergrechts und der Bergbaudirektion, in: Tenfelde/Berger/Seidel, Geschichte des deutschen Bergbaus, Bd. 2, 2015, S. 111 (116 ff.).

[46] Dazu *Maetschke*, Ursprünge der Zwangskartellgesetzgebung, 2008, S. 91 f.

[47] *Klostermann*, Lehrbuch des Preussischen Bergrechtes, 1871, S. 27 ff., 33 f.; *Kühne*, in:

wirtschaftliche Liberalismus durch.[48] Blieben in der ersten Hälfte des 19. Jahrhunderts verschiedene Vorstöße zur Schaffung eines gemeinen preußischen Bergrechts noch erfolglos, so erfolgten später punktuelle Modernisierungen durch verschiedene Gesetze (Novellengesetzgebung). Sie bereiteten letztlich das Allgemeine Berggesetz von 1865 vor, verstärkten jedoch die Unübersichtlichkeit des Bergrechts.[49] Hervorhebenswert ist die Abschaffung des Direktionszugunsten des Inspektionsprinzips im Jahre 1860 durch das sogenannte Freizügigkeitsgesetz.[50] Eine staatlich-dirigistische Aufsicht über die Bergwerke war aber weiterhin möglich.[51] Der Industrialisierung in Deutschland und dem damit verbundenen technischen Fortschritt konnten diese Anpassungen des Bergrechts nicht hinreichend Rechnung tragen, auch wenn die dringendsten Anliegen der Bergbautreibenden bereits aufgegriffen worden waren. Defizitär blieb weiterhin etwa das Bergpolizeirecht.[52]

Im Jahre 1862 legte der hiermit beauftragte Bonner Oberbergrat (später Berghauptmann) *Hermann Brassert*[53] einen „Vorläufigen Entwurf eines Allgemeinen Berggesetzes für die Preußischen Staaten" vor.[54] Dieser wurde in der Folge – unter anderem in der 1860 von *Brassert* sowie dem damaligen Kreisrichter und Bonner Privatdozenten, späteren Professor, Abgeordneten und Minister *Heinrich (von) Achenbach* neu gegründeten und herausgegebenen Zeitschrift für Bergrecht (ZfB)[55] – eingehend diskutiert. 1865 trat das Allgemeine Berggesetz für die Preußischen Staaten (ABG) in Kraft. Es hatte maßgeblichen Einfluss auch auf andere deutsche Berggesetze[56] und war mehr als hundert Jahre maßgebliche

---

Boldt/Weller/Kühne/von Mäßenhausen, BBergG, 2. Auflage 2016, Vor § 1 Rn. 4; ausführlich zur Entstehung *Lück*, Die Entwicklung des deutschen Bergrechts und der Bergbaudirektion, in: Tenfelde/Berger/Seidel, Geschichte des deutschen Bergbaus, Bd. 2, 2015, S. 111 (178 ff.).

[48] Ausführlich zur Entwicklung des preußischen Bergrechts *Kühne*, Das deutsche Bergrecht von 1865 bis zur Gegenwart, in: Tenfelde/Berger/Seidel, Geschichte des Deutschen Bergbaus, Bd. 3, 2016, S. 495 ff.; *Lück*, Die Entwicklung des deutschen Bergrechts und der Bergbaudirektion, in: Tenfelde/Berger/Seidel, Geschichte des deutschen Bergbaus, Bd. 2, 2015, S. 111 (204 ff.).

[49] *Willecke*, Die deutsche Berggesetzgebung, 1977, S. 81 ff.

[50] PrGS 1860, S. 201.

[51] *Lück*, Die Entwicklung des deutschen Bergrechts und der Bergbaudirektion, in: Tenfelde/Berger/Seidel, Geschichte des deutschen Bergbaus, Bd. 2, 2015, S. 111 (208) unter Verweis auf das in § 1 Freizügigkeitsgesetz verankerte Nachhaltigkeitsprinzip.

[52] *Willecke*, Die deutsche Berggesetzgebung, 1977, S. 87.

[53] Zum Leben und Wirken *Boldt*, ZfB 106 (1965), S. 42 ff.; *Schmoeckel*, in: Bayer/Lingelbach, 100 Jahre Wirtschaftsrecht, 2015, S. 145 (147 ff.)

[54] Vorläufiger Entwurf eines Allgemeinen Berggesetzes für die Preussischen Staaten. Nebst Motiven. Redigirt im Ministerium für Handel, Gewerbe und öffentliche Arbeiten, 1862; vgl. auch *Brassert*, ZfB 3 (1862), S. 331 ff.

[55] Siehe hierzu den Überblick über 160 Jahre ZfB von *Mann*, ZfB 160 (2019), S. 253 ff.

[56] *Kühne*, in: Boldt/Weller/Kühne/von Mäßenhausen, BBergG, 2. Auflage 2016, Vor § 1 Rn. 9; *Lück*, Die Entwicklung des deutschen Bergrechts und der Bergbaudirektion, in: Tenfelde/Berger/Seidel, Geschichte des deutschen Bergbaus, Bd. 2, 2015, S. 111 (216). Anders hin-

Rechtsgrundlage. Erstmals existierte damit ein einheitliches Berggesetz für die preußischen Staaten, welches die vorherige Rechtszersplitterung beseitigte. So verzichtete das Allgemeine Berggesetz auf das Bergregal und folgte damit dem linksrheinisch auch nach 1814 fortgeltenden[57] französischen Bergrecht,[58] das wegen seiner modernen Ausrichtung auch darüber hinaus starken Einfluss auf die deutsche Gesetzgebung hatte.[59] Volkswirtschaftlich bedeutsame Bodenschätze blieben dennoch zur Gewährleistung eines flexiblen Zugriffs weiterhin dem Verfügungsrecht des Grundeigentümers entzogen (§ 1 ABG), wobei der Katalog aktualisiert und auch später noch ergänzt wurde. Weitreichende Bergbaufreiheit (§ 3 ff. ABG) und ein Rückzug des Staates auf Aufsichts- und Ordnungsfunktionen (vgl. §§ 65 ff., 187 ff., 196 ff. ABG) gewährten den erhofften wirtschaftsliberalen Rahmen für eine flexible Entfaltung des Bergbaus. Die Bergbautreibenden genossen Schürffreiheit und hatten einen Anspruch auf Verleihung des Bergwerkseigentums, sofern sie fündig wurden. Gegenüber Grundeigentümern bestand eine verschuldensunabhängige Schadensersatzpflicht (§§ 148 ff. ABG).[60]

Die „Blüte" der „goldene[n] Zeit für Bergbau" währte aber nur etwa 30 Jahre. „Das Bergrecht und die Gesellschaft, die es hervorgebracht hatte, trugen", so *Hans Schultes* pointierte Beschreibung, „ihren Selbstzerstörungsmechanismus schon in sich".[61] Die weitreichende Bergbaufreiheit führte zu Monopolbildungen und damit verbundenen Spekulationen, die potenziell die Rohstoffversorgung selbst hätten gefährden können.[62] Mangels effektiven Betriebszwangs (vgl.

---

gegen das Allgemeine Berggesetz für das Königreich Sachsen von 1868, dazu *Kühne*, Das deutsche Bergrecht von 1865 bis zur Gegenwart, in: Tenfelde/Berger/Seidel, Geschichte des Deutschen Bergbaus, Bd. 3, 2016, S. 495 (501 f.); *Lück*, a.a.O., S. 212 ff.

[57] *Hahn*, Allgemeines Berggesetz für die Preußischen Staaten vom 24. Juni 1865. Nebst den vollständigen Materialien zur Erläuterung desselben, 1865, S. 25; *Willecke*, Die deutsche Berggesetzgebung, 1977, S. 77.

[58] Motive zu dem Entwurfe eines Allgemeinen Berggesetzes für die Preußischen Staaten, ZfB 6 (1865), S. 55 (69); näher *Achenbach*, Das gemeine deutsche Bergrecht, 1871, S. 102 ff. In Frankreich war zuvor der Widerstand gegen Vorrechte auf Bodenschätze größer als in Preußen, *Brüggemeier*, Grubengold, 2018, S. 38 ff., 65 f.

[59] *Willecke*, Die deutsche Berggesetzgebung, 1977, S. 89; vgl. auch *Hahn*, Allgemeines Berggesetz für die Preußischen Staaten vom 24. Juni 1865. Nebst den vollständigen Materialien zur Erläuterung desselben, 1865, S. 27 ff.; allgemein die Motive zu dem Entwurfe eines Allgemeinen Berggesetzes für die Preußischen Staaten, ZfB 6 (1865), S. 55 (63).

[60] Zur vorhergehenden Rechtsprechung des Preußischen Obertribunals *Kühne*, UTR 9 (1989), S. 165 (168); zur Diskussion um das wenig ausgewogene Verhältnis zwischen Berg- und Grundeigentum und zu Lösungsansätzen vor Inkrafttreten des Allgemeinen Berggesetzes vgl. die Motive zu dem Entwurfe eines Allgemeinen Berggesetzes für die Preußischen Staaten, ZfB 6 (1865), S. 55 (164); *Achenbach*, ZfB 4 (1863), S. 196 (212 ff.).

[61] *H. Schulte*, NJW 1981, S. 88.

[62] Näher siehe die Begründung zum Entwurf des folgenden Gesetzes vom 18. Juni 1907, ZfB 48 (1907), S. 181 (187 ff.); *Kühne*, Das deutsche Bergrecht von 1865 bis zur Gegenwart, in: Tenfelde/Berger/Seidel, Geschichte des Deutschen Bergbaus, Bd. 3, 2016, S. 495 (503 ff.); *Maetschke*, Ursprünge der Zwangskartellgesetzgebung, 2008, S. 180 f.; *Voelkel*, Grundzüge des Bergrechts, 2. Auflage, 1924, S. 93 ff.; *Westermann*, ZfB 106 (1975), S. 122 (127 f.).

§ 65 ABG) kam die Aufhebung des Bergwerkseigentums gemäß §§ 156 ff. ABG nicht in Betracht.[63] Nach einer gesetzlichen Mutungssperre[64] (vgl. dazu §§ 12 ff. ABG) auf Neuverleihungen vom 5. Juli 1905 (sog. „Lex Gamp")[65] wurde mit Gesetz vom 18. Juni 1907[66] der (unechte) Staatsvorbehalt[67] auf die Aufsuchung und Gewinnung von Steinkohle, Steinsalz sowie Kali-, Magnesia- und Borsalze geschaffen. Der Staat musste sich hiernach das Bergwerkseigentum erst selbst verleihen, konnte sodann aber die Ausbeutung eines Bergwerks anderen Personen übertragen (§ 2 Abs. 2, § 38b ABG). Dies war nur der Auftakt weiterer Staatsvorbehalte in Preußen,[68] während in anderen Ländern bereits zuvor Staatsvorbehalte eingeführt worden waren.[69] Rechtstechnisch besonders hervorzuheben ist hier sicherlich das Phosphoritgesetz vom 16. Oktober 1934[70], mit dem Grundeigentümerbodenschätze unter anderem wegen der Devisenlage des Reiches sowie der gestiegenen Bedeutung der Phosphoritgewinnung[71] unter (echten) Staatsvorbehalt gestellt wurden. Die hierauf gestützte preußische Erdölverordnung vom 13. Dezember 1934[72] führte dann den (echten) Staatsvorbehalt auf Erdöl ein, um der gewachsenen Bedeutung des Erdöls Rechnung zu tragen.[73] Einer gesonderten Verleihung des Bergwerkseigentums bedurfte es bei dem echten Staatsvorbehalt nicht mehr, die Ausübung konnte ebenfalls auf andere Personen übertragen werden. Damit wurden schon bald nach dem Inkrafttreten des wirtschaftsliberalen Allgemeinen Berggesetzes die zentralen Bodenschätze unter ein staatliches Konzessionssystem gestellt.[74]

Bei allen funktionellen Unterschieden gegenüber den alten Regalrechten erscheint es zu weitgehend, den Staatsvorbehalt in deutlichem Gegensatz hierzu *lediglich* als Instrument des modernen Wohlfahrtsstaats zu interpretieren.[75] Jedenfalls der echte Staatsvorbehalt knüpft an den Gedanken des Bergregals als

---

[63] Vgl. *Voelkel*, Grundzüge des Bergrechts, 2. Auflage, 1924, S. 127.

[64] Nach § 12 Abs. 1 ABG ist die Mutung das Gesuch um Verleihung des Bergwerkseigentums in einem gewissen Felde.

[65] PrGS 1905, S. 265; dazu *Maetschke*, Ursprünge der Zwangskartellgesetzgebung, 2008, S. 178 ff.

[66] PrGS 1907, S. 119; dazu *Maetschke*, Ursprünge der Zwangskartellgesetzgebung, 2008, S. 184.

[67] Gegenüber dem echten Staatsvorbehalt (dazu sogleich) bot der unechte Staatsvorbehalt eine Grundlage für Realkredite, so *Steffen*, ZfB 102 (1961), S. 310 (323, 330).

[68] Näher *Badura*, Das Verwaltungsmonopol, 1963, S. 151 ff.

[69] *Badura*, Das Verwaltungsmonopol, 1963, S. 153 ff.; *Kühne*, Das deutsche Bergrecht von 1865 bis zur Gegenwart, in: Tenfelde/Berger/Seidel, Geschichte des Deutschen Bergbaus, Bd. 3, 2016, S. 495 (506).

[70] PrGS 1934, S. 404.

[71] Entwurfsbegründung, ZfB 75 (1934), S. 245 ff.

[72] PrGS 1934, S. 463.

[73] Entwurfsbegründung, ZfB 75 (1934), S. 367 ff.

[74] Darauf zu Recht hinweisend *H. Schulte*, NJW 1981, S. 88 (89), der infolgedessen das heutige Konzessionssystem unmittelbar hieran anknüpft.

[75] So aber *Badura*, Das Verwaltungsmonopol, 1963, S. 156 f., allgemein S. 38 ff.; kritisch

*un*mittelbares und ausschließliches Verfügungsrecht des Staates an und war mit Blick auf die Aufrüstungs- und Rohstoffpolitik des Dritten Reiches nicht einmal wohlfahrtsstaatlich motiviert, sondern Teil einer autarkiebestrebten und staatsinterventionistischen Wirtschaftspolitik.[76]

III. Das Bergrecht unter dem Bundesberggesetz

Zahlreiche weitere Anpassungen des Bergrechts[77] forcierten eine letztlich kaum noch zu überblickende Rechtszersplitterung, die den praktischen Bedürfnissen nicht mehr gerecht werden konnte. Während Anstrengungen zur Schaffung eines einheitlichen deutschen Bergrechts zunächst nicht durchdringen konnten, wurden die Bemühungen nach dem vorläufigen Abschluss der Umstrukturierungen im Steinkohlenbergbau in Reaktion auf die Kohlekrise[78] forciert.[79] Nach umfangreichen Vorarbeiten ab 1970[80] – darunter ein Referentenentwurf sowie ein Regierungsentwurf, der grundsätzlichen Bedenken durch den Bundesrat ausgesetzt war – brachte die Bundesregierung 1977 erneut einen überarbeiteten Entwurf eines Bundesberggesetzes ein,[81] das 1980 verabschiedet wurde und im Kern zum 1. Januar 1982 (vgl. § 178 BBergG) in Kraft getreten ist.

Erklärtes Ziel war es, den Anforderungen im Rahmen einer modernen Wirtschaftsordnung gerecht zu werden. Neben einer Vereinheitlichung des teils privat- und teils öffentlich-rechtlich ausgestalteten Rechts über die Bergbauberechtigungen (Berechtsamswesen) – also den Rechten an den bergfreien Bodenschätzen – erkannte die Bundesregierung unter anderem die Notwendigkeit einer Neuregelung des gestattenden Betriebsplanverfahrens. Gleiches gilt für eine Modernisierung des Rechts der Bergaufsicht, der Grundabtretung (Inanspruchnahme fremden Grund und Bodens) sowie des Bergschadensrechts.[82] Dabei führt das Bundesberggesetz die wirtschaftsrechtliche Grundausrich-

---

auch *Turner*, Das bergbauliche Berechtsamswesen, 1966, S. 194 ff., der den Charakter als Finanzmonopol betont.

[76] Vgl. hierzu *Herbert*, Geschichte Deutschlands im 20. Jahrhundert, 2014, S. 341 ff.; *Kühne*, Das deutsche Bergrecht von 1865 bis zur Gegenwart, in: Tenfelde/Berger/Seidel, Geschichte des Deutschen Bergbaus, Bd. 3, 2016, S. 495 (509 f.); allgemein *Steffen*, ZfB 102 (1961), S. 310.

[77] Dazu *Kühne*, in: Boldt/Weller/Kühne/von Mäßenhausen, BBergG, 2. Auflage 2016, Vor § 1 Rn. 12 ff.; *Willecke*, Die deutsche Berggesetzgebung, 1977, passim.

[78] Dazu *Brüggemeier*, Grubengold, 2018, S. 349 ff., 377 f.; *Herbert*, Geschichte Deutschlands im 20. Jahrhundert, 2014, S. 779, 900 f.

[79] *Kühne*, Das deutsche Bergrecht von 1865 bis zur Gegenwart, in: Tenfelde/Berger/Seidel, Geschichte des Deutschen Bergbaus, Bd. 3, 2016, S. 495 (516 f., 517).

[80] Näher *Kühne*, in: Boldt/Weller/Kühne/von Mäßenhausen, BBergG, 2. Auflage 2016, Vor § 1 Rn. 26 ff.

[81] BT-Drs. 8/1315.

[82] Siehe die Entwurfsbegründung BT-Drs. 8/1315, S. 70 ff.

tung des älteren Bergrechts fort. Normativ verankert wird dies in den erklärten Zwecken des Gesetzes gemäß § 1 BBergG – der Sicherung der Rohstoffversorgung (Nr. 1),[83] der Gewährleistung der Sicherheit der Betriebe und der
Beschäftigten des Bergbaus (Nr. 2) sowie der Verstärkung der Vorsorge gegen
Gefahren, die sich aus bergbaulicher Tätigkeit ergeben und der Verbesserung
des Ausgleichs unvermeidbarer Schäden (Nr. 3). Entsprechend ausgeprägt sind
Regelungen über Rechte an den Bodenschätzen, eine effektive Rohstoffgewinnung sowie einen sicheren Betriebsablauf. Umweltrechtliche Belange werden
dagegen weitestgehend ausgeklammert und dem jeweiligen Umweltfachrecht
überlassen.[84] Gleiches gilt für die Sicherung bekannter Lagerstätten für künftige bergbauliche Nutzungen, die der Raumordnung obliegen.[85] In Bezug auf
benachbarte Rechtspositionen attestiert *Gunther Kühne* dem Gesetz „nur marginale Eingriffe in das zuvor etablierte System",[86] was sich – beginnend mit der
Moers-Kapellen-Entscheidung des Bundesverwaltungsgerichts[87] – schon bald
richterrechtlich ändern sollte. Trotz aller Modernisierung, Rechtsvereinheitlichung, einer differenzierteren Haltung gegenüber auszugleichenden Interessen
und damit verbundenen partiellen Abkehr vom wirtschaftliberalen Geist des
Allgemeinen Berggesetzes folgt das Bundesberggesetz also historisch überkommenen Grundkonzepten.[88]

1990 führte der nationale Gesetzgeber in Umsetzung europäischen Rechts[89]
spezielle bergrechtliche Pflichten zur Umweltverträglichkeitsprüfung mit Planfeststellung ein. Die damit verbundene (eingeschränkte) Konzentrationswirkung bedeutete einen teilweisen Bruch mit dem überkommenen bergrechtlichen
Zulassungsverfahren. Noch im Gesetzgebungsverfahren zum Bundesberggesetz zehn Jahre zuvor hatte der Ausschuss für Wirtschaft klargestellt, dass die
dynamische Betriebsweise im Bergbau eine dem Planfeststellungsverfahren vergleichbare Regelung ausschließe und nichts an der Parallelität von Bergrecht
und sonstigem öffentlichen Recht geändert werden solle.[90]

Besondere Herausforderungen brachte zudem die Wiedervereinigung mit
sich, die erneut eine Rechtsvereinheitlichung erforderlich machte. Umstritten
war insbesondere die Abkopplung nahezu aller wirtschaftlich verwertbaren

---

[83] 1990 ergänzt um den sparsamen und schonenden Umgang mit Grund und Boden.

[84] *Kühne*, in: Boldt/Weller/Kühne/von Mäßenhausen, BBergG, 2. Auflage 2016, Vor § 1
Rn. 48, 67; ferner BT-Drs. 8/1315, S. 67, 104.

[85] BT-Drs. 8/1315, S. 67.

[86] *Kühne*, in: FS Säcker, 2011, S. 105 (107).

[87] BVerwG, Urteil vom 16. März 1989 – 4 C 36/85, BVerwGE 81, 329.

[88] Vgl. *Kühne*, in: Boldt/Weller/Kühne/von Mäßenhausen, BBergG, 2. Auflage 2016, Vor
§ 1 Rn. 68.

[89] Richtlinie 85/337/EWG des Rates vom 27. Juni 1985 über die Umweltverträglichkeitsprüfung bei bestimmten öffentlichen und privaten Projekten, ABl. Nr. L 175 vom 5. Juli 1985,
S. 40.

[90] BT-Drs. 8/3965, S. 130.

Rohstoffe vom Grundeigentum, namentlich der für die Bauwirtschaft bedeutsamen Kiese und Sande.[91]

Im Übrigen blieb das Bundesberggesetz bis heute zumindest im Normtext erstaunlich resistent gegenüber umfangreicheren Novellierungen. Änderungen und Ergänzungen betrafen im Wesentlichen die Verordnungsebene. Gleichwohl haben sich seit dem Inkrafttreten die Anforderungen an die Vorhabenzulassung auch im Übrigen deutlich geändert. Nach der Rechtsprechung sind entgegenstehende Interessen bereits bei der bergrechtlichen Betriebsplanzulassung zu berücksichtigen.[92] Hiervon ausgehend wurde auch, wie soeben erwähnt, der Schutz der Oberflächeneigentümer richterrechtlich gestärkt. Sonstige fachrechtliche Zulassungserfordernisse werden ebenfalls nicht verdrängt, sodass entsprechende Anpassungen auch die Genehmigung und Durchführung bergbaulicher Vorhaben betreffen. Umfangreichere Bestrebungen zur Reform des Bergrechts selbst konnten dagegen bislang nicht durchdringen.

IV. Europäisches Bergrecht?

Auch wenn die Existenz der Europäischen Union mit Blick auf die Europäische Gemeinschaft für Kohle und Stahl (EGKS, sog. Montanunion) eng mit dem Bergbau verbunden ist,[93] stand doch von Beginn an der gemeinsame Markt im Fokus (vgl. § 1 EGKS-Vertrag), während *un*mittelbar abbaubezogene und damit bergrechtlich relevante europarechtliche Vorgaben bis heute die Ausnahme bleiben[94]. Erwähnenswert sind insoweit die Richtlinie 94/22/EG vom 30. Mai 1994 über die Erteilung und Nutzung von Genehmigungen zur Prospektion, Exploration und Gewinnung von Kohlenwasserstoffen,[95] die in Deutschland allerdings keiner Umsetzung mehr bedurfte,[96] sowie die Richtlinie 2006/21/EG vom 15. März 2006 über die Bewirtschaftung von Abfällen aus der mineralgewinnenden Industrie und zur Änderung der Richtlinie 2004/35/EG[97]. Die Rohstoffinitiative der Europäischen Kommission vom 4. November 2008[98] for-

---

[91] Ausführlich unten 2. Kapitel C. II. 2., S. 175 ff.

[92] BVerwG, Urteil vom 4. Juli 1986 – 4 C 31/84, BVerwGE 74, 315.

[93] Siehe hierzu *Herbert*, Geschichte Deutschlands im 20. Jahrhundert, 2014, S. 634 f.; *Obwexer*, EuZW 2002, S. 517 ff.

[94] Ausführlich *Kullmann*, mining+geo 2012, S. 851 ff.

[95] ABl. Nr. L 164 vom 30. Juni 1994, S. 3.

[96] *Kühne*, in: Boldt/Weller/Kühne/von Mäßenhausen, BBergG, 2. Auflage 2016, Vor § 1 Rn. 64; vgl. *Kullmann*, mining+geo 2012, S. 851 (856); zum Berechtsamswesen *Franke*, in: FS Kühne, 2009, S. 507 (510 f.).

[97] ABl. Nr. L 102 vom 15. März 2006, S. 15. Zur Umsetzung in nationales Recht *von Mäßenhausen*, in: Boldt/Weller/Kühne/von Mäßenhausen, BBergG, 2. Auflage 2016, § 55 Rn. 63, 71 ff. Im Geltungsbereich des Bundesberggesetzes greift insoweit § 22a ABBergV.

[98] KOM(2008) 699.

muliert zwar als eines von drei Zielen,[99] die Rahmenbedingungen so zu gestalten, „dass eine dauerhafte Versorgung mit Rohstoffen aus europäischen Quellen begünstigt wird". Gegenstand sind insbesondere eine Vereinfachung der Genehmigungsverfahren, die Erhöhung des Wissens über die Lagerstätten in der EU, Konflikte mit den Natura 2000-Richtlinien sowie die Förderung von Forschungsprojekten. Als bloße Mitteilung der Kommission hat sie allerdings keine direkte Bindungswirkung.[100] Letzteres gilt nach Art. 288 Abs. 5 AEUV auch für die Empfehlung 2014/70/EU der Kommission vom 22. Januar 2014 mit Mindestgrundsätzen für die Exploration und Förderung von Kohlenwasserstoffen (z.B. Schiefergas) durch Hochvolumen-Hydrofracking,[101] die gleichwohl in den §§ 13a f. WHG zumindest berücksichtigt wurde.[102] Im Übrigen determinieren etwa Richtlinien zur Sicherheit und zum Gesundheitsschutz der Arbeitnehmer in Bergbaubetrieben die nationale Rechtsetzung.[103] Entsprechende Vorgaben wurden unter anderem mit der Allgemeinen Bundesbergverordnung (ABBergV) umgesetzt.[104]

Neben der bereits erwähnten Einführung der Pflicht zur Umweltverträglichkeitsprüfung entfaltet das Europarecht gleichwohl zentralen Einfluss auf bergbauliche Vorhaben insbesondere über den sektoralen Umweltschutz.[105] So müssen Rohstoffgewinnungsvorhaben beispielsweise den wasserrechtlichen Anforderungen der Richtlinie 2000/60/EG vom 23. Oktober 2000 zur Schaffung eines Ordnungsrahmens für Maßnahmen der Gemeinschaft im Bereich der Wasserpolitik[106] (Wasserrahmenrichtlinie) ebenso genügen wie dem europäischen Gebiets- und Artenschutz nach der Richtlinie 92/43/EG vom 21. Mai 1992 zur Erhaltung der natürlichen Lebensräume sowie der wildlebenden Tiere und Pflanzen[107] (FFH-Richtlinie). Entsprechende Anforderun-

---

[99] KOM(2008) 699 unter 2: *Erstens*: Bezug von Rohstoffen auf dem Weltmarkt zu den gleichen Bedingungen wie die Konkurrenten der EU. *Zweitens*: Gestaltung der Rahmenbedingungen, dass eine dauerhafte Versorgung mit Rohstoffen aus europäischen Quellen begünstigt wird. *Drittens*: Erhöhung der Ressourceneffizienz, um den Rohstoffverbrauch der EU zu senken und ihre Importabhängigkeit zu mindern.

[100] Näher *von Graevenitz*, ZRP 2019, S. 75 ff.; *Thomas*, EuR 2009, S. 423 ff. Zur Umsetzung der Rohstoffinitiative siehe etwa die Mitteilung der Kommission vom 3. September 2020, COM(2020) 474 final sowie die Nachweise unten in Fn. 250, S. 40 f.

[101] ABl. Nr. L 39 vom 8. Februar 2014, S. 72.

[102] *von Weschpfennig*, in: Landmann/Rohmer, Umweltrecht, § 13a WHG Rn. 27 (Stand: Juli 2018).

[103] Richtlinie 92/91/EWG vom 3. November 1992 (ABl. Nr. L 348 vom 28. November 1992, S. 9) sowie Richtlinie 92/104/EWG (ABl. Nr. L 404 vom 31. Dezember 1992, S. 10).

[104] *Kullmann*, mining+geo 2012, S. 851 (856); vgl. *Kühne*, Das deutsche Bergrecht von 1865 bis zur Gegenwart, in: Tenfelde/Berger/Seidel, Geschichte des Deutschen Bergbaus, Bd. 3, 2016, S. 495 (529) unter Verweis auf die Gesundheitsschutz-Bergverordnung.

[105] Näher *Kullmann*, mining+geo 2012, S. 851 (858 ff.).

[106] ABl. Nr. L 327 vom 22. Dezember 2000, S. 1.

[107] ABl. Nr. L 206 vom 22. Juli 1992, S. 7.

gen werden allerdings in der Regel nicht unmittelbar im Bergrecht verankert, sondern verbleiben im nationalen Umweltfachrecht. Europäischer Arten- und Gebietsschutz wurde zuletzt öffentlichkeitswirksam im Kontext mit der Braunkohlengewinnung im Tagebau Hambach diskutiert; wasserrechtliche Neuregelungen beschränken die Gewinnung von Erdöl und Erdgas mittels der sogenannten Fracking-Technologie. Mittelbar wird die Zulassung und Durchführung bergbaulicher Maßnahmen im Ergebnis erheblich europarechtlich programmiert.

C. Funktionen des Bergrechts

Bodenschätze waren und sind unverzichtbare Grundlage für eine funktionierende Wirtschaft, gesellschaftliche Entwicklung und Wohlstand. Fasst man die historischen Entwicklungslinien bis hin zum Bundesberggesetz zusammen, kommt dem Bergrecht neben einer Ordnungsfunktion (I.) insbesondere die mit unterschiedlichen Motiven verfolgte Aufgabe zu, die Rohstoffgewinnung zu fördern. Eine bedarfsabhängige oder sogar bedarfssteuernde Begrenzung war und ist dem Bergrecht dagegen noch fremd (II.). Ein derart ausgerichtetes Regelungsregime zeigt *prima facie* nur untergeordnetes Interesse an einem über die Ordnungsfunktion hinausgehenden effektiven Ausgleich kollidierender Belange. Gleichwohl ist das Bergrecht schon aus verfassungsrechtlichen Gründen – möglicherweise aber auch darüber hinaus im Interesse einer nachhaltigen Entwicklung – hierauf auszurichten. Die Steuerungsmöglichkeiten des Bergrechts sind gleichwohl begrenzt. Zudem hat der Gesetzgeber auch im Rahmen der Vorsorge einen weiten Entscheidungsspielraum (III.).

I. Die Ordnungsfunktion des Bergrechts

Das Bergrecht erfüllte bereits früh eine ausdifferenzierte Ordnungsfunktion.

Schon im Mittelalter grenzte es verschiedene Rechtssphären voneinander ab. Bis heute[108] wird dem Grundeigentümer der Zugriff auf bestimmte Bodenschätze verwehrt, um die Rohstoffversorgung zu sichern. Die Rechtsordnung schafft damit allerdings eine Kollisionslage, die normativ zu bewältigen ist. Das hierfür sinnvollerweise zur Verfügung stehende Handlungsinstrumentarium ist allerdings umstritten. So sollen *öffentlich*-rechtliche Regelungen mitunter sogar schädlich sein, „wo die Ausübung privater Eingriffsrechte öffentlich-rechtlich konstruiert ist".[109] Diese deutliche Skepsis gegenüber dem

---

[108] Näher unten 1. Kapitel D. I. 1. b), S. 69 ff.
[109] *H. Schulte*, JZ 1984, S. 297 (300 mit Fn. 20); zu Recht ablehnend *Hoppe*, Das Span-

öffentlichen Recht als Steuerungsinstrument, verbunden mit einem Vorrang der Privatrechtsgestaltung, überzeugt nicht. Zunächst entspringt die Trennung von Grundeigentum und Bodenschätzen keinen naturrechtlichen Notwendigkeiten,[110] sondern ist staatlich gesetztes Recht. Ob derartige Konflikte öffentlich- oder privatrechtlich geordnet und ausgeglichen werden, ist jedenfalls im Ansatz zweitrangig.[111] Überdies zeigt gerade die bergrechtliche Tradition mit Blick auf die Entkopplung bestimmter Bodenschätze vom Grundeigentum, dass Bergbau nie ausschließlich Privatangelegenheit war und ist, sondern immer zugleich Betätigung im obrigkeitlichen oder staatlichen Interesse. Damit sind Aufsuchungs- und Gewinnungsvorhaben zumindest *auch* dem Gemeinwohl verpflichtet. Schon daher spricht einiges für die Zweckmäßigkeit öffentlich-rechtlicher Regelungen.

Kollisionen können zudem zwischen verschiedenen Bergbauvorhaben selbst auftreten, etwa wenn in derselben Lagerstätte unterschiedliche Rohstoffe gewonnen werden sollen. Gleiches gilt gegenüber sonstigen Nutzungen des Untergrundes wie der Speicherung von Stoffen. Denkbar ist sowohl eine Ordnung im Rahmen des Bergrechts als auch übergeordnet durch eine unterirdische Raumordnung. Das geltende Bergrecht verzichtet hier jedoch – jenseits der Gefahrenabwehr und Risikovorsorge[112] – derzeit weitgehend auf seine Ordnungsfunktion und setzt mehr auf zeitliche Prioritäten sowie kooperative Konfliktlösungsmechanismen.[113] Zudem kennt das Bundesberggesetz – anders als etwa das Bergrecht der ehemaligen DDR – keine Speicherrechte.[114] Hier schlägt sich letztlich nieder, dass die Untergrundspeicherung eben doch kein Bergbau im Sinne der Urproduktion ist,[115] sondern erst in neuerer Zeit Bedeutung erlangt hat und ins Bergrecht integriert wurde.

Bergrecht erfasste ursprünglich auch die Organisation der jeweiligen Betriebsformen, insbesondere den Zusammenschluss mehrerer Bergleute bis hin zu einer Gewerkschaft[116] oder auch die Betriebsführung durch Hüttenmeis-

---

nungsverhältnis von Bergwerkseigentum und Oberflächeneigentum im Lichte des Verfassungsrechts, 1991, S. 11 ff.; *Schmidt-Aßmann/Schoch*, Bergwerkseigentum und Grundeigentum im Betriebsplanverfahren, 1994, S. 85 f.

[110] Ausdrücklich *Voelkel*, Grundzüge des Bergrechts, 2. Auflage, 1924, S. 12 mit Fn. 1; näher unten unter 2. Kapitel C. II., S. 173 ff.

[111] Vgl. *Möllers*, Staat als Argument, 2000, S. 302 f.

[112] Dazu sogleich.

[113] Näher unten 3. Kapitel E., S. 351 ff.

[114] Siehe unten 3. Kapitel E. IV. 2., S. 362 ff.

[115] Siehe oben 1. Kapitel A. II., S. 3.

[116] Näher *Kraschewski*, Das Spätmittelalter, in: Tenfelde/Berger/Seidel, Geschichte des deutschen Bergbaus, Bd. 1, 2012, S. 249 (297 f.); *Möllenberg*, Das Mansfelder Bergrecht und seine Geschichte, 1914, S. 20 ff.; *Willecke*, Die deutsche Berggesetzgebung, 1977, S. 46 f.; *Zycha*, Das böhmische Bergrecht des Mittelalters auf der Grundlage des Bergrechts von Iglau, Bd. 1, 1900, S. 236 ff.

ter.[117] Geregelt wurde zudem die Rechtsstellung der Bergarbeiter,[118] die mit den Bruderschaften und Knappschaften bereits früh eine soziale Absicherung erfuhren.[119] Unter dem Bundesberggesetz sind gesellschaftsrechtliche Fragen[120] sowie Regelungen zur Sozialversicherung oder allgemein zur Rechtsstellung der Bergarbeiter kein Gegenstand des Bergrechts mehr.

Wesentlicher Inhalt und inhärente Aufgabe des Bergrechts war und ist dagegen die Ordnung des technischen Betriebsablaufs,[121] die bergbauspezifischen Besonderheiten und Gefahren – insbesondere bedingt durch die dynamische Betriebsweise – Rechnung tragen muss.[122] Besonders intensiv wurde die staatliche Kontrolle über den Bergbau im Rahmen des Direktionsprinzips praktiziert. Aber auch nach dessen Abschaffung überwachten Bergämter und Bergpolizei die Betriebsführung.[123] Hieran schließt das Bundesberggesetz mit einem ausdifferenzierten System gestufter präventiver Kontrolle und repressiven Reaktionsmöglichkeiten an. So kann den sogenannten bergbaulichen Sachgesetzlichkeiten Rechnung getragen werden. Hierzu zählen neben der Standortgebundenheit des Vorhabens insbesondere ein sukzessiv fortschreitender und in diesem Sinne dynamischer Abbau von Rohstoffen, der sich zudem durch eine Unsicherheit bergbaulicher Prognosen in Abhängigkeit von der Beschaffenheit der Lagerstätte auszeichnet.[124] Das Bergrecht dient damit auch der Gefahrenabwehr und Risikovorsorge, ohne dass hier die begrifflichen Details und insbesondere die Abgrenzung von Gefahr und Risiko[125] näher vertieft werden sollen.

Während die Abgrenzung verschiedener Rechtssphären maßgeblich der Sicherung der Rohstoffversorgung im Sinne der Volkswirtschaft dient und damit einen Rechtsrahmen mit wirtschaftssteuernden Elementen bereitstellt, ist der Gesetzgeber zur Gefahrenabwehr und Risikovorsorge auch ungeachtet der Frage der Zugriffslegitimation auf Bodenschätze verfassungsrechtlich verpflichtet.

---

[117] *Möllenberg*, Das Mansfelder Bergrecht und seine Geschichte, 1914, S. 17 ff.

[118] Vgl. dazu *Kraschewski*, Das Spätmittelalter, in: Tenfelde/Berger/Seidel, Geschichte des deutschen Bergbaus, Bd. 1, 2012, S. 249 (298 ff.); *Willecke*, Die deutsche Berggesetzgebung, 1977, S. 63, 85 f., 102; *Zycha*, Das böhmische Bergrecht des Mittelalters auf der Grundlage des Bergrechts von Iglau, Bd. 1, 1900, S. 296 ff.

[119] Näher *Bingener/Bartels/Fessner*, Die große Zeit des Silbers, in: Tenfelde/Berger/Seidel, Geschichte des deutschen Bergbaus, Bd. 1, 2012, S. 317 (409 ff.); *Kraschewski*, Das Spätmittelalter, in: Tenfelde/Berger/Seidel, wie vor, S. 249 (302 ff.); *Zycha*, Das böhmische Bergrecht des Mittelalters auf der Grundlage des Bergrechts von Iglau, Bd. 1, 1900, S. 307 ff.

[120] Dazu §§ 163 ff. BBergG.

[121] Siehe bereits zum mittelalterlichen Recht etwa *Asrih*, „Das synt gemeyne bergrecht…“, 2017, S. 53 f., 72 ff.; *Zycha*, Das böhmische Bergrecht des Mittelalters auf der Grundlage des Bergrechts von Iglau, Bd. 1, 1900, S. 312.

[122] BT-Drs. 8/1315, S. 67.

[123] Vgl. dazu *Willecke*, Die deutsche Berggesetzgebung, 1977, S. 87, 92 f., 102.

[124] Siehe oben 1. Kapitel A. III., S. 5.

[125] Ausführlich hierzu *Ibes*, Der Besorgnisgrundsatz im Grundwasserschutz, 2017, S. 122 ff., 131 ff.

II. Die Steuerung der Rohstoffgewinnung durch Bergrecht

Bereits im Rahmen der Ordnungsfunktion wird deutlich, dass Bergrecht mit der Entkopplung der Bodenschätze vom Grundeigentum steuernd auf den Umfang der Rohstoffgewinnung einwirkt (1.). Kehrseitig ist dem Schutz der nichtregenerativen Lagerstätten Rechnung zu tragen (2.).

1. Die Sicherung der Rohstoffversorgung

Mit unterschiedlichen Motiven diente das Bergrecht, wie der historische Überblick zeigt,[126] spätestens seit der Inanspruchnahme des Bergregals auch der aktiven Förderung der Rohstoffgewinnung.[127] Dabei haben sich die Zugriffsrechte, deren Umfang sowie die obrigkeitlichen und staatlichen Einflussnahmen über die Jahrhunderte deutlich gewandelt. Bereits unter dem Bergregal im Mittelalter herrschte Betriebszwang. Es drohte der Verlust des Abbaurechts, wenn im Bergbaubetrieb für eine bestimmte Zeit nicht gearbeitet wurde.[128] Unter dem Direktionsprinzip genossen die Bergämter weitreichenden Einfluss auf bergbauliche Tätigkeiten. Die Steigerung der Effizienz der Rohstoffausbeutung unter Vermeidung von Raubbau gewann an Bedeutung.[129]

Mit dem Allgemeinen Berggesetz wurde zwar später nach französischem Vorbild das Zuordnungsmodell des Bergregals beseitigt und gemäß der wirtschaftsliberalen Grundausrichtung – trotz der weiterhin erforderlichen Verleihung von Bergwerkseigentum durch den Staat – dem Zugriff durch den Markt überlassen. Die Beschränkung des Staates auf Aufsichts- und Ordungsfunktionen beim Abbau sollte aber schon bald Risiken für die Rohstoffversorgung mit sich bringen. Infolgedessen sicherten die Staatsvorbehalte zumindest rechtstechnisch unmittelbare Rechte an bestimmten Bodenschätzen, um so den staatlichen Einfluss zu gewährleisten und Monopole und Spekulationen zu verhindern – auch wenn die Ausbeutung der Bergwerke auf Dritte übertragen werden konnte. Volkswirtschaftlich weniger relevante Bodenschätze – also solche, die nicht in § 1 ABG genannt wurden – verblieben dagegen im Grundeigentum des Oberflächeneigentümers. Erst später wurden die unterirdische Aufsuchung

---

[126] Siehe oben 1. Kapitel B., S. 8 ff.

[127] Vgl. auch *Kühne*, RdE Sonderheft/2017, S. 38 ff. zum Bergrecht im Wandel der Wirtschaftsordnungen.

[128] *Asrih*, „Das synt gemeyne bergrecht...", 2017, S. 56; *Bartels/Klappauf*, Das Mittelalter, in: Tenfelde/Berger/Seidel, Geschichte des deutschen Bergbaus, Bd. 1, 2012, S. 111 (190); *Lück*, Die Entwicklung des deutschen Bergrechts und der Bergbaudirektion, in: Tenfelde/Berger/Seidel, wie vor, S. 111 (119).

[129] Näher *Fessner/Bartels*, Von der Krise am Ende des 16. Jahrhunderts bis zum Zeitalter des Merkantilismus, in: Tenfelde/Berger/Seidel, Geschichte des deutschen Bergbaus, Bd. 1, 2012, S. 453 (477); *Kraschewski*, Das Spätmittelalter, in: Tenfelde/Berger/Seidel, Geschichte des deutschen Bergbaus, Bd. 1, 2012, S. 249 (308 ff.).

und Gewinnung von sogenannten Grundeigentümermineralien zunächst aus Sicherheitsgründen – und damit *ordnungs*rechtlich motiviert – der Bergaufsicht unterstellt. Letzteres betraf seit 1942 auch bestimmte Grundeigentümermineralien mit besonderer kriegswirtschaftlicher Bedeutung.[130]

Mit dem Bundesberggesetz schließt der Gesetzgeber an diese überkommenen Kategorisierungen von Bodenschätzen[131] und Steuerungsinstrumente an. Etwa energiewirtschaftlich bedeutende Rohstoffe sind hiernach vom Grundeigentum entkoppelt, während andererseits die bauwirtschaftlich relevanten Kiese und Sande im Grundsatz[132] nicht einmal dem Bundesberggesetz unterfallen, der Gesetzgeber also insoweit auf einen bundesrechtlichen Steuerungsanspruch verzichtet. Zwar beansprucht der Staat für die volkswirtschaftlich bedeutsamen Bodenschätze keine eigenen Rohstoffgewinnungsrechte mehr. Sie bleiben aber zwecks flexiblen Zugriffs im Interesse der Sicherung der Rohstoffversorgung häufig vom Grundeigentum entkoppelt und werden einem Konzessionssystem unterstellt, das die bergbautechnisch sinnvolle Umsetzung des Vorhabens durch zuverlässige Bergbautreibende gewährleistet, Berechtigungen nur auf Zeit verleiht und die zeitnahe tatsächliche Durchführung des Vorhabens sichert.[133]

Damit ist das Bundesberggesetz durchaus mit dem Leitbild des Gewährleistungsverwaltungsrechts[134] vergleichbar.[135] Der Staat übernimmt die Rohstoffversorgung nicht selbst als Aufgabe der Daseinsvorsorge[136], sondern überlässt sie im Kern der „Eigenrationalität des marktwirtschaftlichen Wettbewerbs"[137], sorgt aber für eine effektive Sicherung der Gewinnung von Bodenschätzen.

---

[130] Näher *Willecke/Turner*, Grundriß des Bergrechts, 2. Auflage 1970, S. 57 f.; siehe auch unten 1. Kapitel D. I. 1. b) bb) (2), S. 74 f.

[131] Näher unten 1. Kapitel D. I. 1. b), S. 69 ff.

[132] Siehe aber § 3 Abs. 4 Nr. 1 BBergG: feuerfeste Quarze und Quarzite.

[133] Ausführlich hierzu das 2. Kapitel, S. 87 ff.

[134] Allgemein *Franzius*, Der Staat 42 (2003), S. 493 ff.; *Knauff*, Der Gewährleistungsstaat: Reform der Daseinsvorsorge, 2004, S. 59 ff.; *Schoch*, NVwZ 2008, S. 241 ff.; *Voßkuhle*, VVDStRL 62 (2003), S. 266 (304 ff.).

[135] Weniger zurückhaltend *Wörheide*, Die Bergbauberechtigungen nach dem Bundesberggesetz, 2014, S. 75 ff. Zwar wird mit Gewährleistungsverwaltung häufig der staatliche Rückzug aus der eigenen Erfüllung von Aufgaben der Daseinsvorsorge beschrieben (*Maurer/Waldhoff*, Allgemeines Verwaltungsrecht, 20. Auflage 2020, § 1 Rn. 18; ebenso *Eifert*, Grundversorgung mit Telekommunikationsleistungen im Gewährleistungsstaat, 1998, S. 18, der den Begriff des Gewährleistungsstaates prägte; ein weites Verständnis vermittelt dagegen *Schulze-Fielitz*, Grundmodi der Aufgabenwahrnehmung, in: Hoffmann-Riem/Schmidt-Aßmann/Voßkuhle, Grundlagen des Verwaltungsrechts, Bd. I, 2. Auflage 2012, § 12 Rn. 51 ff.). Die Struktur der Aufgabenerfüllung ist aber dieselbe, unabhängig davon, ob die Aufgabe übertragen oder noch nie – bzw. seit langer Zeit nicht mehr – unmittelbar wahrgenommen hat.

[136] Vgl. BVerfG, Urteil vom 17. Dezember 2013 – 1 BvR 3139, 3386/08, BVerfGE 134, 242 Rn. 207; zum Begriff *Forsthoff*, Die Verwaltung als Leistungsträger, 1938; *ders.*, Lehrbuch des Verwaltungsrechts. Allgemeiner Teil, 10. Auflage 1973, S. 368 ff.; *Maurer/Waldhoff*, Allgemeines Verwaltungsrecht, 20. Auflage 2020, § 1 Rn. 17; vgl. auch die kritische Analyse bei *Löwer*, Energieversorgung zwischen Staat, Gemeinde und Wirtschaft, 1989, S. 109 ff.

[137] *Schoch*, NVwZ 2008, S. 241 (244).

Einer weitergehenden Steuerung enthält sich das Bundesberggesetz allerdings. So richtet sich die Konzessionsverleihung im Kern nach dem Windhundprinzip.[138] Die Auswahl der Lagerstätte erfolgt durch den Antragsteller, ohne
dass die Behörde hierauf nennenswerten Einfluss hat.[139] Zudem wird der Lagerstättenschutz nur punktuell berücksichtigt.[140] Im Übrigen werden vorsorgende
Maßnahmen der Raumordnung und Landesplanung überantwortet[141] und die
Konzessionierung als gebundene Entscheidung ausgestaltet, sodass das Bundesberggesetz insgesamt nur sehr bedingt auf eine *Bewirtschaftung* knapper Ressourcen zielt.[142]

Regelungstechnisch sind selbstredend auch andere Modelle denkbar. So kann
der Staat die auszubeutenden Lagerstätten selbst festlegen und Abbaulizenzen
über Ausschreibungen oder Auktionen erteilen oder Verträge über den Abbau
abschließen.[143] Je nach Ausgestaltung genießt er dabei die Kontrolle über den
Umfang der Rohstoffgewinnung und den Ort der Lagerstätten, muss aber auch
entsprechendes Wissen generieren, um die relevanten Entscheidungen treffen
zu können.

Unmittelbar politisch steuernde Einflussnahme jenseits raumordnungsrecht-
licher[144] oder bauplanungsrechtlicher[145] Entscheidungen ist auch dem deutschen
„Bergrecht" nicht mehr fremd – freilich nicht im Interesse einer Sicherung der
Rohstoffversorgung: Im Jahre 2016 hat der Gesetzgeber mit § 13a Abs. 1 Satz 1
Nr. 1 WHG das unkonventionelle Fracking[146] untersagt,[147] nach § 13a Abs. 2

---

[138] Siehe hierzu § 14 BBergG.

[139] Siehe hierzu § 16 Abs. 2 BBergG.

[140] Bereits der Zweck des § 1 Nr. 1 BBergG nennt den Lagerstättenschutz. Siehe im Übrigen § 11 Nr. 8, 9 BBergG sowie § 55 Abs. 1 Satz 1 Nr. 4 BBergG.

[141] BT-Drs. 8/1315, S. 67.

[142] Anders *H. Schulte*, NJW 1981, 88 (89).

[143] Vgl. etwa Art. 3 RL 94/22/EG (dazu oben 1. Kapitel B. IV., S. 17); zum russischen Modell *Zaykova*, Der rechtliche Rahmen für den bergbaulichen Zugang zu den Erdöl- und Erdgaslagerstätten in der Russischen Föderation im Vergleich zum deutschen Bergrecht, 2017,
S. 12 ff., 29 f., 64 ff., 134 ff. (insb. S. 150 ff.), 213, 253 ff., dazu die Rezension von *von Weschpfennig*, ZfB 158 (2017), S. 332 f.

[144] Dazu unten 4. Kapitel A., S. 383 ff.

[145] Dazu *H. Schulte*, Raumplanung und Genehmigung bei der Bodenschätzegewinnung, 1996, S. 79 ff.; zu Darstellungen von Abgrabungsflächen in Flächennutzungsplänen
Gaentzsch, NVwZ 1998, S. 889 (893 ff.).

[146] Fracking bezeichnet eine Technologie zur Gewinnung insbesondere von Erdgas und
Erdöl, bei der die Lagerstätten durch das Einpumpen von mit Chemikalien und Stützmit-
teln versetztem Wasser aufgebrochen werden, damit der Rohstoff gefördert werden kann.
Je nach Lagerstätte wird zwischen konventionellem und unkonventionellem Fracking unterschieden. Letzteres ist in Deutschland noch nahezu unerprobt, wird aber gleichzeitig
mit größeren Gefahren insbesondere für das Grundwasser in Verbindung gebracht. Näher
zum Ganzen *von Weschpfennig*, in: Landmann/Rohmer, Umweltrecht, § 13a WHG Rn. 3 ff.
(Stand: Juli 2018).

[147] Ungeachtet der Regelung im Wasserhaushaltsgesetz handelt es sich bei dem Verbot

WHG aber bundesweit vier Erprobungsmaßnahmen für zulässig erklärt, denen die jeweiligen Landesregierungen zustimmen müssen.[148]

Der Idee eines schonenden Umgangs mit knappen Ressourcen zuwiderlaufend kann der Rohstoffsicherungszweck sogar (partiell) ausgetauscht werden, ohne das Bergrecht in seinen Grundfesten zu erschüttern: Obwohl die deutsche Steinkohlengewinnung international nicht mehr konkurrenzfähig und der Bedarf ohnehin deutlich zurückgegangen war, entschloss sich die Politik aus strukturpolitischen Gründen zu umfassenden Förder- und Subventionsmaßnahmen, die das Ende der Steinkohlenförderung in Deutschland aber nur verzögern, hingegen nicht verhindern konnten.[149]

2. Der Schutz der Lagerstätten

Im Wissen um die Endlichkeit nichtregenerativer Ressourcen müssen vorhandene Lagerstätten möglichst schonend behandelt und gleichzeitig effizient genutzt werden. Staatlich-dirigistische Konzepte wurden ersetzt durch eine staatlich überwachte marktwirtschaftliche Rohstoffgewinnung. Lagerstättenschutz wird dabei durch einen ordnungsrechtlichen Rahmen mit gesetzes- oder verordnungsrechtlich konkretisierten Anforderungen an die Rohstoffgewinnung gewährleistet. Gefahrenabwehr, Risikovorsorge und Lagerstättenschutz sind insoweit eng miteinander verzahnt.

Daneben kann zumindest ein gewisser Schutz der Lagerstätten auch durch eine übergeordnete Planung der Rohstoffgewinnung erfolgen. Umfassend diskutiert wurde in der Vergangenheit eine Steuerung der Rohstoffgewinnung durch Raumordnung,[150] die ergänzend zum bergrechtlichen Instrumentarium hinzutritt, bislang aber nur punktuell genutzt wird und im Übrigen bereits sachlich keine echte Bewirtschaftungsplanung ermöglicht. Diesbezüglich ist – zumindest vorgelagert – eher eine Bedarfsplanung im Wege der bergrechtlichen Fachplanung zu erwägen.[151] Praktische Schwierigkeiten würde hierbei allerdings die Ermittlung des zu erwartenden künftigen Bedarfs an Rohstoffen bereiten. Der Regionalplanung sind solche Prognosen allerdings schon jetzt nicht fremd, wobei mittelfristig angestrebte Gewinnungsvorhaben der Unternehmen durchaus als Grundlage dienen. Flexible Reaktionsmöglichkeiten auf konjunkturelle Schwankungen sollten dabei nicht versperrt werden.

Ein weitergehender Schutz zumindest der heimischen Lagerstätten kann erreicht werden, wenn die zulässige Förderhöchstmenge darüber hinaus regula-

---

einer bestimmten Gewinnungstechnik um Bergrecht im materiellen Sinne, siehe dazu unten Fn. 863, S. 345.

[148] Näher *von Weschpfennig*, in: Landmann/Rohmer, Umweltrecht, § 13a WHG Rn. 74 ff. (Stand: Juli 2018).

[149] Siehe die Nachweise unten in Fn. 263, S. 43.

[150] Näher unten 4. Kapitel A., S. 383 ff.

[151] Näher unten 4. Kapitel B., S. 389 f.

torisch verknappt wird. Neben der Bedarfsplanung, die sich dann freilich von ihrer namentlichen Bezeichnung entfernt, kommt – ungeachtet verfassungsrechtlicher Schwierigkeiten und rechtspolitischer Kritik[152] – ein Vorrang der Bedarfsdeckung aus Importen[153] in Betracht. Möglich und verhältnismäßig einfach umzusetzen und bei Bedarf anzupassen sind schließlich Lenkungsabgaben. Bereits im geltenden Bergrecht lassen die Regelungen zur Feldes- und Förderabgabe nach §§ 30 ff. BBergG entsprechende Steuerungsoptionen erkennen. Neben dem unmittelbaren Schutz der Lagerstätten können solche Einwirkungen auf die Verfügbarkeit heimischer Rohstoffe zudem Innovationsanreize setzen, die zu einer langfristigen Bedarfsreduzierung führen. Eine *primäre* Bedarfssteuerung über Bergrecht ist dagegen nicht möglich. So kann beispielsweise der Ausstieg aus der Kohleverstromung nicht ausgehend von Regelungen zur Braunkohlengewinnung gestaltet werden. Umgekehrt kann Bergrecht selbst bei geändertem Rohstoffbedarf nur eingeschränkt im Interesse der Erhaltung der Lagerstätten reagieren – insbesondere wenn bereits ins Werk gesetzte Vorhaben betroffen sind.[154]

III. Der Ausgleich polygonaler Konflikte

Ein wirtschaftsrechtliches, auf die Sicherung der Rohstoffversorgung ausgerichtetes Bergrecht, zu dem auch das Bundesberggesetz zu zählen ist, enthält sich in seinen konkreten materiell-rechtlichen Regelungen weitgehend der Verankerung kollidierender Belange. Im Interesse einer klaren Konturierung des gesetzlichen Regelungsumfangs ist dies nicht *per se* kritikwürdig. Ob und inwieweit eine Interessenabwägung stattfinden kann, ist maßgeblich abhängig von den Schnittstellen zu außerbergrechtlichen Vorgaben. Darüber hinaus werden flankierende Regelungsregime nicht verdrängt, sodass bergrechtliche Gestattungen zum Beispiel umweltrechtliche Zulassungserfordernisse nicht entbehrlich machen.[155]

Gleichwohl ist die Ermittlung gegenläufiger Belange mit Blick auf die bergbaulichen Sachgesetzlichkeiten[156] besonderen Schwierigkeiten ausgesetzt und kann im Detail häufig nur im laufenden Gewinnungsbetrieb erfolgen. Eine frühzeitige Berücksichtigung sämtlicher kollidierender Interessen scheint damit bereits strukturell nur bedingt möglich. So überrascht es nicht, dass das gel-

---

[152] Dazu unten 1. Kapitel C. III. 2. b) aa), S. 40 f.

[153] *Sanden/Schomerus/Schulze*, Entwicklung eines Regelungskonzepts für ein Ressourcenschutzrecht des Bundes, 2012, S. 515.

[154] Zur unter diesen Umständen allerdings wohl unzulässigen Grundabtretung siehe unten 2. Kapitel C. III. 2. b), S. 188 f.

[155] Eine andere Frage ist es, ob diese zuständigkeits- und verfahrensrechtlich konzentriert werden.

[156] Dazu oben 1. Kapitel A. III., S. 5.

tende Regelungsgefüge in vielerlei Hinsicht „eine absolute Sonderstellung im deutschen Verwaltungsrecht einnimmt".[157]

Ungeachtet des bergrechtlichen Potenzials, trotz dieser prognostischen Unsicherheiten polygonale Konflikte umfassend auszugleichen, hat ein im Kern rohstoffgewinnungsorientiertes Rechtsregime *zunächst* kein Interesse an einer umfassenden und einzelfallbezogenen Abwägung kollidierender Belange.[158] Die traditionell sehr robuste Stellung des Bergbaus gegenüber gegenläufigen Interessen brachte dem Bergrecht – wie erwähnt – sogar den Ruf ein, Verfassungsrecht brechen zu können.[159] Diese Grundausrichtung gilt im Kern auch noch für das Bundesberggesetz, wenngleich der Gesetzgeber durchaus bestehende Konflikte erkannte und im Ansatz zu lösen versuchte.[160] Seit dessen Inkrafttreten ist allerdings eine im Wesentlichen richter- sowie europarechtlich geprägte Funktionsverschiebung des Bergrechts zu beobachten.

Bevor das Bundesberggesetz näher analysiert werden soll, ist vor diesem Hintergrund zu fragen, welchen kollidierenden Belangen die Zulassung bergbaulicher Vorhaben – und flankierend sonstiger Nutzungen des Untergrundes – Rechnung tragen muss und ferner im Sinne eines modernen Bergrechts tragen sollte oder könnte. Das Interesse an der Rohstoffgewinnung (1.) wird längst ergänzt durch Aspekte der Nachhaltigkeit, die jenseits zwingender umweltrechtlicher Vorgaben allerdings mehr im Bereich des politischen Gestaltungsspielraums verbleiben (2.). Auch grundrechtliche Spannungsverhältnisse lassen hierfür genügend Raum (3.). Selbst Unsicherheiten bei der Vorhabenrealisierung verpflichten nicht zwangsläufig zu weitreichenden Vorsorgemaßnahmen, die vielmehr ihrerseits verfassungsrechtlichen Grenzen unterliegen (4.). Die so zunächst grob abgesteckten gesetzgeberischen Pflichten zum Schutz gegenläufiger Belange sowie verbleibende Gestaltungsspielräume müssen schließlich in die Erkenntnis eingebettet werden, dass die Steuerungsreichweite des Bergrechts begrenzter ist, als es die politische Diskussion zuweilen vermuten lassen könnte. Dies hat Rückwirkungen auf die mögliche Regelungsreichweite des Bergrechts *de lege lata* und *de lege ferenda*.

1. Bergrecht als Rohstoffgewinnungsrecht

Bereits der historische Überblick sowie die Ausführungen zur Steuerung der Rohstoffgewinnung haben gezeigt, dass Bergrecht die Rohstoffgewinnung schon früh zunächst als Macht- und später auch als Wirtschaftsfaktor erfasste

---

[157] So der Bericht des Ausschusses für Wirtschaft, BT-Drs. 8/3965, S. 130 zum Betriebsplanverfahren.

[158] Vgl. auch die Kritik bei *Hoppe/Beckmann*, Grundeigentumsschutz bei heranrückendem Bergbau, 1988, S. 14 f.

[159] Siehe oben 1. Kapitel A. III., S. 6.

[160] Vgl. die Entwurfsbegründung BT-Drs. 8/1315, S. 67, 69 f., 72, 76.

und entsprechend förderte. Dies hat sich bis heute nicht grundlegend geändert, auch wenn die Zwecksetzung „Sicherung der Rohstoffversorgung" in § 1 Nr. 1 BBergG im Jahre 1990[161] im Sinne eines sparsamen und schonenden Umgangs mit Grund und Boden ergänzt und zudem die europarechtlich induzierte Integration der Umweltverträglichkeitsprüfung für bestimmte Vorhaben samt Planfeststellungspflicht eingeführt wurde.

Ganz in diesem Sinne soll *Hans Schulte* zufolge die Gewinnung von bergfreien Bodenschätzen „oft die wertvollere Raumnutzung gegenüber der Nutzung der Oberfläche" sein („Gebot ökonomisch sinnvoller Raumnutzung").[162] Gegenläufige Interessen werden damit *a limine* zurückgestellt. Der gesetzgeberisch intendierte relative Vorrang des Bergbaus zeigt sich paradigmatisch im Bergschadensrecht des Bundesberggesetzes, das trotz einer Aufwertung der Schadensverhütungspflicht dem überkommenen Grundsatz „dulde und liquidiere" verhaftet bleibt, sowie der Rohstoffsicherungsklausel in § 48 Abs. 1 Satz 2 BBergG. Hiernach ist im Rahmen der Anwendung bestimmter außerbergrechtlicher Vorschriften dafür Sorge zu tragen, dass die Aufsuchung und Gewinnung so wenig wie möglich beeinträchtigt werden. Vor diesem Hintergrund sah sich die Rechtsprechung gezwungen, die rohstoffgewinnungszentrierte Gesetzgebung partiell zu korrigieren, ohne allerdings das bergrechtliche Regelungsgefüge grundsätzlich in Frage zu stellen.[163]

Rechtspolitische Forderungen nach einer Reform des Bundesberggesetzes überraschen daher nicht.[164] In diesem Rahmen könnte das Bergrecht verstärkt am Leitbild der Nachhaltigkeit bzw. der nachhaltigen Entwicklung ausgerichtet werden. Dessen Inhalt eröffnet in Bezug auf bergbauliche Vorhaben weiterreichende Gestaltungsspielräume, als man zunächst annehmen könnte.

2. Nachhaltiger Bergbau

Auch wenn der mittlerweile omnipräsente Gebrauch des Nachhaltigkeitsprinzips zunächst auf eine weitgehend konturlose Formel deutet, lassen sich aus der Begriffs- und Bedeutungsgeschichte gleichwohl konkrete, durchaus heterogene und teils widersprechende Inhalte ableiten. Anders als es die öffentliche Diskussion und mitunter das wissenschaftliche Schrifttum implizieren, geht es dabei keineswegs nur um eine ökozentrische Ausrichtung. Vielmehr war gerade der in der Forstwirtschaft des frühen 18. Jahrhunderts verortete Nachhaltigkeitsgedanke, der überdies einen engen Bezug zum sächsischen Bergbau aufweist, streng wirt-

---

[161] Gesetz zur Änderung des Bundesberggesetzes vom 12. Februar 1990, BGBl I 1990, S. 215.

[162] *H. Schulte*, Eigentum und öffentliches Interesse, 1970, S. 276; ähnlich bereits *Wagner*, Allgemeine oder theoretische Volkswirthschaftslehre, Erster Theil, 2. Ausgabe 1879, S. 773 f. gegenüber etwa der agrarischen Nutzung.

[163] Näher dazu unten insbesondere im 3. Kapitel A. II., S. 200 ff.

[164] Dazu unten 1. Kapitel E., S. 84 ff.

schaftlich ausgerichtet und kann mit ganz konkreten Handlungsanweisungen in Verbindung gebracht werden. In dem spätestens mit der Erklärung von Rio 1992 etablierten Terminus der nachhaltigen Entwicklung (sustainable development) werden dagegen nach dem herrschenden Drei-Säulen-Modell ökologische, ökonomische und soziale Belange verortet, sodass das Prinzip einem bloßen Abwägungsgebot nahekommt.[165] Gleichwohl haben unzählige Konkretisierungen im relevanten Völker-, Europa-, Verfassungs- und Fachrecht gerade die ökologische Nachhaltigkeit gestärkt. Darüber hinaus kommt dem Nachhaltigkeitsgedanken weiterhin politische Leitfunktion zu. Vor diesem Hintergrund ist das bergrechtliche Potenzial als Grundlage für einen nachhaltigen Bergbau zu analysieren.

a) Entwicklung und Inhalt des Nachhaltigkeitsbegriffs

aa) Der Ursprung der Nachhaltigkeit in der Forstwirtschaft

Der Begriff der Nachhaltigkeit wird üblicherweise auf *Hannß Carl von Carlowitz* (1645–1714) zurückgeführt,[166] auch wenn er sich erst deutlich später durchsetzte.[167] Obgleich *von Carlowitz* die meiste Zeit seiner beruflichen Laufbahn (seit 1679) das Amt des Vice-Berghauptmanns und zuletzt (seit 1711) des sächsischen Oberberghauptmanns innehatte und damit höchster Montanbeamter Sachsens war, dürfte er im Wesentlichen nicht für die Bergwerke unmittelbar, sondern für die Forstwirtschaft und die Holzversorgung der Bergwerke und Hütten[168] verantwortlich gewesen sein.[169] In dieser Funktion war er mit der (befürchteten) Holznot[170] konfrontiert; Steinkohle als Substitut für Brennholz trat seinen Siegeszug trotz verschiedentlichen Gebrauchs erst deutlich später an.[171] Unter dieser beruflichen Prägung verfasste *von Carlowitz* seine 1713 erschienene wegweisende „Sylvicultura oeconomica", in der er – vereinfacht for-

---

[165] *Kahl*, Einleitung: Nachhaltigkeit als Verbundbegriff, in: ders., Nachhaltigkeit als Verbundbegriff, 2008, S. 1 (23); *Ronellenfitsch*, NVwZ 2006, S. 385 (387).

[166] Siehe etwa *Ekardt*, Theorie der Nachhaltigkeit, 2. Auflage, 2016, S. 66; *Kahl*, Einleitung: Nachhaltigkeit als Verbundbegriff, in: ders., Nachhaltigkeit als Verbundbegriff, 2008, S. 1 (8 mit Fn. 46, 16 f.).

[167] *Klippel/Otto*, Nachhaltigkeit und Begriffsgeschichte, in: Kahl, Nachhaltigkeit als Verbundbegriff, 2008, S. 39 (44 ff.).

[168] Holz wurde nicht nur als Energieträger, sondern auch zum Ausbau von Schächten und Stollen benötigt, *Kraschewski*, Das Spätmittelalter, in: Tenfelde/Berger/Seidel, Geschichte des deutschen Bergbaus, Bd. 1, 2012, S. 249 (262 f.).

[169] *Huss/von Gadow*, Einführung in das Faksimile der Erstausgabe der Sylvicultura oeconomica von H. C. von Carlowitz, 1713, 2012, S. 7.

[170] *Huss/von Gadow*, Einführung in das Faksimile der Erstausgabe der Sylvicultura oeconomica von H. C. von Carlowitz, 1713, 2012, S. 23 f.; partiell kritisch zur These des Holzmangels *Brüggemeier*, Grubengold, 2018, S. 50 ff.

[171] Vgl. *Brüggemeier*, Grubengold, 2018, S. 17 ff.; *Fessner/Bartels*, Von der Krise am Ende des 16. Jahrhunderts bis zum Zeitalter des Merkantilismus, in: Tenfelde/Berger/Seidel, Geschichte des deutschen Bergbaus, Bd. 1, 2012, S. 453 (556 ff.).

muliert – eine fachgerechte Waldbewirtschaftung beschrieb, die letztlich eine
kontinuierliche Holzversorgung der Bevölkerung und der Wirtschaft ermöglichen sollte.[172] Er erkannte eine Holzknappheit an zahlreichen Stellen zu Recht
als Gefahr für den Erzbergbau[173] und analysierte die Gründe für den (drohenden) Mangel an Holz, wobei er bemerkenswerterweise den Bergbau selbst nicht
explizit als einen der zentralen Verursacher benannte.[174] Vorausschauend betonte er die Bedeutung einer „continuirliche[n] beständige[n] und nachhaltende[n] Nutzung" des Holzes im Interesse der Existenz des Landes, weil es das
Holz ist, „mit welchem das edle Kleinod dieser Lande der Berg-Bau nehmlich
erhalten und die Erze zu gut gemacht, [...]."[175] Im Zentrum stand damit die
Bewahrung des Bergbaus für die Nachkommen[176] und letztlich die Sorge um
künftige Generationen.

Der *Begriff* der Nachhaltigkeit entspringt hiernach – wenn auch nur als eher
beiläufig verwendetes Adjektiv[177] – einem bergrechtlichen Kontext. Er ist inso-
weit, anders als das heute verbreitete umweltschutzzentrierte Verständnis, im
Kern wirtschaftlich motiviert[178] und auf die schonende Nutzung der Ressource
Wald lediglich als Mittel zur Sicherung des Wohlstands auch für künftige Gene-
rationen gerichtet. Die nachhaltende Bewirtschaftung im von-Carlowitz'schen
Sinne fokussiert damit primär den Produktionsfaktor Wald und steht einem
Naturschutz im heutigen Sinne sogar kritisch gegenüber.[179]

Das Bewusstsein für einen schonenden Umgang mit nutzbaren Ressourcen
war dabei keineswegs neu, sodass *von Carlowitz* nicht als Begründer der *Idee*
der Nachhaltigkeit gesehen werden kann.[180] Bereits im ausgehenden Mittelal-

---

[172] *Thomasius/Bendix*, Sylvicultura oeconomica. Transkription in das Deutsch der Ge-
genwart, 2013, Anmerkungen zur Transkription, S. 5; näher zum Inhalt *Huss/von Gadow*,
Einführung in das Faksimile der Erstausgabe der Sylvicultura oeconomica von H. C. von
Carlowitz, 1713, 2012, S. 21 ff. *Von Carlowitz*, Sylvicultura oeconomica, 1713, Anderer Theil
Cap. XII thematisiert dabei auch die Verwendung von Torfkohle als Surrogat.

[173] Etwa Erster Theil Cap. IV §§ 7, 14, 20, Cap. VI § 12, Cap. VII § 8.

[174] Siehe aber Erster Theil Cap. IV § 7, Cap. VII § 9. Hingegen findet der verschwenderische Umgang mit Holz beim Heizen von Wohnungen oder der Essenszubereitung durchaus
nähere Berücksichtigung, Erster Theil Cap. IV § 11 f.

[175] Erster Theil Cap. VII § 20, ferner § 12.

[176] Vgl. Erster Theil Cap. IV § 20.

[177] *Thomasius*, in: Thomasius/Bendix, Sylvicultura oeconomica. Transkription in das
Deutsch der Gegenwart, 2013, Anmerkungen zur Transkription, S. 5.

[178] *Klippel/Otto*, Nachhaltigkeit und Begriffsgeschichte, in: Kahl, Nachhaltigkeit als Verbundbegriff, 2008, S. 39 (52); weiter *Kahl*, Einleitung: Nachhaltigkeit als Verbundbegriff, in:
ders., Nachhaltigkeit als Verbundbegriff, 2008, S. 1 (8 mit Fn. 46).

[179] Vgl. Anderer Theil Cap. VII § 28, wo der alte schreckensbehaftete Wald beschrieben
wird, während mittlerweile Wölfe und Bären weitgehend vertrieben seien.

[180] *Huss/von Gadow*, Einführung in das Faksimile der Erstausgabe der Sylvicultura oeconomica von H. C. von Carlowitz, 1713, 2012, S. 27 ff., 47 f.; *Thomasius*, in: Thomasius/Bendix,
Sylvicultura oeconomica. Transkription in das Deutsch der Gegenwart, 2013, Anmerkungen
zur Transkription, S. 5; weniger kritisch *Bendix*, in: Thomasius/Bendix, wie vor, Biographie

ter wurde die Waldnutzung wie beispielsweise bei der traditionsreichen und
bis heute praktizierten Haubergswirtschaft im Siegerland und dessen Umkreis
reglementiert.[181] Nachhaltige Elemente bei der Landwirtschaft sind deutlich
früher nachweisbar.[182] Auch die heute so augenscheinliche Überfischung der
Meere diente bereits *Hugo Grotius* in seiner 1609 erschienenen Schrift *Mare
Liberum* – in Abgrenzung zur Schifffahrt selbst – als abstraktes Beispiel für
denkbare Beschränkungen des Zugangs zum Meer.[183] Letztlich ist der Gedanke
der Nachhaltigkeit bereits im Alten Testament angelegt.[184]

bb) Das Prinzip der nachhaltigen Entwicklung

Der wirtschaftszentrierte Ansatz des forstwirtschaftlichen Nachhaltigkeits-
konzepts wurde – abgesehen von punktuellen Übertragungen – erst in der zweiten Hälfte des 20. Jahrhunderts im Sinne einer globalen und zukunftssichernden
Nachhaltigkeit abstrahiert.[185] Zum endgültigen und internationalen Durchbruch gelangte dieses Leitbild durch den Bericht der Brundtland-Kommission
1987 sowie die Rio-Erklärung der Konferenz der Vereinten Nationen über Umwelt und Entwicklung im Jahre 1992.[186] „Sustainable Development" ist nach
der Definition der Brundtland-Kommission „development that meets the needs
of the present without compromising the ability of future generations to meet
their own needs."[187] Die Rio-Erklärung schließt hieran an und betont ein Recht
auf Entwicklung, das so verwirklicht werden muss, dass den Entwicklungs-
und Umweltbedürfnissen der heutigen und der kommenden Generationen in
gerechter Weise entsprochen wird (Grundsatz 3). Sachlich hiermit verbunden ist
das Vorsorgeprinzip (Grundsatz 15).[188] Der Umweltschutz wird nicht isoliert

---

des Hans Carl von Carlowitz (1645–1714), S. 327. *Von Carlowitz* selbst verweist etwa auf diverse Holzordnungen (Erster Theil Cap. VI § 13 ff.) oder auf das Alte Testament (Erster Theil
Cap. VI § 2 unter Verweis auf Dtn 20,19).

[181] Auch hier besteht ein bergbaulicher Kontext wegen des Holzbedarfs im Rahmen der
Eisenerzgewinnung, dazu *Bingener/Bartels/Fessner*, Die große Zeit des Silbers, in: Tenfelde/
Berger/Seidel, Geschichte des deutschen Bergbaus, Bd. 1, 2012, S. 317 (433 ff.).

[182] *Klippel/Otto*, Nachhaltigkeit und Begriffsgeschichte, in: Kahl, Nachhaltigkeit als Verbundbegriff, 2008, S. 39 (48 ff.) u.a. unter Verweis auf die Dreifelderwirtschaft sowie die Haubergswirtschaft; weitere Nachweise soeben in Fn. 180.

[183] *Grotius*, Mare Liberum, 1609, Cap. V, S. 35.

[184] Neben dem Hinweis von *von Carlowitz* (soeben in Fn. 180) lässt sich Gen 2,15 anfüh-
ren, dazu *Schick*, Nachhaltigkeit und Christentum, in: Kahl, Nachhaltigkeit als Verbundbegriff, 2008, S. 80 (83).

[185] Näher *Klippel/Otto*, Nachhaltigkeit und Begriffsgeschichte, in: Kahl, Nachhaltigkeit
als Verbundbegriff, 2008, S. 39 (53 ff.), dort auch zur Rückübersetzung des Begriffs aus dem
Englischen.

[186] Dazu *Durner*, in: Landmann/Rohmer, Umweltrecht, Umweltvölkerrecht Rn. 57
(Stand: Mai 2015).

[187] UN-Doc. A/42/427, S. 54.

[188] Das Verhältnis zwischen Nachhaltigkeits- und Vorsorgeprinzip ist umstritten, dazu

erfasst, sondern ist Bestandteil des Entwicklungsprozesses (Grundsatz 4). Das
Recht auf Entwicklung umfasst wiederum die Verbesserung des Gesundheits-
zustandes und der Ernährungssituation, das Wirtschaftswachstum, den fairen
Zugang zu Ressourcen und die Erhöhung des Bildungsstandards. Die Rio-Erklärung etabliert folglich im Kern ein zwischenstaatlich und intergenerationell
ausgerichtetes entwicklungspolitisches Nachhaltigkeitsverständnis, das ökologische, ökonomische und soziale Ziele gleichermaßen und gleichrangig erfasst
(sog. Drei-Säulen-Modell).[189]

Damit greift der Grundsatz der nachhaltigen Entwicklung die bereits im
Forstwesen etablierte Idee der Generationengerechtigkeit auf, entkoppelt sie
aber von ihrem rein wirtschaftlichen Bezug. Da der Ausgleich teils widerspre-
chender ökologischer, ökonomischer und sozialer Ziele bereits integraler Bestandteil des Prinzips der nachhaltigen Entwicklung selbst ist, droht es allerdings entgegen der eigentlichen Intention zu einem rhetorischen Schutzbegriff
für eine inhaltlich beliebige Politik zu degenerieren, sodass das Drei-Säulen-
Konzept teilweise verworfen und auf eine ökologische Nachhaltigkeit beschränkt wird.[190] Rechtspolitisch mag man die Relativität eines dreidimen-
sionalen Verständnisses beklagen. Mit der Resolution vom 25. September
2015 – der Agenda 2030 für nachhaltige Entwicklung[191] – hat sich die General-
versammlung der Vereinten Nationen allerdings nochmals *ausdrücklich* zu den
drei Dimensionen bekannt, diese ausbuchstabiert und damit das herrschende
Verständnis bestätigt. Im Übrigen macht eine umweltzentrierte nachhaltige
Entwicklung Abwägungsprozesse nicht entbehrlich. Gerade hier können neben ein integratives und ausgleichendes Verständnis auch eindimensionale ge-
genstandsbezogene Nachhaltigkeitsbegriffe treten, wie es dem historischen
Ursprung entspricht. Rechtspolitisch und im Rahmen rechtlicher Konkretisierungen muss immer klar sein, welches Verständnis zugrundeliegt,[192] zumal

---

Kahl, Einleitung: Nachhaltigkeit als Verbundbegriff, in: ders., Nachhaltigkeit als Verbundbegriff, 2008, S. 1 (20 ff.).

[189] Siehe zum Ganzen *Gärditz*, Nachhaltigkeit und Völkerrecht, in: Kahl, Nachhaltigkeit
als Verbundbegriff, 2008, S. 137 (138 f., 140 f.); *Glaser*, Nachhaltige Entwicklung und Demokratie, 2006, S. 44 ff.; *Kahl*, Einleitung: Nachhaltigkeit als Verbundbegriff, in: ders., Nachhaltigkeit als Verbundbegriff, 2008, S. 1 (7 ff.); *H.-J. Menzel*, ZRP 2001, S. 221 (222 ff.); *Wieland*,
ZUR 2016, S. 473.

[190] *Ekardt*, Theorie der Nachhaltigkeit, 2. Auflage, 2016, S. 67 ff.; *Murswiek*, NuR 2002,
S. 641 (642 f.); vgl. auch *Kloepfer*, Umweltrecht, 4. Auflage 2016, § 4 Rn. 68. Ähnlich zum Eu-
roparecht *Epiney*, in: Landmann/Rohmer, Umweltrecht, Art. 191 AEUV Rn. 46 ff. (Stand:
Februar 2012).

[191] UN-Doc. A/RES/70/1.

[192] *Kahl*, Einleitung: Nachhaltigkeit als Verbundbegriff, in: ders., Nachhaltigkeit als Verbundbegriff, 2008, S. 1 (22 f.); vgl. *Glaser*, Nachhaltige Entwicklung und Demokratie, 2006,
S. 44.

mitunter die ökologische Nachhaltigkeit, wie beispielsweise in § 87 Abs. 1 Satz 2 AktG[193], bereits im Ansatz nicht erfasst wird.

cc) Politisches Leitbild und rechtliche Geltung

Der Grundsatz der nachhaltigen Entwicklung ist – ebenso wie die übrigen Nachhaltigkeitsbegriffe – zunächst politisches Leitbild,[194] das seine Relevanz namentlich im Rechtsetzungsprozess entfaltet,[195] aber auch die Rechtsauslegung und -anwendung selbst steuert.[196] Rechtliche Konkretisierungen etwa im Europarecht determinieren wiederum die nachgelagerte Gesetzgebung. Gestalterische Einschränkungen im Gesetzgebungsprozess vermitteln zudem verfassungsrechtliche Anforderungen.

(1) Rechtliche Konkretisierung verschiedener Nachhaltigkeitsbegriffe

Ungeachtet der Frage, ob der Grundsatz der nachhaltigen Entwicklung mittlerweile zu Völkergewohnheitsrecht erstarkt ist,[197] entfaltet er rechtliche Bindungswirkung jedenfalls durch seine breite Rezeption nicht nur im Völkerrecht,[198] sondern auch im Europarecht[199] sowie im nationalen Recht[200]. Die verschiedenen Nachhaltigkeitsziele werden maßgeblich im europarechtlich geprägten sektoralen Umweltrecht zum Ausgleich gebracht. Dabei adressieren die

---

[193] Die Vergütungsstruktur ist bei börsennotierten Gesellschaften auf eine nachhaltige Unternehmensentwicklung auszurichten.

[194] *Kahl*, Einleitung: Nachhaltigkeit als Verbundbegriff, in: ders., Nachhaltigkeit als Verbundbegriff, 2008, S. 1 (12); vgl. *I. Appel*, Staatliche Zukunfts- und Entwicklungsvorsorge, 2005, S. 248 ff.

[195] Vgl. *Glaser*, Nachhaltige Entwicklung und Demokratie, 2006, S. 7 f.; *H.-J. Menzel*, ZRP 2001, S. 221 (222).

[196] Vgl. allgemein *Baer*, Schlüsselbegriffe, Typen und Leitbilder als Erkenntnismittel und ihr Verhältnis zur Rechtsdogmatik, in: Schmidt-Aßmann/Hoffmann-Riem, Methoden der Verwaltungsrechtswissenschaft, 2004, S. 223 (235 f.), die zu Recht auf die Gefahr hinweist, dass die dogmatische Bezugnahme auf Leitbilder klare Argumentationen ersetzt (S. 249 f.).

[197] Ablehnend *Gärditz*, Nachhaltigkeit und Völkerrecht, in: Kahl, Nachhaltigkeit als Verbundbegriff, 2008, S. 137 (168 f.) mit Nachweisen auch zur Gegenauffassung in Fn. 179; kritisch auch *Ekardt*, Theorie der Nachhaltigkeit, 2. Auflage 2016, S. 266 f.; differenzierend *Proelß*, in: ders., Internationales Umweltrecht, 2017, 3. Abschn. Rn. 56.

[198] Näher *I. Appel*, Staatliche Zukunfts- und Entwicklungsvorsorge, 2005, S. 265 ff.; *Gärditz*, Nachhaltigkeit und Völkerrecht, in: Kahl, Nachhaltigkeit als Verbundbegriff, 2008, S. 137 (144 ff.).

[199] Primärrechtlich bereits in Art. 3 Abs. 3 Satz 2, Abs. 5 Satz 2 EUV, vgl. *Durner*, in: Landmann/Rohmer, Umweltrecht, Umweltvölkerrecht Rn. 58 (Stand: Mai 2015); a. A. *Epiney*, in: Landmann/Rohmer, Umweltrecht, Art. 191 AEUV Rn. 46 ff. (Stand: Februar 2012): in erster Linie Umweltschutz. Zahlreiche sekundärrechtliche Regelungen konkretisieren das Leitbild der nachhaltigen Entwicklung ebenfalls. Näher *I. Appel*, Staatliche Zukunfts- und Entwicklungsvorsorge, 2005, S. 282 ff.

[200] Siehe zunächst § 1 Abs. 2 ROG oder § 1 Abs. 5 BauGB, vgl. dazu *Ronellenfitsch*, NVwZ 2006, S. 385 (387).

jeweiligen Fachgesetze nach ihrer Zwecksetzung zunächst die Schonung bestimmter[201] Ressourcen,[202] betonen aber auch deren übergreifende Bedeutung
als Lebensgrundlage[203] oder sogar aufgrund ihres eigenen Wertes[204]. Die hieran
anknüpfenden Bewirtschaftungskonzepte fokussieren damit nicht mehr nur
– wie nach dem ursprünglichen Nachhaltigkeitskonzept der Forstwirtschaft –
die Belastbarkeit der Ressource als Produktionsfaktor.

Auf verfassungsrechtlicher Ebene bildet wiederum ein mitunter komplexes
Zusammenspiel zwischen Staatszielen und Grundrechten die einzelnen Säulen
des Grundsatzes nachhaltiger Entwicklung ab. Soziale und ökologische Nachhaltigkeit finden zunächst Verankerung in Art. 20 Abs. 1 GG und Art. 20a GG.
Letzterer sichert trotz seiner nur eindimensionalen Schutzrichtung[205] reflexhaft
auch künftige wirtschaftliche und soziale Entwicklungsmöglichkeiten. Alle
drei Säulen finden zudem verfassungsrechtliche Verankerung in Grundrechten. Insbesondere die Wirtschaftsgrundrechte gewähren weitgehende Freiheitsrechte,[206] während im Kern nur bestimmte sozialstaatliche Mindestgarantien
grundrechtlich verankert sind[207]. Der grundrechtliche Schutz der ökologischen
Nachhaltigkeit unterliegt – nicht zuletzt im Zuge der Klimaentscheidung des
Bundesverfassungsgerichts[208] – derzeit einer besonderen Dynamik.

(2) Insbesondere: Verfassungsrechtliche Konkretisierungen der ökologischen Nachhaltigkeit

Das ökologische Nachhaltigkeitsprinzip ist verfassungsrechtlich – wie erwähnt – zunächst in Art. 20a GG verankert, wonach der Staat – zuvörderst
durch die Gesetzgebung[209] – auch in Verantwortung für die künftigen Genera-

---

[201] Medienübergreifend hingegen § 1 BImSchG, dazu *Jarass*, BImSchG, 13. Auflage 2020, § 1 Rn. 7, 11, 14.

[202] *Ronellenfitsch*, NVwZ 2006, S. 385 (387).

[203] Etwa § 1 WHG; § 1 i.V.m. § 2 Abs. 2 Nr. 1 BBodSchG; § 1 Nr. 1 BWaldG, dort differenzierend zwischen der Nutzfunktion einerseits sowie der Schutz- und Erholungsfunktion
andererseits; vgl. auch § 1 BImSchG.

[204] § 1 Abs. 1 BNatSchG.

[205] *Glaser*, Nachhaltige Entwicklung und Demokratie, 2006, S. 230 ff. mit Diskussion der
Gegenauffassung, die auch die soziale und ökonomische Nachhaltigkeit als erfasst ansieht;
Kahl, DÖV 2009, S. 2 f.

[206] Dazu *Wißmann*, Grundrechte in der Wirtschafts- und Arbeitsordnung, in: Herdegen/
Masing/Poscher/Gärditz, Handbuch des Verfassungsrechts, 2021, § 23.

[207] Dazu *Wallrabenstein*, Sozialstaat, in: Herdegen/Masing/Poscher/Gärditz, Handbuch
des Verfassungsrechts, 2021, § 7 Rn. 77 ff.; *Wittreck*, in: Dreier, GG, Bd. 2, 3. Auflage 2015,
Art. 20 (Sozialstaat) Rn. 39 ff.

[208] BVerfG, Beschluss vom 24. März 2021 – 1 BvR 2656/18 u.a., NJW 2021, S. 1723.

[209] „Der Staat schützt [...] durch die Gesetzgebung und nach Maßgabe von Gesetz und
Recht durch die vollziehende Gewalt und die Rechtsprechung.", dazu BVerfG, Beschluss vom
24. März 2021 – 1 BvR 2656/18 u.a., NJW 2021, S. 1723 Rn. 205 ff.; *Durner*, Umweltverfassungsrecht, in: Herdegen/Masing/Poscher/Gärditz, Handbuch des Verfassungsrechts, 2021,

tionen die natürlichen Lebensgrundlagen schützt. Die Staatszielbestimmung[210] garantiert verfassungsrechtliche Mindestanforderungen an den Schutz der Umwelt,[211] dem das bereits bestehende, auch europarechtlich determinierte hohe Schutzniveau in aller Regel bereits Rechnung trägt.[212] Praktisch bedeutsam ist Art. 20a GG daher zunächst vor allem als Verfassungsbelang, der die Einschränkung kollidierender Freiheitsrechte auch jenseits der Umsetzung von Unionsrecht legitimiert und Umweltbelangen etwa in exekutiven Abwägungsentscheidungen eine besondere Bedeutung verleiht.[213] Je gewichtiger und drängender die Belange, desto deutlicher können – und ggf. müssen[214] – Freiheitsbeschränkungen ausfallen.

Gegen *staatliche* Umweltbeeinträchtigungen können überdies grundrechtliche Abwehrrechte geltend gemacht werden.[215] Einen ökologischen Mindestschutz garantieren zudem grundrechtliche Schutzpflichten,[216] wobei die Rechtsprechung Schutzpflichtverletzungen bei Umweltbelastungen durch Private bislang regelmäßig ablehnt.[217] Soweit man im Grundsatz Schutzpflichten auch

---

§ 26 Rn. 63; *Gärditz*, in: Landmann/Rohmer, Umweltrecht, Art. 20a GG Rn. 34, (Stand: Februar 2013).

[210] Zur Unergiebigkeit des Begriffs *Gärditz*, in: Landmann/Rohmer, Umweltrecht, Art. 20a GG Rn. 4 ff. (Stand: Februar 2013).

[211] Vgl. dazu sowie zu den Schwierigkeiten einer verfassungsrechtlichen Konkretisierung *Durner*, Umweltverfassungsrecht, in: Herdegen/Masing/Poscher/Gärditz, Handbuch des Verfassungsrechts, 2021, § 26 Rn. 68 f.

[212] Vgl. *Gärditz*, in: Landmann/Rohmer, Umweltrecht, Art. 20a GG Rn. 7, 40 (Stand: Februar 2013); nach neuester verfassungsgerichtlicher Rechtsprechung ist dies *derzeit* auch mit Blick auf die gesetzgeberischen Anstrengungen zum Klimaschutz der Fall, BVerfG, Beschluss vom 24. März 2021 – 1 BvR 2656/18 u.a., NJW 2021, S. 1723 Rn. 196 ff.

[213] Vgl. dazu *Gärditz*, in: Landmann/Rohmer, Umweltrecht, Art. 20a GG Rn. 60, 68 ff., (Stand: Februar 2013); *Schulze-Fielitz*, in: Dreier, GG, Bd. 2, 3. Auflage 2015, Art. 20a Rn. 79 f., 87 f.

[214] Vgl. BVerfG, Beschluss vom 24. März 2021 – 1 BvR 2656/18 u.a., NJW 2021, S. 1723 Rn. 117, 246 zu etwaigen künftig notwendigen Freiheitsbeschränkungen im Interesse des Klimaschutzes.

[215] *Durner*, Umweltverfassungsrecht, in: Herdegen/Masing/Poscher/Gärditz, Handbuch des Verfassungsrechts, 2021, § 26 Rn. 51 ff. unter Verweis auf die geringe praktische Relevanz.

[216] Näher *Durner*, Umweltverfassungsrecht, in: Herdegen/Masing/Poscher/Gärditz, Handbuch des Verfassungsrechts, 2021, § 26 Rn. 55 ff.; *Gärditz*, in: Landmann/Rohmer, Umweltrecht, Art. 20a GG Rn. 79 ff. (Stand: Februar 2013); *Steinberg*, NJW 1996, S. 1985 (1988). Allgemein zur Schutzpflichtdogmatik siehe auch unten 1. Kapitel C. III. 3. a) ee), S. 54 f., dort auch zum Verhältnis zum Abwehrrecht. Zu einem etwaigen Recht auf ein ökologisches Existenzminimum BVerfG, Beschluss vom 24. März 2021 – 1 BvR 2656/18 u.a., NJW 2021, S. 1723 Rn. 113 ff. m.w.N.

[217] Grundlegend BVerfG, Beschluss vom 8. August 1978 – 2 BvL 8/77, BVerfGE 49, 89 (140 ff.); jüngst BVerfG, Beschluss vom 24. März 2021 – 1 BvR 2656/18 u.a., NJW 2021, S. 1723 Rn. 143 ff., 173 ff. zum Klimaschutz; ferner aus der Kammerrechtsprechung BVerfG, Beschluss vom 17. Februar 1997 – 1 BvR 1658/96, NJW 1997, S. 2509 f. zur Gesundheitsgefährdung durch Trafo-Station; Beschluss vom 26. Mai 1998 – 1 BvR 180/88, NJW 1998, S. 3264 ff. zur Entschädigung wegen Waldschäden infolge von Luftverschmutzung; Beschluss vom

für noch nicht geborene Individuen anerkennt,[218] dürfte dieser Schutz jedenfalls nicht weiterreichen als derjenige im Rahmen von Art. 20a GG[219]. Grundsätzlichen Einwänden begegnet allerdings die strukturell übergreifende Annahme, gegenwärtige (Schutz)pflichten schlössen intertemporale Vorwirkungen mit zeitneutralem Schutzgehalt ein, sodass die Bedürfnisse künftiger Menschen rechtlich nicht weniger gewichtig seien als diejenigen der heute lebenden[220]. Denn Bedürfnisse künftiger Individuen können, je weiter sie in die Zukunft reichen, immer schlechter ermittelt werden und sind überdies nur auf gegenwärtige Erkenntnismöglichkeiten beschränkte Zukunftsszenarien. Technische und gesellschaftliche Entwicklungsprozesse sind vielfach nicht prognostizierbar,[221] sodass eine rationale Abwägung gegenläufiger gegenwärtiger und künftiger Belange nicht möglich und daher auch rechtsstaatlich abzulehnen ist. Andernfalls würde gerade der grundrechtlich begründete umfassende Zukunftsschutz zum Ventil, um gegenwärtige – und im demokratischen Willensbildungsprozess notwendig zeitlich beschränkte – Zukunftspolitik unter weitreichender Einschränkung gegenwärtiger Individualfreiheitsrechte durchzusetzen.[222]

Konkrete intertemporale Vorwirkungen schlagen sich im gegenwärtigen Pflichtenkanon allerdings in einem anderen dogmatischen Gewand nieder.

---

24. Januar 2007 – 1 BvR 382/05, NVwZ 2007, S. 805 ff. zur Gesundheitsgefährdung durch Mobilfunksendeanlagen; Beschluss vom 18. Februar 2010 – 2 BvR 2502/08, NVwZ 2010, S. 702 ff. zur Gefahr von Schwarzen Löchern (CERN); kritisch *Ekardt*, Theorie der Nachhaltigkeit, 2. Auflage, 2016, S. 268 f.

[218] BVerfG, Beschluss vom 24. März 2021 – 1 BvR 2656/18 u.a., NJW 2021, S. 1723 Rn. 146, 148, 191; *Szczekalla*, Die sogenannten grundrechtlichen Schutzpflichten im deutschen und europäischen Recht, 2002, S. 289 ff.; ablehnend *Gärditz*, in: Landmann/Rohmer, Umweltrecht, Art. 20a GG Rn. 95 (Stand: Februar 2013).

[219] Vgl. *Gärditz*, in: Landmann/Rohmer, Umweltrecht, Art. 20a GG Rn. 80 (Stand: Februar 2013); ebenso BVerfG, Beschluss vom 24. März 2021 – 1 BvR 2656/18 u.a., NJW 2021, S. 1723 Rn. 191 (anders allerdings Rn. 117, 246, wonach grundrechtliche Schutzgebote das Klimaschutzgebot aus Art. 20a GG verstärken).

[220] *I. Appel*, Staatliche Zukunfts- und Entwicklungsvorsorge, 2005, S. 116 ff.; eingehend und hinsichtlich der Tragfähigkeit verschiedener rechtlicher und ethischer Begründungsansätze differenzierend *Ekardt*, Theorie der Nachhaltigkeit, 2. Auflage, 2016, S. 271 ff. (insb. S. 273), 286 ff.; ablehnend *Gärditz*, in: Landmann/Rohmer, Umweltrecht, Art. 20a GG Rn. 80, 95 (Stand: Februar 2013), der künftige Generationen nur über Art. 20a GG als geschützt ansieht, aber auch dort eine „Diskontierung künftiger Interessen nach Maßgabe der zeitlichen Entfernung" annimmt, Rn. 58; näher *ders.*, EurUP 2013, S. 2 (10 ff.).

[221] *I. Appel*, Staatliche Zukunfts- und Entwicklungsvorsorge, 2005, S. 118 erkennt hierin zumindest faktische – wenn auch keine rechtlichen – Grenzen der Schutzpflicht.

[222] Ausführlich zu alledem *Gärditz*, EurUP 2013, S. 2 (10 ff.), der in dem Freiheitsschutz aller künftigen Generationen letztlich eine Mutation zur „Gegenwart in Unfreiheit" und „utopistische[...] Verhältnislosigkeit" sieht. „An die Stelle subjektiver Freiheit tritt objektive Wahrheit – und damit ein gleichermaßen traditionsreiches wie antiliberales Freiheitskonzept." Die Gefahr einer „Ökodiktatur" sieht auch *Ekardt*, Theorie der Nachhaltigkeit, 2. Auflage, 2016, S. 374 ff., betont jedoch u.a. ausreichende verbleibende Abwägungs- und Entscheidungsspielräume im demokratischen Prozess.

Nach dem Klimabeschluss des Bundesverfassungsgerichts verletzt das Bundes-Klimaschutzgesetz zwar derzeit weder Art. 20a GG noch grundrechtliche Schutzpflichten.[223] Aufgrund der nur mäßig ambitionierten Treibhausgasreduktionspfade bis 2030 seien jedoch in den Folgejahren ganz erhebliche Anstrengungen erforderlich, um auch dann noch der Pflicht zum Klimaschutz aus Art. 20a GG genügen zu können. Damit verbunden sei die Gefahr (und Notwendigkeit) erheblicher Freiheitsbeschränkungen in der näheren Zukunft, sodass die bis 2030 zugelassenen Emissionsmengen eingriffsähnliche Vorwirkung entfalteten. Der Gesetzgeber müsse die verfassungsrechtlich notwendigen Emissionsreduktionen „vorausschauend in grundrechtsschonender Weise über die Zeit verteilen".[224] Künftige objektiv-rechtliche Pflichten werden so bereits jetzt auch im Rahmen der Verfassungsbeschwerde justiziabel. In diesem Kontext erfährt das Prinzip ökologischer Nachhaltigkeit folglich eine deutliche verfassungsrechtliche Konturierung und Durchsetzungskraft. Ungeachtet einer rechtsdogmatischen Analyse und Kritik[225] bleibt diese Konstruktion gleichwohl sehr voraussetzungsvoll. Es bedarf einer drohenden *irreversiblen*[226] Beeinträchtigung der Umwelt, deren Verhütung Art. 20a GG – in seiner einfachrechtlichen Konkretisierung[227] – zwingend gebietet und die wiederum künftige Freiheitsentfaltung derart beeinträchtigen würde, dass bereits jetzt (abwehrrechtliche) Handlungspflichten im Sinne einer intertemporalen Lastenverteilung bestehen.

(3) Gesetzgeberische Gestaltungsspielräume

Ungeachtet dessen verbleiben dem Gesetzgeber jenseits europarechtlicher Vorgaben zur Konkretisierung des Prinzips der nachhaltigen Entwicklung erhebliche Gestaltungsspielräume, die verfassungsrechtlich nicht abschließend determiniert sind.[228]

Selbst wenn man weiterreichende grundrechtliche Schutzpflichten oder entsprechende objektive Garantien aus Art. 20a GG annehmen wollte, würden sich hieraus selten *konkrete* Handlungspflichten des Staates ergeben.[229] Gleiches gilt

---

[223] Siehe die Nachweise soeben in Fn. 212 und 217.

[224] BVerfG, Beschluss vom 24. März 2021 – 1 BvR 2656/18 u.a., NJW 2021, S. 1723 Rn. 117, 182 ff. (Zitat Rn. 243).

[225] Dazu *von Weschpfennig*, in: Fellenberg/Guckelberger, Klimaschutzrecht, 2022, § 3 KSG Rn. 6 ff. m.w.N.

[226] Vgl. dazu BVerfG, Beschluss vom 24. März 2021 – 1 BvR 2656/18 u.a., NJW 2021, S. 1723 Rn. 108, 118 f., 130, 133, 185 ff., 198, 229.

[227] Vgl. dazu BVerfG, Beschluss vom 24. März 2021 – 1 BvR 2656/18 u.a., NJW 2021, S. 1723 Rn. 206 f., 208 ff.

[228] Zum Ausgleich polygonaler Interessenkonflikte siehe unten 1. Kapitel C. III. 3. a) ee), S. 52 ff.; zu den Grenzen gesetzgeberischer Vorsorge siehe unten 1. Kapitel C. III. 4, S. 62 ff.

[229] Vgl. *Epiney*, von Mangoldt/Klein/Starck, GG, Bd. 2, 7. Auflage 2018, Art. 20a Rn. 87

für die Umsetzung des Klimabeschlusses des Bundesverfassungsgerichts.[230] Er erfordert zwar einen längeren Planungshorizont zur intertemporalen Lastenverteilung sowie zur Ermöglichung einer erfolgreichen Transformation, überlässt aber die nähere Ausgestaltung und Umsetzung dem Gesetzgeber. Weitreichende Gestaltungsspielräume eröffnet auch das Sozialstaatsprinzip nach Art. 20 Abs. 1 GG, wobei Verletzungen durchaus vorstellbar sind, wenn im Interesse der ökologischen Nachhaltigkeit die Rohstoffversorgung als solche gefährdet würde.[231] Überdies müssen die anstehenden Transformationsprozesse auf dem Wege zur CO_2–Neutralität gewissen sozialen (Mindest)anforderungen genügen.[232] Subjektive Freiheitsrechte, die durchaus auf Seiten der wirtschaftlichen Nachhaltigkeit stehen können, sind mit entsprechender Rechtfertigung beschränkbar.[233] Innerhalb des so umrissenen Spielraums verbleibt es bei dem *politischen* Leitbild der nachhaltigen Entwicklung.

b) Nachhaltigkeit im Bergrecht

Ob und inwieweit Bergbau mit einer nachhaltigen Entwicklung kompatibel ist, muss entsprechend dem vielschichtigen Begriffsverständnis differenziert bewertet werden. In den Blick zu nehmen ist dabei nicht nur der Bodenschatz als nutzbare Ressource und unmittelbares Objekt bergbaulicher Vorhaben, sondern auch Bergbaufolgen im weitesten Sinne. Bereits hier wird deutlich, dass der Anspruch der nachhaltigen Entwicklung das Bergrecht strukturell überfordern muss, sofern man nicht seinen Regelungsgegenstand übergriffig ausweiten will. Bedeutend wird stattdessen das Zusammenspiel mit sonstigem Fachrecht und politischen Handlungsspielräumen. Zu erwähnen ist hier auch die konsensuale Vorbereitung gesetzgeberischer Weichenstellungen wie etwa bei dem Steinkohleausstieg mit dem Eckpunktepapier 2007[234] oder jüngst dem auch für bergrechtliche Gewinnungsvorhaben hochrelevanten Ausstieg aus der Koh-

---

zu Art. 20a GG, die trotz detaillierter Konkretisierungen der Staatszielbestimmung „Umweltschutz" einen beträchtlichen Spielraum des Gesetzgebers anerkennt.

[230] Vgl. dazu BVerfG, Beschluss vom 24. März 2021 – 1 BvR 2656/18 u.a., NJW 2021, S. 1723 Rn. 152, 207, 249.

[231] Vgl. *Kruis*, DVBl 2000, S. 441 (444) und *Langenfeld*, DÖV 2000, S. 929 (934) zur Verletzung des Sozialstaatsprinzips, wenn durch den Atomausstieg die Stromversorgung gefährdet würde.

[232] Vgl. *Fehling*, ZUR 2020, S. 387 (389 ff.) zu den gleichheitsrechtlichen Anforderungen an die Verkehrswende vor dem Hintergrund sozialstaatlicher und grundrechtlich gestärkter Mobilitätsgewährleistung.

[233] Zu weitreichenden Beschränkungsmöglichkeiten nach der Rechtsprechung *Durner*, Umweltverfassungsrecht, in: Herdegen/Masing/Poscher/Gärditz, Handbuch des Verfassungsrechts, 2021, § 26 Rn. 44 ff.

[234] *Farrenkopf*, Wiederaufstieg und Niedergang des Bergbaus in der Bundesrepublik, in: Tenfelde/Berger/Seidel, Geschichte des deutschen Bergbaus, Bd. 4, 2013, S. 183 (247 ff.).

leverstromung[235], der durch die sogenannte Kohlekommission[236] maßgeblich geprägt wurde.[237]

aa) Ökologische Nachhaltigkeit

Nimmt man im Rahmen einer ökologischen Nachhaltigkeit zunächst den Umgang mit den gewinnbaren Bodenschätzen selbst in den Blick, bleibt nach einem strengen Begriffsverständnis nur festzustellen, dass die Gewinnung nicht-regenerativer Ressourcen begriffsnotwendig nie nachhaltig sein kann, weil sie immer die Chancen kommender Generationen beschränkt. *Von Carlowitz* erkannte darin noch kein Problem, seien doch die Erzvorkommen *de facto* unerschöpflich.[238] Jedoch gab es durchaus schon im Spätmittelalter Bestrebungen, eine möglichst effiziente Ausbeutung der Lagerstätten unter Vermeidung von Raubbau sicherzustellen.[239] Letztlich war das Direktionsprinzip Ausprägung dieses Gedankens.[240] Bereits zu Beginn des 20. Jahrhunderts wurde vereinzelt der verschwenderische Umgang mit endlichen Ressourcen kritisiert.[241] In diesem Sinne kann auch die ökologische Nachhaltigkeit verstanden werden:[242] Nicht-regenerative Ressourcen sind möglichst schonend zu behandeln. Dies schließt den effizienten Abbau der konkreten Lagerstätte ebenso ein wie die Steuerung des Volumens der Rohstoffgewinnung. Denkbar sind unmittelbare Beschränkungen des Zugriffs auf Lagerstätten (Reduktion des Angebots) sowie die Reduktion des Rohstoffbedarfs durch effizientere Verwendungsmöglichkeiten oder die Entwicklung von Substituten[243] (Reduktion der Nachfrage).

---

[235] Gesetz zur Reduzierung und zur Beendigung der Kohleverstromung und zur Änderung weiterer Gesetze (Kohleausstiegsgesetz) vom 8. August 2020, BGBl I 2020, S. 1818; Strukturstärkungsgesetz Kohleregionen vom 8. August 2020, BGBl I 2020, S. 1795.

[236] Zu den Vorschlägen *Däuper*, EnWZ 2019, S. 153 ff.; *Kahl/Gärditz*, Umweltrecht, 11. Auflage 2019, § 6 Rn. 134 ff.

[237] Jenseits des Bergrechts zu erwähnen sind der Atomausstieg 2000/01 (dazu *Becker*, Kooperative und konsensuale Strukturen in der Normsetzung, 2005, S. 230 ff.; *Michael*, Rechtsetzende Gewalt im kooperierenden Verfassungsstaat, 2002, S. 105 ff.; ferner zur Laufzeitverlängerung *Waldhoff/von Aswege*, Kernenergie als „goldene Brücke"?, Baden-Baden 2010) sowie die Verantwortung für die Zwischen- und Endlagerung radioaktiver Abfälle (dazu *Leidinger*, in: Frenz, Atomrecht, 2019, § 6 AtG Rn. 58 ff.; *Schmitz/Helleberg/Martini*, NVwZ 2017, S. 1332 ff.).

[238] *von Carlowitz*, Sylvicultura oeconomica, 1713, Erster Theil Cap. VII § 11.

[239] *Kraschewski*, Das Spätmittelalter, in: Tenfelde/Berger/Seidel, Geschichte des deutschen Bergbaus, Bd. 1, 2012, S. 249 (309) unter Verweis auf den Rammelsberger Bergbau.

[240] *Fessner/Bartels*, Von der Krise am Ende des 16. Jahrhunderts bis zum Zeitalter des Merkantilismus, in: Tenfelde/Berger/Seidel, Geschichte des deutschen Bergbaus, Bd. 1, 2012, S. 453 (477, 505).

[241] Dazu *Brüggemeier*, Grubengold, 2018, S. 225, 243.

[242] Vgl. *Kahl*, Einleitung: Nachhaltigkeit als Verbundbegriff, in: ders., Nachhaltigkeit als Verbundbegriff, 2008, S. 1 (18); *Murswiek*, NuR 2002, S. 641 (644).

[243] *Kahl*, Einleitung: Nachhaltigkeit als Verbundbegriff, in: ders., Nachhaltigkeit als Verbundbegriff, 2008, S. 1 (18); *Murswiek*, NuR 2002, S. 641 (644).

Während die effiziente Ausbeutung der konkreten Lagerstätte selbstredend Gegenstand des Bergrechts ist, begegnet die regelungstechnische Zuordnung einer ökonomisch sinnvollen Begrenzung des Gewinnungsvolumens Schwierigkeiten. Naheliegend erscheint zunächst, der Bergbehörde – ähnlich dem Wasserrecht – ein Bewirtschaftungsermessen bei der Vorhabenzulassung einzuräumen,[244] um das Angebot zu steuern und im Ergebnis rechtlich zu begrenzen. Der Gesetzgeber muss dann allerdings flankierend operable Voraussetzungen bestimmen, die eine Bewirtschaftungsentscheidung der regionalen Zulassungsbehörde in einem häufig überregionalen oder sogar internationalen Rahmen ermöglichen. Andernfalls würde es an einer ausreichenden sachlich-inhaltlichen Legitimation der zuständigen Behörde[245] sowie – eng hiermit verbunden[246] – einer der sogenannten Wesentlichkeitstheorie[247] genügenden Regelung fehlen, die gerade in grundrechtsrelevanten Bereichen eine hinreichende Regelungsdichte erfordert. Der bloße gesetzgeberische Hinweis, die Behörde habe im Rahmen einer Ermessensentscheidung den Rohstoffbedarf zu berücksichtigen, genügt also nicht.

Das Angebot kann dagegen – auch losgelöst von einem Bewirtschaftungsermessen – beispielsweise reduziert werden, indem der Zulassungsentscheidung *konkrete* Beschränkungen vorangestellt werden. Konstruktiv denkbar ist zunächst die bereits angesprochene Bedarfsplanung, die sich vorwiegend am Bedarf im eigenen Land orientieren könnte. Auch ein Vorrang der Bedarfsdeckung aus Importen ist grundsätzlich denkbar.[248] Im Interesse der Lagerstättensicherung im eigenen Land sowie eines lokalen Umweltschutzes mag dies auch in besonderem Maße nachhaltig sein. Eine globalisierte Betrachtung muss aber zwangsläufig Fragen nach dem ökologischen Gesamtertrag,[249] menschenrechtlichen Standards in den alternativen Abbauregionen[250] oder zumindest den

---

[244] Vgl. *F. Herrmann/Sanden/Schomerus/Schulze*, ZUR 2012, S. 523 (527 f.).

[245] Siehe hierzu *Trute*, Die demokratische Legitimation der Verwaltung, in: Hoffmann-Riem/Schmidt-Aßmann/Voßkuhle, Grundlagen des Verwaltungsrechts, Bd. I, 2. Auflage 2012, § 6 Rn. 10 ff., 49 ff.

[246] Vgl. *Sommermann*, in: von Mangoldt/Klein/Starck, GG, Bd. 2, 7. Auflage 2018, Art. 20 Rn. 186.

[247] Siehe hierzu *Gärditz*, in: Friauf/Höfling, Berliner Kommentar zum GG, Art. 20 (6. Teil) Rn. 144 ff. (Stand: Januar 2011); *Ossenbühl*, Vorrang und Vorbehalt des Gesetzes, Isensee/Kirchhof, Handbuch des Staatsrechts, Bd. IV, 3. Auflage 2007, § 101 Rn. 52 ff.; kritisch *F. Reimer*, Das Parlamentsgesetz als Steuerungsmittel und Kontrollmaßstab, in: Hoffmann-Riem/Schmidt-Aßmann/Voßkuhle, Grundlagen des Verwaltungsrechts, Bd. I, 2. Auflage 2012, § 9 Rn. 57 ff.

[248] Vgl. *Sanden/Schomerus/Schulze*, Entwicklung eines Regelungskonzepts für ein Ressourcenschutzrecht des Bundes, 2012, S. 515; differenzierend *Sanden/Schomerus/Keimeyer/Gailhofer/Westphal/Teßmer*, Rohstoffbedarfsplanung, Umweltbundesamt, Texte 72/2019, S. 157 f.

[249] Näher *Roßnagel/Hentschel*, Rechtliche Instrumente des allgemeinen Ressourcenschutzes, Umweltbundesamt, Texte 23/2017, S. 61 f.

[250] Vgl. auch die VO (EU) 2017/821 vom 17. Mai 2017 zur Festlegung von Pflichten zur

dortigen Abbaubedingungen im Allgemeinen (soziale Nachhaltigkeit) sowie nach der Gestaltung der Außenhandelspolitik[251] berücksichtigen und gewichten. Überdies ist die Abhängigkeit von Rohstoffimporten wirtschaftspolitisch risikobehaftet.[252] Im Sinne einer umfassend verstandenen nachhaltigen Entwicklung kann folglich die wirtschaftliche Entfaltungsmöglichkeit der heimischen Bergbauindustrie – sofern überhaupt Lagerstätten vorhanden sind – an relativem Gewicht gewinnen.[253]

Eine Reduktion der Nachfrage setzt dagegen von vornherein außerbergrechtliche technische Entwicklungen oder – u.U. verfassungsrechtlich notwendige[254] – politische Grundentscheidungen wie etwa zur Energiewende voraus. Der Gesetzgeber kann innovationsregulierende Anreize oder Vorgaben setzen, um mittel- bis langfristig bestimmte Rohstoffe entbehrlich zu machen. Über das Bergrecht selbst ist lediglich eine indirekte Steuerung denkbar, indem es das Angebot verknappt und so Anreize zur Innovation setzt.

Bergbauliche Vorhaben sind in aller Regel mit erheblichen Eingriffen in Natur, Landschaft und Untergrund verbunden. Auch wenn die Sensibilität hierfür in den vergangenen Jahrzehnten deutlich gewachsen ist, gab es durchaus bereits früher entsprechende Debatten.[255] Spätestens im Rahmen der Vorhabenzulassung ist zu entscheiden, ob und inwieweit Gewinnungsmaßnahmen beispielsweise mit Belangen des Wasser-, Gebiets- oder Artenschutzes vereinbar sind. Mit Blick auf die fortschreitende Europäisierung des Umweltrechts ist der politische Spielraum der nationalen Gesetzgeber – ungeachtet verfassungsrechtlicher Anforderungen insbesondere aus Art. 20a GG – verengt. Das Bergrecht kann sich dabei allerdings eigenständiger materiell-rechtlicher Vorgaben

---

Erfüllung der Sorgfaltspflichten in der Lieferkette für Unionseinführer von Zinn, Tantal, Wolfram, deren Erzen und Gold aus Konflikt- und Hochrisikogebieten, ABl. Nr. L 130 vom 19. Mai 2017, S. 1; dazu *Heße/Klimke*, EuZW 2017, S. 446 ff.; *Huck*, EuZW 2018, S. 266 (268).

[251] *Roßnagel/Hentschel*, Rechtliche Instrumente des allgemeinen Ressourcenschutzes, Umweltbundesamt, Texte 23/2017, S. 61.

[252] Vgl. hierzu auch die Rohstoffinitiative der Europäischen Kommission vom 4. November 2008, KOM(2008) 699 unter 1.2.; *Vidal/Herrington/Arndt*, Metalle für Europas Industrie – ob die Öffentlichkeit sie will oder nicht?, in: Kausch/Matschullat/Bertau/Mischo, Rohstoffwirtschaft und gesellschaftliche Entwicklung, 2016, S. 3.

[253] Vgl. auch *Umweltbundesamt* (Hrsg.), Politikempfehlungen für eine verantwortungsvolle Rohstoffversorgung Deutschlands als Beitrag zur nachhaltigen Entwicklung. Teil I – Handlungsvorschläge für eine umwelt- und ressourcenschonende Rohstoffgewinnung in Deutschland, Dezember 2020, S. 8, 17, https://www.umweltbundesamt.de/sites/default/files/medien/1410/publikationen/2020_12_pp_bergrecht_bf.pdf, zuletzt abgerufen am 9. Juli 2021.

[254] Vgl. den Klimabeschluss des Bundesverfassungsgerichts vom 24. März 2021 – 1 BvR 2656/18 u.a., NJW 2021, S. 1723.

[255] *Brüggemeier*, Grubengold, 2018, S. 25 unter Verweis auf eine Eingabe von Landwirten und Anwohnern im Jahre 1754 an den preußischen König betreffend das durch einen Stollen verschmutzte Wasser; *Kraschewski*, Das Spätmittelalter, in: Tenfelde/Berger/Seidel, Geschichte des deutschen Bergbaus, Bd. 1, 2012, S. 249 (308).

enthalten, soweit sonstiges Fachrecht nicht überlagert wird. Gleichwohl greift das Bundesberggesetz ökologische Interessen durch eigene materiell-rechtliche Regelungen auf – insbesondere zum mittlerweile auch in § 1 Nr. 1 BBergG genannten Schutz des Bodens[256], zum Umgang mit Abfällen[257] und neuerdings auch zum Schutz des Grundwassers[258]. Hinzu kommt die verfahrensrechtliche Implementierung der Umweltverträglichkeitsprüfung für bestimmte Vorhaben.[259] Das Bundesberggesetz überantwortet schließlich den Bergbehörden die Aufsicht über abzuschließende sowie nach Maßgabe des § 69 Abs. 2 BBergG über bereits abgeschlossene Bergbauvorhaben. Ziel ist eine ordnungsgemäße Betriebseinstellung, die selbst die Erfüllung sogenannter Ewigkeitslasten wie etwa die dauerhaft notwendige Gruben- oder Grundwasserhaltung[260] sicherstellt. Bergbaufolgen werden damit nicht (ausschließlich) der Verantwortung der jeweiligen Fachbehörden überlassen.

Ökologische Belange können auch durch die Rohstoffverwendung betroffen sein. Besonders augenfällig wird dies bei der Energiegewinnung aus Kohle, Erdöl oder Erdgas. Ein entsprechendes grundsätzliches Bewusstsein besteht dabei im Grunde nicht erst in neuester Zeit. Die Luftverschmutzung durch die Verbrennung von Steinkohle war zunächst eine Ursache für den nur zögerlichen Siegeszug der Steinkohle und später für Debatten und juristische Auseinandersetzungen, aber durchaus auch für Bemühungen, die Verbrennung zu optimieren oder die Belastungen – wenngleich bei weitem nicht ausreichend – zumindest zu reduzieren.[261] Auch solche Sachverhalte entziehen sich – wie bereits betont – bergrechtlicher Regelung.

---

[256] Insb. § 55 Abs. 1 Satz 1 Nr. 7, 9 BBergG, näher *Müggenborg*, NVwZ 2012, S. 659 ff. Den Vorrang des Bundesberggesetzes stellt § 3 Abs. 1 Nr. 10 BBodSchG klar, dazu sowie zur Anwendbarkeit des Bundes-Bodenschutzgesetzes BVerwGE, Urteil vom 14. April 2005 – 7 C 26/03, BVerwGE 123, 247 (252 ff.), kritisch *von Mäßenhausen*, in: Boldt/Weller/Kühne/von Mäßenhausen, BBergG, 2. Auflage 2016, Anh. § 48 Rn. 47.

[257] Insb. § 55 Abs. 1 Satz 1 Nr. 6 BBergG i.V.m. § 22a ABBergV. § 2 Abs. 2 Nr. 7 KrWG enthält einen Anwendungsausschluss des Kreislaufwirtschaftsgesetzes für unmittelbare bergbauliche Abfälle. Instruktiv zum komplizierten Zusammenspiel von Bergrecht und Abfallrecht *von Mäßenhausen*, in: Boldt/Weller/Kühne/von Mäßenhausen, BBergG, 2. Auflage 2016, Anh. § 48 Rn. 1 ff., § 55 Rn. 63 ff.; ferner *Holzapfel*, Umweltrechtliche Anforderungen an die Verwertung mineralischer Abfälle in und auf dem Boden, 2014, S. 75 ff.

[258] §§ 22b und 22c ABBergV. § 22c Abs. 1 Satz 4 ABBergV implementiert sogar den wasserrechtlichen Besorgnisgrundsatz; mit Blick auf die Regelungskompetenz kritisch *Herbeck*, ZfB 158 (2017), S. 1 (12).

[259] § 52 Abs. 2a, §§ 57a ff. i.V.m. der UVP-V Bergbau.

[260] Siehe dazu zunächst nur *Beckmann*, ZUR 2006, S. 295 ff.; *Müggenborg*, NuR 2013, S. 326 ff.

[261] Näher *Brüggemeier*, Grubengold, 2018, S. 17 ff., 83 ff., 109 ff., 243 ff., 369 ff.

bb) Ökonomische und soziale Nachhaltigeit

Dem Bergrecht kommt seit jeher die Aufgabe zu, die wirtschaftliche Entwicklung zu gewährleisten, indem Rohstoffe in ausreichendem Maße zur Verfügung stehen. Die Sicherung der Rohstoffversorgung ist zentrale und – je nach Konzeption – sogar prioritäre Aufgabe. Zugleich ist das Rechtsregime auf die Gewinnung von Bodenschätzen im eigenen Territorium sowie nach Maßgabe des Völkerrechts auf Hoher See beschränkt. Der Zugriff auf national nicht verfügbare oder nicht wirtschaftlich gewinnbare Rohstoffe kann dagegen nur im Rahmen internationaler Handelsbeziehungen sichergestellt werden und ist damit von vornherein kein Gegenstand der bergrechtlichen Regelungsmaterie. Verfassungsrechtlich anerkannt wird die wirtschaftliche Bedeutung der Rohstoffversorgung in Art. 15 GG, wonach Bodenschätze zu den sozialisierungsfähigen Gegenständen zählen.

Der Bergbau brachte bereits früh soziale Errungenschaften wie etwa das Knappschaftswesen hervor.[262] Als beträchtlicher Wirtschaftsfaktor sichert der Bergbau auch heute noch zahlreiche Arbeitsplätze und kann regional strukturprägend sein. Sind bestimmte Gewinnungsvorhaben wirtschaftlich nicht mehr profitabel oder müssen aus sonstigen Gründen mittelfristig aufgegeben werden, werden mitunter einige politische Anstrengungen unternommen, um den Strukturwandel möglichst sozialverträglich auszugestalten, ohne dass Grundrechte oder das Sozialstaatsprinzip unmittelbar konkretisierbare Handlungspflichten begründen würden. So wurde der Steinkohlengewinnungssektor nicht nur organisatorisch komplett umgebaut, sondern über Jahrzehnte hinweg massiv subventioniert, wobei anfangs die Versorgungssicherheit selbst Zweck war.[263] Den sogenannten Kohlepfennig, der als Sonderabgabe zugunsten des deutschen Steinkohlenbergbaus letztlich von den Verbrauchern über den Strompreis zu leisten war, erklärte das Bundesverfassungsgericht allerdings für mit dem Grundgesetz nicht vereinbar.[264] Der Ausstieg aus der Kohleverstromung wird durch das Strukturstärkungsgesetz Kohleregionen vom 8. August 2020[265] flankiert.

Insbesondere Tagebauvorhaben können allerdings auch massive Eingriffe in gewachsene Sozialstrukturen zur Folge haben, wenn Ortschaften der Gewinnung von Bodenschätzen weichen müssen. Umsiedlungen sind möglichst sozialverträglich zu gestalten. Dabei ergänzen sich bergrechtliche Regelungen,

---

[262] Siehe oben 1. Kapitel C. I., S. 20 f.
[263] Ausführlich *Brüggemeier*, Grubengold, 2018, S. 349 ff.; 377 ff.; *Farrenkopf*, Wiederaufstieg und Niedergang des Bergbaus in der Bundesrepublik, in: Tenfelde/Berger/Seidel, Geschichte des deutschen Bergbaus, Bd. 4, 2013, S. 183 (215 ff.); siehe auch *Herbert*, Geschichte Deutschlands im 20. Jahrhundert, 2014, S. 975 f.
[264] BVerfG, Beschluss vom 11. Oktober 1994 – 2 BvR 633/86, BVerfGE 91, 186.
[265] BGBl I 2020, S. 1795.

planerische und politische Entscheidungen sowie privatrechtliche Vereinbarungen.[266]

Schließlich erfordern wirtschaftliche und soziale Entwicklungschancen künftiger Generationen einen schonenden Umgang mit nicht regenerativen Ressourcen sowie Substituierungsbemühungen. Parallelen zur ökologischen Nachhaltigkeit treten hier offen zu Tage. Zugleich wird deutlich, dass gerade in der intergenerationellen Betrachtung die ökologische Nachhaltigkeit notwendiges und unabdingbares Fundament künftiger Entwicklungschancen ist.

cc) Die drei Säulen der nachhaltigen Entwicklung im Bergrecht

Ob Bergrecht im Rahmen seines Regelungsumfangs dem Prinzip der nachhaltigen Entwicklung hinreichend Rechnung trägt, ist danach zu beurteilen, ob und inwieweit den jeweiligen Säulen und unterschiedlichen Belangen Rechnung getragen wird bzw. unauflösbare Konflikte bestmöglich ausgeglichen werden. Nicht erforderlich sind – wie bereits betont – umfassende materiell-rechtliche Regelungen im Bergrecht selbst. Es genügen Öffnungsklauseln zu sonstigem Fachrecht, die eine umfassende Abwägung sicherstellen. Im geltenden Bergrecht lassen sich die drei Säulen der nachhaltigen Entwicklung zumindest ansatzweise in der bergrechtlichen Zweckvorschrift des § 1 BBergG nachweisen.[267] Die Annahme, alle drei Ziele stünden gleichrangig nebeneinander,[268] erscheint aber zumindest nach der gesetzlichen Konzeption zweifelhaft. Immerhin stellt § 48 Abs. 1 Satz 2 BBergG für bestimmte außerbergrechtliche Vorschriften klar, dass bei deren Anwendung dafür Sorge zu tragen ist, dass die Aufsuchung und Gewinnung so wenig wie möglich beeinträchtigt werden. Ob die bergrechtlichen Schnittstellen[269] im Übrigen genügen, ist im weiteren Gang der Arbeit zu untersuchen.

Darüber hinaus sind funktionierende Schnittstellen zu vorausgehenden, flankierenden oder nachgelagerten politischen Entscheidungen zum Umgang mit Rohstoffen notwendig. Denn nachhaltiges Bergrecht ist seinerseits integraler Bestandteil eines umfassenden Nachhaltigkeitsverständnisses, das auch die Rolle der Rohstoff*verwendung* im Blick hat. Weitreichende Eingriffe in

---

[266] Vgl. dazu *Gotzen*, NWVBl 2006, S. 361 ff.

[267] Näher *Frenz*, Bergrecht und Nachhaltige Entwicklung, 2001, S. 19 f.; vgl. auch *Vitzthum/Piens*, in: Piens/Schulte/Graf Vitzthum, BBergG, 3. Auflage 2020, § 1 Rn. 19, die – sicherlich durchaus großzügig – verschiedene Konkretisierungen des Gedankens des *sustainable development* aufführen und hierzu neben Bestimmungen zur Vorsorge gegen Gefahren oder zur Wiedernutzbarmachung der Oberfläche (§ 55 Abs. 1 Satz 1 Nr. 3, 7 BBergG) etwa auch konzessionsrechtliche Vorschriften zum Arbeitsprogramm (§ 11 Nr. 3, § 12 Abs. 1 Nr. 4 BBergG) zählen. Für eine grundlegende Neujustierung des Gesetzeszwecks *Keimeyer/Gailhofer/Westphal/Sanden/Schomerus/Teßmer*, Recht der Rohstoffgewinnung, Umweltbundesamt, Texte 71/2019, S. 287 ff.

[268] So *Frenz*, Bergrecht und Nachhaltige Entwicklung, 2001, S. 20.

[269] Insbesondere die Öffnungsklausel des § 48 Abs. 2 Satz 1 BBergG.

Natur und Landschaft sowie in sozialer Hinsicht unerwünschte Umsiedlungen zugunsten von Braunkohlentagebauen können nicht isoliert von der Bedeutung der Braunkohle für die Sicherung der Energieversorgung – und sei es auch nur für eine Übergangszeit – bewertet werden. Die Frage nach den noch hinnehmbaren Risiken der Fracking-Technologie[270] ist nur im Kontext mit der Bedeutung des Erdgases für die Stromerzeugung – insbesondere als vorübergehende Alternative zur Kohleverstromung – zu klären. Der Umstieg auf Elektroantrieb beim Auto erfordert den Zugriff auf Rohstoffe,[271] deren Gewinnung ebenfalls mit negativen Konsequenzen verbunden ist. Energetische Sanierungen und die im Rahmen sozialer Nachhaltigkeit notwendige Schaffung von (energiesparendem) Wohnraum sind abhängig von der Verfügbarkeit entsprechender Baustoffe.[272]

Richtet man den Blick weg von der Urproduktion, kann Bergrecht weitere Beiträge zur Energiewende leisten, wenngleich auch solche Vorhaben mit Eingriffen in den Naturhaushalt verbunden sind. Zu nennen sind hier beispielsweise Geothermievorhaben, die unter bestimmten Umständen unter das Bundesberggesetz fallen,[273] Wasserstoffspeicher sowie Druckluftspeicherkraftwerke,[274] die beispielsweise Windenergie zwischenspeichern können.[275]

c) Exkurs: Bergrecht als Regulierungsrecht

Der multifunktionale Anspruch an das Bergrecht legt nahe, das Recht der Rohstoffgewinnung als Regulierungsrecht[276] zu verstehen. Unter einem weiten Verständnis[277] ist dies sicherlich der Fall. Der Regulierungsbegriff erfasst hiernach

---

[270] Zur Fracking-Technologie siehe oben Fn. 146, S. 24.

[271] Vgl. *Umweltbundesamt* (Hrsg.), Politikempfehlungen für eine verantwortungsvolle Rohstoffversorgung Deutschlands als Beitrag zur nachhaltigen Entwicklung. Teil I – Handlungsvorschläge für eine umwelt- und ressourcenschonende Rohstoffgewinnung in Deutschland, Dezember 2020, S. 37, https://www.umweltbundesamt.de/sites/default/files/medien/1410/publikationen/2020_12_pp_bergrecht_bf.pdf, zuletzt abgerufen am 9. Juli 2021. So gibt es im Erzgebirge Lithiumlagerstätten, für deren Gewinnung bereits Bergbauberechtigungen erteilt wurden, *Czycholl*, FAZ vom 12. September 2019, S. V6.

[272] Vgl. die Mitteilung der Kommission vom 11. Dezember 2019, COM(2019) 640 final, Der europäische grüne Deal, Ziff. 2.1.4.

[273] Siehe unten 1. Kapitel D. I. 1. b) bb) (1), S. 72.

[274] Zur Anwendbarkeit des Bundesberggesetzes siehe unten 1. Kapitel D. I. 2. a), S. 76.

[275] Vgl. *Bartel/Janssen*, NuR 2016, S. 237 (238); *Dietrich*, in: Kühne/Ehricke, Bergrecht zwischen Tradition und Moderne, 2010, S. 139 (143).

[276] Ausführlich zur „Regulierungsaufgabe" des Bergrechts *Wörheide*, Die Bergbauberechtigungen nach dem Bundesberggesetz, 2014, S. 75 ff., 99 ff., 142, 144.

[277] Ein solches wird üblicherweise im Bereich des Gewährleistungsverwaltungsrechts (dazu oben 1. Kapitel C. II. 1., S. 23) zugrundegelegt, vgl. *Eifert*, Grundversorgung mit Telekommunikationsleistungen im Gewährleistungsstaat, 1998, S. 19 f.; *Knauff*, Der Gewährleistungsstaat: Reform der Daseinsvorsorge, 2004, S. 88 ff.; *Schoch*, NVwZ 2008, S. 241 (245); *Voßkuhle*, VVDStRL 62 (2003), S. 266 (304 mit Fn. 156); vgl. *Franzius*, Der Staat 42

„jede gewollte staatliche Beeinflussung gesellschaftlicher Prozesse [...], die einen spezifischen, aber über den Einzelfall hinausgehenden Ordnungszweck verfolgt und dabei im Recht zentrales Medium und Grenze findet".[278] Regulierung leistet hiernach „einen positiven Beitrag des Staates zur Beseitigung von Missständen, deren Korrektur der Markt allein nicht bewältigt".[279]

Legt man hingegen ein an der Regulierung der Netzwirtschaften orientiertes Verständnis zugrunde, erscheint die Zuordnung des Bergrechts zum Regulierungsrecht keineswegs ausgemacht. Zu den prägenden Merkmalen sollen nach dieser engeren Sichtweise „idealtypisch eine reduzierte Gesetzesbindung, eine fachliche Autonomisierung, die prozedurale Eigenlegitimität und die Unabhängigkeit" zählen.[280] Jedenfalls das Bundesberggesetz zeichnet sich hiervon abweichend durch eine weitreichende gesetzliche Programmierung sowie – so viel sei hier bereits vorweggenommen – nach herrschender Lesart durch das Fehlen nennenswerter behördlicher Letztentscheidungsbefugnisse aus. Bergrecht ist insoweit gewissermaßen Kontrapunkt zum Ursprung des Regulierungsrechts.

Flexibilisierungen etwa im Interesse einer nachhaltigen Entwicklung sind *de lege ferenda* selbstredend möglich, bleiben aber immer eng mit außerbergrechtlichen Instrumenten wie etwa der Raumordnung verwoben. Zu klären wäre je nach gesetzlicher Ausgestaltung, ob dem Vorbehalt des Gesetzes ausreichend Rechnung getragen wird – insbesondere ob weitgehende Entscheidungsfreiräume der Verwaltung, wie namentlich das sogenannte Regulierungsermessen, verfassungsrechtlich hinnehmbar sind[281] und inwieweit solche Selbstprogrammierungen der Verwaltung gerichtlich überprüft werden.[282]

(2003), S. 493 (511, 515); *Kahl*, Wasser, in: Fehling/Ruffert, Regulierungsrecht, 2010, § 14 Rn. 25.

[278] *Eifert*, Regulierungsstrategien, in: Hoffmann-Riem/Schmidt-Aßmann/Voßkuhle, Grundlagen des Verwaltungsrechts, Bd. I, 2. Auflage 2012, § 19 Rn. 5. Zu verschiedenen Begriffen und Funktionen der Regulierung ausführlich *Eifert*, a.a.O., Rn. 1 ff.; *Ruffert*, Begriff, in: Fehling/Ruffert, Regulierungsrecht, 2010, § 7.

[279] *Schmidt-Preuß*, in: FS Reiner Schmidt, 2006, S. 547 (548 f.), der im Übrigen ausdrücklich zwischen einem engen und weiten Regulierungsverständnis differenziert.

[280] Dazu *Durner*, VVDStRL 70 (2011), S. 398 (404, 413, 445), ebenfalls unter Auseinandersetzung mit verschiedenen Regulierungsbegriffen.

[281] Zur dogmatischen Einordnung *Ludwigs*, JZ 2009, S. 290 ff. Grundsätzlich kritisch gegenüber einer weitgehenden Zurücknahme der gesetzlichen Programmierung *Gärditz*, in: Friauf/Höfling, Berliner Kommentar zum GG, Art. 20 (6. Teil) Rn. 145 ff. (Stand: Januar 2011).

[282] Zu Beurteilungsspielräumen und Regulierungsermessen BVerwG, Urteil vom 28. November 2007 – 6 C 42/06, BVerwGE 130, 39 Rn. 28 ff. sowie Urteil vom 2. April 2008 – 6 C 15/07, BVerwGE 131, 41, dazu kritisch *Gärditz*, NVwZ 2009, S. 1005 ff.; BVerfG, Beschluss vom 8. Dezember 2011 – 1 BvR 1932/08, DVBl 2012, S. 229 ff., dazu kritisch *Durner*, DVBl 2012, S. 299 ff.; zurückhaltender BVerwG, Urteil vom 17. August 2016 – 6 C 50/15, BVerwGE 156, 75 Rn. 13.

3. Bergbau und Grundrechtsschutz

Von der ursprünglich starken Stellung des Bergbaus infolge der wirtschaftlichen Bedeutung gegenüber entgegenstehenden Interessen profitierten selbstredend auch die Bergbauunternehmen, sodass deren Freiheitsentfaltung im Windschatten des grundsätzlichen öffentlichen Interesses an der Rohstoffgewinnung lange Zeit beste Bedingungen genoss. Verliert aber die Sicherung der Rohstoffversorgung an Gewicht gegenüber kollidierenden Belangen und gerät das überkommene bergrechtliche System mit seiner relativen bergbaulichen Vormachtstellung zunehmend unter Rechtfertigungsdruck, gewinnt gleichzeitig die Frage nach der effektiven Reichweite des grundrechtlichen Freiheitsschutzes der Bergbautreibenden an Bedeutung. Er entfaltet seine Wirkung nicht erst auf der Zulassungsebene mit ihren offen zutagetretenen polygonalen Konflikten, sondern erfasst bereits die Zuteilung von Rechten an Bodenschätzen.

Die aus dieser Gemengelage resultierende verfassungsrechtliche Komplexität würde gemildert, wenn grundrechtliche Gewährleistungen bereits im Ansatz reduziert wären. Grundrechtsdogmatische Versuche, umweltschädigendes Verhalten von vornherein vom Gewährleistungsgehalt der Grundrechte auszuklammern oder umweltbelastendes Verhalten in bloße Teilhaberechte an der Nutzung beschränkter Ressourcen umzudeuten, dringen allerdings von vornherein nicht durch. *Ausgangs*punkt bleibt ein liberales Grundrechtsverständnis mit seiner individual-abwehrrechtlichen Dimension. Kollidierende Belange einschließlich grundrechtlicher Schutzpflichten sowie gesetzgeberische Steuerungszwecke können die Freiheitsentfaltung im Rahmen der verfassungsrechtlichen Befugnisse und Pflichten begrenzen, nicht aber den Schutzgehalt *a limine* reduzieren.

a) Der grundrechtsdogmatische Rahmen

aa) Immanente Grundrechtsschranken?

Von vornherein unergiebig für den hier zu diskutierenden grundrechtlichen Schutz bergbaulicher Tätigkeiten sind verbreitete Ansätze in Literatur und Rechtsprechung, den Schutzbereich bzw. den grundrechtlichen Gewährleistungsgehalt einzugrenzen und bestimmte Verhaltensweisen von vornherein dem grundrechtlichen Schutz zu entziehen[283]. Dabei geht es beispielsweise um die Frage, ob Art. 8 GG nur „politische" Versammlungen erfasst, die auf eine Meinungskundgabe gerichtet sind, oder die Ausgrenzung von verbotenen und schlechthin sozialschädlichen Tätigkeiten wie Auftragsmorden aus

---

[283] Vgl. Ausführlich dazu *Isensee*, Das Grundrecht als Abwehrrecht, in: ders./Kirchhof, Handbuch des Staatsrechts, Bd. IX, 3. Auflage 2011, § 191 Rn. 82 ff. m.w.N. zu beiden Auffassungen in Fn. 172.

dem Schutzbereich der Berufsfreiheit.[284] Auch umweltschädigendes Verhalten könnte mit Blick auf Art. 20a GG bereits aus den grundrechtlichen
Schutzbereichen ausgenommen werden[285] mit der Folge, dass weder der Gesetzesvorbehalt noch die überkommenen Rechtfertigungsanforderungen greifen würden. Ungeachtet der Kritik[286] an einer „engeren Tatbestandstheo-
rie" dürfte im Bereich des Umweltschutzes auch unter der dort getroffenen
Prämisse anerkannt sein, dass jedenfalls komplexe Kollisionen, wie sie bei
Anlagengenehmigungen anzunehmen sind, nicht auf Tatbestandsebene gelöst
werden können.[287]

bb) Bloße Teilhabe an der Nutzung beschränkter Ressourcen?

Daher zielt *Dietrich Murswiek* mit seiner Überzeugung, dass es kein „Recht auf
Umweltverschmutzung" gebe,[288] auch nicht auf eine *a-limine*-Reduktion der
grundrechtlichen Schutzbereiche, sondern auf die Überlegung, dass die Nutzung nur beschränkt verfüg- bzw. belastbarer Umweltgüter immer nur Teilhabe
sei.[289] Grundrechtsdogmatisch soll hiermit nicht die Aufgabe der Grundrechte
als Eingriffsabwehrrechte verbunden sein. Allerdings degeneriert – jedenfalls
sofern kein originärer Teilhabeanspruch besteht – der Schutz im Kern zu einem
bloßen Willkürverbot.[290] Nach diesem Modell ist der Zugriff auf die Bodenschätze ebenso teilhaberechtlich zu beschreiben und verfassungsrechtlich unter
Willkürgesichtspunkten zu bewerten wie die Belastung der Umwelt durch die
Rohstoffgewinnung und -verwendung.

Bei aller Plausibilität und Richtigkeit der Wirklichkeitsanalyse widerspricht
das daraus deduzierte Teilhabekonzept verfassungsdogmatisch grundgesetzlich verbürgten Freiheitsgarantien sowie rechtsstaatlichen Anforderungen. Das
bloße Willkürverbot eröffnet dem Gesetzgeber in der Breite weitreichende und
nur in Grenzbereichen justiziable Gestaltungsfreiräume. Dabei werden im Ergebnis Umweltgüter im Rang über Freiheitsrechte gestellt, obwohl es sich nach
der verfassungsrechtlichen Konzeption um kollidierende Belange handelt, die

---

[284] Vgl. dazu *Lübbe-Wolff*, Die Grundrechte als Eingriffsabwehrrechte, 1988, S. 92.

[285] Vgl. *Kloepfer*, Umweltrecht, 4. Auflage 2016, § 3 Rn. 95; *Murswiek*, DVBl 1994, S. 77 ff.

[286] Etwa *Calliess*, Rechtsstaat und Umweltstaat, 2001, S. 545 ff.; *Steinberg*, Der ökologische Verfassungsstaat, 1998, S. 118 ff.

[287] Ausdrücklich *Isensee*, Das Grundrecht als Abwehrrecht, in: ders./Kirchhof, Hand-
buch des Staatsrechts, Bd. IX, 3. Auflage 2011, § 191 Rn. 101. Auch *Murswiek*, DVBl 1994,
S. 77 ff. wählt hier ein kompexeres Begründungsmodell, dazu sogleich. Die Bezugnahmen bei
Kloepfer, Umweltrecht, 4. Auflage 2016, § 3 Rn. 95 ff. auf die Eigentumsrechtsprechung des
Bundesverfassungsgerichts sind insoweit nicht verallgemeinerungsfähig, weil Art. 14 Abs. 1
GG von vornherein auf den einfachen Gesetzgeber verweist.

[288] Siehe aktuell *Murswiek/Rixen*, in: Sachs, GG, 8. Auflage 2018, Art. 2 Rn. 120, ebenso
die nur noch von *Rixen* verantwortete Folgeauflage.

[289] Grundlegend *Murswiek*, JZ 1988, S. 985 (992 f.); ders. DVBl 1994, S. 77 (79 ff.).

[290] *Murswiek*, DVBl 1994, S. 77 (83).

zwar auszugleichen sind, Umweltgüter[291] aber keine *a limine* vorrangige Stellung genießen.[292] Dieser verfassungsrechtlich notwendige Ausgleich erfolgt aber über das in der abwehrrechtlichen Dogmatik verankerte Verhältnismäßigkeitsprinzip, nicht durch bloße Willkürverbote. Überdies würde das Teilhabemodell – konsequent zu Ende gedacht – in einer technisierten Gesellschaft für wohl nahezu jegliche Freiheitsentfaltung und keineswegs nur punktuell für – wie auch immer zu ermittelnde – besonders schädliche Nutzungen gelten.[293] Wann nun gerade in diesen Bereichen originäre Teilhabeansprüche angenommen werden könnten, bleibt unklar.[294] Grundgesetzlich verbürgte Freiheitsentfaltung degenerierte damit in der Breite zur bloßen Teilhabe, die der Gesetzgeber weitgehend ohne Rechtfertigungslast im Sinne einer Ökodiktatur ausgestalten könnte. Rechtsstaatlich wäre dies nicht mehr hinnehmbar.[295]

cc) Ausgangspunkt: liberal-rechtsstaatliches Grundrechtsverständnis

Die grundrechtlichen Garantien des Grundgesetzes stehen vielmehr in der Tradition eines liberal-rechtsstaatlichen Grundrechtsverständnisses.[296] Als Reaktion auf die elementaren Unrechtserfahrungen der nationalsozialistischen Gewalt- und Willkürherrschaft bestimmt die Verfassung als „tragendes Konstruktionsprinzip"[297] in Art. 1 Abs. 1 GG die Menschenwürde und damit die individuelle Selbstbestimmung und Eigenverantwortung[298] und konkretisiert sie in den nachfolgenden Grundrechten,[299] die ihrerseits umfassend konzipiert sind und überwiegend keiner weiteren gesetzlichen Umsetzung mehr bedürfen.[300]

---

[291] Gleiches gilt für hieran anknüpfende grundrechtliche Schutzpflichten.

[292] *I. Appel*, Staatliche Zukunfts- und Entwicklungsvorsorge, 2005, S. 106 f.

[293] Ähnlich *Isensee*, Das Grundrecht als Abwehrrecht, in: ders./Kirchhof, Handbuch des Staatsrechts, Bd. IX, 3. Auflage 2011, § 191 Rn. 260 f.; *Kloepfer*, Umweltrecht, 4. Auflage 2016, § 3 Rn. 94.

[294] *Calliess*, Rechtsstaat und Umweltstaat, 2001, S. 541.

[295] Näher *Calliess*, Rechtsstaat und Umweltstaat, 2001, S. 541 f.

[296] *Böckenförde*, NJW 1974, S. 1529 (1537 f.); *Gärditz*, Hochschulorganisation und verwaltungsrechtliche Systembildung, 2009, S. 283 ff.; siehe auch *Isensee*, Das Grundrecht als Abwehrrecht, in: ders./Kirchhof, Handbuch des Staatsrechts, Bd. IX, 3. Auflage 2011, § 191 Rn. 16 f.; *Poscher*, Grundrechte als Abwehrrechte, 2003, S. 41 ff.; ferner *Hoffmann-Riem*, Das Recht des Gewährleistungsstaates, in: Schuppert, Der Gewährleistungsstaat – Ein Leitbild auf dem Prüfstand, 2005, S. 89 (107); vgl. auch *Enders*, in: Friauf/Höfling, Berliner Kommentar zum GG, vor Art. 1 Rn. 84 (Stand: Oktober 2000).

[297] BVerfG, Beschluss vom 20. Oktober 1992 – 1 BvR 698/89, BVerfGE 87, 209 (228).

[298] *Böckenförde*, NJW 1974, S. 1529 (1537); *Gärditz*, Hochschulorganisation und verwaltungsrechtliche Systembildung, 2009, S. 283 f.; *Masing*, Der Rechtsstatus des Einzelnen im Verwaltungsrecht, in: Hoffmann-Riem/Schmidt-Aßmann/Voßkuhle, Grundlagen des Verwaltungsrechts, Bd. I, 2. Auflage 2012, § 7 Rn. 8.

[299] *Di Fabio*, Zur Theorie eines grundrechtlichen Wertesystems, in: Merten/Papier, Handbuch der Grundrechte, Bd. II, 2006, § 46 Rn. 39 f.

[300] Vgl. auch den Wortlaut von Art. 19 Abs. 1 GG: „Soweit nach diesem Grundgesetz ein Grundrecht durch Gesetz oder auf Grund eines Gesetzes eingeschränkt werden kann, [...]."

Eingriffe und Beschränkungen werden ausdifferenzierten und abgestuften Anforderungen unterworfen,[301] während *ausdrückliche* Ausgestaltungsaufträge an den Gesetzgeber sowie programmatische Erklärungen die Ausnahme bilden.[302] Hier schlägt sich die zentrale Stellung des individuellen Selbstwertes eines jeden einzelnen Menschen nieder, der zuvörderst abwehrrechtlichen Schutz gegenüber staatlicher Fremdbestimmung erfordert.[303] Der Einzelne genießt zunächst – rechtlich gesehen – unbegrenzte Freiheit, während staatliche Eingriffsbefugnisse prinzipiell begrenzt sind (rechtsstaatliches Verteilungsprinzip). Dabei trägt der Staat die Darlegungs- und Rechtfertigungslast.[304]

„Nicht das einschränkende oder einen Gewährleistungsvorbehalt ausfüllende Gesetz kann dem Grundrecht Maß und Inhalt setzen, sondern umgekehrt muß ein solches Gesetz Maß und Inhalt von der grundrechtlichen Freiheitsgewährleistung empfangen."[305]

Ausgangspunkt und Ziel bleibt dabei immer der Einzelne.[306] Ausgeschlossen sind somit auch Ordnungsmodelle, die demgegenüber originär auf Fremdbestimmung setzen.[307]

dd) Fortschreibung: vielschichtige Grundrechtsdimensionen

Ein rein liberal-rechtsstaatliches Grundrechtsverständnis würde allerdings außer Acht lassen, dass Freiheitsentfaltung ihrerseits voraussetzungsvoll ist. Sie wird nicht nur durch bestimmte soziale Voraussetzungen bedingt, sondern erfordert zudem den Schutz vor gesellschaftlicher Machtausübung und -konzentration, die ihrerseits Freiheiten Dritter einschränken können.[308] Der Verfassungsgeber hat daher mit Art. 20 Abs. 1 GG dem Rechtsstaat das Sozial-

---

[301] *Böckenförde*, NJW 1974, S. 1529 (1537); *Isensee*, Das Grundrecht als Abwehrrecht, in: ders./Kirchhof, Handbuch des Staatsrechts, Bd. IX, 3. Auflage 2011, § 191 Rn. 29 f.

[302] Näher zum Ganzen unter Bezugnahme auf die Beratungen im Parlamentarischen Rat *von Mangoldt*, GG, 1. Auflage 1953, Die Grundrechte, Vorbemerkungen, S. 34 ff.

[303] Vgl. *Di Fabio*, Zur Theorie eines grundrechtlichen Wertesystems, in: Merten/Papier, Handbuch der Grundrechte, Bd. II, 2006, § 46 Rn. 40.

[304] *Böckenförde*, NJW 1974, S. 1529 (1530 f.); *Calliess*, Rechtsstaat und Umweltstaat, 2001, S. 296; *Dreier*, in: ders., GG, Bd. 1, 3. Auflage 2013, Vorb. Rn. 70; *Isensee*, Das Grundrecht als Abwehrrecht, in: ders./Kirchhof, Handbuch des Staatsrechts, Bd. IX, 3. Auflage 2011, § 191 Rn. 9. Siehe bereits *C. Schmitt*, Verfassungslehre, 1928, S. 126, 175 f., auf den auch die oft zitierte Formel zum rechtsstaatlichen Verteilungsprinzip zurückgeht, „nach welchem die Freiheit des Einzelnen prinzipiell unbegrenzt, die Befugnis des Staates prinzipiell begrenzt ist", dazu *Poscher*, Grundrechte als Abwehrrechte, 2003, S. 31 ff.: „verdeckt polemische Beschreibung des Abwehrrechts" vor dem Hintergrund des Staatsverständnisses *C. Schmitts*.

[305] *Böckenförde*, NJW 1974, S. 1529 (1531).

[306] *Masing*, Der Rechtsstatus des Einzelnen im Verwaltungsrecht, in: Hoffmann-Riem/Schmidt-Aßmann/Voßkuhle, Grundlagen des Verwaltungsrechts, Bd. I, 2. Auflage 2012, § 7 Rn. 8 ff.

[307] *Gärditz*, Hochschulorganisation und verwaltungsrechtliche Systembildung, 2009, S. 284.

[308] Vgl. *Böckenförde*, NJW 1974, S. 1529 (1531 f.).

staatsprinzip zu Seite gestellt, welches dem Staat „eine Verantwortung für die Schaffung und Sicherung der notwendigen sozialen Voraussetzungen grundrechtlicher Freiheit" zuweist.[309] Die Verfassungsrechtsprechung hat überdies den abwehrrechtlich konzipierten grundrechtlichen Gewährleistungen sukzessive – entwicklungsgeschichtlich sogar ältere[310] – sogenannte objektiv-rechtliche Grundrechtsdimensionen entnommen.[311] Sie können das negatorische Freiheitsverständnis verstärken,[312] aber – insbesondere als subjektivierte Schutzpflichten[313] – auch eine antagonistische Rolle übernehmen. Daneben begründen sie mitunter aber sogar die strukturelle Gefahr, individuelle Freiheitsrechte institutionell zu überformen,[314] obwohl sie zunächst ebenfalls der Idee der individuellen Freiheitsentfaltung verbunden sind[315].

---

[309] *Böckenförde*, NJW 1974, S. 1529 (1538) unter ausdrücklicher Ablehnung einer Erweiterung der grundrechtlichen Gewährleistungen um Teilhabe- und Leistungsansprüche aus dem Sozialstaatsprinzip, dazu auch *Böckenförde*, Der Staat 29 (1990), S. 1 (21 ff.); vgl. *Lindner*, Theorie der Grundrechtsdogmatik, 2005, S. 342; ferner *Hoffmann-Riem*, Das Recht des Gewährleistungsstaates, in: Schuppert, Der Gewährleistungsstaat – Ein Leitbild auf dem Prüfstand, 2005, S. 89 (93).

[310] Zentrale Aufgabe des modernen Staates war die Herstellung der inneren Sicherheit des Gemeinwesens und damit Schutz, näher zur Genese *Isensee*, Das Grundrecht als Abwehrrecht, in: ders./Kirchhof, Handbuch des Staatsrechts, Bd. IX, 3. Auflage 2011, § 191 Rn. 11 f., 17; vgl. *Calliess*, Rechtsstaat und Umweltstaat, 2001, S. 92 ff., 356 ff., 441 ff. zum staatlichen Gewaltmonopol; *Murswiek*, Die staatliche Verantwortung für die Risiken der Technik, 1985, S. 102 ff.; *Wahl/Masing*, JZ 1990, S. 553 (560). Überdies musste zunächst eine freiheitliche Rechtsordnung hergestellt werden, in der Grundrechte als Abwehrrechte ihre Wirkung entfalten können, *Hoffmann-Riem*, Das Recht des Gewährleistungsstaates, in: Schuppert, Der Gewährleistungsstaat – Ein Leitbild auf dem Prüfstand, 2005, S. 89 (94).

[311] Wegbereitend war hierbei die *Lüth*-Entscheidung BVerfG, Urteil vom 15. Januar 1958 – 1 BvR 400/51, BVerfGE 7, 198. Zusammenfassend etwa *Dreier*, in: ders., GG, Bd. 1, 3. Auflage 2013, Vorb. Rn. 94 ff.; vgl. *Enders*, in: Friauf/Höfling, Berliner Kommentar zum GG, vor Art. 1 Rn. 62 ff. (Stand: Oktober 2000).

[312] Zum Grundrechtsschutz durch Organisation und Verfahren siehe etwa *Dreier*, in: ders., GG, Bd. 1, 3. Auflage 2013, Vorb. Rn. 105 f.; vgl. *Degenhart*, Grundrechtsausgestaltung und Grundrechtsbeschränkung, in: Merten/Papier, Handbuch der Grundrechte, Bd. III, 2009, § 61 Rn. 46, der allerdings auch auf eine mögliche Schwächung der Schutzwirkungen hinweist.

[313] Dazu *Isensee*, Das Grundrecht als Abwehrrecht, in: ders./Kirchhof, Handbuch des Staatsrechts, Bd. IX, 3. Auflage 2011, § 191 Rn. 217 ff.; ablehnend *Camilo de Oliveira*, Zur Kritik der Abwägung in der Grundrechtsdogmatik, 2013, S. 192 ff., 223 ff., 330 ff., die für eine konsequente Rückbesinnung auf die abwehrrechtliche Dimension eintritt (vgl. bereits *Poscher*, Grundrechte als Abwehrrechte, 2003, S. 387 ff.). Ausführlich zur Ableitung subjektiver Rechtspositionen aus objektiv-rechtlichen Grundrechtsgehalten *Dietlein*, Die Lehre von den grundrechtlichen Schutzpflichten, 1992, S. 133 ff.

[314] Zur Gefahr einer Verselbständigung objektiver Garantien im Rahmen einer übergreifenden und entindividualisierten Ordnungside *Gärditz*, Hochschulorganisation und verwaltungsrechtliche Systembildung, 2009, S. 320 ff.

[315] *Masing*, Der Rechtsstatus des Einzelnen im Verwaltungsrecht, in: Hoffmann-Riem/Schmidt-Aßmann/Voßkuhle, Grundlagen des Verwaltungsrechts, Bd. I, 2. Auflage 2012, § 7 Rn. 10.

Der traditionell-abwehrrechtliche Gehalt der Grundrechte trifft insbesondere dann auf weitere Grundrechtsdimensionen, wenn die Freiheitsrealisierung selbst zumindest grundlegender rechtlicher Ausgestaltung[316] bedarf oder mit der Freiheitsausübung Grundrechtsbeschränkungen Dritter verbunden sind, die staatlichen Schutz aktivieren. Grundrechtsrelevante Sachverhalte können spätestens bei Drittbetroffenheit nicht mehr auf das der abwehrrechtlichen Dimension zugrundeliegende bipolare Staat-Bürger-Verhältnis reduziert werden. Die Komplexität nimmt noch zu, wenn drittbeschränkende Freiheitsentfaltung durch ein grundlegendes Gemeinwohlinteresse gestützt wird, für das der Staat eine Gewährleistungsverantwortung trägt. Bei alledem sind schließlich weitere objektive Belange, wie solche des Umweltschutzes, gleichfalls in Rechnung zu stellen.

Diese Gemengelage verdeutlicht paradigmatisch der hier im Fokus stehende Bergbau. Er erfordert zumindest eine grundlegende sachenrechtliche Zuordnung von Bodenschätzen und eine entsprechende Zugriffsbefugnis. Das Zulassungsregime muss überdies die Sicherheit des Betriebes gewährleisten sowie gegenläufigen Grundrechten etwa von Grundeigentümern sowie Umweltbelangen Rechnung tragen. Gleichzeitig hat der Staat häufig ein eigenes originäres Interesse an der Rohstoffgewinnung, liegt hier doch die unverzichtbare Grundlage für wirtschaftliche und gesellschaftliche Entfaltung.

ee) Der Ausgleich polygonaler Interessenkonflikte

Diese polygonale Gemengelage müssen nun der Gesetzgeber und hieran anschließend die Exekutive auflösen. Obwohl Bergbau bereits im Ansatz von der Ausgestaltung eines rechtlichen Rahmens abhängt und überdies als „Instrument der Gemeinwohlverwirklichung" funktional mit der staatlichen Gewährleistungsverantwortung für die Rohstoffsicherung verbunden ist und damit auch einer „Pflicht zur Ergebnissicherung"[317] dient, sind rohstoffrechtliche Zuteilungsregelungen und bergrechtliche Zulassungsregime dabei nie bloßes Produkt einer übergeordneten staatlichen Ordnungsidee.[318] Sie bleiben vielmehr

---

[316] Dazu *Degenhart*, Grundrechtsausgestaltung und Grundrechtsbeschränkung, in: Merten/Papier, Handbuch der Grundrechte, Bd. III, 2009, § 61, dort auch zur schwierigen Abgrenzung zur Grundrechtsbeschränkung.

[317] Zitate bei *Schoch*, NVwZ 2008, S. 241 (245), dort allgmein zur Gewährleistungsverantwortung; vgl. auch *Masing*, Der Rechtsstatus des Einzelnen im Verwaltungsrecht, in: Hoffmann-Riem/Schmidt-Aßmann/Voßkuhle, Grundlagen des Verwaltungsrechts, Bd. I, 2. Auflage 2012, § 7 Rn. 13.

[318] Dies ist hingegen Kern einer steuerungswissenschaftlichen Sicht, *Masing*, Der Rechtsstatus des Einzelnen im Verwaltungsrecht, in: Hoffmann-Riem/Schmidt-Aßmann/Voßkuhle, Grundlagen des Verwaltungsrechts, Bd. I, 2. Auflage 2012, § 7 Rn. 13: „Der Bürger ist hier [in der handlungs- bzw. steuerungswissenschaftlichen Perspektive] nicht Ausgangspunkt, sondern Gegenstand der Betrachtung. Sein Verhalten interessiert nun zuvörderst als Faktor in Bezug auf Zielsetzungen, die typischerweise überindividuell und kollektiv orien-

zuvörderst der grundrechtlichen Verbürgung individueller Freiheitsentfaltung verpflichtet.[319] Auch steuerungswissenschaftliche Modelle beanspruchen keine rechtsnormative Geltung, sondern stehen immer „unter der selbstverständlichen Voraussetzung, dass die rechtsstaatlich normativen Vorgaben der Verfassung zum Schutz des Einzelnen" beachtet werden. „Die Spannung zwischen Individualschutz und kollektiv gestalteter wie orientierter Verwaltungspolitik wird nicht aufgehoben, sondern ausgetragen." Dabei ist die „grundrechtliche Fundierung des Rechtsstatus des Einzelnen von großer Bedeutung".[320] Denn gerade die mittlerweile herausgebildete abwehrrechtliche Grundrechtsdogmatik gewährleistet, dass staatliche Belastungen transparent gehalten und so in die notwendige Abwägung einfließen können.[321] Dabei ist die Rechtfertigung schwerwiegender Belastungen umso eher möglich, je gewichtiger die gesetzgeberisch verfolgten Ziele sind.

Der Gesetzgeber hat bei dem Ausgleich kollidierender Belange einen grundsätzlich weiten Gestaltungsspielraum, der bereits im rechtsstaatlichen Gewaltenteilungsprinzip sowie in der demokratischen Legitimation der Legislative zur Entscheidung politischer Fragen wurzelt.[322] Hinzu kommen materiell-rechtliche Spielräume. So determiniert etwa Art. 20a GG – wie gezeigt – gesetzgeberisches Handeln in der Regel nur rudimentär. Sind allerdings ausnahmsweise ganz *konkrete Ziele* verfassungsrechtlich verbürgt[323], können diese Ziele Bergbauvorhaben ab einem bestimmten Zeitpunkt abschließend ent-

---

tiert sind." *Masing* differenziert freilich deutlich zwischen einer individualbezogenen und steuerungswissenschaftlichen Perspektive, die er – bei aller Spannung – für kompatibel hält, Rn. 15 ff. sowie sogleich.

[319] Vgl. *Gärditz*, Hochschulorganisation und verwaltungsrechtliche Systembildung, 2009, S. 182 ff., 320 ff., 340 ff., 626 ff., dort unter eingehender und deutlich kritischer Auseinandersetzung mit Tendenzen zur Verselbständigung objektiver Grundrechtsdimensionen sowie steuerungswissenschaftlichen Überlegungen. Konzeptionell abweichend dagegen etwa *Hoffmann-Riem*, Das Recht des Gewährleistungsstaates, in: Schuppert, Der Gewährleistungsstaat – Ein Leitbild auf dem Prüfstand, 2005, S. 89 ff., der im Leitbild des Gewährleistungsstaates die Hoheitsträger nicht vorrangig als Gegner in den Blick nimmt (S. 107), stattdessen in einem staatlich moderierten Prozess das aktuelle Gemeinwohl bestimmen will (S. 92 f.), für dessen Durchsetzung der Staat die Verantwortung trägt, wobei die individuelle Freiheitsentfaltung auch auf das Gemeinwohl ausgerichtet werden soll (S. 95, ferner S. 103). Dabei sollen freilich Möglichkeiten der Abwehr erhalten bleiben: Das „durch den Gesetzesvorbehalt aufgegebene Gesetz ist das Mittel, um in Ergänzung zu den Grundrechten zu bestimmen, wie weit gesellschaftliche Freiheit vor staatlicher Einwirkung in Gestalt des Eingriffs geschützt ist" (S. 107).

[320] *Masing*, Der Rechtsstatus des Einzelnen im Verwaltungsrecht, in: Hoffmann-Riem/ Schmidt-Aßmann/Voßkuhle, Grundlagen des Verwaltungsrechts, Bd. I, 2. Auflage 2012, § 7 Rn. 16, 83 (Zitate), ferner Rn. 84.

[321] *Gärditz*, Hochschulorganisation und verwaltungsrechtliche Systembildung, 2009, S. 326; vgl. *Steinberg*, Der ökologische Verfassungsstaat, 1998, S. 122.

[322] *Calliess*, Rechtsstaat und Umweltstaat, 2001, S. 462, 578.

[323] Nach dem Klimabeschluss des Bundesverfassungsgerichts vom 24. März 2021 – 1 BvR 2656/18 u. a., NJW 2021, S. 1723 fordert Art. 20a GG den Kampf gegen den Klimawandel und

gegenstehen. Auch dann verbleibt aber der Weg zur Zielverwirklichung in der Gestaltungsmacht des Gesetzgebers.

Nichts anders gilt für das Spannungsverhältnis zwischen Abwehrrechten und Schutzpflichten.[324] Ausgangspunkt hierfür sind die unterschiedlichen Schutzkonzepte. Während Abwehrrechte unter Beachtung insbesondere der Verhältnismäßigkeit einschränkbar sind,[325] werden Schutzpflichten nach der Verfassungsrechtsprechung in der Regel erst dann verletzt,

> „wenn die öffentliche Gewalt Schutzvorkehrungen entweder überhaupt nicht getroffen hat oder die getroffenen Regelungen und Maßnahmen gänzlich ungeeignet oder völlig unzulänglich sind, das gebotene Schutzziel zu erreichen, oder erheblich dahinter zurückbleiben".[326]

Mitunter können die Anforderungen auch deutlich strenger ausgeprägt und insbesondere bei besonders schwerwiegenden Beeinträchtigungen einer Verhältnismäßigkeitsprüfung angenähert sein (sog. Untermaßverbot).[327] Teilweise werden beide Ansätze miteinander kombiniert,[328] ohne dass deren Verhältnis zueinander deutlich würde. Zwischen den beiden Polen des abwehrrecht-

---

damit mittelbar die baldige Klimaneutralität von Treibhausgasemissionen. Zu den rechtlichen Wirkungen im Bergrecht siehe unten Fn. 531, S. 180 sowie 2. Kapitel C. III. 2. b), S. 189.

[324] Siehe dazu bereits oben 1. Kapitel C. III. 2. a) cc) (2), S. 35 ff. Abzulehnen ist die vereinzelt vertretene Zurechnung (legaler) privater Eingriffe zum Staat, sodass eine Schutzpflichtverletzung zugleich staatlicher Eingriff ist, siehe dazu *Murswiek*, Die staatliche Verantwortung für die Risiken der Technik, 1985, S. 62 ff., 91 ff., 123; *ders.*, WiVerw 1986, S. 179 (182 f., 199 f.); ferner *Szczekalla*, Die sogenannten grundrechtlichen Schutzpflichten im deutschen und europäischen Recht, 2002, S. 406 ff.; zur Kritik *Calliess*, Rechtsstaat und Umweltstaat, 2001, S. 423 ff.; *Dietlein*, Die Lehre von den grundrechtlichen Schutzpflichten, 1992, S. 39 ff.; *Isensee*, Das Grundrecht als Abwehrrecht, in: ders./Kirchhof, Handbuch des Staatsrechts, Bd. IX, 3. Auflage 2011, § 191 Rn. 256 ff.; *Krings*, Grund und Grenzen grundrechtlicher Schutzansprüche, 2003, S. 105 ff. Speziell zu staatlichen Genehmigungen siehe unten 3. Kapitel A. II. 2. b) bb), S. 218, 221. Künftig könnte diese Form der Zurechnung allerdings unerwartete Relevanz gewinnen: In seinem Klimabeschluss vom 24. März 2021 – 1 BvR 2656/18 u.a., NJW 2021, S. 1723 erkennt das Bundesverfassungsgericht eine „eingriffsähnliche Vorwirkung", wenn sich der Gesetzgeber dafür entscheidet, eine bestimmte „Menge an CO_2-Emissionen zuzulassen", Rn. 184; dazu *von Weschpfennig*, in: Fellenberg/Guckelberger, Klimaschutzrecht, 2022, § 3 KSG Rn. 15 ff. m.w.N. Ob diese Figur sogar auf die einzelne Genehmigung heruntergebrochen wird, bleibt freilich abzuwarten.

[325] *Enders*, in: Friauf/Höfling, Berliner Kommentar zum GG, vor Art. 1 Rn. 94 ff. (Stand: Oktober 2000).

[326] BVerfG, Urteil vom 10. Januar 1995 – 1 BvF 1/90 u.a., BVerfGE 92, 26 (46); ebenso BVerfG, Beschluss vom 26. Juli 2016 – 1 BvL 8/15, BVerfGE 142, 313 Rn. 70; BVerfG, Beschluss vom 24. März 2021 – 1 BvR 2656/18 u.a., NJW 2021, S. 152, 172; aus der Kammerrechtsprechung BVerfG, Beschluss vom 24. Januar 2007 – 1 BvR 382/05, NVwZ 2007, S. 805 ff.; Beschluss vom 18. Februar 2010 – 2 BvR 2502/08, NVwZ 2010, S. 702 ff.

[327] Vgl. BVerfG, Urteil von 28. Mai 1993 – 2 BvF 2/90 u.a., BVerfGE 88, 203 (254 ff.); *Enders*, in: Friauf/Höfling, Berliner Kommentar zum GG, vor Art. 1 Rn. 133 (Stand: Oktober 2000); kritisch *Dreier*, in: ders., GG, Bd. 1, 3. Auflage 2013, Vorb. Rn. 103; *Sachs*, in: ders., GG, 9. Auflage 2021, Vor Art. 1 Rn. 36.

[328] BVerfG, Beschluss vom 4. Mai 2011 – 1 BvR 1502/08, NVwZ 2011, S. 991 Rn. 38.

lichen Schutzes und der Schutzpflichtfunktion verbleibt ein Korridor,[329] innerhalb dessen der Gesetzgeber kollidierende Interessen ausgleichen kann.[330] Hieraus erwachsende Spielräume beruhen nicht *nur* auf einer reduzierten gerichtlichen Kontrolldichte,[331] sondern sind bereits in den unterschiedlichen materiell-rechtlichen Gewährleistungen von Abwehrrechten und Schutzpflichten verankert. Während Abwehrrechte unmittelbar und zunächst umfassend gegen staatliche Eingriffe schützen – insoweit also ein staatliches Unterlassen sichern –, gewähren Schutzpflichten nicht spiegelbildlich einen zunächst umfassenden Schutz vor Beeinträchtigungen durch die Freiheitsentfaltung anderer,[332] der dann im Rahmen eines Optimierungsgebots mit gegenläufigen Freiheitsrechten auszugleichen wäre.[333] Garantiert ist nur ein Mindeststandard,[334] der zugleich zu einem gesetzgeberischen Handeln – möglicherweise sogar in Form des Eingriffs in Rechte Dritter – verpflichtet. Der Gesetzgeber darf aber jenseits dieser Grenze weitergehende Maßnahmen zum Schutze Dritter treffen; er ist abwehrrechtlich nicht auf das verfassungsrechtlich absolut Notwendige beschränkt.[335] Der Begriff Schutz*pflicht* ist insoweit missverständlich.

---

[329] A.A. *Hain*, DVBl 1993, 982 (983 f.); dazu wiederum ablehnend *Calliess*, Rechtsstaat und Umweltstaat, 2001, S. 456 f.; *Isensee*, Das Grundrecht als Abwehrrecht, in: ders./Kirchhof, Handbuch des Staatsrechts, Bd. IX, 3. Auflage 2011, § 191 Rn. 304; *Lindner*, Theorie der Grundrechtsdogmatik, 2005, S. 514 ff.

[330] *Calliess*, Rechtsstaat und Umweltstaat, 2001, S. 457 f.; vgl. BVerfG, Urteil vom 10. Januar 1995 – 1 BvF 1/90 u.a., BVerfGE 92, 26 (46); ferner Urteil von 28. Mai 1993 – 2 BvF 2/90 u.a., BVerfGE 88, 203 (262). I.E. – allerdings im Rahmen einer rein abwehrrechtlichen Dogmatik – ebenfalls den gesetzgeberischen Gestaltungsspielraum betonend *Camilo de Oliveira*, Zur Kritik der Abwägung in der Grundrechtsdogmatik, 2013, S. 330 ff.

[331] So aber *Calliess*, Rechtsstaat und Umweltstaat, 2001, S. 456, 462 f., ferner S. 585 f.

[332] *Michael/Morlok*, Grundrechte, 7. Auflage 2020, Rn. 524. Diese Asymmetrie ablehnend *Camilo de Oliveira*, Zur Kritik der Abwägung in der Grundrechtsdogmatik, 2013, S. 196 f.; *Poscher*, Grundrechte als Abwehrrechte, 2003, S. 89 ff.

[333] Anders allerdings die Rechtsprechung zur mittelbaren Drittwirkung (siehe etwa BVerfG, Urteil vom 31. Mai 2016 – 1 BvR 1585/13, BVerfGE 142, 74 Rn. 82; Beschluss vom 6. November 2019 – 1 BvR 16/13, BVerfGE 152, 152 Rn. 76), die mittlerweile möglicherweise zu einer *de facto* unmittelbaren Drittwirkung ausgebaut wird, vgl. BVerfG, Beschluss vom 11. April 2018 – 1 BvR 3080/09, BVerfGE 148, 267, dazu *Hellgardt*, JZ 2018, S. 901 ff.; *Michl*, JZ 2018, S. 910 ff. Zurückhaltender ist das Bundesverfassungsgericht beim Schutz im Rahmen der Privatautonomie, siehe BVerfG, Beschluss vom 19. Oktober 1993 – 1 BvR 567, 1044/89, BVerfGE 89, 214 (233 f.), wobei auch hier durchaus zweifelhaft ist, ob die Verantwortung für die Folgen von Freiheit nicht unterbewertet wird, *Di Fabio*, Zur Theorie eines grundrechtlichen Wertesystems, in: Merten/Papier, Handbuch der Grundrechte, Bd. II, 2006, § 46 Rn. 46.

[334] A.A. *Calliess*, Rechtsstaat und Umweltstaat, 2001, S. 455 ff., 577 ff.; dazu ablehnend *Lindner*, Theorie der Grundrechtsdogmatik, 2005, S. 516 ff. („extensives dogmatisches Eigenleben" des Untermaßverbots).

[335] *Isensee*, Das Grundrecht als Abwehrrecht, in: ders./Kirchhof, Handbuch des Staatsrechts, Bd. IX, 3. Auflage 2011, § 191 Rn. 304 f.; *Lindner*, Theorie der Grundrechtsdogmatik, 2005, S. 517 f.; *Michael/Morlok*, Grundrechte, 7. Auflage 2020, Rn. 739; vgl. BVerfG, Beschluss vom 23. Oktober 2013 – 1 BvR 1842, 1843/11, BVerfGE 134, 204 Rn. 70; Beschluss vom

b) Effektiver grundrechtlicher Schutz der Bergbautreibenden

Auf dieser Basis können einige zunächst grundlegende Aussagen zur effektiven Reichweite des grundrechtlichen Schutzes der Bergbautreibenden getroffen werden. Der eingangs erwähnte Rechtfertigungsdruck des Bergbaus offenbart sich dabei in teils strukturellen Diskussionen über das Rechtsregime, die zum Ziel haben, insbesondere kollidierenden Grundrechtspositionen und Umweltbelangen besser Rechnung zu tragen. Zudem werfen mittlerweile vereinzelte Exekutiv- und Judikativakte die Frage auf, ob Grundrechte der Bergbautreibenden dabei noch ausreichend gewürdigt werden.

aa) Effektiver Schutz bezüglich des Zugriffsregimes

Bergbaulichen Tätigkeiten gehen zunächst gesetzgeberische Entscheidungen voraus, die eine ausreichende normative Infrastruktur schaffen und so Freiheitsentfaltung im Rahmen einer „konkretisierenden Ausgestaltung"[336] erst ermöglichen. Hierzu zählen die grundsätzliche sachenrechtliche Zuordnung der Rohstoffe zum Grundeigentum sowie die Abkopplung bestimmter Bodenschätze vom Grundeigentum, kombiniert mit einem gesonderten Zuteilungs- und Zugriffsregime. Soweit Bodenschätze dem Grundeigentum zugeordnet sind, werden Bergbautreibende auf zivilrechtliche Vereinbarungen mit Grundeigentümern verwiesen, sofern sie nicht selbst Eigentümer sind. Die Existenz solcher Grundentscheidungen ist zumindest in Deutschland gesichert. Für die wirtschaftlichen Entfaltungsmöglichkeiten der Bergbautreibenden ist jedoch ebenso von Bedeutung, welche *Art* der Ausgestaltung der Gesetzgeber im *Konkreten* wählt. Dies ist in der Vergangenheit – wie der historische Überblick zeigt – von macht- und wirtschaftspolitischen Bedürfnissen abhängig gewesen.

Gerade die Bergfreiheit bestimmter Bodenschätze – also die Abkopplung vom Grundeigentum – wird zumeist als zentrale Voraussetzung angesehen, um entsprechenden Bergbau überhaupt sinnvoll betreiben zu können. Die Gewinnung etwa von Lithium, Erdgas oder Kalisalzen könnte deutlich erschwert werden, wenn Bergbautreibende denkbaren Unterlassungsansprüchen der Grundeigentümer ausgesetzt wären.[337] Die Notwendigkeit von vertraglichen Absprachen mit einer Vielzahl von Eigentümern könnten entsprechende Vor-

---

24. Februar 2015 – 1 BvR 472/14, BVerfGE 138, 377 Rn. 52; *Schmidt-Preuß*, Kollidierende Privatinteressen im Verwaltungsrecht, 2. Auflage 2005, S. 40; vgl. auch *Breuer*, in: FS BVerwG, 1978, S. 89 (93 ff.); *Dietlein*, ZG 10 (1995), S. 131 (139 ff.); *Lübbe-Wolff*, Die Grundrechte als Eingriffsabwehrrechte, 1988, S. 179 f.

[336] *Scholz*, Maunz/Dürig, GG, Art. 12 Rn. 314 (Stand: Juni 2006).

[337] Vgl. dazu auch unten 3. Kapitel E., S. 351 ff. Für Lithium erfolgte daher kürzlich eine entsprechende Anpassung im Katalog des § 3 Abs. 3 BBergG, BGBl I 2021, S. 1760; vgl. dazu die Entwurfsbegründung BT-Drs. 19/28402, S. 14.

haben sogar faktisch verhindern.[338] Seit nunmehr über zehn Jahren gibt es aber rechtspolitische Forderungen, die Bergfreiheit der Bodenschätze gänzlich zu eliminieren oder – jüngst deutlich zurückhaltender – den Zeitpunkt der Verleihung von Bergbauberechtigungen nach hinten zu verschieben.[339]

Damit wird die grundrechtliche Frage aktuell, welches Regelungsregime der Gesetzgeber schuldet, damit wirtschaftliche Entfaltung möglich bleibt. Dies führt wiederum zu dem im Rahmen der Berufsfreiheit[340] vergleichsweise selten thematisierten[341] – mit „tiefgreifende[r] Unsicherheit"[342] behafteten – Dilemma, ob der Gesetzgeber mit weitgehenden Freiräumen Grundrechte ausgestalten kann oder ob hierin zugleich[343] ein Grundrechtseingriff mit Rechtfertigungsbedüftigkeit liegt.[344] Die damit verbundenen Fragen können hier nur angedeutet werden.

Während einerseits weitreichende Gestaltungsbefugnisse des Gesetzgebers durch die Hintertür abwehrrechtlichen Schutz zu unterlaufen drohen,[345] fehlt es andererseits bei der Annahme eines Grundrechtseingriffs an einem tauglichen Prüfungsmaßstab, wenn die gesetzgeberische Gestaltung tatsächlich nur einer Neuordnung des rechtlichen Umfelds dient. Weder ist aus Art. 12 Abs. 1 GG unmittelbar ableitbar, welche Rechtsordnung mindestens bereitzustellen ist, noch können zwangsläufig Ziele aus einer Neuordnung deduziert werden, anhand derer eine Angemessenheitsprüfung erfolgen kann. Selbst wenn dies

---

[338] Eine Grundabtretung nach §§ 77 BBergG zum Zwecke des *Zugriffs* auf grundeigene Bodenschätze kommt nach derzeitiger Rechtslage nicht in Betracht, BT-Drs. 8/1315, S. 125; BVerwG, Beschluss vom 7. Juni 1995 – 4 B 115/95, NVwZ-RR 1995, S. 632 f.; *Greinacher*, in: Boldt/Weller/Kühne/von Mäßenhausen, BBergG, 2. Auflage 2016, § 77 Rn. 2; vgl. *H.-W. Schulte*, in: Piens/Schulte/Graf Vitzthum, BBergG, 3. Auflage 2020, § 77 Rn. 10; a.A. *Rehs*, in: Frenz, BBergG, 2019, § 77 Rn. 6; VG Freiburg, Urteil vom 5. November 2020 – 10 K 2788/19, ZfB 162 (2021), S. 131 ff., wo die Anforderungen an eine Grundabtretung zur Gewinnung eines grundeigenen Bodenschatzes diskutiert werden, ohne die vorgelagerte Frage der Anwendbarkeit der §§ 77 ff. BBergG zu thematisieren. Zur Zulegung siehe §§ 35 ff. BBergG.

[339] Näher zum Ganzen unten 2. Kapitel C., S. 170 ff.

[340] Zum Eigentumsschutz siehe ausführlich unten 2. Kapitel B. IV. 2., S. 126 ff.

[341] Siehe nur die grundsätzliche Skepsis zur Figur der Ausgestaltung von Grundrechten im Rahmen der Berufsfreiheit *Degenhart*, Grundrechtsausgestaltung und Grundrechtsbeschränkung, in: Merten/Papier, Handbuch der Grundrechte, Bd. III, 2009, § 61 Rn. 31 f.

[342] *Cornils*, Die Ausgestaltung der Grundrechte, 2005, S. 516.

[343] Dezidiert gegen ein Exklusivitätsverständnis zwischen Augstaltung und Eingriff *Cornils*, Die Ausgestaltung der Grundrechte, 2005, S. 666 ff.

[344] Allgemein hierzu *Degenhart*, Grundrechtsausgestaltung und Grundrechtsbeschränkung, in: Merten/Papier, Handbuch der Grundrechte, Bd. III, 2009, § 61 Rn. 44 ff.; *Isensee*, Grundrechtsvoraussetzungen und Verfassungserwartungen an die Grundrechtsausübung, in: ders./Kirchhof, Handbuch des Staatsrechts, Bd. IX, 3. Auflage 2011, § 190 Rn. 163 ff. Grundlegend zum Dilemma der Freiheitsförderung durch Voraussetzungsschutz *Cornils*, Die Ausgestaltung der Grundrechte, 2005, S. 511 ff.

[345] *Hillgruber*, Grundrechtlicher Schutzbereich, Grundrechtsausgestaltung und Grundrechtseingriff, in: Isensee/Kirchhof, Handbuch des Staatsrechts, Bd. IX, 3. Auflage 2011, § 200 Rn. 64; *Jarass*, AöR 120 (1995), S. 345 (368).

möglich sein sollte[346] oder die Prüfung anders strukturiert wird,[347] droht eine
derart begründete Angemessenheitsprüfung potenziell zu einer Prüfung am
Maßstab des geltenden einfachen Rechts zu degenerieren. Verfassungsrechtliche
Frage wäre nicht mehr, ob ein Rechtsrahmen völlig ungeachtet der derzeitigen
Rechtslage für bergbauliche Tätigkeiten akzeptabel ist, sondern ob – vorbehaltlich etwaigen Vertrauensschutzes in bestehende individuelle Rechtspositionen –
die Wegnahme des einfachrechtlichen Instituts der Bergbauberechtigung gerechtfertigt werden kann. Grundrechte gewähren allerdings keinen absoluten
Bestandsschutz eines einmal etablierten Rechtsregimes.[348] In diesem Kontext
ist insbesondere im Blick zu behalten, dass Bergfreiheit und Bergbauberechtigung bereits historisch nicht unmittelbar der Freiheitsverwirklichung dienten,
sondern übergeordneten objektiven Interessen wie insbesondere – bis heute –
der Sicherung der Rohstoffversorgung. Trotz des oben postulierten Primats der
abwehrrechtlichen Dimension hat der Gesetzgeber damit einen weiten Gestaltungsspielraum, der strukturell über die abwehrrechtliche Einschätzungsprärogative hinausreicht.

Richtigerweise ist demnach nur eine insgesamt „angemessene" rechtliche Sys-
tementscheidung zu gewähren, ohne dass der Maßstab hier näher konkretisiert
werden soll.[349] Vorausgesetzt werden nicht notwendigerweise die Bergbaufreiheit von Bodenschätzen und ein hieran anknüpfendes Rechtsinstitut der Bergbauberechtigung.[350] Sollte etwa bei der ausnahmslosen Zuordnung der Bodenschätze zum Grundeigentum die Gewinnung bestimmter Rohstoffe praktisch
ausgeschlossen sein, könnte dem etwa durch gesetzlich zu konkretisierende
Kontrahierungszwänge gegenüber Grundeigentümern oder Duldungspflichten begegnet werden. Der Gesetzgeber darf – und ggf. muss – allerdings bereits
hier gegenläufige Belange berücksichtigen. Je nach Ausgestaltung drängen sich
beispielsweise Konflikte mit dem durch Art. 14 GG geschützten Grundeigen-

---

[346] So kann die Abschaffung des Berechtsamswesens dem Umweltschutz dienen, weil
Bergbau erschwert wird. Darüber hinaus sind Beschränkungen *innerhalb* einer einmal getroffenen systemischen Grundentscheidung – etwa der Widerruf einer Bergbauberechtigung
und wohl auch die Vorrangstellung bestimmter Konkurrenten – als Eingriff zu werten.

[347] Vgl. mit unterschiedlichen Ansätzen *Cornils*, Die Ausgestaltung der Grundrechte,
2005, S. 673 ff.; *Gellermann*, Grundrechte in einfachgesetzlichem Gewande, 2000, S. 350 ff.;
Isensee, Grundrechtsvoraussetzungen und Verfassungserwartungen an die Grundrechtsausübung, in: ders./Kirchhof, Handbuch des Staatsrechts, Bd. IX, 3. Auflage 2011, § 190 Rn. 170.

[348] *Cornils*, Die Ausgestaltung der Grundrechte, 2005, S. 540 ff.; *Gellermann*, Grund-
rechte in einfachgesetzlichem Gewande, 2000, S. 406 ff.; *Hillgruber*, Grundrechtlicher
Schutzbereich, Grundrechtsausgestaltung und Grundrechtseingriff, in: Isensee/Kirchhof,
Handbuch des Staatsrechts, Bd. IX, 3. Auflage 2011, § 200 Rn. 67; *Isensee*, Grundrechtsvor-
aussetzungen und Verfassungserwartungen an die Grundrechtsausübung, in: ders./Kirchhof,
Handbuch des Staatsrechts, Bd. IX, 3. Auflage 2011, § 190 Rn. 168 f.

[349] Zu unterschiedlichen Ansätzen siehe die Nachweise soeben in Fn. 347.

[350] Vgl. hierzu – gestützt auf Art. 14 GG – *Cornils*, Die Ausgestaltung der Grundrechte,
2005, S. 335 f. Ausführlich unten 2. Kapitel B. IV. 2. b) cc), S. 146 ff.

tum auf. Konflikte durch die Gewinnung selbst können hingegen auch auf der Zulassungsebene ausgeglichen werden.

Schwieriger einzuordnen sind Belange des Umweltschutzes. Im Rahmen der Ausgestaltungsfreiheit kann sich der Gesetzgeber grundsätzlich für ein den Bergbau weniger förderndes System entscheiden, um so Umweltbeeinträchtigungen durch den Abbau bereits auf übergeordneter Ebene zu begegnen. Art. 12 Abs. 1 GG enthält kein Optimierungsgebot. Umweltbelastungen durch die Rohstoff*verwendung* kann die implizite Einschränkung des heimischen Abbaus jedoch allenfalls eingeschränkt begegnen, weil notwendige Bodenschätze importiert werden können. Bei der Bestimmung des äußeren Rahmens der rechtlichen Voraussetzungen für Bergbau kann dies – ungeachtet der Einzelheiten – nicht unberücksichtigt bleiben. Fehlendes Steuerungspotenzial wirkt insoweit beschränkend auf den gesetzgeberischen Gestaltungsspielraum.

bb) Effektiver Schutz beim Zulassungsregime

Die gesetzgeberischen Gestaltungsfreiheiten auf der Ebene der grundsätzlichen Zugriffsberechtigung setzen sich auf der Zulassungsebene nicht im selben Maße fort. Wie eben dargelegt, eröffnet auch die Gewährleistungsfunktion betreffend die Sicherung der Rohstoffversorgung keine weiterreichenden Einfallstore für die Umsetzung politischer Ordnungsmodelle. Sie müssen immer zugleich dem abwehrrechtlichen Gehalt der Grundrechte genügen, wobei Einschränkungen beispielsweise aus Gründen des Umweltschutzes oder zum Schutz betroffener Oberflächeneigentümer möglich sind, allerdings gerechtfertigt sein müssen.

Abzulehnen ist daher ein Verständnis der Berufsfreiheit in der Tradition der Glykol-Entscheidung des Bundesverfassungsgerichts.[351] Hier hatte der Erste Senat staatliche Warnungen vor glykolhaltigem Wein nicht als Eingriff in die Berufsfreiheit gewertet, weil der Staat nur die Bedingungen für einen funktionierenden Wettbewerb gewährleiste. Regeln, die den Wettbewerb ermöglichen und begrenzen, bestimmten die Reichweite des Schutzes mit.[352] Nach dieser Ausgangsprämisse vermischt das Gericht Schutzbereich, Eingriff und Rechtfertigung miteinander[353] und deutet die Berufsfreiheit im Ergebnis zu einem normgeprägten Grundrecht um,[354] das auch bei der hier relevanten staatlichen Verantwortung für die Rohstoffsicherung Spielräume eröffnen und so zu einer *a-limine*-Reduktion des grundrechtlichen Schutzes bergbaulicher Tätigkeiten führen könnte. Ungeachtet der Frage, ob die Entscheidung im *Ergeb-*

---

[351] BVerfG, Beschluss vom 26. Juni 2002 – 1 BvR 558, 1428/91, BVerfGE 105, 252. Siehe hierzu die Verteidigung des Berichterstatters *Hoffmann-Riem*, Der Staat 43 (2004), S. 203 (217 ff.). Zur Kritik an der Entscheidung m.w.N. *Kühn*, Bürgerbeeinflussung durch Berichterstattung, 2018, S. 299 ff.

[352] BVerfG, Beschluss vom 26. Juni 2002 – 1 BvR 558, 1428/91, BVerfGE 105, 252 (265 ff.).

[353] *Huber*, JZ 2003, S. 290 (292 ff.).

[354] So die ablehnende Analyse bei *Möllers*, NJW 2005, S. 1973 (1975).

nis überzeugt,[355] legt sie doch den Grundstein für ein Grundrechtsverständnis, das nicht mehr von der individuellen Freiheitsentfaltung in beruflicher Hinsicht ausgeht, sondern berufliche Entfaltung nur nach den staatlich gesetzten Regeln des Wettbewerbs und damit einer übergreifenden Ordnungsidee gewährleistet,[356] ohne dass hierin rechtfertigungsbedürftige Eingriffe gesehen werden. Damit unterscheidet sie sich auch von tatbestandlichen Verkürzungen grundrechtlicher Gewährleistungen, die unmittelbar aus der Verfassung abgeleitet werden.[357] Zu Recht hat das Bundesverfassungsgericht[358] diese Linie mittlerweile – wenn auch nur stillschweigend – aufgegeben.[359]

Soweit bergbauliche Vorhaben nicht genehmigt werden, bedarf es einer gesetzlichen Grundlage für diese grundrechtsverkürzende Entscheidung. Freiheitliche Entfaltung bleibt grundsätzlich – egal wie gefährlich sie ist – solange erlaubt, bis sie gesetzlich oder auf gesetzlicher Grundlage verboten wird. Insbesondere folgt aus grundrechtlichen Schutzpflichten kein Gesetzesvorbehalt in dem Sinne, dass gefährliches Verhalten erst ausdrücklich erlaubt werden müsste.[360] Folge hiervon wäre, dass Schutzpflichten die Exekutive und Fachgerichte unmittelbar und ohne gesetzliche Konkretisierung legitimieren würden, bestimmte Handlungen zu untersagen und so grundrechtlich geschützte Freiheitsentfaltung zu verkürzen.[361] Dies liefe dem rechtsstaatlichen Verteilungsprinzip zuwider. Nicht mehr der Staat müsste den Eingriff rechtfertigen, sondern der Private seine Freiheitsentfaltung, obwohl doch gerade Abwehrrechte unbedingt und unmittelbar binden, während sowohl Eingriffe als auch Schutzpflichten der gesetzlichen Vermittlung bedürfen.[362] Nur das Bundesverfassungsgericht kann eine Schutzpflichtverletzung feststellen, ggf. Interimslö-

---

[355] Auch *Huber*, JZ 2003, S. 290 (297) trennt insoweit.

[356] *Schoch*, NJW 2012, S. 2844 spricht speziell zur Publikumsinformation als Staatsaufgabe von einem „leicht paternalistisch anmutende[n] Staats- und Gesellschaftskonzept".

[357] So etwa die Reduktion der Versammlungsfreiheit auf Versammlungen, die auf eine öffentliche Meinungsbildung gerichtet sind, BVerfG, Beschluss vom 24. Oktober 2001 – 1 BvR 1190/90 u.a., BVerfGE 104, 92 (104).

[358] BVerfG, Beschluss vom 21. März 2018 – 1 BvF 1/13, BVerfGE 148, 40 ff.

[359] Ebenso *Wollenschläger*, JZ 2018, S. 980 (983 f.); vgl. *Kühn*, Bürgerbeeinflussung durch Berichterstattung, 2018, S. 311 ff. zur bereits vorhergehenden Lösung des Bundesverwaltungsgerichts.

[360] So aber VGH Kassel, Beschluss vom 6. November 1989 – 8 TH 685/89, NJW 1990, S. 336 ff. zur Errichtung und zum Betrieb einer gentechnischen Anlage.

[361] Vgl. die Kritik bei *Enders*, AöR 115 (1990), S. 610 (630 ff.); *Steinberg*, Der ökologische Verfassungsstaat, 1998, S. 122.

[362] Näher zur Kritik *I. Appel*, Staatliche Zukunfts- und Entwicklungsvorsorge, 2005, S. 108 f.; *Isensee*, Das Grundrecht als Abwehrrecht, in: ders./Kirchhof, Handbuch des Staatsrechts, Bd. IX, 3. Auflage 2011, § 191 Rn. 258, 288; *Hillgruber*, JZ 1996, S. 118 (123 f.) unter Auseinandersetzung mit Verfassungsrechtsprechung zur richterlichen Rechtsfortbildung; *Wahl/Masing*, JZ 1990, S. 553 (554 ff.); tendenziell offener gegenüber der Entscheidung *Calliess*, Rechtsstaat und Umweltstaat, 2001, S. 448 ff.

sungen anordnen und in letzter Konsequenz eine unbeherrschbar erscheinende Tätigkeit durch eine judikative Übergangsregelung vorläufig einhegen.[363]

Versucht man, die dem Bergbau entgegenstehenden grundrechtlichen Schutzpflichten zu konkretisieren, so ist auch die Steuerungsfunktion des Bergrechts zu berücksichtigen. Die Sicherung der Rohstoffversorgung ist öffentliche Aufgabe, deren Erfüllung der Staat gewährleistet, zugleich aber Privaten zur Ausübung überlässt. Damit stellt er aber gleichzeitig ein Rechtsregime bereit, das der Ausbeutung von Bodenschätzen gegenüber sonstigen Belangen eine herausgehobene Stellung vermittelt. In diesem Maße übernimmt der Staat zugleich eine abstrakte Mitverantwortung für späteres privates Handeln,[364] die eine gesteigerte Schutzpflicht vermittelt,[365] ohne dass damit der gegenläufige abwehrrechtliche Schutz bereits im Ansatz reduziert würde. Vielmehr wird lediglich der gesetzgeberische Handlungskorridor kleiner.

Vor diesem Hintergrund war beispielsweise das sogenannte Fracking-Moratorium verfassungsrechtlich problematisch, wonach *grundsätzlich* keine Zulassungen für Erdöl- und Erdgasgewinnungsvorhaben erteilt wurden, bei denen die Fracking-Technologie zum Einsatz gekommen wäre.[366] Zwar war vor der Fracking-Novelle im Jahre 2016,[367] mit der insbesondere spezielle wasserrechtliche Anforderungen an das Fracking ins Wasserhaushaltsgesetz[368] integriert wurden, umstritten, ob das damals geltende wasserrechtliche Instrumentarium ausreichend Möglichkeiten bot, um den Risiken zu begegnen.[369] Selbst wenn man dies ablehnt, muss damit nicht zwangsläufig eine Schutzpflichtverletzung einhergehen,[370] jedenfalls waren aber Landesregierungen nicht dazu ermächtigt, ein pauschales Moratorium ohne Einzelfallprüfung zu erlassen.

Grundrechte der Bergbautreibenden beanspruchen schließlich auch prozessuale Berücksichtigung namentlich im vorläufigen Rechtsschutz. Wenn nach § 80 Abs. 2 Satz 1 Nr. 4 VwGO, der seinen Anwendungsbereich gerade auch bei

---

[363] *Calliess*, Rechtsstaat und Umweltstaat, 2001, S. 450 f.; *Isensee*, Das Grundrecht als Abwehrrecht, in: ders./Kirchhof, Handbuch des Staatsrechts, Bd. IX, 3. Auflage 2011, § 191 Rn. 288; *Schmidt-Preuß*, Kollidierende Privatinteressen im Verwaltungsrecht, 2. Auflage 2005, S. 50 f., 72 f.; *Wahl/Masing*, JZ 1990, S. 553 (562 f.). Zur problematischen Vorlage nach Art. 100 GG siehe unten 3. Kapitel A. II. 2. b) cc) (2) mit Fn. 206, S. 230.

[364] Hingegen ist privates Handeln dem Staat nicht derart zurechenbar, dass ein Eingriff anzunehmen wäre, siehe bereits oben Fn. 324, S. 54.

[365] In diesem Sinne BVerfG, Beschluss vom 20. Dezember 1979 – 1 BvR 385/77, BVerfGE 53, 30 (57 f.); vgl. *Franzius*, Der Staat 42 (2003), S. 493 (509 f.).

[366] Dazu *Dünchheim*, DVBl 2017, S. 1390; *Frenz*, NVwZ 2016, S. 1042 ff. Zur Fracking-Technologie siehe oben Fn. 146, S. 24.

[367] BGBl. I 2016, S. 1972, 1962, 1957.

[368] §§ 13a f. WHG.

[369] Bejahend *Reinhardt*, NVwZ 2012, S. 1369 (1373); verneinend *Eftekharzadeh*, NuR 2013, S. 704 (706); allgemein zum wasserrechtlichen Streitstand vor der Novellierung zusammenfassend *von Weschpfennig*, W+B 2017, S. 56 (60).

[370] Vgl. *von Weschpfennig*, W+B 2017, S. 56 (58).

der Drittanfechtung findet,[371] die aufschiebende Wirkung der Klage in den Fällen entfällt, in denen die sofortige Vollziehung im öffentlichen Interesse oder im überwiegenden Interesse eines Beteiligten besonders angeordnet wird, ist an diese gesetzgeberische Wertung auch das Gericht im Rahmen der eigenen Interessenabwägung gebunden. Dem wurde der Beschluss des OVG Münster im vorläufigen Rechtsschutz in Sachen Hambacher Forst[372] nicht gerecht. Das Gericht hätte die Rodung des möglicherweise habitatsrechtlich geschützten Waldes zugunsten des Abbaus der darunterliegenden Braunkohle nur dann akzeptiert, wenn sonst bundes- oder landesweit die Energieversorgung nicht mehr gewährleistet (gewesen) wäre.[373] Ein solcher Nachweis ist nicht zuletzt mit Blick auf mögliche Stromimporte freilich nicht möglich. Damit wurden nicht nur politische Energieversorgungskonzepte – welche die Verkleinerung des Tagebaus Garzweiler bei unbeschränkter Fortführung des Tagebaus Hambach vorsahen[374] –, sondern auch Grundrechte des Bergbauunternehmens prozessrechtlich übergangen, was der erforderlichen Interessenabwägung nicht genügt.[375]

4. Der rechtliche Umgang mit Unsicherheit – Grenzen der Vorsorge

Nachhaltige Gesetzgebung sowie solche zur Risikovorsorge muss nicht nur komplexe polygonale Interessenkonflikte bewältigen, sondern hierbei auch Unsicherheiten über Tatsachen – etwa über Wirkungszusammenhänge und Wahrscheinlichkeiten – rechtlich adäquat verarbeiten.[376] Tatsachenermittlung einschließlich der dabei verbleibenden Erkenntnisdefizite und Tatsachenwürdigung sind dabei – was häufig nicht hinreichend geschieht – strikt zu trennen.[377] Verbleibende Unsicherheiten sind normativ zu gewichten und zu verarbeiten. Diese Zusammenhänge werden auch im Rahmen der bergrechtlichen Gesetzgebung relevant, da Bergbau aufgrund seiner Sachgesetzlichkeiten[378] mit erheblichen Prognoseunsicherheiten einhergehen kann.

---

[371] Vgl. § 80a Abs. 1 Nr. 1 VwGO.

[372] OVG Münster, Beschluss vom 5. Oktober 2018 – 11 B 1129/18, NVwZ 2018, S. 1818.

[373] OVG Münster, Beschluss vom 5. Oktober 2018 – 11 B 1129/18, NVwZ 2018, S. 1818 Rn. 22.

[374] Freilich ist dieses energiepolitische Versorgungskonzept mittlerweile überholt, vgl. § 5 Abs. 3 des öffentlich-rechtlichen Vertrages zur Reduzierung und Beendigung der Braunkohleverstromung in Deutschland, BT-Drs. 19/25494, dem der Bundestag gemäß § 49 Satz 2 KVBG am 13. Januar 2021 zugestimmt hat, BT-Plenarprotokoll 19/203, S. 25584 (A).

[375] Näher *Durner/von Weschpfennig*, NVwZ 2018, S. 1821 (1822 f.). Ob die Interessenabwägung damit auch im *Ergebnis* hätte anders ausfallen müssen, ist damit nicht gesagt.

[376] Dazu jüngst *Spiecker genannt Döhmann*, Staatliche Entscheidungen unter Unsicherheit, 2022 (i.E.).

[377] *Ekardt*, Theorie der Nachhaltigkeit, 2. Auflage, 2016, S. 384, 403, 407.

[378] Siehe oben 1. Kapitel A. III., S. 5.

a) Tatsachenermittlung und -würdigung

Der Gesetzgebung zugrunde liegende Tatsachen gründen etwa auf naturwissenschaftlichen Erkenntnissen, die keinesfalls lückenlos sein müssen. Auch derzeit nicht abschließend bestimmbare Wahrscheinlichkeiten, fehlende Kenntnisse über Kausalverläufe oder wissenschaftliche Meinungsstreitigkeiten sind als Tatsache hinzunehmen. Hinsichtlich der Auswirkungen von Gesetzen kommen in aller Regel nur mehr oder weniger sichere Prognosen in Betracht. Gesetzgeberische Entscheidungen erfordern eine gewisse Mindestrationalität der zugrunde gelegten Sachverhaltsannahmen und Prognosen.[379] Aus Grundrechten oder Staatszielbestimmungen erwachsende besondere Anforderungen an das Verfahren[380] ergänzen insoweit die grundgesetzlichen Bestimmungen zum Gesetzgebungsverfahren. Sie erstarken aber – von Sonderkonstellationen abgesehen – weder zu selbständigen Sachaufklärungs- noch zu förmlichen Begründungspflichten, die weder in der Verfassung vorgesehen sind, noch den Eigenrationalitäten des demokratischen Willensbildungsprozesses gerecht würden.[381] Ebenso wenig lassen sich Partizipationsrechte am Gesetzgebungsverfahren begründen.[382] An den so ermittelten Sachverhalt anschließende Bewertungen, Gewichtungen und Abwägungen gegenläufiger Belange sind demgegenüber normative, im demokratischen Willensbildungsprozess und nicht durch die Wissenschaft zu treffende, reversible Entscheidungen.[383] Kritikwürdig ist insoweit, wenn der Gesetzgeber den politischen Diskurs durch vermeintlich alternativlose wissenschaftliche Wertungen ersetzt, so Tatsachen und Wertungen vermengt und sich der eigenen politischen Verantwortung entzieht.[384]

---

[379] *Durner*, WissR 54 (2021), S. 133 (147); *Gärditz*, in: Landmann/Rohmer, Umweltrecht, Art. 20a GG Rn. 36, 42 f. (Stand: Februar 2013); vgl. BVerfG, vom 6. Dezember 2016 – 1 BvR 2821/11 u.a., BVerfGE 143, 246 Rn. 273 ff.; Beschluss vom 24. März 2021 – 1 BvR 2656/18 u.a., NJW 2021, S. 1723 Rn. 162 f., 211, 215 ff., 240; *Calliess*, Rechtsstaat und Umweltstaat, 2001, S. 129 ff.; *Schulze-Fielitz*, in: Dreier, GG, Bd. 2, 3. Auflage 2015, Art. 20a Rn. 73.

[380] Vgl. BVerfG, Urteil vom 1. März 1979 – 1 BvR 532/77 u.a., BVerfGE 50, 290 (334) zur Mitbestimmung; Urteil vom 9. Februar 2010, 1 BvL 1, 3, 4/09, BVerfGE 125, 175 (225) zum Existenzminimum. Nach BVerfG, Urteil vom 24. November 2010 – 1 BvF 2/05, BVerfGE 128, 1 (37) trifft den Gesetzgeber mit Blick auf hochkontroverse gesellschaftliche Diskussionen zur Gentechnik bei Kulturpflanzen sowie einem noch nicht endgültig geklärten Erkenntnisstand der Wissenschaft insbesondere zu Ursachenzusammenhängen und langfristigen Folgen eine besondere Sorgfaltspflicht.

[381] BVerfG, Urteil vom 6. Dezember 2016 – 1 BvR 2821/11 u.a., BVerfGE 143, 246 Rn. 272 ff.; *Steinbach*, Rationale Gesetzgebung, 2017, S. 79 ff.

[382] Zu weitgehend daher *Ekardt*, Theorie der Nachhaltigkeit, 2. Auflage, 2016, S. 419 f.

[383] *Gärditz*, in: Landmann/Rohmer, Umweltrecht, Art. 20a GG Rn. 37, 43 (Stand: Februar 2013); *Ibes*, Der Besorgnisgrundsatz im Grundwasserschutz, 2017, S. 120 f.; ferner *Di Fabio*, Risikoentscheidungen im Rechtsstaat, 1994, S. 459; vgl. zur Klimaschutzgesetzgebung BVerfG, Beschluss vom 24. März 2021 – 1 BvR 2656/18 u.a., NJW 2021, S. 1723 Rn. 160 ff., 211, 230 ff. 241.

[384] Kritisch auch *Ekardt*, Theorie der Nachhaltigkeit, 2. Auflage, 2016, S. 384.

Der Gesetzgeber hat jenseits völker- und europarechtlicher Vorgaben grundsätzlich einen weiten Gestaltungsspielraum. In der Regel verengen weder Art. 20a GG noch grundrechtliche Schutzpflichten den politischen Aktionsradius auf nur eine oder wenige legitime Entscheidungen.[385] Umgekehrt sichern Wirtschaftsgrundrechte im Ergebnis keine umfassende Betätigungsfreiheit. Ganz in diesem Sinne wäre unbedingte ökologische Vorsorge mit dem integrativen Konzept der Nachhaltigen Entwicklung ebenso unvereinbar, wie eine bloße Fokussierung auf kurzfristigen ökonomischen Profit. Im jeweiligen Einzelfall kann die Entscheidung gleichwohl vollständig oder weit überwiegend zu Lasten der einen oder anderen Seite ausfallen. Bereits im Ansatz mit einer freiheitlich-demokratischen Verfassung unvereinbar wäre es, wirtschaftliches Handeln nur noch bei erwiesener Unschädlichkeit als erlaubt anzusehen,[386] weil dann autonome Betätigung in weiten Teilen nicht mehr möglich wäre.

b) Die Zulässigkeit von Risikotechnologie

Als besonders prekär erweist sich in diesem gesetzgeberischen Entscheidungsrahmen der rechtspolitische – aber auch der verfassungsrechtliche – Umgang mit Unsicherheiten auf Tatbestandsseite. Das Bundesverfassungsgericht betont in seiner ständigen Rechtsprechung zu Recht, dass in einer technisierten Gesellschaft keine absolute Sicherheit beansprucht werden kann und ein Restrisiko jenseits der praktischen Vernunft selbst bei Risiken für überragende Rechtsgüter wie das Leben und die körperliche Unversehrtheit hinzunehmen ist.[387] Diesseits der Grenze der praktischen Vernunft können tatsächliche Unsicherheiten rechtliche Handlungspflichten indizieren. So kann die Verantwortung für den Schutz der natürlichen Lebensgrundlagen gerade bei wissenschaftlich noch nicht geklärten Unsicherheiten im Rahmen einer hochkontroversen Risikotechnologie nicht nur Gefahrenabwehr, sondern auch Risikovorsorge gebieten.[388] Damit korrespondiert eine Abkehr von dem Grundmodell der Eingriffsverwaltung, in dem (ausschließlich) der Staat sein Handeln rechtfertigen muss, hin zu einer Risikoverwaltung, in der (auch) der private Akteur die Vertretbarkeit seines Handelns nachweisen muss.[389] Hierbei genießt der Gesetzgeber in aller Regel ebenfalls einen weiten Handlungsspielraum, wobei er – um es nochmals zu betonen – gegenläufige Interessen

---

[385] Siehe oben 1. Kapitel C. III. 2. und 3, S. 28 ff., dort auch zum Klimabeschluss des Bundesverfassungsgerichts vom 24. März 2021 – 1 BvR 2656/18 u.a., NJW 2021, S. 1723.

[386] Ebenso *Ekardt*, Theorie der Nachhaltigkeit, 2. Auflage, 2016, S. 413.

[387] BVerfG, Beschluss vom 8. August 1978 – 2 BvL 8/77, BVerfGE 49, 89 (140 ff.); BVerfG, Beschluss vom 18. Februar 2010 – 2 BvR 2502/08, NVwZ 2010, S. 702 (703 f.).

[388] BVerfG, Urteil vom 24. November 2010 – 1 BvF 2/05, BVerfGE 128, 1 (37 ff.) zum Gentechnikgesetz; zurückhaltender *Di Fabio*, Risikoentscheidungen im Rechtsstaat, 1994, S. 459.

[389] Ausführlich *Di Fabio*, Risikoentscheidungen im Rechtsstaat, 1994, S. 455 ff.

und insbesondere kollidierende Grundrechte zu achten hat. Erkenntnisgewinne und Weiterentwicklungen in Wissenschaft und Technik können die jeweiligen Grenzen verschieben.[390] Im Sinne einer effektiven Vorsorge sind Beschränkungen von Wirtschaftsgrundrechten durch Verpflichtungen auf den Stand der Technik[391] in aller Regel unproblematisch. „Vorsorge ins Blaue" ist hingegen aufgrund unsubstantiierter Befürchtungen wegen ihres rechtsstaatlich nicht mehr hinnehmbaren spekulativen Charakters nicht rechtfertigungsfähig.[392]

Ebenfalls differenziert zu bewerten sind die Grenzen weitreichender Vorsorge bei Unsicherheiten. Die verfassungsgerichtliche Akzeptanz eines Restrisikos erlaubt noch nicht den Umkehrschluss, dass immer ein grundrechtlicher Anspruch auf Genehmigung einer Hochrisikotechnologie – wenn auch unter Einschränkungen – bestünde. Vielmehr liegt es – wie das Bundesverfassungsgericht mit seiner Entscheidung zum Atomausstieg klargestellt hat – grundsätzlich im politischen Ermessen des Gesetzgebers, ob und wie lange Hochrisikotechnologien gestattet sein sollen.[393] Verallgemeinerungsfähig ist das wohl nicht. Jegliches potenziell gefährliche oder risikobehaftete Handeln allein dem politischen Raum zu überantworten, würde freiheitliche Entfaltung in weiten Teilen ins Belieben des Gesetzgebers stellen. Je nach Risiko sind zwar weitreichende (kommerzielle) Betätigungsverbote denkbar. Es muss aber zumindest grundsätzlich möglich bleiben, Unsicherheiten weiter zu erforschen, um so Risiken konkretisieren, Gesetzgebung anpassen und Zukunftschancen einschließlich der Entwicklung nachhaltigerer Technologien offenhalten zu können.[394] Andernfalls wären nicht nur die Wissenschaftsfreiheit nach Art. 5 Abs. 3 GG, sondern mittelbar auch sonstige Freiheitsrechte verletzt, da es sich um eine verdeckte Verhinderungsgesetzgebung handelte. Die Frage, welche Risiken zur Risikoerforschung hinnehmbar sind, bleibt dabei notwendigerweise nicht allein im politischen Raum, sondern ist an Art. 5 Abs. 3 GG zu messen.[395]

---

[390] Vgl. *Di Fabio*, Risikoentscheidungen im Rechtsstaat, 1994, S. 72.

[391] Vgl. hierzu die kritische Bilanz bei *Gawel*, Technologieförderung durch „Stand der Technik": Bilanz und Perspektiven, in: Eifert/Hoffmann-Riem, Innovationsfördernde Regulierung, 2009, S. 197 ff.

[392] *Calliess*, Rechtsstaat und Umweltstaat, 2001, S. 210; *Ibes*, Der Besorgnisgrundsatz im Grundwasserschutz, 2017, S. 148.

[393] BVerfG, Urteil vom 6. Dezember 2016 – 1 BvR 2821/11 u.a., BVerfGE 143, 246 Rn. 283, 307 f. Das schließt natürlich nicht aus, dass der Ausstieg aus einer solchen Technologie verhältnismäßig sein muss und insbesondere schützenswertem Vertrauen Rechnung trägt.

[394] Vgl. BVerfG, Beschluss vom 18. Februar 2010 – 2 BvR 2502/08, NVwZ 2010, S. 702 ff.; *Degenhart*, NJW 1989, 2435 (2438); *Durner*, WissR 54 (2021), S. 133 (144 ff.); *Löwer*, WissR 47 (2014), S. 3 ff.; ebenso aus Perspektive der Risikosteuerung *Ibes*, Der Besorgnisgrundsatz im Grundwasserschutz, 2017, S. 118 f.; *Scherzberg*, VVDStRL 63 (2004), S. 214 (233 f.).

[395] Vgl. BVerfG, Urteil vom 24. November 2010 – 1 BvF 2/05, BVerfGE 128, 1 (40 ff., 67 f., 85 ff.); a.A. *Ibes*, Der Besorgnisgrundsatz im Grundwasserschutz, 2017, S. 119.

Vor diesem Hintergrund erscheinen etwa die Regelungen zur Erforschung des unkonventionellen Frackings[396] kritikwürdig.[397] *De Facto* dürften sie trotz der grundsätzlichen Gestattung von vier Erprobungsmaßnahmen, der wissenschaftlichen Begleitung durch eine Expertenkommission und einer eigentlich für 2021 vorgesehenen Revision des Verbots zur dauerhaften Verhinderung dieser Technologie zur Gewinnung von Erdöl und Erdgas führen, obwohl Risiken noch nicht hinreichend erforscht sind. Im Übrigen erscheint die wissenschaftsadäquate Ausgestaltung der Erprobungsregelungen zweifelhaft. Die Bewertung bestehender Unsicherheiten obliegt zwar politischer Entscheidung, doch müssen Eingriffe in Freiheitsrechte verhältnismäßig sein. Ein vorläufiges Verbot der Risikotechnologie ist zwar im Grunde möglich, doch muss unter Berücksichtigung und im Ergebnis trotz der bislang bekannten Wirkungspfade und Risiken insbesondere für das Grundwasser zumindest weitere Forschung effektiv und nicht nur konstruktiv möglich bleiben,[398] um so den Verdacht zu erwartender Gefahren entweder erhärten oder entkräften zu können. Im Lichte des Prinzips der nachhaltigen Entwicklung gilt dies rechts*politisch* auch insoweit, als die Nutzung von Erdgas zur Energiegewinnung zumindest vorübergehend die in der Bilanz schlechter abschneidende Braunkohleverstromung teilweise kompensieren könnte. Bessere Kenntnisse über Wirkungspfade würden so zu einer tatsächlich informierteren politischen Entscheidung führen, auch wenn die Bewertung selbst im Rahmen des Gestaltungsermessens politisch bleibt.

Risikogesetzgebung ist folglich immer nur Ergebnis normativer Abwägung auf Zeit, die im Zuge des Erkenntnisfortschritts wieder revidiert und demokratisch neu entschieden werden kann,[399] Erkenntnisfortschritt aber auch ermöglichen muss. Hierzu kann der Gesetzgeber die Bewältigung von Unsicherheiten auch auf die administrative Ebene verlagern, wo etwa Abwägungsentscheidungen oder Verfahrensstufungen taugliche Instrumente sind.[400] Risikovorsorge verharrt damit nicht in einer technikabwehrenden Haltung, sondern lässt technischen Fortschritt zumindest zu, begleitet im Idealfall aktiv den Erkenntnisgewinn und deutet insoweit seine eigene „demokratische Vorläufigkeit" an.[401]

---

[396] Zur Fracking-Technologie siehe oben Fn. 146, S. 24.

[397] Dazu *von Weschpfennig*, in: Landmann/Rohmer, Umweltrecht, § 13a WHG Rn. 84 f. (Stand: Juli 2018); vgl. zu einem landesrechtlichen Fracking-Verbot *Durner*, W+B 2019, S. 143 (155 ff.); begrüßend hingegen *Breuer/Gärditz*, Öffentliches und privates Wasserrecht, 4. Auflage 2017, Rn. 56, 670, 674.

[398] Tatsächlich wurden bis Juni 2021 keine Erprobungsmaßnahmen beantragt, Bericht der Expertenkommission Fracking, S. 28, https://expkom-fracking-whg.de/lw_resource/datapool/systemfiles/elements/files/C5D4DD128BEF7FDBE0537E695E86475A/live/document/Bericht_ExpertenkommissionFracking_2021.pdf, zuletzt abgerufen am 9. Juli 2021.

[399] Vgl. *Gärditz*, EurUP 2013, S. 2 (10, 14 f.).

[400] *Kment*, ZUR 2016, S. 331 (336 ff.).

[401] *Breuer/Gärditz*, Öffentliches und privates Wasserrecht, 4. Auflage 2017, Rn. 56, 670, 674.

Steuerungstheoretisch trägt der Staat damit auch seiner Gewährleistungsverantwortung für technischen Fortschritt Rechnung.[402]

D. Einführung in die Vorhabenzulassung nach dem Bundesberggesetz

I. Der Anwendungsbereich

Der Anwendungsbereich des Bundesberggesetzes richtet sich nach rohstoffbezogenen (§ 3 BBergG), sachlichen (§ 2 BBergG) sowie räumlichen (§ 2 Abs. 3 BBergG) Kategorien. Zentraler Gegenstand ist dabei die Rohstoffförderung (1.). Die Differenzierung nach unterschiedlichen Rohstoffen hat zur Folge, dass bergbauliche Tätigkeiten selbst bei Gleichartigkeit oder Vergleichbarkeit zuweilen unterschiedlichen Regelungsregimen zuzuordnen sind. Für Bergbauunternehmen scheint in Grenzfällen eine „Flucht ins Bergrecht" mitunter durchaus interessant zu sein, da hier Vorhabenzulassungen tendenziell leichter zu erlangen sind.[403]

Erfasst werden darüber hinaus weitere Tätigkeiten, die typisch bergbauliche Gefahrenlagen aufweisen können oder sonst sachlich bergmännische Tätigkeiten darstellen (2.). Räumlich erstreckt sich der Anwendungsbereich in Teilen auch auf den Bereich des Festlandsockels (3.). In zeitlicher Hinsicht gilt das Bundesberggesetz für die gesamte Dauer der erfassten Vorhaben und endet gemäß § 69 Abs. 2 BBergG zu dem Zeitpunkt, in dem nach allgemeiner Erfahrung nicht mehr mit dort näher bezeichneten Gefahren oder gemeinschädlichen Einwirkungen durch den Betrieb zu rechnen ist.

1. Anwendungsbereich im Interesse der Rohstoffversorgung

Nach § 2 Abs. 1 Nr. 1 BBergG gilt das Bundesberggesetz zunächst für das Aufsuchen, Gewinnen und Aufbereiten von bergfreien und grundeigenen Bodenschätzen. Hiermit verbunden ist ein recht umfassender Vorhabenbegriff, andererseits aber auch eine Einschränkung auf bestimmte, enumerativ in § 3 BBergG genannte Rohstoffe.

---

[402] Vgl. dazu *Franzius*, Verw 34 (2001), S. 487 (489, 493 ff., 510 f.).

[403] So jedenfalls *Ludwig*, in: Köck et al., Das Instument der Bedarfsplanung, Umweltbundesamt, Texte 55/2017, S. 283; *dies.*, VerwArch 108 (2017), S. 559 (571). Anders die *theoretische* Überlegung von *Keimeyer/Gailhofer/Westphal/Sanden/Schomerus/Teßmer*, Recht der Rohstoffgewinnung, Umweltbundesamt, Texte 71/2019, S. 309, 312. *Sanden/Schomerus/Schulze*, Entwicklung eines Regelungskonzepts für ein Ressourcenschutzrecht des Bundes, 2012, S. 525 sehen im Regelungsgefüge des Bundesberggesetzes gegenüber landesrechtlichen Regelungen einen schwerwiegenderen Eingriff in Art. 14 GG.

a) Aufsuchen, Gewinnen und Aufbereiten von Bodenschätzen

§ 2 Abs. 1 Nr. 1 BBergG versteht den Umfang des bergbaulichen Vorhabens umfassend. Ausdrücklich erfasst werden das Aufsuchen, Gewinnen und Aufbereiten von bergfreien und grundeigenen Bodenschätzen *einschließlich* des Ver-
ladens, Beförderns, Abladens, Lagerns und Ablagerns von Bodenschätzen,
Nebengestein und sonstigen Massen, soweit es im unmittelbaren betrieblichen
Zusammenhang mit dem Aufsuchen, Gewinnen oder Aufbereiten steht. Einschränkungen regelt Absatz 4, wonach das Gesetz etwa für das Verladen, Beför-
dern und Ablagern im Schienenverkehr der Eisenbahnen des öffentlichen Verkehrs, im Kraftfahrzeugverkehr auf öffentlichen Wegen oder Plätzen oder in
Rohrleitungen ab Übergabestation nicht gilt.

Die Begriffe des Aufsuchens, Gewinnens und Aufbereitens werden in § 4
Abs. 1 bis 3 BBergG näher definiert und dort ebenfalls verhältnismäßig weit
gefasst, andererseits aber von typisch nichtbergbaulichen Tätigkeiten abgegrenzt. So ist das Lösen oder Freisetzen von Bodenschätzen in einem Grundstück aus Anlass oder im Zusammenhang mit dessen baulicher oder sonstiger
städtebaulicher Nutzung nach § 4 Abs. 2 Nr. 1 BBergG keine bergrechtliche Gewinnung.[404] Aufbereitende Tätigkeiten erfordern nach § 4 Abs. 3 BBergG einen
unmittelbaren betrieblichen oder räumlichen Zusammenhang mit der Gewinnung, während eine Weiterverarbeitung nicht mehr erfasst wird. Ebenfalls unter das Bundesberggesetz fällt nach § 2 Abs. 1 Nr. 2 BBergG das Wiedernutzbar-
machen der Oberfläche während und nach der Aufsuchung, Gewinnung und
Aufbereitung von bergfreien und grundeigenen Bodenschätzen; eine Legaldefi-
nition enthält § 4 Abs. 4 BBergG. Schließlich stellt § 2 Abs. 1 Nr. 3 BBergG klar,
dass auch Betriebsanlagen und Betriebseinrichtungen (Einrichtungen) erfasst
werden, die überwiegend einer der in den Nummern 1 oder 2 bezeichneten Tätigkeiten dienen oder zu dienen bestimmt sind.[405]

Damit ist – vereinfacht formuliert – gewährleistet, dass alle Tätigkeiten im
Rahmen eines Bergbaubetriebes von der Aufsuchung bis zum Abschluss der
Wiedernutzbarmachung Regelungsgegenstände des Bundesberggesetzes sind,
als solche der Bergaufsicht unterliegen und insbesondere zu ihrer Durchführung
Betriebsplanzulassungen erfordern. Erfasst werden damit nicht nur etwa För-
dereinrichtungen eines Bergwerks[406] oder die Wasserhaltung[407], sondern auch

---

[404] Die Verlegung von Pipelines im Küstenbereich wird dennoch mitunter dem Bergrecht
zugeordnet, ablehnend *Keienburg*, in: Boldt/Weller/Kühne/von Mäßenhausen, BBergG,
2. Auflage 2016, § 4 Rn. 11 m.w.N.

[405] Dazu BVerwG, Urteil vom 28. September 2016 – 7 C 18/15, NVwZ 2017, S. 632
Rn. 21 ff., das im Rahmen einer Gesamtwürdigung neben quantitativen auch qualitative Gesichtspunkte berücksichtigt; *Pauli/Wörheide*, NuR 2018, S. 302 (306).

[406] *Keienburg*, in: Boldt/Weller/Kühne/von Mäßenhausen, BBergG, 2. Auflage 2016, § 2
Rn. 13.

[407] BT-Drs. 8/1315, S. 80.

Betriebsstraßen, die ausschließlich der Erschließung des Bergbauvorhabens dienen, bis zur Anbindung an das öffentliche Verkehrsnetz (selbst außerhalb des
Bewilligungsfeldes)[408], Feuerungsanlagen zur Sandtrocknung[409] oder Gastrock-
nungsanlagen[410] sowie Kraftwerke, die überwiegend der Stromversorgung des
Bergbaubetriebes selbst dienen oder zu dienen bestimmt sind[411]. Schwierig kann
im Einzelfall die Abgrenzung zwischen Berg- und Abfallrecht sein.[412] Auch die
Herstellung eines Tagebaurestsees kann in den Anwendungsbereich des Bundesberggesetzes fallen;[413] nicht erfasst werden aber bloße Folgenutzungen[414].

b) Einschränkung auf bergfreie und grundeigene Bodenschätze

aa) Die Systematik der Bodenschätze

Bezugspunkt all dieser Vorhaben und Einrichtungen sind bergfreie und grund-
eigene Bodenschätze, die § 3 BBergG näher definiert. Bodenschätze sind nach
§ 3 Abs. 1 BBergG mit Ausnahme von Wasser alle mineralischen Rohstoffe in
festem oder flüssigem Zustand und Gase, die in natürlichen Ablagerungen oder
Ansammlungen (Lagerstätten) in oder auf der Erde, auf dem Meeresgrund, im
Meeresuntergrund oder im Meerwasser[415] vorkommen. Zu den mineralischen
Rohstoffen zählen auch solche organischen Ursprungs wie etwa Kohle oder
Erdöl;[416] zentrales Kriterium ist die Natürlichkeit der Ablagerung oder An-
sammlung.[417] Erforderlich ist darüber hinaus eine Verbindung mit der Erdrin-
de,[418] wobei Bodenschätze nach der Rechtsprechung des Bundesverwaltungsge-
richts „‚Schätze' des Bodens, nicht aber der Boden selbst" sein sollen[419].

---

[408] OVG Bautzen, Urteil vom 26. September 2008 – 4 B 773/06, SächsVBl 2009, S. 61 (66 f.).

[409] VG Aachen, Urteil vom 14. September 2005 – 6 K 372/03, juris, Rn. 75.

[410] Vgl. *von Weschpfennig*, in: Landmann/Rohmer, Umweltrecht, § 13a WHG Rn. 36
(Stand: Juli 2018).

[411] *Keienburg*, in: Boldt/Weller/Kühne/von Mäßenhausen, BBergG, 2. Auflage 2016, § 2
Rn. 13.

[412] Vgl. auch § 2 Abs. 2 Nr. 7 KrWG zur Ausnahme vom Geltungsbereich. Ausführlich
von Mäßenhausen, in: Boldt/Weller/Kühne/von Mäßenhausen, BBergG, 2. Auflage 2016,
Anh. § 48 Rn. 1 ff.; § 55 Rn. 63 ff.; *Piens*, in: ders./Schulte/Graf Vitzthum, BBergG, 3. Auflage
2020, § 55 Rn. 87 ff.

[413] Näher *Müggenborg*, NuR 2013, S. 326 (327 ff.).

[414] *Keienburg*, in: Boldt/Weller/Kühne/von Mäßenhausen, BBergG, 2. Auflage 2016,
Anh. § 57c – § 1 UVP-V Bergbau Rn. 64 f.

[415] Siehe aber § 2 Abs. 3 BBergG zum räumlichen Anwendungsbereich.

[416] Vgl. *Gocht*, Wirtschaftsgeologie und Rohstoffpolitik, 1983, S. 13; *Machatschki*, Vorräte
und Verteilung der mineralischen Rohstoffe, 1948, S. 1 f.

[417] Vgl. BT-Drs. 8/1315, S. 78. Mit § 128 BBergG erfasst der Gesetzgeber allerdings partiell
auch das Aufsuchen und Gewinnen mineralischer Rohstoffe in Halden, also keine natürlichen, sondern von Menschenhand geschaffene Ablagerungen oder Ansammlungen.

[418] BT-Drs. 8/1315, S. 78; *von Hammerstein*, in: Boldt/Weller/Kühne/von Mäßenhausen,
BBergG, 2. Auflage 2016, § 3 Rn. 6.

[419] BVerwG, Urteil vom 6. Juli 1990 – 4 A 1/87, BVerwGE 85, 223 (228) zum wirtschaft-

Anders als noch in einem ersten Entwurf aus dem Jahre 1975[420] beschränkt der Gesetzgeber die Anwendung des Bundesberggesetzes für das Aufsuchen, Gewinnen und Aufbereiten von Bodenschätzen auf bestimmte, enumerativ in § 3 BBergG aufgeführte bergfreie und grundeigene Bodenschätze, während die sogenannten Grundeigentümerbodenschätze[421] nicht unter das Bundesberggesetz fallen. Nach der Idee des Gesetzgebers sollen solche Bodenschätze erfasst werden, „denen aus volkswirtschaftlicher und bergbaulicher Sicht eine besondere Bedeutung beigemessen wird".[422]

Bergfreie Bodenschätze sind nach § 3 Abs. 2 BBergG im Gegensatz zu den grundeigenen vom zivilrechtlichen Grundeigentum entkoppelt und bedürfen daher einer speziellen bergrechtlichen Konzession – der sogenannten Bergbauberechtigung. Sie sind vor ihrer Gewinnung nach überwiegender Auffassung herrenlos[423] und stehen insbesondere nicht im Eigentum des Staates,[424] unterliegen aber keinem freien Aneignungsrecht. Mit dieser Differenzierung systematisiert der Gesetzgeber die erfassten Bodenschätze vergleichsweise übersichtlich und verabschiedet sich insbesondere von der Figur des staatsvorbehaltenen Bodenschatzes, der ebenfalls vom Verfügungsrecht des Grundeigentümers ausgeschlossen war.[425]

---

lichen Abbau von Sand und Kies im Bereich der Küstengewässer. Dort auch allgemein zum unklaren Begriff des Bodenschatzes (S. 228 ff.).

[420] Dazu unten 1. Kapitel D. I. 1. b) bb) (2), S. 75.

[421] Zur irrelevanten Frage, ob der Erdkörper nach § 905 Satz 1 BGB oder entsprechende Zugriffsbefugnisse selbst zum Eigentum zählen oder nur ein entsprechendes Herrschaftsrecht besteht, siehe *H. Roth*, in: Staudinger, BGB, §§ 903 – 924, 2020, § 905 Rn. 2; *Wilhelmi*, in: Erman, BGB, Bd. 2, 16. Auflage 2020, § 905 Rn. 1. Dagegen ist *zumindest* aus heutiger eigentumsdogmatischer Sicht die Überlegung abzulehnen, die dem Grundeigentümer belassenen Mineralien gehörten nicht zum Grundeigentum, weil sie entschädigungslos entzogen werden könnten, so aber *Turner*, Das bergbauliche Berechtsamswesen, 1966, S. 208 ff., insb. S. 211 f.

[422] BT-Drs. 8/1315, S. 71; dies aufgreifend BVerwG, Beschluss vom 24. Februar 1997 – 4 B 260/96, NVwZ-RR 1997, S. 605.

[423] *Keimeyer/Gailhofer/Westphal/Sanden/Schomerus/Teßmer*, Recht der Rohstoffgewinnung, Umweltbundesamt, Texte 71/2019, S. 43 f.; *Kremer/Neuhaus gen. Wever*, Bergrecht, 2001, Rn. 56; *Vitzthum/Piens*, in: Piens/Schulte/Graf Vitzthum, BBergG, 3. Auflage 2020, § 3 Rn. 12; kritisch zur Einordnung der bergbreien Bodenschätze in das sachenrechtliche System des Bürgerlichen Gesetzbuchs *Wörheide*, Die Bergbauberechtigungen nach dem Bundesberggesetz, 2014, S. 261 ff., 267 ff. Unter der Geltung des Allgemeinen Berggesetzes war die Eigentumsinhaberschaft umstritten, näher *Willecke/Turner*, Grundriß des Bergrechts, 2. Auflage 1970, S. 7 f. m.w.N.

[424] *Wörheide*, Die Bergbauberechtigungen nach dem Bundesberggesetz, 2014, S. 263. Auch vor Inkrafttreten des Bundesberggesetzes wurden die Verfügungsbefugnis des Grundeigentümers entzogene Bodenschätze – selbst im Falle des echten Staatsvorbehalts – überwiegend als herrenlos und nicht im Eigentum des Staates stehend angesehen, zum Streitstand *Miesbach/Engelhardt*, Bergrecht, 1962, Art. 1 bayBergG – § 1 ABG Anm. 1b; *Willecke/Turner*, Grundriß des Bergrechts, 2. Auflage 1970, S. 7 ff.

[425] BT-Drs. 8/1315, S. 77; zum Staatsvorbehalt siehe zunächst nur *Willecke/Turner*, Grundriß des Bergrechts, 2. Auflage 1970, S. 50 ff.

Maßgeblich für die Einordnung als bergfreier Bodenschatz soll ausweislich der Entwurfsbegründung – ganz ähnlich wie bei der Zuordnung der Bodenschätze zum Bundesberggesetz selbst – „der Grad der Bedeutung [sein], der einem Vorkommen für die Volkswirtschaft zukommt oder zukommen kann".[426] Unter dieser Leitlinie wurden bis dahin auch in den Ländern divergierende Unterscheidungen neu geordnet. Die §§ 149 bis 159 BBergG tragen zudem bereits erworbenen bergrechtlichen Rechtspositionen[427] aus Gründen des Vertrauensschutzes Rechnung.[428] Auch der Abbau von an sich nicht unter das Bundesberggesetz fallenden Grundeigentümerbodenschätzen richtet sich daher insoweit mitunter nach den bergrechtlichen Regelungen.[429]

Das an sich klare Regelungssystem erfährt wiedervereinigungsbedingt weitere Durchbrechungen. Denn auch das Bergrecht der Deutschen Demokratischen Republik folgte der Leitlinie einer Entkopplung volkswirtschaftlich bedeutsamer mineralischer Rohstoffe vom Grundeigentum und überführte sie gemäß § 3 BG DDR ins Volkseigentum. Zum Zeitpunkt der Wiedervereinigung betraf dies (nahezu) alle relevanten Rohstoffe. Der Einigungsvertrag trug auch diesen Strukturen Rechnung,[430] sodass sich infolgedessen insgesamt – trotz aller Vereinheitlichungsbemühungen – ein recht heterogenes Bild der unter den Anwendungsbereich des Bundesberggesetzes fallenden Rohstoffe zeigt.

bb) Bergfreie, grundeigene und Grundeigentümerbodenschätze

(1) Bergfreie und grundeigene Bodenschätze

§ 3 Abs. 3 BBergG unterteilt die *bergfreien Bodenschätze* zunächst in fünf Gruppen (Satz 1)[431] und fingiert ferner bestimmte Bodenschätze als bergfrei (Satz 2). Erfasst werden etwa metallische Bodenschätze,[432] Kohlenwasserstoffe (z.B. Erdöl, Erdgas), Stein- und Braunkohle sowie Salze und Sole. Als bergfreie

---

[426] BT-Drs. 8/1315, S. 78; ablehnend *H. Schulte*, JZ 1984, S. 297 (298 mit Fn. 15).

[427] Vgl. die Beispiele bei *Hoffmann*, BB 1994, S. 1584 (1586).

[428] Die Vorschriften sichern – eingeschränkt durch ein befristetes Anzeigeverfahren (zur Verfassungsmäßigkeit BVerfG, Beschluss vom 7. März 2002 – 1 BvR 1321/00, NVwZ 2002, S. 1365) – sehr ausdifferenziert alte Rechte und Verträge. Hierauf nehmen die Kataloge der bergfreien und grundeigenen Bodenschätze Bezug, indem sie immer unter dem Vorbehalt stehen, dass sich aus alten Rechten nichts anderes ergibt, § 3 Abs. 3 Satz 1, Satz 2 Nr. 2, Abs. 4 BBergG.

[429] Vgl. etwa OVG Münster, Urteil vom 18. November 2015 – 11 A 3048/11, ZfB 157 (2016), S. 33 (47) zu einem Kalksteintagebau; BGH, Urteil vom 12. Oktober 2000 – III ZR 242/98, BGHZ 145, 316 Rn. 14 sowie VG Arnsberg, Urteil vom 26. Februar 2003 – 1 K 1595/01, juris, Rn. 2, 65, jeweils zur Gewinnung von Marmor.

[430] Ausführlich hierzu unten 2. Kapitel C. II. 2., S. 175 ff.

[431] Zur Systematisierung vgl. ausführlich *von Hammerstein*, in: Boldt/Weller/Kühne/von Mäßenhausen, BBergG, 2. Auflage 2016, § 3 Rn. 13 ff.; *Vitzthum/Piens*, in: Piens/Schulte/Graf Vitzthum, BBergG, 3. Auflage 2020, § 3 Rn. 34 ff.

[432] Gediegen (also ohne Verbindung mit anderen Elementen) oder als Erze vorkommend.

Bodenschätze gelten nach Satz 2 alle Bodenschätze im Bereich des Festlandsockels sowie im Bereich der Küstengewässer und schließlich Erdwärme.[433] In
der Praxis greift das bergrechtliche Regelungsregime in Anwendung des § 4
Abs. 2 Nr. 1 BBergG[434] aber nicht, wenn nur oberflächennahe Geothermie für
die Beheizung eines Gebäudes des jeweiligen Grundstückes gewonnen wird.[435]
Die reine oder an die Gewinnung anschließende[436] *Nutzung* von Erdwärme
selbst fällt nach § 4 Abs. 3 Satz 2 BBergG ohnehin nicht unter das Bundesberggesetz. Damit sollte ausweislich der Gesetzgebungsmaterialien sichergestellt
werden, dass nicht bereits die Nutzung von heißen Quellen oder Erdwärme im
Rahmen von Bade- oder Heilbetrieben dem Bergrecht unterfallen.[437]

Unter die *grundeigenen Bodenschätze* nach § 3 Abs. 4 BBergG fasst der Gesetzgeber im Wesentlichen in Anlehnung[438] an § 1 Abs. 1 der Verordnung über
die Aufsuchung und Gewinnung mineralischer Bodenschätze vom 31. Dezember 1942[439] (sog. Silvesterverordnung) sowie § 214 ABG bestimmte enumerativ aufgezählte Bodenschätze wie etwa Feldspat, Dachschiefer oder Basaltlava.
Die Anlehnung an die Silvesterverordnung[440] war dabei naheliegend, weil sie
als Bundesrecht fortgalt.[441] Problematisch ist, dass sowohl Quarz und Quarzit als auch Ton nur dann zu den grundeigenen Bodenschätzen zählen, wenn
sie qualifizierte Anforderungen erfüllen. Hierzu zählt unter anderem die Eignung zur Herstellung feuerfester Erzeugnisse, wobei es auf die tatsächliche Verwendung bereits im Hinblick auf den eindeutigen Wortlaut nicht ankommt.[442]

---

[433] Zu verschiedenen Systemen einer Nutzung von Geothermie *Große*, NVwZ 2004,
S. 809 f.; *ders.*, ZUR 2009, S. 535 (536); ausführlich *Stober/Bucher*, Geothermie, 3. Auflage
2020.

[434] Zu möglichen zivilrechtlichen Implikationen dieser Norm *Berlin*, NuR 2014, S. 476
(478 ff.).

[435] *Ehricke*, UPR 2009, S. 281 (282); *Große*, NVwZ 2004, S. 809 (810); kritisch *von Hammerstein*, in: Boldt/Weller/Kühne/von Mäßenhausen, BBergG, 2. Auflage 2016, § 3 Rn. 45 ff.;
vgl. auch *Keienburg*, in: Boldt/Weller/Kühne/von Mäßenhausen, wie vor, § 4 Rn. 12. Siehe
im Übrigen § 127 BBergG für Bohrungen, die mehr als 100 Meter in den Boden eindringen
sollen.

[436] Dazu *Keienburg*, in: Boldt/Weller/Kühne/von Mäßenhausen, BBergG, 2. Auflage
2016, § 4 Rn. 22.

[437] BT-Drs. 8/1315, S. 189.

[438] BT-Drs. 8/1315, S. 79.

[439] RGBl I 1943, S. 17. Die Silvesterverordnung sollte ausweislich ihrer Begründung solche
Grundeigentümermineralien unter ein spezielles Regime stellen, hinsichtlich derer die Gewinnungsbetriebe „infolge mangelnder staatlicher Eingriffsmöglichkeiten und Kontrolle
häufig nicht in der Lage [waren], den verstärkten Anforderungen, besonders der Kriegswirtschaft, in volkswirtschaftlich richtiger Form nachzukommen", wobei ausdrücklich Vorkommen nicht erfasst wurden, die als Baustoffe Verwendung finden, Begründung zur Silvesterverordnung, ZfB 83 (1942), S. 201 f.

[440] Zur Kritik siehe unten 1. Kapitel D. I. 1. b) bb) (2), S. 74 f.

[441] *Miesbach/Engelhardt*, Bergrecht, 1962, Anh. A I 12, Vorbemerkung.

[442] So BVerwG, Urteil vom 30. März 2017 – 7 C 17/15, NVwZ-RR 2017, S. 685 Rn. 12 ff.
A.A. noch die erstinstanzliche Entscheidung VG Saarlouis, Urteil vom 10. Oktober 2012 – 5

Unklarheiten über das anwendbare Recht können die Folge sein.[443] Wird etwa der Nachweis der Feuerfestigkeit (mangels Differenzen zwischen Behörde und Unternehmen[444]) nicht angetreten,[445] bleibt möglicherweise Bergrecht sachwidrig außer Anwendung. Auch können rohstoffbezogene Vorhaben im laufenden Betrieb unter ein völlig anderes Regelungsregime gestellt werden, wenn sich die angenommenen Qualitäten als falsch herausstellen.[446] Hier verläuft also die (mitunter fließende) Grenze zu den sogenannten *Grundeigentümerbodenschätzen*, die nicht in den Anwendungsbereich des Bundesberggesetzes fallen. Wirtschaftlich relevant sind insbesondere Sand und Kies.

Die Gesetzessystematik zu den grundeigenen Bodenschätzen weicht allerdings vom Konzept der enumerativen Aufzählung der in den Anwendungsbereich fallenden Bodenschätze ab, wenn diese untertägig aufgesucht oder gewonnen werden, und greift damit entsprechende landesrechtliche Bestimmungen auf.[447] Nach § 3 Abs. 4 Nr. 2 BBergG zählen auch solche Rohstoffe zu den grundeigenen Bodenschätzen, soweit sie nicht bergfrei sind oder bereits zu dem Katalog der grundeigenen Bodenschätze in § 3 Abs. 4 Nr. 1 BBergG zählen. Hiermit trägt der Gesetzgeber Sicherheitsaspekten[448] Rechnung, zumal die unterirdische Rohstoffgewinnung nach bergmännischen Regeln erfolgt.[449]

K 391/10, ZfB 154 (2013), S. 81 (93). Dem wirkt der Vorschlag der *Bezirksregierung Arnsberg*, Vorschläge zur Änderung des Bergrechts 2011, S. 5 (https://www.bezreg-arnsberg.nrw.de/ themen/e/erdgasaufsuchung_gewinnung/vorschlag_bergrecht.pdf, zuletzt abgerufen am 22. Januar 2020 (nicht mehr online abrufbar)) entgegen, Quarz und Quarzit aus der Liste der grundeigenen Bodenschätze zu streichen, um so ein einheitliches Rechtsregime für den Abbau zu schaffen.

[443] Vgl. exemplarisch BVerwG, Urteil vom 30. März 2017 – 7 C 17/15, NVwZ-RR 2017, S. 685; ferner VG Düsseldorf, Urteil vom 19. Januar 2015 – 17 K 1912/08, juris, Rn. 3.

[444] Vgl. etwa den gemeinsamen Runderlass der Minister für Umwelt, Raumordnung und Landwirtschaft sowie für Wirtschaft, Mittelstand und Technologie des Landes Nordrhein-Westfalen vom 23. September 1985, https://www.bezreg-arnsberg.nrw.de/themen/g/ gewinnung_steine_erden/eignung_quarzsand_kies.pdf, zuletzt abgerufen am 22. Januar 2020 (nicht mehr online abrufbar).

[445] Zu den Anforderungen *Weller*, ZfB 125 (1984), S. 161 (163 f.); Ergebnisse der 23. Referentenbesprechung des *Länderausschusses Bergbau* vom 23. Januar 1985, ZfB 138 (1997), S. 245 ff.

[446] Vgl. zur Überleitung eines Abbauvorhabens ins Bergrecht OVG Koblenz, Urteil vom 5. Oktober 2010 – 1 A 10689/09, DVBl 2011, S. 47 (49 f.); ferner VG Darmstadt, Beschluss vom 31. Januar 2014 – 7 L 1749/13.DA, juris, Rn. 1; VG Düsseldorf, Urteil vom 23. November 2006 – 4 K 3518/05, juris, Rn. 1 ff.; Urteil vom 23. November 2006 – 4 K 3520/05, juris, Rn. 1 ff.; VG Köln, Urteil vom 15. März 2007 – 1 K 1469/05, juris, Rn. 1.

[447] Siehe etwa Art. 83 bayBergG; Gesetz über die Beaufsichtigung von unterirdischen Mineralgewinnungsbetrieben und Tiefbohrungen vom 18. Dezember 1933, PrGS 1933, S. 493.

[448] *von Hammerstein*, in: Boldt/Weller/Kühne/von Mäßenhausen, BBergG, 2. Auflage 2016, § 3 Rn. 77; *Willecke/Turner*, Grundriß des Bergrechts, 2. Auflage 1970, S. 57.

[449] Begründung zum Gesetz über die Beaufsichtigung von unterirdischen Mineralgewinnungsbetrieben und Tiefbohrungen vom 18. Dezember 1933 (siehe soeben in Fn. 447), ZfB 74 (1933), S. 320.

(2) Grundeigentümerbodenschätze

Bereits vor Inkrafttreten des Bundesberggesetzes wurden die dem Verfügungsrecht des Grundeigentümers unterstehenden, also weder bergfreien noch staatsvorbehaltenen Bodenschätze als Grundeigentümermineralien bezeichnet.[450]
Auch diese Bodenschätze wurden allerdings sukzessive zumindest partiell den
bergrechtlichen Regelungen unterstellt und teils sogar dem Verfügungsrecht
des Grundeigentümers entzogen.[451] Der Gesetzgeber verzichtete bei der Schaffung des Bundesberggesetzes – anders als etwa in der Deutschen Demokratischen Republik[452] – darauf, nunmehr alle Bodenschätze unter das neue Gesetz
zu fassen, weil die Länder bereits für einige mineralische Rohstoffe spezielle
außerbergrechtliche Regelungen getroffen hatten.[453] So bleibt insbesondere der
Abbau von Sand und Kies in wirtschaftlich relevantem Umfang außerhalb des
Anwendungsbereichs des Bundesberggesetzes.

In Anbetracht der immer wieder reklamierten bergbaulichen Sachgesetzlichkeiten[454] überraschen diese Abgrenzungen. Während der Gesetzgeber bei der
unterirdischen Rohstoffgewinnung eine stringente bergmännische Grenzzie-
hung vornimmt, sollen Tagebaue dem Regime nur bei einer besonderen volkswirtschaftlichen Bedeutung der Rohstoffe[455] unterfallen. Dies scheint zwar
zunächst insoweit konsequent, als nach der gesetzgeberischen Konzeption insbesondere die vom Bundesberggesetz erfassten Bodenschätze zum Zweck der
Sicherung der Rohstoffversorgung eines flexiblen und wirtschaftsfreundlichen
Regelungssystems bedürfen. Dass der Gesetzgeber dann aber etwa die Abgrenzung nach der Feuerfestigkeit an die Silvesterverordnung aus 1942 anknüpft,
die zur Begründung der Sonderbehandlung bestimmter Grundeigentümerbodenschätze ausdrücklich auf die verstärkten Anforderungen insbesondere der
Kriegswirtschaft verweist,[456] wirft zumindest Fragen nach der Belastbarkeit

---

[450] BT-Drs. 8/1315, S. 77; *Willecke/Turner*, Grundriß des Bergrechts, 2. Auflage 1970,
S. 56.

[451] Näher BT-Drs. 8/1315, S. 68; *Willecke/Turner*, Grundriß des Bergrechts, 2. Auflage
1970, S. 57 f.; vgl. auch die Aufzählung in der Begründung zum Gesetz über die Beaufsichtigung von unterirdischen Mineralgewinnungsbetrieben und Tiefbohrungen vom 18. Dezember 1933 (siehe soeben in Fn. 447), ZfB 74 (1933), S. 320 (321 f.).

[452] Siehe unten 2. Kapitel C. II. 2, S. 175.

[453] BT-Drs. 8/1315, S. 70 f. Siehe etwa das Gesetz zur Ordnung von Abgrabungen (Abgrabungsgesetz) vom 21. November 1972, GVBl NRW 1972, S. 372, das seinen – auch heute
noch so formulierten – sachlichen Anwendungsbereich u.a. auf die oberirdische Gewinnung
von Bodenschätzen erstreckt, die im Verfügungsrecht des Grundeigentümers stehen. Hierzu
zählen nach § 1 Abs. 2 „insbesondere Kies, Sand, Ton, Lehm, Kalkstein, Dolomit, sonstige
Gesteine, Moorschlamm und Torf".

[454] Siehe oben 1. Kapitel A. III., S. 5.

[455] Vgl. BT-Drs. 8/1315, S. 71.

[456] Siehe oben Fn. 439, S. 72.

der gesetzgeberischen Abgrenzung auf.[457] Nimmt man das Kriterium der besonderen volkswirtschaftlichen Bedeutung ernst, so wäre statt einer Anknüpfung an überkommene Abgrenzungen eine ausdrückliche Neubewertung – wie etwa bei der Klassifizierung als bergfreier Bodenschatz[458] – indiziert gewesen. *Technisch* gesehen kann es dagegen auf die volkswirtschaftliche Bedeutung, wie auch die Entwurfsbegründung erkennt,[459] gar nicht ankommen, da die Gewinnung von Grundeigentümerbodenschätzen im Grunde denselben Sachgesetzlichkeiten unterliegt.

Tatsächlich stellen die Anwendungsbereichsausnahmen im Wesentlichen ein Zugeständnis an die Länder dar, die für bergrechtlich bis dahin nicht erfasste[460] Rohstoffe bereits spezialgesetzliche Regelungen erlassen hatten.[461] Der Bundesrat sah insoweit in einem weiterreichenden Entwurf der Bundesregierung aus dem Jahr 1975, der auch aus Gleichheitsgesichtspunkten eine einheitliche Behandlung der Rohstoffe regelte,[462] einen Übergriff in die „Zuständigkeiten der Länder vornehmlich im Bereich des Naturschutzes, der Landschaftspflege, des Wasserrechts und des Baurechts sowie der dazu bereits ergangenen landesrechtlichen Vorschriften". Das Schwergewicht einer Prüfung der Gemeinwohlverträglichkeit liege – offenbar im Gegensatz zu bergrechtlichen Sachverhalten – eindeutig im Bereich des Wasser-, Bau- und Landschaftspflegerechts.[463] Der Gesetzgeber hatte ursprünglich in den Bereichen des Naturschutzes, der Landschaftspflege und des Wasserhaushalts nach Art. 75 Nr. 3 und 4 GG a.F. nur eine Rahmenkompetenz, die einer Bedürfnisprüfung nach Art. 72 Abs. 2 a.F. unterlag.[464] Detaillierte Regelungen wären folglich kompetenzrechtlich im Grunde ausgeschlossen gewesen.

---

[457] Allerdings wurde den aufgeführten Mineralien auch nach dem zweiten Weltkrieg attestiert, die „wichtigsten Vorkommen aus dem Bereiche der volkswirtschaftlich bedeutsamen Steine und Erden" zu erfassen, *Ebel/Weller*, ABG, 2. Auflage, 1963, III 26, Anm. 1. Die besondere volkswirtschaftliche Bedeutung von Kiesen und Sanden ablehnend *Kühne/Beddies*, JZ 1994, S. 201 (202) unter Verweis auf eine fehlende großräumige Versorgungsfunktion; zum Bedeutungszuwachs ab Ende der 80er Jahre siehe *Hoffmann*, BB 1994, S. 1584 (1589) m.w.N.; *Schulte*, Rechtliche Gegebenheiten und Möglichkeiten der Sicherung des Abbaus oberflächennaher Bodenschätze in der Bundesrepublik Deutschland, 1996, S. 112; vgl. auch m.w.N. zu den gegenläufigen Auffassungen BVerwG, Urteil vom 24. Juni 1993 – 7 C 36/92, 7 C 37/92, BVerwGE 94, 23 (28).

[458] Vgl. BT-Drs. 8/1315, S. 78.

[459] BT-Drs. 8/1315, S. 70.

[460] Vgl. *B. Linke*, Abgrabungsgesetz NRW, 2. Auflage 2005, Einführung Rn. 2.

[461] Siehe soeben Fn. 453.

[462] Siehe § 2 Abs. 1, § 3 BBergG-E (1975), BR-Drs. 350/75, S. 13 f., 76. Dort werden Bodenschätze näher definiert, bergfreie Bodenschätze enumerativ genannt und alle anderen Bodenschätze als grundeigene Bodenschätze erfasst.

[463] BR-Drs. 350/75, Stellungnahme zum Entwurf eines Bundesberggesetzes (BBergG), Anlage, S. 2, 4 f.

[464] Daher einen eigenen Regelungsspielraum der Länder unterstreichend *von Hammerstein*, in: Boldt/Weller/Kühne/von Mäßenhausen, BBergG, 2. Auflage 2016, § 3 Rn. 1.

Lässt der Gesetzgeber allerdings außerbergrechtliche Anforderungen gerade unberührt und beschränkt sich (im Wesentlichen) auf spezielle Regelungen zum Bergbau, greift die konkurrierende Kompetenz zum Recht der Wirtschaft (Bergbau) aus Art. 74 Abs. 1 Nr. 11 GG; der Verweis auf den bloßen Rahmencharakter des Art. 75 GG a.F. verfängt insoweit nicht. Auch dürfte im Lichte der durchaus großzügigen Verfassungsrechtsprechung[465] ein Bedürfnis nach einer bundeseinheitlichen Regelung gemäß Art. 72 Abs. 2 a.F. nicht nur bei volkswirtschaftlich besonders relevanten Rohstoffen vorgelegen haben. Die Beschränkung des Anwendungsbereichs dürfte damit in der Tat mehr föderalpolitisch motiviert als verfassungsrechtlich geboten gewesen sein.[466]

2. Sachlicher Anwendungsbereich im Übrigen

a) Untergrundspeicher

Das Bundesberggesetz gilt darüber hinaus, soweit dies ausdrücklich bestimmt ist, nach § 2 Abs. 2 BBergG für das Untersuchen des Untergrundes auf seine Eignung zur Errichtung von Untergrundspeichern (Nr. 1), für das Errichten und Betreiben von Untergrundspeichern sowie der Einrichtungen, die überwiegend dem Betrieb eines Untergrundspeichers dienen oder zu dienen bestimmt sind (Nr. 2). Nach § 4 Abs. 9 BBergG ist ein Untergrundspeicher eine Anlage zur unterirdischen behälterlosen Speicherung von Gasen, Flüssigkeiten und festen Stoffen mit Ausnahme von Wasser.[467] Damit fallen neben der Erdöl-, Erdgas- und Wasserstoffspeicherung zwar Druckluftspeicherkraftwerke in den Anwendungsbereich, nicht aber Pumpspeicherkraftwerke.[468] Begrifflich erfasst wird nur die vorübergehende Einlagerung mit dem Zweck der späteren Wiederverwendung, nicht hingegen eine auf Dauer angelegte (Abfall)beseitigung etwa in Untertagedeponien.[469] Nicht unter das Bundesberggesetz fällt damit auch die

---

[465] Siehe nur zusammenfassend BVerfG, Urteil vom 24. Oktober 2002 – 2 BvF 1/01, BVerfGE 106, 62 (136 ff.).

[466] Zur rechtspolitischen Diskussion der Ausweitung des Anwendungsbereichs des Bundesberggesetzes *Keimeyer/Gailhofer/Westphal/Sanden/Schomerus/Teßmer*, Recht der Rohstoffgewinnung, Umweltbundesamt, Texte 71/2019, S. 311 ff. m.w.N.; *Umweltbundesamt* (Hrsg.), Politikempfehlungen für eine verantwortungsvolle Rohstoffversorgung Deutschlands als Beitrag zur nachhaltigen Entwicklung. Teil I – Handlungsvorschläge für eine umwelt- und ressourcenschonende Rohstoffgewinnung in Deutschland, Dezember 2020, S. 30, https://www.umweltbundesamt.de/sites/default/files/medien/1410/publikationen/2020_12_pp_bergrecht_bf.pdf, zuletzt abgerufen am 9. Juli 2021.

[467] Hierbei ist zwischen Poren- und Kavernenspeichern zu unterscheiden, *Karrenstein*, Errichtung und Betrieb von Erdgasspeichern in unterirdischen Hohlraumstrukturen, 2016, S. 9 ff.

[468] *Frenz*, in: ders., BBergG, 2019, § 126 Rn. 15; *Mann*, in: Boldt/Weller/Kühne/von Mäßenhausen, BBergG, 2. Auflage 2016, § 126 Rn. 3; *Pielow/Weiß/Groneberg*, GewArch 2014, S. 270 (271 f.).

[469] BT-Drs. 8/1315, S. 77; *Kühne*, RdE 2009, S. 14 (17).

dauerhafte untertägige Einbringung von Kohlendioxid (sog. CCS[470]-Technologie),[471] die in einem separaten Kohlendioxid-Speicherungsgesetz (KSpG)[472] normiert ist.

2016 hat der Gesetzgeber im Rahmen der Fracking-Novelle[473] zudem mit § 2 Abs. 2 Satz 2 BBergG klargestellt, dass § 2 Abs. 2 Satz 1 Nr. 1 und 2 BBergG gegenüber Abs. 1 lediglich Auffangfunktion zukommt.[474]

§ 126 Abs. 1 und 2 BBergG trifft anknüpfend an diese Vorschriften spezielle Regelungen für Untergrundspeicher und benennt die anzuwendenden Vorschriften. Hierzu zählen unter anderem die Regelungen über Betriebspläne, nicht jedoch das Berechtsamswesen. Insbesondere sieht das Bundesberggesetz, anders als § 5 Abs. 1 BG DDR,[475] keine Speicherrechte vor.

b) Sonstige Tätigkeiten und Einrichtungen

Das Bundesberggesetz gilt gemäß seinem § 2 Abs. 2 Satz 1 Nr. 3 schließlich für sonstige Tätigkeiten und Einrichtungen, soweit dies ausdrücklich bestimmt ist.

Zunächst trifft § 126 Abs. 3 BBergG – insoweit partiell überschneidend mit Abs. 1[476] – eine Sonderregelung für die Errichtung und den Betrieb einer Anlage zur Lagerung, Sicherstellung oder Endlagerung radioaktiver Stoffe im Sinne des Atomgesetzes. Hiernach sind unter anderem die Regelungen zum Betriebsplanverfahren entsprechend anzuwenden, wenn die Anlage ihrer Art nach auch zur unterirdischen behälterlosen Speicherung geeignet ist. Dabei besteht ein ausdifferenziertes Wechselseitigkeits- und Ergänzungsverhältnis mit dem Atomgesetz[477]

---

[470] Carbon Capture and Storage.

[471] *Karrenstein*, Errichtung und Betrieb von Erdgasspeichern in unterirdischen Hohlraumstrukturen, 2016, S. 56; ausführlich *Franke*, in: Kühne/Ehricke, Bergrecht zwischen Tradition und Moderne, 2010, S. 99 ff.

[472] Gesetz zur Demonstration der dauerhaften Speicherung von Kohlendioxid, BGBl I 2012, S. 1726. Siehe hierzu *Benrath*, in: Festgabe OLG Hamm, 2020, S. 320 (324 ff.); *Dieckmann*, NVwZ 2012, S. 989 ff.; *Frenz*, in: ders., BBergG, § 126 Rn. 19; *Kohls/Lienemann/ Warnke/Wittrock*, ZUR 2015, S. 140 ff.; *H. A. Wolff*, UPR 2013, S. 298 ff. Siehe auch die Richtlinie 2009/31/EG vom 23. April 2009 u. a. über die geologische Speicherung von Kohlendioxid (CCS-Richtlinie), ABl. Nr. L 140 vom 5. Juni 2009, S. 114; dazu *Greinacher*, in: FS Kühne, 2009, S. 557 (563 ff.).

[473] Dort das Gesetz zur Ausdehnung der Bergschadenshaftung auf den Bohrlochbergbau und Kavernen, BGBl I 2016, S. 1962. Zur Entstehungsgeschichte *von Weschpfennig*, in: Landmann/Rohmer, Umweltrecht, § 13a WHG Rn. 12 ff. (Stand: Juli 2018).

[474] BT-Drs. 18/4714, S. 13.

[475] Hierzu sowie zur Überleitung in das Recht der Bundesrepublik *M. Herrmann*, in: Boldt/Weller/Kühne/von Mäßenhausen, BBergG, 2. Auflage 2016, Anhang Rn. 10; *Mann*, in: Boldt/Weller/Kühne/von Mäßenhausen, wie vor, § 126 Rn. 29.

[476] Siehe hierzu *Mann*, in: Boldt/Weller/Kühne/von Mäßenhausen, BBergG, 2. Auflage 2016, § 126 Rn. 30.

[477] Näher *Keienburg*, in: Boldt/Weller/Kühne/von Mäßenhausen, BBergG, 2. Auflage 2016, § 57b Rn. 61 ff.; *Mann*, in: Boldt/Weller/Kühne/von Mäßenhausen, wie vor, § 126

sowie dem Standortauswahlgesetz[478]. Während für die Errichtung und den Betrieb eines Endlagers nach § 57b Abs. 3 Satz 2 BBergG das atomrechtliche Planfeststellungsverfahren Vorrang hat,[479] werden Erkundungen nach Bergrecht zugelassen[480].

§ 127 BBergG erfasst nicht unter § 2 BBergG fallende Bohrungen, die mehr als 100 Meter in den Boden eindringen sollen, und damit typischerweise Bohrungen zur Gewinnung von Erdwärme zur Nutzung auf einem Grundstück[481] sowie zur Förderung von Wasser, das nach § 3 Abs. 1 BBergG kein Bodenschatz ist.[482] §§ 128, 129 BBergG treffen schließlich Regelungen für Alte Halden[483] sowie Versuchsgruben und Bergbauversuchsanstalten.

c) Zwischenbilanz – wenig stringenter sachlicher Anwendungsbereich

So verbleibt auch hier – wie schon im Rahmen des Anwendungsbereichs bei der Rohstoffgewinnung – der Eindruck eines wenig stringenten Anwendungsbereichs. Im Ergebnis folgt das Bundesberggesetz der Idee eines Rechts der Rohstoffgewinnung, ohne diese konsequent und umfassend umzusetzen. Das danebentretende bergrechtliche Potenzial eines übergreifenden Rechts der Gefahrenabwehr, Risikovorsorge und (partiellen) Steuerung der Untergrundnutzung als solcher[484] wird nur ansatzweise genutzt.

3. Räumlicher Anwendungsbereich

Der räumliche Anwendungsbereich umfasst zunächst mangels anderweitiger Präzisierungen den Raum territorialer (und „aquitorialer") Souveränität und damit das Staatsgebiet der Bundesrepublik Deutschland einschließlich des Küs-

---

Rn. 30 ff.; *Piens*, in: ders./Schulte/Graf Vitzthum, BBergG, 3. Auflage 2020, § 57b Rn. 17 ff. Vgl. ferner *von Weschpfennig*, DÖV 2017, S. 23 (24) mit Fn. 17.

[478] Vgl. dazu *Wollenteit*, in: Frenz, Atomrecht, 2019, § 12 StandAG Rn. 3 ff. § 12 StandAG erklärt Teile des Bundesberggesetzes für die Erkundung für entsprechend anwendbar, darunter die Regelungen über Bergbauberechtigungen sowie Betriebsplanverfahren.

[479] Dabei werden die bergrechtlichen Zulassungsvoraussetzungen nicht suspendiert, *Beckmann*, in: Frenz, BBergG, 2019, § 57b Rn. 92.

[480] BVerwG, Urteil vom 2. November 1995 – 4 C 14/94, BVerwGE 100, 1 (9 f.); näher *Keienburg*, in: Boldt/Weller/Kühne/von Mäßenhausen, BBergG, 2. Auflage 2016, § 57b Rn. 62; *Mann*, in: Boldt/Weller/Kühne/von Mäßenhausen, wie vor, § 126 Rn. 40. Siehe jetzt – insoweit klarstellend – § 12 Abs. 1 Satz 1 StandAG, der bestimmte Vorschriften des Bundesberggesetzes – darunter diejenigen zur Betriebsplanzulassung – für entsprechend anwendbar erklärt, dazu *Wollenteit*, in: Frenz, Atomrecht, 2019, § 12 StandAG Rn. 4. Zur verfahrensrechtlichen Behandlung verschiedener Standorte *Mann*, wie vor, Rn. 42 ff.

[481] Siehe oben 1. Kapitel D. I. 1. b) bb) (1), S. 72.

[482] *Keienburg*, in: Boldt/Weller/Kühne/von Mäßenhausen, BBergG, 2. Auflage 2016, § 2 Rn. 23.

[483] Siehe hierzu Fn. 417, S. 69.

[484] Siehe hierzu auch unten 3. Kapitel E. IV. 2. und 3., S. 362 ff.

tenmeeres gemäß Art. 2 ff. SRÜ.[485] § 2 Abs. 3 BBergG erstreckt den Anwendungsbereich für Tätigkeiten und Einrichtungen nach Abs. 1 sowie Abs. 1 Nr. 1 und 2 auf den Bereich des Festlandsockels.[486] Hier gilt das Bundesberggesetz zudem für Unterwasserkabel, Transit-Rohrleitungen und für Forschungshandlungen in Bezug auf den Festlandsockel.[487] Der Gesetzgeber greift somit namentlich (souveräne) Rechte nach Art. 77, 79 und 81, 246 SRÜ auf.[488] Die Reichweite des Festlandsockels richtet sich nach Art. 76 SRÜ und wurde in diversen Staatsverträgen näher festgelegt.[489] Mit Geltung ab dem 5. August 2016 konkretisiert die Bergverordnung für das Gebiet der Küstengewässer und des Festlandsockels (OffshoreBergV)[490] entsprechende bergbauliche Tätigkeiten und löst die Bergverordnung für den Festlandsockel (FlsBergV)[491] ab.

Keine Geltung beansprucht das Bundesberggesetz samt der hierauf gestützten Verordnungen für Vorhaben betreffend den Meeresboden und den Meeresuntergrund jenseits der Grenzen des Bereichs nationaler Hoheitsbefugnisse („Gebiet", Art. 1 Abs. 1 Nr. 1 SRÜ). „Tätigkeiten im Gebiet" – also alle Tätigkeiten zur Erforschung und Ausbeutung der Ressourcen des Gebiets (Art. 1 Abs. 1 Nr. 3 SRÜ) – werden grundlegend gemäß Art. 134 Abs. 2 SRÜ durch Teil XI des Seerechtsübereinkommens (Art. 133 ff. SRÜ) geordnet.[492] Hieran anknüpfend und in Wahrung der Personalhoheit, nicht der Gebietshoheit, hat der deutsche Gesetzgeber ein Gesetz zur Regelung des Meeresbodenbergbaus (MBergG)[493] erlassen, welches das Gesetz zur vorläufigen Regelung des Tiefseebergbaus (TSeeBergbG)[494] abgelöst hat.[495]

---

[485] Näher *Keienburg*, in: Boldt/Weller/Kühne/von Mäßenhausen, BBergG, 2. Auflage 2016, § 2 Rn. 28 f. Allgemein *Epping*, in: Ipsen, Völkerrecht, 7. Auflage 2018, § 7 Rn. 5; *Heintschel von Heinegg*, in: Ipsen, wie vor, § 40; *Kau*, in: Graf Vitzthum/Proelß, Völkerrecht, 8. Auflage 2019, 3. Abschnitt Rn. 131 ff.; *Proelß*, in: Graf Vitzthum/Proelß, wie vor, 5. Abschnitt Rn. 7 ff., 14 ff., 36 f., 43 ff.

[486] Zur ausschließlichen Wirtschaftszone (AWZ) hingegen *von Hammerstein*, in: Boldt/Weller/Kühne/von Mäßenhausen, BBergG, 2. Auflage 2016, § 3 Rn. 7.

[487] Näher hierzu *Keienburg*, in: Boldt/Weller/Kühne/von Mäßenhausen, BBergG, 2. Auflage 2016, § 2 Rn. 30 ff.

[488] Zur Befugnis zur Speicherung *Maggio*, in: Proelss, United Nations Convention on the Law of the Sea, 2017, Art. 81 Rn. 13; *Stoll/Lehmann*, ZUR 2008, S. 281 (282).

[489] Näher hierzu *Kau*, in: Graf Vitzthum/Proelß, Völkerrecht, 8. Auflage 2019, 3. Abschnitt Rn. 152 f.; *Keienburg*, in: Boldt/Weller/Kühne/von Mäßenhausen, BBergG, 2. Auflage 2016, § 2 Rn. 29. Allgemein *Heintschel von Heinegg*, in: Ipsen, Völkerrecht, 7. Auflage 2018, § 44; *Proelß*, in: Graf Vitzthum/Proelß, wie vor, 5. Abschnitt Rn. 55 ff.

[490] BGBl I 2016, S. 1866.

[491] BGBl I 1989, S. 554.

[492] Siehe hierzu *Heintschel von Heinegg*, in: Ipsen, Völkerrecht, 7. Auflage 2018, § 45 Rn. 27 ff.; *Proelß*, in: Graf Vitzthum/Proelß, Völkerrecht, 8. Auflage 2019, 5. Abschnitt Rn. 68 ff.

[493] BGBl I 1995, S. 778 (782).

[494] BGBl I 1980, S. 1457.

[495] Zum Tiefseebergbau siehe etwa *Jenisch*, NordÖR 2017, S. 1 ff.; *ders.*, ZfB 159 (2018), S. 249 ff.; *Rühlemann/Kuhn et al.*, Geographische Rundschau 2016, S. 18 ff.; *Sharma*, En-

II. Das bergrechtliche Konzessions- und Zulassungsregime

Das Bundesberggesetz zeichnet sich durch ein mehrfach gestuftes Konzessions- und Zulassungsregime mit präventiver bergaufsichtlicher Überwachung und einer das Vorhaben begleitenden repressiven Bergaufsicht[496] aus. Vom Grundeigentum entkoppelte bergfreie Bodenschätze bedürfen nach § 6 Satz 1 BBergG zunächst einer speziellen Bergbauberechtigung (1.). Bergbauliche Vorhaben können darüber hinaus nur nach Zulassung eines oder mehrerer Betriebspläne realisiert werden, die wiederum zeitlich und gegenständlich gestaffelt und verschränkt sein können (2.). Auch die Durchführung bergbaulicher Vorhaben wird bergaufsichtlich begleitet (3.).

1. Konzessionierung von Rohstoffen durch Bergbauberechtigungen

Bergfreie Bodenschätze dürfen nach § 6 BBergG nur aufgesucht oder gewonnen werden, wenn zuvor entsprechende Bergbauberechtigungen erteilt oder verliehen wurden. Die Gesamtheit der hiermit verbundenen Regelungen ist das sogenannte „Berechtsamswesen".[497] Bergbauberechtigungen schließen andere Unternehmen von entsprechenden bergbaulichen Tätigkeiten im selben Feld aus, gestatten das Vorhaben aber noch nicht, was nicht immer hinreichend gewürdigt wird.[498] Terminologisch missglückt ist es daher, wenn neben der Verleihung von Bergwerkseigentum (§§ 9, 13 BBergG) Erlaubnisse (§§ 7, 11 BBergG) und Bewilligungen (§§ 8, 12 BBergG) erteilt werden. Beide Begriffe implizieren – entsprechend der Verwendung im Wasserhaushaltsgesetz – eine Gestattung, was insbesondere in der nichtfachlichen Öffentlichkeit Missverständnisse provozieren kann.

Vor Erteilung einer Erlaubnis zur Aufsuchung oder Bewilligung zur Gewinnung von Bodenschätzen bzw. der Verleihung von Bergwerkseigentum ist im Kern zu prüfen, ob das beantragende Unternehmen zur Durchführung des geplanten Vorhabens tatsächlich in der Lage ist, während etwa umweltrechtlichen Belangen eine nur untergeordnete und sonstigen Grundeigentümerinteressen *de facto* gar keine Bedeutung zukommt. Die Entscheidungen im Rahmen

---

vironmental Issues of Deep-Sea Mining. Impacts, Consequences and Policy Perspectives, 2019; *Snjka*, Internationales Planungsrecht, 2022, S. 171 ff., 302 ff.; *Starre*, Der Meeresboden, 2016.

[496] Zur Unterscheidung zwischen präventiver und repressiver Bergaufsicht *Keienburg*, in: Boldt/Weller/Kühne/von Mäßenhausen, BBergG, 2. Auflage 2016, § 69 Rn. 6; *Kremer/Neuhaus gen. Wever*, Bergrecht, 2001, Rn. 339; vgl. auch BT-Drs. 11/4015, S. 7.

[497] *Kremer/Neuhaus gen. Wever*, Bergrecht, 2001, Rn. 77.

[498] Siehe etwa *Fischer-Hüftle*, NuR 1989, S. 106 (110) zur Ersetzung einer naturschutzrechtlichen Befreiung durch eine bergrechtliche Bewilligung; überzeugend hingegen *H. Schulte*, ZfB 130 (1989), S. 82 f.

dieses Konzessionssystems sind zudem gebundene Entscheidungen ohne Ermessensspielraum.[499]

Auch wenn das Bundesberggesetz den Begriff der Bergbauberechtigung hauptsächlich bezüglich bergfreier Bodenschätze verwendet,[500] sind überdies die Überleitungsvorschriften der §§ 149 ff. BBergG zu beachten. Aufrechterhaltene alte Rechte und Verträge betreffen nicht unbedingt bergfreie Bodenschätze nach geltender Rechtslage. Schließlich folgt das Recht, grundeigene Bodenschätze aufzusuchen und zu gewinnen, unmittelbar aus zivilrechtlichen Befugnissen des Eigentümers, Pächters oder Nießbrauchers.[501] Hieran anknüpfende bergrechtliche Befugnisse ordnet der Gesetzgeber mit § 34 BBergG ebenfalls dem zweiten Teil „Bergbauberechtigungen" zu.

2. Freigabe der Vorhaben durch Betriebsplanzulassungen

Freigegeben wird das bergbauliche Vorhaben erst durch die Zulassung von Betriebsplänen, die nach § 51 Abs. 1 BBergG Grundlage und Voraussetzung sowohl für die Errichtung und Führung als auch für die Einstellung bergbaulicher Betriebe sind. Sie bilden damit gewissermaßen das Herzstück des bergrechtlichen Regelungsgefüges. Das Bundesberggesetz unterscheidet insgesamt fünf verschiedene Betriebsplanarten. Die Gestattung des Abbaus erfolgt primär durch die Zulassung von Hauptbetriebsplänen, die nach § 52 Abs. 1 Satz 1 BBergG in der Regel einen Zeitraum von zwei Jahren erfassen,[502] nach Maßgabe von § 52 Abs. 1 Satz 3 bis 5 BBergG nunmehr aber auch für einen längeren Zeitraum aufgestellt werden können. Größere Teile des Vorhabens können in Rahmenbetriebsplänen dargestellt werden. Im Falle einer UVP-Pflicht ist seit 1990[503] ein Rahmenbetriebsplanverfahren mit Planfeststellung durchzuführen (obligatorische Rahmenbetriebsplanung). Die Einstellung des Betriebes erfolgt

---

[499] Näher unten 2. Kapitel B. II. und III., S. 97 ff.

[500] *von Mäßenhausen*, in: Boldt/Weller/Kühne/von Mäßenhausen, BBergG, 2. Auflage 2016, § 55 Rn. 7.

[501] *Kremer/Neuhaus gen. Wever*, Bergrecht, 2001, Rn. 96.

[502] Kritisch *Knöchel*, ZfB 161 (2020), S. 173 (176), der *de lege ferenda* für eine zulässige Laufzeit von mindestens fünf Jahren eintritt, wenn nicht der Betreiber kürzere Laufzeiten wünscht; ähnlich *Beckmann/Wittmann*, DVBl 2021, S. 137 (140 f.). Dieser rechtspolitischen Kritik trägt mittlerweile § 52 Abs. 1 Sätze 3 bis 5 BBergG Rechnung. Soweit die Entwurfsbegründung allerdings den Grund in dem nahenden Ende der Braunkohlengewinnung sieht (BT-Drs. 19/28402, S. 14 f.), überzeugt dies nicht. Der Abbau verläuft nicht zwangsläufig weniger dynamisch als vorher. Entscheidend ist vielmehr – wie die Entwurfsbegründung erst am Ende klarstellt – die antizipierte Kontrollmöglichkeit, die bei Braunkohlentagebauen weiterreicht als etwa bei der Steinkohlengewinnung. Daher führt die Nennung der Braunkohlentagebaue als Regelfall in § 52 Abs. 1 Satz 4 BBergG zu keinen implizit strengeren Maßstäben bei anderen Bergbauvorhaben.

[503] Gesetz zur Änderung des Bundesberggesetzes vom 12. Februar 1990, BGBl I 1990, S. 215.

gemäß § 53 Abs. 1 BBergG auf Grundlage eines Abschlussbetriebsplans. Daneben kennt das Bundesberggesetz Sonderbetriebspläne für bestimmte Teile eines Betriebes oder bestimmte Vorhaben sowie gemeinschaftliche Betriebspläne mehrerer Unternehmen. Der Gesetzgeber stellt damit im Interesse der oft reklamierten „bergbaulichen Sachgesetzlichkeiten"[504] ein ausdifferenziertes Instrumentarium bereit, mit dem Unternehmen und Bergbehörden durch unterschiedliche Verfahrensstufungen flexibel auf die jeweiligen Anforderungen des Vorhabens reagieren können.

Die von den Unternehmen aufzustellenden Betriebspläne werden durch Verwaltungsakt[505] zugelassen, der nach ständiger Rechtsprechung und überwiegender Literaturauffassung ebenfalls eine gebundene Entscheidung ohne Planungsermessen ist.[506] Dies soll selbst bei planfestgestellten obligatorischen Rahmenbetriebsplänen gelten. Die in § 55 BBergG normierten Zulassungsvoraussetzungen zielen im Kern auf die Sicherheit des Betriebes, während Umweltaspekte und sonstige außerbergrechtliche Interessen nur partiell Berücksichtigung finden. Das Bundesverwaltungsgericht hat allerdings frühzeitig und zu Recht klargestellt, dass sonstige öffentliche Interessen, die dem Vorhaben entgegenstehen können, über § 48 Abs. 2 Satz 1 BBergG bereits im Betriebsplanverfahren im Rahmen einer tatbestandlichen Abwägung zu prüfen sind.[507] Betriebsplanzulassungen haben zudem mit Ausnahme der planfestgestellten obligatorischen Rahmenbetriebsplanungen keine Konzentrationswirkung, sodass sonstige außerbergrechtliche Zulassungserfordernisse nicht verdrängt werden. Der Gesetzgeber stellt das Betriebsplanverfahren entgegen häufiger Vorurteile[508] damit nicht *pauschal* über sonstiges materielles Recht, sondern reiht es – wenn auch in Funktion eines Leitverfahrens – in ein komplexes System verschiedener Zulassungsregime ein.

Damit ist aber noch nicht abschließend gewährleistet, dass entgegenstehende Interessen, die keinen sonstigen Genehmigungserfordernissen unterliegen, entsprechend den sonst üblichen Anforderungen berücksichtigt werden. Die gängige Lesart des bergrechtlichen Zulassungsverfahrens unterscheidet sich bereits durch ihren planungsfernen Charakter selbst bei obligatorischen Rahmenbetriebsplanungen von Zulassungsverfahren anderer Großvorhaben, was sich terminologisch (Betriebs*plan*) nicht unmittelbar aufdrängt. Infolgedessen ist auch heute noch nicht abschließend geklärt, ob und inwieweit zwingende außerberg-

---

[504] Siehe oben 1. Kapitel, A. III., S. 5.

[505] *Kremer/Neuhaus gen. Wever*, Bergrecht, 2001, Rn. 269.

[506] Näher hierzu unten 3. Kapitel A. II. 4. a), S. 240 f.

[507] BVerwG, Urteil vom 4. Juli 1986 – 4 C 31/84, BVerwGE 74, 315 ff.

[508] „Bergrecht bricht alles, sogar Verfassungsrecht!", ablehnend dazu *Stevens*, ZUR 2012, S. 338 (338 f., 347 f.).

rechtliche Vorgaben zum bloßen Abwägungsbelang degenerieren.[509] Darüber hinaus besteht gerade bei gestuften Verfahren die Gefahr, dass ohne frühzeitige eingehende Prüfung irreversible Fakten geschaffen werden.[510]

3. Repressive Kontrolle durch die Bergaufsicht

Während Betriebsplanverfahren der präventiven Kontrolle bergbaulicher Vorhaben dienen und nachträgliche Korrekturen nur unter engen Voraussetzungen zulässig sind,[511] stellt das Bundesberggesetz mit seinen Regelungen zur Bergaufsicht die ausreichende Begleitung und Überwachung der Durchführung des Vorhabens sicher. Obwohl bereits das Betriebsplanverfahren Teil der Bergaufsicht ist, wird der repressive Bereich systematisch separiert. Erst hier stellt der Gesetzgeber mit § 69 Abs. 1 BBergG klar, dass Bergbau der Aufsicht der zuständigen Behörde (Bergaufsicht) unterliegt. Sie umfasst neben Informationsrechten der Behörde und kehrseitigen Pflichten der Unternehmen näher ausgestaltete Eingriffsinstrumente, darunter mit § 71 BBergG auch eine allgemeine Anordnungsbefugnis. Nicht immer ausreichend klar ist das Verhältnis zum Recht der Betriebspläne und deren Änderungsmöglichkeiten.

III. Exkurs: Abgrabungsrecht

Soweit die Rohstoffgewinnung nicht vom Bundesberggesetz erfasst wird, greifen allgemeine Rechtsregime oder landesrechtliche Spezialregelungen.[512] So haben Bayern[513] und Nordrhein-Westfalen[514] eigene Abgrabungsgesetze sowie Rheinland-Pfalz ein Landesgesetz über den Abbau und die Verwertung von Bimsvorkommen erlassen. Mitunter bestehen Spezialregelungen in den Landesnaturschutzgesetzen.[515] Eine Nassauskiesung kann zugleich ein Gewässerausbau nach § 67 Abs. 2 WHG[516] und damit wasserrechtlich planfeststellungspflich-

---

[509] Näher hierzu unten 3. Kapitel A. II. 4. b), S. 243 f.

[510] BVerfG, Urteil vom 17. Dezember 2013 – 1 BvR 31/08, 1 BvR 3386/08, BVerfGE 134, 242 Rn. 194, 224, 239, 278, 317; *von Weschpfennig*, DÖV 2017, S. 23 (29).

[511] Vgl. § 53 Abs. 1 Satz 2 BBergG, § 56 Abs. 1 Satz 2 BBergG. Daneben verbleiben noch Rücknahme und Widerruf nach allgemeinem Verwaltungsrecht.

[512] Siehe hierzu *Gaentzsch*, NVwZ 1998, S. 889 ff.; *Ludwig*, in: Köck et al., Das Instument der Bedarfsplanung, Umweltbundesamt, Texte 55/2017, S. 283 ff.

[513] Bayerisches Abgrabungsgesetz (BayAbgrG).

[514] Gesetz zur Ordnung von Abgrabungen (Abgrabungsgesetz), siehe hierzu die Kommentierung von *B. Linke*, 2. Auflage 2005.

[515] Etwa §§ 8 ff. NAGBNatSchG; § 11a LNatSchG SH.

[516] Näher *Reinhardt*, in: Czychowski/Reinhardt, WHG, 12. Auflage 2019, § 67 Rn. 25 f., 26, 41; *Schenk*, in: Sieder/Zeitler/Dahme/Knopp, WHG, § 67 Rn. 19 (Stand: August 2020).

tig sein.[517] Greifen keine Spezialregelungen, ist jedenfalls eine Baugenehmigung nach Maßgabe der Landesbauordnungen einzuholen.[518]

E. Umweltpolitisch motivierte Reformvorschläge

Bereits nach diesem kurzen Überblick überrascht es nicht (mehr), wenn auch und gerade in jüngster Zeit zunehmend umweltpolitische Forderungen nach einer Reform des Bundesberggesetzes erhoben werden. Ungeachtet der Details der zahlreichen Änderungsvorschläge[519] geht es dabei im *strukturellen* Kern zunächst um die Einführung einer (planerischen) Gesamtabwägung in das Betriebsplanverfahren,[520] die diesem zumindest nach herrschender Lesart völlig fremd ist. Mehrere Gutachten beschäftigen sich des Weiteren mit der Einführung einer Rohstoffbedarfsplanung oder einer Bedarfsprüfung.[521] In diesem Zusammenhang wird auch die Einbeziehung von Grundeigentümerbodenschätzen in den Geltungsbereich des Bundesberggesetzes diskutiert,[522] um diese in eine Bedarfsplanung einbeziehen zu können.[523] Daneben sind noch Forderungen nach

---

[517] Näher *Breuer/Gärditz*, Öffentliches und privates Wasserrecht, 4. Auflage 2017, Rn. 254 ff., 423; vgl. auch *Reinhardt*, in: Czychowski/Reinhardt, WHG, 12. Auflage 2019, § 68 Rn. 18 f.

[518] *Gaentzsch*, NVwZ 1998, S. 889.

[519] Zuletzt *Keimeyer/Gailhofer/Westphal/Sanden/Schomerus/Teßmer*, Recht der Rohstoffgewinnung, Umweltbundesamt, Texte 71/2019, zusammenfassend S. 286 ff. sowie *Keimeyer/Gailhofer/Schomerus/Teßmer*, in: Frenz, BBergG, 2019, Anhang; daran anschließend *Umweltbundesamt* (Hrsg.), Politikempfehlungen für eine verantwortungsvolle Rohstoffversorgung Deutschlands als Beitrag zur nachhaltigen Entwicklung. Teil I – Handlungsvorschläge für eine umwelt- und ressourcenschonende Rohstoffgewinnung in Deutschland, Dezember 2020, S. 10 f., https://www.umweltbundesamt.de/sites/default/files/medien/1410/publikationen/2020_12_pp_bergrecht_bf.pdf, zuletzt abgerufen am 9. Juli 2021. Siehe auch unten 4. Kapitel, S. 381 ff. Ablehnend *Knöchel*, ZfB 161 (2020), S. 173 ff., der stattdessen aus bergbaulicher Perspektive eigene Reformvorschläge entwickelt.

[520] Etwa *Keimeyer/Gailhofer/Westphal/Sanden/Schomerus/Teßmer*, Recht der Rohstoffgewinnung, Umweltbundesamt, Texte 71/2019, S. 298 f.; *Ludwig*, ZUR 2014, 451 ff.; vgl. auch *Wasielewski*, ZUR 2014, S. 385 (386).

[521] Zuletzt *Keimeyer/Gailhofer/Westphal/Sanden/Schomerus/Teßmer*, Recht der Rohstoffgewinnung, Texte 71/2019, S. 322; *Sanden/Schomerus/Keimeyer/Gailhofer/Westphal/Teßmer*, Rohstoffbedarfsplanung, Umweltbundesamt, Texte 72/2019.

[522] Ablehnend *Sanden/Schomerus/Schulze*, Entwicklung eines Regelungskonzepts für ein Ressourcenschutzrecht des Bundes, 2012, S. 525 f.; *Schulze/Keimeyer*, Ansätze zur Anpassung ausgewählter bergrechtlicher Regelungen unter besonderer Berücksichtigung einer schonenden Ressourceninanspruchnahme, Öko-Institut, 2014, S. 15 f. unter Verweis auf eine faktisch leichtere Genehmigungsfähigkeit unter dem Bundesberggesetz. Zur allgemeinen Diskussion siehe die Nachweise oben in Fn. 466, S. 76.

[523] *Ludwig*, in: Köck et al., Das Instument der Bedarfsplanung, Umweltbundesamt, Texte 55/2017, S. 300.

der ersatzlosen Streichung[524] oder zumindest grundlegenden Umgestaltung[525] des Berechtsamswesens zu erwähnen. Kern der Kritik an der derzeitigen Ordnung ist die Entkopplung besonders bedeutsamer Rohstoffe vom Grundeigentum und der damit verbundenen Verleihung von Bergbauberechtigungen, mit dem Bergbautreibende eine mit dem Grundeigentum konkurrierende, verfassungsrechtlich geschützte und möglicherweise zu starke Rechtsstellung erlangen. Weitere Reformvorschläge befassen sich etwa mit dem Ausbau der Öffentlichkeitsbeteiligung oder dem Recht der Feldes- und Förderabgaben.[526]

In der Bergbauwirtschaft und bei den Bergbehörden werden derartige Forderungen äußerst zurückhaltend bis ablehnend aufgenommen. Letztlich bietet das Bundesberggesetz – bei allen noch zu diskutierenden Defiziten – eine verlässliche Grundlage für bergbauunternehmerische Betätigung. Reformbedarf wird zwar nicht grundsätzlich in Abrede gestellt. Die umweltpolitisch motivierten Vorstöße könnten aber – so wird mitunter befürchtet – bergbauliche Betätigung deutlich erschweren, wenn nicht sogar unmöglich machen. Dies ist wohl auch der Zweck so mancher Reformbemühung.

In der jüngeren Vergangenheit wurden zudem mitunter die Länder aktiv, um im Bereich des Bergrechts Anforderungen des Umweltschutzes über das Bundesrecht hinaus Rechnung zu tragen. Regulative Hebel sind hierbei insbesondere die Regional- und Landesplanung sowie das außerbergrechtliche Fachrecht. Obwohl der Bundesgesetzgeber beispielsweise die Fracking-Technologie der Idee nach abschließend im Wasserhaushaltsgesetz geregelt hat, sieht Nordrhein-Westfalen ein weitergehendes raumordnerisches Verbot vor.[527] Ebenso werden strengere Regelungen in den Landeswassergesetzen diskutiert.[528]

Schließlich erfordert der 2020 gesetzgeberisch eingeleitete Kohleausstieg[529] unter anderem[530] bergrechtliche Elemente der Verfahrensbeschleunigung, um namentlich die Braunkohlentagebaue in der gebotenen Kürze umplanen zu kön-

---

[524] *Teßmer*, Rechtsgutachten: Vorschläge zur Novellierung des deutschen Bergrechts, 2009, S. 15 ff., 109 ff.; *ders.*, in: Frenz, Bergrechtsreform und Fracking, 2013, S. 25 (30 ff.).

[525] Etwa *Keimeyer/Gailhofer/Westphal/Sanden/Schomerus/Teßmer*, Recht der Rohstoffgewinnung, Umweltbundesamt, Texte 71/2019, S. 290 ff.

[526] *Keimeyer/Gailhofer/Westphal/Sanden/Schomerus/Teßmer*, Recht der Rohstoffgewinnung, Umweltbundesamt, Texte 71/2019, S. 294 ff., 302, 324 ff.

[527] Siehe dazu unten 4. Kapitel A. II. 2., S. 385.

[528] Siehe unten Fn. 863, S. 345.

[529] Gesetz zur Reduzierung und zur Beendigung der Kohleverstromung und zur Änderung weiterer Gesetze (Kohleausstiegsgesetz) vom 8. August 2020, BGBl I 2020, S. 1818; Strukturstärkungsgesetz Kohleregionen vom 8. August 2020, BGBl I 2020, S. 1795.

[530] Zur Braunkohlenplanung siehe unten 3. Kapitel A. II. 3. a) cc), S. 235 f. Zu Vorsorgevereinbarungen siehe unten 3. Kapitel A. III. 2. c), S. 274. Zum Wasserrecht siehe *Viertel*, in: von Weschpfennig, Bergbau und Wasserrecht (i.E.). Daneben verbleiben freilich insbesondere Herausforderungen beim Ausbau erneuerbarer Energien sowie im Rahmen des Strukturwandels in den Braunkohlenregionen.

nen. Ob und inwieweit das Gesetz zur Änderung des Bundesberggesetzes und zur Änderung der Verwaltungsgerichtsordnung vom 14. Juni 2021[531] den hiermit verbundenen Schwierigkeiten effektiv begegnen kann, bleibt abzuwarten.

---

[531] BGBl I 2021, S. 1760. Siehe dazu auch *Beckmann/Wittmann*, DVBl 2021, S. 137 ff. Die dort u.a. vorgeschlagene Kombination von verschiedenen Betriebsplanarten wurde im Referentenentwurf eines Gesetzes zur Sicherung des Kohleausstiegs im Bergrecht und andere berg- und wasserrechtliche Änderungen zur Dekarbonisierung aufgegriffen, dann aber nicht mehr in den Entwurf eines Gesetzes zur Änderung des Bundesberggesetzes und zur Änderung der Verwaltungsgerichtsordnung vom 13. April 2021 (BT-Drs. 19/28402) übernommen.

2. Kapitel:

Bergbauberechtigungen und polygonale Interessenkonflikte

Untrennbar mit der Kategorie des bergfreien Bodenschatzes verbunden ist das bergrechtliche Berechtsamswesen. Der Staat konzessioniert bestimmte Nutzungsbefugnisse, die als „Claim" eine insoweit ausschließende Funktion gegenüber Dritten vermitteln – eine keineswegs lediglich deutsche Regelungstechnik im Bergrecht[1]. Volkswirtschaftlich besonders bedeutsame Bodenschätze werden vom Grundeigentum entkoppelt und insoweit erleichterten, gleichzeitig aber staatlich gesteuerten Zugriffsmöglichkeiten unterworfen, um so die im öffentlichen Interesse liegende Rohstoffversorgung zu sichern (A.). Dabei finden gegenläufige Interessen aber nur sehr eingeschränkt Berücksichtigung. Systematisch und verfassungsrechtlich ist hiergegen nichts Grundlegendes zu erinnern, weil die Bergbauberechtigung allenfalls sehr eingeschränkte rechtliche Bindungswirkungen für spätere Zulassungsverfahren entfaltet. Auch die verfassungsrechtlich geschützte Eigentümerstellung der Berechtigungsinhaber ist entgegen einer prominenten und nachdrücklich vorgetragenen Literaturauffassung sowie neueren Tendenzen in der Rechtsprechung vergleichsweise schwach ausgeprägt (B.).

Insbesondere mit Blick auf den weitgehend fehlenden Interessenausgleich im Konzessionsverfahren verwundert es nicht, dass in jüngerer Zeit teils erhebliche Kritik an diesem bergrechtlichen Sonderweg geübt wird. Neben punktuellen Vorschlägen zur materiell- und verfahrensrechtlichen Anreicherung des Berechtsamswesens wurde sogar dessen Existenz selbst infrage gestellt und eine Zuordnung der bergfreien Bodenschätze zum Grundeigentum gefordert. So weit gehen jüngste Reformbestrebungen nicht mehr. Auch sie zielen aber auf eine normativ unmittelbar sichtbare schwächere Stellung des Rechtsinstituts der Bergbauberechtigung gegenüber der geltenden Rechtslage, indem die Konzessionierung erst zeitgleich mit der Zulassung des ersten Betriebsplans erfolgen soll. Diese Reformvorschläge geben Anlass, deren rechtliche Ausgangsprämissen kritisch zu hinterfragen und die wirtschaftliche Bedeutung des Rechtsinsti-

---

[1] Vgl. *Kühne*, in: FS Börner, 1992, S. 565 (567 f.); *Wolkewitz*, in: FS Kühne, 2009, S. 649 (651 f.), jeweils m.w.N.; *Zaykova*, Der rechtliche Rahmen für den bergbaulichen Zugang zu den Erdöl- und Erdgaslagerstätten in der Russischen Föderation im Vergleich zum deutschen Bergrecht, 2017, S. 95 ff., dazu die Rezension von *von Weschpfennig*, ZfB 158 (2017), S. 332 f.

tuts zu würdigen, gleichzeitig aber auch die verfassungsrechtliche Frage aufzuwerfen, ob und unter welchen Voraussetzungen ggf. die Pflicht bestehen kann, bergfreie Bodenschätze wieder dem Grundeigentum zuzuordnen (C.).

A. Grundlegendes zur Bergbauberechtigung

I. Zweck, Inhalt und Entscheidung

Das Bundesberggesetz regelt mit dem Berechtsamswesen strukturell schlank und übersichtlich die Rechte der Bergbautreibenden an bergfreien – also volkswirtschaftlich besonders bedeutsamen – Bodenschätzen, die dem zivilrechtlichen Grundeigentum entzogen sind. Nach § 6 BBergG bedarf die Aufsuchung bergfreier Bodenschätze der Erlaubnis (§ 7 BBergG) und deren Gewinnung einer Bewilligung (§ 8 BBergG) oder des Bergwerkseigentums (§ 9 BBergG). Die Bergbauberechtigungen begründen nicht unmittelbar Eigentum an den jeweiligen Bodenschätzen oder einem bestimmten Teil des Erdkörpers, sondern vermitteln lediglich bestimmte, funktional auf die (Verbrauchs)nutzung eines bergfreien Bodenschatzes gerichtete Rechte am Erdkörper,[2] die neben das Grundeigentum treten.[3] Sie sind ausweislich der jeweiligen ersten Absätze der §§ 7 bis 9 BBergG ausschließliche Rechte, sodass ein entsprechender Zugriff sowohl sonstiger Bergbautreibender als auch von Oberflächeneigentümern[4] insoweit grundsätzlich ausgeschlossen ist. Mit Erteilung bzw. Verleihung der Bergbauberechtigung wird demnach der „Claim" auf die in der Bergbauberechtigung bezeichneten Bodenschätze im jeweiligen Feld[5] abgesteckt. Das Feld im bergrechtlichen Sinne meint nicht lediglich eine bestimmte Fläche, sondern nach § 4 Abs. 7 BBergG einen Ausschnitt aus dem Erdkörper, der von geraden Linien an der Oberfläche und von lotrechten Ebenen nach der Tiefe begrenzt wird, soweit nicht die Grenzen des Geltungsbereichs des Bundesberggesetzes einen anderen Verlauf erfordern.

Mit der Konzessionierung vermittelt der Staat keine Nutzungsbefugnisse an Sachen, die in seinem Eigentum stehen, sondern vielmehr an herrenlosen

---

[2] *Nicolaysen*, Bewilligung und Förderabgabe nach dem Bundesberggesetz, 1982, S. 26; *Wörheide*, Die Bergbauberechtigungen nach dem Bundesberggesetz, 2014, S. 276; abweichend *Vitzthum/Piens*, in: Piens/Schulte/Graf Vitzthum, BBergG, 3. Auflage 2020, § 6 Rn. 6 f., die in Abgrenzung zur wasserrechtlichen Erlaubnis und Bewilligung keine Nutzungs-, sondern Aneignungs- und Tätigkeitsrechte annehmen.

[3] Näher *Wörheide*, Die Bergbauberechtigungen nach dem Bundesberggesetz, 2014, S. 253 ff., 259 f., 263 ff., 276 ff.

[4] *Franke*, in: FS Kühne, 2009, S. 507 (508).

[5] Zum doppelten Gegenstandsbezug der Bergbauberechtigung siehe *Wörheide*, Die Bergbauberechtigungen nach dem Bundesberggesetz, 2014, S. 257 ff., i.E. ablehnend S. 267 ff.

Sachen.[6] Grundeigentümer sind überdies nach wohl allgemeiner Auffassung
– auch wenn der Wortlaut insoweit nicht zwingend ist – wegen der Ausschluss-
wirkung zur Duldung (späterer) bergbaulicher Einwirkungen auf das Oberflächeneigentum verpflichtet.[7] § 905 BGB wird insoweit verdrängt, Abwehransprüche nach § 1004 BGB kommen nicht in Betracht.[8] Kompensiert wird
dieser Ausschluss durch die verschuldensunabhängige Bergschadenshaftung der §§ 114 ff. BBergG[9] sowie – ursprünglich zunächst richterrechtlich –
durch Beteiligungsrechte und Berücksichtigungspflichten im Betriebsplanverfahren.[10]

Zur *un*mittelbaren Inanspruchnahme des Grundeigentums, auf die sich die
Duldungspflicht nicht erstreckt,[11] treffen wiederum die §§ 39 f. und 77 ff.
BBergG spezielle Regelungen.[12] Die §§ 39 f. BBergG regeln die Benutzung
fremder Grundstücke zum Zwecke der Aufsuchung. In den §§ 77 ff. BBergG
wird die umstrittene Grundabtretung näher ausgestaltet. Dabei handelt es sich
unter anderem um die Entziehung, Belastung oder Beschränkung des Eigentums an Grundstücken. Bewilligungsinhaber und Bergwerkseigentümer können nach § 8 Abs. 1 Nr. 4 (i.V.m. § 9 ABs. 1 Satz 1) BBergG Grundabtretung
verlangen.[13]

Wird um die Bergfreiheit eines Bodenschatzes gestritten, kann der Antragsteller auf Erteilung einer Erlaubnis oder Bewilligung klagen oder der Grund-

---

[6] Siehe oben 1. Kapitel D. I 1. b) aa), S. 70.

[7] Überlegungen zur Stärkung zivilrechtlicher Ansprüche bei *H. Schulte*, NVwZ 1989,
S. 1138 (1140); kritisch dazu *Kühne*, in: FS Säcker, 2011, S. 105 (113); vgl. auch *Kühne*, JZ 1990,
S. 138 (139), der eine gesetzgeberische Klarstellung anmahnt.

[8] Allgemein *Ehricke*, in: Kühne/Ehricke, Bergrecht zwischen Tradition und Moderne,
S. 33 (47 ff.); *Hoppe/Beckmann*, Grundeigentumsschutz bei heranrückendem Bergbau, 1988,
S. 27 ff.; *dies.*, DÖV 1988, S. 893 (894 f.); *Kühne*, in: FS Säcker, 2011, S. 105 (108); *Wörheide*,
Die Bergbauberechtigungen nach dem Bundesberggesetz, 2014, S. 113 f., 380 ff.; zur Bewilli-
gung BT-Drs. 8/1315, S. 86; BGH, Urteil vom 19. September 2008 – V ZR 28/08, BGHZ 178,
90 Rn. 12; *Franke*, in: Boldt/Weller/Kühne/von Mäßenhausen, BBergG, 2. Auflage 2016, § 8
Rn. 14 f.; zur Erlaubnis vgl. *Böhm*, in: FS Koch, 2014, S. 565 (569); zum alten Bergwerkseigentum *Weitnauer*, JZ 1973, S. 73 (74, 76).

[9] *Franke*, in: Boldt/Weller/Kühne/von Mäßenhausen, BBergG, 2. Auflage 2016, § 8
Rn. 14; zur hinzutretenden Anwendbarkeit des § 906 Abs. 2 Satz 2 BGB siehe BGH, Urteil vom 19. September 2008 – V ZR 28/08, BGHZ 178, 90 ff.; dazu *Ehricke*, in: Kühne/Eh-
ricke, Bergrecht zwischen Tradition und Moderne, S. 33 ff.; *Kühne*, in: FS Säcker, 2011, S. 105
(114 ff.); *Wörheide*, Die Bergbauberechtigungen nach dem Bundesberggesetz, 2014, S. 32 f.,
380 ff.; ferner *Karrenstein*, Errichtung und Betrieb von Erdgasspeichern in unterirdischen
Hohlraumstrukturen, 2016, S. 241 ff. speziell zu den Implikationen für die Untergrundspeicherung.

[10] Dazu unten 3. Kapitel A. II. 2. b), S. 214 ff.

[11] Die planmäßige Inanspruchnahme der Erdoberfläche kann vor Grundabtretung
(§§ 77 ff. BBergG) oder rechtsgeschäftichem Erwerb auch zivilrechtlich abgewehrt werden,
Wörheide, ZfB 156 (2015), S. 73 (75).

[12] *Wörheide*, Die Bergbauberechtigungen nach dem Bundesberggesetz, 2014, S. 114.

[13] Näher zur Grundabtretung siehe insbesondere unten 3. Kapitel A. II. 4. f), S. 259 f.

eigentümer muss sich gegen die Verleihung einer Bergbauberechtigung zur Wehr setzen.[14]

Bewilligung und Bergwerkseigentum gewähren im Kern das exklusive Recht zur Aufsuchung und Gewinnung der bezeichneten Bodenschätze sowie ein diesbezügliches Aneignungsrecht, ohne bergbauliche Vorhaben bereits zuzulassen.[15] Nach § 8 Abs. 2 BBergG sind auf das Recht aus der Bewilligung, soweit das Bundesberggesetz nichts anderes bestimmt, die für Ansprüche aus dem Eigentum geltenden Vorschriften des bürgerlichen Rechts entsprechend anzuwenden.[16] Mit dem Rechtsinstitut des Bergwerkseigentums hat der Gesetzgeber dem „besonders nachdrücklich vorgetragenen Wunsch der Bergbauwirtschaft" nach einer beleihungsfähigen Bergbauberechtigung Rechnung getragen[17] und gemäß § 9 Abs. 1 Halbs. 2 BBergG die für Grundstücke geltenden Vorschriften des Bürgerlichen Gesetzbuchs vorbehaltlich anderer Regelungen im Bundesberggesetz für entsprechend anwendbar erklärt. Solche Verweise auf das Bürgerliche Gesetzbuch fehlen dagegen in den Regelungen zur Erlaubnis,[18] die nicht die Gewinnung selbst zum Gegenstand hat, sondern vorbereitend Kenntnisse über die Lagerstätte vermitteln und so die Gewinnung von Bodenschätzen ermöglichen soll.

Gleichzeitig hat der Gesetzgeber das Berechtsamswesen aber als öffentlich-rechtliches Konzessionssystem[19] ausgestaltet, bei dem Bergbauberechtigungen ausschließlich durch gebundenen Verwaltungsakt ohne Ermessensspielraum und ohne vorausgehende Öffentlichkeitsbeteiligung[20] erteilt bzw. verliehen werden und das (auch) subjektiv-öffentliche Rechte auf Erteilung vermittelt. Für im überkommenen Bergrecht ebenso übliche Bergbauberechtigungen auf privatrechtlicher Grundlage[21] ist nach dem Bundesberggesetz kein Raum mehr.

Der Gesetzgeber normiert die Voraussetzungen der Erteilung bzw. Verleihung negativ durch enumerative Versagungsgründe in den §§ 11 bis 13 BBergG.

---

[14] *Wörheide*, ZfB 156 (2015), S. 73 (78 f., ferner S. 76).

[15] Nach § 51 Abs. 1 Satz 1 BBergG bedarf es hierfür einer Betriebsplanzulassung.

[16] Näher hierzu siehe etwa *Wörheide*, Die Bergbauberechtigungen nach dem Bundesberggesetz, 2014, S. 113, 296 ff.

[17] BT-Drs. 8/1315, S. 71, 85.

[18] Den zivilrechtlichen Schutz daher anzweifelnd *Kühne*, in: FS Säcker, 2011, S. 105 (107); bejahend dagegen *Vitzthum/Piens*, in: Piens/Schulte/Graf Vitzthum, BBergG, 3. Auflage 2020, § 7 Rn. 4; *Wörheide*, Die Bergbauberechtigungen nach dem Bundesberggesetz, 2014, S. 250 f., 254 f. Siehe auch § 7 Abs. 1 Satz 2 BBergG betreffend die bei der planmäßigen Aufsuchung notwendigerweise zu lösenden oder freizusetzenden Bodenschätze.

[19] Ausdrücklich BT-Drs. 8/1315, S. 71. Zum fehlenden Aussagegehalt des Konzessionsbegriffs *Wörheide*, Die Bergbauberechtigungen nach dem Bundesberggesetz, 2014, S. 40 ff., der im Folgenden gleichwohl am Begriff zu definitorischen Zwecken festhält, S. 91.

[20] Siehe aber § 15 BBergG zur Beteiligung anderer Behörden.

[21] Vgl. § 149 BBergG sowie BT-Drs. 8/1315, S. 69, 71, 84; *Franke*, in: Boldt/Weller/Kühne/von Mäßenhausen, BBergG, 2. Auflage 2016, § 6 Rn. 7.

Vereinfacht formuliert sind die jeweiligen Bergbauberechtigungen zu erteilen bzw. zu verleihen, wenn neben bestimmten formalen Voraussetzungen und tranzparenzbezogenen Verpflichtungen der Antragsteller zuverlässig ist, die Aufsuchungs- und Gewinnungsarbeiten zeitnah durchzuführen beabsichtigt und hierzu wirtschaftlich in der Lage ist. Darüber hinaus müssen bestimmte bergbauinterne und -externe öffentliche Interessen gewahrt bleiben, womit Auswirkungen des Vorhabens auf die nähere Umgebung adressiert sind.[22] Hierauf ist später näher einzugehen.[23] Schon hier ist aber darauf hinzuweisen, dass entgegenstehende Interessen mangels Vorhabenkonkretisierung nur rudimentär geprüft werden können.

Die Erteilung bzw. Verleihung einer Bergbauberechtigung ist damit insbesondere gekoppelt an konkrete rohstoffwirtschaftliche Ziele,[24] die bereits in § 1 BBergG hinterlegt sind: Bergbauberechtigungen sollen nicht auf Vorrat beantragt werden, was sowohl Monopole begünstigen als auch die Rohstoffgewinnung selbst behindern würde. Vielmehr soll die tatsächliche und effiziente Durchführung des Vorhabens gewährleistet werden, was unter anderem durch Befristungen[25] abgesichert wird.[26] Gleichzeitig vermittelt die Bergbauberechtigung – worauf regelmäßig nicht gesondert hingewiesen wird – dem Berechtigungsinhaber *frühzeitig* eine ausschließliche Rechtsposition und somit eine gewisse Investitionssicherheit.[27]

Damit verabschiedete sich der Gesetzgeber endgültig vom System der absoluten Bergbaufreiheit im Allgemeinen Berggesetz, in dem den Bergbauberechtigungen eine rein formale Ordnungsfunktion zukam, und der damit verbundenen wirtschaftspolitischen Machtlosigkeit. Gleichzeitig knüpfte er inhaltlich an das Institut des echten Staatsvorbehalts an,[28] führte es aber auf seinen Kerngehalt – nämlich seine wirtschaftsordnende Funktion durch Lenkungs-

---

[22] Vgl. auch die Strukturierung bei *Kühne*, Rechtsfragen der Aufsuchung und Gewinnung von in Steinkohleflözen beisitzendem Methangas, 1994, S. 81 ff.; *Vitzthum/Piens*, in: Piens/Schulte/Graf Vitzthum, BBergG, 3. Auflage 2020, § 11 Rn. 6; *Wörheide*, Die Bergbauberechtigungen nach dem Bundesberggesetz, 2014, S. 140 ff.

[23] Siehe unten 2. Kapitel B. II., S. 97 ff.

[24] *Franke*, in: FS Kühne, 2009, S. 507.

[25] Die Erlaubnis ist nach § 16 Abs. 4 Satz 1 BBergG auf höchstens fünf Jahre zu befristen. Bewilligung und Bergwerkseigentum werden nach § 16 Abs. 5 BBergG abhängig vom Einzelfall angemessen befristet. 50 Jahre dürfen dabei nur überschritten werden, wenn dies mit Rücksicht auf die erforderlichen Investitionen notwendig ist. Siehe auch die Vorschriften zum Widerruf, § 18 BBergG, und zur Verlängerung, § 16 Abs. 4 Satz 2, Abs. 5 Satz 3 BBergG.

[26] Vgl. BT-Drs. 8/1315, S. 90; *H. Schulte*, ZfB 119 (1978), S. 414 (424). Zu Monopolisierungstendenzen unter dem früheren Regime der absoluten Bergbaufreiheit *Badura*, Das Verwaltungsmonopol, 1963, S. 149 f. sowie die Nachweise oben in Fn. 62, S. 13.

[27] Ausdrücklich aber BT-Drs. 8/1315, S. 88 zum Anspruch des Aufsuchungsinhabers auf Bewilligungserteilung.

[28] Dazu *Franke*, in: FS Kühne, 2009, S. 507 (509 f.).

monopol[29] – zurück und legte die Voraussetzungen für die Erteilung oder Verleihung von Bergbauberechtigungen nunmehr dezidiert selbst fest[30], ohne der Bergbehörde einen Ermessensspielraum zu belassen.[31] Begriffliche Kontinuität insbesondere im Falle des Bergwerkseigentums darf nicht darüber hinwegtäuschen, dass das Berechtsamswesen nunmehr deutlich anders ausgestaltet ist.[32]

II. Die Rechtsnatur

Das Berechtsamswesen ist sachenrechtlich geprägt[33] und zugleich auch öffentlich-rechtlich ausgestaltet – ein unserer Rechtsordnung keineswegs fremder Dualismus.[34] Die Frage, ob die Bergbauberechtigungen ihrem Inhalt nach dem öffentlichen[35] oder privaten Recht[36] zuzuordnen ist, wird kontrovers und mitunter ambivalent[37] diskutiert und kann letztlich nur mit Blick auf den jeweiligen Gegenstand bewertet werden.[38] Eine einheitliche Bewertung ist schon

---

[29] *Badura*, Das Verwaltungsmonopol, 1963, S. 129, 146 ff.; die Eigenschaft als Finanzmonopol betonend dagegen *Willecke/Turner*, Grundriß des Bergrechts, 2. Auflage 1970, S. 54.

[30] BT-Drs. 8/1315, S. 71, 84 f. Zur fehlenden gesetzlichen Regelung der Kriterien für eine Übertragung der staatsvorbehaltenen Gewinnungsrechte *Franke*, in: FS Kühne, 2009, S. 507 (509). Zum System der Bergbauberechtigungen vor Inkrafttreten des Bundesberggesetzes siehe oben 1. Kapitel B. II., S. 13 ff.

[31] Näher unten 2. Kapitel B. III., S. 112 ff.

[32] Kritisch daher auch *Wörheide*, Die Bergbauberechtigungen nach dem Bundesberggesetz, 2014, S. 30 f.

[33] Vgl. *Franke*, in: FS Kühne, 2009, S. 507 (508).

[34] Allgemein zur gemischt privatrechtlich-öffentlichrechtlichen Grundkonzeption der öffentlichen Sachen *Papier/Durner*, in: Ehlers/Pünder, Allgemeines Verwaltungsrecht, 15. Auflage 2016, § 38 Rn. 18 f.; speziell zum Straßenrecht *Herber*, in: Kodal, Straßenrecht, 8. Auflage 2021, Kap. 5 Rn. 14 ff.; speziell zum Wasserrecht *Breuer/Gärditz*, Öffentliches und privates Wasserrecht, 4. Auflage 2017, Rn. 283; strukturell anders dagegen *Lorenz*, NVwZ 1989, S. 812 (814 f.), der die öffentliche Sache als „das genaue Gegenstück zur privaten Sache" ansieht.

[35] *Nicolaysen*, Bewilligung und Förderabgabe nach dem Bundesberggesetz, 1982, S. 26 f.; *H. A. Wolff*, UPR 2005, S. 409 (410); vgl. auch BT-Drs. 8/1315, S. 86, wo die Bewilligung ausdrücklich als subjektiv-öffentliches Recht bezeichnet (ablehnend *H. Schulte*, ZfB 119 (1978), S. 414 (417 f.)) und der dingliche Charakter verneint wird; ebenso BVerwG, Beschluss vom 15. Oktober 1998 – 4 B 94/98, NVwZ 1999, S. 876 (877). Eine abgestufte Verdinglichung annehmend dagegen *Kühne*, in: FS Säcker, 2011, S. 105 (107).

[36] So insbesondere *Karpen*, AöR 106 (1981), S. 15 (23 ff.) zur Bewilligung und zum Bergwerkseigentum. Auch die Entwurfsbegründung bezeichnet das Bergwerkseigentum als grundstücksgleiches Recht, BT-Drs. 8/1315, S. 86, obwohl es Teil des öffentlich-rechtlichen Konzessionssystems ist, BT-Drs. 8/1315, S. 71.

[37] Vgl. etwa die unterschiedlichen und teils gegenläufigen Akzentuierungen bei *Vitzthum/Piens*, in: Piens/Schulte/Graf Vitzthum, BBergG, 3. Auflage 2020, § 6 Rn. 5, 7, § 7 Rn. 18, § 8 Rn. 6.

[38] Ebenso *Wörheide*, Die Bergbauberechtigungen nach dem Bundesberggesetz, 2014, S. 28 ff., 361 ff., der im Übrigen nach den jeweiligen Rechtsverhältnissen differenziert; siehe

deshalb nicht erfolgversprechend, weil der „Gewährleistungsstaat"[39] zur Sicherung der Rohstoffversorgung einerseits einen öffentlich-rechtlichen Rahmen setzt, die Aufgabenerfüllung selbst aber privaten Akteuren nach Maßgabe auch des Privatrechts überlässt. Beide Teilrechtsordnungen stehen also, wie so oft, in einem Ergänzungsverhältnis.[40] Relevanz hat die Unterscheidung gleichwohl nicht nur für den jeweiligen Rechtsweg, sondern sie determiniert auch den Inhalt der grundrechtlich geschützten Rechtsposition[41] und damit den Stellenwert der Bergbauberechtigungen innerhalb des Bergrechts und gegenüber gegenläufigen Interessen.

Beurteilt man das Berechtsamswesen nach der gesetzgeberischen Zwecksetzung und Entstehung, ist ein öffentlich-rechtlicher Schwerpunkt festzustellen. Nach § 1 Nr. 1 BBergG ist es Ziel des Bundesberggesetzes, im Interesse der Sicherung der Rohstoffversorgung das Aufsuchen und Gewinnen von Bodenschätzen zu ordnen und zu fördern. In diesem Sinne entkoppelt der Gesetzgeber wirtschaftlich besonders bedeutsame Bodenschätze vom privatrechtlichen Grundeigentum und unterstellt den Zugriff einem staatlichen Zuweisungsvorbehalt mittels Konzessionierung.

Im Schrifttum werden demgegenüber die mit der Bergbauberechtigung verbundenen Aneignungs- und Tätigkeitsrechte selbst trotz ihrer öffentlich-rechtlichen Begründung[42] als *im Kern* privatrechtlich angesehen. Sie werden auf diese Weise in die Tradition des überkommenen, aber anders konzipierten Bergwerkseigentums des Allgemeinen Berggesetzes gestellt.[43] Den zivilrechtlichen Charakter belegen nach dieser Auffassung der Verweis auf bürgerlich-rechtliche Vorschriften[44] zum Verhältnis gegenüber Dritten,[45] insbesondere das eintragungs- und beleihungsfähige Bergwerkseigentum sowie die Einbindung des Bergbaus in die Wirtschaftsordnung des Grundgesetzes.[46] Letztlich versperren diese an sich zutreffenden Äußerungen aber den Blick auf die deutlich öffentlich-rechtlichen Prägungen im Sinne eines Gewährleis-

---

bereits *H. Schulte*, ZfB 113 (1972), S. 166 (187). Instruktiv auch *Kühne*, in: FS Säcker, 2011, S. 105 (107 f.).

[39] Dazu oben 1. Kapitel C. II. 1., S. 23.

[40] Allgemein hierzu *Voßkuhle*, VVDStRL 62 (2003), S. 266 (309 f. mit Fn. 184).

[41] Dazu unten 2. Kapitel B. IV. 2., S. 126 ff.

[42] Dies muss kein Widerspruch sein, *Westermann*, Freiheit des Unternehmers und des Grundeigentümers und ihre Pflichtenbindungen im öffentlichen Interesse nach dem Referentenentwurf eines Bundesberggesetzes, 1973, S. 44.

[43] Dazu *Wörheide*, Die Bergbauberechtigungen nach dem Bundesberggesetz, 2014, S. 31.

[44] Der Verweis auf bürgerlich-rechtliche Vorschriften alleine genügt noch nicht, vgl. zum öffentlichen Eigentum *Papier/Durner*, in: Ehlers/Pünder, Allgemeines Verwaltungsrecht, 15. Auflage 2016, § 38 Rn. 17.

[45] Dazu *Vitzthum/Piens*, in: Piens/Schulte/Graf Vitzthum, BBergG, 3. Auflage 2020, § 6 Rn. 7.

[46] *Karpen*, AöR 106 (1981), S. 15 (23 ff.).

tungsverwaltungsrechts.[47] Schon die privatrechtliche Qualifizierung des Aneignungsrechts ist keineswegs zwingend, zumal sich das Bundesberggesetz hierzu gar nicht verhält.[48] Auch darüber hinaus bleibt das Konzessionsverhältnis rohstoffsicherungsbezogen, wenn Bergbauberechtigungen im Interesse einer effektiven Rohstoffausbeutung befristet erteilt bzw. verliehen werden sowie widerrufen werden können.[49] Die aus einer Bergbauberechtigung erwachsenden Rechtspositionen sind zudem – anders als die aus dem Grundeigentum erwachsenden – durchgehend verwaltungsgebunden. So bedürfen die im Zentrum der bergbaulichen Betätigung stehenden Aufsuchungs- und Gewinnungsbetriebe sowie Betriebe zur Aufbereitung nach § 51 Abs. 1 BBergG einer Betriebsplanzulassung; die Durchführung des Vorhabens wird bergbehördlich überwacht. Die Übertragung und der Übergang von Erlaubnis und Bewilligung sowie die Veräußerung von Bergwerkseigentum erfordern gemäß §§ 22 Abs. 1, 23 Abs. 1 BBergG die Zustimmung bzw. Genehmigung der zuständigen Behörde. Obgleich das Berechtsamswesen insbesondere im Verhältnis zu Dritten auch[50] privatrechtlich geprägt ist, hat der Gesetzgeber die Rohstoffgewinnung doch im Kern öffentlich-rechtlich ausgestaltet. Resümierend ist insoweit nichts dagegen zu erinnern, das Berechtsamswesen als öffentlich-rechtliche Nutzungsordnung zu verstehen.[51] Dies darf allerdings nicht den Blick auf die hieraus erwachsenden privatrechtlichen Rechtsverhältnisse versperren.

Es erscheint darüber hinaus zunächst naheliegend, bergfreie Bodenschätze als öffentliche Sachen anzusehen,[52] da sie gerade wegen ihrer öffentlichen Zweckbestimmung einer verwaltungsrechtlichen Sonderrechtsordnung unterstellt werden.[53] Beschreibt man aber mit dem Begriff der öffentlichen Sache solche Gegenstände, die ohne den öffentlich-rechtlichen Status *ausschließlich* dem Privatrecht unterstehen würden, und betont damit einen abgrenzenden

---

[47] Vgl. *Voßkuhle*, VVDStRL 62 (2003), S. 266 (310): „gewisse *Dominanz des Öffentlichen Rechts*" aufgrund der hoheitlichen Anteile an der Aufgabenerfüllung im Recht der Gewährleistungsverwaltung.

[48] *Nicolaysen*, Bewilligung und Förderabgabe nach dem Bundesberggesetz, 1982, S. 18, 26.

[49] Vgl. BT-Drs. 8/1315, S. 90; *H. Schulte*, ZfB 119 (1978), S. 414 (424).

[50] Daneben tritt namentlich das Betriebsplanverfahren, in dem seit der *Moers-Kapellen*-Entscheidung ebenfalls Interessen von Oberflächeneigentümern zu berücksichtigen sind, näher unten 3. Kapitel A. II. 2. b), S. 214 ff.; dazu *Kühne*, in: FS Säcker, 2011, S. 105 (113 f.), der insoweit von einer Führungsrolle des öffentlich-rechtlichen Nachbarschutzes spricht. Hinzuweisen ist auch auf die Streitentscheidung nach § 40 BBergG sowie die Grundabtretung nach §§ 77 ff. BBergG.

[51] I.E. auch *Papier/Shirvani*, in: Maunz/Dürig, GG, Art. 14 Rn. 539 (Stand: April 2018); *H. Schulte*, ZfB 119 (1978), S. 414 (422); zweifelnd *Wörheide*, Die Bergbauberechtigungen nach dem Bundesberggesetz, 2014, S. 372 ff.

[52] So etwa *Lorenz*, NVwZ 1989, S. 812 (816).

[53] Zum Begriff der öffentlichen Sache *Papier/Durner*, in: Ehlers/Pünder, Allgemeines Verwaltungsrecht, 15. Auflage 2016, § 38 Rn. 1.

Charakter, sind solche Gegenstände ausgenommen, die ohne den Sonderstatus *gar nicht* der allgemein-privatrechtlichen Ordnung unterstehen würden.[54] Indem bergfreie Bodenschätze nicht dem Grundeigentum zugeordnet, sondern vielmehr herrenlos[55] sind, bedürfen sie jener Abgrenzung nicht. Sie unterstehen von vornherein nicht dem Privatrecht. Die *entsprechende* Geltung bürgerlich-rechtlicher Vorschriften ist keine konzessions*un*abhängige rechtliche Zuordnung, sondern Rechtsfolge der Konzessionierung und insoweit akzessorisch.[56] Qualifiziert man bergfreie Bodenschätze dennoch als öffentliche Sache, ist der materiell-rechtliche Gewinn dieser Beschreibung zweifelhaft: Gerade weil das Berechtsamswesen das anwendbare Recht selbst festlegt, ist ein Rückgriff auf die Maßstäbe des öffentlichen Sachenrechts entbehrlich.[57]

B. Ausgleich kollidierender Interessen bei der Konzessionierung?

Die gesetzgeberische Grundentscheidung, bestimmte, wirtschaftlich besonders bedeutsame Bodenschätze vom Grundeigentum zu entkoppeln, hinterlässt eine zuordnungsbezogene Lücke, die das Berechtsamswesen füllt. Die Bergbauberechtigung vermittelt auf einer ersten Stufe die ausschließliche rechtliche Zuordnung eines bestimmten Bodenschatzes in einem Feld, ohne dass damit bereits die Durchführung eines bestimmten bergbaulichen Vorhabens *zulassungs*rechtlich konkretisiert würde.[58] Die Bergbauberechtigung sichert den Zugriff, erlaubt ihn aber nicht. Es bedarf vielmehr auf der zweiten (gestattenden) Stufe mindestens einer hinzutretenden Genehmigung – nämlich der Zulassung

---

[54] *Papier/Durner*, in: Ehlers/Pünder, Allgemeines Verwaltungsrecht, 15. Auflage 2016, § 38 Rn. 4, dort zur Frage, ob auch unkörperliche Gegenstände öffentliche Sachen sein können.

[55] Siehe oben 1. Kapitel D. I. 1. b) aa), S. 70.

[56] Kritisch zu einer derartigen Konstruktion *Westermann*, Freiheit des Unternehmers und des Grundeigentümers und ihre Pflichtenbindungen im öffentlichen Interesse nach dem Referentenentwurf eines Bundesberggesetzes, 1973, S. 50 f.

[57] Vgl. *Durner*, in: ders./Shirvani: Eigentum im Wasserrecht, 2016, S. 17 (30 f.) zum Wasserwirtschaftsrecht.

[58] In diesem Sinne auch *Kühne*, ZfB 159 (2018), S. 92 (93); anders *Keimeyer/Gailhofer/ Westphal/Sanden/Schomerus/Teßmer*, Recht der Rohstoffgewinnung, Umweltbundesamt, Texte 71/2019, S. 45: erste Stufe im bergrechtlichen Zulassungsverfahren. Soweit für die Erteilung von Erlaubnis und Bewilligung nach § 11 Nr. 3, § 12 Abs. 1 Satz 2 Nr. 4 BBergG ein Arbeitsprogramm vorzulegen ist, soll diese Voraussetzung sicherstellen, dass die Berechtigung nur an einen Bewerber erteilt wird, „der in der Lage ist, die erforderlichen Arbeiten ordnungsgemäß und innerhalb angemessener Zeit durchzuführen", BT-Drs. 8/1315, S. 87, 88. Dem Arbeitsprogramm kommt insoweit nach § 14 Abs. 2 BBergG auch zentrale Bedeutung bei konkurrierenden Anträgen zu. Näher zum Arbeitsprogramm BVerwG, Urteil vom 3. März 2011 – 7 C 4/10, NVwZ 2011, S. 1520 Rn. 13 ff.

eines Hauptbetriebsplans. Ergänzt wird diese durch etwaige Genehmigungserfordernisse nach außerbergrechtlichen Vorschriften.

Nach der gesetzlichen Konzeption sowie deren judikativen Konkretisierungen und Korrekturen werden kollidierende Interessen – strukturell durchaus
konsequent – im Wesentlichen erst auf der Zulassungsebene berücksichtigt. Bereits das Verwaltungsverfahren ist nicht auf eine Beteiligung von Betroffenen
ausgerichtet (I.). Auf Tatbestandsseite hat die Behörde in nur eingeschränktem
Umfang bergbauinterne Versagungsgründe zu prüfen und bergbauexterne entgegenstehende öffentliche Interessen zu berücksichtigen (II.), was sich auch auf
den Rechtsschutz niederschlägt (V.). Strukturell konsequent ist es, wenn die
Entscheidung über die Erteilung bzw. Verleihung einer Bergbauberechtigung
als gebundene Entscheidung ohne planerischen Gestaltungsspielraum ausgestaltet ist (III.). Die bipolare Ausrichtung des Konzessionsverfahrens[59] spiegelt
sich damit im materiellen Prüfprogramm wider. Aus unternehmerischer Perspektive bietet ein schlankes Verfahren mit eingeschränktem Prüfprogramm erhebliche Vorteile. Rechtspolitische Kritik kommt damit wenig überraschend.[60]
Ob und inwieweit sie verfassungsrechtlich untermauert werden kann, hängt
maßgeblich von den Rechts- und Bindungswirkungen der Bergbauberechtigung sowie insbesondere von deren eigentumsverfassungsrechtlicher Stellung
in nachfolgenden Zulassungsverfahren ab. (IV.).

I. Die bipolare Grundausrichtung des Konzessionsverfahrens

Der Gesetzgeber hat das Verwaltungsverfahren im Rahmen des Berechtsamswesens bipolar ohne Einbindung potenziell Drittbetroffener ausgestaltet. Sie
können der Konzeption nach erst durch Vorhabengenehmigungen in ihren
Rechten betroffen sein. Folglich wird ihnen meist keine Klagebefugnis gegen
die Erteilung bzw. Verleihung von Bergbauberechtigungen zugestanden.[61] Insoweit verwundert es, wenn die Instanzrechtsprechung in atypischen Ausnahmefällen eine Klagebefugnis von Gemeinden auf Grundlage der kommunalen
Planungshoheit in Betracht zieht.[62]

---

[59] Zum Begriff des bipolaren bzw. zweipoligen Verwaltungsrechtsverhältnisses *Schmitz*,
in: Stelkens/Bonk/Sachs, VwVfG, 9. Auflage 2018, § 9 Rn. 25; *Schmidt-Preuß*, Kollidierende
Privatinteressen im Verwaltungsrecht, 2. Auflage 2005, S. 2 f.

[60] Insbesondere unten 2. Kapitel C., S. 170 ff.

[61] Näher zum Rechtsschutz siehe unten 2. Kapitel B. V., S. 167.

[62] So OVG Bautzen, Urteil vom 10. Juni 1998 – 1 S 349/96, ZfB 139 (1998), S. 205 (209,
211); OVG Weimar, Urteil vom 24. April 2002 – 2 KO 823/99, ZfB 144 (2003), S. 68 (73 f.);
VG Greifswald, Urteil vom 3. März 2005 – 1 A 1708/96, ZfB 146 (2005), S. 241 (244); dem folgend *Wörheide*, Die Bergbauberechtigungen nach dem Bundesberggesetz, 2014, S. 234; weitergehend wohl *Böhm*, in: FS Koch, 2014, S. 565 (573). BVerwG, Beschluss vom 15. Oktober
1998 – 4 B 94/98, NVwZ 1999, S. 876 (877) greift diesen Gedanken entgegen den Ausführungen der Vorinstanz nicht auf, lehnt ihn aber auch nicht ausdrücklich ab. Selbst wenn man im

Ebenso finden im Konzessionsverfahren keine formalisierten umweltbezogenen Prüfungen wie etwa eine Umweltverträglichkeitsprüfung statt. Selbst kollidierende bergbauliche Interessen werden nur insoweit aufgegriffen, als § 14 BBergG den Vorrang bei konkurrierenden *Anträgen*, bezogen auf denselben Bodenschatz,[63] regelt. Im Übrigen greift das „Windhundprinzip".[64] Sonstige Nutzungskonkurrenzen werden nicht aufgelöst.

Verfahrensrechtlich angereichert wird die Entscheidungsfindung dagegen durch § 15 BBergG. Hiernach hat die Bergbehörde vor der Entscheidung den Behörden Gelegenheit zur Stellungnahme zu geben, zu deren Aufgaben die Wahrnehmung öffentlicher Interessen im Sinne des § 11 Nr. 10 BBergG gehört. Nach § 11 Nr. 10 BBergG ist die Erlaubnis zu versagen, wenn überwiegende öffentliche Interessen die Aufsuchung im gesamten zuzuteilenden Feld ausschließen. Zweck ist die umfassende Information der Bergbehörde mit Blick auf einen konkreten Versagungstatbestand; die Vorschrift vermittelt dagegen kein kehrseitiges einklagbares Recht auf Beteiligung.[65]

II. Entgegenstehende Interessen bei der Konzessionierung

Anders als im vormaligen Recht staatsvorbehaltener Bodenschätze[66] normiert das Bundesberggesetz in enumerativen Katalogen, wann die Erteilung einer Erlaubnis oder Bewilligung zu versagen ist. Überwiegend zielen die Bestimmungen auf die planmäßige und effiziente Umsetzung des beabsichtigten bergbaulichen Vorhabens. Sie nehmen aber auch Belange in den Blick, die nicht nur das in Aussicht gestellte Vorhaben, sondern dessen Auswirkungen auf die nähere Umgebung betreffen.[67] So dürfen eine sinnvolle und planmäßige Aufsuchung und Gewinnung von bergfreien oder grundeigenen Bodenschätzen nicht gefährdet (§ 11 Nr. 8, § 12 Abs. 1 Satz 1 BBergG) und Bodenschätze nicht beein-

---

Rahmen der überwiegenden öffentlichen Interessen des § 11 Nr. 10 BBergG die kommunale Planungshoheit grundsätzlich als objektiven Belang berücksichtigt, siehe dazu unten Fn. 114, S. 105, resultiert hieraus noch nicht zwangsläufig ein einklagbares subjektives Recht der Gemeinden, anders allerdings OVG Bautzen, Urteil vom 10. Juni 1998 – 1 S 349/96, ZfB 139 (1998), S. 205 (211). Wegen der unterschiedlichen Rechtswirkungen (vgl. dazu unten 2. Kapitel B. IV. 1., S. 121 ff.) ist die Rechtslage insoweit auch nicht mit gemeindlichen Klagen gegen raumordnerische Zielfestlegungen (vgl. dazu *Uechtritz*, ZUR 2017, S. 479 (485)) vergleichbar.

[63] Ausdrücklich *Franßen*, in: Frenz, BBergG, 2019, § 14 Rn. 1, 8, 12; *Kühne*, Rechtsfragen der Aufsuchung und Gewinnung von in Steinkohleflözen beisitzendem Methangas, 1994, S. 64; *Vitzthum/Piens*, in: Piens/Schulte/Graf Vitzthum, BBergG, 3. Auflage 2020, § 14 Rn. 1.

[64] Zu konkurrierenden Anträgen, Vertrauensschutz und zum Rechtsschutz *Wörheide*, Die Bergbauberechtigungen nach dem Bundesberggesetz, 2014, S. 183 ff., 235 ff.

[65] BVerwG, Beschluss vom 15. Oktober 1998 – 4 B 94/98, NVwZ 1999, S. 876 f. zu Gemeinden.

[66] Siehe oben 1. Kapitel B. II., S. 14 f.

[67] *Wörheide*, Die Bergbauberechtigungen nach dem Bundesberggesetz, 2014, S. 142 f.

trächtigt werden, deren Schutz im öffentlichen Interesse liegt (§ 11 Nr. 9, § 12 Abs. 1 Satz 1 BBergG) (1.). Darüber hinaus können überwiegende öffentliche Interessen gemäß § 11 Nr. 10, § 12 Abs. 1 Satz 1 BBergG die Aufsuchung im gesamten zuzuteilenden Feld ausschließen (2.). Wird eine Erlaubnis beantragt, ist ausweislich des eindeutigen Wortlauts lediglich auf die spätere Aufsuchung abzustellen.[68] Die wohl überwiegende Auffassung berücksichtigt hingegen auch etwaige einer späteren Bewilligung entgegenstehende Interessen.[69]

1. Bergbauinterne öffentliche Interessen

Die Versagungsgründe des § 11 Nr. 8 und 9 (i.V.m. § 12 Abs. 1 Satz 1) BBergG konkretisieren die Zwecksetzung des § 1 Nr. 1 BBergG.[70] Nach § 11 Nr. 8 BBergG ist die Erlaubnis zu versagen, wenn eine sinnvolle und planmäßige Aufsuchung und Gewinnung von bergfreien oder grundeigenen Bodenschätzen gefährdet würde. Gleiches gilt nach § 11 Nr. 9 BBergG, wenn Bodenschätze beeinträchtigt würden, deren Schutz im öffentlichen Interesse liegt. Beide Vorschriften sind im Interesse der Rohstoffsicherung gemeinwohlbezogen[71] und dienen damit (auch) öffentlichen Interessen.[72]

---

[68] *von Weschpfennig*, W+B 2017, S. 56 (69); *Wörheide*, Die Bergbauberechtigungen nach dem Bundesberggesetz, 2014, S. 192 f.

[69] VG Leipzig, Urteil vom 19. Januar 1995 – 5 K 23/94, ZfB 136 (1995), S. 48 (54 f.), dort beschränkt auf den vergleichsweise überschaubaren Kies- und Sandabbau; *Böhm*, in: FS Koch, 2014, S. 565 (575 f.); *Franke*, in: Boldt/Weller/Kühne/von Mäßenhausen, BBergG, 2. Auflage 2016, § 12 Rn. 9 (anders Rn. 3). Nur so könne dem Grundsatz der Verfahrensökonomie hinreichend Rechnung getragen werden. Zudem spreche die Präklusionsregelung des § 12 Abs. 2 BBergG im Rahmen der Bewilligung für eine frühzeitige Berücksichtigung. Hiernach darf die beantragte Bewilligung nur versagt werden, wenn die Tatsachen, die die Versagung rechtfertigen, erst nach der Erteilung der Erlaubnis eingetreten sind. Wortlaut und Systematik sind insoweit widersprüchlich, als nach dem Wortlaut nur neue Tatsachen berücksichtigt werden können. Gleichzeitig wäre unerheblich, ob alte Tatsachen bei Erteilung der Erlaubnis überhaupt berücksichtigungsfähig waren. Zu Recht wird daher – im Grunde aus systematischen Gründen – eine Präklusion nur dann angenommen, wenn dieselben Tatsachen schon zur Versagung der Erlaubnis hätten führen müssen, *Franke*, in: Boldt/Weller/Kühne/von Mäßenhausen, BBergG, 2. Auflage 2016, § 12 Rn. 9; *Vitzthum/Piens*, in: Piens/Schulte/Graf Vitzthum, BBergG, 3. Auflage 2020, § 12 Rn. 13. Zum Prüfumfang bei der Erlaubniserteilung selbst lassen sich daraus aber keine Rückschlüsse ziehen, i.E. ebenso *Wörheide*, Die Bergbauberechtigungen nach dem Bundesberggesetz, 2014, S. 192 f.

[70] *Kühne*, Rechtsfragen der Aufsuchung und Gewinnung von in Steinkohleflözen beisitzendem Methangas, 1994, S. 83 f.

[71] *Kühne*, Rechtsfragen der Aufsuchung und Gewinnung von in Steinkohleflözen beisitzendem Methangas, 1994, S. 82.

[72] Vgl. *Vitzthum/Piens*, in: Piens/Schulte/Graf Vitzthum, BBergG, 3. Auflage 2020, § 11 Rn. 18 ff.

a) § 11 Nr. 8 BBergG

Der Normgehalt des § 11 Nr. 8 BBergG ist schon wegen seines offenen Wortlauts sowie des auch sonst schwachen Konkretisierungsgrades nicht leicht zu extrahieren. Tatbestandlich knüpft der Gesetzgeber – anders als bei § 11 Nr. 9 BBergG – nicht an den Schutz einer (bestimmten) Lagerstätte, sondern an die Gefährdung einer sinnvollen und planmäßigen Aufsuchung und Gewinnung an und gewährt damit einen vorhabenbezogenen und im Ausgangspunkt nur mittelbaren Schutz von bergfreien und grundeigenen Bodenschätzen, ohne dabei unterschiedlich wertvolle Lagerstätten zu differenzieren.[73] Ausweislich der Gesetzesmaterialien[74] spielt die Größe des Erlaubnisfeldes eine entscheidende Rolle; offenbar sollen zu große Berechtigungsfelder verhindert werden.[75] Zudem gelte der Versagungsgrund nicht nur für die aufzusuchenden Bodenschätze, sondern auch für andere. Eine örtliche Begrenzung der Schutzwirkung auf das Aufsuchungsfeld postulieren weder der Tatbestand noch die Entstehungsgeschichte. Strukturell entfaltet § 11 Nr. 8 BBergG damit doppelten Schutz. Er sichert sowohl die sinnvolle und planmäßige Aufsuchung und Gewinnung im Rahmen des geplanten Vorhabens selbst[76] als auch bezüglich anderer (potenzieller) Aufsuchungs- und Gewinnungsvorhaben im selben Feld oder in der Umgebung[77] – ungeachtet der Frage, ob diese vom selben Unternehmen oder von Dritten realisiert werden.

Sinnvoll und planmäßig kann eine Aufsuchung oder Gewinnung zunächst nur dann erfolgen, wenn (sicherheits)technische Gründe der Bergbauberechtigung nicht entgegenstehen.[78] Vermieden werden soll nicht nur Raubbau,[79] bei dem nur wirtschaftlich leicht zu erschließende Teile der Lagerstätte genutzt werden, sondern auch etwa eine zu starke Zersplitterung, die einen sinn-

---

[73] I.E. ebenso, wenn auch im Duktus zurückhaltender *Kühne*, Rechtsfragen der Aufsuchung und Gewinnung von in Steinkohleflözen beisitzendem Methangas, 1994, S. 100.

[74] BT-Drs. 8/1315, S. 87 f.

[75] *Kühne*, Rechtsfragen der Aufsuchung und Gewinnung von in Steinkohleflözen beisitzendem Methangas, 1994, S. 99.

[76] Vgl. die Nachweise sogleich in Fn. 80. Dabei sind durchaus Überschneidungen mit § 11 Nr. 3 (bzw. § 12 Abs. 1 Satz 2 Nr. 4 BBergG) denkbar. *Franke*, in: Boldt/Weller/Kühne/von Mäßenhausen, BBergG, 2. Auflage 2016, § 11 Rn. 4, 11 nimmt hingegen im Anschluss an BVerwG, Urteil vom 3. März 2011 – 7 C 4/10, BVerwGE 139, 184 Rn. 13 eine Prüfung bereits im Rahmen von § 11 Nr. 3 BBergG an, ordnet allerdings dennoch die Frage, ob das beantragte Feld eine wirtschaftliche bergbauliche Tätigkeit als Aspekt der sinnvollen Aufsuchung oder Gewinnung ermöglicht, unter Nr. 8 ein.

[77] *Franke*, in: Boldt/Weller/Kühne/von Mäßenhausen, BBergG, 2. Auflage 2016, § 11 Rn. 11.

[78] OVG Magdeburg, Urteil vom 4. November 1999 – A 1/4 S 170/97, ZfB 152 (2011), S. 237 (242 f.).

[79] *Vitzthum/Piens*, in: Piens/Schulte/Graf Vitzthum, BBergG, 3. Auflage 2020, § 11 Rn. 19. Zum Begriff *Wörheide*, Die Bergbauberechtigungen nach dem Bundesberggesetz, 2014, S. 160.

vollen Abbau insgesamt gefährden würde.[80] Mit Blick auf den Schutz anderer Bergbaubetriebe auch im Betriebsplanverfahren durch § 55 Abs. 1 Satz 1 Nr. 8 BBergG ist allerdings eine Gefährdung angrenzender oder überlappender Vorhaben erst dann anzunehmen, wenn eine unauflösbare Konfliktlage besteht.[81]

Damit bestehen auch Zweifel an der Auffassung, es würden mehrere Konzessionierungen für unterschiedliche Bodenschätze im selben Feld (weitgehend) ausgeschlossen, sofern bereits bestehende Rechte beeinträchtigt würden.[82] Nicht bereits räumlich überlappende Bergbauberechtigungen auf unterschiedliche Bodenschätze gefährden eine sinnvolle und planmäßige Aufsuchung und Gewinnung von bergfreien oder grundeigenen Bodenschätzen, sondern allenfalls eine fehlende Koordination verschiedener Bergbauunternehmen oder fehlende Konfliktlösungsinstrumente auf Betriebsplanebene.[83] Insoweit bietet aber möglicherweise das vorzulegende Arbeitsprogramm Raum, etwaigen Bedenken Rechnung zu tragen.

Rein wirtschaftliche Gründe sind grundsätzlich unbeachtlich,[84] weil das Bundesberggesetz keinem paternalistischen Wirtschaftsverständnis folgt. Es liegt einzig in der Verantwortung des jeweiligen Antragstellers, ob sich Investitionen für das beantragte Feld amortisieren (können).[85]

---

[80] *Kühne*, Rechtsfragen der Aufsuchung und Gewinnung von in Steinkohleflözen beisitzendem Methangas, 1994, S. 99 f. zu den Vorgängerbestimmungen im Allgemeinen Berggesetz; *Wörheide*, Die Bergbauberechtigungen nach dem Bundesberggesetz, 2014, S. 152; vgl. OVG Magdeburg, Urteil vom 4. November 1999 – A 1/4 S 170/97, ZfB 152 (2011), S. 237 (242 f.). Vgl. auch die Teilungsvorschrift des § 28 Satz 1 BBergG, die eine Feldeszersplitterung verhindern soll.

[81] Hierzu sowie zu weiteren Aspekten des Gefährdungsbegriffs *Wörheide*, Die Bergbauberechtigungen nach dem Bundesberggesetz, 2014, S. 152 ff.

[82] So aber *Weller*, ZfB 131 (1990), S. 111 (113). Bei konkurrierenden Anträgen für übereinanderliegende Lagerstätten soll die Konzessionierung für die tieferliegende Lagerstätte solange zurückgestellt oder zumindest unter eine Bedingung der Nichtgefährdung der oberen gestellt werden, wie die entsprechenden Bodenschätze noch nicht abgebaut sind (S. 128). Dies setzt aber voraus, dass für den Rohstoff in der tieferliegenden Lagerstätte noch keine Berechtigung erteilt oder verliehen wurde und tatsächlich Anträge – wie bei § 14 Abs. 2 BBergG – miteinander konkurrieren.

[83] Näher dazu unten 3. Kapitel E., S. 351 ff.

[84] OVG Magdeburg, Urteil vom 4. November 1999 – A 1/4 S 170/97, ZfB 152 (2011), S. 237 (237, 242 f.); *Wörheide*, Die Bergbauberechtigungen nach dem Bundesberggesetz, 2014, S. 155 f.; vgl. einschränkend *Böhm*, in: FS Koch, 2014, S. 565 (568); a.A. *Franke*, in: Boldt/Weller/Kühne/von Mäßenhausen, BBergG, 2. Auflage 2016, § 11 Rn. 11 mit Fn. 35.

[85] Vgl. VG Leipzig, Urteil vom 19. Januar 1995 – 5 K 23/94, ZfB 136 (1995), S. 48 (55); vgl. auch *Westermann*, Freiheit des Unternehmers und des Grundeigentümers und ihre Pflichtenbindungen im öffentlichen Interesse nach dem Referentenentwurf eines Bundesberggesetzes, 1973, S. 38 zum Referentenentwurf. Zweifel an einer sinnvollen und planmäßigen Gewinnung sind aber in der Tat angezeigt, wenn der Antragsteller von vornherein auf eine Zulegung nach § 35 BBergG und damit eine Enteignung anderer Berechtigungsinhaber (siehe die Nachweise unten in Fn. 913, S. 354) zielt, um den Betrieb überhaupt wirtschaftlich führen zu können, *Franke*, in: Boldt/Weller/Kühne/von Mäßenhausen, BBergG, 2. Auflage 2016, § 11 Rn. 11, dort ebenfalls unter Rekurs auf Hilfsbaue nach § 44 BBergG.

Nicht abschließend geklärt ist, welchen Konkretisierungsgrad kollidierende Vorhaben aufweisen müssen. § 11 Nr. 8 BBergG wird jedenfalls dann aktiviert, wenn zumindest Bergbauberechtigungen vorliegen[86] bzw. bei grundeigenen Bodenschätzen ein vergleichbarer Konkretisierungsgrad erreicht ist.[87] Betont man die Funktion der Wahrung öffentlicher Interessen, müssen die Bergbehörden Lagerstätten möglicherweise darüber hinaus im Sinne eines gemeinwohlorientierten Umgangs mit begrenzten Rohstoffvorkommen und damit unabhängig von konkret anstehenden Vorhaben schützen.[88] Der Wortlaut legt hingegen eine andere Sichtweise nahe. Wie bereits eingangs betont, adressiert § 11 Nr. 8 BBergG – anders als § 11 Nr. 9 BBergG – gerade nicht unmittelbar den Lagerstättenschutz, sondern verwendet eine vorhabenbezogene Terminologie.[89] Im Lichte eines gesetzlich nur schwach ausgeprägten Prüfungsmaßstabs wäre zudem eine so weitgehende Gestaltungs- und letztlich auch Planungskompetenz der Bergbehörde rechtsstaatlich zweifelhaft, zumal die Entwurfsbegründung bergrechtliche Befugnisse ausdrücklich nicht auf Raumordnungs- und Landesplanungsrecht erstreckt.[90] Im Ergebnis spricht daher vieles dafür, § 11 Nr. 8 BBergG als echte Kollisionsnorm zwischen konkreten Vorhaben zu lesen, die Konflikte mit künftigen hypothetischen Vorhaben nicht erfasst.[91]

b) § 11 Nr. 9 BBergG

Anders als der vorhabenbezogene § 11 Nr. 8 BBergG dient die Versagungsvorschrift des § 11 Nr. 9 BBergG unmittelbar nur dem Lagerstättenschutz. Es dürfen keine Bodenschätze beeinträchtigt werden, deren Schutz im öffentlichen Interesse liegt. Nach der Entwurfsbegründung sind dies nur solche Bodenschätze, die für die Volkswirtschaft von besonderem Gewicht sind – sei es wegen der Bedeutung für die Herstellung wichtiger Wirtschaftsgüter oder für die Sicherheit der Versorgung.[92]

---

[86] *Kühne*, Rechtsfragen der Aufsuchung und Gewinnung von in Steinkohleflözen beisitzendem Methangas, 1994, S. 101 ff.

[87] *Franke*, in: Boldt/Weller/Kühne/von Mäßenhausen, BBergG, 2. Auflage 2016, § 11 Rn. 11.

[88] *Wörheide*, Die Bergbauberechtigungen nach dem Bundesberggesetz, 2014, S. 150 f., siehe aber auch S. 153 f.: Im Vordergrund stehe der Ausgleich kollidierender Privatinteressen.

[89] In diesem Sinne wohl auch *Kühne*, Rechtsfragen der Aufsuchung und Gewinnung von in Steinkohleflözen beisitzendem Methangas, 1994, S. 104.

[90] BT-Drs. 8/1315, S. 67 zur vorsorgenden Raumordnung und Landesplanung.

[91] Allenfalls wäre zu überlegen, raumordnungsrechtliche oder planerische Konkretisierungen genügen zu lassen, so auch *Wörheide*, Die Bergbauberechtigungen nach dem Bundesberggesetz, 2014, S. 150 ff., der i.E. ebenfalls eine umfassende Prüfungskompetenz wegen fehlender Planungskompetenzen der Bergbehörde ablehnt.

[92] BT-Drs. 8/1315, S. 88.

Auch hier verfolgt der Gesetzgeber eine doppelte Schutzrichtung. Erfasst werden zunächst Beeinträchtigungen des Bodenschatzes, der Gegenstand des Antrags ist. So soll insbesondere Raubbau verhindert werden.[93] Die Norm erfasst darüber hinaus andere Bodenschätze,[94] ohne dass es hier auf die Konkretisierung eines kollidierenden Vorhabens ankommt. Nach welchen Maßstäben der Lagerstättenschutz einer Konzessionierung entgegensteht, wird nicht näher präzisiert, was die Handhabung im Vollzug erschwert und dessen Bedeutung potenziell schmälert. Einem absoluten Schutzverständnis steht entgegen, dass der Gesetzgeber nicht einmal ansatzweise konkretisiert, unter welchen Voraussetzungen Lagerstätten im öffentlichen Interesse zu schützen sind. Es sind vielmehr die Umstände des jeweiligen Einzelfalls zu betrachten, ohne dass ein pauschales und rein rohstoffbezogenes Rangverhältnis aufgestellt werden könnte. So gibt selbst die Annahme einer gesetzgeberisch impliziten Wertung einer besonderen Schutzwürdigkeit der bergfreien Bodenschätze nur erste Hinweise;[95] weitere Kritierien sind etwa die Gewinnbarkeit, die Größe der Lagerstätte sowie die Frage, ob und wann mit der Ausbeutung einer kollidierenden, bislang aber noch nicht vergebenen Lagerstätte zu rechnen ist.[96] Damit ist der Schutz im öffentlichen Interesse graduell und nicht kategorisch ausgestaltet, sodass die Bergbehörde im Kollisionsfall eine Abwägungsentscheidung zu treffen hat,[97] ohne dass dies nach dem Wortlaut unmittelbar ersichtlich wäre.

Aufgabe der Bergbehörden ist es hingegen nicht, eine volkswirtschaftliche Analyse der Angebots- und Nachfragesituation in Bezug auf den potenziell beeinträchtigten Bodenschatz durchzuführen.[98] Ihnen obliegt nach der Systematik des Bundesberggesetzes als Sonderordnungsbehörde[99] primär die

---

[93] *Kühne*, Rechtsfragen der Aufsuchung und Gewinnung von in Steinkohleflözen beisitzendem Methangas, 1994, S. 92; vgl. auch *Franke*, in: Boldt/Weller/Kühne/von Mäßenhausen, BBergG, 2. Auflage 2016, § 11 Rn. 12, der allerdings wohl auch hier (vgl. soeben Fn. 76) Nr. 3 als einschlägig ansieht.

[94] *Kühne*, Rechtsfragen der Aufsuchung und Gewinnung von in Steinkohleflözen beisitzendem Methangas, 1994, S. 92.

[95] Ebenso *Kühne*, Rechtsfragen der Aufsuchung und Gewinnung von in Steinkohleflözen beisitzendem Methangas, 1994, S. 94; *von Mäßenhausen*, in: Boldt/Weller/Kühne/von Mäßenhausen, BBergG, 2. Auflage 2016, § 55 Rn. 50; kritisch *Franke*, in: Boldt/Weller/Kühne/von Mäßenhausen, BBergG, 2. Auflage 2016, § 11 Rn. 12, der sogar jegliche Bedeutung der Bergfreiheit für die Beurteilung der Schutzwürdigkeit anzweifelt.

[96] Ausführlich *Kühne*, Rechtsfragen der Aufsuchung und Gewinnung von in Steinkohleflözen beisitzendem Methangas, 1994, S. 93 ff.

[97] *Kühne*, Rechtsfragen der Aufsuchung und Gewinnung von in Steinkohleflözen beisitzendem Methangas, 1994, S. 95 ff.

[98] So aber VG Weimar, Urteil vom 9. Januar 1995 – 7 K 714/93.We, ThürVBl 1995, S. 92 (96), dort zu § 11 Nr. 10 BBergG; *Wörheide*, Die Bergbauberechtigungen nach dem Bundesberggesetz, 2014, S. 161 f.

[99] *Keienburg*, in: Boldt/Weller/Kühne/von Mäßenhausen, BBergG, 2. Auflage 2016, § 69 Rn. 1.

präventive und repressive Bergaufsicht.[100] Diese Rolle bildet auch das vorgelagerte Berechtsamswesen ab, das vor allem die Realisierung des Vorhabens im Blick hat. Strukturell ist es dagegen nicht Aufgabe der Bergbehörden, mittels eigenständiger marktwirtschaftlicher Analysen selbst die Grundlagen für eine Bewertung der volkswirtschaftlichen Bedeutung zu schaffen, zumal hiermit regelmäßig eine rohstoffpolitische Wertung[101] verbunden ist.[102] Mangels weiterer bergrechtlicher Konkretisierungen und in Anbetracht der Grundrechtsrelevanz der Entscheidung kann § 11 Nr. 9 BBergG vielmehr nur an außerbergrechtliche und gesetzlich hinreichend legitimierte Entscheidungen anknüpfen. Der Bergbehörde steht kein eigenes rohstoffbezogenes „Bewirtschaftungs"-Ermessen zu.

Lagerstättenschutz kommt beispielsweise bei raumordnerischen Festlegungen von Vorrang- oder Eignungsgebieten[103] und wohl auch bei Vorbehaltsgebieten nach § 7 Abs. 3 Satz 1 Nr. 1 bis 3 ROG in Betracht, wenngleich eine förmliche Bindung an Erfordernisse der Raumordnung fehlt.[104] Zwar kann auch hier keine Rohstoffbewirtschaftungsplanung erfolgen, weil die Raumordnung keine fachplanerischen Festlegungen ermöglicht.[105] Denn originäre Aufgabe der Raumordnung ist nach § 1 Abs. 1 Satz 1 ROG die Entwicklung, Ordnung und Sicherung des Gesamtraums der Bundesrepublik Deutschland und seiner Teilräume unter anderem durch Raumordnungspläne. Wird aber in diesem Rahmen eine gesamtplanerische Entscheidung zugunsten einer bestimmten Lagerstätte getroffen, ist zugleich ein öffentliches Interesse am Schutz gerade dieser Lagerstätte gegenüber gegenläufigen raumbedeutsamen Vorhaben dokumentiert.[106] Gegenüber anderen bergbaulichen Vorhaben setzt dies allerdings voraus, dass in der raumordnerischen Festlegung ein konkreter Rohstoff – und nicht etwa nur Reservegebiete oder Bereiche „für die Sicherung und den Abbau oberflächen-

---

[100] Siehe oben 1. Kapitel D. II. 2. und 3., S. 81 ff.

[101] *Franke*, in: Boldt/Weller/Kühne/von Mäßenhausen, BBergG, 2. Auflage 2016, § 11 Rn. 12.

[102] Dies gilt in verstärktem Maße, wenn die Verfügbarkeit grundsätzlich durch Importe sichergestellt werden kann, weil die Sicherung der eigenen Lagerstätten eine rein politische Entscheidung ist, zu der die Bergbehörden nicht ermächtigt sind. Aus diesem Grunde erscheint es auch im Lichte der Zwecksetzung des Bundesberggesetzes nicht zielführend, den weltweiten Rohstoffhandel nicht zu berücksichtigen, so aber *Wörheide*, Die Bergbauberechtigungen nach dem Bundesberggesetz, 2014, S. 161 f. Zur möglicherweise verfassungsrechtlich notwendigen Analyse der *generellen* Bedeutung des Rohstoffes im Rahmen der Abwägung nach § 48 Abs. 2 Satz 1 BBergG siehe unten Fn. 229, S. 234.

[103] *Franke*, in: Boldt/Weller/Kühne/von Mäßenhausen, BBergG, 2. Auflage 2016, § 11 Rn. 12; vgl. *Vitzthum/Piens*, in: Piens/Schulte/Graf Vitzthum, BBergG, 3. Auflage 2020, § 11 Rn. 20.

[104] Dazu unten 4. Kapitel A. I., S. 383 f.

[105] Näher unten 4. Kapitel A. II. 2., S. 385 ff.

[106] Vgl. auch die Entwurfsbegründung BT-Drs. 8/1315, S. 67.

naher nichtenergetischer Bodenschätze"[107] oder „Vorranggebiete Rohstoffab-
bau"[108] – bezeichnet wird, was bislang eher unüblich sein dürfte.[109]
§ 11 Nr. 9 BBergG findet in § 55 Abs. 1 Satz 1 Nr. 4 BBergG eine korrespondierende Vorschrift für das Betriebsplanverfahren. Damit führt nicht jegliche
Kollision zur Versagung einer Bergbauberechtigung. Die Abschichtung trägt
erneut der Überlegung Rechnung, dass zahlreichen Konflikten bei der Durchführung des Vorhabens ausreichend Rechnung getragen werden kann, wobei im
Einzelnen unklar ist, wann der Lagerstättenschutz bereits der Erteilung einer
Bergbauberechtigung entgegensteht.[110] Mit Blick auf den Zweck der frühzeitigen Sicherung ausschließlicher Rechte durch die Rechteverleihung ist die Bergbauberechtigung im Zweifel zu erteilen, und Konflikte sind auf der nachfolgenden Betriebsplanebene zu lösen.

2. Bergbauexterne öffentliche Interessen

Schließlich sind bereits im Berechtsamsverfahren außerbergrechtliche öffentliche Interessen zu berücksichtigen. Nach § 11 Nr. 10 BBergG ist die Erlaubnis
zu versagen, wenn überwiegende öffentliche Interessen die Aufsuchung im gesamten zuzuteilenden Feld ausschließen. Seine Entsprechung findet der Aus-
schlusstatbestand im nachfolgenden Betriebsplanverfahren mit § 48 BBergG.
Beide Vorschriften sind entstehungsgeschichtlich eng miteinander verbunden.[111] Gleichwohl erfordert der frühe Zeitpunkt der Prüfung im Konzessionsverfahren einen deutlich abweichenden Maßstab.

a) Grundsatz: frühzeitige Interessenabwägung

Nach der gesetzgeberischen Konzeption soll bereits frühzeitig vor den eigentlichen Genehmigungsverfahren eine „Interessenabwägung" zwischen „volkswirtschaftlich-bergbaulichen Belangen" und etwaigen entgegenstehenden öffentlichen Interessen wie solchen „des Naturschutzes und der Landschafts-

---

[107] Siehe etwa den Regionalplan für den Regierungsbezirk Köln, Teilabschnitt Region
Bonn/Rhein-Sieg, Stand 2009, https://www.bezreg-koeln.nrw.de/brk_internet/leistungen/
abteilung03/32/regionalplanung/aktueller_regionalplan/teilabschnitt_bonn/index.html,
zuletzt abgerufen am 9. Juli 2021.

[108] Siehe etwa den regionalen Raumordnungsplan Mittelrhein-Westerwald 2017, https://
mittelrhein-westerwald.de/index.php/veroeffentlichungen/raumordnungsplan, zuletzt abgerufen am 9. Juli 2021.

[109] Vgl. auch *H. Schulte*, Raumplanung und Genehmigung bei der Bodenschätzegewinnung, 1996, S. 221 ff. Eine Ausnahme bilden hier die Braunkohlenpläne, vgl. dazu *Durner*,
Konflikte räumlicher Planungen 2005, S. 378.

[110] Hierzu mit unterschiedlichen Akzenten *Kühne*, Rechtsfragen der Aufsuchung und
Gewinnung von in Steinkohleflözen beisitzendem Methangas, 1994, S. 97 f.; *Wörheide*, Die
Bergbauberechtigungen nach dem Bundesberggesetz, 2014, S. 161.

[111] Näher hierzu unten 3. Kapitel A. II. 1., S. 202 ff.

pflege, der Raumordnung und Landesplanung, des Verkehrs und des Gewässerschutzes" stattfinden, obwohl mit der Bergbauberechtigung noch keine „echte Kollision" im Raume steht. Daher sei die Versagung von „gravierenden Voraussetzungen" abhängig,[112] ohne dass dies näher konkretisiert würde. Gravierend wäre aber sicher die Sicherheit eines Atomkraftwerks, unter dem keine Steinkohle abgebaut werden könnte. In Betracht kommen grundsätzlich alle von der Rechtsordnung anerkannten raumbezogenen öffentlichen Interessen,[113] die später auch im Rahmen des § 48 Abs. 1, Abs. 2 Satz 1 BBergG relevant werden können.[114] Rein politische Interessen genügen dagegen nicht.[115]

Entgegenstehende Interessen sind dabei nur in Relation zum anvisierten Vorhaben zu prüfen. Gegenstand der Abwägung ist dagegen nicht, ob alternative Aufsuchungs- oder Gewinnungsvorhaben umweltverträglicher wären, solche Maßnahmen aber durch die Erteilung der Bergbauberechtigung unmöglich würden.[116] Grundsätzlich werden bergbauinterne Belange durch die Nummern 8 und 9 abschließend erfasst. Gewinnt nun das Interesse an der Aufsuchung oder Gewinnung anderer Bodenschätze an Gewicht, weil hiermit geringere Umweltbeeinträchtigungen verbunden wären, können hierin zwar im Ansatz raumbezogene Belange liegen, die unter Nr. 10 zu fassen sind. Allerdings liefe diese Alternativenprüfung in der Sache auf eine raumordnerische Planung hinaus, die der Bergbehörde aber gerade entzogen ist. Denn ebenso wie im Rahmen von § 11 Nr. 8 und 9 BBergG bestehen rechtsstaatliche Bedenken gegen eine weitreichende Prüfungs- und im Ergebnis auch Planungskompetenz, weil der Berggesetzgeber hierfür keine rechtlichen Maßstäbe konkretisiert hat. Im Gegenteil sollten zumindest Aspekte der vorsorgenden Raum- und Landesplanung ausdrücklich nicht Bestandteil des Bergrechts werden.[117]

Verfahrensrechtlich sichert der Gesetzgeber mit § 15 BBergG eine möglichst umfassende und lückenlose Berücksichtigung ab.[118] Hiernach ist vor der Entscheidung den Behörden Gelegenheit zur Stellungnahme zu geben, zu deren

---

[112] BT-Drs. 8/1315, S. 87. Eine *un*mittelbare Bindung an Erfordernisse der Raumordnung besteht dagegen nicht, *Wörheide*, Die Bergbauberechtigungen nach dem Bundesberggesetz, 2014, S. 174 ff.

[113] VGH Mannheim, Urteil vom 9. Juni 1988 – 6 S 2972/84, ZfB 130 (1989), S. 57 (66); OVG Magdeburg, Urteil vom 4. November 1999 – A 1/4 S 170/97, ZfB 152 (2011), S. 237 (239).

[114] *Kühne*, Rechtsfragen der Aufsuchung und Gewinnung von in Steinkohleflözen beisitzendem Methangas, 1994, S. 85. Auch kommunale Belange können relevant sein, BVerwG, Beschluss vom 15. Oktober 1998 – 4 B 94/98, NVwZ 1999, S. 876 f.; *Böhm*, in: FS Koch, 2014, S. 565 (572 f.); a.A. *Vitzthum/Piens*, in: Piens/Schulte/Graf Vitzthum, BBergG, 3. Auflage 2020, § 11 Rn. 21d, die allerdings nur auf das regelmäßig zu verneinende Überwiegen abstellen, um ein öffentliches Interesse an sich abzulehnen.

[115] *Frenz*, DÖV 2016, S. 322 (328).

[116] A.A. *Beckmann*, in: Roßnagel/Hentschel, Umweltverträgliche Nutzung des Untergrunds und Ressourcenschonung, Umweltbundesamt, Texte 107/2015, S. 64 (66 f.).

[117] BT-Drs. 8/1315, S. 67.

[118] BT-Drs. 8/1315, S. 87.

Aufgaben die Wahrnehmung öffentlicher Interessen nach § 11 Nr. 10 BBergG gehört.

Konzeptionell irritiert zunächst, dass der Gesetzgeber einerseits eine verfahrensrechtlich flankierte frühzeitige tatbestandliche Abwägung installiert, gleichzeitig aber die Versagung von „gravierenden Voraussetzungen" abhängig machen will. Mit Blick auf den eindeutigen Wortlaut und die Entstehungsgeschichte wäre es sicher zu weitgehend, auf eine einzelfallbezogene Abwägung bereits im Ansatz zu verzichten[119] oder diese unter Verweis auf die mittlerweile überholte[120] Annahme eines besonderen Gewichts bergbaulicher Interessen im Grunde einzuebnen.[121] Die nähere Normexegese offenbart, dass es sich nur um einen scheinbaren Widerspruch handelt.

b) Tatbestandliche Einschränkungen

§ 11 Nr. 10 BBergG installiert eine antizipierte Abwägung, die sich in der Sache nicht auf die beantragte Bergbauberechtigung selbst bezieht, sondern auf spätere Aufsuchungs- und Gewinnungstätigkeiten. Ziel ist es, die Begründung von Rechten zu verhindern, die später gar nicht ausgeübt werden können,[122] weil dann ein entsprechendes Sachbescheidungsinteresse fehlt.[123] Gleichzeitig werden weitergehende, letztlich sinnlose Dispositionen sowie unnötiger Verwaltungsaufwand vermieden.[124] Wann nun öffentliche Interessen bereits der Erteilung einer Bergbauberechtigung entgegenstehen, ist wegen der missglückten Tatbestandsstruktur nach wie vor nicht abschließend geklärt. Prekär ist namentlich die unpräzise Verknüpfung von Abwägung (überwiegende öffentliche Interessen), einem kategorischen Tatbestandsmerkmal („ausgeschlossen" statt

---

[119] So aber *Wörheide*, Die Bergbauberechtigungen nach dem Bundesberggesetz, 2014, S. 170 ff. Insbesondere kann dem gesetzeshistorisch hinterlegten Abwägungserfordernis nicht entgegengehalten werden, es begründe die Annahme tatsächlich nicht bestehender Bindungswirkungen im Betriebsplanverfahren, so aber *Wörheide*, a.a.O., S. 173. Gesetzlich bestimmte Anforderungen können nicht deshalb zurückgenommen werden, weil hiervon – methodisch nicht greifbar – eine falsche Signalwirkung ausgehen könnte. Es ist vielmehr umgekehrt zu prüfen, ob ein bestimmter Prüfungsmaßstab etwaige Bindungswirkungen begründen kann (näher dazu unten 2. Kapitel B. IV., S. 120 ff.).

[120] Näher unten 3. Kapitel A. II. 3., S. 231 ff.

[121] Vgl. hierzu *Hoppe*, DVBl 1987, S. 757 (760); *ders.*, Nationalpark-Verordnung „Niedersächsisches Wattenmeer" und bergbauliche Berechtigungen, 1987, S. 43 ff.

[122] BVerwG, Beschluss vom 15. Oktober 1998 – 4 B 94/98, NVwZ 1999, S. 876; *Kühne*, DVBl 1987, S. 1259 (1261 mit Fn. 23); *Sparwasser/Engel/Voßkuhle*, Umweltrecht, 5. Auflage 2003, § 9 Rn. 315; *Wörheide*, Die Bergbauberechtigungen nach dem Bundesberggesetz, 2014, S. 172.

[123] *Franke*, in: FS Kühne, 2009, S. 507 (525); *Kühne*, Rechtsfragen der Aufsuchung und Gewinnung von in Steinkohleflözen beisitzendem Methangas, 1994, S. 89.

[124] *Frenz*, DÖV 2016, S. 322 (324); *Kühne*, Rechtsfragen der Aufsuchung und Gewinnung von in Steinkohleflözen beisitzendem Methangas, 1994, S. 89.

etwa „entgegenstehen") sowie der räumlichen Bezugnahme auf das gesamte zuzuteilende Feld.

Absolute Verbote oder Beschränkungen des geltenden Rechts wie absolute Veränderungssperren schließen bergbauliche Vorhaben nach mittlerweile wohl einhelliger Auffassung ohne Weiteres aus.[125] Kommen Ausnahmen oder Befreiungen in Betracht, überwiegen der Aufsuchung oder Gewinnung entgegenstehende öffentliche Interessen jedenfalls dann, wenn unter Beachtung der Stellungnahme der zuständigen Behörde feststeht,[126] dass die rechtlichen Voraussetzungen für eine Befreiung nicht vorliegen.[127] Dagegen sollen öffentliche Interessen bereits dann nicht mehr überwiegen, wenn die tatbestandlichen Voraussetzungen für eine Befreiung vorliegen.[128] Dabei sei unbeachtlich, ob diese später nach pflichtgemäßem Ermessen verweigert werden kann, weil es sich bei der Entscheidung im Berechtsamsverfahren um eine gebundene[129] handele.[130] Mit Blick auf den kategorischen Wortlaut („ausschließen" statt etwa „entgegenstehen") kommt dieser Einschränkung im Ergebnis[131] eine gewisse Plausibilität

---

[125] VG Leipzig, Urteil vom 19. Januar 1995 – 5 K 23/94, ZfB 136 (1995), S. 48 (53); *Fischer-Hüftle*, NuR 1989, S. 106 (109); a.A. noch *Boldt/Weller*, BBergG, 1984, § 11 Rn. 14; *Hoppe*, DVBl 1987, S. 757 (760); *ders.*, Nationalpark-Verordnung „Niedersächsisches Wattenmeer" und bergbauliche Berechtigungen, 1987, S. 43 ff., die zwar einen Ausschluss i.S.d. § 11 Nr. 10 BBergG annehmen, dann aber – bei Vorliegen der weiteren Voraussetzungen – in eine Interessenabwägung einsteigen. Diese Sichtweise weist Parallelen zu der bei Planfeststellungen überholten (BVerwG, Urteil vom 16. März 2006 – 4 A 1075/04, BVerwGE 125, 116 Rn. 448) Vorstellung von einer materiellen Konzentrationswirkung auf.

[126] Zur Prüfungstiefe siehe sogleich.

[127] Vgl. *Sparwasser/Engel/Voßkuhle*, Umweltrecht, 5. Auflage 2003, § 9 Rn. 315; a.A. *Hoppe*, DVBl 1987, S. 757 (760); *ders.*, Nationalpark-Verordnung „Niedersächsisches Wattenmeer" und bergbauliche Berechtigungen, 1987, S. 44 f., der bereits die Existenz eines Befreiungsvorbehalts zum Ausschluss des Versagungsgrundes des § 11 Nr. 10 BBergG genügen lässt; ebenso, wenn auch zurückhaltender, *Boldt/Weller*, BBergG, 1984, § 11 Rn. 14; ablehnend hierzu *Fischer-Hüftle*, NuR 1989, S. 106 (109). Im Übrigen sieht *Hoppe* mit Blick auf § 1 Nr. 1 BBergG und § 48 Abs. 1 Satz 2 BBergG die bergbaulichen Interessen in einer derart herausgehobenen Stellung, dass bergbauliche Interessen im Grunde immer Vorrang genießen, kritisch *Fischer-Hüftle*, NuR 1989, S. 106 (111 f.); *Kühne*, DVBl 1987, S. 1259 (1261); *H. Schulte*, ZfB 130 (1989), S. 82 (84).

[128] Vgl. auch – wenngleich etwas anders gelagert – die Planung in die materielle Befreiungslage in der Bauleitplanung, dazu *Kube*, NVwZ 2005, S. 515 ff.

[129] Siehe hierzu unten 2. Kapitel B. III., S. 112 ff.

[130] VGH Mannheim, Urteil vom 9. Juni 1988 – 6 S 2972/84, ZfB 130 (1989), S. 57 (70); *Sparwasser/Engel/Voßkuhle*, Umweltrecht, 5. Auflage 2003, § 9 Rn. 315; *Wilde*, DVBl 1998, S. 1321 (1322).

[131] Dagegen verfängt der bloße Verweis auf den Charakter einer gebundenen Entscheidung nicht. Nur die gesetzgeberische Verortung der Abwägung auf Tatbestandsseite reduziert weder die materiellrechtlichen Anforderungen noch die Prüfungsdichte der einzustellenden Belange. Dass nach anderen Gesetzen eine Ermessensentscheidung notwendig wird, ist insoweit unerheblich (*Fischer-Hüftle*, NuR 1989, S. 106 (110), der allerdings darüber hinaus die „Bindungswirkungen" der Bergbauberechtigung zu weit zieht, dazu unten 2. Kapitel B.

zu.[132] Sie verhindert zudem, dass durch die Versagung einer Bergbauberechtigung unter Umständen Ermessensentscheidungen anderer Behörden in späteren Zulassungsverfahren vorweggenommen werden.[133] Gleichwohl kann diese Einschränkung nicht absolut, sondern nur abwägungsleitend verstanden werden. Denn der Gesetzgeber hat die Entscheidung über die Erteilung ausschließlich der Bergbehörde überantwortet, die nach Wortlaut (*überwiegende* Interessen) und Historie eine Abwägung vorzunehmen hat. Diese würde aber bereits im Ansatz unterbunden, wenn nur zu prüfen wäre, ob absolute Hindernisse – sei es in Form eines absoluten Verbots oder von bereits tatbestandlich abzulehnenden Befreiungsmöglichkeiten – bestehen,[134] weil es sich dann um eine Konditionalentscheidung in Reinform handelte. Grundsätzlich denkbar ist etwa, dass separat nicht durchdringende öffentliche Interessen in ihrer Gesamtheit überwiegen können.[135]

Hiervon abzuschichten[136] ist die Frage, unter welchen Voraussetzungen eine Aufsuchung bzw. Gewinnung *im gesamten zuzuteilenden* Feld ausgeschlossen ist. Nach dem Wortlaut müssen die überwiegenden öffentlichen Interessen nicht zwangsläufig im gesamten Feld auftreten. Es genügt vielmehr, dass sie sich auf das gesamte Feld auswirken.[137] Das kann zum Beispiel der Fall sein, wenn sich der Ausschlussgrund auf die weit überwiegende Fläche bezieht und der An-

---

IV. 1., S. 121 ff.). Ausführlich zu Entscheidungsfreiräumen und der Abgrenzung von Tatbestand und Ermessen siehe unten 2. Kapitel B. III., S. 112 ff.

[132] Dagegen *Fischer-Hüftle*, NuR 1989, S. 106 (109), der „ausschließen" als Ergebnis eines Abwägungsvorgangs ansieht; *Rasel*, Umweltrechtliche Implikationen im Bundesberggesetz, 1995, S. 65 f., der „ausschließen" nur auf das gesamte zuzuteilende Feld bezieht.

[133] So implizit die Nachweise soeben in Fn. 130, wobei ein unreflektierter Verweis auf die Dogmatik paralleler Genehmigungen nicht verfängt, weil das Berechtsamsverfahren eben kein Genehmigungs- oder Zulassungsverfahren ist, sondern diesen vielmehr grundsätzlich vorgelagert ist. Ähnliche Probleme stellen sich zudem bei Beurteilungsspielräumen. Diese kompetenzrechtliche Überlegung trägt allerdings dann nicht, wenn auch für die spätere Entscheidung die Bergbehörde zuständig ist.

[134] I.E. auch *Beckmann*, in: Roßnagel/Hentschel, Umweltverträgliche Nutzung des Untergrunds und Ressourcenschonung, Umweltbundesamt, Texte 107/2015, S. 64 (66); *Frenz*, DÖV 2016, S. 322 (327); *Rasel*, Umweltrechtliche Implikationen im Bundesberggesetz, 1995, S. 65 f.

[135] VG Leipzig, Urteil vom 19. Januar 1995 – 5 K 23/94, ZfB 136 (1995), S. 48 (53, 55); *Böhm*, in: FS Koch, 2014, S. 565 (579); *Vitzthum/Piens*, in: Piens/Schulte/Graf Vitzthum, BBergG, 3. Auflage 2020, § 12 Rn. 21h; zurückhaltender VGH Mannheim, Urteil vom 9. Juni 1988 – 6 S 2972/84, ZfB 130 (1989), S. 57 (81).

[136] Beide Fragen miteinander verquickend hingegen *Franke*, in: FS Kühne, 2009, S. 507 (524 f. insb. bei Fn. 69).

[137] *Fischer-Hüftle*, NuR 1989, S. 106 (108); vgl. *Vitzthum/Piens*, in: Piens/Schulte/Graf Vitzthum, BBergG, 3. Auflage 2020, § 12 Rn. 21i. Eine völlige Lösung von der Voraussetzung „im gesamten zuzuteilenden Feld" favorisiert wohl *Beckmann*, in: Roßnagel/Hentschel, Umweltverträgliche Nutzung des Untergrunds und Ressourcenschonung, Umweltbundesamt, Texte 107/2015, S. 64 (66) unter Verweis auf die Möglichkeit einer Teilversagung.

tragsteller mit dem verbleibenden Restfeld nichts anfangen kann.[138] Auch dann schließen überwiegende öffentliche Interessen die Aufsuchung bzw. Gewinnung im gesamten Feld aus. Die gegenteilige Auffassung[139] basiert auf einem zu engen, weder nach dem Wortlaut noch der Entstehungsgeschichte[140] zwingenden Verständnis, das den Versagungsgrund nahezu ohne Anwendungsbereich lassen würde. Denn dann könnte der Antragsteller durch eine geringe Ausdehnung des beantragten Feldes den Versagungstatbestand umgehen.[141] Ihr ist allerdings insoweit zuzustimmen, als es sich bei § 11 Nr. 10 BBergG um einen grundsätzlich *flächen*bezogenen Versagungsgrund handelt. Er kann nicht rein qualitativ in dem Sinne verstanden werden, dass nur punktuelle raumbezogene öffentliche Interessen bei einem überragenden Gewicht die Erteilung einer Erlaubnis oder Bewilligung ausschließen können.[142] Maßgeblich ist ausschließlich, ob die Bergbauberechtigung später überhaupt – wenn auch nicht im gesamten Feld – ausgeübt werden kann.

Zu mehr Klarheit und Flexibilität könnte der Vorschlag der Bezirksregierung Arnsberg führen, die Worte „im gesamten zuzuteilenden Feld" zu streichen sowie abweichend von § 16 Abs. 2 BBergG Aufsuchungsfelder bei Nutzungskonflikten abweichend vom Antrag festzusetzen.[143] Aber auch dann bliebe wohl streitig, inwieweit § 11 Nr. 10 BBergG eine Abwägungsvorschrift darstellt und wie sich dies zu der Möglichkeit punktueller Bereichsausnahmen vom Berechtigungsfeld verhält. Eine umfängliche gesetzgeberische Revision könnte auch solchen Unklarheiten Abhilfe verschaffen.[144]

---

[138] VGH Mannheim, Urteil vom 9. Juni 1988 – 6 S 2972/84, ZfB 130 (1989), S. 57 (68 f.).

[139] *Boldt/Weller*, BBergG, 1984, § 11 Rn. 14; die vorgenannte Entscheidung des VGH Mannheim ausdrücklich ablehnend *Franke*, in: FS Kühne, 2009, S. 507 (525); *ders.*, in: Boldt/Weller/Kühne/von Mäßenhausen, BBergG, 2. Auflage 2016, § 11 Rn. 12; zurückhaltender OVG Bautzen, Urteil vom 10. Juni 1998 – 1 S 349/96, ZfB 139 (1998), S. 205 (210 f.).

[140] Wenn sich die öffentlichen Interessen nach der Entwurfsbegründung auf das gesamte Feld *erstrecken* müssen, BT-Drs. 8/1315, S. 87, verlangt auch dies kein Auftreten der öffentlichen Interessen *im* gesamten Feld.

[141] VGH Mannheim, Urteil vom 9. Juni 1988 – 6 S 2972/84, ZfB 130 (1989), S. 57 (68 f.); *Frenz*, Bergrecht und Nachhaltige Entwicklung, 2001, S. 35; *Kolonko*, ZUR 1995, S. 126 (128).

[142] Strukturell abweichend *Erbguth*, VerwArch 87 (1996), S. 258 (278); *Frenz*, Bergrecht und Nachhaltige Entwicklung, 2001, S. 34 f.

[143] *Bezirksregierung Arnsberg*, Vorschläge zur Änderung des Bergrechts 2011, S. 6, https://www.bezreg-arnsberg.nrw.de/themen/e/erdgasaufsuchung_gewinnung/vorschlag_bergrecht.pdf, zuletzt abgerufen am 22. Januar 2020 (nicht mehr online abrufbar); zustimmend *Ludwig*, VerwArch 108 (2017), S. 559 (578).

[144] Dies kann allerdings umfassende Implikationen für den Stellenwert der Bergbauberechtigung als solche haben, wie im Folgenden zu zeigen ist.

c) Unmöglichkeit einer umfassenden Abwägung wegen funktionaler Trennung zwischen Berechtsams- und Betriebsplanebene

Ungeachtet der Diskussionen um die richtige Auslegung des Tatbestandes ist bei der Erteilung einer Erlaubnis oder Bewilligung – was zuweilen ausgeblendet wird[145] – allerdings ohnehin regelmäßig keine abschließende Interessenabwägung möglich.[146] Ursache hierfür ist die funktionale Trennung zwischen Berechtsams- und Zulassungsebene.[147] Während die bergrechtliche Vorhabenzulassung auf der Betriebsplanebene erfolgt, dient das Berechtsamsverfahren der Konzessionierung, die *Rechte* an vom Grundeigentum entkoppelten bergfreien Bodenschätzen vermittelt, indes nicht selbst Teil eines gestuften *Zulassungs*verfahrens ist.[148] Dabei ist noch keine detaillierte Vorhabenplanung, sondern lediglich ein Arbeitsprogramm vorzulegen, das häufig keine abschließende Bewertung der Kollisionslagen ermöglichen wird. Ganz in diesem Sinne erfordert der Gesetzgeber kein Einvernehmen etwa mit später in außerbergrechtlichen Verfahren zuständigen Fachbehörden.[149] Schließlich gewährleistet das Berechtsamsverfahren strukturell keine hinreichende Sachverhaltsermittlung für eine abschließende Abwägung, da spezielle verfahrensrechtliche Vorschriften zur Wahrung bestimmter Interessen erst auf Zulassungsebene anwendbar sind. Verwiesen sei hier nur auf die Vorschriften zur Umweltverträglichkeitsprüfung,[150] FFH-Verträglichkeitsprüfung oder auch zur Beteiligung der Oberflächeneigentümer.[151]

Damit kommt es nicht entscheidend auf die Frage an, ob entgegenstehende öffentliche Interessen im Berechtsamsverfahren kursorisch,[152] überschlä-

---

[145] Etwa *Rasel*, Umweltrechtliche Implikationen im Bundesberggesetz, 1995, S. 65 f.

[146] Anders *Beckmann*, in: Roßnagel/Hentschel, Umweltverträgliche Nutzung des Untergrunds und Ressourcenschonung, Umweltbundesamt, Texte 107/2015, S. 64 (66): „grundsätzlich umfassende Interessenabwägung".

[147] Ausführlich hierzu *Kühne*, Rechtsfragen der Aufsuchung und Gewinnung von in Steinkohleflözen beisitzendem Methangas, 1994, S. 87 ff.; *Niermann*, Betriebsplan und Planfeststellung im Bergrecht, 1992, S. 15 ff.; *Schmidt-Aßmann/Schoch*, Bergwerkseigentum und Grundeigentum im Betriebsplanverfahren, 1994, S. 78 ff.; *Wörheide*, Die Bergbauberechtigungen nach dem Bundesberggesetz, 2014, S. 172 f.; ferner *Karrenstein*, ZfB 153 (2012), S. 227 (233 f.); *H. Schulte*, ZfB 130 (1989), S. 82 (83).

[148] Siehe die Nachweise oben in Fn. 58, S. 95.

[149] Vgl. *Frenz*, DÖV 2016, S. 322 (323).

[150] Umgekehrt schließt es die Struktur des Berechtsamsverfahrens aus, bereits auf dieser Ebene eine Umweltverträglichkeitsprüfung als europarechtlich zwingend anzusehen, näher *von Weschpfennig*, EurUP 2016, S. 182 (183).

[151] Vgl. *Caspar*, Gutachten, 2008, Landtag SH, Umdruck 16/3396, S. 24 f., der allerdings nachfolgend europarechtliche Kritik übt; *Frenz*, DÖV 2016, S. 322 (325 f.); *Schmidt-Aßmann/Schoch*, Bergwerkseigentum und Grundeigentum im Betriebsplanverfahren, 1994, S. 80.

[152] *Wörheide*, Die Bergbauberechtigungen nach dem Bundesberggesetz, 2014, S. 172 f.: kursorische Prüfung, keine detaillierte Auseinandersetzung, keine einzelfallbezogene Abwägung zwischen dem bergbaulich-volkswirtschaftlichen Interesse an dem konkreten Vorhaben und dem jeweiligen entgegenstehenden öffentlichen Interesse.

gig[153] oder im Rahmen einer Detailprüfung[154] zu würdigen sind, sondern vielmehr auf die verfügbare Tatsachengrundlage. *Nur* solche Bergbauberechtigungen sind zu versagen, deren Ausübung bereits auf dieser Basis ausgeschlossen ist. Vorliegende Erkenntnisse sind *umfassend* zu berücksichtigen[155] und zu gewichten. Selbst eine nur überschlägige Prüfung kann nach alledem ausgeschlossen sein, wenn die notwendigen Grundlagen hierzu fehlen.[156] Aufforderungen, den Antrag zu präzisieren,[157] laufen hingegen Gefahr, den gesetzlich determinierten Prüfungsumfang im Berechtsamsverfahren zu unterminieren, und sind demnach zurückhaltend zu handhaben.[158]

Verbleiben Unsicherheiten, die erst auf Betriebsplanebene zu klären sind, können solche öffentlichen Interessen Bergbaubelange auf Berechtsamsebene regelmäßig nicht überwiegen, weil Aufsuchung und Gewinnung insoweit gerade noch nicht (abschließend) ausgeschlossen sind.[159] Anders verhält es sich, wenn *feststeht*, dass etwaige Risiken auch im Betriebsplanverfahren nicht eingehender erfasst werden können, diese aber gleichwohl das bergbauliche Vorhaben nach Maßgabe der Abwägung ausschließen. Technische und juristische Kontroversen über Risikotechnologien genügen hierfür ohne Ansehung des konkreten Vorhabens in der Regel nicht. Sie bedürfen einer eingehenden Prüfung in einem adäquaten Verfahren, welches die Berechtsamsebene nicht bereitstellt. Nach dieser Maßgabe durften in der Vergangenheit Bergbauberechtigungen für Fracking-Vorhaben nicht verweigert werden.[160]

---

[153] *Ludwig*, Auswirkungen der FFH-RL auf Vorhaben zum Abbau von Bodenschätzen nach dem BBergG, 2005, S. 81.

[154] *Böhm*, in: FS Koch, 2014, S. 565 (575).

[155] Vgl. auch *M.-J. Seibert*, Die Bindungswirkung von Verwaltungsakten, 1989, S. 458 m.w.N. zur Rechtsfigur des vorläufigen positiven Gesamturteils.

[156] Vgl. *Caspar*, Gutachten, 2008, Landtag SH, Umdruck 16/3396, S. 24 f.

[157] VG Leipzig, Urteil vom 19. Januar 1995 – 5 K 23/94, ZfB 136 (1995),S. 48 (55).

[158] Großzügiger *Beckmann*, in: Roßnagel/Hentschel, Umweltverträgliche Nutzung des Untergrunds und Ressourcenschonung, Umweltbundesamt, Texte 107/2015, S. 64 (66 f.).

[159] Anders *Böhm*, in: FS Koch, 2014, S. 565 (580, 583), die konkrete Anhaltspunkte dafür genügen lässt, dass Ausnahmegenehmigungen oder Befreiungen nicht in Betracht kommen. Missverständlich *Sparwasser/Engel/Voßkuhle*, Umweltrecht, 5. Auflage 2003, § 9 Rn. 316 (Versagung, wenn sich ein punktuelles Interesse auf das gesamte Feld auswirken *kann*), deutlich dagegen Rn. 315. Der VGH Mannheim, Urteil vom 9. Juni 1988 – 6 S 2972/84, ZfB 130 (1989), S. 57 (70) geht demgegenüber wohl davon aus, dass die tatbestandlichen Voraussetzungen von Befreiungsmöglichkeiten immer geprüft werden können.

[160] *Karrenstein*, ZfB 153 (2012), S. 227 (234); a.A. wohl *Böhm*, in: FS Koch, 2014, S. 565 (579 ff.). Zu den rechtlichen und technischen Kontroversen *von Weschpfennig*, in: Landmann/Rohmer, Umweltrecht, § 13a WHG Rn. 7, 13 (Stand: Juli 2018) m.w.N.

3. Bilanz

Kollidierende Interessen sowohl bergbauinterner als auch bergbauexterner Art sind nach § 11 Nr. 8 bis 10 BBergG (i.V.m. § 12 Abs. 1 Satz 1 BBergG) bereits im Berechtsamsverfahren zu würdigen. Rechte, deren Ausübung und Nutzung von vornherein ausgeschlossen sind, können infolgedessen erst gar nicht entstehen. Das Gewicht entgegenstehender Interessen unterliegt allerdings zwei gewichtigen Einschränkungen, welche die Ordnungs- und Ausgleichsfunktion der Bergbauberechtigung relativieren.

Zunächst stehen der Bergbehörde keine Befugnisse zu, die eine vorausschauende sowie über die räumliche Umgebung und den Einwirkungsbereich reichende Raumordnung oder Rohstoffbewirtschaftungsplanung ermöglichen würden. Potenziell kollidierende bergbauliche Vorhaben bedürfen zudem einer gewissen Konkretisierung, um berücksichtigungsfähig zu sein. Planerische Befugnisse werden auch nicht in Verbindung mit umweltrechtlichen Überlegungen im Rahmen der Nr. 10 vermittelt, wenn etwa andere Aufsuchungs- oder Gewinnungsvorhaben mit weniger Umweltbeeinträchtigungen verbunden wären. Nicht von vornherein ausgeschlossen sind allerdings Beurteilungsermächtigungen, worauf sogleich näher einzugehen ist.

Weiterhin wird der Interessenausgleich durch die vorzulegenden und verfügbaren Informationen beschränkt. Dem Berechtsamsverfahren liegt keine umfangreiche Fachplanung, sondern im Kern lediglich ein Arbeitsprogramm zugrunde, das keine umfassende Abwägung außerbergrechtlicher Belange mit dem Vorhaben oder eine abschließende Entscheidung über die Lösbarkeit von bergbauinternen Konflikten ermöglicht. Das alles bleibt vielmehr den Betriebsplanverfahren und außerbergrechtlichen Zulassungsverfahren vorbehalten.

III. Beurteilungsspielraum und Entscheidungsermessen?

Nach mittlerweile wohl einhelliger Auffassung ist die Entscheidung über die Erteilung einer Bergbauberechtigung entsprechend der gesetzgeberischen Vorstellung[161] als gebundene ausgestaltet,[162] auch wenn der Wortlaut insoweit nicht zwingend ist.[163] Insbesondere handelt es sich bei der Konzessionierung nicht um eine Planung, die ein Planungsermessen eröffnet. Zwar trifft die Bergbehörde Entscheidungen über die Zuteilung von Raum in Form von Berechtigungsfel-

---

[161] So jedenfalls die Entwurfsbegründung BT-Drs. 8/1315, S. 86 f.

[162] OVG Bautzen, Urteil vom 10. Juni 1998 – 1 S 349/96, ZfB 139 (1998), S. 205 (210); *Franke*, in: Boldt/Weller/Kühne/von Mäßenhausen, BBergG, 2. Auflage 2016, § 11 Rn. 2; *Kremer/Neuhaus gen. Wever*, Bergrecht, 2001, Rn. 113; *Vitzthum/Piens*, in: Piens/Schulte/Graf Vitzthum, BBergG, 3. Auflage 2020, § 11 Rn. 2; a.A. noch *Lorenz*, NVwZ 1989, S. 812 (816).

[163] „... ist zu versagen, wenn" statt „ist *nur* zu versagen, wenn", dazu *H. Schulte*, NJW 1981, S. 88 (91).

dern. Das Berechtsamsverfahren ist aber nicht in eine strukturierte Raumplanung eingebunden, sondern dieser vielmehr nachgeordnet.[164] Die Nummern 8 bis 10 des § 11 BBergG erfassen ganz in diesem Sinne lediglich die Einbindung des bergbaulichen Vorhabens in die nähere Umgebung.[165] Auch mag das vorzulegende Arbeitsprogramm zwar fachplanerische Elemente enthalten, es ist aber nicht selbst Fachplanung. Diese findet erst auf Betriebsplanebene statt.[166]

Damit sind aber noch keine der gerichtlichen Überprüfung entzogenen *Letzt*entscheidungsfreiräume der Bergbehörde auf Tatbestandsseite ausgeschlossen (1. und 2.), die zu einer deutlichen Relativierung des Charakters einer gebundenen Entscheidung führen können.[167] Denn immerhin weisen die hier näher betrachteten Tatbestände der Nr. 8 bis 10 des § 11 BBergG finale und damit konkretisierungsbedürftige Regelungselemente auf. Der Schutz bergbauinterner und -externer Belange wird jeweils als Ziel formuliert, während die der Zielerreichung dienenden Maßstäbe nur unvollständig vorgegeben werden. In diesem *insoweit* nicht determinierten Bereich muss die Verwaltung kollidierende Interessen und Ziele abwägen[168] und genießt in diesem Rahmen administrative Konkretisierungsbefugnisse, die möglicherweise einer nur eingeschränkten gerichtlichen Kontrolle unterliegen (3.).[169]

1. Tatbestandliche Abwägung als atypisches verwaltungsrechtliches Sondergebilde?

Mit dem Verständnis der Zulassungsentscheidung als gebundene scheint es zunächst nur schwer vereinbar zu sein, auf Tatbestandsseite gestalterische und abwägende Elemente mit Konkretisierungsbefugnissen für den Rechtsanwender zu integrieren. Nach *Hans Schulte* schiebe sich mit § 11 Nr. 10 BBergG – wie überall, wo sich planerische Abwägung von Belangen breit mache – zwischen die Alternativen Rechtsanspruch und ermessensmäßige Erteilung eine dritte,

---

[164] Vgl. BT-Drs. 8/1315, S. 67 zur vorsorgenden Raumordnung und Landesplanung; vgl. auch *Wörheide*, Die Bergbauberechtigungen nach dem Bundesberggesetz, 2014, S. 151, 162 f.

[165] *Wörheide*, Die Bergbauberechtigungen nach dem Bundesberggesetz, 2014, S. 142.

[166] Vgl. auch *Stüer*, Handbuch des Bau- und Fachplanungsrechts, 5. Auflage 2015, Rn. 4422 ff.

[167] Allgemein etwa *Pache*, Tatbestandliche Abwägung und Beurteilungsspielraum, 2001, S. 478 f.; zur Diskussion etwa bei der immissionsschutzrechtlichen Genehmigung *Dietlein*, in: Landmann/Rohmer, Umweltrecht, § 6 BImSchG Rn. 1 f. (Stand: August 2014); *Jarass*, BImSchG, 13. Auflage 2020, § 6 Rn. 45 f.

[168] Ausführlich *Pache*, Tatbestandliche Abwägung und Beurteilungsspielraum, 2001, S. 479 ff.; siehe auch *Pfefferl*, Die Dichotomie konditionaler und finaler Normen, 2014, S. 104 ff.

[169] Zur notwendigen Differenzierung zwischen administrativen Entscheidungsfreiräumen bzw. Konkretisierungsbefugnissen und der Frage, ob diese der Verwaltung *abschließend* zustehen, siehe *Jestaedt*, in: Ehlers/Pünder, Allgemeines Verwaltungsrecht, 15. Auflage 2016, § 11 Rn. 21; *Neupert*, Rechtmäßigkeit und Zweckmäßigkeit, 2011, S. 135 ff.

rechtsdogmatisch wenig fassbare Option.[170] Ähnliches ließe sich – wenngleich bergbauintern – auch mit Bezug auf die Nr. 8 und 9 des § 11 BBergG beklagen.

Das Unbehagen fußt auf der überkommenen deutschen Auffassung, administrative Verhaltensalternativen würden grundsätzlich nur auf der Rechtsfolgenseite eröffnet,[171] während die Anwendung unbestimmter Rechtsbegriffe auf Tatbestandsseite nach einer Konkretisierung zu der – zumindest nach der „regulativen Idee" – „einen richtigen Entscheidung" führe.[172] Ermessensentscheidungen werden hieran anknüpfend nur auf Ermessensfehler überprüft.[173] Ein gerichtlich nur eingeschränkt überprüfbarer behördlicher Beurteilungsspielraum auf Tatbestandsseite sei hingegen grundsätzlich nicht anzuerkennen[174] und nur ausnahmsweise möglich.[175]

Ganz in diesem Sinne lehnt die Rechtsprechung zumindest bei § 11 Nr. 10 BBergG einen Beurteilungsspielraum ab, weil es sich bei der Abwägung um keine planerische Entscheidung handele. Sie sei nicht Bestandteil einer Planung, sondern einer gebundenen Entscheidung und damit vergleichbar mit § 35 Abs. 1, 2 BauGB.[176] Diese fast schon reflexhafte Begründung fängt im Ergebnis das Unbehagen gegenüber einer dritten Option zwischen gebundener und Ermessensentscheidung auf, stößt in der Literatur aber keineswegs nur auf Zuspruch.[177] In der Tat sind Zweifel *prima facie* schon deshalb angezeigt, weil der Gesetzgeber den Bergbehörden im Rahmen des Berechtsamswesens durchaus materielle Gestaltungsmöglichkeiten einräumen wollte.[178]

---

[170] *H. Schulte*, NJW 1981, S. 88 (91); siehe auch *ders.*, ZfB 119 (1978), S. 414 (420 f.); *ders.*, JZ 1984, S. 297 (300).

[171] Hierzu *Schoch*, JURA 2004, S. 462; *ders.*, JURA 2004, 612 (613).

[172] *Schoch*, JURA 2004, 612 (614); kritisch *Gerhardt*, in: Schoch/Schneider/Bier, VwGO, Vorbemerkung § 113 Rn. 24 (Grundwerk); *Jestaedt*, in: Ehlers/Pünder, Allgemeines Verwaltungsrecht, 15. Auflage 2016, § 11 Rn. 9; *Riese*, in: Schoch/Schneider, VwGO, Vorbemerkung § 113 Rn. 27 (Stand: Juni 2017); ferner die umfangreichen Nachweise bei *Pfefferl*, Die Dichotomie konditionaler und finaler Normen, 2014, S. 131 f. mit Fn. 404; vgl. einschränkend *H. A. Wolff*, in: Sodan/Ziekow, VwGO, 5. Auflage 2018, § 114 Rn. 299.

[173] *Schoch*, JURA 2004, S. 462 (469)

[174] *Schoch*, JURA 2004, 612 (616 f.).

[175] BVerwG, Urteil vom 21. Dezember 1995 – 3 C 24/94, BVerwGE 100, 221 (225); ähnlich Urteil vom 16. Mai 2007 – 3 C 8/06, BVerwGE 129, 27 Rn. 35.

[176] VGH Mannheim, Urteil vom 9. Juni 1988 – 6 S 2972/84, ZfB 130 (1989), S. 57 (66 f.); dem folgend OVG Magdeburg, Urteil vom 4. November 1999 – A 1/4 S 170/97, ZfB 152 (2011), S. 237 (239); allgemein kritisch *Pache*, Tatbestandliche Abwägung und Beurteilungsspielraum, 2001, S. 486 ff.

[177] Grundlegend *Wörheide*, Die Bergbauberechtigungen nach dem Bundesberggesetz, 2014, S. 143 ff., 157 f., 164, 170 ff., 244 ff. Vgl. auch *Vitzthum/Piens*, in: Piens/Schulte/Graf Vitzthum, BBergG, 3. Auflage 2020, § 11 Rn. 3 ff., die allerdings speziell zu Nr. 10 einen Beurteilungsspielraum im Anschluss an die Rechtsprechung ablehnen, Rn. 21j.

[178] So jedenfalls die Entwurfsbegründung BT-Drs. 8/1315, S. 84 f.

2. Zulässigkeit und Voraussetzungen tatbestandlicher Entscheidungsfreiräume

Die Ablehnung eines Beurteilungsspielraums ist jedenfalls keinen impliziten verwaltungsdogmatischen Zwängen geschuldet. Die Annahme einer Dichotomie von unbestimmtem Rechtsbegriff und Ermessen[179] sowie die darauf fußende unterschiedliche dogmatische Behandlung – insbesondere bezüglich der Einräumung einer *Letzt*entscheidungsbefugnis der Verwaltung[180] – verschleiert, dass die hiernach zu treffenden Differenzierungen mehr graduell als kategorial sind.[181] Gesetzgebungsstrukturell bestehen weitreichende Freiheiten. Der Gesetzgeber kann im Einzelfall durchaus wechselseitig substituierbar entscheiden, ob er administrative Letztentscheidungsfreiräume, die damit der gerichtlichen Kontrolle entzogen sind, auf Tatbestands- oder Rechtsfolgenseite installiert.[182]

Art. 19 Abs. 4 GG zwingt nicht zu einer restriktiveren Annahme von Letztentscheidungsfreiräumen auf Tatbestandsseite. Grundsätzlich obliegt hiernach den Gerichten die vollständige Überprüfung von Akten der öffentlichen Gewalt in rechtlicher und tatsächlicher Hinsicht, ohne an die von der Exekutive getroffenen Feststellungen und Wertungen gebunden zu sein.[183] Ungeachtet der Frage, ob und inwieweit dem Gesetzgeber hieraus Grenzen bei der Gewährung von administrativen Letztentscheidungsfreiräumen erwachsen,[184] kann die Ge-

---

[179] Zur dogmatischen Entstehungsgeschichte *Pache*, Tatbestandliche Abwägung und Beurteilungsspielraum, 2001, S. 52 ff.

[180] Ausdrücklich etwa *Schoch*, JURA 2004, S. 462 mit Fn. 5; vgl. auch die zusammenfassende Darstellung bei *Jestaedt*, in: Ehlers/Pünder, Allgemeines Verwaltungsrecht, 15. Auflage 2016, § 11 Rn. 10 f.

[181] Grundlegend zur Kritik etwa *Gerhardt*, in: Schoch/Schneider/Bier, VwGO, Vorbemerkung § 113 Rn. 24 (Grundwerk); *Herdegen*, JZ 1991, 747 (748 ff.); *Jestaedt*, in: Ehlers/Pünder, Allgemeines Verwaltungsrecht, 15. Auflage 2016, § 11 Rn. 12 ff.; *Riese*, in: Schoch/Schneider, VwGO, Vorbemerkung § 113 Rn. 27 (Stand: Juni 2017); *Rupp*, Grundfragen der heutigen Verwaltungsrechtslehre, 2. Auflage 1991, S. VII und 177 ff.; vgl. auch *Koch/Rüßmann*, Juristische Begründungslehre, 1982, S. 85 ff.; *Ludwigs*, JZ 2009, S. 290 (292 ff.); *Pfefferl*, Die Dichotomie konditionaler und finaler Normen, 2014, S. 81 ff., zusammenfassend S. 148 ff., 151 f.; *Schmidt*, Gesetzesvollziehung durch Rechtsetzung, 1969, S. 153 ff.; ferner *Durner*, Konflikte räumlicher Planungen, 2005, S. 318 f. Auch *H. A. Wolff*, in: Sodan/Ziekow, VwGO, 5. Auflage 2018, § 114 Rn. 299 erkennt strukturelle Verwandtschaften an, hält aber gleichwohl an der Differenzierung fest. Umgekehrt fordert auch *Jestaedt*, a.a.O., Rn. 43 keine Aufgabe der überkommenen Begrifflichkeiten.

[182] *Jestaedt*, in: Ehlers/Pünder, Allgemeines Verwaltungsrecht, 15. Auflage 2016, § 11 Rn. 15; *Riese*, in: Schoch/Schneider, VwGO, Vorbemerkung § 113 Rn. 27 (Stand: Juni 2017); *Starck*, in: FS Sendler, 1991, S. 167 (168 f.); zweifelnd *Koch*, Unbestimmte Rechtsbegriffe und Ermessensermächtigungen im Verwaltungsrecht, 1979, S. 177 ff.

[183] BVerfG, Urteil vom 20. Februar 2001 – 2 BvR 1444/00, BVerfGE 103, 142 (156); Beschluss vom 31. Mai 2011 – 1 BvR 857/07, BVerfGE 129, 1 (20).

[184] Bejahend etwa BVerwG, Urteil vom 21. Dezember 1995 – 3 C 24/94, BVerwGE 100, 221 (225); Urteil vom 16. Mai 2007 – 3 C 8/06, BVerwGE 129, 27 Rn. 35; BVerfG, Beschluss

währleistung effektiven Rechtsschutzes jedenfalls keine unterschiedlichen Anforderungen an Beurteilungsspielräume und Ermessensvorschriften stellen.[185] Im Kern identisch sind schließlich die übrigen verfassungsrechtlichen Anforderungen:[186] Neben einer in der Regel erforderlichen gesetzlichen Ermächtigung zur administrativen Letztentscheidung (sog. normative Ermächtigungslehre)[187] müssen insbesondere grundrechtliche Gewährleistungen sowie der Bestimmtheitsgrundsatz gewahrt sein. Dabei sind unbestimmte Rechtsbegriffe im Ansatz unproblematisch, zumal jede abstrakt-generelle Norm mehr oder weniger unbestimmt ist und der Konkretisierung durch den Rechtsanwender bedarf.[188]

Ob Letztentscheidungsbefugnisse punktuell[189] gewährt werden oder eine gerichtliche Vollkontrolle der Konkretisierung erfolgt, ist durch Auslegung zu ermitteln.[190] Maßgeblich ist folglich nicht, dass eine Voraussetzung auf Tatbestandsseite einer konditionalprogrammierten Norm ohne (Planungs)ermessen

---

vom 31. Mai 2011 – 1 BvR 857/07, BVerfGE 129, 1 (23); ähnlich BVerfG, Beschluss vom 28. Juni 1983 – 2 BvR 539, 612/80, BVerfGE 64, 261 (279); *Schulze-Fielitz*, in: Dreier, GG, Bd. 1, 3. Auflage 2013, Art. 19 IV Rn. 127 f.; ablehnend *Pache*, Tatbestandliche Abwägung und Beurteilungsspielraum, 2001, S. 461 f., 491 ff.; *Herdegen*, JZ 1991, 747 (751); *Jestaedt*, in: Ehlers/Pünder, Allgemeines Verwaltungsrecht, 15. Auflage 2016, § 11 Rn. 38 ff. Vgl. zur grundsätzlichen Abhängigkeit der Rechtsschutzgarantie von materiell begründeten Rechten BVerfG, Urteil vom 20. Februar 2001 – 2 BvR 1444/00, BVerfGE 103, 142 (156 f.); Beschluss vom 31. Mai 2011 – 1 BvR 857/07, BVerfGE 129, 1 (20 ff., einschränkend wieder S. 23); dazu *Schmidt-Aßmann*, in: Maunz/Dürig, GG, Art. 19 Abs. 4 Rn. 184b (Stand: August 2020).

[185] Vgl. *Huber*, in: von Mangoldt/Klein/Starck, GG, Bd. 1, 7. Auflage 2018, Art. 19 Rn. 515 f.; *Schulze-Fielitz*, in: Dreier, GG, Bd. 1, 3. Auflage 2013, Art. 19 IV Rn. 120, 125, 128; i.E. auch BVerfG, Beschluss vom 31. Mai 2011 – 1 BvR 857/07, BVerfGE 129, 1 (20 ff.); strukturell anders noch Beschluss vom 17. April 1991 – 1 BvR 419/81 und 213/83, BVerfGE 84, 34 (49 f.).

[186] BVerfG, Beschluss vom 31. Mai 2011 – 1 BvR 857/07, BVerfGE 129, 1 (21 ff.); *Herdegen*, JZ 1991, 747 (751); *Jestaedt*, in: Ehlers/Pünder, Allgemeines Verwaltungsrecht, 15. Auflage 2016 Rn. 22, 34 ff.; differenzierend *Koch*, Unbestimmte Rechtsbegriffe und Ermessensermächtigungen im Verwaltungsrecht, 1979, S. 180 f.

[187] Offengelassen für den Fall der Funktionsgrenzen der Rechtsprechung BVerfG, Beschluss vom 31. Mai 2011 – 1 BvR 857/07, BVerfGE 129, 1 (23). Dabei stellt sich die Frage, ob eine normative Ermächtigung nicht auch durch Auslegung ermittelt werden kann. Einer gesetzlichen Ermächtigung bedarf es nicht in Fällen objektiver Erkenntnisgrenzen als „faktische Grenze verwaltungsgerichtlicher Kontrolle", BVerfG, Beschluss vom 23. Oktober 2018 – 1 BvR 2523/13 und 1 BvR 595/14, NVwZ 2019, S. 52 Rn. 18 ff.

[188] *Schoch*, JURA 2004, 612 (614).

[189] Näher zum Umfang der eingeschränkten gerichtlichen Kontrolle BVerfG, Beschluss vom 17. April 1991 – 1 BvR 419/81 und 213/83, BVerfGE 84, 34 (53 f.); Beschluss vom 23. Oktober 2018 – 1 BvR 2523/13 und 1 BvR 595/14, NVwZ 2019, S. 52 Rn. 30; *Jestaedt*, in: Ehlers/ Pünder, Allgemeines Verwaltungsrecht, 15. Auflage 2016, § 11 Rn. 54, 38 mit Fn. 154.

[190] BVerfG, Beschluss vom 31. Mai 2011 – 1 BvR 857/07, BVerfGE 129, 1 (22); BVerwG, Urteil vom 14. Oktober 2015 – 6 C 17/14, BVerwGE 153, 129 Rn. 35. Die Auslegung selbst unterfällt nach herrschender Auffassung im Gegensatz zur Subsumtion nicht dem Beurteilungsspielraum, *Herdegen*, JZ 1991, 747 (749); *Jestaedt*, in: Ehlers/Pünder, Allgemeines Verwaltungsrecht, 15. Auflage 2016, § 11 Rn. 21; *Pache*, Tatbestandliche Abwägung und Beurtei-

verortet wird, sondern ob und inwieweit der Gesetzgeber administrative Entscheidungsfreiräume gewährt *und* diese verfassungsrechtlich zulässig der Verwaltung zur *Letzt*konkretisierung überlässt, insoweit also den gesetzlichen Steuerungsanspruch zurücknimmt. Dabei können die anerkannten Fallgruppen[191] ein starkes Indiz sein, sind jedoch weder notwendiger noch hinreichender Hinweis auf eine zurückgenommene Kontrolldichte.[192] *Letzt*entscheidungsbefugnisse bestehen verallgemeinernd – und insoweit ebenfalls nur bedingt aussagekräftig – dann, wenn und soweit die Norm „in spezifischer Weise Elemente wertender Erkenntnis beinhaltet, die der Verwaltung vorbehalten sein soll".[193] Dabei können auch etwaige Funktionsgrenzen der Rechtsprechung Indizwirkung entfalten.[194] Der herrschenden Dogmatik ist insoweit beizupflichten, als auf Ermessensseite („kann") gerichtliche Freistellungen meist deutlich leichter auszumachen sind als bei unbestimmten Rechtsbegriffen auf Tatbestandsseite.

3. Konkret: Beurteilungsspielräume der Bergbehörde?

Mit den hier näher diskutierten Nummern 8 bis 10 des § 11 BBergG unterliegt die Erteilung einer Erlaubnis (oder Bewilligung) sehr offen formulierten Voraussetzungen, die nach Maßgabe der obigen Ausführungen entgegen teilweise geäußerter Bedenken[195] hinreichend bestimmbar sind. Auch nach Ermittlung des Normgehalts verbleiben jedoch weite Konkretisierungserfordernisse.

---

lungsspielraum, 2001, S. 44 f.; *Schoch*, JURA 2004, 612 (618); a.A. etwa *H. A. Wolff*, in: Sodan/Ziekow, VwGO, 5. Auflage 2018, § 114 Rn. 301 f.

[191] Vgl. etwa *Sachs*, in: Stelkens/Bonk/Sachs, VwVfG, 9. Auflage 2018, § 40 Rn. 175 ff.; *Schoch*, JURA 2004, 612 (615 ff.); *H. A. Wolff*, in: Sodan/Ziekow, VwGO, 5. Auflage 2018, § 114 Rn. 316 ff.

[192] Ähnlich *Schoch*, JURA 2004, 612 (616); vgl. BVerfG, Beschluss vom 10. Dezember 2009 – 1 BvR 3151/07, NVwZ 2010, S. 435 Rn. 57; a.A. *H. A. Wolff*, UPR 2005, S. 409 (414); *ders.*, in: Sodan/Ziekow, VwGO, 5. Auflage 2018, § 114 Rn. 316.

[193] *Ruthig*, in: Kopp/Schenke, VwGO, 27. Auflage 2021, § 114 Rn. 23; ebenso *Herdegen*, JZ 1991, 747 (750); vgl. *Pache*, Tatbestandliche Abwägung und Beurteilungsspielraum, 2001, S. 480 f., 489 ff. unter Rekurs auf offene Abwägungen; ferner BVerwG, Urteil vom 14. Oktober 2015 – 6 C 17/14, BVerwGE 153, 129 Rn. 35; Urteil vom 16. Mai 2007 – 3 C 8/06, BVerwGE 129, 27 Rn. 27. Nicht jede erforderliche Wertentscheidung impliziert allerdings einen Beurteilungsspielraum, BVerfG, Beschluss vom 17. April 1991 – 1 BvR 419/81 und 213/83, BVerfGE 84, 34 (49). Das Bundesverwaltungsgericht formuliert allerdings mitunter extrem hohe Anforderungen an die Annahme eines Beurteilungsspielraums, was einerseits der herrschenden dogmatischen Unterscheidung zum Ermessen und andererseits den jeweils zu entscheidenden Einzelfällen geschuldet sein mag, siehe etwa BVerwG, Urteil vom 28. Mai 2009 – 2 C 33/08, BVerwGE 134, 108 Rn. 11.

[194] Zurückhaltend *Jestaedt*, in: Ehlers/Pünder, Allgemeines Verwaltungsrecht, 15. Auflage 2016, § 11 Rn. 35 f., 50; vgl. BVerwG, Urteil vom 28. Mai 2009 – 2 C 33/08, BVerwGE 134, 108 Rn. 11.

[195] Etwa *Hoppe*, Nationalpark-Verordnung „Niedersächsisches Wattenmeer" und bergbauliche Berechtigungen, 1987, S. 41 f.

Die Subsumtionsleistungen der Bergbehörden sind dabei im Wesentlichen voll überprüfbar. Insbesondere implizieren die notwendigen Prognoseentscheidungen künftiger Konflikte bei der Vorhabenrealisierung keine Entscheidungsfreiräume, weil hierauf bezogene wertende Elemente der Entscheidung gerade entzogen sind. Das gilt exemplarisch im Rahmen der Nr. 8 für noch nicht konkretisierte und nur potenziell kollidierende Aufsuchungs- und Gewinnungstätigkeiten[196] und bei Nr. 9 bezüglich der Bergbehörde entzogene rohstoffpolitische Überlegungen.[197]

Gleichwohl sind punktuelle Beurteilungsspielräume anzuerkennen. Wenn Nr. 8 auf eine *sinnvolle* Aufsuchung und Gewinnung rekurriert, werden damit bereits terminologisch wertende Gesichtspunkte adressiert, die sich in gewissen Grenzen einer Richtigkeitsprüfung entziehen, weil regelmäßig mehrere rechtmäßige Konkretisierungen in Betracht kommen. Es handelt sich in Anlehnung an die übliche Terminologie um *Zweck*mäßigkeitserwägungen,[198] die im Rahmen des Ermessens von der gerichtlichen Kontrolle freigestellt sind.[199] Eine Letztentscheidungsbefugnis ist auf Tatbestandsseite mit Blick auf die nur graduellen Unterschiede zwischen Beurteilungsspielraum und Ermessen an keine anderen Anforderungen geknüpft. In der Sache soll die Bergbehörde im Interesse einer optimalen Rohstoffnutzung eingeschränkt gestalterische Befugnisse erhalten,[200] was insoweit auch vor betroffenen Grundrechten rechtfertigungsfähig ist. Der Gesetzgeber trägt so mitunter komplexen bergbautechnischen Gegebenheiten Rechnung.[201] Dies alles steht aber unter dem Vorbehalt, dass etwaige Konflikte auf Betriebsplanebene nicht aufgelöst werden können. Kann hier eine sinnvolle bergbauliche Tätigkeit gewährleistet werden, darf die Bergbehörde die Erteilung der Erlaubnis oder Bewilligung nicht versagen. Dieselben Überlegungen greifen, soweit im Rahmen der Schutzbedürftigkeit nach § 11 Nr. 9 BBergG eine Abwägung erforderlich wird,[202] nicht hingegen bei der *auch* raumordnungsrechtlich determinierten Frage, ob ein Bodenschatz *grundsätz-*

---

[196] Siehe aber oben Fn. 91, S. 101, und dazu *Wörheide*, Die Bergbauberechtigungen nach dem Bundesberggesetz, 2014, S. 156 ff. i.V.m. S. 244 f.

[197] Nur i.E. ebenso *Wörheide*, Die Bergbauberechtigungen nach dem Bundesberggesetz, 2014, S. 246.

[198] *Wörheide*, Die Bergbauberechtigungen nach dem Bundesberggesetz, 2014, S. 155.

[199] Siehe nur BVerwG, Urteil vom 13. September 2005 – 1 C 7/04, BVerwGE 124, 217 (221); *Knauff*, in: Gärditz, VwGO, 2. Auflage 2018, § 114 Rn. 17; *Schoch*, JURA 2004, S. 462 (469); zur berechtigten terminologischen Kritik *Koch/Rüßmann*, Juristische Begründungslehre, 1982, S. 242 f.; eingehend *Neupert*, Rechtmäßigkeit und Zweckmäßigkeit, 2011; ähnlich *Pfefferl*, Die Dichotomie konditionaler und finaler Normen, 2014, S. 121 ff.

[200] Vgl. BT-Drs. 8/1315, S. 84.

[201] Näher *Wörheide*, Die Bergbauberechtigungen nach dem Bundesberggesetz, 2014, S. 237 ff. (dort zu § 14 Abs. 2 BBergG), 244 f.; a.A. *H. A. Wolff*, UPR 2005, S. 409 (413 f.).

[202] A.A. *Wörheide*, Die Bergbauberechtigungen nach dem Bundesberggesetz, 2014, S. 245 f.

lich im öffentlichen Interesse liegt. Die normative Anbindung des Kontrollfreiraums ist dabei allerdings ungleich schwächer ausgeprägt.

Die nach § 11 Nr. 10 BBergG erforderliche Abwägung impliziert dagegen keinen umfassenden Beurteilungsspielraum ähnlich einer planerischen Abwägung.[203] Dabei soll hier dahinstehen, ob der Vergleich der Rechtsprechung zu dem deutlich stärker konkretisierten § 35 BauGB trägt. Jedenfalls ist eine umfassende Abwägung aller Belange, anders als der Wortlaut intendiert, zu diesem frühen Stadium nicht möglich. Im Übrigen sind dem Bergbau abschließend entgegenstehende Belange ohne Abwägung ermittelbar und daher auch gerichtlich voll überprüfbar. Den Bergbehörden obliegt selbstredend auch kein politischer Beurteilungsspielraum, nach dem etwa Risikotechnologien wie das Fracking ohne detaillierte einzelfallbezogene Prüfung der Gestattungsfähigkeit bereits auf Berechtsamsebene unterbunden werden können. Können entgegenstehende Interessen ausnahmsweise bereits im Konzessionsverfahren vertieft konkretisiert werden, ist im Einzelfall ein eingeschränkter Beurteilungsspielraum in Betracht zu ziehen. Ebenso dürfte der Bergbehörde ein eingeschränkter Entscheidungsspielraum zuzugestehen sein, ob und inwieweit sie weitere Tatsachengrundlagen ermittelt.[204] Zwar ist die vollständige und richtige Ermittlung des Sachverhalts im Verwaltungsverfahren grundsätzlich gerichtlich voll überprüfbar.[205] Der vollständigen Ermittlung der gegenläufige öffentliche Interessen betreffenden Tatsachen steht allerdings die funktionale Trennung zwischen Berechtsams- und Betriebsplanverfahren entgegen.[206] Auf Berechtsamsebene kann aus den genannten Gründen der Sachverhalt nicht vollständig ermittelt werden. Legislative Maßstäbe für den zwingend zu ermittelnden Sachverhalt fehlen jedoch. Behördliche Entscheidungen können insoweit nicht auf ihre „Richtigkeit" überprüft werden, weil § 11 Nr. 10 BBergG selbst keine abschließend obligatorische Tatsachenbasis vorgibt.[207] Insoweit ist ein Beurteilungsspielraum der Verwaltung im Hinblick auf die Tiefe der Ermittlungen anzuerkennen, wobei die Wahrung der Funktionstrennung der verschiedenen Ebenen selbst justiziabel bleibt. Die Bergbehörde darf die Anforderungen an die Rechteverleihung nicht denjenigen an die Zulassung von Betriebsplänen annähern.

---

[203] Der Sache nach a.A. *H. Schulte*, ZfB 119 (1978), S. 414 (421).

[204] Vgl. grundsätzlich *Herdegen*, JZ 1991, 747 (750); anders die herrschende Auffassung, *Jestaedt*, in: Ehlers/Pünder, Allgemeines Verwaltungsrecht, 15. Auflage 2016, § 11 Rn. 54; *Pache*, Tatbestandliche Abwägung und Beurteilungsspielraum, 2001, S. 45 f.; *Schulze-Fielitz*, in: Dreier, GG, Bd. 1, 3. Auflage 2013, Art. 19 IV Rn. 129.

[205] Unbestritten ist dies bei Abwägungsentscheidungen allerdings nicht, kritisch etwa *Riese*, in: Schoch/Schneider, VwGO, § 114 Rn. 218 (Stand: Februar 2019).

[206] Dabei ist die Bergbehörde nicht auf eine Entscheidung aufgrund der vom Antragsteller dargelegten Tatsachen beschränkt, da der Untersuchungsgrundsatz nicht suspendiert ist. Zudem muss sie nach § 15 BBergG andere Behörden beteiligen.

[207] Näher dazu oben 2. Kapitel B. II. 2. c), S. 110 f.

IV. Die Bedeutung der Bergbauberechtigung
in nachfolgenden Zulassungsentscheidungen –
Bindungs- und Rechtswirkungen

Der erheblich eingeschränkte Interessenausgleich im Rahmen des Konzessionsverfahrens ist nicht unproblematisch, weil gegenläufige Belange in späteren Zulassungsverfahren strukturell möglicherweise nicht mehr ausreichend gewürdigt werden (können). Funktionell ist gegen den Prüfungskanon zwar im Grunde nichts zu erinnern, weil das Berechtsamswesen ohne umfangreiche Planungen und Investitionen frühzeitig eine gewisse Rechts- und Planungssicherheit schaffen soll. Sind hiermit allerdings Vorfestlegungen ohne adäquat belastbare Prüfung verbunden, steht das Institut der Bergbauberechtigung einer im Gesamtsystem des Bergrechts ausgewogenen Interessenabwägung entgegen. So werden etwa unter Verweis auf Bindungswirkungen für nachfolgende Zulassungsverfahren verfahrens- und materiellrechtliche Konturierungen angemahnt.[208]

Ob die bergrechtlich determinierte und gerichtlich akzeptierte Beschränkung des Prüfprogramms samt wenig ausdifferenziertem Verwaltungsverfahren gegenläufigen Belangen ausreichend Rechnung trägt, hängt also maßgeblich von der Bindungswirkung der Bergbauberechtigung in nachfolgenden Verfahren ab (1.). An sich selbstverständlich ist, dass auch der verfassungsrechtliche Schutz der Bergbauberechtigung grundsätzlich nicht über die verwaltungsrechtliche Regelungsreichweite sowie Bindungswirkung hinausreichen kann und allenfalls punktuell weiterreichender Vertrauensschutz besteht. Ungeachtet dessen reklamieren Teile der Literatur seit Jahrzehnten eine starke Eigentumsposition, die mittlerweile in Entscheidungen des EGMR sowie des Bundesverwaltungsgerichts über Ausgleichszahlungen an Bergbautreibende ihr Echo findet. Nicht zuletzt deswegen bleibt die Frage virulent, ob und inwieweit der grundrechtliche Schutz des Berechtigungsinhabers spätere Entscheidungen derart steuern kann, dass noch nicht berücksichtigte kollidierende Interessen nicht mehr angemessen berücksichtigt werden können (2.). Das alles ist zugleich Grundlage für die im Anschluss zu diskutierende Forderung, das Berechtsamswesen zu eliminieren oder doch zumindest zeitlich mit der ersten Betriebsplanzulassung zusammenzufassen.

---

[208] *Caspar*, Gutachten, 2008, Landtag SH, Umdruck 16/3396, S. 26 ff., der für eine Verankerung einer FFH-Verträglichkeitsprüfung bereits auf Berechtsamsebene eintritt und insoweit auch die Vereinbarkeit des geltenden Systems mit Europarecht verneint, dazu unten 2. Kapitel B. IV. 1. a), S. 122. Unklar *Sanden/Schomerus/Schulze*, Entwicklung eines Regelungskonzepts für ein Ressourcenschutzrecht des Bundes, 2012, S. 527, die eine Planfeststellung auf Berechtsamsebene in § 11 BBergG installieren wollen, im Kontext allerdings ausschließlich auf das Betriebsplanverfahren rekurrieren, sodass der Vorschlag zur Änderung des § 11 BBergG wohl auch nur letzteres betreffen soll.

1. Die verwaltungsrechtliche Bindungswirkung
der Konzessionierung

Verwaltungsrechtliche Bindungswirkungen der Bergbauberechtigung für nachfolgende Betriebsplanverfahren[209] sind im Ergebnis entgegen mancher Auffassung in der Literatur abzulehnen. Dabei leidet die Diskussion teils daran, dass der begrenzte Regelungsinhalt der Bergbauberechtigung nicht immer ausreichend herausgearbeitet wird, obwohl grundsätzlich gerade er den Umfang der Bindungswirkung determiniert[210]. So werden im Schrifttum mit Blick auf die Vereinbarkeit mit Naturschutzrecht weitreichende Bindungswirkungen angenommen, weil die Bergbehörde mit Erteilung bzw. Verleihung der Bergbauberechtigung Durchführungsmaßnahmen grundsätzlich billige und damit auch die grundsätzliche Zulassungsfähigkeit auf Betriebsplanebene nicht mehr in Frage gestellt werde,[211] ohne dass dies näher begründet würde. Methodisch ist jedoch zunächst der Regelungsinhalt durch Auslegung des Verwaltungsakts (auch) im Lichte der bergrechtlichen Ermächtigungsgrundlagen zu ermitteln und insbesondere von der bloßen Entscheidungsbegründung zu unterscheiden.[212]

a) Die formale Verleihung von Rechten als Regelungsgegenstand
und hieran anknüpfende Bindungswirkungen

Klar ist zunächst, dass die Regelung die *formale* Verleihung der Rechte nach Maßgabe der gesetzlichen Bestimmungen in den §§ 7 bis 9 BBergG erfasst. Gewährt wird das ausschließliche Recht, einen bestimmten Bodenschatz im Bergwerksfeld aufzusuchen oder zu gewinnen, sich diesen anzueignen, bestimmte

---

[209] Nochmals weitergehende Bindungswirkungen für spätere außerbergrechtliche Entscheidungen sind ungeachtet der Einzelheiten bereits im Ansatz abzulehnen. Das Bundesberggesetz lässt entsprechende Regelungen nach § 48 Abs. 1 Satz 1, Abs. 2 Satz 1 BBergG – nur ergänzt durch eine Rohstoffsicherungsklausel – ausdrücklich unberührt. Durch die Hintertür etwaiger Vorfestlegungen im Rahmen der Verleihung von Bergbauberechtigungen kann diese Grundentscheidung nicht verschoben werden, zumal die jeweils zuständigen Behörden keine Vetoposition im Berechtsamsverfahren haben.

[210] Dazu *M.-J. Seibert*, Die Bindungswirkung von Verwaltungsakten, 1989, S. 302 ff.; *U. Stelkens*, in: Stelkens/Bonk/Sachs, VwVfG, 9. Auflage 2018, § 35 Rn. 142. Allgemein zu den Fallgruppen der Bindungswirkung – insbesondere der Tatbestandswirkung und der Feststellungswirkung – BVerwG, Urteil vom 28. November 1986 – 8 C 122–125/84, NVwZ 1987, S. 496 f.; *Knöpfle*, BayVBl 1982, S. 225 ff.; *Ruffert*, in: Ehlers/Pünder, Allgemeines Verwaltungsrecht, 15. Auflage 2016, § 22 Rn. 17 ff.; ausführlich und grundsätzlich kritisch *M.-J. Seibert*, a.a.O., S. 69 ff.; kritisch zur Terminologie auch *Sachs*, in: Stelkens/Bonk/Sachs, VwVfG, 9. Auflage 2018, § 43 Rn. 105.

[211] *Caspar*, Gutachten, 2008, Landtag SH, Umdruck 16/3396, S. 28 f., 31; ähnlich *Fischer-Hüftle*, NuR 1989, S. 106 (108); *Penn-Bressel/Weber et al.*, Umweltverträgliche Nutzung des Untergrundes und Ressourcenschonung, Umweltbundesamt, Positionspapier, 2014, S. 28.

[212] Ausführlich *M.-J. Seibert*, Die Bindungswirkung von Verwaltungsakten, 1989, S. 302 ff.

Einrichtungen zu errichten und zu betreiben sowie schließlich im Rahmen einer Gewinnungsberechtigung Grundabtretung zu verlangen.

Im Zentrum[213] steht zunächst – wie dargelegt – die *Ausschließlichkeit* der Rechtsposition als maßgebliche Funktion des Berechtsamswesens: Die Bergbehörde darf im selben Feld keine weiteren Berechtigungen auf denselben Bodenschatz verleihen und ist insoweit an die formale Existenz der Bergbauberechtigung gebunden.

Bergbauberechtigungen gewähren zwar ausschließliche *Rechte*, bergbauliche Vorhaben durchzuführen. Sie sind aber funktional strikt von den Betriebsplänen zu unterscheiden. Die *Ausübung* dieser Rechte steht nach § 51 Abs. 1 Satz 1 BBergG unter dem Vorbehalt der Betriebsplanzulassung, sodass nach dem Wortlaut keine inhaltlichen Präjudizien gleich welcher Art geschaffen werden. Lediglich § 55 Abs. 1 Satz 1 Nr. 1 BBergG knüpft erneut an die *formale* Existenz der Bergbauberechtigung an, an welche die Bergbehörde im Zulassungsverfahren gebunden ist. Bergbauberechtigungen sind damit nicht im Sinne eines Vorbescheids oder einer Teilgenehmigung Teil eines gestuften Zulassungsverfahrens.[214]

Gegen die Annahme einer grundsätzlichen Billigung streiten überdies die oben herausgearbeiteten materiell- und verfahrensrechtlichen Beschränkungen im Berechtsamsverfahren. So trifft die Konzession bereits im Ansatz[215] keine Aussage über Sachverhalte, die nach der gesetzlichen Systematik nicht zu prüfen sind. Erfolgt etwa im Berechtsamsverfahren richtigerweise keine (abschließende) FFH-Verträglichkeitsprüfung, bleibt für eine Auslegung kein Raum, nach der die Bergbauberechtigung implizit die grundsätzliche Vereinbarkeit mit FFH-Recht regeln soll. Insoweit begründet die Bergbauberechtigung auch kein schutzwürdiges Vertrauen.[216]

---

[213] Hinzu kommt die Relevanz etwa im Rahmen von § 11 Nr. 8 BBergG, § 13 Nr. 1 BBergG oder § 14 BBergG.

[214] *Beckmann*, in: Roßnagel/Hentschel, Umweltverträgliche Nutzung des Untergrunds und Ressourcenschonung, Umweltbundesamt, Texte 107/2015, S. 64 (65 f.); *Wörheide*, Die Bergbauberechtigungen nach dem Bundesberggesetz, 2014, S. 347 ff.; siehe auch *Niermann*, Betriebsplan und Planfeststellung im Bergrecht, 1992, S. 16; *Rausch*, Umwelt- und Planungsrecht beim Bergbau, 1990, S. 40; *Schmidt-Aßmann/Schoch*, Bergwerkseigentum und Grundeigentum im Betriebsplanverfahren, 1994, S. 78 ff.

[215] Ungeachtet dessen ist auch fraglich, ob überhaupt eine Regelung angenommen werden kann, dazu sogleich.

[216] A.A. offenbar *Caspar*, Gutachten, 2008, Landtag SH, Umdruck 16/3396, S. 28 f., 31. Ebenfalls wird weder eine naturschutzrechtliche Befreiung ersetzt noch eine solche (spätere) Befreiung „impliziert", so aber *Fischer-Hüftle*, NuR 1989, S. 106 (110); überzeugend hingegen *H. Schulte*, ZfB 130 (1989), S. 82 (83); ferner *Karrenstein*, ZfB 153 (2012), S. 227 (233 f.).

b) Keine Bindung an der Verleihung zugrundeliegende Feststellungen

Klärungsbedürftig bleibt danach nur, ob zumindest eine Bindungswirkung angenommen werden kann, *soweit* entgegenstehende Interessen geprüft wurden.[217] Dies hängt davon ab, ob entsprechende Feststellungen als bloße Vorfrage nur Teil der Begründung sind oder am Regelungsinhalt partizipieren. Gegen eine Regelungswirkung spricht zwar nicht bereits, dass derartige Feststellungen regelmäßig nicht tenoriert werden.[218] Hinzu kommt allerdings, dass ausdrückliche Aussagen zu einer Inzidentfeststellung im Bundesberggesetz fehlen und die Konzessionierung auch nach Maßgabe der gesetzlichen Gesamtkonzeption nicht darauf ausgerichtet ist, bestimmte Vorfragen zumindest vorläufig und insoweit bindend zu klären.[219]

Ein nicht ganz fernliegender Verweis auf die Rechtsfigur des vorläufigen positiven Gesamturteils, das ebenfalls unter anderem unter dem Vorbehalt einer späteren Detailprüfung steht,[220] trägt nicht, weil wegen der funktionalen Trennung der Berechtsams- und Betriebsplanebene[221] bestimmte Feststellungen nicht inhaltlich fortgeführt und ergänzt werden,[222] um zu einer einheitlichen Vollgenehmigung zu erstarken. Vielmehr unterscheiden sich die den Prüfungen zugrundeliegenden Unterlagen nicht nur in ihrem Detaillierungsgrad, sondern bereits mit Blick auf ihren Zweck: So dient das Arbeitsprogramm nach § 11 Nr. 10, § 12 Abs. 1 Satz 2 Nr. 4 BBergG primär der Prüfung rohstoffwirtschaftlicher Belange und nicht der Wahrung der darüber hinausreichenden gesetzlichen Zulassungsvoraussetzungen.[223] Entsprechend eingeschränkt ist das Verwaltungsverfahren ausgestaltet.[224] Partiell deckungsgleiche Prüfungsge-

---

[217] In diese Richtung *Kühne*, Rechtsfragen der Aufsuchung und Gewinnung von in Steinkohleflözen beisitzendem Methangas, 1994, S. 87 f.; ferner *von Mäßenhausen*, in: Boldt/Weller/Kühne/von Mäßenhausen, BBergG, 2. Auflage 2016, § 55 Rn. 52; *Pfadt*, Rechtsfragen zum Betriebsplan im Bergrecht, 1980, S. 153.

[218] Vgl. BVerwG, Urteil vom 19. Dezember 1985 – 7 C 65/82, BVerwGE 72, 300 (308 f.); *M.-J. Seibert*, Die Bindungswirkung von Verwaltungsakten, 1989, S. 320 f., 462; *Ossenbühl*, NJW 1980, S. 1353 (1354); ferner BVerwG, Urteil vom 25. Juni 2003 – 6 C 17/02, NVwZ 2004, S. 233 f.; anders VGH Mannheim, Urteil vom 8. Mai 2009 – 1 S 2859/06, juris, Rn. 43; *Schmidt-Aßmann*, in: FS BVerwG, 1978, S. 569 (579); tendenziell enger auch *U. Stelkens*, in: Stelkens/Bonk/Sachs, VwVfG, 9. Auflage 2018, § 35 Rn. 143 f.

[219] Allgemein hierzu *M.-J. Seibert*, Die Bindungswirkung von Verwaltungsakten, 1989, S. 315 ff., 322 ff.

[220] BVerwG, Urteil vom 19. Dezember 1985 – 7 C 65/82, BVerwGE 72, 300 (309 f.).

[221] Siehe die Nachweise oben in Fn. 147, S. 110.

[222] *M.-J. Seibert*, Die Bindungswirkung von Verwaltungsakten, 1989, S. 324 f., 326.

[223] Dazu BVerwG, Urteil vom 3. März 2011 – 7 C 4/10, BVerwGE 139, 184 Rn. 13; *Beckmann*, in: Roßnagel/Hentschel, Umweltverträgliche Nutzung des Untergrunds und Ressourcenschonung, Umweltbundesamt, Texte 107/2015, S. 64 (65); *Karrenstein*, ZfB 153 (2012), S. 227 (231 f.); *Niermann*, Betriebsplan und Planfeststellung im Bergrecht, 1992, S. 16 f.; *Schmidt-Aßmann/Schoch*, Bergwerkseigentum und Grundeigentum im Betriebsplanverfahren, 1994, S. 79.

[224] Siehe oben 2. Kapitel B. II. 2. c), S. 110 f. Hinzu kommen etwaige Rechtsschutzverkür-

genstände und -maßstäbe – etwa bei der Frage nach der Schutzbedürftigkeit der Lagerstätte im Rahmen der § 11 Nr. 9 BBergG und § 55 Abs. 1 Satz 1 Nr. 4 BBergG[225] – sind damit zwar nicht ausgeschlossen. Ein Verwaltungsakt mit einer diesbezüglichen Inzidentfeststellung würde aber für die Beteiligten und Betroffenen nicht mehr hinreichend überschaubar regeln, über welche Vorfragen mit Bindungswirkung für spätere Zulassungsverfahren entschieden wurde. Er wäre damit nicht mehr hinreichend bestimmt,[226] sodass eine solche Regelungsreichweite nicht mehr im Wege der Auslegung begründet werden kann.[227]

Der Regelungsinhalt erschöpft sich nach alledem in der formalen Rechteverleihung,[228] sodass auch die förmliche Bindungswirkung nicht weiterreicht. Insbesondere erstreckt sich die Regelung nicht auf dem Verwaltungsakt zugrundeliegende Feststellungen über die Vereinbarkeit des Vorhabens mit kollidierenden Belangen. Erst recht enthält die Rechteverleihung keine der Bestandskraft fähige Aussage, dem Vorhaben stünden keine überwiegenden öffentlichen Belange entgegen.[229]

---

zungen, wenn bereits auf Berechtsamsebene bestimmte Vorfragen abschließend entschieden würden, so insbesondere *Rausch*, Umwelt- und Planungsrecht beim Bergbau, 1990, S. 40; *Schmidt-Aßmann/Schoch*, Bergwerkseigentum und Grundeigentum im Betriebsplanverfahren, 1994, S. 80.

[225] Vgl. *Kühne*, Rechtsfragen der Aufsuchung und Gewinnung von in Steinkohleflözen beisitzendem Methangas, 1994, S. 87 f.; ferner *von Mäßenhausen*, in: Boldt/Weller/Kühne/von Mäßenhausen, BBergG, 2. Auflage 2016, § 55 Rn. 52; *Pfadt*, Rechtsfragen zum Betriebsplan im Bergrecht, 1980, S. 153.

[226] Vgl. hierzu *M.-J. Seibert*, Die Bindungswirkung von Verwaltungsakten, 1989, S. 323 f.

[227] Sind die Feststellungen zu entgegenstehenden Interessen nicht Teil der Regelung, sondern nur der Begründung, könnte noch eine Feststellungswirkung in Betracht kommen, die in nachfolgenden Verwaltungsverfahren an tatsächliche Feststellungen und rechtliche Erwägungen bindet, dazu BVerwG, Urteil vom 28. November 1986 – 8 C 122–125/84, NVwZ 1987, S. 496 (497). Ungeachtet der Frage, ob hierfür eine ausdrückliche und eindeutige gesetzliche Anordnung notwendig ist (so *M.-J. Seibert*, Die Bindungswirkung von Verwaltungsakten, 1989, S. 130 f.; a.A. *Bumke*, Verwaltungsakte, in: Hoffmann-Riem/Schmidt-Aßmann/Voßkuhle, Grundlagen des Verwaltungsrechts, Bd. II, 2. Auflage 2012, § 35 Rn. 219 mit Fn. 682: bei fehlender Ausdrücklichkeit der weiteren Auslegung zugänglich), sprechen jedenfalls die zuletztgenannten Argumente gegen eine entsprechende Auslegung, i.E. ebenso *Wörheide*, Die Bergbauberechtigung nach dem Bundesbergggesetz, 2014, S. 346 f.

[228] I.E. ebenso BVerwG, Beschluss vom 15. Oktober 1998 – 4 B 94/98, NVwZ 1999, S. 876 (877); ähnlich *Wörheide*, ZfB 156 (2015), S. 73 (78).

[229] Ebenso *Keimeyer/Gailhofer/Westphal/Sanden/Schomerus/Teßmer*, Recht der Rohstoffgewinnung, Umweltbundesamt, Texte 71/2019, S. 290 ff., die aber gleichwohl eine gegenteilige Sichtweise für möglich halten und daher (u.a.) eine entsprechende Klarstellung oder die Streichung des § 11 Nr. 10 BBergG empfehlen.

c) Der Schutz des Vertrauens in die Wertungen des Berechtsamsverfahrens

Damit bleibt allerdings der mit der Bergbauberechtigung ebenso verfolgte Zweck, einer Verleihung von Rechten vorzubeugen, die später nicht im Rahmen von Aufsuchungs- oder Gewinnungsvorhaben realisiert werden können,[230] in der Regelung selbst ungespiegelt. Dies führt zu gewissen Wertungswidersprüchen in Bezug auf rechtsstaatlichen Vertrauensschutz. Grundsätzlich kann Vertrauen in die Wirkungen eines Verwaltungsakts nicht weiterreichen als dieser überhaupt Regelungen trifft und akzessorisch hierzu bindet.[231] Andererseits vermittelt der Zweck des Berechtsamsverfahrens, nicht realisierbare Rechtsverleihungen zu vermeiden, eine berechtigte und insoweit auch schützenswerte Erwartung, die spätere Aufsuchung oder Gewinnung tatsächlich umsetzen zu können. Sie bleibt in ihrem Gehalt allerdings aus den oben genannten Gründen wenig präzise, sodass auch keine rechtsstaatlich begründete ausnahmsweise Bindungswirkung in Betracht kommt.

Dennoch kann schützenswertes Vertrauen im Betriebsplanverfahren berücksichtigt werden, wenn man in Anlehnung an die Gleichheitsdogmatik eine Selbstbindung der Verwaltung[232] aus rechtsstaatlichen Gründen in Verbindung mit Freiheitsgrundrechten[233] annimmt. Die Bergbehörde kann hiernach in den Zulassungsverfahren bei gleichbleibender Sachkenntnis und Rechtslage keine grundsätzlich abweichenden Wertungen vornehmen und ist insoweit bei der Konkretisierung von Entscheidungsfreiräumen wegen eines „inzwischen eingetretenen Verbrauch[s] von glaubwürdigen Ablehnungsgründen"[234] beschränkt. Die gerichtliche Kontrolle wird – sofern nicht ohnehin abschließende Entscheidungsfreiräume eröffnet sind – gleichwohl nicht eingeschränkt; ebenso ist die Behörde nicht an vorherige rechtsfehlerhafte Bewertungen gebunden. Eine nunmehr andere Bedeutung von Belangen, deren erstmalige Berücksichtigung

---

[230] Dies gilt jedenfalls für § 11 Nr. 10 BBergG, siehe oben 2. Kapitel B. II. 2. b), S. 106.

[231] *M.-J. Seibert*, Die Bindungswirkung von Verwaltungsakten, 1989, S. 499 zum Vorbescheid, der die Begründung der Bindungswirkung mit Vertrauensschutz als zirkelschlüssig ansieht.

[232] Vgl. dazu *Sachs*, in: Stelkens/Bonk/Sachs, VwVfG, 9. Auflage 2018, § 40 Rn. 103 ff., 215 ff.

[233] Zum verfassungsdogmatischen Ursprung des Vertrauensschutzes in Grundrechten *Gärditz*, in: Friauf/Höfling, Berliner Kommentar zum GG, Art. 20 (6. Teil) Rn. 207 (Stand: Januar 2011). Relevant sind hier Art. 12 Abs. 1, 14 Abs. 1 GG, näher unten 2. Kapitel B. IV. 2. b) cc) (3), S. 151 f.

[234] *Salzwedel*, in: FS Feldhaus, 1999, S. 281 (288) zum Bewirtschaftungsermessen bei Sümpfungserlaubnissen für den Braunkohlentagebau Garzweiler II. Nach der hier vertretenen nur graduellen Unterscheidung von unbestimmten Rechtsbegriffen und Ermessen (dazu oben 2. Kapitel B. III., S. 112 ff.) sind die dort geäußerten Überlegungen auf die nach herrschender Auffassung gebundene Entscheidung über die Betriebsplanzulassung übertragbar. Staatshaftungsrechtlich entspricht dem die Amtspflicht zu konsequentem Verhalten, vgl. dazu *Ossenbühl/Cornils*, Staatshaftungsrecht, 6. Auflage 2013, S. 52.

oder eine Änderung der Sach- oder Rechtslage kann gleichwohl zu einer vollständigen Versagung der Betriebsplanzulassung führen.[235] Entsprechende Bindungen sind daher eher schwach ausgeprägt.

2. Grundrechtliche Stellung des Inhabers einer Bergbauberechtigung in Betriebsplanverfahren

Ungeachtet der nur marginalen verwaltungsrechtlichen Bindungswirkungen von Bergbauberechtigungen genießen deren Inhaber grundrechtlichen Schutz, der in späteren Zulassungsverfahren als bergbaulicher Belang neben das öffentliche Interesse an der Sicherung der Rohstoffversorgung gemäß § 1 Nr. 1 BBergG tritt. Rechtsprechung und Literatur rekurrieren insoweit regelmäßig und im Ergebnis zu Recht auf die Eigentumsfreiheit, wobei der Schutz durch Art. 14 GG häufig mehr festgestellt als begründet wird. Umstritten sind allerdings Inhalt und Reichweite der eigentumsrechtlichen Gewährleistung. Die insoweit entsprechend den nur schwachen Bindungswirkungen überwiegend sehr zurückhaltende Rechtsprechung und herrschende Literatur war schon in der Vergangenheit nicht allgemein akzeptiert; kritisch äußert sich neuerdings auch der Europäische Gerichtshof für Menschenrechte.

Eine etwaige neben das öffentliche Interesse an der Sicherung der Rohstoffversorgung gemäß § 1 Nr. 1 BBergG tretende starke eigentumsrechtliche Position birgt allerdings die Gefahr, dass sich gegenläufige Interessen, die im Berechtsamsverfahren noch nicht oder zumindest nicht umfassend zu berücksichtigen waren, später nur noch erschwert oder gar nicht mehr durchsetzen könnten. Der ausreichenden und adäquaten Gewichtung sämtlicher Belange wäre bereits im Ansatz die Grundlage entzogen, sodass das Berechtsamswesen insgesamt auf den verfassungs- und europarechtlichen Prüfstand zu stellen wäre. So verwundert es nicht, wenn selbst erklärte Gegner eines durchsetzungsstarken Bergrechts die Prämisse einer starken Rechtsposition der Berechtigungsinhaber gerade auch gegenüber Grundeigentümern annehmen, können doch so rechtspolitische Forderungen nach einer Abschaffung des Berechtsamswesens und der Zuordnung der bergfreien Bodenschätze zum Grundeigentum oder zumindest nach dessen grundsätzlicher Neukonzeption verfassungsrechtlich untermauert werden.[236]

---

[235] *Wörheide*, Die Bergbauberechtigungen nach dem Bundesberggesetz, 2014, S. 349 f., der es – ohne Anknüpfung an den Vertrauensschutz – als unzulässig ansieht, wenn die Bergbehörde die Zuweisung der Nutzungsrechte als „rechtliches Nullum" betrachten würde und folglich eine „gewisse Rechtfertigungslast" annimmt.

[236] Dazu unten 2. Kapitel C., S. 170 ff.

a) Der Schutz der Bergbauberechtigungen durch Art. 14 GG

Nach ständiger Rechtsprechung des Bundesverfassungsgerichts kommt Art. 14 GG

„im Gesamtgefüge der Grundrechte die Aufgabe zu, dem Träger des Grundrechts einen Freiheitsraum im vermögensrechtlichen Bereich zu sichern und ihm damit eine eigenverantwortliche Gestaltung des Lebens zu ermöglichen",[237]

und ist damit im Kern Abwehrrecht gegen Eingriffe der öffentlichen Gewalt in den Bestand der geschützten Rechtspositionen.[238] Erfasst werden

„grundsätzlich alle vermögenswerten Rechte, die dem Berechtigten von der Rechtsordnung in der Weise zugeordnet sind, dass dieser die damit verbundenen Befugnisse nach eigenverantwortlicher Entscheidung zu seinem privaten Nutzen ausüben darf".[239]

Hierzu zählt auch die grundsätzliche Verfügungsbefugnis,[240] die regelmäßig als eigenständiges Merkmal neben der Privatnützigkeit hervorgehoben wird.[241] Auch Rechte mit eingeschränkter Verfügungsbefugnis können der Eigentumsgarantie unterfallen.[242] Diesen in deutlicher Anlehnung an das überkommene zivilrechtliche Sacheigentum entwickelten Merkmalen[243] stellt das Bundesverfassungsgericht im Bereich der subjektiv-öffentlichen Rechte nach anfänglicher

---

[237] BVerfG, Beschluss vom 18. Januar 2006 – 2 BvR 2194/99, BVerfGE 115, 97 (110); ebenso Beschluss vom 9. Januar 1991 – 1 BvR 929/89, BVerfGE 83, 201 (208); Urteil vom 6. Dezember 2016 – 1 BvR 2821/11 u.a., BVerfGE 143, 246 Rn. 216.

[238] *Depenheuer/Froese*, in: von Mangoldt/Klein/Starck, GG, Bd. 1, 7. Auflage 2018, Art. 14 Rn. 29; *Schröder*, in: Durner/Peine/Shirvani, FS Papier, 2013, S. 605 (611); vgl. BVerfG, Beschluss vom 13. Mai 1986 – 1 BvR 99, 461/85, BVerfGE 72, 175 (193); Beschluss vom 9. Januar 1991 – 1 BvR 929/89, BVerfGE 83, 201 (208); BVerfG, Beschluss vom 14. Januar 2010 – 1 BvR 1627/09, NVwZ 2010, S. 771 Rn. 25; *Nicolaysen*, in: FS Schack, 1966, S. 107 (112 f.); *Papier/Shirvani*, in: Maunz/Dürig, GG, Art. 14 Rn. 112 ff. (Stand: April 2018).

[239] BVerfG, Beschluss vom 18. Januar 2006 – 2 BvR 2194/99, BVerfGE 115, 97 (110 f.); ebenso BVerfG, Beschluss vom 9. Januar 1991 – 1 BvR 929/89, BVerfGE 83, 201 (209) für den Schutz im Bereich des Privatrechts; Beschluss vom 8. Mai 2012 – 1 BvR 1065/03, 1 BvR 1082/03, BVerfGE 131 66 (79 f.) unter Einschluss sozialversicherungsrechtlicher Rentenansprüche und -anwartschaften. Zur Diskussion um die Existenz eines verfassungsrechtlichen Eigentumsbegriffs in der Verfassungsrechtsprechung *M. Appel*, Entstehungsschwäche und Bestandsstärke des verfassungsrechtlichen Eigentums, 2004, S. 32 ff. und *Papier/Shirvani*, in: Maunz/Dürig, GG, Art. 14 Rn. 153 (Stand: April 2018), jeweils m.w.N.

[240] BVerfG, Beschluss vom 18. Januar 2006 – 2 BvR 2194/99, BVerfGE 115, 97 (111).

[241] Siehe nur BVerfG, Urteil vom 6. Dezember 2016 – 1 BvR 2821/11 u.a., BVerfGE 143, 246 Rn. 216; näher zu den Begriffen *M. Appel*, Entstehungsschwäche und Bestandsstärke des verfassungsrechtlichen Eigentums, 2004, S. 42 ff., 53 ff.

[242] BVerfG, Beschluss vom 9. Januar 1991 – 1 BvR 929/89, BVerfGE 83, 201 (209); Beschluss vom 26. Mai 1993 – 1 BvR 208/93, BVerfGE 89, 1 (7); zu sozialversicherungsrechtlichen Positionen BVerfG, Urteil vom 28. Februar 1980 – 1 BvL 17/77 u.a., BVerfGE 53, 257 (290 ff.); ablehnend *Depenheuer/Froese*, in: von Mangoldt/Klein/Starck, GG, Bd. 1, 7. Auflage 2018, Art. 14 Rn. 68.

[243] Etwa BVerfG, Beschluss vom 9. Januar 1991 – 1 BvR 929/89, BVerfGE 83, 201 (208); ebenso *Axer*, in: Epping/Hillgruber, BeckOK, GG, Art. 14 Rn. 10 f., 42; vgl. bereits BVerfG,

Ablehnung eines Schutzes eine konkretisierende Dogmatik und eigene Kasuistik[244] zur Seite. Öffentlich-rechtliche Rechtspositionen genießen dann Eigentumsschutz, „wenn sie eine Rechtsstellung begründen, die der des Eigentums entspricht".[245] Maßgeblich sei, „inwieweit eine derartige Rechtsstellung sich als Äquivalent eigener Leistung erweist oder auf staatlicher Gewährung beruht",[246] wobei im Bereich des Sozialversicherungsrechts weiter ausdifferenzierte Voraussetzungen formuliert werden.[247]

Die apodiktische Kürze, mit der die Rechtsprechung den grundsätzlichen Schutz der Bergbauberechtigungen durch Art. 14 GG feststellt,[248] überrascht. So drängt sich der Eigentumsschutz nicht bereits wegen eines privatrechtlichen Charakters der Gewinnungsrechte[249] auf, weil die Geltung zivilrechtlicher Vorschriften nach hier vertretener Auffassung[250] nur Rechtsfolge der öffentlich-rechtlichen Konzessionierung ist, damit aber keine rein private und schon daher dem Eigentum vergleichbare Rechtsposition schafft. Auch trägt der Verweis auf den Einsatz von Kapital und Leistung zur Erlangung der Bergbauberechtigungen oder das sich anschließende „ins Werk setzen"[251] zumindest ver-

---

Urteil vom 30. April 1952 – 1 BvR 14/52 u.a., BVerfGE 1, 264 (278 f.), dazu *Böhmer*, NJW 1988, S. 2561 (2567).

[244] Siehe etwa den Überblick bei *Axer*, in: Epping/Hillgruber, BeckOK, GG, Art. 14 Rn. 58 ff.; kritisch zu der differenzierenden Lösung *Rupp-von Brünneck*, Sondervotum zu BVerfG, Beschluss vom 20. Oktober 1971 – 1 BvR 757/66, BVerfGE 32, 111 (129 (141 ff.)).

[245] BVerfG, Beschluss vom 13. Mai 1986 – 1 BvR 99, 461/85, BVerfGE 72, 175 (193); vgl. bereits BVerfG, Beschluss vom 21. Juli 1955 – 1 BvL 33/51, BVerfGE 4, 219 (241). Ursprünglich hatte das Bundesverfassungsgericht auch darauf abgestellt, dass die Rechtsposition so stark sein müsse, „daß ihre ersatzlose Entziehung dem rechtsstaatlichen Gehalt des Grundgesetzes widersprechen würde", BVerfG, Beschluss vom 9. Juni 1985 – 1 BvR 2261, 2268/73, BVerfGE 40, 65 (83) m.w.N., kritisch dazu *Papier/Shirvani*, in: Maunz/Dürig, GG, Art. 14 Rn. 237 (Stand: April 2018).

[246] BVerfG, Beschluss vom 13. Mai 1986 – 1 BvR 99, 461/85, BVerfGE 72, 175 (193); siehe bereits BVerfG, Beschluss vom 11. Oktober 1952 – 1 BvL 22/57, BVerfGE 14, 288 (293 f.).

[247] Siehe nur BVerfG, Urteil vom 16. Juli 1985 – 1 BvL 5/80 u.a., BVerfGE 69, 272 (301); Beschluss vom 11. Mai 2005 – 1 BvR 368/97 u.a., BVerfGE 112, 368 (396).

[248] BVerfG, Urteil vom 21. Oktober 1987 – 1 BvR 1048/87, BVerfGE 77, 130 (136); BVerfG, Beschluss vom 13. April 2007 – 1 BvR 284/05, ZfB 149 (2008), S. 85; BVerwG, Urteil vom 16. März 1989 – 4 C 36/85, BVerwGE 81, 329 (343); Urteil vom 26. März 1998 – 4 A 2/97, BVerwGE 106, 290 (293 f.); BGH, Urteil vom 9. Dezember 2004 – III ZR 263/04, BGHZ 161, 305 (313); OVG Bautzen, Urteil vom 30. Mai 2018 – 1 A 200/17, ZfB 160 (2019), S. 28 Rn. 44; aus der Literatur siehe zunächst *Dederer*, in: Kahl/Waldhoff/Walter, BK-GG, Art. 14 (Eigentum) Rn. 145 (Stand: Dezember 2017); *Niermann*, Betriebsplan und Planfeststellung im Bergrecht, 1992, S. 13; *Schmidt-Aßmann/Schoch*, Bergwerkseigentum und Grundeigentum im Betriebsplanverfahren, 1994, S. 47; *H. Schulte*, NJW 1981, S. 88 (91). Jedenfalls Bergwerkseigentum: *Kühne*, Rechtsfragen der Aufsuchung und Gewinnung von in Steinkohleflözen beisitzenden Methangas, 1994, S. 96; *Philipp/Kolonko*, NJW 1996, S. 2694 (2695 mit Fn. 12).

[249] So *Karpen*, AöR 106 (1981), S. 15 (22 ff.).

[250] Siehe oben 2. Kapitel A. II., S. 92 ff.

[251] *Hoppe*, DVBl 1982, S. 101 (104 f.); *ders.*, DVBl 1987, S. 757 (762 f.); vgl. auch BSG, Urteil vom 19. März 1957 – 6 RKa 5/55, BSGE 5, 40 (41 ff.); dazu *Dürig*, JZ 1958, S. 22 ff.; näher

fassungspraktisch nicht mehr. So hat das Bundesverfassungsgericht – allerdings ohne Begründung – zur Eigentumsfähigkeit atomrechtlicher Genehmigungen[252] klargestellt, dass selbst erhebliche Investitionen, die Voraussetzung für eine Genehmigungserteilung sind oder für welche die Genehmigung Grundlage ist, keinen eigentumsrechtlichen Schutz der Genehmigung selbst begründen. Der Senat verneint hier wohl die Äquivalenz der entsprechenden Investitionen, weil sie nur im eigenen Interesse erfolgen, ohne gleichzeitig auch Leistung gegenüber dem Staat im Sinne eines Austauschverhältnisses zu sein und dessen Vermögen zu mehren.[253] Erfasst werden hiernach nur die auf ihrer Grundlage geschaffenen privaten Vermögenspositionen. Dies schließe die Nutzungsmöglichkeit von Sacheigentum im Rahmen eines öffentlich-rechtlichen Nutzungsregimes ein.[254] Eigentumsrechtliche Relevanz käme insoweit nur den aufgrund von Betriebsplanzulassungen geschaffenen Anlagen und deren Nutzungsmöglichkeiten, nicht aber den Bergbauberechtigungen zu. Relevant wird diese Unterscheidung jedenfalls dann, wenn die Bergbauberechtigung noch nicht „ins Werk gesetzt" wurde.

Eigentumsrechtlichen Schutz genießen Bergbauberechtigungen aber völlig ungeachtet der Rechtsnatur oder der Bedeutung der notwendigen Investitionen.[255] Der Gesetzgeber hat sich nicht darauf beschränkt, die bergfreien Boden-

---

hierzu *Breuer*, Die Bodennutzung im Konflikt zwischen Städtebau und Eigentumsgarantie, 1976, S. 183 ff.; kritisch zur Konstruktion *Wendt*, Eigentum und Gesetzgebung, 1985, S. 125 f.

[252] BVerfG, Urteil vom 6. Dezember 2016 – 1 BvR 2821/11 u.a., BVerfGE 143, 246 Rn. 228 ff.

[253] Vgl. BVerfG, Beschluss vom 13. Juni 2006 – 1 BvL 9/00 u.a., BVerfGE 116, 96 (121); BVerwG, Urteil vom 17. August 2011 – 6 C 9/10, BVerwGE 140, 221 Rn. 29 f.; *Krause*, Eigentum an subjektiven öffentlichen Rechten, 1982, S. 65 ff.; *Nicolaysen*, in: FS Schack, 1966, S. 107 (114 ff.); *Papier/Shirvani*, in: Maunz/Dürig, GG, Art. 14 Rn. 239 f., 242 (Stand: April 2018); *Wendt*, in: Sachs, GG, 9. Auflage 2021, Art. 14 Rn. 31; ferner BVerfG, Beschluss vom 5. September 1980 – 1 BvR 727/80, SozR 2200 § 368a Nr 6; BVerfG, Urteil vom 6. Dezember 2016 – 1 BvR 2821/11 u.a., BVerfGE 143, 246 Rn. 238, konzeptionell unklar hingegen Rn. 237, 300, wo Aspekte der Eigen-/Gegenleistung mit solchen der Kompensation und des Investitionsschutzes kombiniert werden.

[254] Vgl. bereits *Nicolaysen*, in: FS Schack, 1966, S. 107 (115 ff.). Die Kammerrechtsprechung hatte zuvor deutlich stärker den Konnex zur Genehmigung betont, wenn aufgrund der „Verknüpfung der verwaltungsrechtlichen Grundlagen des Anlagenbetriebs mit den privatwirtschaftlichen Eigenleistungen des Anlagenbetreibers [...] auch die durch die immissionsschutzrechtliche Genehmigung vermittelte Rechtsposition" grundsätzlich vom verfassungsrechtlichen Eigentumsschutz umfasst werde und die „in der Literatur umstrittene Frage, ob die (noch nicht verwirklichte) immissionsschutzrechtliche Genehmigung als solche von Art. 14 Abs. 1 GG geschützt wird", offengelassen werden könne, BVerfG, Beschluss vom 14. Januar 2010 – 1 BvR 1627/09, NVwZ 2010, S. 771 Rn. 28 f.; vgl. auch BVerfG, Beschluss vom 24. Februar 2010 – 1 BvR 27/09, BVerfGK 17, 88 (94 f.); *Breuer*, Die Bodennutzung im Konflikt zwischen Städtebau und Eigentumsgarantie, 1976, S. 184; *Schwarz*, DVBl 2013, 133 (135), der aufgrund dessen die Genehmigung selbst als geschützt ansieht; ferner *Ludwigs*, NVwZ 2016, S. 1 (2).

[255] A.A. *Nusser*, NVwZ 2017, S. 1244 (1247), der nicht die Bewilligung, sondern nur eine

schätze vom Grundeigentum zu entkoppeln, um bereits im Ansatz den Grundeigentümern die Verfügungsbefugnis zu entziehen und stattdessen lediglich ein öffentlich-rechtliches Zulassungsregime zu installieren. Er hat vielmehr in Anknüpfung an überkommenes Bergrecht Rechtsinstitute geschaffen, die an die Stelle des Grundeigentums treten[256] und ebenso wie jenes ausschließenden Charakter[257] aufweisen. Bergbauberechtigungen ermöglichen den exklusiven Zugriff auf bergfreie Bodenschätze, gewähren ein diesbezügliches Aneignungsrecht und verrechtlichen insbesondere nicht nur bloße Erwerbschancen.[258] Akzeptiert man die Leitbildfunktion und Prägewirkung[259] des zivilrechtlichen Eigentums für das verfassungsrechtliche, spricht schon daher vieles dafür, funktional ergänzenden und zulassungsrechtlich entbehrlichen Rechtsinstituten ebenfalls eigentumsrechtlichen Grundrechtsschutz zu gewähren.

Auch darüber hinaus hat der Gesetzgeber die Rechtsstellung des Berechtigungsinhabers derjenigen des zivilrechtlichen Eigentümers angenähert:

Mit Blick auf die funktionale Ergänzung des Grundeigentums besonders konsequent ist hier die aus dem Bergwerkseigentum erwachsende Rechtsposition, da nach § 9 Abs. 1 Halbs. 2 BBergG die für Grundstücke geltenden Vorschriften des Bürgerlichen Gesetzbuchs vorbehaltlich bergrechtlicher Sonderregelungen entsprechend anzuwenden sind. Aber auch auf das Recht aus der Bewilligung sind nach § 8 Abs. 2 BBergG die für Ansprüche aus dem Eigentum geltenden Vorschriften des bürgerlichen Rechts vorbehaltlich bergrechtlicher Sonderregelungen entsprechend anzuwenden. Derartige Verweise fehlen allerdings bei der Aufsuchungserlaubnis. Der Gesetzgeber gewährt den Inhabern lediglich mit § 12 Abs. 2 BBergG eine eingeschränkte Anwartschaft auf Erteilung der Bewilligung[260] und nach § 14 Abs. 1 BBergG eine Vorrangstellung gegenüber Konkurrenten.

Hingegen umfassen alle drei Berechtigungen nach Maßgabe der §§ 22 f. BBergG eine eingeschränkte Verfügungsbefugnis. Einzig problematisch erscheint in diesem Zusammenhang, dass die Bergbauberechtigungen im Grunde keine originär eigenverantwortlichen Freiräume zum privaten Nutzen schaffen. Sie werden vielmehr in der Erwartung der öffentlichen Hand erteilt bzw. verlie-

---

„Gewinnungsberechtigung" als von Art. 14 GG geschützt ansieht; zu Recht ablehnend auch *Kühne*, NVwZ 2018, S. 214.

[256] *Kempny*, in: Dreier, GG, Bd. 1, 4. Auflage (i.E.), Art. 14 Rn. 91.

[257] Vgl. auch BVerfG, Beschluss vom 7. Dezember 2010 – 1 BvR 2628/07, BVerfGE 128, 90 (101) zu sozialrechtlichen Ansprüchen m.w.N.

[258] Vgl. hierzu BVerfG, Beschluss vom 8. Juni 1977 – 2 BvR 499/74 und 1042/75, BVerfGE 45, 142 (170 f.).

[259] *Axer*, in: Epping/Hillgruber, BeckOK, GG, Art. 14 Rn. 10.

[260] Nach BGH, Urteil vom 9. Dezember 2004 – III ZR 263/04, BGHZ 161, 305 (313), bestätigt durch BVerfG, Beschluss vom 13. April 2007 – 1 BvR 284/05, ZfB 149 (2008), S. 85, genießt zwar die Erlaubnis Eigentumsschutz; dieser erstrecke sich aber nicht auf den Anspruch auf Erteilung der Bewilligung; ablehnend *Kühne*, DVBl 2005, S. 978 ff.

hen, dass die bezeichneten Bodenschätze zügig aufgesucht und gewonnen werden, um so die Rohstoffversorgung insgesamt zu sichern und ein Horten von Berechtigungen auf Vorrat zu verhindern. Nutzungsmöglichkeiten verbleiben in diesem Sinne eindimensional und unterliegen umfassender präventiver, begleitender und nachsorgender staatlicher Aufsicht, was dem Leitbild des verfassungsrechtlichen Eigentums strukturell widerspricht.

Allerdings bliebe dabei außer Betracht, dass der Berechtigungsinhaber gerade in Ausübung seiner unternehmerischen Freiheit, die primär durch Art. 12 GG geschützt wird,[261] eine dem Zulassungsverfahren vorgeschaltete weitere öffentliche Rechtsposition erwirbt, welche die unternehmerische Betätigung und damit die freiheitliche Entfaltung bereits im Vorfeld sichern soll. Im Übrigen verbleiben dem Berechtigungsinhaber weitreichende Gestaltungsbefugnisse hinsichtlich der Vorhabenrealisierung. Die öffentlich-rechtliche Überformung dieser Rechtspositionen sichert den Gebrauch des Eigentums zum Wohl der Allgemeinheit im Sinne des Art. 14 Abs. 2 Satz 2 GG und kann demnach die Annahme des verfassungsrechtlichen Eigentumsschutzes nicht grundlegend ausschließen, sondern muss sich ihrerseits am Maßstab der Eigentumsgarantie messen lassen. Dass Bergbauberechtigungen nur befristet erteilt bzw. verliehen werden und auch im Übrigen dem Zugriff der Bergbehörde durch das übliche verwaltungsrechtliche Instrumentarium unterliegen, hindert die Annahme einer dem zivilrechtlichen Eigentümer entsprechenden Rechtsstellung ebenfalls nicht.[262]

Der eigentumsrechtliche Schutz wäre gleichwohl abzulehnen, wenn man die Äquivalenz eigener Leistung generell als konstitutive Voraussetzung des verfassungsrechtlichen Eigentumsbegriffs im Bereich öffentlich-rechtlicher Positionen ansehen würde.[263] Auch wenn das Bundesverfassungsgericht gerade die aufgrund von Eigenleistungen erworbenen Rechtspositionen schon früh und vor Anerkennung der grundsätzlichen Eigentumsfähigkeit subjektiv-öffentlicher Rechte als „im besonderen Sinne" als Eigentum schutzwürdig angesehen hat,[264] wurde das Eigenleistungskriterium im Kern im Rahmen sozialrechtlicher Ansprüche entwickelt[265] – im Grunde um Fürsorgeleistungen ohne Ei-

---

[261] Näher unten 2. Kapitel B. IV. 2. b) cc) (2), S. 149 f.

[262] Vgl. BVerwG, Urteil vom 17. August 2011 – 6 C 9/10, BVerwGE 140, 221 Rn. 31.

[263] In diesem Sinne BVerfG, Beschluss vom 3. März 1965 – 1 BvR 208/59, BVerfGE 18, 392 (397); Beschluss vom 13. Mai 1986 – 1 BvR 99, 461/85, BVerfGE 72, 175 (193); vgl. Urteil vom 6. Dezember 2016 – 1 BvR 2821/11 u.a., BVerfGE 143, 246 Rn. 231 f.; zurückhaltender noch BVerfG, Beschluss vom 11. Oktober 1952 – 1 BvL 22/57, BVerfGE 14, 288 (293 f.); wohl auch Beschluss vom 8. Juni 1977 – 2 BvR 499/74 und 1042/75, BVerfGE 45, 142 (170); dazu *Wendt*, Eigentum und Gesetzgebung, 1985, S. 114 ff.; vgl. auch – trotz grundsätzlicher Kritik in Bezug auf Privatrechtspositionen – *Depenheuer/Froese*, in: von Mangoldt/Klein/Starck, GG, Bd. 1, 7. Auflage 2018, Art. 14 Rn. 75 ff., 279 f.

[264] BVerfG, Urteil vom 30. April 1952 – 1 BvR 14/52 u.a., BVerfGE 1, 264 (277 f.).

[265] Vgl. die Darstellung bei *Kimminich*, in: Kahl/Waldhoff/Walter, BK-GG, Art. 14

genbeitrag der Anspruchsinhaber nicht grundrechtlich zu zementieren.[266] Bei Rechtspositionen, die sich nicht in (einfachrechtlichen) Leistungs- oder Teilhaberechten gegenüber dem Staat erschöpfen, taugt es als zwingendes Abgrenzungskriterium – ungeachtet der grundsätzlichen Kritik an diesem Merkmal[267] – dagegen nicht.[268] Wurzel des Äquivalenzgedankens ist die Feststellung des Bundesverfassungsgerichts, die Gewährleistung des Eigentums ergänze die Handlungs- und Gestaltungsfreiheit.[269] Wenn sich nun aber der Gesetzgeber dazu entschließt, zur Sicherung der Unternehmensfreiheit dem zivilrechtlichen Eigentum vergleichbare ausschließliche Rechtspositionen zu schaffen, die – anders als im Sozialrecht – nicht nur Ansprüche gegen den Staat begründen, sondern gerade Dritte vom Zugriff auf Bodenschätze ausschließen, muss er sich an dieser Entscheidung auch grundrechtlich messen lassen.

Damit genießen die Bergbauberechtigungen – insoweit abweichend von der bundesverfassungsgerichtlichen Eigentumsdogmatik aber im Einklang mit der Verfassungsrechtsprechung in der Sache – Schutz durch Art. 14 GG.

b) Inhalt der eigentumsrechtlichen Garantie

Während hinsichtlich des grundsätzlichen Schutzes der Bergbauberechtigungen durch Art. 14 GG zumindest im Ergebnis Konsens besteht, ist die Schutzreichweite umstritten. Dabei geht es nicht nur um das relative Gewicht gegenüber kollidierenden Belangen, sondern auch um Fragen der Entschädigungspflicht, wenn Bergbauberechtigungen nicht genutzt werden können. Jahrzehntelange judikative Zurückhaltung gegenüber starken eigentumsrechtlichen Positionen des Bergbaus stößt in der Literatur mitunter auf grundlegende Kritik. Namentlich *Gunther Kühne* hat sich in zahlreichen Publikationen deutlich gegen die bergrechtliche Eigentumsrechtsprechung positioniert. Wenngleich diese Kritik

---

Rn. 65 ff. (Stand: August 1992); ebenso *Leisner*, Eigentum, in: Isensee/Kirchhof, Handbuch des Staatsrechts, Bd. VIII, 3. Auflage 2010, § 173 Rn. 115; *Shirvani*, NZS 2014, S. 641 (643); siehe aber auch etwa BVerfG, Beschluss vom 3. März 1965 – 1 BvR 208/59, BVerfGE 18, 392 (397) zur Beurkundungsbefugnis.

[266] *Papier/Shirvani*, in: Maunz/Dürig, GG, Art. 14 Rn. 230 ff. (Stand: April 2018); *Schröder*, in: Durner/Peine/Shirvani, FS Papier, 2013, S. 605 (611 f.); vgl. BVerfG, Beschluss vom 7. Mai 1963 – 2 BvR 481/60, BVerfGE 16, 94 (113); Beschluss vom 11. Januar 1966 – 2 BvR 424/63, BVerfGE 19, 354 (370); *Rupp-von Brünneck*, Sondervotum zu BVerfG, Beschluss vom 20. Oktober 1971 – 1 BvR 757/66, BVerfGE 32, 111 (129 (141 ff.)). Allein daher wäre eine eingehendere Begründung des Bundesverfassungsgerichts in Sachen Atomausstieg wünschenswert gewesen, zumal in der Literatur Diskussionen um die Eigentumsfähigkeit der Genehmigung geführt wurden, siehe dazu *Schröder*, a.a.O., S. 605 ff.

[267] Siehe hierzu *Lepsius*, Besitz und Sachherrschaft im öffentlichen Recht, 2002, S. 49 ff.; *Wieland*, in: Dreier, GG, Bd. 1, 3. Auflage 2013, Art. 14 Rn. 75.

[268] *Schröder*, in: Durner/Peine/Shirvani, FS Papier, 2013, S. 605 (612); vgl. auch *Wendt*, Eigentum und Gesetzgebung, 1985, S. 121 ff.

[269] BVerfG, Beschluss vom 11. Oktober 1952 – 1 BvL 22/57, BVerfGE 14, 288 (293 f.); dazu *Nicolaysen*, in: FS Schack, 1966, S. 107 (110).

in der Vergangenheit verhallte, kommt mittlerweile Bewegung in die Entscheidungspraxis. So erfordert ein Urteil des Europäischen Gerichtshofs für Menschenrechte aus dem Jahre 2017 eine grundlegende Revision zumindest der Entschädigungsrechtsprechung. Vor diesem Hintergrund verwundert es nicht, dass sich auch das Bundesverwaltungsgericht neuerdings erstaunlich offen und nahezu voraussetzungslos gegenüber Entschädigungsansprüchen der Bergbautreibenden bei einer Kollision des Vorhabens mit einer Schutzgebietsausweisung zeigt, auch wenn es weder eine ausdrückliche Kehrtwende vollzieht, noch die EGMR-Entscheidung rezipiert.

Die Diskussion um die Eigentumsstellung sowie die mittlerweile schwer zu prognostizierende Entschädigungsjudikatur verdeutlichen symptomatisch das Dilemma der herrschenden Eigentumsdogmatik, nach welcher der Gesetzgeber zwar Inhalt und Schranken der Eigentumsfreiheit als sogenanntes normgeprägtes Grundrecht zu bestimmen hat, dabei aber nicht völlig frei soll agieren dürfen. Nur eine konsequente verfassungsrechtliche Rekonstruktion des Eigentumsschutzes der Bergbauberechtigung kann argumentativen Indifferenzen entgegenwirken und gleichzeitig praktikable Leitlinien offenbaren, die kollidierenden Interessen adäquat Rechnung tragen. Insbesondere zur Frage der Entschädigungspflicht sind auf dieser Basis differenzierte Lösungen möglich, die sich nicht in den pauschalisierend dichotomen Ansätzen der bisherigen Rechtsprechung erschöpfen.

aa) Konfliktlinien der Schutzreichweite in Rechtsprechung und Literatur

(1) Die tradierte nationale Rechtsprechung

Die deutsche Rechtsprechung misst dem grundrechtlichen Schutz der Bergbauberechtigung traditionell kein besonderes Gewicht bei und zieht im Übrigen deren Reichweite recht eng. So sind Bergbauberechtigungen selbst bei fehlenden Betriebsplanzulassungen zwar in berg- und außerbergrechtlichen Abwägungsentscheidungen einzubeziehen.[270] Ihnen kommt aber keine herausgehobene Bedeutung zu, sondern sie sind nur als einer unter vielen Belangen zu berücksichtigen.[271] Insbesondere genießt der Inhaber einer Bergbauberechtigung seit der

---

[270] OVG Koblenz, Urteil vom 29. Januar 1993 – 10 C 10835/91, ZfB 1993 (134), S. 215 (216 f.) zum Bebauungsplan.

[271] BVerfG, Urteil vom 17. Dezember 2013 – 1 BvR 3139/08, 1 BvR 3386/08, BVerfGE 134, 242 Rn. 216 zur Grundabtretung: „im Ergebnis" gleichlaufend mit dem öffentlichen Interesse an der Gewinnung; Verfassungsgericht Brandenburg, Urteil vom 18. Juni 1998, 27/97, LVerfGE 8, 97 (144) zur gesetzlichen Auflösung der Gemeinde Horno nach zugelassenem Rahmenbetriebsplan: Berücksichtigung „am Rande". BVerwG, Urteil vom 10. Februar 2016 – 9 A 1/15, BVerwGE 154, 153 Rn. 15 ff. zu öffentlichen Verkehrsanlagen (§ 124 Abs. 1 BBergG); ferner OVG Magdeburg, Urteil vom 20. April 2000 – C 2 S 67/98, juris, Rn. 44 ff. zu Befreiungsregelungen in einer Landschaftsschutzverordnung.

Moers-Kapellen-Entscheidung[272] kein gesetzlich geborenes Vorrangrecht gegenüber Oberflächeneigentümern. Damit vollzog das Bundesverwaltungsgericht das endgültig mit der Nassauskiesungsentscheidung durchgesetzte Verständnis des Art. 14 GG als Eigentums*bestands*garantie[273] auch im Bergrecht und verabschiedete sich von dem dem Bundesberggesetz noch zugrundeliegenden Grundsatz des „dulde und liquidiere".[274]

Seit weit über 100 Jahren besonders umstritten ist das Verhältnis zwischen öffentlichen Verkehrsanlagen und Bergbaubetrieben,[275] was sich in der Vergangenheit – wie *Hans Schulte* feststellt – befruchtend auf die rechtswissenschaftliche Gutachtertätigkeit ausgewirkt hat.[276] Im Kern ging und geht es dabei um die Fragen, wie sich Bergbau und Verkehrsanlagen im Kollisionsfalle aufeinander einstellen müssen und wer welche Kosten zu tragen hat. Ausgehend von Entscheidungen des Preußischen Ober-Tribunals, nach denen Bergbautreibenden gegenüber einer Eisenbahngesellschaft kein Entschädigungsanspruch zustand, wenn sogenannte Sicherheitspfeiler[277] stehen bleiben mussten,[278] sah sich der Gesetzgeber zu einer ausdrücklichen Regelung des Verhältnisses zwischen Verkehrsanlagen und Bergbau im Allgemeinen Berggesetz veranlasst.[279] Die Vorschriften waren durchaus differenziert, räumten den Verkehrsanlagen in §§ 153 f. ABG aber gleichwohl einen weitreichenden Vorrang ein. Hieran knüpft auch § 124 BBergG mit wiederum differenzierteren Vorschriften an, die

---

[272] BVerwG, Urteil vom 16. März 1989 – 4 C 36/85, BVerwGE 81, 329; näher unten 3. Kapitel A. II. 2. b), S. 214 ff.

[273] BVerfG, Beschluss vom 15. Juli 1981 – 1 BvL 77/78, BVerfGE 58, 300; siehe bereits BVerfG, Urteil vom 18. Dezember 1968 – 1 BvR 638/64 u.a., BVerfGE 24, 367 (400): Ablehnung eines Verständnisses des Art. 14 GG als bloße Eigentums*wert*garantie, dazu *Böhmer*, NJW 1988, S. 2561 (2563 f.); ausdrücklich auch zur ausgleichspflichtigen Inhalts- und Schrankenbestimmung BVerfG, Beschluss vom 2. März 1999 – 1 BvL 7/91, BVerfGE 100, 226 (245 f.); Urteil vom 6. Dezember 2016 – 1 BvR 2821/11 u.a., BVerfGE 143, 246 Rn. 260.

[274] Zur Entwicklungslinie siehe auch *Kühne*, ZfB 158 (2017), S. 71 (74 f., 80 f.).

[275] Vgl. zunächst nur RG, Urteil vom 9. Juli 1881 – V 656/80, RGZ 5, 266 ff.; Urteil vom 11. November 1891 – V 166/91, RGZ 28, 341 ff.; BGH, Urteil vom 17. Mai 1968 – V ZR 148/65, BGHZ 50, 180 ff.; Urteil vom 20. Dezember 1971 – III ZR 113/69, BGHZ 57, 375 ff. Zu den gegenläufigen Lagern in der Literatur einerseits etwa *Isay*, Glückauf 1954, S. 1519 ff.; *Kühne*, ZfB 107 (1966), S. 276 ff.; *ders.*, NJW 1972, S. 826 f.; *H. Schulte*, ZfB 113 (1972), S. 166 (178 ff.); *Westermann*, Das Verhältnis zwischen Bergbau und öffentlichen Verkehrsanstalten als Gegenstand richterlicher und gesetzgeberischer Bewertung, 1966; andererseits *Weitnauer*, Bergbau und Öffentliche Verkehrsanstalten, 1971; *ders.*, JZ 1973, S. 73 (74 f., 78 ff.).

[276] *H. Schulte*, ZfB 113 (1972), S. 166 (178).

[277] Dabei handelt es sich – vereinfacht formuliert – um einen bestimmten Bereich im Grubenbau, der aus Sicherheitsgründen nicht abgebaut werden darf, näher *Fritzsche*, Lehrbuch der Bergbaukunde, Zweiter Band, 10. Auflage 1962, S. 408 ff. (dort unter dem Begriff Sicherheitsfeste, die Vorauflage sprach noch von Sicherheitspfeiler).

[278] Preußisches Ober-Tribunal, Erkenntnis vom 28. März 1862, ZfB 3 (1862), S. 359; Erkenntnis vom 20. März 1863, ZfB 4 (1863), S. 245.

[279] Motive zu dem Entwurfe eines Allgemeinen Berggesetzes für die Preußischen Staaten, ZfB 6 (1865), S. 55 (174 ff.).

aber den grundsätzlichen Vorrang unberührt lassen. So gehen nach § 124 Abs. 3 BBergG die Errichtung, Erweiterung, wesentliche Änderung und der Betrieb der öffentlichen Verkehrsanlage der Gewinnung von Bodenschätzen vor, soweit der gleichzeitige Betrieb einer öffentlichen Verkehrsanlage und eines Gewinnungsbetriebes ohne eine wesentliche Beeinträchtigung der öffentlichen Verkehrsanlage ausgeschlossen ist, es sei denn, dass das öffentliche Interesse an der Gewinnung der Bodenschätze überwiegt. Beispielsweise muss der Abbau in einem Bewilligungsfeld für einen Tagebau zugunsten einer Autobahntrasse (partiell) unterbleiben. Die höchstrichterliche Rechtsprechung hat hierzu in mehreren Entscheidungen jüngeren Datums klargestellt, dass der Vorrang *ohne* Entschädigungsregelung[280] im Lichte der Eigentumsgarantie hinzunehmen sei, weil Bergbauberechtigungen immer nur mit dem Inhalt und in den Grenzen entstünden, wie sie gesetzlich vorgesehen sind.[281] In der Sache ging es dabei um die Anfechtung von Planfeststellungsbeschlüssen[282] oder um die Entschädigungshöhe für die Enteignung des Grundstücks im Eigentum des Berechtigungsinhabers[283].

Schließlich haben Inhaber einer Erlaubnis nach dem Bundesgerichtshof keinen Entschädigungsanspruch aus (spezialgesetzlich geregeltem) enteignungsgleichem Eingriff wegen rechtswidriger Versagung[284] der Erteilung einer Bewilligung, weil keine durch Art. 14 Abs. 1 GG geschützte Rechtsposition betroffen sei. Der eigentumsrechtliche Schutz der Erlaubnis erstrecke sich nicht auf den

---

[280] Vgl. § 124 Abs. 2, 4 BBergG, die die Entschädigungspflichten nach der Rechtsprechung insoweit abschließend regeln. Vgl. zu den Vorgängerregelungen *Ebel/Weller*, ABG, 2. Auflage, 1963, § 154 Anm. 3; *Miesbach/Engelhardt*, Bergrecht, 1962, Art. 212 bayBergG – § 154 Abs. 1 ABG Anm. 2, jeweils m.w.N.

[281] Zustimmend *Nusser*, NVwZ 2017, S. 1244 (1248 f.).

[282] BVerwG, Urteil vom 26. März 1998 – 4 A 2/97, BVerwGE 106, 290 (292 ff.); Gerichtsbescheid vom 30. Juli 1998 – 4 A 1/98, NVwZ-RR 1999, S. 162 (164); Urteil vom 10. Februar 2016 – 9 A 1/15, BVerwGE 154, 153 Rn. 24 ff.

[283] BGH, Urteil vom 14. April 2011 – III ZR 30/10, BGHZ 189, 231 Rn. 13 ff.; bestätigt durch BVerfG, Beschluss vom 21. Dezember 2011 – 1 BvR 1499/11, juris, abgelehnt durch EGMR, Urteil vom 19. Januar 2017 – 32377/12, NVwZ 2017, S. 1273 ff. Zum Allgemeinen Berggesetz bereits BGH, Urteil vom 16. Oktober 1972 – III ZR 176/70, BGHZ 59, 332 (335 ff.) unter Verweis auf RG, Urteil vom 11. November 1891 – V 166/91, RGZ 28, 341 (342 f.), insoweit nicht abgedruckt in BGHZ (Rn. 15 f., juris) zur *Besser*stellung des Bergbautreibenden durch die eingeschränkte Entschädigungspflicht gegenüber dem Anlagenunternehmer nach § 154 Abs. 1 ABG (vgl. § 124 Abs. 4 BBergG); ablehnend hierzu *Kühne*, DVBl 2012, S. 661 (663); *ders.*, ZfB 158 (2017), S. 71 (72 ff.); *Westermann*, Das Verhältnis zwischen Bergbau und öffentlichen Verkehrsanstalten als Gegenstand richterlicher und gesetzgeberischer Bewertung, 1966, S. 49 ff.; vgl. auch *W. Schubert*, in: Boldt/Weller/Kühne/von Mäßenhausen, BBergG, 2. Auflage 2016, § 124 Rn. 5. Der Entschädigungsausschluss soll hingegen nicht greifen, sofern es um die Berücksichtigung grundeigener Bodenschätze geht, BGH, Urteil vom 14. April 2011 – III ZR 229/09, BGHZ 189, 218 Rn. 10 ff.; kritisch zu dieser Unterscheidung *Braig/Ehlers-Hofherr*, NuR 2017, S. 833 (834 f.); *Kühne*, DVBl 2012, S. 661 (663 f.).

[284] Siehe hierzu OVG Magdeburg, Urteil vom 4. November 1999 – A 1/4 S 170/97, ZfB 152 (2011), S. 237 (237, 242 f.).

Anspruch auf Bewilligung, bei dem der Erlaubnisinhaber nach § 12 Abs. 2 und § 14 BBergG eine Vorzugs- und Vorrangstellung innehat, weil Erlaubnis und Bewilligung nicht notwendig miteinander verbunden seien und keine gesicherte Anwartschaft auf Bewilligungserteilung bestehe. Insoweit greife Art. 12 Abs. 1 GG.[285] Die Bewilligung war ursprünglich verweigert worden, weil die auszubeutende Fläche nicht auf drei Unternehmen aufgeteilt werden sollte und bereits zwei benachbarte Bewilligungsfelder existierten.

Insgesamt bewegt sich diese Rechtsprechung auf der Linie des insoweit vielfach kritisierten[286] Nassauskiesungsbeschlusses. Auch wenn das Bundesverfassungsgericht betont, dass der „Begriff des von der Verfassung gewährleisteten Eigentums [...] aus der Verfassung selbst gewonnen werden" müsse, ergebe sich die verfassungsrechtliche Rechtsstellung des Eigentümers doch aus einer Zusammenschau des bürgerlichen Rechts und der öffentlich-rechtlichen Gesetze. Wenn der Eigentümer hiernach

> „eine bestimmte Befugnis nicht hat, so gehört diese nicht zu seinem Eigentumsrecht. [...] Definiert er [der Gesetzgeber] die Rechtsstellung zunächst umfassend, um in einer weiteren Vorschrift bestimmte Herrschaftsbefugnisse von ihr auszunehmen, so ist dem Betroffenen von vornherein nur eine in dieser Weise eingeschränkte Rechtsposition eingeräumt".[287]

Inhalts- und Schrankenbestimmungen sind hiernach nicht trennbar,[288] sollen allerdings auch nicht im Belieben des einfachen Gesetzgebers stehen.[289] Letzteres problematisieren die Gerichte hinsichtlich des eigentumsrechtlichen Schutzes der Bergbauberechtigung allerdings nicht, sondern folgen zumindest im Ergebnis einer strikten Gesetzesakzessorietät. Verfassungsrechtliche Anforderungen drohen damit *prima facie* keine ausreichende Berücksichtigung zu finden.

---

[285] BGH, Urteil vom 9. Dezember 2004 – III ZR 263/04, BGHZ 161, 305 (313); bestätigt durch BVerfG, Beschluss vom 13. April 2007 – 1 BvR 284/05, ZfB 149 (2008), S. 85. Eine Schadensersatzpflicht nach § 839 BGB, Art. 34 GG scheiterte am fehlenden Verschulden.

[286] Siehe etwa *Axer*, in: Epping/Hillgruber, BeckOK, GG, Art. 14 Rn. 9; *Baur*, NJW 1982, 1734 f.; *Cornils*, Die Ausgestaltung der Grundrechte, 2005, S. 265 ff.; *Ossenbühl/Cornils*, Staatshaftungsrecht, 6. Auflage 2013, S. 167.

[287] BVerfG, Beschluss vom 15. Juli 1981 – 1 BvL 77/78, BVerfGE 58, 300 (335 f.); *Rozek*, Die Unterscheidung von Eigentumsbindung und Enteignung, 1998, S. 25 ff.

[288] *Bryde/Wallrabenstein*, in: von Münch/Kunig, GG, 7. Auflage 2021, Art. 14 Rn. 88; *Rozek*, Die Unterscheidung von Eigentumsbindung und Enteignung, 1998, S. 55 ff.; *Wieland*, in: Dreier, GG, Bd. 1, 3. Auflage 2013, Art. 14 Rn. 92; i.E. auch *Cornils*, Die Ausgestaltung der Grundrechte, 2005, S. 329 mit Fn. 310; ablehnend *Leisner*, Eigentum, in: Isensee/Kirchhof, Handbuch des Staatsrechts, Bd. VIII, 3. Auflage 2010, § 173 Rn. 14 ff., 127 ff.; *Wendt*, in: Sachs, GG, 9. Auflage 2021, Art. 14 Rn. 55 ff.

[289] BVerfG, Beschluss vom 15. Juli 1981 – 1 BvL 77/78, BVerfGE 58, 300 (338).

(2) Die Kritik Kühnes

Dezidiert ablehnend zu dieser aus bergbaulicher Sicht sehr restriktiven Rechtsprechung äußert sich namentlich *Gunther Kühne*.[290] Ausgangspunkt der Kritik ist der Umstand, dass die eigentumsrechtlich geschützte Bergbauberechtigung eindimensional auf die Aufsuchung und Gewinnung von Rohstoffen ausgerichtet ist, während sich etwa das Grundeigentum durch eine multidimensionale Nutzbarkeit auszeichnet. Wird nun die bergrechtliche Betätigung im bezeichneten Feld rechtlich, tatsächlich oder wirtschaftlich verhindert, kann die Bergbauberechtigung nicht mehr genutzt werden was – so *Kühne* – im Ergebnis deren „Privatnützigkeitskern" völlig entwerte. Infolgedessen sei die Bergbauberechtigung sehr viel stärker auf die Nutzungsfreigabe angewiesen als das Grundeigentum auf die Zulassung einer von mehreren möglichen Nutzungen.[291]

Hieraus zieht *Kühne* verschiedene zentrale Schlussfolgerungen:

Zunächst sei – was die Rechtsprechung im *Ergebnis* nicht anders sieht[292] – das obligatorische Rahmenbetriebsplanverfahren mit Planfeststellung eine gebundene Kontrollerlaubnis ohne planerische Abwägung, weil es nicht auf „eine umfassende Interessenabwägung, sondern auf die Verwirklichung konkreter grundrechtlich geschützter Rechtspositionen angelegt" sei.[293] Letztlich muss unter den genannten Prämissen – ohne dass *Kühne* dies ausdrücklich ausführt – die Bergbauberechtigung zudem eine entsprechend herausgehobene Stellung im Rahmen der Abwägung nach § 48 Abs. 2 BBergG einnehmen.[294]

Im Falle einer Enteignung etwa zugunsten eines Braunkohlentagebaus im Wege der Grundabtretung nach §§ 77 ff. BBergG seien entgegen der Rechtsprechung und der ihr folgenden Literatur „die Anforderungen an das Gemeinwohlerfordernis geringer anzusetzen als in sonstigen Enteignungssituationen", um der „relativ schwächere[n] Position der Bergbauberechtigung" gegenüber dem Grundeigentum Rechnung zu tragen, bei dem zumindest die Wertgarantie erhalten bleibe.[295] Hierfür spreche auch, dass das Recht auf Grundabtretung nach § 8 Abs. 1 Nr. 4, § 9 Abs. 1 Satz 1 BBergG ausdrücklich Inhalt der Gewinnungsberechtigungen sei, sodass es sich – anders als bei anderen Enteignungen – zumindest *auch* um ein nachbarschaftliches Konfliktverhältnis handele,

---

[290] Implizit greift die Prämisse einer starken grundrechtlichen Stellung des Berechtigungsinhabers auch *Dirk Teßmer* auf, der hiermit rechtspolitische Forderungen nach einer Zuordnung der bergfreien Bodenschätze zum Grundeigentum sowie einer Abschaffung des Berechtsamswesens verfassungsrechtlich untermauert, *Teßmer*, Rechtsgutachten: Vorschläge zur Novellierung des deutschen Bergrechts, 2009, S. 15 ff., 109 ff.; *ders.*, in: Frenz, Bergrechtsreform und Fracking, 2013, S. 25 (30 ff.). Näher hierzu unten 2. Kapitel C., S. 170 ff.

[291] *Kühne*, UPR 1989, S. 326 (328); *ders.*, DVBl 2006, S. 662 (663).

[292] Ausführlich hierzu unten 3. Kapitel A. II. 4., S. 239 ff.

[293] *Kühne*, UPR 1989, S. 326 (328); ähnlich *ders.*, DVBl 2006, S. 662 (665).

[294] Vgl. *Kühne*, in: Boldt/Weller/Kühne/von Mäßenhausen, BBergG, 2. Auflage 2016, § 48 Rn. 46, 80.

[295] *Kühne*, NVwZ 2014, S. 321 (323) zur Grundabtretung in Sachen *Garzweiler*.

bei dem jeweils durch Art. 14 GG geschützte Positionen kollidieren.[296] Dieser Umstand könne auch nicht durch die „Wahl einer Enteignungskonstruktion" – hier die gesetzliche Ausgestaltung der Grundabtretung – „beiseitegeschoben werden".[297] Auch wenn das Bundesverfassungsgericht mit seiner *Garzweiler*-Entscheidung der Fortführung des Braunkohlentagebaus zumindest im Ergebnis den Weg ebnete, attestiert *Kühne* den Urteilsgründen „eine durchaus wahrnehmbare Spur von post-industriellem bestandsschützendem Individualismus oder – anders ausgedrückt – von verfassungsrechtlicher De-Industrialisierung".[298]

Die Gewichtsverlagerungen zugunsten des Oberflächeneigentums könnten letztlich zu unbefriedigenden Härten gegenüber den Berechtigungsinhabern führen, wenn das bergbauliche Vorhaben nicht mehr durchführbar sei. Der rechtspolitische Wert eines konsequenten „dulde und liquidiere", wie es das Bundesberggesetz in seiner ursprünglichen Konzeption verfolge, liege gerade darin, dass keine Seite völlig schutzlos gestellt werde, weil der Grundeigentümer zumindest Wertersatz erhalte. Werde das Entschädigungsprinzip „zugunsten des Ausgleichsprinzips" zurückgedrängt, müsste den Berechtsamsinhabern – anders als die Rechtsprechung andeutet[299] – eigentlich ein Entschädigungsanspruch gegen die Grundeigentümer zustehen. § 48 Abs. 2 BBergG sei insoweit verfassungswidrig, als er eine Entschädigungsregelung nicht vorsehe.[300] *Kühne* bemerkt allerdings selbst, dass entsprechende Ansprüche nicht nur regelmäßig nicht durchsetzbar seien, sondern „rechtspolitisch wohl auch als anstößig betrachtet" würden.[301] Ungeachtet diesbezüglicher Kritik in normativer Hinsicht, auf die später einzugehen ist, bliebe empirisch zu klären, ob und inwieweit tatsächlich Vorhaben wegen Interessen der Grundeigentümer verhindert werden, oder ob die Rechtsprechung nicht vielmehr nur die ausreichende Würdigung entsprechender Belange bei der Durchführung der Vorhaben sichert.

---

[296] *Kühne*, ZfB 154 (2013), S. 113 (115); *ders.*, NVwZ 2014, S. 321 (323 mit Fn. 18); *ders.*, ZfB 158 (2017), S. 71 (77); ebenso *Greinacher*, in: Boldt/Weller/Kühne/von Mäßenhausen, BBergG, 2. Auflage 2016, § 79 Rn. 6 f.

[297] *Kühne*, ZfB 158 (2017), S. 71 (77).

[298] *Kühne*, NVwZ 2014, S. 321 (326); ähnlich *ders.*, ZfB 158 (2017), S. 71 (81).

[299] Vgl. BVerwG, Urteil vom 26. März 1998 – 4 A 2/97, BVerwGE 106, 290 (293 f.); BGH, Urteil vom 14. April 2011 – III ZR 30/10, BGHZ 189, 231 Rn. 20.

[300] Näher *Kühne*, in: Boldt/Weller/Kühne/von Mäßenhausen, BBergG, 2. Auflage 2016, § 48 Rn. 109 ff., u.a. unter Verweis auf RG, Urteil vom 18. September 1915 – V 202/15, RGZ 87, 391 (401); vgl. auch *Knöchel*, ZfB 161 (2020), S. 173 (178). Anders hingegen *Kühne*, in: FS Säcker, 2011, S. 105 (111): Es sei „nur eine Frage der Zeit bis zur Herausbildung von Tendenzen" gewesen, „das Konfliktverhältnis zwischen Bergbau und Grundeigentum [...] bei Berücksichtigung der bergbautypischen Unvereinbarkeit von Oberflächenschädigungen ausgewogener zu gestalten", vgl. auch S. 118 f., 122 f.; ferner *Kühne*, Bestandsschutz alten Bergwerkseigentums unter besonderer Berücksichtigung des Art. 14 GG, 1998, S. 70 ff.

[301] Siehe zum Ganzen *Kühne*, ZfB 158 (2017), S. 71 (74 ff., 80 f.).

Ebenfalls kritisch sieht *Kühne* die Rechtsprechung zum Verhältnis zwischen öffentlichen Verkehrsanlagen und Gewinnungsbetrieben. Die Reichweite des geschützten Eigentums könne sich nur aus den die Privatnützigkeit konstituierenden Regelungen ergeben. Dem Grundsatz des Vertrauensschutzes genüge zudem eine Gesetzesauslegung nicht, nach der unter häufig erheblichem Kapitalaufwand erlangte Gewinnungsberechtigungen unter staatlichem „Entziehungsvorbehalt" wegen öffentlicher Interessen stehen. Wenn nun öffentliche Verkehrsanlagen Vorrang gegenüber Gewinnungsbetrieben genießen, erfordere die Dogmatik zur ausgleichspflichtigen Inhalts- und Schrankenbestimmung eine Entschädigung. Der Bundesgerichtshof bleibe letztlich sogar hinter der über 100 Jahre alten differenzierenden Rechtsprechung des Reichsgerichts zurück, die bei außergewöhnlichen Eingriffen in die Ausübung des Bergwerkseigentums einen Entschädigungsanspruch des Bergwerkseigentümers annahm.[302]

Schließlich wendet sich *Kühne* auch gegen das Verständnis des Bundesgerichtshofs von der Reichweite des Schutzes einer bergrechtlichen Erlaubnis. Soweit die Rechtsprechung eine Entschädigung an den Erlaubnisinhaber für eine rechtswidrig verweigerte Bewilligung ablehnt, verkenne sie den „finalen wirtschaftlichen Zusammenhang zwischen beiden Berechtigungen/Tätigkeiten" auch im Sinne eines Investitionsschutzes.[303]

(3) Entschädigungspflichten nach dem EGMR und jüngster Rechtsprechung des Bundesverwaltungsgericht

Zwar verhallte *Kühnes* beharrlich vorgetragene Kritik in der Vergangenheit jedenfalls in der Rechtsprechungspraxis. Eine Entscheidung des Europäischen Gerichtshofs für Menschenrechte[304] indiziert allerdings eine Revision der bislang sehr restriktiven Entschädigungsrechtsprechung bei nicht mehr nutzbaren Bergbauberechtigungen. In der Sache ging es um einen Kalksteinbruch, der nicht mehr in dem von einer bergrechtlichen Bewilligung umfassten Umfang fortgeführt werden konnte, weil zwischenzeitig ein durch das Gebiet führender Autobahnabschnitt planfestgestellt worden war. Kann eine Bergbauberechtigung wegen des gesetzlichen Vorrangs von Verkehrsanlagen nicht mehr ausgenutzt werden, soll nach dem EGMR der Verzicht auf eine Entschädigung nur

---

[302] *Kühne*, DVBl 2012, S. 661 ff.; *ders.*, NVwZ 2016, S. 1221 ff. Ungeachtet der Einzelheiten ist der Verweis auf die Rechtsprechung des Reichsgerichts in *diesem* Kontext problematisch, weil diese nicht die insoweit einschränkende Vorschrift des § 154 Abs. 1 ABG (vgl. § 124 Abs. 4 BBergG) betrifft, vgl. auch die Nachweise oben in Fn. 280, S. 135 sowie *Miesbach/ Engelhardt*, Bergrecht, 1962, Vor Art. 211 bayBergG – § 153 ABG Anm. I 3, II; *Westermann*, Das Verhältnis zwischen Bergbau und öffentlichen Verkehrsanstalten als Gegenstand richterlicher und gesetzgeberischer Bewertung, 1966, S. 38 ff.

[303] *Kühne*, DVBl 2005, S. 978 ff.

[304] Siehe hierzu oben Fn. 283, S. 135.

unter außergewöhnlichen Umständen in Betracht kommen, während die Eigentumsentziehung ohne Wertausgleich in der Regel ein unverhältnismäßiger Eingriff in Art. 1 des Zusatzprotokolls sei. Solche außergewöhnlichen Umstände lägen – anders als in zuvor entschiedenen Fällen – nicht bereits in der Kenntnis oder dem Kennenmüssen des gesetzlichen Vorrangs öffentlicher Verkehrsanlagen sowie der in Planung befindlichen Autobahn, weil die Bergbehörde bei Erteilung der Bewilligung Kenntnis von der geplanten Autobahn hatte oder zumindest hätte haben müssen. Auch sonstige Umstände konnte der Gerichtshof nicht erkennen.

Ebenso bejahte kurze Zeit später das Bundesverwaltungsgericht eine Entschädigungspflicht dem Grunde nach, wenn Bergwerkseigentum wegen der späteren Ausweisung eines Naturschutzgebiets nicht genutzt werden kann.[305] Der 4. Senat distanziert sich allerdings ausdrücklich nicht von der eigenen bisherigen Rechtsprechungslinie und derjenigen des Bundesgerichtshofs zu kollidierenden Verkehrsanlagen,[306] wie es im Lichte der EGMR-Entscheidung – die ebenso wie die Äußerungen *Kühnes* nicht einmal erwähnt wird – wohl nahegelegen hätte. Vielmehr seien die Fälle nicht vergleichbar, da der entschädigungslose Vorrang von Verkehrsanlagen dem Bergwerkseigentum bereits zum Zeitpunkt seiner Entstehung immanent sei, während die Naturschutzgebietsverordnung zu einer nachträglichen Rechtsänderung führe.[307] Die Verweigerung der Rahmenbetriebsplanzulassung sei auch nicht wegen einer besonderen Situationsgebundenheit hinzunehmen gewesen. Die auf das Grundeigentum gemünzte Rechtsfigur sei im Fall des Bergwerkseigentums eng auszulegen.

„Soll die entschädigungslose Beseitigung des Bergwerkseigentums die Ausnahme bleiben, kann es für eine gesteigerte Sozialbindung nicht ausreichen, dass sich eine naturschutzrechtliche Unterschutzstellung nach Lage und Beschaffenheit des Bergwerksfeldes anbietet."

Vielmehr müsse die Untersagung dem Bergwerkseigentum „,auf die Stirn geschrieben' sein".[308] Im Übrigen hat der Senat Zweifel, ob Vertrauensschutzgesichtspunkte bei der Frage der Unzumutbarkeit von Eigentumsbeschränkungen überhaupt relevant seien. Jedenfalls sei das Vertrauen im konkreten Fall aber schutzwürdig.

Weder der EGMR noch das Bundesverwaltungsgericht thematisieren die prinzipielle Schutzreichweite der Bergbauberechtigung, sondern betrachten

---

[305] BVerwG, Urteil vom 25. Oktober 2018 – 4 C 9/17, BVerwGE 163, 294; zustimmend *Kühne*, ZfB 160 (2019), S. 198 ff. Die Sache wurde zurückverwiesen, weil aufgrund der tatsächlichen Feststellungen des Oberverwaltungsgerichts die Kausalitätsfrage nicht abschließend geklärt war.

[306] Siehe die Nachweise oben in Fn. 282 f., S. 135.

[307] Hierzu sowie zum Folgenden BVerwG, Urteil vom 25. Oktober 2018 – 4 C 9/17, BVerwGE 163, 294 Rn. 33 ff.

[308] Kritisch hierzu *Kühne*, ZfB 160 (2019), S. 198 (202).

die völlige Entwertung der Rechtsposition als grundsätzlich entschädigungspflichtig. Die entschädigungslose Beseitigung der Rechtsposition müsse die Ausnahme bleiben, ohne dass diese Prämisse selbst begründet wird. Damit verschiebt sich die Argumentationslast deutlich zulasten der versagenden Behörde, obwohl bei Begründung der Bergbauberechtigung Interessenkollisionen gerade nicht umfassend ausgeglichen werden und selbst bestehende Schutzgebietsausweisungen nicht zwangsläufig zur Versagung der Bergbauberechtigung führen.

Die Entscheidung des Bundesverwaltungsgerichts begründet zugleich die Gefahr problematischer Wertungswidersprüche mit der Rechtsprechung zum Grundstückseigentum. Das Bundesverwaltungsgericht nimmt dort unter deutlich geringeren Voraussetzungen eine Situationsgebundenheit an. „[N]utzungsregelnde Maßnahmen des Natur- und Landschaftsschutzes [sind] von den betroffenen Eigentümern grundsätzlich als Ausdruck der Situationsgebundenheit ihres Grundeigentums ohne weiteres hinzunehmen", während eine hiermit konkurrierende, eine Entschädigungspflicht auslösende Situationsberechtigung nur angenommen werden könne, wenn es sich um bereits verwirklichte Nutzungen handelt oder sich die Nutzungsmöglichkeiten nach Lage der Dinge objektiv anbieten oder sogar aufdrängen.[309] Bei der Bergbauberechtigung wird demgegenüber nur in offensichtlichen Fällen eine Situationsgebundenheit angenommen, die dann Entschädigungsansprüche ausschließt.[310] Im Übrigen soll die bloße Existenz der Bergbauberechtigung zur Begründung einer Ausgleichspflicht genügen, obwohl diese – ebenso wie das Grundeigentum – materiell noch keine Aussage über die Nutzbarkeit trifft.

Die Annahme einer grundsätzlichen Entschädigungspflicht kann also derart pauschal nicht überzeugen, was nicht bedeutet, dass das bislang von der Judikatur verfolgte kategorische Gegenteil zutrifft. Hierauf ist später zurückzukommen.

bb) Das eigentumsgrundrechtliche Dilemma bei Inhalts- und Schrankenbestimmungen

Die divergierenden Positionen sowohl zu Abwägungsprozessen als auch zu Ausgleichspflichten verdeutlichen das eingangs bereits erwähnte Dilemma eines normgeprägten Eigentumsschutzes. Welche Anforderungen die Verfassung

---

[309] Näher BVerwG, Urteil vom 24. Juni 1993 – 7 C 26/92, BVerwGE 94, 1 (10 ff.); zur Instanzrechtsprechung siehe etwa OVG Münster, Urteil vom 16. Juni 1997 – 10 A 860/95, NVwZ-RR 1998, S. 229 (231); OVG Saarlouis, Urteil vom 7. März 2007 – 1 N 3/06, NVwZ-RR 2007, S. 582 (591).

[310] Eine gewisse Parallele findet dieser Gedanke in der Rechtsprechung zum Hochwasserschutz. Nach BVerwG, Urteil vom 22. Juli 2004 – 7 CN 1/04, BVerwGE 121, 283 (288 ff.) ist die Festsetzung eines Überschwemmungsgebiets wegen der natürlichen Lage des Grundstücks an einem Gewässer ohne Entschädigung zulässig. Allerdings müsse die Festsetzung auch für das einzelne Grundstück tatsächlich erforderlich sein.

selbst an den Gesetzgeber stellt, ist Gegenstand einer sehr differenziert und facettenreich geführten Auseinandersetzung um ein tragfähiges Eigentumskonzept, die hier nur angedeutet werden kann.[311]

Versteht man das verfassungsrechtlich geschützte Eigentum mit einer die Verfassungsrechtsprechung dezidiert ablehnenden Auffassung als zunächst „freies, unbeschränktes und absolutes Recht" mit der Folge, dass der inhaltlich bestimmende Gesetzgeber auf einer logisch ersten Stufe „entweder Eigentum im Sinne eines absoluten Verfügungsrechts zuordnen [kann] oder aber gar nicht", ist jegliche Beschränkung auf einer logisch zweiten Stufe rechtfertigungsbedürftig. Andernfalls verwandelte sich die Kompetenz zur Schrankenbestimmung „in die unumschränkte Macht, positiv zu bestimmen, was Freiheit ist".[312] Strukturell spiegelt sich dieses Verständnis durchaus beim EGMR[313] sowie in der jüngsten Entscheidung des Bundesverwaltungsgerichts – dort jeweils zur Frage der Entschädigungspflicht – wider.[314]

Ungeachtet der Kritik an einem absoluten Eigentumsbegriff,[315] auf die im Ergebnis nicht näher eingegangen werden muss, ist zu berücksichtigen, dass *unter der Eingangsprämisse* die zunächst umfassende Verfügungsbefugnis gerade auch dem Grundeigentum als Leitbild für den verfassungsrechtlichen Eigentumsbegriff[316] zukommt. Problematisch seien Abspaltungen einzelner Verfügungs- und Nutzungsbefugnisse und ihre Unterwerfung unter ein staatliches Konzessionssystem.[317] Eine Rechtsposition „Bergbauberechtigung", die ihrerseits überhaupt erst durch ihre institutionelle Abkopplung das Grundeigentum

---

[311] Vgl. zunächst stellvertretend die diametral entgegengesetzten Positionen von *Depenheuer/Froese*, in: von Mangoldt/Klein/Starck, GG, Bd. 1, 7. Auflage 2018, Art. 14 Rn. 29 ff. und *Wieland*, in: Dreier, GG, Bd. 1, 3. Auflage 2013, Art. 14 Rn. 27 ff.

[312] *Depenheuer/Froese*, in: von Mangoldt/Klein/Starck, GG, Bd. 1, 7. Auflage 2018, Art. 14 Rn. 29 ff., insb. Rn. 41, 47 (Zitate), 63, 65 ff., ferner Rn. 231; ähnlich *Leisner*, Eigentum, in: Isensee/Kirchhof, Handbuch des Staatsrechts, 3. Auflage 2010, Bd. VIII, § 173 Rn. 20 ff., 132 ff.; vgl. auch speziell zur Bergbauberechtigung *Dietlein*, Die Eigentumsfreiheit und das Erbrecht, in: Stern, Das Staatsrecht der Bundesrepublik Deutschland, Bd. IV/1, 2006, § 113, S. 2114 (2189); *Kühne*, DVBl 2012, S. 661 (665).

[313] Vgl. auch die Analyse bei *Kühne*, NVwZ 2018, S. 214 (216).

[314] Hierzu oben 2. Kapitel B. IV. 2. b) aa) (3), S. 139 ff.

[315] *Lepsius*, Besitz und Sachherrschaft im öffentlichen Recht, 2002, S. 366 ff.; *Wieland*, in: Dreier, GG, Bd. 1, 3. Auflage 2013, Art. 14 Rn. 27 ff., 90, 143; kritisch auch *Cornils*, Die Ausgestaltung der Grundrechte, 2005, S. 269 f. mit Fn. 92, S. 303 ff.; *Papier/Shirvani*, in: Maunz/Dürig, GG, Art. 14 Rn. 152 (Stand: April 2018) unter Verweis auf verfassungsunmittelbar nicht lösbare Schwierigkeiten selbst bei natürlich abgegrenzten Gütern wie bei beweglichen Sachen.

[316] Zur diesbezüglichen Bedeutung des zivilrechtlichen Grund- und Sacheigentums *Depenheuer/Froese*, in: von Mangoldt/Klein/Starck, GG, Bd. 1, 7. Auflage 2018, Art. 14 Rn. 33, 62 f.; oben Fn. 243.

[317] *Depenheuer/Froese*, in: von Mangoldt/Klein/Starck, GG, Bd. 1, 7. Auflage 2018, Art. 14 Rn. 53 ff., 65 ff., 132, 336 ff.

einschränkt,[318] steht damit von vornherein selbst unter Rechtfertigungsdruck.[319] Eine Abwägung mit kollidierenden Grundeigentümerinteressen – entweder vor der Entstehung des Rechts oder später vor der Realisierung – ist damit zwingend geboten. Das gilt zwar nicht im gleichen Maße für sonstige kollidierende Belange wie etwa des Umweltschutzes, jedoch bleibt auch insoweit jedenfalls ein Ausgleich auf Rechtfertigungsebene möglich.[320]

Dogmatische Modelle wie jenes der Verfassungsrechtsprechung, die ein immanent pflichtgebundenes Eigentum ins Zentrum rücken[321] oder dieses sogar auf eine bloß gesetzesakzessorische Garantie ohne verfassungsrechtlichen „Selbststand" reduzieren,[322] ermöglichen demgegenüber ohne Weiteres einen weitreichenden Gestaltungsspielraum des Gesetzgebers,[323] weil Inhaltsbestimmungen bereits im Ansatz keinem permanenten Rechtfertigungsdruck ausgesetzt zu sein scheinen.[324] Sie bereiten aber auch den argumentativen Weg für eine kategorische und in ihrer Richtung völlig austauschbare Gesetzgebung, die bereits im Ansatz nicht zum Ausgleich kollidierender Interessen vordringt. Weitreichende Beschränkungen des Bergbaus aufgrund von öffentlichen Verkehrsanlagen wären danach von vornherein verfassungsrechtlich ebenso unproblematisch[325] wie die Auffassung, dass dem Grundeigentum ohnehin immanente Risiken durch Bergbau innewohnten, die infolgedessen hinzunehmen seien[326]. Dann wären sogar umfangreiche Rekurse wahlweise auf ein absolut

---

[318] *Depenheuer/Froese*, in: von Mangoldt/Klein/Starck, GG, Bd. 1, 7. Auflage 2018, Art. 14 Rn. 132.

[319] Dieser Gedankengang wird auch für die Frage relevant, ob bergfreie Bodenschätze auf Dauer vom Grundeigentum getrennt bleiben dürfen, dazu unten 2. Kapitel C. III. 2., S. 180 ff.

[320] Man könnte unter der Ausgangsprämisse eines umfassend geschützen Eigentums sogar überlegen, der von vornherein institutionell rechtfertigungsbedürftigen und insoweit *per se* zu beschränkenden Rechtsposition „Bergbauberechtigung" die Eigentumsqualität abzusprechen, weil nie – auch nicht in einem logisch ersten Schritt – eine umfassende Herrschaftsposition entstehen kann.

[321] So insbesondere *Lepsius*, Besitz und Sachherrschaft im öffentlichen Recht, 2002, S. 55 ff., 103 ff., 366 ff.

[322] *Bryde/Wallrabenstein*, in: von Münch/Kunig, GG, 7. Auflage 2021, Art. 14 Rn. 25; ähnlich auch *Ehlers*, VVDStRL 51 (1992), S. 211 (214); *Wieland*, in: Dreier, GG, Bd. 1, 3. Auflage 2013, Art. 14 Rn. 27 ff.; terminologisch ablehnend *Cornils*, Die Ausgestaltung der Grundrechte, 2005, S. 266.

[323] Vgl. etwa *Lepsius*, Besitz und Sachherrschaft im öffentlichen Recht, 2002, S. 118 ff., 125 ff.; aus der Rechtsprechung etwa BVerfG, Beschluss vom 11. Oktober 1988 – 1 BvR 743/86, 1 BvL 80/86, BVerfGE 79, 29 (40); Urteil vom 6. Dezember 2016 – 1 BvR 2821/11 u. a., BVerfGE 143, 246 Rn. 218.

[324] Vgl. auch die Analyse von *Cornils*, Die Ausgestaltung der Grundrechte, 2005, S. 282, 292 ff.

[325] *Weitnauer*, Bergbau und Öffentliche Verkehrsanstalten, 1971, S. 12 ff., 46 ff.; *ders.*, JZ 1973, S. 73 (80); ablehnend *H. Schulte*, ZfB 113 (1972), S. 166 ff.

[326] *H. Schulte*, Eigentum und öffentliches Interesse, 1970, S. 275 ff.; *ders.*, ZfB 113 (1972), S. 166 (174) mit der Überlegung, die „allgemeinen, normalen Nachteile der Lage in einem Bergbaugebiet hat jedes Grundstück entschädigungslos hinzunehmen"; vgl. ferner *Kühne*, ZfB 158

und umfassend geschütztes Grundeigentum, das durch Bergrecht beschränkt werde,[327] oder ein nachbarschaftliches Gemeinschaftsverhältnis zwischen Bergbautreibenden und Oberflächeneigentümern, das durch weitreichende Duldungs- und Rücksichtnahmepflichten des Grundeigentümers gekennzeichnet sei,[328] entbehrlich. Im Grunde steht auch die oben referierte nationale Rechtsprechung zu Bergbauberechtigungen in dieser Tradition, wenn sie trotz mitunter weitreichender Beschränkungsmöglichkeiten apodiktisch die Rechtmäßigkeit des gesetzlichen Regelungsgefüges annimmt.

Grundsätzlich zu Recht sollen jedoch auch Inhaltsbestimmungen insbesondere den Grenzen des Gleichheitssatzes, der Verhältnismäßigkeit, der gerechten Abwägung sowie des Vertrauensschutzes unterliegen.[329] Die Frage, wie beispielsweise die Verhältnismäßigkeit eines gesetzlich erst noch zu bestimmenden Eigentums geprüft werden soll, bleibt dabei jedoch durchaus prekär.[330] Hierüber können Formeln des Bundesverfassungsgerichts zum Wohl der Allgemeinheit als Grund und Grenze für die Beschränkung des Eigentümers oder vom unlösbaren Zusammenhang zwischen der Bestandsgarantie des Art. 14 Abs. 1 Satz 1 GG, dem Regelungsauftrag des Art. 14 Abs. 1 Satz 2 GG und der Sozialpflichtigkeit des Eigentums nach Art. 14 Abs. 2 GG ebenso wenig hinweghelfen wie der Hinweis, dass das zulässige Ausmaß einer Sozialbindung auch vom Eigentum selbst her bestimmt werden müsse.[331] Denkbar ist dies im Kern nur in Relation zu bereits einfachrechtlich garantierten Eigentumspositionen,[332] ent-

---

(2017), S. 71 (74 ff., 80 f.) zum „dulde und liquidiere"; ablehnend *Weitnauer*, Bergbau und Öffentliche Verkehrsanstalten, 1971, S. 12 ff.; 24 ff., 105 ff., 118 f.; *ders.*, JZ 1973, S. 73 (80 f.).

[327] *Weitnauer*, JZ 1973, S. 73 (76 f., 80).

[328] *H. Schulte*, ZfB 113 (1972), S. 166 (171 ff.).

[329] *Bryde/Wallrabenstein*, in: von Münch/Kunig, GG, 7. Auflage 2021, Art. 14 Rn. 103 ff.; *Rozek*, Die Unterscheidung von Eigentumsbindung und Enteignung, 1998, S. 30 ff.; *Wieland*, in: Dreier, GG, Bd. 1, 3. Auflage 2013, Art. 14 Rn. 144 ff. Vgl. aus der Rechtsprechung BVerfG, Urteil vom 6. Dezember 2016 – 1 BvR 2821/11 u.a., BVerfGE 143, 246 Rn. 281 ff.; 348 ff.; 386 ff.; zusammenfassend *Papier/Shirvani*, in: Maunz/Dürig, GG, Art. 14 Rn. 154 (Stand: April 2018) m.w.N.

[330] Kritisch daher *Cornils*, Die Ausgestaltung der Grundrechte, 2005, S. 252 f., 284 f.; *Depenheuer/Froese*, in: von Mangoldt/Klein/Starck, GG, Bd. 1, 7. Auflage 2018, Art. 14 Rn. 230; *Leisner*, Eigentum, in: Isensee/Kirchhof, Handbuch des Staatsrechts, Bd. VIII, 3. Auflage 2010, § 173 Rn. 22, 132 ff.; die Frage aufwerfend auch *Bryde/Wallrabenstein*, in: von Münch/Kunig, GG, 7. Auflage 2021, Art. 14 Rn. 107; *Wieland*, in: Dreier, GG, Bd. 1, 3. Auflage 2013, Art. 14 Rn. 144; vgl. auch *Papier/Shirvani*, in: Maunz/Dürig, GG, Art. 14 Rn. 152 (Stand: April 2018); differenzierend *Dederer*, in: Kahl/Waldhoff/Walter, BK-GG, Art. 14 (Eigentum) Rn. 833 i.V.m. Rn. 546 (Stand: Dezember 2017); *Kempny*, in: Dreier, GG, Bd. 1, 4. Auflage (i.E.), Art. 14 Rn. 185 ff.

[331] Zu diesen Begründungsansätzen BVerfG, Urteil vom 1. März 1979 – 1 BvR 532/77, BVerfGE 50, 290 (340); Urteil vom 6. Dezember 2016 – 1 BvR 2821/11 u.a., BVerfGE 143, 246 Rn. 218.

[332] *Ehlers*, VVDStRL 51 (1992), S. 211 (225); *Wieland*, in: Dreier, GG, Bd. 1, 3. Auflage 2013, Art. 14 Rn. 145; differenzierend *Bryde/Wallrabenstein*, in: von Münch/Kunig, GG, 7. Auflage 2021, Art. 14 Rn. 108; vgl. BVerfG, Beschluss vom 9. Januar 1991 – 1 BvR 929/89,

gegen der ursprünglichen Prämisse in Anerkennung einer verfassungsrechtlich garantierten Rechtsstellung[333] oder – als äußerste Grenze – nach Maßgabe einer wie auch immer einzugrenzenden[334] Institutsgarantie[335]. In diesem Sinne betont das Bundesverfassungsgericht die grundsätzliche Privatnützigkeit und Verfügungsbefugnis, die nicht unverhältnismäßig eingeschränkt[336] oder die als Elemente des eigentumsrechtlichen Kernbereichs nicht ausgehöhlt[337] werden dürften. So konnte das Gericht der Verfassung in den Sachbereichen Grundeigentum[338] sowie geistiges Eigentum[339] erstaunlich detaillierte Vorgaben für den einfachen Gesetzgeber entlocken, indem es *de facto* vom (verfassungsrechtlichen) Leitbild einer unbegrenzten Privatnützigkeit – zumindest in den genannten Sachbereichen – ausgeht.[340] In seiner *Garzweiler*-Entscheidung erstreckt der Erste Senat das Grundeigentum sogar auf seine sozialen Bezüge.[341]

Hiernach verbleiben aber offene Fragen, die allesamt im Kontext der Bergbauberechtigungen relevant sind:[342] Haben nur bestimmte, ihrerseits dem

---

BVerfGE 83, 201 (212); Urteil vom 6. Dezember 2016 – 1 BvR 2821/11 u.a., BVerfGE 143, 246 Rn. 229; *Dederer*, in: Kahl/Waldhoff/Walter, BK-GG, Art. 14 (Eigentum) Rn. 833 i.V.m. Rn. 546 (Stand: Dezember 2017); ablehnend *Cornils*, Die Ausgestaltung der Grundrechte, 2005, S. 254 ff., 285 f.; *Lepsius*, Besitz und Sachherrschaft im öffentlichen Recht, 2002, S. 56 f.

[333] Vgl. BVerfG, Beschluss vom 30. November 1988 – 1 BvR 1301/84, BVerfGE 79, 174 (198); Beschluss vom 23. Oktober 2013 – 1 BvR 1842, 1843/11, BVerfGE 134, 204 Rn. 72, 87 m.w.N.; Beschluss vom 10. Mai 2000 – 1 BvR 1864/95, NJW 2001, S. 1783 (1784); a.A. *Bryde/Wallrabenstein*, in: von Münch/Kunig, GG, 7. Auflage 2021, Art. 14 Rn. 108.

[334] Dazu *Papier/Shirvani*, in: Maunz/Dürig, GG, Art. 14 Rn. 123 f. (Stand: April 2018).

[335] *Wieland*, in: Dreier, GG, Bd. 1, 3. Auflage 2013, Art. 14 Rn. 143; vgl. *Bryde/Wallrabenstein*, in: von Münch/Kunig, GG, 7. Auflage 2021, Art. 14 Rn. 61 ff., 104 f.; *Dederer*, in: Kahl/Waldhoff/Walter, BK-GG, Art. 14 (Eigentum) Rn. 547 (Stand: Dezember 2017) mit weiteren Ansätzen; ablehnend *Cornils*, Die Ausgestaltung der Grundrechte, 2005, S. 264 f. zum Grundeigentum, S. 273 ff.

[336] BVerfG, Urteil vom 28. April 1999 – 1 BvL 32/95, 1 BvR 2105/95, BVerfGE 100, 1 (37); Beschluss vom 11. Januar 2011 – 1 BvR 3588/08, 1 BvR 555/09, BVerfGE 128, 138 (148).

[337] BVerfG, Beschluss vom 2. März 1999 – 1 BvL 7/91, BVerfGE 100, 226 (241); Beschluss vom 13. Dezember 2006 – 1 BvR 2084/05, NVwZ 2007, S. 808 Rn. 5; Beschluss vom 15. September 2011 – 1 BvR 2232/10, NVwZ 2012, S. 429 Rn. 35.

[338] BVerfG, Beschluss vom 2. März 1999 – 1 BvL 7/91, BVerfGE 100, 226 (241 ff.); Beschluss vom 16. Februar 2000 – 1 BvR 242/91, 1 BvR 315/99, BVerfGE 102, 1 (17 ff.); vgl. auch BVerfG, Beschluss vom 13. Dezember 2006 – 1 BvR 2084/05, BVerfGK 10, 66 Rn. 22.

[339] Etwa BVerfG, Beschluss vom 7. Juli 1971 – 1 BvR 765/66, BVerfGE 31, 229 (240 ff.); Beschluss vom 25. Oktober 1978 – 1 BvR 352/71, BVerfGE 49, 382 (392 ff.).

[340] Dazu *Cornils*, Die Ausgestaltung der Grundrechte, 2005, S. 264 f., 275 ff., 301 f., 306 f., 329, 333, u.a. mit der Bemerkung, der Verweis der Rechtsprechung auf einen geschützten Kernbereich sei nur eine vordergründige Fassade (S. 276).

[341] BVerfG, Urteil vom 17. Dezember 2013 – 1 BvR 3139/08, 1 BvR 3386/08, BVerfGE 134, 242 Rn. 268 ff.; kritisch *Kühne*, NVwZ 2014, S. 321 (325); *T. Linke*, EurUP 2016, S. 199 (200 ff.); *Shirvani*, EnWZ 2015, S. 3 (6).

[342] Im hiesigen Kontext nicht relevant wird vor allem die Frage, wie die einfachgesetzliche Abgrenzung sowie der Erwerb und Verlust von Eigentumspositionen sinnvoll an den soeben genannten verfassungsrechtlichen Maßstäben geprüft werden können, können doch entsprechende Vorgaben allenfalls bedingt aus der Verfassung selbst abgeleitet werden. Zu

„Kern" der Eigentumsgarantie immanente Eigentumssachbereiche Teil an den Garantien der Privatnützigkeit und Verfügungsbefugnis? Falls dies zu bejahen ist: Zählt zum Kernbereich auch das immerhin bereits vorkonstitutionell existente Rechtsinstitut der Bergbauberechtigung? Oder ist der Gesetzgeber immer dann, wenn er privatnützige Rechtspositionen schafft, die infolgedessen Art. 14 GG unterfallen, an diese Privatnützigkeit gebunden – ungeachtet der Frage, ob er verfassungsrechtlich zur Einrichtung verpflichtet war?[343] Schließlich: Muss, ggf. auch soweit nur künftige Berechtigungen betroffen sind, das überkommene Regelungsgefüge – hier also die Schürffreiheit, das Bergwerkseigentum sowie die Staatsvorbehalte etwa nach dem Allgemeinen Berggesetz – als Maßstab herangezogen werden?[344]

All diese Fragen unterstreichen die Schwierigkeiten, die mit der Normprägung der Eigentumsfreiheit einhergehen. Sie sind möglicherweise auch Ursache einer Rechtsprechung, die sich gerade dann auf die notwendige Normprägung ohne nähere Prüfung zurückzieht, wenn – wie im Falle der Bergbauberechtigung – nicht zentrale Positionen wie etwa Grund-, Sach- oder geistiges Eigentum sowie durch eigene Leistung erworbene Sozialversicherungsansprüche im Raume stehen.

cc) Der eigentumsrechtliche Schutz der Bergbauberechtigung im verfassungsrechtlichen Kontext

Betrachtet man demgegenüber die Bergbauberechtigung im Lichte ihres verfassungsrechtlichen Kontextes, kann der eigentumsrechtliche Gewährleistungsumfang verfassungsdogmatisch belastbar konkretisiert werden. Im Zentrum steht dabei die Bedeutung der Bodenschätze für die verfassungsrechtlich durch Art. 12 Abs. 1 GG geschützte[345] wirtschaftliche Betätigung der Bergbauunternehmer, wobei Art. 14 GG im Rahmen der Wirtschaftsverfassung das eigentumsrechtliche Fundament für die wirtschaftliche Betätigung[346] bildet. Berg-

---

Lösungsansätzen *Cornils*, Die Ausgestaltung der Grundrechte, 2005, S. 309 ff. Siehe auch unten 2. Kapitel C., S. 170 ff. zur Frage der Schutzreichweite beim Grundeigentum in Bezug auf Bodenschätze.

[343] Vgl. BVerfG, Beschluss vom 11. Januar 2011 – 1 BvR 3588/08, 1 BvR 555/09, BVerfGE 128, 138 (148 f.); speziell zu Bergbauberechtigungen vgl. *Kühne*, DVBl 2012, S. 661 (665); ferner *Dietlein*, Die Eigentumsfreiheit und das Erbrecht, in: Stern, Das Staatsrecht der Bundesrepublik Deutschland, Bd. IV/1, 2006, § 113, S. 2114 (2189). Dies dürfte in der Sache dem oben dargestellten Konzept eines zunächst umfassend geschützten Eigentums nahekommen. Ablehnend *Cornils*, Die Ausgestaltung der Grundrechte, 2005, S. 274, 287 ff.

[344] Vgl. hierzu die Nachweise soeben in Fn. 332.

[345] Insoweit geht Art. 12 Abs. 1 GG der durch Art. 2 Abs. 1 GG ebenfalls geschützten wirtschaftlichen Betätigungsfreiheit vor, vgl. allgemein *Di Fabio*, in: Maunz/Dürig, GG, Art. 2 Abs. 1 Rn. 80 (Stand: Juli 2001).

[346] Vgl. *Di Fabio*, in: Maunz/Dürig, GG, Art. 2 Abs. 1 Rn. 79 (Stand: Juli 2001); aus wirtschaftsverfassungsrechtlicher Perspektive *Papier/Shirvani*, in: Maunz/Dürig, GG, Art. 14

bauliche Tätigkeiten erfordern zwingend die Aneignungs- und damit auch die Eigentumsfähigkeit von Bodenschätzen und verbunden damit eine Rechtsordnung, die einen Zugriff grundsätzlich erlaubt, insoweit eine privatnützige unternehmerische Entfaltung ermöglicht[347] und nicht unverhältnismäßig beschränkt. Der Gesetzgeber hat bei der Ausgestaltung des bodenschatzbezogenen Zugriffsregimes, wozu auch das Berechtsamswesen zählt, vielfältige Ausgestaltungsmöglichkeiten und ist nicht von Verfassungs wegen auf ein unter Art. 14 GG fallendes Konzessionssystem festgelegt. Dies hat Rückwirkungen auf die Reichweite des eigentumsrechtlichen Schutzes der Bergbauberechtigung.

(1) Keine verfassungsunmittelbare Garantie des Rechtsinstituts der Bergbauberechtigung

Privatwirtschaftlicher Bergbau setzt zunächst ganz elementar die grundsätzliche Aneignungs- und Eigentumsfähigkeit von Bodenschätzen voraus. Dem trägt die geltende Rechtslage ohne weiteres Rechnung, sodass hier dahinstehen kann, ob und inwieweit Art. 14 GG eine diesbezügliche verfassungsunmittelbare Garantie enthält.[348]

Von der Eigentumsfähigkeit der Bodenschätze selbst sind die Existenz des Rechtsinstituts der Bergbauberechtigung sowie deren eigentumsrechtlicher Schutz strikt zu unterscheiden. Hier gewährt das Grundgesetz keine institutionellen Garantien, sodass *hieraus* auch kein umfassender Eigentumsschutz abgeleitet werden kann. Art. 12 Abs. 1 GG kann ein entsprechender Schutz bereits deshalb nicht entnommen werden, weil die Berufsfreiheit lediglich eine Rechtslage voraussetzt, die den Zugriff auf Bodenschätze adäquat ermöglicht. Ein Konzessionssystem ist hierzu nicht zwangsläufig notwendig.[349] Auch Art. 15 GG, wonach neben Grund und Boden unter anderem Naturschätze, zu denen auch Bodenschätze zählen,[350] zum Zwecke der Vergesellschaftung durch

Rn. 111, 159 (Stand: April 2018); *Scholz*, in: Maunz/Dürig, GG, Art. 12 Rn. 86, 131 (Stand: Juni 2006); *Wendt*, Eigentum und Gesetzgebung, 1985, S. 261 ff.

[347] Näher oben 1. Kapitel C. III. 3. b) aa), S. 56 ff.

[348] Wegen der fundamentalen Bedeutung der grundsätzlichen Eigentumsfähigkeit von Bodenschätzen für die wirtschaftliche Betätigung dürfte bereits Art. 12 Abs. 1 GG einen grundsätzlichen Schutz durch Art. 14 GG vermitteln. Jedenfalls setzt aber Art. 15 GG eine solche Garantie durch Art. 14 GG voraus. Der Verfassungsgeber unterstreicht hier die wirtschaftliche und soziale Bedeutung von Bodenschätzen, was bei der Auslegung der durch Art. 14 GG unmittelbar geschützten Gegenstände nicht unberücksichtigt bleiben kann. Näher zu Art. 15 GG sogleich.

[349] Siehe oben 1. Kapitel C. III. 3. b) aa), S. 56 ff.

[350] Vgl. dazu die Beratungen des Ausschusses für Grundsatzfragen, 26. Sitzung am 30. November 1948, in: Deutscher Bundestag/Bundesarchiv, Der Parlamentarische Rat 1948–1949, Bd. 5/II, 1993, S. 737 sowie die Beratungen des Ausschusses für Zuständigkeitsabgrenzung, 3. Sitzung am 23. September 1948, in: Deutscher Bundestag/Bundesarchiv, Der Parlamentarische Rat 1948–1949, Bd. 3, 1986, S. 117. Allgemeine Auffassung, siehe nur *Bryde*, in: von

Gesetz in Gemeineigentum oder andere Formen der Gemeinwirtschaft überführt werden können (Sozialisierung), vermittelt keinen verfassungsunmit-
telbaren institutionellen Schutz der Bergbauberechtigung. Terminologisch ist
die Sozialisierung als Gegenstück zum Privateigentum sowie zur Privatwirt-
schaft konzipiert.[351] Die Überführung in Gemeinwirtschaft erfasst ausschließlich wirtschaftlich nutzbare Gegenstände,[352] was zumeist[353] – jedenfalls aber
in Bezug auf die hier interessierenden Bodenschätze – deren Eigentumsfähigkeit voraussetzt. Art. 15 GG ist damit Schranke der Eigentumsfreiheit.[354]
Der voraussetzungsvolle Art. 15 GG mag insoweit zwar einen verfassungsun-
mittelbaren Schutz der grundsätzlichen Eigentumsfähigkeit von Bodenschätzen vermitteln,[355] auf die Eigentums*erwerbs*möglichkeit[356] und damit auf die
Bergbauberechtigung erstreckt sich diese Garantie jedoch nicht. Ungeachtet der
Frage, ob Bergbauberechtigungen sozialisierungsfähig sind, setzt Art. 15 GG
ebenfalls nur voraus, dass Bodenschätze wirtschaftlich nutzbar gemacht werden können und insoweit auch eine Zugriffsmöglichkeit bestehen muss. Diese
ist allerdings nicht notwendig eigentumsspezifisch. Vielmehr sind gerade die

---

Münch/Kunig, GG, 7. Auflage 2021, Art. 15 Rn. 20; *Durner*, in: Maunz/Dürig, GG, Art. 15
Rn. 35 (Stand: März 2019).

[351] *Durner*, in: Maunz/Dürig, GG, Art. 15 Rn. 46, 50 (Stand: März 2019); *Schell*, Art. 15
GG im Verfassungsgefüge, 1996, S. 66 f., 72; *Schliesky*, in: Kahl/Waldhoff/Walter, BK-GG,
Art. 15 Rn. 19, 44 ff. (Stand: August 2011); vgl. *F. Klein*, Eigentumsbindung, Enteignung, So-
zialisierung und Gemeinwirtschaft im Sinne des Bonner Grundgesetzes, 1972, S. 17, 20 ff.
Das schließt nicht aus, dass auch Eigentum der öffentlichen Hand sozialisiert werden kann,
Durner, in: Maunz/Dürig, GG, Art. 15 Rn. 31 (Stand: März 2019); *H. P. Ipsen*, in: VVDStRL
10 (1952), S. 74 (109); *Schliesky*, in: Kahl/Waldhoff/Walter, BK-GG, Art. 15 Rn. 19 mit Fn. 95,
24 (Stand: August 2011) unter Einschluss des „öffentlichen Eigentums".

[352] *F. Klein*, Eigentumsbindung, Enteignung, Sozialisierung und Gemeinwirtschaft im
Sinne des Bonner Grundgesetzes, 1972, S. 5.

[353] Insoweit ist umstritten, ob Art. 15 GG Naturkräfte wie die Wind- oder Wasserkraft
nur insoweit erfasst, als sie (einfachrechtlich) eigentumsfähig sind (*Durner*, in: Maunz/Dürig,
GG, Art. 15 Rn. 35 (Stand: März 2019); *Sieckmann*, in: Friauf/Höfling, Berliner Kommentar
zum GG, Art. 15 Rn. 21 (Stand: Dezember 2005)) oder ob die wirtschaftliche Nutzbarkeit genügt (*Depenheuer/Froese*, in: von Mangoldt/Klein/Starck, GG, Bd. 1, 7. Auflage 2018, Art. 15
Rn. 32; *Schell*, Art. 15 GG im Verfassungsgefüge, 1996, S. 120; *Wendt*, in: Sachs, GG, 9. Auflage 2021, Art. 15 Rn. 8).

[354] *Bryde*, in: von Münch/Kunig, GG, 7. Auflage 2021, Art. 15 Rn. 9; *Schliesky*, in: Kahl/
Waldhoff/Walter, BK-GG, Art. 15 Rn. 4 (Stand: August 2011).

[355] Siehe soeben Fn. 348.

[356] Teilweise wird allerdings aus Art. 14 Abs. 1 GG unmittelbar auch der Schutz des
Eigentumserwerbs abgeleitet, so *Kloepfer*, Grundrechte als Entstehenssicherung und Be-
standsschutz, 1970, S. 45 ff.; *Wittig*, NJW 1967, S. 2185 ff.; vgl. *Cornils*, Die Ausgestaltung der
Grundrechte, 2005, S. 333 ff.; ablehnend etwa *Papier/Shirvani*, in: Maunz/Dürig, GG, Art. 14
Rn. 356 ff. (Stand: April 2018). Zur Abgrenzung von Art. 12 GG und Art. 14 GG über den Er-
werb und das Erworbene siehe nur BVerfG, Beschluss vom 8. Juni 2010 – 1 BvR 2011, 2959/07,
BVerfGE 126, 112 (135); *Wieland*, in: Dreier, GG, Bd. 1, 3. Auflage 2013, Art. 14 Rn. 202 f.,
dort kritisch zu Gegenstimmen in der Literatur.

Rahmenbedingungen der wirtschaftlichen Entfaltung originärer Gegenstand der Berufsfreiheit.

Schließlich kann aus der bloßen Existenz des Rechtsinstituts Bergwerkseigentum zum Zeitpunkt der Entstehung des Grundgesetzes kein institutioneller Schutz des Berechtsamswesens durch Art. 14 GG abgeleitet werden.[357] Denn Zweck des heutigen Berechtsamswesens ist es nicht primär, die unternehmerische Betätigung der Bergbautreibenden selbst zu garantieren, sondern vielmehr die Rohstoffversorgung bezüglich (potenziell) volkswirtschaftlich besonders bedeutsamer Bodenschätze als zwingende Grundlage der gesellschaftlichen und wirtschaftlichen Entwicklung sicherzustellen.[358] Dies wird man jedenfalls seit Beginn des 20. Jahrhunderts mit Blick auf die staatsvorbehaltenen Rechte[359] annehmen können. Der Staat trägt damit seiner objektiven Gewährleistungsverantwortung Rechnung,[360] die sich aber weder gleichzeitig zu einem korrespondierenden Anspruch der Bergbauunternehmen auf Schaffung bzw. Erhaltung eines in den Schutzbereich von Art. 14 GG fallenden Konzessionssystems noch einer zumindest objektiven Gewährleistung verdichtet.

(2) Berufsakzessorischer Schutz der Bergbauberechtigung im Rahmen von Art. 14 GG

Auf dieser verfassungsrechtlichen Grundlage kann nun die Reichweite und der Umfang des eigentumsrechtlichen Schutzes der Bergbauberechtigung konkretisiert werden.

Ein zunächst umfassender und uneingeschränkter Schutz der Bergbauberechtigung durch Art. 14 GG besteht nicht, da der Gesetzgeber von Verfassungs wegen nicht zur Ausgestaltung eines eigentumsrechtlich geschützten Zugriffsregimes verpflichtet ist. Folglich unterliegt der Gesetzgeber keinen *originären* eigentumsrechtlichen Anforderungen, die sich irgendwie sinnvoll konkretisieren oder ableiten ließen.

Bedenkt man allerdings, dass die Bergbauberechtigung zumindest auch die unternehmerische Entfaltung sichert und insoweit Art. 14 GG als das eigentumsrechtliche Fundament aktiviert, erscheint es naheliegend, die verfassungsrechtlichen Anforderungen an Inhalts- und Schrankenbestimmungen im Kern akzessorisch zur Berufsfreiheit zu lesen. *Wenn* der Gesetzgeber berufliche Entfaltung im Rahmen eines eigentumsrechtlich geschützten Rechtsinstituts er-

---

[357] *Wendt*, Eigentum und Gesetzgebung, 1985, S. 236 deutet hingegen einen „gewissen institutionellen Schutz" von Bergbauberechtigungen an.

[358] Näher oben 1. Kapitel C. II. 1., S. 22 ff. sowie unten 2. Kapitel C., S. 170 ff.

[359] Hierzu oben 1. Kapitel B. II., S. 13 ff. Ähnlich wird man die Rechtsposition des Berechtigungsinhabers wohl im Lichte des merkantilistischen Direktionsprinzips (dazu oben 1. Kapitel B. I., S. 10 f.) bewerten können, sodass die hier vertretene Auffassung auch historisch keineswegs beispiellos ist.

[360] Siehe oben 1. Kapitel C. II. 1., S. 23.

möglicht, dann muss dieses inhaltlich auch so ausgestaltet sein, dass es keine vor Art. 12 Abs. 1 GG nicht mehr zu rechtfertigenden Eingriffe zulässt.[361] Damit sind auch solche Genehmigungsanforderungen – selbst wenn die Bergbauberechtigung nicht mehr ausnutzbar ist – mit Art. 14 GG unter Berücksichtigung der Sozialbindung des Eigentums nach Art. 14 Abs. 2 GG vereinbar, die die Berufsfreiheit zulässigerweise begrenzen. Der Schutz beider Grundrechte ist hier letztlich gleichlaufend. Dies spiegelt sich auch auf Seiten der Freiheitsentfaltung selbst. Erlaubte berufliche Betätigung und Nutzbarkeit des vorhandenen Eigentums sind insoweit untrennbar miteinander verbunden.[362]

Bergbauliche Tätigkeiten sind trotz des Schutzes durch Art. 12 Abs. 1 GG vielfach beschränkbar. Sie sind häufig mit tiefgreifenden Auswirkungen auf Umwelt und Umgebung verbunden, die zudem nicht immer zuverlässig prognostiziert werden können. Soweit hierauf gerichtete berufsbezogene Beschränkungen rechtfertigungsfähig sind, kann eine ohne nähere Sachprüfung verliehene eigentumsrechtliche Position, die dem Berechtigten (lediglich) frühzeitig einen „Claim" sichern soll, keinen weiterreichenden Schutz gewähren. Das Berechtsamswesen sichert zudem – wie bereits mehrfach betont – die Rohstoffversorgung als zwingende Grundlage der gesellschaftlichen und wirtschaftlichen Entwicklung. Bodenschätze haben als nationales Gut einen eminenten sozialen Bezug, den auch Art. 20a GG unterstreicht.[363] Diese Zusammenhänge gestatten weitreichende Reglementierungen der Berufsausübung und vermitteln eigentumsdogmatisch eine ausgeprägte Gemeinwohlbindung der Bergbauberechtigung sowie infolgedessen einen erweiterten Gestaltungsspielraum des Gesetzgebers im Vergleich zum Grundeigentum.[364]

---

[361] Dabei geht es nicht mehr um die oben 1. Kapitel C. III. 3. b) aa), S. 56 ff. und oben 2. Kapitel B. IV. 2. b) cc) (1), S. 147 ff. thematisierte ausgestaltungsrechtliche Frage, inwieweit Art. 12 Abs. 1 GG ein adäquates Regelungsregime gewährleistet und wann Eingriffe in die Berufsfreiheit anzunehmen sind, sondern um berufsbezogene Beschränkungen im Genehmigungsverfahren, die ohne weiteres Eingriffe in die Berufsfreiheit sind.

[362] Vgl. – allerdings weniger deutlich – BVerfG, Urteil vom 6. Dezember 2016 – 1 BvR 2821/11 u.a., BVerfGE 143, 246 Rn. 390 f. zu Atomkraftwerken. Im Kontrast hierzu BVerfG, Beschluss vom 7. März 2017 – 1 BvR 1314/12 u.a., BVerfGE 145, 20 Rn. 178, 189 zu berufsbezogenen Regelungen, die mittelbar die Nutzbarkeit des Eigentums betreffen.

[363] Zur Erstreckung des Art. 20a GG auf Bodenschätze siehe *Epiney*, in: von Mangoldt/Klein/Starck, GG, Bd. 2, 7. Auflage 2018, Art. 20a Rn. 18; *Gärditz*, in: Landmann/Rohmer, Umweltrecht, Art. 20a GG Rn. 10 (Stand: Februar 2013); *Ludwig*, in: Köck et al., Das Instrument der Bedarfsplanung, Umweltbundesamt, Texte 55/2017, S. 285 ff., 295, 299; ferner *F. Herrmann/Sanden/Schomerus/Schulze*, ZUR 2012, S. 523 (525); *Sanden/Schomerus/Keimeyer/Gailhofer/Westphal/Teßmer*, Rohstoffbedarfsplanung, Umweltbundesamt, Texte 72/2019, S. 145; teilweise ablehnend *Söhnlein*, Landnutzung im Umweltstaat des Grundgesetzes, 1999, S. 93 f.

[364] Vgl. zu Atomkraftwerken BVerfG, Urteil vom 6. Dezember 2016 – 1 BvR 2821/11 u.a., BVerfGE 143, 246 Rn. 218 f., 268, 297; ferner *Fischer-Hüftle*, NuR 1989, S. 106 (113).

(3) Strukturell weitergehender Schutz bei Änderung der rechtlichen Rahmenbedingungen nach Rechteverleihung

Strukturell weitergehenden Schutz als Art. 12 Abs. 1 GG gewährt die Eigentumsfreiheit jedoch insbesondere, sofern sich nach der Rechteverleihung die Rechtslage ändert und Genehmigungen nicht mehr oder nur noch unter weitergehenden Einschränkungen erteilt werden können. Während die Berufsfreiheit in aller Regel keine Pflicht zum finanziellen Ausgleich für frustrierte Aufwendungen vermittelt, greift im Rahmen von Art. 14 Abs. 1 GG die Rechtsfigur der ausgleichspflichtigen Inhalts- und Schrankenbestimmung. Hiernach *kann* allein der Umstand der Rechteinhaberschaft ein besonderes Vertrauen generieren, welches finanzielle Entschädigungspflichten vermittelt, obwohl es sich nicht um eine Enteignung nach Art. 14 Abs. 3 GG handelt.

Im Rahmen der Berufsfreiheit wird das Vertrauen in den Bestand der Rechtslage nur eingeschränkt geschützt. Selbst umfangreiche Dispositionen begründen keinen abwägungsresistenten Vertrauensschutz.[365] Soweit schützenswertem Vertrauen Rechnung zu tragen ist, spielt regelmäßig nur die Pflicht zur Schaffung von Übergangsregelungen eine Rolle.[366] Obwohl die Figur der ausgleichspflichtigen Inhalts- und Schrankenbestimmung ihre Wurzeln in der Verfassungsrechtsprechung zu Art. 12 GG hat,[367] wurde sie dort – soweit ersichtlich – nie aktiviert, wenn sich die beruflichen Rahmenbedingungen geändert hatten. Dispositionen im Interesse der beruflichen Entfaltung erfolgen – jedenfalls wenn nicht der Gesetzgeber oder Behörden hierzu veranlassen – grundsätzlich auf eigenes unternehmerisches Risiko.[368] Einem solchen Berufsverständnis sind finanzielle Ausgleichspflichten zur Kompensation einer Veränderung der rechtlichen Rahmenbedingungen grundsätzlich fremd.

Schafft der Gesetzgeber aber mit der Bergbauberechtigung selbst eine eigentumsrechtlich geschützte Rechtsposition, erwächst hieraus nicht nur Vertrauen[369] in die Ausschließlichkeit des „Claims" gegenüber Dritten, sondern

---

[365] BVerfG, Beschluss vom 7. März 2017 – 1 BvR 1314/12 u.a., BVerfGE 145, 20 Rn. 189.

[366] Siehe etwa BVerfG, Beschluss vom 4. Mai 1983 – 1 BvL 46, 47/80, BVerfGE 64, 72 (83); Beschluss vom 8. Juni 2010 – 1 BvR 2011, 2959/07, BVerfGE 126, 112 (155); allgemein kritisch gegenüber einer Pflicht zur Schaffung von Übergangsregelungen unter Verweis auf einen Gestaltungsspielraum des Gesetzgebers bei der Mittelwahl zur Konfliktlösung *Schwarz*, Vertrauensschutz als Verfassungsprinzip, 2002, S. 318 f., dort auch allgemein zum Vertrauensschutz im Rahmen von Art. 12 GG (S. 187 ff.).

[367] *Wieland*, in: Dreier, GG, Bd. 1, 3. Auflage 2013, Art. 14 Rn. 151 unter Verweis auf BVerfG, Urteil vom 1. Juli 1980 – 1 BvR 349/75 und 378/76, BVerfGE 54, 251 (271); Beschluss vom 29. April 1981 – 1 BvL 11/78, BVerfGE 57, 107 (117).

[368] Vgl. BVerfG, Beschluss vom 7. März 2017 – 1 BvR 1314/12 u.a., BVerfGE 145, 20 Rn. 189, dort zu Übergangsregelungen.

[369] Zum (besonderen) eigentumsrechtlichen Vertrauensschutz BVerfG, Urteil vom 6. Dezember 2016 – 1 BvR 2821/11 u.a., BVerfGE 143, 246 Rn. 269 f., 372; *Bryde/Wallrabenstein*, in: von Münch/Kunig, GG, 7. Auflage 2021, Art. 14 Rn. 109 f.; *Wieland*, in: Dreier, GG, Bd. 1,

auch eine gewisse Erwartung, die Berechtigung innerhalb der geltenden rechtlichen Rahmenbedingungen nutzen zu können. Denn gerade weil das Berechtsamswesen elementares Mittel zur Sicherung der Rohstoffversorgung ist, *kann
hieraus schützenswertes Vertrauen der beteiligten privaten Akteure in die Ausübbarkeit der Rechtsposition erwachsen*, obwohl die Bergbauberechtigung insoweit keine formalen Bindungswirkungen entfaltet.[370] Aus der objektiven
Zwecksetzung des Bundesberggesetzes folgt insoweit subjektiver Vertrauensschutz. Nicht mit jeder Änderung der Rechtslage, welche die Ausübbarkeit der
Bergbauberechtigungen weiter einschränkt, gehen allerdings finanzielle Ausgleichspflichten einher. Der Gesetzgeber ist grundsätzlich befugt, den Inhalt
des Eigentums auch ohne Entschädigung neu zu ordnen.[371] Genauere Betrachtung bedürfen freilich jene Fälle, in denen der Berechtigungsinhaber in konkrete Vorbereitungen zur Realisierung des Vorhabens eingestiegen ist oder Genehmigungen bereits ins Werk gesetzt wurden.

*dd) Auflösung der aufgeworfenen eigentumsrechtlichen Konflikte
im Einzelnen*

Ein im Kern berufsakzessorischer Schutz der Bergbauberechtigung im Rahmen
von Art. 14 GG bei gleichzeitig strukturell weiterreichendem Vertrauensschutz
in die geltenden rechtlichen Rahmenbedingungen ermöglicht eine dogmatisch
belastbare und gleichzeitig interessengerecht differenzierende Anwendung in
den oben rezipierten Einzelfällen, die nun wiederaufzugreifen sind. Zu unterscheiden sind der Eigentumsschutz im Rahmen behördlicher Entscheidungen,
ggf. bestehende finanzielle Ausgleichspflichten und schließlich die Frage nach einer in der Erlaubnis enthaltenen Anwartschaft auf Erteilung einer Bewilligung.

*(1) Eigentumsschutz insbesondere im Rahmen von
Abwägungsentscheidungen*

Entgegen der Auffassung *Kühnes* genießen Bergbauberechtigungen insbesondere im Rahmen von bergrechtlichen Abwägungsentscheidungen kein promi-
nentes Gewicht.[372] Sie leiden bereits in ihrer Entstehung unter dem „Makel"
fehlender Abwägung mit kollidierenden Interessen. Normen wie § 48 Abs. 2
BBergG, die im Zulassungsverfahren diesen Ausgleich schaffen sollen, können
schon daher der Existenz einer Bergbauberechtigung keine herausgehobene
Stellung einräumen.

---

3. Auflage 2013, Art. 14 Rn. 148 ff.; *Rozek*, Die Unterscheidung von Eigentumsbindung und
Enteignung, 1998, S. 35 ff.
[370] Vgl. oben 2. Kapitel B. IV. 1. c), S. 125 f.
[371] BVerfG, Beschluss vom 9. Januar 1991 – 1 BvR 929/89, BVerfGE 83, 201 (212 f.); vgl.
auch BVerfG, Urteil vom 6. Dezember 2016 – 1 BvR 2821/11 u.a., BVerfGE 143, 246 Rn. 269.
[372] *von Weschpfennig*, DÖV 2017, S. 23 (29 f.).

Das gilt auch, soweit kollidierende Interessen in einem „nachbarschaftlichen Gemeinschaftsverhältnis"[373] zwischen Grundeigentümer und Bergbauberechtigtem ausgeglichen werden. Im Übrigen handelt es sich hierbei zumindest verfassungsrechtlich keineswegs um eine „vorgegebene Situation, nämlich die ‚notwendige Kollision'" zweier Eigentumspositionen, die der Gesetzgeber „in wirtschaftlich sinnvoller Weise"[374] auflösen muss. Vielmehr schafft die Bergbehörde mit der Rechteverleihung erst die Kollisionslage – und zwar ohne äquivalente Gegenleistung von Seiten des Unternehmens. Entgegenstehende Grundrechtspositionen, die dabei keine hinreichende Beachtung fanden, müssen notwendig später berücksichtigt werden.

Anders mag man dies auf den ersten Blick beurteilen, soweit aufrechterhaltene alte Rechte und Verträge im Raume stehen, die nach deutlich wirtschaftsliberalerem Bergrecht wie dem Allgemeinen Berggesetz begründet wurden.[375] Aber auch hier ist zu berücksichtigen, dass bereits Anfang des 20. Jahrhunderts volkswirtschaftlich wichtige bergfreie Bodenschätze Staatsvorbehalten unterstellt wurden, um Monopolen und damit verbundenen Spekulationen entgegenzuwirken, die letztlich auch die Rohstoffversorgung selbst hätten gefährden können.[376] Damit währte die „Blüte" der „goldene[n] Zeit für Bergbau" nach Beseitigung des Direktionsprinzips nur etwa dreißig Jahre,[377] bevor staatliche Regulierungsmechanismen, an die das Konzessionssystem des Bundesberggesetzes anknüpfen konnte, die Bergfreiheit auf den wichtigsten Gebieten ohnehin beschränkten.[378] Jedenfalls ist es dem Gesetzgeber aber nicht verwehrt, den Inhalt bestehender Bergbauberechtigungen neu zu ordnen.[379]

Nichts anderes gilt im Grundabtretungsverfahren zugunsten eines Braunkohlentagebaus, zumal nach Art. 14 Abs. 3 GG die Enteignung nur zum Wohle der Allgemeinheit – und insoweit zugunsten eines Bergbauberechtig-

---

[373] Soweit der Begriff in der Literatur verwendet wird (etwa *H. Schulte*, ZfB 113 (1972), S. 166 (171 ff.); vgl. *Westermann*, ZfB 106 (1975), S. 122 (129 ff.)) zielt er freilich auf eine Stärkung der Rechtsposition des Bergbauberechtigten, weil eine „notwendige Kollision" aufzulösen ist, vgl. auch die Nachweise oben in Fn. 296, S. 138; ablehnend *Hüffer*, in: FS Fabricius, 1989, S. 115 (121 ff.).

[374] *H. Schulte*, ZfB 113 (1972), S. 166 (173), dort ohne spezifische Bezugnahme auf Art. 14 GG.

[375] Das Bundesberggesetz hat mit den §§ 149 ff. BBergG spezielle Übergangs- und Überleitungsvorschriften mit besonderem Bestandsschutz getroffen, vgl. dazu *Kühne*, Bestandsschutz alten Bergwerkseigentums unter besonderer Berücksichtigung des Art. 14 GG, 1998, S. 54 ff., die aber die hier untersuchte Frage nicht betreffen. Auch *Kühne*, a.a.O., S. 69 ff. differenziert insoweit nicht zwischen alten und neuen Rechten.

[376] Näher oben 1. Kapitel B. II., S. 13 f.

[377] *H. Schulte*, NJW 1981, S. 88.

[378] *H. Schulte*, NJW 1981, S. 88; ebenso bereits *ders.*, ZfB 113 (1972), S. 166 (186).

[379] BVerwG, Urteil vom 26. März 1998 – 4 A 2/97, BVerwGE 106, 290 (294); näher sogleich.

ten ausschließlich akzessorisch – zulässig ist.[380] Daher trägt weder der Verweis auf den „Wertersatz" bei der Enteignung des Oberflächeneigentums[381] noch derjenige auf die Grundabtretung als Konfliktlösungsinstrument zwischen kollidierenden Privatrechtspositionen.[382] Nur soweit es sich bei der Grundabtretung im Einzelfall nicht um eine Enteignung im verfassungsrechtlichen Sinne handeln sollte, können die Anforderungen des § 79 BBergG großzügiger gehandhabt werden.[383] Der Enteignungscharakter steht aber zumindest beim hoheitlichen Flächenentzug für einen Braunkohlentagebau nach moderner Eigentumsdogmatik nicht in Frage, da dieser im öffentlichen Interesse die Rohstoffversorgung sicherstellen soll und damit im Kern einer öffentlichen Aufgabe[384] dient[385].

---

[380] Vgl. BVerfG, Urteil vom 24. März 1987 – 1 BvR 1046/85, BVerfGE 74, 264 (284 f.) zur Enteignung zugunsten Privater.

[381] Im Übrigen ist dieser nur Folge einer sonst verfassungsgemäßen Enteignung, BVerfG, Urteil vom 17. Dezember 2013 – 1 BvR 3139/08, 1 BvR 3386/08, BVerfGE 134, 242 Rn. 187. Hiervon zu trennen ist die Frage, ob ein Ausgleich oder eine Entschädigung für die Nichtnutzbarkeit der Bergbauberechtigung zu leisten ist, dazu sogleich.

[382] Vgl. *Wörheide*, Die Bergbauberechtigungen nach dem Bundesberggesetz, 2014, S. 398 ff., auch unter Auseinandersetzung mit der Entscheidung des Bundesverfassungsgerichts zur Baulandumlegung, Beschluss vom 22. Mai 2001 – 1 BvR 1512, 1677/97, BVerfGE 104, 1 (10).

[383] Vgl. hierzu *H.-W. Schulte*, in: Piens/Schulte/Graf Vitzthum, BBergG, 3. Auflage 2020, § 79 Rn. 4 im Anschluss an die Ausführungen *Kühnes*. Mit Blick auf das weite Instrumentarium des § 78 BBergG darf durchaus bezweifelt werden, dass jede Grundabtretung eine Enteignung im Sinne des Art. 14 Abs. 3 GG ist, a.A. *Wörheide*, Die Bergbauberechtigungen nach dem Bundesberggesetz, 2014, S. 398 ff., der pauschal den Enteignungscharakter annimmt; wohl auch *Knöchel*, ZfB 161 (2020), S. 173 (177); *Ludwig*, VerwArch 108 (2017), S. 559 (577).

[384] Kritisch zu diesem Kriterium *M. Appel*, Entschehungsschwäche und Bestandsstärke des verfassungsrechtlichen Eigentums, 2004, S. 165 ff.; *Lege*, Zwangskontrakt und Güterdefinition, 1995, S. 47, 75, 87.

[385] BVerfG, Urteil vom 17. Dezember 2013 – 1 BvR 3139/08, 1 BvR 3386/08, BVerfGE 134, 242 ff. *Kühne*, ZfB 158 (2017), S. 71 (76 ff.) bejaht den Enteignungscharakter hingegen wohl nur, weil der einfache Gesetzgeber mit der Grundabtretung eine Enteignungskonstruktion gewählt hat. Der Gesetzgeber kann aber nicht autonom bestimmen, wann eine Enteignung im Sinne des Art. 14 Abs. 3 GG vorliegt, *H.-W. Schulte*, in: Piens/Schulte/Graf Vitzthum, BBergG, 3. Auflage 2020, § 79 Rn. 4. Vielmehr stellt er der Bergbehörde das verfassungsrechtlich vorgesehene Instrument der Enteignung gesetzlich zur Verfügung, indem er ihr den Eigentumsentzug zur Sicherung der Rohstoffversorgung gestattet. Hierbei handelt es sich nicht mehr um einen rein privatrechtlich ausgestalteten Anspruch auf Grundabtretung, der nicht als Enteignung zu klassifizieren wäre, vgl. *Papier/Shirvani*, in: Maunz/Dürig, GG, Art. 14 Rn. 638 (Stand: April 2018) sowie bereits zum ABG und zur alten Eigentumsdogmatik *Ebel/Weller*, ABG, 2. Auflage 1963, Vor § 135 Anm. 2.; ferner *Miesbach/Engelhardt*, Bergrecht, 1962, Vor Art. 178 bayBergG – § 135 ABG Anm. V 1.; vgl. auch *Leisner*, DVBl 1988, S. 555 (559 f.). Auch BVerfG, Urteil vom 17. Dezember 2013, a.a.O., Rn. 163 stellt lediglich die Übereinstimmung der verfassungsrechtlichen Wertung mit dem gesetzgeberischen Willen fest.

Ähnliches gilt, soweit die Anforderungen an die Zulässigkeit bergbaulicher Vorhaben modifiziert werden und so die Genehmigungsanforderungen an die Ausübung von bestehenden Bergbauberechtigungen betreffen. So ist zunächst der Gesetzgeber nicht gehindert, bestehende Rechtspositionen inhaltlich neu zu regeln.[386] Grundrechtlich geschützten Interessen und insbesondere etwaigem Vertrauensschutz in den Bestand der Rechtslage ist ggf. durch Übergangs-, Ausnahme- oder Befreiungsregelungen sowie letztlich der Leistung eines finanziellen Ausgleichs[387] Rechnung zu tragen.[388]

In Planungsentscheidungen oder bei Schutzgebietsausweisungen sind grundrechtlich geschützte bergbauliche Interessen zwar zu berücksichtigen, entfalten aber keine Sperrwirkung oder herausgehobene Bedeutung.[389] Hier kann je nach Einzelfall in Rechnung zu stellen sein, dass Planungsträger im Konzessionsverfahren ihrerseits kein subjektives Recht auf Beteiligung haben[390] und der Begründung kollidierender Eigentumspositionen erst recht nicht effektiv begegnen können. Auch insoweit leidet die Bergbauberechtigung bereits in ihrer Entstehung an einem fehlenden Interessenausgleich, der das Maß an Sozialpflichtigkeit mitbestimmt.

Besonderheiten bestehen bei der „ins Werk gesetzten" Berechtigung, weil hier Vermögenspositionen neu geschaffen wurden. Der Investitionsschutz ist insbesondere bei der Frage nach den Bindungswirkungen von zugelassenen Rahmenbetriebsplänen für nachfolgende (Haupt)betriebspläne zu berücksichtigen und erweist sich damit nicht als spezifisches Problem der durch

---

[386] BVerfG, Beschluss vom 9. Januar 1991 – 1 BvR 929/89, BVerfGE 83, 201 (212). Überdies ist in Rechnung zu stellen, dass gerade umweltrechtliche Anforderungen häufig europarechtlich determiniert und bereits daher einer verfassungsrechtlichen Überprüfung im Grunde entzogen sind. Dann kommen allenfalls Ausgleichspflichten in Betracht, dazu sogleich. Ungeachtet bestehender Bergbauberechtigungen steigen die Rechtfertigungsanforderungen allerdings, wenn bestimmte Rohstoffgewinnungsvorhaben oder -methoden grundsätzlich oder weitgehend unterbunden werden, wie es in der jüngeren Vergangenheit etwa beim Fracking der Fall war, siehe hierzu *von Weschpfennig*, in: Landmann/Rohmer, Umweltrecht, § 13a WHG Rn. 67 f. (Stand: Juli 2018).

[387] Dazu unten 2. Kapitel B. IV. 2. b) dd) (2), S. 157 ff.

[388] Siehe hierzu OVG Magdeburg, Urteil vom 20. April 2000 – C 2 S 67/98, juris, Rn. 44 ff.; näher *Wörheide*, Die Bergbauberechtigungen nach dem Bundesberggesetz, 2014, S. 428 ff. Für einen weitreichenden Bestandsschutz der Bergbauberechtigungen durch Freistellungsregelungen *Hoppe*, DVBl 1987, S. 757 (763 f.); zu Recht ablehnend hierzu *Fischer-Hüftle*, NuR 1989, S. 106 (112).

[389] Vgl. *Franke*, in: FS Kühne, 2009, S. 507 (521), der hieraus insbesondere Beteiligungs- und Rechtsschutzmöglichkeiten ableitet, während der Belang der Rohstoffgewinnung nur allgemein berücksichtigt werden soll. Konkrete Gewinnungsinteressen sollen dagegen „naturgemäß" erst nach Konkretisierung durch Betriebspläne beachtlich sein.

[390] BVerwG, Beschluss vom 15. Oktober 1998 – 4 B 94/98, NVwZ 1999, S. 877 zu Gemeinden.

Art. 14 GG geschützten Bergbauberechtigung.[391] Hierauf ist später zurückzukommen.[392]

Es liegt in der Konsequenz einer eindimensional ausgerichteten Bergbauberechtigung, dass diese bei Versagung einer Zulassung gar nicht (mehr) ausgeübt werden kann und damit deren Privatnützigkeit völlig beseitigt wird.[393] Eigentumsverfassungsrechtlich ist auch das hinzunehmen. Zunächst ist dem Inhaber das Risiko der völligen Entwertung bewusst.[394] Er erlangt dennoch frühzeitig und ohne eingehende Prüfung entgegenstehender Belange die ausschließliche Rechtsposition, in einem bestimmten Feld die bezeichneten Bodenschätze aufsuchen und gewinnen zu dürfen, hingegen keine gesicherte Anwartschaft auf Realisierbarkeit. Hinzu kommen bergbauimmanente Prognoseunsicherheiten im dynamischen Abbau. Im Übrigen impliziert die Eindimensionalität entgegen teils vertretener Auffassung nicht die besondere Schutzbedürftigkeit der Bergbauberechtigung, sondern belegt umgekehrt gerade deren bloße Fokussierung auf die wirtschaftliche Entfaltung, die aber primär durch Art. 12 Abs. 1 GG geschützt wird. Löst man den Blick vom konkreten Berechtigungsfeld, bleibt die Rechtsstellung der Bergbautreibenden keineswegs eindimensional.[395] Die durch Art. 12 Abs. 1 GG geschützte unternehmerische Betätigung, die nach den obigen Ausführungen auch Kern des eigentumsrechtlichen Schutzes ist, bleibt trotz der lagerstättenbedingten Standortgebundenheit nicht auf das jeweilige Berechtigungsfeld beschränkt, sondern ist grundsätzlich auch an anderen Lagerstätten möglich.[396] Versagte Betriebsplanzulassungen entwerten zwar die konkrete Berechtigung, sind aber im Rahmen des Art. 12 Abs. 1 GG nur Berufsausübungsregelungen.[397]

---

[391] Vgl. nur BVerfG, Urteil vom 6. Dezember 2016 – 1 BvR 2821/11 u.a., BVerfGE 143, 246 Rn. 227 ff. zum Atomausstieg.

[392] Unten 3. Kapitel B. II., S. 286 ff.

[393] Vgl. BVerfG, Beschluss vom 2. März 1999 – 1 BvL 7/91, BVerfGE 100, 226 (243); *Depenheuer/Froese*, in: von Mangoldt/Klein/Starck, GG, Bd. 1, 7. Auflage 2018, Art. 14 Rn. 259, 275; *Lepsius*, Besitz und Sachherrschaft im öffentlichen Recht, 2002, S. 120.

[394] Vgl. die Altlastenentscheidung des BVerfG, Beschluss vom 16. Februar 2000 – 1 BvR 242/91, 1 BvR 315/99, BVerfGE 102, 1 (21 f.) sowie die Entscheidung zum Atomausstieg, Urteil vom 6. Dezember 2016 – 1 BvR 2821/11 u.a., BVerfGE 143, 246 Rn. 261, dazu *Froese*, NJW 2017, S. 444 (446).

[395] Siehe auch *von Weschpfennig*, DÖV 2017, S. 23 (30).

[396] Daher dringt auch der Verweis von *Kühne*, ZfB 158 (2017), S. 71 (78 mit Fn. 36) auf die Standortgebundenheit nicht durch.

[397] Selbst wenn vergleichbare Gewinnungsvorhaben in Deutschland nicht mehr möglich sein sollten, liegt gleichfalls keine (faktische) objektive Berufswahlbeschränkung vor, weil Bergbau als solcher möglich bleibt. Andernfalls müsste man das Berufsbild schon sehr auf eine ganz konkrete Tätigkeit konzentrieren. Auch Berufsausübungsregelungen unterliegen jedoch je nach Belastungsintensität gestuften Rechtfertigungsanforderungen, siehe dazu bereits BVerfG, Urteil vom 30. März 1960 – 1 BvR 216/51, BVerfGE 11, 30 (42 ff.).

(2) Inwieweit bestehen finanzielle Ausgleichspflichten?

Nutzungsbeschränkungen können finanzielle Ausgleichspflichten begründen. Dies ist insbesondere dann denkbar, wenn keine substantiellen Ausübungsmöglichkeiten mehr verbleiben.[398] Eine Entschädigungspflicht nach Art. 14 Abs. 3 GG kommt zwar nicht in Frage, weil mangels Güterbeschaffungsvorgangs bereits keine Enteignung vorliegt.[399] *Kühne* verweist im Ausgangspunkt aber zu Recht auf die Rechtsprechung des Bundesverfassungsgerichts zur ausgleichspflichtigen Inhalts- und Schrankenbestimmung.[400] Hiernach darf der Gesetzgeber

„eigentumsbeschränkende Maßnahmen, die er im öffentlichen Interesse für geboten hält, auch in Härtefällen [durchsetzen], wenn er durch kompensatorische Vorkehrungen unverhältnismäßige oder gleichheitswidrige Belastungen des Eigentümers vermeidet und schutzwürdigem Vertrauen angemessen Rechnung trägt“.[401]

Unzulässig ist es allerdings, unverhältnismäßige Inhalts- und Schrankenbestimmungen generell durch finanzielle Ausgleichsregelungen zu legitimieren. Der verfolgte Gemeinwohlgrund muss den Eingriff vielmehr grundsätzlich rechtfertigen. Zudem haben im Interesse des Bestandsschutzes insbesondere Übergangs-, Ausnahme- oder Befreiungsregelungen Vorrang. Die maßgeblichen Regelungen hat der Gesetzgeber selbst zu treffen und darf sie nicht der Exekutive oder Judikative überlassen.[402]

Zunächst stellen berg- und außerbergrechtliche Zulassungserfordernisse sowie die Berücksichtigung von bergbaulichen Interessen in Planungsentscheidungen grundsätzlich sicher, dass bergbauliche Belange im gebotenen Maße und im Sinne der Bestandsgarantie Berücksichtigung finden. Wann darüber hinaus Ausgleichspflichten notwendig sind,[403] bleibt letztlich ebenso eine Wer-

---

[398] Vgl. *Franke*, in: Boldt/Weller/Kühne/von Mäßenhausen, BBergG, 2. Auflage 2016, § 8 Rn. 23.

[399] Siehe hierzu BVerfG, Urteil vom 6. Dezember 2016 – 1 BvR 2821/11 u.a., BVerfGE 143, 246 Rn. 246 ff.

[400] Etwa *Kühne*, DVBl 2012, S. 661 (665); vgl. bereits *Ebel/Weller*, ABG, 2. Auflage 1963, § 154 Anm. 3.; ferner *Miesbach/Engelhardt*, Bergrecht, 1962, Vor Art. 211 bayBergG – § 153 ABG, Anm. III.; *H. Schulte*, ZfB 113 (1972), S. 166 (183).

[401] BVerfG, Beschluss vom 2. März 1999 – 1 BvL 7/91, BVerfGE 100, 226 (244 ff.); ähnlich BVerfG, Urteil vom 6. Dezember 2016 – 1 BvR 2821/11 u.a., BVerfGE 143, 246 Rn. 258 ff.; vgl. bereits BVerfG, Beschluss vom 14. Juli 1981 – 1 BvL 24/78, BVerfGE 58, 137 (149 f.); Beschluss vom 9. Januar 1991 – 1 BvR 929/89, BVerfGE 83, 201 (212 f.).

[402] BVerfG, Beschluss vom 2. März 1999 – 1 BvL 7/91, BVerfGE 100, 226 (245); Urteil vom 6. Dezember 2016 – 1 BvR 2821/11 u.a., BVerfGE 143, 246 Rn. 260. Grundsätzlich kritisch zu einem derartigen Vorrang der Bestandsgarantie *Lege*, Die ausgleichspflichtige Inhalts- und Schrankenbestimmung: Enteignung zweiter Klasse?, in: Depenheuer/Shirvani, Die Enteignung, 2018, § 7, S. 221 (229 f.).

[403] Zur Systematisierung der Rechtsprechung *Froese*, Entschädigung und Ausgleich, in: Depenheuer/Shirvani, Die Enteignung, 2018, § 9, S. 255 (271 ff.); *Ossenbühl/Cornils*, Staatshaftungsrecht, 6. Auflage 2013, S. 226.

tungsfrage, wie die daran anschließende Frage nach der Höhe des Ausgleichs. Daran ändern Bezugnahmen auf die früher zur Bestimmung einer Enteignung herangezogenen Sonderopfer- oder Schweretheorien[404] ebenso wenig[405] wie der Verweis auf die Situationsgebundenheit des Eigentums[406].

(a) Grundsatz: Keine Ausgleichspflicht bei entgegenstehenden Belangen

Bergbauberechtigungen sind in besonderer Weise sozialgebunden[407] und unterliegen damit grundsätzlich weitreichenden Beschränkungsmöglichkeiten, ohne dass diese durch Ausgleichspflichten kompensiert werden müssten.[408] Sie dienen im Kern der frühzeitigen Sicherung unternehmerischer Betätigung gegenüber anderen Bergbauunternehmen, ohne dass deren (mögliche) weitreichende Auswirkungen auf ihre Umwelt und Umgebung bereits im Berechtsamsverfahren näher überprüft würden. Die berufliche Betätigung findet ihren Grund wiederum weniger in nicht mehr beschränkbaren grundrechtlich garantierten Freiheiten, sondern vielmehr im öffentlichen Interesse an der Sicherung der Rohstoffversorgung. Schon damit verschiebt sich die Zumutbarkeitsgrenze selbst bei inhaltsentleerenden Einschränkungen der Nutzbarkeit. Bereits im Ansatz überzeugt es hingegen nicht, wenn nach neuester Rechtsprechung des Bundesverwaltungsgerichts „die entschädigungslose Beseitigung des Bergwerkseigentums die Ausnahme bleiben" soll,[409] ohne dass die Schutzreichweite der Bergbauberechtigung überhaupt problematisiert würde.

Ausgehend hiervon sind zunächst Versagungen im Interesse eines ordnungsgemäßen und sicheren bergbaulichen Betriebes kompensationslos hinzuneh-

---

[404] *Ossenbühl/Cornils*, Staatshaftungsrecht, 6. Auflage 2013, S. 226 mit Verweis auf deren Bedeutungsverlust; vgl. BVerwG, Urteil vom 24. Juni 1993 – 7 C 26/92, BVerwGE 94, 1 (11).

[405] Ähnlich *Depenheuer/Froese*, in: von Mangoldt/Klein/Starck, GG, Bd. 1, 7. Auflage 2018, Art. 14 Rn. 273, 290; *Papier/Shirvani*, in: Maunz/Dürig, GG, Art. 14 Rn. 497 ff. (Stand: April 2018).

[406] Vgl. etwa BGH, Urteil vom 7. Juli 2016 – III ZR 28/15, BGHZ 211, 88 Rn. 38; BVerwG, Urteil vom 24. Juni 1993 – 7 C 26/92, BVerwGE 94, 1 (13).

[407] Zu Recht vor einer dogmatischen Verselbständigung eines Sozialbezugkriteriums warnend *Depenheuer/Froese*, in: von Mangoldt/Klein/Starck, GG, Bd. 1, 7. Auflage 2018, Art. 14 Rn. 281 ff.

[408] Insoweit ist auch die Rechtsprechung des Bundesverwaltungsgerichts zur sogenannten „Situationsberechtigung" (etwa Urteil vom 24. Juni 1993 – 7 C 26/92, BVerwGE 94, 1 (13 f.)) nicht übertragbar, wonach auch „solche Grundstücksnutzungen nicht oder nur gegen Entschädigung entzogen werden [dürfen], die sich nach Lage der Dinge objektiv anbieten oder ‚aufdrängen'". Die Bergbauberechtigung vermittelt mit Blick auf ihre Entstehungsvoraussetzungen ebenso wenig eine solche Situationsberechtigung wie die Rohstoffvorkommen selbst. Letzteres kann nur die Frage nach dem Abbau an sich, nicht aber die Ausgleichspflicht determinieren.

[409] BVerwG, Urteil vom 25. Oktober 2018 – 4 C 9/17, BVerwGE 163, 294 Rn. 35, näher zu dieser Entscheidung oben 2. Kapitel B. IV. 2. b) aa) (3), S. 140 f.

men, wie sie insbesondere § 55 BBergG ermöglicht.[410] Gleiches gilt, soweit etwa außerbergrechtlich normierte Umweltbelange über § 48 Abs. 2 BBergG ins Betriebsplanverfahren einfließen oder zur Versagung anderer Genehmigungen oder Befreiungen führen. Die Tatsache, dass seit Inkrafttreten des Bundesberggesetzes eine deutliche Gewichtsverschiebung zugunsten des Umweltschutzes festzustellen ist, führt als solche nicht zu einer Ausgleichspflicht. Der Gesetzgeber hat – vielfach europarechtlich determiniert – die Sozialpflichtigkeit des Eigentums neu bestimmt, ohne damit die Schwelle der Zumutbarkeit zu überschreiten. Nicht anders verhält es sich, soweit dem Bergbauvorhaben Interessen von Oberflächeneigentümern entgegenstehen. Entsprechende Beschränkungen sind ohne Ausgleich hinzunehmen, weil Grundeigentümerinteressen vor Entstehung der konkreten Bergbauberechtigung gar nicht berücksichtigt wurden. Die von *Kühne* kritisierte Gewichtsverlagerung zugunsten des Oberflächeneigentums stellt damit die Bergbautreibenden nicht unzumutbar schutzlos, sondern korrigiert – bei aller berechtigten Kritik an der *Moers-Kapellen*-Entscheidung[411] – umgekehrt ein Schutzdefizit gegenüber Grundeigentümern.[412]

Anders mag man die Frage der Ausgleichspflicht im Einzelfall beurteilen, sofern ursprünglich nutzbare Bergbauberechtigungen (gar) nicht mehr realisiert werden können. Denkbar ist dies insbesondere, wenn sich kurzfristig die rechtlichen Rahmenbedingungen ändern *und* aufgrund eines im Einzelfall berechtigten Vertrauens in die Ausübbarkeit der Bergbauberechtigung[413] bereits Investitionen getätigt wurden.[414] Mit Blick auf die Entstehung der Eigentumsposition „Bergbauberechtigung" und die besondere Sozialbindung kann berechtigtes Vertrauen bereits bei konkreten Zweifeln an der Realisierbarkeit erschüttert sein.

Beispielsweise begründet das derzeitige Regelungsregime des Bundesberggesetzes schützenswertes Vertrauen, bei der Ausübung keiner Bewirtschaftungsordnung unterworfen zu werden. Entsprechende Beschränkungen durch eine Bedarfsplanung *de lege ferenda* dürften damit nicht zu frustrierten Aufwendungen führen[415] oder müssten zumindest finanzielle Ausgleichsregelungen vorsehen, wenn anderweitige Instrumente zur Herstellung der Verhältnis-

---

[410] Ebenso *Kühne*, ZfB 158 (2017), S. 71 (78, 82), der insoweit allerdings – begrifflich sehr weitgehend – auf die öffentliche Sicherheit und Ordnung verweist.

[411] Ausführlich hierzu unten 3. Kapitel A. II. 2. b), S. 214 ff.

[412] Vgl. auch *Kühne*, in: FS Säcker, 2011, S. 105 (111, 118 f., 122 f.).

[413] Dazu oben 2. Kapitel B. IV. 2. b) cc) (3), S. 151 f.

[414] Zum berechtigten „Vertrauen in den Bestand der Rechtslage als Grundlage von Investitionen in das Eigentum und seiner Nutzbarkeit" BVerfG, Urteil vom 6. Dezember 2016 – 1 BvR 2821/11 u.a., BVerfGE 143, 246 Rn. 270, 372 (Zitat).

[415] Näher *Roßnagel/Hentschel*, Rechtliche Instrumente des allgemeinen Ressourcenschutzes, Umweltbundesamt, Texte 23/2017, S. 60; vgl. *Sanden/Schomerus/Keimeyer/Gailhofer/Westphal/Teßmer*, Rohstoffbedarfsplanung, Umweltbundesamt, Texte 72/2019, S. 160, dort allerdings nur bei „Bewilligung und Genehmigung".

mäßigkeit nicht in Betracht kommen sollten. In der Regel wird dies bei bereits zugelassenen Vorhaben relevant werden.[416] Zwingend notwendig ist dies aber nicht,[417] weil Anknüpfungspunkt für das Vertrauen insoweit nicht der Bestand der Genehmigung ist, sondern das Vertrauen in die Rechtslage.

Das Bundesverwaltungsgericht formuliert hingegen – wie ausgeführt – neuerdings deutlich geringere Anforderungen an die Entschädigungspflicht, wenn die Bergbauberechtigung wegen einer späteren Schutzgebietsfestsetzung nicht genutzt werden kann.[418] Konsequent zu Ende gedacht, könnten hieraus zahlreiche Entschädigungspflichten auch bei Inkompatibilitäten mit europäischem Gebietsschutz erwachsen, die schon deswegen die Existenz des Berechtsamswesens auf den politischen Prüfstand stellen könnten.[419] Dabei überzeugt – wie bereits eben betont – bereits die Grundprämisse der nur ausnahmsweisen Entschädigungslosigkeit nicht, weil Bergbauberechtigungen in besonderer Weise sozialgebunden sind. Soweit der Senat überdies Zweifel äußert, ob bei der Frage der Zumutbarkeit der Eigentumsbeeinträchtigung Vertrauensschutzgesichtspunkte relevant sein können, verfängt dies ebenso wenig.[420] Die Zumutbarkeit und damit die Verhältnismäßigkeit einer Eigentumsbeeinträchtigung hängen zumindest potenziell immer auch vom Vertrauen in eine bestimmte Rechtslage oder Nutzungsmöglichkeit ab.[421] Das schutzwürdige Vertrauen in die Realisierbarkeit eines Bergbauvorhabens aufgrund einer Bergbauberechtigung ist aber von vornherein nur schwach ausgeprägt und kann – entgegen der Entscheidung des Bundesverwaltungsgerichts – bereits bei Zweifeln erschüttert werden.[422]

---

[416] Vgl. BVerfG, Beschluss vom 10. Oktober 1997 – 1 BvR 310/84, NJW 1998, S. 367 (368 f.) betreffend einen nicht unter das Bundesberggesetz fallenden Kiesabbau, der mit einer Landschaftsschutzverordnung kollidierte. Zum Vertrauensschutz bei Betriebsplanzulassungen unten 2. Kapitel IV. 2. b) dd) (2) (b), S. 161.

[417] Vgl. OVG Magdeburg, Urteil vom 21. November 2003 – 2 K 341/00, juris, Rn. 75, das zumindest „allenfalls Entschädigungsansprüche hinsichtlich der Aufwendungen für ein eingeleitetes Raumordnungsverfahren" wegen einer entgegenstehenden Naturschutzverordnung in Betracht zieht.

[418] Näher auch zur Kritik siehe oben 2. Kapitel B. IV. 2. b) aa) (3), S. 140 f.

[419] Vgl. auch *Keimeyer/Gailhofer/Westphal/Sanden/Schomerus/Teßmer*, Recht der Rohstoffgewinnung, Umweltbundesamt, Texte 71/2019, S. 292.

[420] Dies gilt *jedenfalls* dann, wenn man die Ausführungen hierzu nicht nur als einfachrechtlichen Inhalt des § 68 Abs. 1 BNatSchG, sondern als verfassungsrechtliche Konkretisierungen der Ausgleichspflicht versteht, vgl. BVerwG, Urteil vom 25. Oktober 2018 – 4 C 9/17, BVerwGE 163, 294 Rn. 32 einerseits und Rn. 38 andererseits.

[421] Vgl. BVerfG, Urteil vom 6. Dezember 2016 – 1 BvR 2821/11 u.a., BVerfGE 143, 246 Rn. 281; BVerfG, Beschluss vom 10. Oktober 1997 – 1 BvR 310/84, NJW 1998, S. 367 (368). Soweit das Bundesverwaltungsgericht annimmt, dass die gegenteilige Rechtsprechung des Bundesverfassungsgerichts Sonderfälle betreffe, die mit naturschutzrechtlichen Nutzungsbeschränkungen nicht vergleichbar seien, bleibt die Begründung hierfür offen. Im Übrigen führt der Senat selbst den soeben zitierten Beschluss vom 10. Oktober 1997 an, der eine Landschaftsschutzverordnung zum Gegenstand hatte.

[422] Vor diesem Hintergrund erwecken bereits die Ausführungen des Bundesverwaltungsgerichts zur Begründung schützenswerten Vertrauens Zweifel, vgl. BVerwG, Urteil vom

(b) Vertrauensschutz nach Betriebsplanzulassung

Ausgleichspflichten können allerdings dann bestehen, soweit der Unternehmer aufgrund zugelassener Betriebspläne und darin begründetem Vertrauen in die Nutzbarkeit der Genehmigungen Investitionen getätigt hat.

Relevant kann dies insbesondere dann werden, soweit ein zugelassener Rahmenbetriebsplan bestimmte Regelungen abschließend trifft, das Vorhaben aufgrund geänderter Rahmenbedingungen gleichwohl nicht realisiert werden kann. Dies betrifft allerdings gerade nicht den spezifischen Eigentumsschutz der Bergbauberechtigung und ist daher später näher zu betrachten.[423]

(c) Ausgleichspflichten bei Kollisionen mit Verkehrsanlagen

Im Grundsatz zu Recht kritisiert *Kühne* dagegen die kategorische nationale Rechtsprechung zum entschädigungslosen Vorrang von Verkehrsanlagen nach § 124 Abs. 3 BBergG. Hierbei handelt es sich nicht mehr um die Einbindung des bergbaulichen Vorhabens in seine Umgebung mit Blick auf Grundeigentum[424] und Umweltschutz sowie die Sicherheit des Betriebes, sondern um ein räumlich konkurrierendes Infrastrukturprojekt, dem gegenüber der Bergbautreibende bereits im Ansatz nicht im gleichen Maße verpflichtet ist.[425] Gerade hier kann die durch das Konzessionssystem vermittelte Erwartung, die Bergbauberechtigung auch nutzen zu können,[426] mangels *gesteigerter* Sozialpflichtigkeit zu schützenswertem Vertrauen erstarken. Zwar ist die gesetzgeberische Entscheidung für einen Vorrang insbesondere mit Blick auf die vorgeschaltete Pflicht zur gegenseitigen Rücksichtnahme nach § 124 Abs. 1 BBergG hinzunehmen;[427] mit der Garantie einer grundsätzlichen Privatnützigkeit des Eigentums ist es aber nicht mehr vereinbar, wenn für den Verlust nie ein finanzieller Ausgleich zu leisten sein soll. Die gegenteilige Auslegung des § 124 Abs. 3 BBergG wird dem nicht gerecht und ist mangels ausdrücklicher Verankerung im Wort-

---

25. Oktober 2018 – 4 C 9/17, BVerwGE 163, 294 Rn. 36, 39 ff. Denkbarer Anknüpfungspunkt eines wiederum gesteigerten Vertrauensschutzes wäre möglicherweise – ohne dass dies hier vertieft werden soll – der Umstand gewesen, dass das Bergbauunternehmen die Bergbauberechtigung nicht erstmalig beantragt, sondern Bergwerkseigentum zum Preis von 5,1 Mio DM von der Treuhandanstalt erworben hatte.

[423] Unten 3. Kapitel B. II., S. 286 ff.

[424] Insbesondere dürfte es mittlerweile regelmäßig fernliegen, derartige Vorhaben auf ein aus dem Grundeigentum selbst erwachsendes Recht zum Bau der Verkehrsanlagen zu stützen, so aber *Weitnauer*, JZ 1973, S. 73 (80, 81).

[425] Vgl. *Kühne*, ZfB 158 (2017), S. 71 (82) unter Verweis auf den Gedanken der Situationsgebundenheit.

[426] Dazu oben 2. Kapitel B. IV. 2. b) cc) (3), S. 151 f.

[427] *Wörheide*, Die Bergbauberechtigungen nach dem Bundesberggesetz, 2014, S. 434. Die Vorschrift geht letztlich zurück auf BGH, Urteil vom 20. Dezember 1971 – III ZR 113/69, BGHZ 57, 375 (385 f.).

laut methodisch (wohl) auch nicht zwingend.[428] Ausgleichspflichten sind insbesondere in Betracht zu ziehen, soweit bereits Rahmenbetriebspläne den Abbau räumlich erfassen,[429] kommen aber auch darüber hinaus in Betracht. Fraglich ist, wie die verfassungsrechtlichen Maßstäbe konkretisiert werden können.

Bereits im Ansatz nicht überzeugen kann zunächst die Entscheidung des EGMR, soweit sie darauf abstellt, dass das Bergamt bei der Bewilligung von der geplanten Autobahn wusste oder vernünftigerweise davon hätte wissen müssen und diese trotz der Unsicherheit über die genaue Trassenführung erteilte.[430] Das Gericht setzt sich nicht mit der Frage auseinander, ob trotz – oder gerade wegen – der Unsicherheiten die Bewilligung zu erteilen war, weil der Bergbau zu diesem Zeitpunkt nicht im gesamten Feld ausgeschlossen schien.[431] Immerhin konnte bis zum Bau der Staße ein Teil der Rohstoffe abgebaut werden. Der EGMR öffnet damit der Verabsolutierung eines staatlich verliehenen Rechts die Tore, das vor seiner Entstehung nur eingeschränkt auf seine Kompatibilität mit konkurrierenden Infrastrukturvorhaben zu prüfen ist. Will man nun nicht mit Blick auf die Pflicht zur Berücksichtigung von EGMR-Entscheidungen[432] die Auslegung der Bewilligungsvoraussetzungen oder sogar das gesetzliche Regelungsgefüge an sich in Frage stellen, ist der Fokus auf das Unverständnis des EGMR hinsichtlich der Befristung auf 25 Jahre[433] zu lenken. In der Tat wäre insbesondere mit Blick auf die mögliche Generierung von Vertrauensschutz zu überlegen, die nach § 16 Abs. 5 Satz 1 BBergG ohnehin erforderliche Befristung auch an möglicherweise künftig kollidierenden Verkehrsvorhaben zu orientieren oder zumindest eine Hinweispflicht der Bergbehörde anzuneh-

---

[428] Der Umkehrschluss zu § 124 Abs. 2, 4 BBergG könnte systematisch durch einen „Erst-Recht-Schluss" ersetzt werden. Damit wären jedenfalls *außer*bergrechtliche Entschädigungsansprüche, wie in den Ausgangsverfahren diskutiert, nicht mehr versperrt, a.A. *Nusser*, NVwZ 2017, S. 1244 (1246); wohl auch *Kühne*, NVwZ 2018, S. 214 (216); *ders.*, ZfB 159 (2018), S. 92 (99). Allerdings hat sich der Wirtschaftsausschuss im Gesetzgebungsverfahren ausdrücklich gegen eine Ausweitung des Ersatzanspruchs nach dem heutigen § 124 Abs. 4 BBergG ausgesprochen, um finanzielle Auswirkungen in Milliardenhöhe zu vermeiden, BT-Drs. 8/3965, S. 144. Bezieht man den Ausgleichsanspruch – wie sogleich näher auszuführen ist – allerdings nicht auf einen entgangenen Gewinn wegen Nichtabbaubarkeit, steht die Entstehungsgeschichte einem reduzierten Ausgleich insoweit nicht mehr zwingend entgegen. Im Übrigen wurde der Ersatzanspruch ausdrücklich unter dem (üblichen) Beispiel des Stehenlassens von Sicherheitspfeilern (diese Rechtsfrage lag bereits dem Preußischen Ober-Tribunal zur Entscheidung vor, siehe die Nachweise oben in Fn. 278, S. 134), nicht aber im Falle der vollständigen oder weitreichenden Verhinderung des Abbauvorhabens thematisiert, vgl. auch *H. Schulte*, ZfB 113 (1972), S. 166 (180) zu § 154 Abs. 1 ABG.

[429] Zum Schutz des Vertrauens in Rahmenbetriebsplanzulassungen siehe unten 3. Kapitel B. II. 3., S. 293 ff.

[430] EGMR, Urteil vom 19. Januar 2017 – 32377/12, NVwZ 2017, S. 1273 Rn. 52.

[431] Ebenso *Nusser*, NVwZ 2017, S. 1244 (1251).

[432] Grundlegend BVerfG, Beschluss vom 14. Oktober 2004 – 2 BvR 1481/04, BVerfGE 111, 307; Beschluss vom 20. Juni 2012 – 2 BvR 1048/11, BVerfGE 131, 268.

[433] EGMR, Urteil vom 19. Januar 2017 – 32377/12, NVwZ 2017, S. 1273 Rn. 52.

men. Hingegen überzeugt es zumindest im Ausgangspunkt, wenn der EGMR die Entschädigungspflicht bei einer (möglichen) Kenntnis des betroffenen Bergbauunternehmens versagen will und damit letztlich an den Grundsatz des Vertrauensschutzes knüpft.[434]

Auch bei im Einzelfall berechtigtem Vertrauen erscheint es aber nicht *per se* unverhältnismäßig, wenn eine staatlich ohne *Gegen*leistung verliehene Rechtsposition öffentlichen Verkehrsanlagen ohne Ausgleich weichen muss. Unzumutbar und daher ausgleichspflichtig werden Abbaubeschränkungen auch hier erst, soweit der Unternehmer frustrierte Investitionen etwa zur Entdeckung von Bodenschätzen oder zur Vorbereitung von Genehmigungsanträgen getätigt hat[435] – zumindest im Grundsatz auch unabhängig von bereits bestehenden Betriebsplanzulassungen.[436]

(d) Höhe der Ausgleichspflicht

Ist nach alledem ausnahmsweise ein Ausgleich zu leisten, soll sich dessen Höhe grundsätzlich am Wert des abverlangten Guts orientieren, wobei bei Eigentumsbeschränkungen im öffentlichen Interesse wegen der Sozialbindung ein Abschlag vom Verkehrswert zulässig ist.[437] Im Falle der Bergbauberechtigung und deren eindimensionaler Rohstoffbezogenheit würde hiernach eine gewisse Nähe zum Schutz bloßer Gewinnchancen offenbar, die an sich gerade nicht von Art. 14 GG erfasst werden sollen[438]. Sachgerechter erscheint ohnehin eine Orientierung am Grund der Ausgleichspflicht und damit an der Höhe der frustrierten Investitionen. Zu ersetzen ist damit der Vertrauensschaden.[439]

---

434 EGMR, Urteil vom 19. Januar 2017 – 32377/12, NVwZ 2017, S. 1273 Rn. 50 ff.

435 *Kühne*, DVBl 2012, S. 661 (665) unter ausdrücklicher Bezugnahme auf Investitionen *zur* Erlangung der Bergbauberechtigung (etwa Explorationsaufwendungen); vgl. BVerwG, Urteil vom 10. Februar 2016 – 9 A 1/15, BVerwGE 154, 153 Rn. 26; vgl. auch BVerfG, Urteil vom 6. Dezember 2016 – 1 BvR 2821/11 u.a., BVerfGE 143, 246 Rn. 373 ff.; *Froese*, Entschädigung und Ausgleich, in: Depenheuer/Shirvani, Die Enteignung, 2018, § 9, S. 255 (271 f.) zum Leistungsbezug als Abgrenzungskriterium.

436 A.A. *Nusser*, NVwZ 2017, S. 1244 (1249): wohl nur bei *Haupt*betriebsplanzulassungen; *Wörheide*, Die Bergbauberechtigungen nach dem Bundesberggesetz, 2014, S. 438 ff.: nur bei Betriebsplanzulassungen.

437 BVerfG, Beschluss vom 23. Februar 2010 – 1 BvR 2736/08, NVwZ 2010, 512 Rn. 43; *Papier/Shirvani*, in: Maunz/Dürig, GG, Art. 14 Rn. 488 (Stand: April 2018) Soweit sich die Sozialbindung aber bereits im Verkehrswert niederschlägt, erscheint ein Abschlag problematisch, vgl. BVerfG, Beschluss vom 7. November 2006 – 1 BvL 10/02, BVerfGE 117, 1 (53) zur Bemessung der Erbschaftssteuer.

438 BVerfG, Urteil vom 6. Dezember 2016 – 1 BvR 2821/11 u.a., BVerfGE 143, 246 Rn. 240, vgl. aber auch Rn. 374 zur Entschädigungspflicht wegen Verstrombarkeitsdefiziten nach dem Atomausstieg, obgleich das Bundesverfassungsgericht auch hier keine Entschädigung in Orientierung am positiven Interesse fordert.

439 Vgl. § 21 Abs. 4 Satz 1 BImSchG. Einen Abschlag akzeptierend auch *Kühne*, DVBl 2012, S. 661 (665) – allerdings ohne Bezugnahme auf einen Vertrauensschaden.

(e) Ausgleichspflicht und einfachgesetzliche Anspruchsgrundlage

Die Suche nach einer tauglichen Anspruchsgrundlage bereitet allerdings Schwierigkeiten.

Ein in Betracht kommender Widerruf zugelassener Rahmenbetriebspläne oder Bergbauberechtigungen mit Entschädigungsanspruch nach § 49 Abs. 6 LVwVfG[440] scheitert womöglich an den Anforderungen an den Widerruf begünstigender Verwaltungsakte nach § 18 Abs. 1 BBergG bzw. § 49 Abs. 2 LVwVfG. Liegen die Voraussetzungen aber vor, dürfte der Bergbautreibende auch ein subjektiv-öffentliches Recht auf Widerruf des *an sich* begünstigenden Verwaltungsaktes haben,[441] weil dieser nicht (mehr) ausübbar ist und seine fortbestehende Existenz die Durchsetzung eines verfassungsrechtlich gebotenen Ausgleichsanspruchs hindert.

Ein Anspruch auf förmliche Enteignung der Bergbauberechtigung, den das Bundesverwaltungsgericht durchaus schon in Betracht gezogen hat,[442] scheitert jedoch spätestens seit der Entscheidung des Bundesverfassungsgerichts in Sachen Atomausstieg am fehlenden Güterbeschaffungsvorgang[443]. Bergbauberechtigungen würden nicht enteignet, um mit ihnen ein konkretes Vorhaben zur Erfüllung öffentlicher Aufgaben durchzuführen, sondern es handelte sich schlicht um einen Eigentumsentzug ohne Eigentumsübergang.

Ein Anspruch aus enteignendem Eingriff dürfte jedenfalls nach verfassungsgerichtlichen Maßstäben regelmäßig abzulehnen sein, weil es an der Atypizität der Eigentumsbeeinträchtigung fehlt und der Gesetzgeber infolgedessen den

---

[440] Zum Entschädigungsanspruch beim Widerruf nach § 18 Abs. 1 BBergG, der diesen nicht ausdrücklich normiert, *Kühne*, in: Boldt/Weller/Kühne/von Mäßenhausen, BBergG, 2. Auflage 2016, § 18 Rn. 23, der insoweit die bergrechtliche Regelung durch § 49 VwVfG ergänzt. Zur Eigenschaft einer gesetzlichen Konkretisierung der ausgleichspflichtigen Inhalts- und Schrankenbestimmung *Abel*, in: Bader/Ronellenfitsch, BeckOK VwVfG, § 49 Rn. 89; *Suerbaum*, in: Mann/Sennekamp/Uechtritz, VwVfG, 2. Auflage 2019, § 49 Rn. 155. Ob hierbei allerdings die verfahrensrechtlichen Anforderungen des Bundesverfassungsgerichts gewahrt werden, nach denen der Gesetzgeber sicherstellen muss, dass mit dem Verwaltungsakt bereits über den Ausgleich dem Grunde nach entschieden wird, BVerfG, Beschluss vom 2. März 1999 – 1 BvL 7/91, BVerfGE 100, 226 (246), erscheint zweifelhaft, siehe hierzu *Roller*, NJW 2001, S. 1003 (1009).

[441] Vgl. zum subjektiven Recht auf Widerruf eines belastenden Verwaltungsaktes *Sachs*, in: Stelkens/Bonk/Sachs, VwVfG, 9. Auflage 2018, § 49 Rn. 26.

[442] BVerwG, Urteil vom 26. März 1998 – 4 A 2/97, BVerwGE 106, 290 (294); Urteil vom 10. Februar 2016 – 9 A 1/15, BVerfGE 154, 153 Rn. 25; ebenso *Braig/Ehlers-Hofherr*, NuR 2017, S. 833 (836).

[443] BVerfG, Urteil vom 6. Dezember 2016 – 1 BvR 2821/11 u.a., BVerfGE 143, 246 Rn. 246 ff.; ebenso bereits BVerfG, Beschluss vom 22. Mai 2001 – 1 BvR 1512, 1677/97, BVerfGE 1 (10). Zur Enteignung von Rechten *Papier/Shirvani*, in: Maunz/Dürig, GG, Art. 14 Rn. 645 (Stand: April 2018); zweifelnd betreffend die Zulegung im Lichte neuerer Verfassungsrechtsprechung in Sachen Atomausstieg (BVerfG, Urteil vom 6. Dezember 2016 – 1 BvR 2821/11 u.a., BVerfGE 143, 246) *Froese*, Entschädigung und Ausgleich, in: Depenheuer/Shirvani, Die Enteignung, 2018, § 9, S. 255 (265 f. mit Fn. 69).

Ausgleich hätte regeln müssen.[444] Der dann in Betracht kommende Anspruch aus enteignungsgleichem Eingriff scheitert wiederum am verfassungsgerichtlich postulierten Gesetzesvorbehalt für ausgleichspflichtige Inhalts- und Schrankenbestimmungen sowie der grundsätzlichen Ablehnung der Rechtsprechung, das richterrechtliche Institut auf legislatives Unrecht anzuwenden.[445] Dann wäre allerdings Primärrechtsschutz erfolgversprechend.[446]

Kann die Bergbauberechtigung wegen einer außerbergrechtlichen Planfeststellung nicht mehr genutzt werden, kommt ein Entschädigungs- oder Übernahmeanspruch etwa nach § 74 Abs. 2 Satz 3 (L)VwVfG[447] in Betracht.[448] Soweit Grundstückseigentümer enteignet werden, die zugleich Berechtigungen an bergfreien Bodenschätzen unter den Grundstücken innehaben, zieht der Bundesgerichtshof dem Grunde nach die Berücksichtigung einer enteignungsbedingten objektiven Betriebsverschlechterung in Betracht.[449] Nach der hier vertretenen Auslegung steht dem auch § 124 Abs. 3 BBergG nicht entgegen, sodass insoweit ebenso – freilich in einer etwas atypischen Fallkonstellation – dem Eigentumsschutz der Bergbauberechtigung Rechnung getragen werden kann. Schließlich kommen spezialgesetzliche Entschädigungsansprüche wie etwa nach § 68 Abs. 1, 2 BNatSchG in Betracht.[450]

Kühnes Einwand, § 48 Abs. 2 BBergG sei verfassungswidrig, soweit er keine Ausgleichsregelung enthalte,[451] dringt im Ergebnis zumindest pauschal nicht durch. Trotz der angeführten Anspruchsgrundlagen ist allerdings nicht auszuschließen, dass im *Einzelfall* an sich gerechtfertigte Abbaubeschränkungen nach verfassungsrechtlichen Maßstäben ausgleichspflichtig sind, ohne dass hierfür eine einfachgesetzliche Grundlage bereitsteht. Klare gesetzgeberische Entscheidungen wären dann nicht nur wünschenswert, sondern notwendig. Ohne judikativen Zwang dürften entsprechende Novellierungen allerdings nicht an-

---

[444] *Grzesick*, in: Ehlers/Pünder, Allgemeines Verwaltungsrecht, 15. Auflage 2016, § 45 Rn. 99; *Maurer/Waldhoff*, Allgemeines Verwaltungsrecht, 20. Auflage 2020, § 27 Rn. 107 ff.; vgl. *Osterloh*, Was bleibt vom enteignungsgleichen und vom enteignenden Eingriff?, in: Depenheuer/Shirvani, Die Enteignung, 2018, § 8, S. 235 (245 ff.); ablehnend *Ossenbühl/Cornils*, Staatshaftungsrecht, 6. Auflage 2013, S. 331 ff.

[445] Dazu *Grzesick*, in: Ehlers/Pünder, Allgemeines Verwaltungsrecht, 15. Auflage 2016, § 45 Rn. 70 f.; *Maurer/Waldhoff*, Allgemeines Verwaltungsrecht, 20. Auflage 2020, § 27 Rn. 92; ablehnend *Ossenbühl/Cornils*, Staatshaftungsrecht, 6. Auflage 2013, S. 273 ff., 281 ff., 332.

[446] Vgl. *von Weschpfennig*, Verw 53 (2020), S. 469 (498 f.).

[447] Zum hierauf gestützten Übernahmeanspruch BVerwG, Urteil vom 9. November 2006 – 4 A 2001/06, BVerwGE 127, 95 Rn. 139.

[448] Vgl. dazu den Sachverhalt bei EGMR, Urteil vom 19. Januar 2017 – 32377/12, juris, Rn. 9 ff., insoweit nur zusammenfassend in NVwZ 2017, S. 1273; a.A. *Nusser*, NVwZ 2017, S. 1244 (1246) zu öffentlichen Verkehrsanlagen.

[449] BGH, Urteil vom 14. April 2011 – III ZR 30/10, BGHZ 189, 231 Rn. 18.

[450] BVerwG, Urteil vom 25. Oktober 2018 – 4 C 9/17, BVerwGE 163, 294.

[451] *Kühne*, in: Boldt/Weller/Kühne/von Mäßenhausen, BBergG, 2. Auflage 2016, § 48 Rn. 115.

gestoßen werden, könnte hiervon doch eine rechtspolitisch mittlerweile wohl überwiegend unerwünschte Signalwirkung zugunsten des Bergbaus ausgehen.

(3) Die Schutzreichweite der bergrechtlichen Erlaubnis

Soweit der Bundesgerichtshof den Anspruch des Inhabers einer Aufsuchungs-erlaubnis auf Bewilligung trotz der durch § 12 Abs. 2 und § 14 BBergG ein-geräumten Vorzugs- und Vorrangstellung nicht zum verfassungsrechtlich geschützten Eigentum zählt und infolgedessen einen gesetzlichen Entschädi-gungsanspruch verweigert,[452] beruht dies auf einer zu formalistischen Tren-nung gestufter Bergbauberechtigungen[453] sowie der fehlenden Würdigung des Zwecks der Bergbauberechtigung und dem Grund ihres Eigentumsschutzes. Wie schon mehrfach betont, resultiert die Privatnützigkeit aus der Verleihung ausschließlicher Rechte, die sowohl gegenüber Grundeigentümern als auch ge-genüber potenziellen Konkurrenten wirken. Aus diesem Grunde gewährt § 14 Abs. 1 BBergG dem Erlaubnisinhaber eine Vorrangstellung bei der Erteilung der Bewilligung gegenüber Dritten. Materiellrechtlich vermittelt § 12 Abs. 2 BBergG eine beschränkte Vorzugsstellung. Damit verbunden ist ein gewisser Investitionsschutz betreffend die Aufwendungen für die Exploration, die ohne Gewinnungsberechtigung regelmäßig wertlos sind.[454]

Auch wenn die Erteilung der Bewilligung immer noch von Voraussetzungen abhängt, auf die der Erlaubnisinhaber keinen Einfluss hat und damit nach der Rechtsprechung des Bundesverfassungsgerichts kein Eigentumsschutz greifen soll,[455] wird man wohl zumindest im Verhältnis zu anderen Unternehmern ein beschränktes ausschließliches Recht auf Erteilung der Bewilligung annehmen können, das der Erlaubnisinhaber als „seine Rechtsposition" verstehen darf. Darüber hinaus muss die Frage aufgeworfen werden, ob die im Sozialversiche-rungsrecht entwickelte Anforderung einer (gesicherten) Anwartschaft mit Blick auf aufwändige und kostenintensive Explorationen, die in aller Regel auf eine spätere Gewinnung zielen, trägt oder ob sich hier nicht vielmehr eine dogma-tische Begründung außerhalb ihres Kontextes verselbständigt hat. Wenn das Bundesverfassungsgericht keine Verletzung von Art. 14 GG durch den Bundes-gerichtshof erkennen konnte,[456] ist dies nur im Ergebnis im Lichte der gebote-nen verfassungsgerichtlichen Zurückhaltung bei Urteilsverfassungsbeschwer-den akzeptabel, nicht hingegen in der Begründung.

---

[452] Dazu oben 2. Kapitel B. IV. 2. b) aa) (1), S. 135 f.

[453] Vgl. *Kühne*, DVBl 2005, S. 978 ff.

[454] BT-Drs. 8/1315, S. 88 zu § 12 Abs. 2 BBergG.

[455] BVerfG, Urteil vom 16. Juli 1985 – 1 BvL 5/80 u.a., BVerfGE 69, 272 (300 f.); dies auf-greifend die das BGH-Urteil bestätigende Kammerentscheidung des BVerfG, Beschluss vom 13. April 2007 – 1 BvR 284/05, ZfB 149 (2008), S. 85 m.w.N.

[456] Siehe oben Fn. 285, S. 136.

V. Exkurs: Rechtsschutz gegen die Erteilung von Bergbauberechtigungen

Die nur sehr eingeschränkten Rechts- und Bindungswirkungen der Konzessionierung für nachfolgende Betriebsplanzulassungen haben zur Folge, dass Rechtsschutz Dritter gegen die Erteilung einer Bergbauberechtigung ebenfalls nur sehr eingeschränkt erlangt werden kann.[457] Gegen die Erteilung einer Bergbauberechtigung kann derjenige Grundeigentümer Anfechtungsklage erheben, der die Zugehörigkeit des verliehenen Bodenschatzes zum Grundeigentum geltend macht.[458] Dagegen kann der Grundeigentümer nicht mit Erfolg geltend machen, durch mittelbare Beeinträchtigungen des Eigentums bei Durchführung des Vorhabens (möglicherweise) in subjektiven Rechten verletzt zu werden.[459] Er ist diesbezüglich auf die Betriebsplanebene verwiesen. Gleiches gilt wohl für Bergnachbarn, die eine Beeinträchtigung ihres Betriebes befürchten. § 11 Nr. 8 BBergG dürfte keinen entsprechenden Drittschutz vermitteln.[460] Schließlich erscheint es mit Blick auf den nur vorgreifenden Charakter des § 11 Nr. 10 BBergG völker- und europarechtlich nicht geboten, bereits gegen die Rechteverleihung Verbandsklagerechte zu gewähren.[461] Insoweit wird man nicht annehmen können, dass bereits hierdurch gegen umweltbezogene Bestimmungen im Sinne des Art. 9 Abs. 3 der Aarhus-Konvention verstoßen wird.

VI. Bilanz und rechtspolitischer Ausblick

Bilanzierend bleibt zunächst festzuhalten, dass das Berechtsamswesen nur sehr eingeschränkt dem Bergbau entgegenstehende Interessen berücksichtigt. So erlangen Bergbautreibende frühzeitig eigentumsrechtlich geschützte ausschließliche Rechtspositionen, bevor Explorationen erfolgen und aufwändige Planungen aufgestellt, weitreichendere Investitionen getätigt sowie Kollisionen abgewogen werden müssen. In Anbetracht der dynamischen Abbauweise von Rohstoffen würde eine umfassende Konfliktbewältigung im Vorfeld schließ-

---

[457] Näher *Wörheide*, Die Bergbauberechtigungen nach dem Bundesberggesetz, 2014, S. 227 ff. sowie bereits oben 2. Kapitel B. I., S. 96 zum Rechtsschutz von Gemeinden.

[458] *Wörheide*, ZfB 156 (2015), S. 73 (78 f., ferner S. 76).

[459] *Wörheide*, ZfB 156 (2015), S. 73 (77 f.), der auch Art. 9 Abs. 3 Aahus-Konvention keine andere Beurteilung entnimmt (S. 81 ff.). Zum Rechtsschutz bei entgegenstehenden Konzessionsansprüchen *Wörheide*, Die Bergbauberechtigungen nach dem Bundesberggesetz, 2014, S. 235 ff.

[460] *Wörheide*, ZfB 156 (2015), S. 73 (78); näher und differenzierend *ders.*, Die Bergbauberechtigungen nach dem Bundesberggesetz, 2014, S. 240 f.

[461] Näher *Wörheide*, ZfB 156 (2015), S. 73 (83 f.); ebenso *Dammert/Brückner*, ZUR 2017, S. 469 (471); a.A. *Keimeyer/Gailhofer/Westphal/Sanden/Schomerus/Teßmer*, Recht der Rohstoffgewinnung, Umweltbundesamt, Texte 71/2019, S. 327.

lich rasch an praktische Grenzen stoßen. Umfassende Beteiligungen Dritter sind mit Ausnahme der Behördenbeteiligung nach § 15 BBergG nicht vorgesehen. Unter Bergbautreibenden gilt im Wesentlichen das Windhundprinzip. Die Erteilung oder Verleihung einer Bergbauberechtigung ist eine gebundene Entscheidung insbesondere ohne planerische Abwägung. Gleichwohl stehen der Bergbehörde – was allerdings nicht unbestritten ist – in beschränktem Umfang abschließende Beurteilungsspielräume zu. Die geltende Rechtslage vermittelt jedoch keine Entscheidungskompetenzen zur Erforderlichkeit des konkreten Vorhabens für die Sicherung der Rohstoffversorgung. Das Berechtsamswesen entfaltet somit kein regionales oder überregionales Steuerungspotenzial hinsichtlich der Bewirtschaftung von Bodenschätzen.

Die Erteilung oder Verleihung von Bergbauberechtigungen schafft darüber hinaus zusätzliche Kollisionslagen. Zwar vermitteln sie keine verwaltungsrechtliche Anwartschaft auf Vorhabengenehmigung. Was im Berechtsamsverfahren nicht geprüft wurde, muss zwingend in nachfolgenden Zulassungsverfahren Berücksichtigung finden. Allerdings vermittelt die Rechteverleihung gleichzeitig verfassungsrechtlichen Eigentumsschutz, der nachfolgende Zulassungsverfahren oder sonstige Entscheidungsprozesse wie Schutzgebietsausweisungen oder Bebauungsplanverfahren zumindest partiell determinieren kann. Jedoch kann die Grundrechtsposition nur im Lichte ihres Entstehungskontextes adäquat gewürdigt werden. Die Rechteverleihung sichert frühzeitig die unternehmerischen Interessen der Bergbautreibenden gegenüber dem Zugriff Dritter und stützt damit den grundrechtlichen Schutz durch Art. 12 Abs. 1 GG. Nach Art. 12 Abs. 1 GG zulässige Einschränkungen können folglich auch im Rahmen der Sozialbindung des Eigentums Wirkung entfalten. Überdies ist die eigentumsrechtliche Ausgestaltung des Berechtsamswesens keinen grundrechtlichen Zwängen geschuldet, sondern vielmehr der volkswirtschaftlichen Bedeutung der bergfreien Bodenschätze. Solche objektiven Belange prägen die Gemeinwohlbindung der Bergbauberechtigungen in besonderem Maße.

Selbst weitreichende Beschränkungen bergbaulicher Vorhaben sind damit grundsätzlich und in aller Regel entschädigungslos hinzunehmen, wenn bei der Rechteverleihung nicht berücksichtigte Belange entgegenstehen. Die Existenz von Bergbauberechtigungen ist ebenso bei außerbergrechtlichen Planungsentscheidungen oder Schutzgebietsausweisungen zu berücksichtigen und etwaigem Vertrauensschutz Rechnung zu tragen. Hiermit unvereinbar ist eine Auslegung der Vorschriften zum Verhältnis zwischen Bergbau und öffentlichen Verkehrsanlagen, nach der selbst für weitreichende Beschränkungen einer ins Werk gesetzten Bergbauberechtigung kein Ausgleich zu leisten ist. Soweit allerdings der EGMR und auch das Bundesverwaltungsgericht in zwei neueren Entscheidungen die Anforderungen von Entschädigungspflichten deutlich herabgesenkt haben, berücksichtigt dies die begrenzte Funktion der Bergbauberechtigung nicht und läuft deren weitreichender Sozialbindung zuwider. Sollte sich diese Linie durchsetzen, könnte dies – völlig ungeachtet der sonst geäußerten Grundsatz-kritik am Rechtsinstitut[462] – das Berechtsamswesen in seiner derzeitigen Form rechtspolitisch in Frage stellen. Denn eine solche Verselbständigung wäre umweltpolitisch kaum hinzunehmen.

Bergbauberechtigungen vermitteln damit im Kern ausschließliche Rechte an vom Grundeigentum entkoppelten bergfreien Bodenschätzen, eignen sich darüber hinaus aber nur sehr eingeschränkt als Konflikt*lösungs*instrument. Sie mögen zudem rein faktisch eine herausgehobene Stellung des Bergbaus im deutschen Recht symbolisieren; *rechtliche* Wirkung in nachfolgenden Verwaltungsverfahren kommt ihnen aber entgegen einer in der Literatur prominent vertretenen Auffassung nur sehr eingeschränkt zu. Der Ausgleich polygonaler Interessenkonflikte hat hiernach im Wesentlichen auf der Ausführungsebene zu erfolgen. Aufgrund seiner funktionalen Einordnung ins Bergrecht ist ein verfahrens- und materiell-rechtlich schlank ausgestaltetes Berechtsamswesen nicht zu kritisieren. Gleich-wohl ist eine latente Gefahr faktischer Pfadabhängigkeiten nicht zu leugnen, indem in späteren Konzessions- und Zulassungsverfahren ein gewisser Druck auf den Bergbehörden lastet, die Realisierung der Bergbauberechtigung nicht zu behindern – insbesondere nach einer erfolgreichen Aufsuchung.[463] Weitreichende Entschädigungspflichten gegenüber Bergbautreibenden bei Genehmigungsversagungen könnten solche Pfadabhängigkeiten tendenziell begünstigen.

Rechtspolitisch selbstverständlich diskutabel sind verfahrens- und materiell-rechtliche Anreicherungen des Berechtsamswesens. Sie laufen allerdings Gefahr, die eigentliche Funktion der Bergbauberechtigung ein Stück weit einzuebnen und insbesondere die Abgrenzung zu den Zulassungsverfahren zu verwischen, zumal dann etwaige Bindungswirkungen anders zu bewerten wären. Demnach sind jedenfalls materiellrechtliche Aufladungen oder auch die Verankerung einer Umweltverträglichkeitsprüfung im Erteilungsverfahren abzulehnen.[464] Differenziert zu bewerten wäre eine Öffentlichkeitsbeteiligung im Berechtsams-verfahren.[465] In der Tat könnten frühzeitig künftige Kollisionslagen zwischen Bergbau und Grundeigentum offen diskutiert und ausgeräumt werden. Anderer-seits darf der zu erwartende Erkenntnisgewinn nicht zu hoch bewertet werden, da in einem solch frühen Verfahrensstadium in der Regel keine ausreichen-

---

[462] Dazu unten 2. Kapitel C., S. 170 ff.

[463] *Ludwig*, VerwArch 108 (2017), S. 559 (578); vgl. – mit unterschiedlichen Auffassungen – ausführlich die Auswertung von Interviews mit Vertretern von Behörden, der Umweltseite sowie von Unternehmen bei *Keimeyer/Gailhofer/Westphal/Sanden/Schomerus/Teßmer*, Recht der Rohstoffgewinnung, Umweltbundesamt, Texte 71/2019, S. 51 ff., anders S. 66, 68 ff.

[464] Ebenso *Ludwig*, VerwArch 108 (2017), S. 559 (578).

[465] Vgl. *Beckmann*, UPR 2014, S. 206 (212); *Keimeyer/Gailhofer/Westphal/Sanden/Schomerus/Teßmer*, Recht der Rohstoffgewinnung, Umweltbundesamt, Texte 71/2019, S. 326 f.; näher zu dieser rechtspolitischen Forderung *Ludwig*, DVBl 2016, S. 685 (686 f.); *dies.*, Verw-Arch 108 (2017), S. 559 (578 ff.).

den Daten über etwaige Beeinträchtigungen der Oberfläche generiert werden können, sofern es sich nicht um Tagebauvorhaben handelt. Überdies kann eine Öffentlichkeitsbeteiligung im Konzessionsverfahren nicht die fehlende politische Grundsatzdiskussion etwa über die (künftige) Rohstoff- und Energiepolitik oder die gesellschaftliche Akzeptanz bestimmter Gewinnungstechniken wie das Fracking kompensieren.[466] Ist aber nach den gesetzlichen Voraussetzungen ohnehin eine Bergbauberechtigung zu erteilen, könnte der angestrebte Zweck der Akzeptanzförderung tatsächlich in die frustrierende Erkenntnis umschlagen, im Entscheidungsprozess nicht effektiv partizipieren zu können.[467] Auch soweit frühzeitig die Prüfung alternativer Standorte sichergestellt werden soll (was überdies eine rechtliche Verankerung erfordern würde), dürften häufig mangelnde Kenntnisse über den Untergrund selbst entgegenstehen. Überdies verbleibt die Frage, ob hier nicht ohnehin andere Ebenen – namentlich die Raumplanung – bessere Steuerungsmöglichkeiten bereitstellen.[468] Soweit von seiten der Bergbautreibenden gegen eine Öffentlichkeitsbeteiligung mangelnder Schutz vor Konkurrenz vorgebracht werden könnte, bliebe dem zu entgegnen, dass Art. 12 GG jenseits von Geschäftsgeheimnissen[469] keinen entsprechenden Schutz bietet. Verfassungsrechtlich wäre keine von § 14 Abs. 2 BBergG abweichende Vorrangstellung indiziert.

C. Abschaffung des Berechtsamswesens?

Seit einigen Jahren steht das Berechtsamswesen unter erheblichem rechtspolitischem Druck.

Über punktuelle Anpassungen des Berechtsamswesens hinausgehend hat namentlich *Dirk Teßmer* – unter anderem in einem Rechtsgutachten für die Bundestagsfraktion von Bündnis 90/Die Grünen – Forderungen nach einer Zuordnung der bergfreien Bodenschätze zum Grundeigentum und zur Abschaffung des Berechtsamswesens erhoben. Ausgangspunkt der dort geäußerten Kritik an der Bergfreiheit bestimmter Bodenschätze und dem hieran anknüpfenden Konzessionssystem[470] ist die Annahme einer Kollision von gleichberechtigten Ei-

---

[466] Siehe bereits oben 1. Kapitel C. III., S. 26 ff. Vgl. *Di Fabio*, Risikoentscheidungen im Rechtsstaat, 1994, S. 467 f.; *Durner*, Öffentlichkeitsbeteiligung und demokratische Legitimation im Energie-Infrastrukturrecht, in: Schlacke/Schubert: Energie-Infrastrukturrecht, 2015, S. 87 (101 f.); *Luhmann*, Legitimation durch Verfahren, 3. Auflage 1978, S. 209, 211, 215 ff.

[467] *Gärditz*, GewArch 2011, S. 273 (274) spricht von einer negativen Korrelation zwischen Rechtlichkeit und wirksamer Partizipation.

[468] Dazu unten 4. Kapitel A., S. 383 ff.

[469] Dazu BVerfG, Beschluss vom 14. März 2006 – 1 BvR 2087, 2111/03, BVerfGE 115, 205 (229 ff.).

[470] *Teßmer*, Rechtsgutachten: Vorschläge zur Novellierung des deutschen Bergrechts, 2009, S. 15 ff., 109 ff.; *ders.*, in: Frenz, Bergrechtsreform und Fracking, 2013, S. 25 (30 ff.).

gentumsrechten betreffend dasselbe Grundstück, die „der Bedeutung einer vom Bergbau uneingeschränkten Nutzbarkeit eines Grundstücks für den ‚Oberflächeneigentümer' nicht gerecht" werde. Bemängelt werden fehlende Beteiligungsrechte und Rechtsschutzmöglichkeiten sowie der Umstand, dass weder eine Prüfung der nachteiligen Auswirkungen des Vorhabens noch der Erforderlichkeit der Rohstoffgewinnung am Ort des konkreten Vorkommens erfolge. Zudem führe die Abtrennung des Bodenschatzes dazu, dass der Grundeigentümer nicht am Gewinn des Unternehmers partizipiere. Schließlich bestehe keine bergbauliche Notwendigkeit, zu einem so frühen Zeitpunkt Eigentumsrechte zuzuweisen, in dem die Realisierbarkeit noch völlig unklar sei. Infolgedessen schlägt *Teßmer* in dem Gutachten die Streichung der Vorschriften über bergfreie Bodenschätze sowie zur Verleihung von Bergbauberechtigungen vor.[471] Zudem sollten in der Vergangenheit erteilte Bergbauberechtigungen ihre Wirkung verlieren.[472] Infolgedessen müssten sich Bergbautreibende um eine vertragliche Einigung mit den Grundstückseigentümern oder aber um deren Enteignung bemühen. Beim Abbau oberflächennaher Bodenschätze ändere sich hierdurch wenig; nur könnten sich Bergbautreibende nicht mehr auf ihre „eigentumsähnliche" Rechtsstellung berufen. Anders verhalte es sich bei Vorhaben unter Tage, weil hierfür derzeit weder eine Einigung mit dem Oberflächeneigentümer noch eine Enteignung notwendig sei.

Von diesen weitreichenden Forderungen ist ein kürzlich publiziertes Gutachten im Auftrag des Umweltbundesamtes, an dem auch *Teßmer* beteiligt war, abgerückt.[473] Die Autoren erkennen dort nach umfangreichen Interviews mit Vertretern der Bergbehörden, Unternehmen und der Umweltseite die grundsätzliche Bedeutung des Rechtsinstituts der Bergbauberechtigung an. Der Staat solle die Konzessionierung von Rechten an bestimmten volkswirtschaftlich relevanten Bodenschätzen „in seinen Händen behalten und die damit einhergehenden Möglichkeiten der Steuerung wie z.B. der Erhebung von Förderabgaben aufrechterhalten." Allerdings solle „die Konzession zur Aufsuchung und Gewinnung des betreffenden bergfreien Bodenschatzes [erst] im Zuge der ersten Entscheidung über eine Betriebsplanzulassung" erteilt werden.[474]

Grundsätzlich hat der Gesetzgeber – wie schon mehrfach betont – weitreichende Freiheiten und kann sich künftig auch gegen ein Konzessionsmodell entscheiden oder dieses umfassend umstrukturieren. Allerdings wurde ebenso

---

[471] Wenig konsequent verweist er bei § 3 BBergG nur auf Abs. 2 und klammert die Regelungen zur Feldes- und Förderabgabe aus.

[472] *Teßmer*, Rechtsgutachten: Vorschläge zur Novellierung des deutschen Bergrechts, 2009, S. 17 f.

[473] *Keimeyer/Gailhofer/Westphal/Sanden/Schomerus/Teßmer*, Recht der Rohstoffgewinnung, Umweltbundesamt, Texte 71/2019, S. 44 ff., 290 ff., 315.

[474] *Keimeyer/Gailhofer/Westphal/Sanden/Schomerus/Teßmer*, Recht der Rohstoffgewinnung, Umweltbundesamt, Texte 71/2019, S. 292 f.

mehrfach ausgeführt, dass das Berechtsamswesen als historisch gewachsenes Instrument einen wirtschaftspolitischen Zweck verfolgt. Die Reformvorschläge geben nun Anlass, sowohl deren rechtliche Ausgangsprämissen zumindest kurz kritisch zu würdigen (I.) sowie die rechtspraktische Bedeutung der Bergbauberechtigungen zu vertiefen (II.). Beides sollte Grundlage für eine informierte Gesetzgebung sein. Hieran anschließend kann der Gesetzgeber selbstverständlich auch faktischen Pfadabhängigkeiten begegnen. Überdies ist die Frage aufzuwerfen, ob und inwieweit der Gesetzgeber unter Umständen sogar verfassungsrechtlich dazu verpflichtet ist, bergfreie Bodenschätze (wieder) dem Grundeigentum zuzuordnen, wenn sie ihre volkswirtschaftliche Bedeutung eingebüßt haben (III.).

I. Zu den rechtlichen Prämissen

Die Gutachten gehen zumindest implizit[475] von einer starken grundrechtlichen Stellung der Bergbauberechtigten aus, die allerdings – wie dargelegt – weder durch die Rechtsprechung gedeckt ist, noch eigentumsdogmatisch trägt. Im Lichte der abzulehnenden[476] neueren Rechtsprechung des EGMR und des Bundesverwaltungsrichts[477] ist allerdings die Befürchtung nicht von der Hand zu weisen, die Rechtsprechung könne die Rechtsstellung des Berechtigungsinhabers generell höher gewichten als bisher. Ungeachtet dessen können die Reformvorschläge allenfalls etwaigen faktischen Pfadabhängigkeiten[478] begegnen; rechtliche Defizite bei der Berücksichtigung kollidierender Interessen sind dagegen nach den obigen Ausführungen primär auf der Zulassungsebene zu suchen.

Das ursprüngliche *Teßmer*-Gutachten begegnet einer Reihe weiterer Einwände, die nur angedeutet werden sollen: Eine Prüfung, ob das Gewinnungsvorhaben am konkreten Ort überhaupt notwendig ist, kann sinnvoll weder im geltenden Berechtsamsverfahren, aber erst recht nicht im Betriebsplanverfahren geprüft werden. Der Nachweis, etwa dass die Kohle einer bestimmen Lagerstätte zur Sicherung der Energieversorgung benötigt wird, dürfte regelmäßig nicht zu erbringen sein,[479] wird vom Bundesverfassungsgericht selbst bei ent-

---

[475] Ausdrücklich im Grunde sogar *Keimeyer/Gailhofer/Westphal/Sanden/Schomerus/Teßmer*, Recht der Rohstoffgewinnung, Umweltbundesamt, Texte 71/2019, S. 64, die in einer schwebenden Unwirksamkeit der Bergbauberechtigung *de lege ferenda* den Vorteil sehen, dass die mit der Bergbauberechtigung vermittelten Grundrechtspositionen abgeschwächt würden und nur in diesem Umfang in nachfolgenden Abwägungsentscheidungen zu berücksichtigen seien.

[476] Siehe oben 2. Kapitel B. IV. 2. b) dd), S. 152 ff.

[477] Siehe oben 2. Kapitel B. IV. 2. b) aa) (3), S. 139 ff.

[478] Dazu oben 2. Kapitel B. VI., S. 169.

[479] Vgl. auch *Durner/von Weschpfennig*, NVwZ 2018, S. 1821 (1822).

sprechenden Enteignungen nicht gefordert[480] und geht strukturell auch über das hinaus, was im Rahmen von Planfeststellungsverfahren unter den Begriffen „Planrechtfertigung" oder „Variantenprüfung" zu prüfen ist[481]. Eine wirksame Steuerung des Rohstoffmarktes müsste durch andere Instrumente ermöglicht werden.[482] Schließlich könnten bestehende Bergbauberechtigungen nicht einfach wirkungslos werden, da dies den verfassungsrechtlichen Anforderungen an das Vertrauen in den Bestand der Rechtslage nicht gerecht würde. Auch die angebotene Lösung birgt rechtliche Friktionen. So wäre zu klären, wie genau die Eigentumsrechtslage an Rohstoffen wie Erdöl oder Erdgas bestimmt werden soll, deren parzellenscharfer Ursprung beim Austritt aus dem Bohrloch wohl kaum zu bestimmen ist.[483] Überdies käme zumindest nach derzeitigem Grundabtretungrecht keine Enteignung zugunsten von Unternehmen in Betracht, weil die §§ 77 ff. BBergG – auch wenn der Wortlaut insoweit unergiebig ist – keine Gewinnungsberechtigungen für grundeigene Bodenschätze an fremden Grundstücken vermitteln können, sondern diese vielmehr voraussetzen.[484] Letztlich würden die Reformbestrebungen – was sicherlich auch rechtspolitisch intendiert war – zu deutlichen Erschwernissen bei der Realisierung bergbaulicher Vorhaben führen, die zudem deren grundsätzliche Rentabilität in Frage stellen dürften.

II. Die rechtspraktische Bedeutung des Berechtsamswesens

Die grundsätzliche Existenz des Rechtsinstituts der Bergbauberechtigung hat zentrale rechtspraktische Bedeutung. Bergbauliche Vorhaben und hier insbesondere Untertagebergbau können verfahrensrechtlich leichter und kostengünstiger realisiert werden. Langwierige Verhandlungen mit zahlreichen Grundeigentümern werden entbehrlich;[485] letztere partizipieren zudem nicht am wirtschaftlichen Erfolg. Die partielle Trennung des Bergbaus vom Grundeigentum soll demnach sicherstellen, dass bestimmte volkswirtschaftlich bedeutsame Bodenschätze tatsächlich für die Allgemeinheit nutzbar gemacht werden.[486] Zwar fehlt eine abschließende rechtliche Garantie. In der Praxis hat sich

---

[480] Siehe unten 3. Kapitel A. II. 3. a) bb), S. 234 f.

[481] Vgl. dazu *Steinberg/Wickel/Müller*, Fachplanung, 4. Auflage 2012, § 3 Rn. 96 ff., 178 ff.; *Ziekow*, in: ders., Handbuch des Fachplanungsrechts, 2. Auflage 2014, § 5, § 6 Rn. 41 f.

[482] Dazu unten 4. Kapitel, S. 381 ff.

[483] Vgl. BGH, Urteil vom 2. Dezember 1955 – V ZR 75/54, NJW 1956, S. 420 f. zur Vertragsgestaltung sowie S. 422, 423; *von Hammerstein*, in: FS Kühne, 2009, S. 575 (577).

[484] Siehe die Nachweise oben in Fn. 338, S. 57.

[485] Vgl. auch *Heunecke*, Die Abbauverträge bei der Kali- und Erdölgewinnung in der Provinz Hannover, 1931, S. 13.

[486] *Westermann*, ZfB 106 (1975), S. 122 (125); *Willecke/Turner*, Grundriß des Bergrechts, 2. Auflage 1970, S. 8 zum Allgemeinen Berggesetz unter ausdrücklicher Bezugnahme auf dessen Motive. Die Verhinderung unproduktiver Kleinbetriebe, die mitunter die Lagerstätten

das Modell jedoch bewährt,[487] auch wenn man etwa mit Blick auf den erfolgreichen Kalisalzbergbau in der preußischen Provinz Hannover trotz der Zugehörigkeit zum Grundeigentum[488] durchaus die Frage aufwerfen kann, inwieweit die Abkopplung tatsächlich volkswirtschaftlich notwendig ist.[489]

Gleichwohl wurde das Instrument der Bergfreiheit in der Vergangenheit durchaus differenziert eingesetzt (1. und 2.). Jüngster gesetzgeberischer Vorstoß ist eine Klarstellung im Katalog des § 3 Abs. 3 Satz 1 BBergG, wonach das für die Batterieherstellung notwendige Lithium in sämtlichen Vorkommen bergfrei ist.[490] Ungeachtet der im Anschluss zu diskutierenden Frage, ob Bodenschätze auf Dauer bergfrei bleiben können,[491] hat auch ihre *frühzeitige* Verleihung nicht zu vernachlässigende Vorteile (3.).

1. Bedeutung der Bergfreiheit unter dem Allgemeinen Berggesetz

Die Bedeutung der Bergfreiheit schien bei Schaffung des Allgemeinen Berggesetzes so selbstverständlich, dass die Motive mit Blick auf eine durch „einen mehrhundertjährigen Bestand unumstößlich gewordene [...] Thatsache" auf eine „Wiederholung der anerkannten volkswirtschaftlichen Gründe für die Ausschließung gewisser Mineralschätze von dem Grundeigenthumsrechte" verzichten.[492] Solche Zurückhaltung irritiert allerdings insoweit, als sich die Gründe für die Trennung vom Grundeigentum im Laufe der Geschichte durchaus modifiziert haben.[493] Immerhin setzt die Bergbaufreiheit nach den Motiven zum *vorläufigen* Entwurf 1862 voraus, dass die Gewinnung der Bodenschätze wegen der Art ihres Vorkommens unmöglich oder zumindest sehr beeinträchtigt wäre, wenn sie dem Grundeigentum zugeordnet blieben.[494] Die nicht näher

---

gefährden, vgl. *Heunecke*, Die Abbauverträge bei der Kali- und Erdölgewinnung in der Provinz Hannover, 1931, S. 13, ist dagegen heute nicht mehr relevant.

[487] Der Export von Rohstoffen spricht nicht gegen diese Zielerreichung. Sie stehen zwar nicht der Allgemeinheit im Inland zur Verfügung. Mit Blick auf die Einbindung Deutschlands in einen internationalen Rohstoffmarkt und die ausgeprägte Importabhängigkeit können Exporte durchaus als von der Zwecksetzung erfasst angesehen werden, vgl. oben 1. Kapitel A. I., S. 1 sowie C. III. 2. b) aa), S. 40 f.

[488] Siehe hierzu *Maetschke*, Ursprünge der Zwangskartellgesetzgebung, 2008, S. 101 ff., 184.

[489] Siehe auch unten 2. Kapitel C. III. 2. a), S. 186.

[490] BGBl I 2021, S. 1760; vgl. dazu die Entwurfsbegründung BT-Drs. 19/28402, S. 14.

[491] Dazu unten 2. Kapitel C. III., S. 179 ff.

[492] ZfB 6 (1865), S. 55 (68 f., 79 (Zitat)).

[493] Zu den Regalien als Grundlage der Macht und Einnahmequelle siehe die Nachweise oben in Fn. 36, S. 9 f. Zum Direktionssystem und Bergbau als wirtschaftliche Grundlage der Territorialstaaten neben der Funktion als Einnahmequelle siehe die Nachweise oben in Fn. 43, S. 11.

[494] Vorläufiger Entwurf eines Allgemeinen Berggesetzes für die Preussischen Staaten. Nebst Motiven. Redigirt im Ministerium für Handel, Gewerbe und öffentliche Arbeiten, 1862, Motive S. 17; Zitat auch bei *Brassert*, ZfB 3 (1862), S. 331 (351).

konkretisierten Anforderungen wurden gleichwohl ernst genommen, sodass das Allgemeine Berggesetz den Kreis der erfassten Bodenschätze enger zog.[495] Später wurde die Einführung echter Staatsvorbehalte auf zuvor dem Grundeigentum zugehörige Bodenschätze durch das Phosphoritgesetz vom 16. Oktober 1934[496] maßgeblich mit der Devisenlage des Reiches, der gestiegenen Bedeutung der Phosphoritgewinnung sowie schließlich mit stark zersplittertem Grundbesitz begründet.[497] Der Bundesgerichtshof akzeptierte im Jahre 1955 den echten Staatsvorbehalt auf Erdöl durch die auf das Phosphoritgesetz gestützte preußische Erdölverordnung vom 13. Dezember 1934[498] und die damit einhergehende Abspaltung vom Grundeigentum, mit welcher der gewachsenen Bedeutung des Erdöls Rechnung getragen worden sei.[499] Auch nach Inkrafttreten des Grundgesetzes sind weitere Grundeigentümerbodenschätze den bergfreien oder staatsvorbehaltenen unterstellt worden.[500]

2. Das Beispiel der Wiedervereinigung

Die Bedeutung bergfreier Bodenschätze war später noch einmal im Zuge der Wiedervereinigung Gegenstand juristischer Diskussionen.[501] Eine besondere Herausforderung war die Überleitung des Bergrechts der Deutschen Demokratischen Republik und maßgeblich die Klassifizierung und eigentumsrechtliche Zuordnung der Bodenschätze. Das Berggesetz der Deutschen Demokratischen Republik (BG DDR)[502] erfasste nach § 1 lit. b, § 2 Abs. 1 sämtliche mineralischen Rohstoffe, wobei diejenigen mit volkswirtschaftlicher Bedeutung nach § 3 dem Volkseigentum zugeordnet wurden, um eine Einflussnahme des Staates auf die Rohstoffversorgung zu sichern.[503] Nach nicht abschließenden und nicht immer eindeutigen Konkretisierungen[504] legte der Verordnungsgeber schließlich mit der Anlage zu § 1 Abs. 2 der Verordnung über die Verleihung von Berg-

---

[495] ZfB 6 (1865), S. 55 (83 ff.).
[496] PrGS 1934, S. 404.
[497] Entwurfsbegründung, ZfB 75 (1934), S. 245 ff.
[498] PrGS 1934, S. 463.
[499] BGH, Urteil vom 2. Dezember 1955 – V ZR 75/54, NJW 1956, S. 420 (422 f.); vgl. auch die Entwurfsbegründung, ZfB 75 (1934), S. 367 ff.
[500] Siehe den Überblick bei *Turner*, Das bergbauliche Berechtsamswesen, 1966, S. 53 ff.
[501] Eingehend zum Rechtsangleichungsprozess zuletzt *M. Herrmann*, in: Festgabe OLG Hamm, 2020, S. 18 ff.
[502] GBl DDR I 1969, S. 29.
[503] *M. Herrmann*, in: Boldt/Weller/Kühne/von Mäßenhausen, BBergG, 2. Auflage 2016, Anhang Rn. 1, 4, 7; ferner *Kremer/Neuhaus* gen. *Wever*, Bergrecht, 2001, Rn. 517.
[504] Näher, auch zur Entwicklung des Volkseigentums an Bodenschätzen seit dem zweiten Weltkrieg, *M. Herrmann*, in: Boldt/Weller/Kühne/von Mäßenhausen, BBergG, 2. Auflage 2016, Anhang Rn. 4 f.; *Hoffmann*, BB 1991, S. 1506 f.; *Hoffmann*, BB 1994, S. 1584 (1586 f.); *Vitzthum/Piens*, in: Piens/Schulte/Graf Vitzthum, BBergG, 3. Auflage 2020, § 3 Rn. 23 ff.; ferner BVerfG, Beschluss vom 24. September 1997 – 1 BvR 647/91 u.a., ZfB 138 (1997), S. 283 f.

werkseigentum vom 15. August 1990[505] den Katalog volkswirtschaftlich bedeutsamer Bodenschätze zum Ende der Deutschen Demokratischen Republik neu fest und ordnete hier (nahezu) alle tatsächlich relevanten mineralischen Rohstoffe ein. Dazu zählten auch zahlreiche Rohstoffe, die in der Bundesrepublik grundeigen oder – wie etwa Kiese oder Kiessande[506] – im Kern gar nicht[507] vom Bundesberggesetz erfasst waren.[508] An diesen Bodenschätzen konnte der Treuhandanstalt[509] Bergwerkseigentum verliehen werden, die dieses wiederum gemäß ihrem Privatisierungsauftrag übertragen konnte. Die Verordnung war damit Grundlage für die Privatisierung volkseigenen Vermögens im Rahmen eines Übergangs von der Planwirtschaft hin zur Marktwirtschaft.[510]

Der Einigungsvertrag vom 31. August 1990 (EV) ließ diese Zuordnungen konzeptionell unberührt. Neben der Bestätigung und Überleitung von alten Rechten – und hierbei insbesondere des der Treuhandanstalt verliehenen Bergwerkseigentums – nach ausdifferenzierten Regelungen[511] ordnete er die (vormals) volkseigenen Bodenschätze den bergfreien Bodenschätzen nach § 3 Abs. 3 BBergG und die sonstigen mineralischen Rohstoffe den grundeigenen gemäß § 3 Abs. 4 BBergG zu.[512] Damit wurde auf dem Gebiet der ehemaligen Deutschen Demokratischen Republik zum einen der Anwendungsbereich des Bundesberggesetzes deutlich erweitert, weil es dort keine Grundeigentümerbodenschätze außerhalb des Berggesetzes gab, und zum anderen den Eigentümern eine Zuordnung von Bodenschätzen zum Grundeigentum im Gegensatz zu den alten Bundesländern weitreichend verwehrt.[513]

---

[505] GBl DDR I 1990, S. 1071.

[506] Nr. 9.23 der Anlage zur Verordnung.

[507] Näher oben 1. Kapitel D. I. 1. b) bb), S. 71 ff.

[508] Ausführlich M. Herrmann, in: Boldt/Weller/Kühne/von Mäßenhausen, BBergG, 2. Auflage 2016, Anhang Rn. 4 ff., 7; Philipp/Kolonko, NJW 1996, S. 2694; ferner Kremer/Neuhaus gen. Wever, Bergrecht, 2001, Rn. 517.

[509] Siehe § 2 Abs. 1 des Gesetzes zur Privatisierung und Reorganisation des volkseigenen Vermögens (Treuhandgesetz), GBl DDR I 1990, S. 300.

[510] Näher BVerwG, Urteil vom 24. Juni 1993 – 7 C 36/92, 7 C 37/92, BVerwGE 94, 23 (29 f.); M. Herrmann, in: Boldt/Weller/Kühne/von Mäßenhausen, BBergG, 2. Auflage 2016, Anhang Rn. 5; Hoffmann, BB 1991, S. 1506 (1508); dies., BB 1994, S. 1584 (1587 ff.); Vitzthum/Piens, in: Piens/Schulte/Graf Vitzthum, BBergG, 3. Auflage 2020, § 3 Rn. 28 f.

[511] Anlage I, Kapitel V, Sachgebiet D – Recht des Bergbaus und der Versorgungswirtschaft, Abschnitt III, Nr. 1 lit. b bis g, näher dazu M. Herrmann, in: Boldt/Weller/Kühne/von Mäßenhausen, BBergG, 2. Auflage 2016, Anhang Rn. 8 f.; Hoffmann, BB 1991, S. 1506 (1508 f.); dies., BB 1994, S. 1584 (1588, 1589); zur Verfassungsmäßigkeit BVerwG, Urteil vom 24. Juni 1993 – 7 C 36/92, 7 C 37/92, BVerwGE 94, 23 (27 ff.).

[512] Anlage I, Kapitel V, Sachgebiet D – Recht des Bergbaus und der Versorgungswirtschaft, Abschnitt III, Nr. 1 lit. a EV.

[513] M. Herrmann, in: Boldt/Weller/Kühne/von Mäßenhausen, BBergG, 2. Auflage 2016, Anhang Rn. 7.

Das Bundesverfassungsgericht[514] hat die Überleitung der Einteilung der mineralischen Rohstoffe im Anschluss an das Bundesverwaltungsgericht in einem Kiese und Kiessande betreffenden Sachverhalt akzeptiert,[515] auch wenn sie aus Bestandsschutzgründen verfassungsrechtlich in dieser Form wohl nicht notwendig gewesen wäre.[516] Während freiheitsrechtlich bereits kein Eingriff in Art. 14 GG zu konstatieren war, weil der Einigungsvertrag die zum Zeitpunkt der Wiedervereinigung bestehende eigentumsrechtliche Zuordnung nach dem Recht der Deutschen Demokratischen Republik unberührt ließ, sind die gleichheitsrechtlichen Ausführungen für die Frage nach der Bedeutung der Bergfreiheit durchaus aufschlussreich. Die unterschiedliche Behandlung der Bodenschätze hält die Kammerentscheidung nicht nur wegen der besonderen Situation der Wiedervereinigung für gerechtfertigt, sondern erkennt unter Verweis auf eine durchaus kontroverse Plenardebatte im Bundestag im Jahre 1993[517] ausdrücklich die Bedeutung der Bergfreiheit für eine gesicherte Rohstoffversorgung der ostdeutschen Bauindustrie[518] sowie einen geordneten Übergang von der Staats- zur Marktwirtschaft an. Mit Blick auf unklare Eigentumsverhältnisse sowie sonst erforderliche wirtschaftlich und ökologisch nachteilige Ferntransporte sei eine Ungleichbehandlung in alten und neuen Bundesländern zu akzeptieren gewesen.

Dass diese wiedervereinigungsbedingt eingeräumte Freiheit des Gesetzgebers bei der Rechtsangleichung eine Ungleichbehandlung wohl nur zeitlich befristet zu rechtfertigen vermochte, klingt in der Entscheidung an,[519] musste aber nicht mehr entschieden werden, weil der Gesetzgeber zwischenzeitig die von § 3 BBergG abweichende Bodenschatzzuordnung des Einigungsvertrages für die Zukunft aufgehoben und damit den Rechtsvereinheitlichungsprozess weiter befördert hatte.[520] Umfangreiche Bestandsschutzvorschriften für bestehende Bergbauberechtigungen und zur Bestätigung angemeldete Gewinnungs- und Speicherrechte sollten dabei Art. 14 GG und Vertrauensschutzaspekten Rechnung tragen.[521] Ungeachtet der Frage, ob ein so weitreichender Bestands-

---

[514] BVerfG, Beschluss vom 24. September 1997 – 1 BvR 647/91 u.a., ZfB 138 (1997), S. 283 ff.

[515] BVerwG, Beschluss vom 3. Mai 1996 – 4 B 46/96, ZfB 137 (1996), S. 132; ebenso bereits BVerwG, Urteil vom 24. Juni 1993 – 7 C 36/92, 7 C 37/92, BVerwGE 94, 23 (27 ff.).

[516] Ähnlich *M. Herrmann*, in: Boldt/Weller/Kühne/von Mäßenhausen, BBergG, 2. Auflage 2016, Anhang Rn. 7.

[517] Vgl. Plenarprotokoll 12/150, S. 12865 (12912 A ff.).

[518] Vgl. dazu *Hoffmann*, BB 1994, S. 1584 (1589 f.).

[519] BVerfG, Beschluss vom 24. September 1997 – 1 BvR 647/91 u.a., ZfB 138 (1997), S. 283 (289); siehe bereits BVerwG, Urteil vom 24. Juni 1993 – 7 C 36/92, 7 C 37/92, BVerwGE 94, 23 (29).

[520] Siehe § 1 des Gesetzes zur Vereinheitlichung der Rechtsverhältnisse bei Bodenschätzen vom 15. April 1996, BGBl I 1996, S. 602.

[521] Siehe § 2 des Gesetzes vom 15. April 1996, dazu BT-Drs. 13/3876, S. 4. Ausführlich *M. Herrmann*, in: Boldt/Weller/Kühne/von Mäßenhausen, BBergG, 2. Auflage 2016, An-

schutz tatsächlich geboten war, können Gründe des Vertrauensschutzes eine andauernde Ungleichbehandlung jedenfalls grundsätzlich rechtfertigen.[522]

3. Der Mehrwert einer frühzeitigen Rechteverleihung

Vor diesem Hintergrund ist es begrüßenswert, dass die politische Forderung nach einer völligen Abschaffung des Berechtsamswesens mit dem jüngsten Gutachten nunmehr aufgegeben sein dürfte.[523] Aber auch der neue Vorschlag, die Erteilung der Bergbauberechtigung mit der Zulassung des ersten Betriebsplans zusammenzulegen, hat entscheidende praktische Nachteile, die das Gutachten allerdings nicht durchdringen lässt[524]. Frühzeitige Planungs- und Investitionssicherheit sowie Konkurrentenschutz sind durchaus Belange, die zwar grundrechtlich nicht zwingend gewährt werden müssen, aber doch eine effiziente Sicherung der Rohstoffversorgung unterstützen können und bei einer etwaigen Novellierung gewichtet werden sollten. Etwaigen derzeitigen Vollzugsproblemen sowie faktischen Pfadabhängigkeiten[525] könnte durch punktuelle gesetzliche Klarstellungen Rechnung getragen werden.

Auch der Verweis auf die Singularität der bergrechtlichen Konzessionierung gegenüber anderen Fachplanungen[526] verfängt nicht. Soweit die Vorhabenträger Eigentümer sind, fehlt es an einer Vergleichbarkeit. Ist der Staat selbst Vorhabenträger, dürfte es regelmäßig keine privatwirtschaftliche Konkurrenz geben. Im Übrigen wäre zu diskutieren, ob nicht das Bergrecht seinerseits als eine Art Blaupause fungieren könnte.

---

hang Rn. 14 ff.; *Hoffmann*, BB 1996, S. 1450 ff., dort auch zu den einzelnen mineralischen Rohstoffen.

[522] BVerfG, Beschluss vom 24. September 1997 – 1 BvR 647/91 u.a., ZfB 138 (1997), S. 283 (290), dort auch im Rahmen der Rechtfertigungsprüfung eines Eingriffs in Art. 14 GG, jedenfalls soweit von der Bergbauberechtigung bereits Gebrauch gemacht worden war. Bei der Prüfung von Art. 3 Abs. 1 GG fehlt diese Einschränkung. Differenzierend auch *Philipp/Kolonko*, NJW 1996, S. 2694 (2695 f.).

[523] Ausdrücklich jedenfalls *Keimeyer/Gailhofer/Westphal/Sanden/Schomerus/Teßmer*, Recht der Rohstoffgewinnung, Umweltbundesamt, Texte 71/2019, S. 292.

[524] *Keimeyer/Gailhofer/Westphal/Sanden/Schomerus/Teßmer*, Recht der Rohstoffgewinnung, Umweltbundesamt, Texte 71/2019, S. 292 f.

[525] Dazu oben 2. Kapitel B. VI., S. 169.

[526] *Keimeyer/Gailhofer/Westphal/Sanden/Schomerus/Teßmer*, Recht der Rohstoffgewinnung, Umweltbundesamt, Texte 71/2019, S. 291 mit Fn. 893.

III. Zum Schutz des Grundeigentums –
Verfassungsrechtliche Pflicht zur Zuordnung
der Bodenschätze zum Grundeigentum?

Diese mehr rechtspolitischen Überlegungen machen aber die Analyse nicht entbehrlich, ob der Gesetzgeber möglicherweise verfassungsrechtlich dazu verpflichtet ist, die volkswirtschaftliche Bedeutung der bergfreien Bodenschätze einer regelmäßigen Revision zu unterziehen, weil sonst der eigentumsrechtliche Schutz des Grundeigentums verletzt sein könnte.

1. Grundlegende Anforderungen an die Bergfreiheit

Volkswirtschaftliche Gründe für die Abkopplung bestimmter Bodenschätze von der Herrschaftsbefugnis des Grundeigentümers genügen grundsätzlich den Anforderungen des Art. 14 GG.[527] Seit der Nassauskiesungsentscheidung des Bundesverfassungsgerichts ist klar,[528] dass es sich dabei nicht um eine Enteignung (und auch um keine Sozialisierung) handelt.[529] Erforderlich ist, dass der volkswirtschaftlichen Bedeutung des Rohstoffes im Grundeigentümerbergbau nicht ausreichend Rechnung getragen werden kann. Wie die Rechtslage in den Jahren nach der Wiedervereinigung zeigt, ist es nicht zwangsläufig notwendig, dass dem jeweiligen Rohstoff eine großräumige Versorgungsfunktion zukommt.[530] Ob und inwieweit einem Bodenschatz volkswirtschaftliche Be-

---

[527] BVerwG, Urteil vom 24. Juni 1993 – 7 C 36/92, 7 C 37/92, BVerwGE 94, 23 (27); *Breuer*, ZfW 18 (1979), S. 78 (95); *Hoffmann*, BB 1994, S. 1584 (1585 f.); *Hoppe/Beckmann*, Grundeigentumsschutz bei heranrückendem Bergbau, 1988, S. 39 ff.; *Kühne*, JuS 1988, S. 433 (437); *ders./Beddies*, JZ 1994, S. 201 (202); *H. Schulte*, Rechtliche Gegebenheiten und Möglichkeiten der Sicherung des Abbaus oberflächennaher Bodenschätze in der Bundesrepublik Deutschland, 1996, S. 112; vgl. ferner BVerfG, Urteil vom 24. Juni 1986 – 2 BvF 1/83 u.a., BVerfGE 72, 330 (410): Bodenschätze als „Gut der Allgemeinheit".

[528] Tatsächlich war BVerfG, Beschluss vom 15. Juli 1981 – 1 BvL 77/78, BVerfGE 58, 300 (331 f., 338, 350 ff.) im Grunde noch widersprüchlich, weil zunächst eine Legalenteignung bei bereits ausgeübten Nutzungsbefugnissen in Betracht gezogen wurde, was später aber nur noch unter Verhältnismäßigkeitsgesichtspunkten der Inhaltsbestimmung des Eigentums diskutiert wurde. Anders dann BVerfG, Beschluss vom 9. Januar 1991 – 1 BvR 929/89, BVerfGE 83, 201 (211 f.); ausdrücklich klarstellend BVerfG, Beschluss vom 10. Oktober 1997 – 1 BvR 310/84, NJW 1998, S. 367 (368).

[529] Näher *Franke*, in: FS Kühne, 2009, S. 507 (511 ff.); i.E. ebenso *Asal*, Das Grundeigentum und der Abbau von Bodenschätzen, 1998, S. 149. Die bei *Turner*, Das bergbauliche Berechtsamswesen, 1966, S. 56 ff. diskutierten Schwierigkeiten stellen sich daher in dieser Form nicht mehr, können aber natürlich für eine etwaige Ausgleichspflicht relevant werden.

[530] Vgl. *Asal*, Das Grundeigentum und der Abbau von Bodenbestandteilen, 1998, S. 156 f., der zwar die großräumige Versorgungsfunktion nennt, allerdings primär auf Versorgungsschwierigkeiten abstellt. A.A. *Kühne/Beddies*, JZ 1994, S. 201 (202). Allerdings ist dies in der Tat das übliche Argument gegen die Aufnahme der Sande und Kiese in die Kataloge des § 3 BBergG, näher dazu oben Fn. 457, S. 75.

deutung zukommt, ist unter Umständen eine politisch zu entscheidende und nur sehr bedingt justiziable Frage, wie ursprünglich die Bedeutung der Stein- und Braunkohle zur Gewährleistung der Energieversorgung zeigte.[531] Ebenfalls nicht umfänglich überprüfbar ist die gesetzgeberische Entscheidung, dass volkswirtschaftlichen Interessen im Grundeigentümerbergbau nicht hinreichend Rechnung getragen werden kann. Allein aus dem Umstand, dass etwa in der preußischen Provinz Hannover trotz der Zuordnung zum Grundeigentum bedeutender Kalisalzbergbau möglich war,[532] kann noch nicht auf die Unzulässigkeit der Bergfreiheit von Bodenschätzen geschlossen werden, wenn die gesetzgeberische Konzeption nur insgesamt den Zweck besser fördern kann.

Soweit *Horst Sendler* unter Verweis auf die Zufälligkeit von Rohstoffvorkommen – namentlich Kies – auf einem bestimmten Grundstück einen weiten Gestaltungsspielraum des Gesetzgebers andeutet, weil der Eigentümer hierfür keine Leistung erbracht habe,[533] ist dem nicht zu folgen. Selbst wenn man akzeptiert, dass private Rechtspositionen leichter beschränkbar sind, wenn und soweit sie nicht auf eigener Leistung beruhen,[534] ist zu berücksichtigen, dass die Trennung zwischen Grundeigentum und Rechten an Bodenschätzen über diese Abspaltung hinaus Konflikte schafft. Die privatautonome Entscheidung eines Grundeigentümers über die Veräußerung seines für einen Tagebau benötigten Grundstücks oder Duldung von Beeinträchtigungen unterscheidet sich qualitativ von (weitreichenden) gesetzlichen Duldungspflichten und öffentlich-rechtlichen Zugriffsbefugnissen, die den Abbau sicherstellen.

2. Bergfreiheit von Bodenschätzen auf Dauer?

Unterstellt man auf dieser Grundlage und mit Blick auf die anerkennenswerte Harmonisierungsleistung im Bereich des zuvor stark zersplitterten Bergrechts die ursprüngliche Verfassungskonformität der Einteilung der Bodenschätze in § 3 BBergG, obwohl eine nähere Begründung der volkswirtschaftlichen Bedeutung in Bezug auf die konkreten Rohstoffe damals ausgeblieben und teils auch zweifelhaft[535] ist (und hier ebenfalls nicht näher thematisiert werden soll), ist damit noch nicht ausgemacht, dass bergfreie Bodenschätze dauerhaft zulässi-

---

[531] Vgl. BVerfG, Urteil vom 17. Dezember 2013 – 1 BvR 3139, 3386/08, BVerfGE 134, 242 Rn. 283 ff. zur Enteignung zugunsten des Braunkohlentagebaus Garzweiler. Freilich ist die Frage des Ob der Kohlengewinnung seit dem Klimabeschluss des Bundesverfassungsgerichts, BVerfG, Beschluss vom 24. März 2021 – 1 BvR 2656/18 u.a., NJW 2021, S. 1723, wegen Art. 20a GG grundsätzlich auch justiziabel.

[532] *Maetschke*, Ursprünge der Zwangskartellgesetzgebung, 2008, S. 101 ff., 184.

[533] *Sendler*, ZfW 18 (1979), S. 65 (73 f.) unter Verweis auf Rechtsprechung zum geistigen Eigentum.

[534] Zur Kritik vgl. *Depenheuer/Froese*, in: von Mangoldt/Klein/Starck, GG, Bd. 1, 7. Auflage 2018, Art. 14 Rn. 78. Hiervon zu unterscheiden ist die bei öffentlichen Rechtspositionen diskutierte Frage, ob überhaupt eine durch Art. 14 GG geschützte Position vorliegt.

[535] *H. Schulte*, JZ 1984, S. 297 (298 mit Fn. 15) verweist etwa auf das unbedeutende berg-

gerweise vom Grundeigentum entkoppelt bleiben dürfen. Haben sie ihre volkswirtschaftliche Bedeutung eingebüßt oder sprechen berechtigte Annahmen dafür, dass die Versorgungsfunktion künftig auch im Grundeigentümerbergbau
sichergestellt werden kann, müssen sie möglicherweise (wieder) dem Grundeigentum zugeordnet werden. Ersteres ist etwa hinsichtlich der Steinkohle und
mittelfristig auch bei der Braunkohle diskussionswürdig. Eine mögliche Pflicht
zur Zuordnung der bergfreien Bodenschätze zum Grundeigentum weist durchaus Parallelen zur sogenannten Rückenteignung auf,[536] wobei es vorliegend
nicht um konkrete Einzelfälle, sondern um abstrakte Zuordnungsfragen geht.

Auch das Bundesverfassungsgericht deutet eine Pflicht zur Aufhebung der
Bergfreiheit an.[537] Im Zusammenhang mit der Aufhebung der bergrechtlichen
Sonderregelungen für das Gebiet der ehemaligen Deutschen Demokratischen
Republik stellt es im Rahmen des *Eigentums*schutzes von Grundeigentümern
(und nicht nur im Rahmen des Gleichheitssatzes) klar, dass jedenfalls der Bestandsschutz von bereits ausgeübten Bergbauberechtigungen die dauerhafte
Bergfreiheit bestimmter Bodenschätze rechtfertigt. Soll damit aber umgekehrt
die Erteilung neuer Berechtigungen und insoweit das bergrechtliche Regelungsgefüge selbst verfassungswidrig sein, wenn später eine hinreichende volkswirtschaftliche Bedeutung eines Bodenschatzes entfällt?

Während unter der Prämisse eines zunächst absolut geschützen Eigentums
ein dauerhaftes Rechtfertigungsbedürfnis von Beeinträchtigungen unmittelbar
einleuchtet,[538] müsste dasselbe bei Annahme einer konsequenten Normprägung
abzulehnen sein[539]. Denn warum sollte eine einmal vorgenommene *Inhalts*bestimmung des Eigentums durch eine Änderung der Rahmenbedingungen verfassungswidrig werden? Wie bereits oben gezeigt,[540] folgt aber auch das Bundesverfassungsgericht keiner absoluten Normprägung, sondern entwickelt
durchaus verfassungsunmittelbare Maßstäbe der Eigentumsfreiheit. Selbst traditionell schon lange vor Inkrafttreten des Grundgesetzes abgespaltene Rechte
wie das Jagd*ausübungs*recht werden am Verhältnismäßigkeitsgrundsatz gemessen.[541] Kernfrage ist damit, welche Bedeutung Bodenschätze im Rahmen

---

freie Gold einerseits und die nicht dem Bundesberggesetz unterstellten volkswirtschaftlich
bedeutsamen Kiese und Sande andererseits.

[536] Dazu BVerfG, Beschluss vom 12. November 1974 – 1 BvR 32/68, BVerfGE 38, 175.

[537] BVerfG, Beschluss vom 24. September 1997 – 1 BvR 647/91 u.a., ZfB 138 (1997), S. 283
(290).

[538] Vgl. *Depenheuer/Froese*, in: von Mangoldt/Klein/Starck, GG, Bd. 1, 7. Auflage 2018,
Art. 14 Rn. 49, 132, auch unter Verweis auf BVerfG, Beschluss vom 12. November 1974 – 1
BvR 32/68, BVerfGE 38, 175 zur „Rückenteignung"; kritisch *Cornils*, Die Ausgestaltung der
Grundrechte, 2005, S. 306.

[539] Vgl. *Lepsius*, Besitz und Sachherrschaft im öffentlichen Recht, 2002, S. 160 ff., der das
Verhältnis zwischen Bergwerkseigentum und Grundeigentum einzig dem Gesetzgeber überantwortet.

[540] 2. Kapitel B. IV. 2. b) bb), S. 143 ff.

[541] BVerfG, Beschluss vom 13. Dezember 2006 – 1 BvR 2084/05, NVwZ 2007, S. 808; dazu

des verfassungsrechtlichen Grundeigentumsschutzes haben. Dabei sind zwei Rechtfertigungsebenen zu unterscheiden – die grundsätzliche Abkopplung von Bodenschätzen vom Grundeigentum sowie die mit der Gewinnung verbundenen Beschränkungen des Grundeigentums.

a) Verfassungsrechtliche Zugehörigkeit zum Grundeigentum?

Fraglich – und regelmäßig einzig problematisiert – ist zunächst, in welchem verfassungsrechtlichen Verhältnis das Grundeigentum zu Bodenschätzen steht. Ein Blick auf die rechtshistorische Entwicklung der Bergfreiheit und des Berechtsamswesens kann wichtige Indizien für das verfassungsrechtliche Verständnis vom Grundeigentum offenbaren. Knüpfen bereits die prägenden Merkmale des verfassungsrechtlichen Eigentums an das zivilrechtliche Sacheigentum an,[542] ist es naheliegend, zumindest insoweit das historisch überkommene Verständnis vom Umfang des Grundeigentums zu berücksichtigen.

Gegen einen historischen Ansatz wird allerdings vorgebracht, dass damit die Eigentumsgarantie letztlich nach dem Bild einer überkommenen einfachrechtlichen Eigentumsordnung präformiert werde.[543] Die Alternative – nämlich der alleinige Rekurs auf eigentumsverfassungsrechtliche Kriterien und Prinzipien[544] – begegnet allerdings jedenfalls dann Schwierigkeiten, wenn es um die konkrete Abgrenzung oder Reichweite von Eigentumspositionen und -befugnissen oder deren Zuordnung zu konkreten Rechteinhabern geht. So wäre etwa nach dem Zuordnungskriterium der eigenen Leistung nur zwingend, dass derjenige Eigentümer der gewonnenen Bodenschätze wird, in dessen legitimer Verantwortung das Vorhaben erfolgt. Wer aber grundsätzlich auf die Rohstoffe zugreifen *darf*, ist damit eigentumsverfassungsrechtlich noch nicht geklärt.[545] Naheliegend scheint, wegen der noch zu thematisierenden möglichen Beeinträchtigungen der Oberfläche ein verfassungsrechtliches Erstzugriffsrecht des Grundeigentümers jedenfalls dann anzunehmen, wenn derartige Auswirkungen tatsächlich zu erwarten sind. Aber warum sollte der Gesetzgeber nicht völlig frei sein, separate und der Gewinnung vorgelagerte Rechte an Bodenschätzen zu schaffen, wenn er nur die – separat zu bewertende – Kollisionslage mit dem Grundeigentum ausgleicht? Stellt man allgemein auf das Merkmal der (umfassenden) Privatnützigkeit ab, so ergibt sich auch hieraus noch keine Verfügungsbefugnis des Grundeigentümers über Bodenschätze, weil allein nach

---

Froese, Ebenen und Ebenenverflechtungen des jagdlichen Eigentums, in: Dietlein/Froese, Jagdliches Eigentum, 2018, § 6, S. 159 (182 ff.); vgl. auch *H. Schulte*, ZfB 119 (1978), S. 414 (423).

[542] Siehe oben 2. Kapitel B. IV. 2. a), S. 127.

[543] *Cornils*, Die Ausgestaltung der Grundrechte, 2005, S. 311 f.

[544] *Cornils*, Die Ausgestaltung der Grundrechte, 2005, S. 313 ff.

[545] Auch *Cornils*, Die Ausgestaltung der Grundrechte, 2005, S. 335 f. lässt die verfassungsrechtliche Zuordnungsfrage für Bodenschätze als Problem der *Erst*begründung von Eigentumsrechten offen.

Verfassungsprinzipien nicht zu beantworten ist, ob das verfassungsrechtlich geschützte Grundeigentum überhaupt den (idealen) Umfang des § 905 (Satz 1 oder
auch Satz 2?) BGB haben muss. Vor diesem Hintergrund ist es angezeigt, die
überkommene Rechtslage, die der Verfassungsgeber zumindest abstrakt als eigentumsrechtlichen Bestand vor Augen hatte, im Rahmen der Auslegung he-
ranzuziehen.[546]

Betrachtet man die Entwicklung der Bergbaufreiheit hin zum modernen Berechtsamswesen, ergibt sich ein ambivalentes Bild. Denkbar scheint zunächst,
ausgehend von einer römisch-rechtlichen Tradition ein einheitliches, umfassendes und absolutes Eigentum anzunehmen, dass sich auch auf den Erdkörper
unter dem Grund und damit auf Bodenschätze erstreckt.[547] Allerdings kannte
auch das römische Recht *spätestens* seit dem 4. Jahrhundert[548] Abbaurechte
unter fremdem Grundeigentum,[549] sodass die Annahme eines umfassenden
Grundeigentums einschließlich der Bodenschätze *jedenfalls* unter Berücksichtigung des nachklassischen römischen Rechts nicht auf eine römisch-rechtliche
Tradition gestützt werden kann.[550]

Demgegenüber wird teilweise aus einer „alte[n] deutschrechtliche[n] Tradition" heraus sehr nachdrücklich die Trennung von Bodenschätzen vom Grundeigentum reklamiert; insbesondere hätten Grundeigentümer „seit unvordenk-
lichen Zeiten" keinen Abwehranspruch gegen verliehenes Bergwerkseigentum
gehabt.[551] Sollten Rechte auf Bodenschätze tatsächlich seit jeher nicht aus dem

---

[546] Zur Bedeutung der historischen Verfassungsauslegung (im eigentlichen Wortsinne in
Abgrenzung zur genetischen Auslegung) BVerfG, Beschluss vom 23. November 1988 – 2 BvR
1619, 1628/83, BVerfGE 79, 127 (143 f.), trotz sonst zumeist betonter Verweise auf den „objek-
tivierten Willen des Gesetzgebers", siehe dazu die Nachweise unten in Fn. 186, S. 226; *H.-P.
Schneider*, in: FS Stern, 1997, S. 903 (907); vgl. auch *Stern*, Das Staatsrecht der Bundesrepublik
Deutschland, Bd. I, 2. Auflage 1984, S. 139.

[547] Vgl. *Weitnauer*, Bergbau und Öffentliche Verkehrsanstalten, 1971, S. 12 ff.; kategorisch
ablehnend *H. Schulte*, ZfB 113 (1972), S. 166 (167 f.).

[548] Zum zuvor bestehenden Recht des Grundeigentümers *Arndt*, Zur Geschichte und
Theorie des Bergregals und der Bergbaufreiheit, 2. Auflage 1916, S. 9; *Kaser*, Das römische
Privatrecht, Erster Abschnitt, 2. Auflage 1971, S. 406 mit Fn. 18 unter Verweis auf *Ulpian*,
Digesten 8, 4, 13, 1; *Klostermann*, Lehrbuch des Preussischen Bergrechtes, 1871, S. 2; *Kübler*,
Rezension zu Ernst Schönbauer, Beiträge zur Geschichte des Bergbaurechts, ZRG RA 49
(1929), S. 569 f.

[549] *Kaser*, Das römische Privatrecht, Zweiter Abschnitt, 2. Auflage 1975, S. 266 unter Verweis auf *Codex Iustiniani* 11, 7, 3; *Kübler*, Rezension zu Ernst Schönbauer, Beiträge zur Geschichte des Bergbaurechts, ZRG RA 49 (1929), S. 569 (574); *Levy*, West Roman Vulgar Law,
1951, S. 113 f.; näher *Arndt*, Zur Geschichte und Theorie des Bergregals und der Bergbaufreiheit, 2. Auflage 1916, S. 9 ff.; *Klostermann*, Lehrbuch des Preussischen Bergrechtes, 1871,
S. 2 ff.

[550] Siehe auch *Althammer*, in: Staudinger, BGB, §§ 903 – 924, 2020, Einl zu §§ 903 ff.
Rn. 57 ff., der ein solches Verständnis mehr auf die Pandektenwissenschaft des 19. Jahrhunderts denn auf das klassische römische Recht zurückführt, nach dem das Eigentum vielfälti-
gen Bindungen unterlegen habe.

[551] *H. Schulte*, ZfB 113 (1972), S. 166 (168 ff.); *ders.*, Eigentum und öffentliches Interesse,

Grundeigentum, sondern aus der Macht des Staates erwachsen sein,[552] wäre im Rahmen von Art. 14 GG allenfalls diskussionswürdig, ob dies für alle Bodenschätze gelten soll. Derart kategorisch lässt sich auch diese These rechtsgeschichtlich nicht belegen. Klar ist, dass Kaiser Friedrich Barbarossa auf dem Reichstag von Roncaglia im Jahre 1158 das Bergregal als spezielles Königsrecht zunächst für Italien reklamierte; durchgesetzt wurde es (jedenfalls später) jedoch von den jeweiligen Territorialmächten, was mit der Goldenen Bulle im Jahre 1356 zugunsten der Kurfürsten bekräftigt und dem Westfälischen Frieden im Jahre 1648 zugunsten der Reichsstände bestätigt wurde.[553] Nach der historischen Forschung wird man – wenn auch nach wie vor nicht unbestritten – mittlerweile davon ausgehen können, dass königliche Vorrechte nicht seit jeher bestanden, sondern sich erst seit dem 11. Jahrhundert entwickelten und Bodenschätze zunächst dem Grundeigentum bzw. -besitz zuzurechnen waren.[554] Selbst unter dem Bergregal wurden Grundeigentümer bzw. -besitzer durchaus wirtschaftlich am Bergbau beteiligt.[555] Die deutlich spätere und teils von erheblichen Widerständen begleitete Beanspruchung von Regalrechten auf Steinkohle[556] illustriert exemplarisch das ambivalente Verhältnis zwischen Bergbau und Grundeigentum.

Im hiesigen Kontext besonders relevant ist die Entstehungsgeschichte des Allgemeinen Berggesetzes. Es hatte Vorbildcharakter für die meisten anderen deutschen Staaten mit Ausnahme von Sachsen,[557] welche die wesentlichen Bestimmungen inhaltlich oder sogar wörtlich übernommen hatten.[558] Dieser Normbestand markierte damit zum Zeitpunkt der Beratungen des Parlamentarischen Rates das einfachrechtliche Verhältnis zwischen Bergbau und

---

1970, S. 282; vgl. *ders.*, JZ 1984, S. 297 (300); ähnlich *Golcher*, Bergwerkseigentum und Grundeigentum, 1969, S. 10, 37 ff. m.w.N.; prominente Vertretung der Gegenauffassung *Achenbach*, Das gemeine deutsche Bergrecht, 1871, S. 86 ff.; ferner *Klostermann*, Lehrbuch des Preussischen Bergrechtes, 1871, S. 5.

[552] *Arndt*, Zur Geschichte und Theorie des Bergregals und der Bergbaufreiheit, 2. Auflage 1916, Vorrede zur zweiten Auflage.

[553] Näher *Achenbach*, Das gemeine deutsche Bergrecht, 1871, S. 81 ff.; *Bartels/Klappauf*, Das Mittelalter, in: Tenfelde/Berger/Seidel, Geschichte des deutschen Bergbaus, Bd. 1, 2012, S. 111 (116 f., 178, 187 f., 191 f.); *Ebel*, ZfB 109 (1968), S. 146 (147 f., 153); *Willecke*, Die deutsche Berggesetzgebung, 1977, S. 18 ff.

[554] So *Bartels/Klappauf*, Das Mittelalter, in: Tenfelde/Berger/Seidel, Geschichte des deutschen Bergbaus, Bd. 1, 2012, S. 111 (178, 181, 187 f., 190); ebenso bereits *Turner*, Das bergbauliche Berechtsamswesen, 1966, S. 7 f.; *Zycha*, Das böhmische Bergrecht des Mittelalters auf der Grundlage des Bergrechts von Iglau, Bd. 1, 1900, S. 140 ff. Zum Streit zur Entstehung des Bergregals und der Bergbaufreiheit siehe auch die Nachweise bei *Willecke*, Die deutsche Berggesetzgebung, 1977, S. 16 ff.

[555] Siehe die Nachweise oben in Fn. 39, S. 10.

[556] Siehe die Nachweise oben in Fn. 45, S. 11.

[557] Siehe oben 1. Kapitel B. II. mit Fn. 56, S. 12 f.

[558] *Kühne*, in: Boldt/Weller/Kühne/von Mäßenhausen, BBergG, 2. Auflage 2016, Vor § 1 Rn. 9.

Grundeigentum. Die hier zum Ausdruck gekommenen Anschauungen über die Reichweite des Grundeigentums entfalten zumindest Indizwirkung für den verfassungsrechtlichen Eigentumsbegriff, deren Gewicht sogleich näher zu definieren ist.

Während die Motive zu dem Entwurfe eines Allgemeinen Berggesetzes für die Preußischen Staaten[559] im hiesigen Kontext wenig aufschlussreich sind,[560] vermitteln zunächst die drei Jahre zuvor publizierten Motive zum *vorläufigen Entwurf*[561] Erkenntnisse zur Reichweite des Grundeigentums. Einerseits wurden die Mineralien unter ausdrücklicher Aufgabe des überkommenen Verständnisses als *pars fundi* – Bestandteile des Bodens – angesehen; gleichwohl seien die der allgemeinen Bergbaufreiheit vorbehaltenen Mineralien aus der Rechtssphäre des Grundeigentümers vollständig ausgeschieden. Ausdrücklich folgen die Motive damit nicht dem damals linksrheinisch geltenden französischen Bergrecht, das bis zum Konzessionsakt[562] „gewisse rechtliche Beziehungen des Grundeigenthümers zu den unter seinem Grund und Boden vorkommenden Mineralien" kenne. Andererseits akzeptierten die Motive einen „allgemein gültigen Grundsatz", nach dem die der Bergbaufreiheit zu unterwerfenden Mineralien eine „vorwiegend volkswirtschaftliche Bedeutung" voraussetzen und deren Gewinnung andernfalls unmöglich oder zumindest sehr beeinträchtigt würde. So wurden bestimmte, bislang unter das Bergregal fallende Mineralien mangels hinreichender Bedeutung wieder dem Grundeigentum zugeordnet. Damit implizierten sie eine geteilte Zuweisung der Mineralien zum Grundeigentum oder zur Bergbaufreiheit in Abhängigkeit von der volkswirtschaftlichen Bedeutung sowie der Gewinnbarkeit,[563] die konsequenterweise zu einer Reduktion der vom Grundeigentum entkoppelten Mineralien gegenüber dem überkommenen Recht führte.[564]

---

[559] ZfB 6 (1865), S. 55 ff.

[560] Kritisch *Achenbach*, Das gemeine deutsche Bergrecht, 1871, S. 114.

[561] Vorläufiger Entwurf eines Allgemeinen Berggesetzes für die Preussischen Staaten. Nebst Motiven. Redigirt im Ministerium für Handel, Gewerbe und öffentliche Arbeiten, 1862, Motive S. 13 f., 17.; Zitate auch bei *Brassert*, ZfB 3 (1862), S. 331 (346 f., 351).

[562] Nach der eingehenden Analyse von *Achenbach*, ZfB 2 (1861), S. 222 (237 f.); ZfB 5 (1864), S. 204 ff. unter zahlreichen Bezugnahmen auf das Gesetzgebungsverfahren und insbesondere *Napoleon* blieben die Fossilien – trotz fehlender ausdrücklicher Regelung im französischen Bergwerksgesetz vom 21. April 1810 – bis zur Konzessionierung Eigentum des Grundstückseigentümers, woraus letztlich weitere Rechte, wie etwa auf Entschädigung, resultierten, siehe auch *Achenbach*, ZfB 4 (1863), S. 324 (336 f.). Zum französischen Bergrecht siehe auch die Darstellung bei *Hahn*, Allgemeines Berggesetz für die Preußischen Staaten vom 24. Juni 1865. Nebst den vollständigen Materialien zur Erläuterung desselben, 1865, S. 24 ff.; *Willecke*, Die deutsche Berggesetzgebung, 1977, S. 87 ff.

[563] Im Allgemeinen Berggesetz für das Königreich Sachsen von 1868 waren hingegen nicht alle damals volkswirtschaftlich bedeutsamen Bodenschätze wie etwa Steinkohle bergfrei, *Kühne*, Das deutsche Bergrecht von 1865 bis zur Gegenwart, in: Tenfelde/Berger/Seidel, Geschichte des Deutschen Bergbaus, Bd. 3, 2016, S. 495 (501).

[564] Siehe oben 2. Kapitel C. II. 1., S. 174 f.

Die Beratungen zu dem Entwurf eines Allgemeinen Berggesetzes im Jahre 1865 zeigen ebenfalls kein ganz einheitliches Bild. Der Bericht der Kommission des Hauses der Abgeordneten bezeichnet die unterirdischen Mineralien als „Theile des Grundeigenthums", die der Staat verleihen könne.[565] In der Beratung der Kommission wurde die Freierklärung des Bergbaus zwar weit überwiegend befürwortet, allerdings immerhin „von einer Seite" in Zweifel gezogen, ob dieses Prinzip „in volkswirtschaftlicher Beziehung den Vorzug verdiene". So habe der Bergbau etwa in England auch ohne Freierklärung[566] eine größere Bedeutung erlangt.[567] Betont wurde allerdings auch, dass die „Mineralien der Disposition des Grundeigenthümers *nur* im allgemeinen Interesse aller Staatsangehörigen entzogen seien".[568]

Auch wenn die (verbleibende) Abkopplung des Bergbaus vom Grundeigentum und die hieran anknüpfende Bergbaufreiheit weitreichende Unterstützung erfuhren, lässt sich doch zumindest eine *pauschale* Trennung bestimmter Rohstoffe vom Grundeigentum historisch nicht untermauern. So findet auch die unreflektierte Reduktion des Grundeigentumsschutzes im Rahmen von Art. 14 GG keine historische Stütze. Vielmehr stand selbst im wirtschaftsliberal geprägten Entstehungsprozess des Allgemeinen Berggesetzes der Schutz des Grundeigentums im Hinblick auf die Zugehörigkeit der Mineralien im Fokus, sodass es freiheitsrechtlich fernliegt, bei der Auslegung von Art. 14 GG hinter diesem Verständnis zurückzubleiben. Selbst wenn man die Zugehörigkeit volkswirtschaftlich bedeutsamer Bodenschätze zum Grundeigentum als nicht durch Art. 14 GG geschützt ansehen würde,[569] müsste gleichwohl zumindest eine Überprüfung erfolgen, ob denn diese Voraussetzungen (noch) erfüllt sind.[570] Jedenfalls ist die Bergfreiheit volkswirtschaftlich nicht (mehr) ausreichend relevanter Bodenschätze wie etwa der Steinkohle rechtfertigungsbedürftig.

Die verfassungsrechtlichen Anforderungen sind strukturell identisch mit denjenigen bei der erstmaligen Abtrennung bestimmter Bodenschätze vom Grundeigentum. Akzeptiert man eine dauerhafte verfassungsrechtliche Recht-

---

[565] Entsprechend wurde unter Geltung des Allgemeinen Berggesetzes darüber gestritten, ob nicht auch die bergbaufreien Mineralien im Eigentum des Oberflächeneigentümers stehen, dazu ablehnend *Willecke/Turner*, Grundriß des Bergrechts, 2. Auflage 1970, S. 7 f. m.w.N.

[566] *Voelkel*, Grundzüge des Bergrechts, 2. Auflage, 1924, S. 11 ff. bezeichnet Beispiele wie den Steinkohlenbergbau in England und Nordamerika oder den Kalisalzbergbau in Hannover als die Ausnahme. Zum durchaus bedeutenden Kalisalzbergbau in der preußischen Provinz Hannover siehe *Maetschke*, Ursprünge der Zwangskartellgesetzgebung, 2008, S. 101 ff.

[567] *Hahn*, Allgemeines Berggesetz für die Preußischen Staaten vom 24. Juni 1865. Nebst den vollständigen Materialien zur Erläuterung desselben, 1865, S. 31.

[568] *Hahn*, Allgemeines Berggesetz für die Preußischen Staaten vom 24. Juni 1865. Nebst den vollständigen Materialien zur Erläuterung desselben, 1865, S. 33.

[569] Auch *Westermann*, ZfB 106 (1975), S. 122 (125) bezeichnet dagegen die Bergbaufreiheit bestimmter Mineralien als „nicht unbeträchtlichen Eingriff in das Eigentum", dessen Zumutbarkeit heute auf Grund von Art. 14 GG näher begründet werden müsste.

[570] Vgl. auch *Wendt*, Eigentum und Gesetzgebung, 1985, S. 236 ff.

fertigungslast, kann es keinen Unterschied machen, ob der Gesetzgeber erstmals bestimmte Gegenstände oder Rechte abspaltet[571] oder sich die Rahmenbedingungen für die Abspaltung geändert haben und eine gesetzliche Korrektur unterbleibt. Dabei ist zu berücksichtigen, dass die Nutzungsmöglichkeit des Rohstoffes im Kern nicht vom (zufälligen) Vorkommen unter dem eigenen Grundstück abhängt, sondern maßgeblich von der risikoreichen und kapitalintensiven Gewinnung.[572] Reicht der Marktpreis allerdings deutlich hierüber hinaus, erstarkt gleichzeitig die Rechtsstellung des Grundeigentümers. Sind Rohstoffe dagegen wirtschaftlich nicht mehr rentabel gewinnbar, ist gleichzeitig der andauernde Eingriff in Art. 14 GG nur marginal und begründet keine tatsächliche, sondern nur eine formal-rechtliche Beschwer. Jedenfalls in diesen Fällen dürfte auch die individuelle Berufung von Grundeigentümern auf Art. 14 GG vor Gericht praktisch ausgeschlossen sein. Schließlich streiten bei Rohstoffen wie Erdöl und Erdgas schwierige Eigentumszuordnungen für deren Bergfreiheit.[573] Ambivalent ist hingegen die Überlegung, der einzelne Grundeigentümer könne tiefergelegene Rohstoffe ohnehin nicht nutzen. Betroffen ist hier regelmäßig zwar nicht die Oberfläche als Gegenstand des primären Nutzungsrechts des Grundstückseigentümers.[574] Allerdings ist der Rohstoff tatsächlich gewinnbar und entsprechende Rechtspositionen zumindest wirtschaftlich verwertbar.

Nach alledem dürfte im Einzelfall weniger die Abkopplung eines Bodenschatzes *an sich* eigentumsrechtlich problematisch sein, sondern vielmehr die hieran anknüpfenden Rechtsfolgen und hier insbesondere die fehlenden Einflussmöglichkeiten auf die Realisierung bergbaulicher Vorhaben.

b) Bergfreiheit und Beeinträchtigungen der Oberfläche

So drängt sich die Frage auf, warum ein Grundeigentümer Beeinträchtigungen der Oberfläche beim Abbau hinnehmen sollte, wenn dem Vorhaben selbst keine herausgehobene volkswirtschaftliche Bedeutung (mehr) zukommt. Konflikte auf dieser Ebene betreffen nicht die *grundsätzliche* Entscheidung für bergfreie Bodenschätze, sondern das hieran anknüpfende Regelungsregime und die dort getroffenen Konfliktlösungsinstrumente. Diese müssen bei der Realisierung von konkreten bergbaulichen Vorhaben einen ausgewogenen Interessenausgleich kollidierender Eigentumspositionen gewährleisten. Irrelevant ist also,

---

[571] Allerdings genießen bereits bestehende Gewinnungs- oder Abgrabungsbetriebe Vertrauensschutz, wenn der jeweilige Bodenschatz bergfrei werden soll. Denkbar wäre etwa ein Vorrecht auf Erteilung einer Bewilligung.

[572] Vgl. *Sendler*, ZfW 18 (1979), S. 65 (73 f.); *Westermann*, ZfB 106 (1975), S. 122 (125).

[573] Zu auch bei Bergfreiheit verbleibenden Schwierigkeiten bei feldesübergreifenden Lagerstätten siehe unten 3. Kapitel E. III. 2., S. 357 f. Zu Speicherrechten *de lege ferenda* siehe unten 3. Kapitel E. IV. 2., S. 362 ff.

[574] Vgl. BVerfG, Beschluss vom 15. Juli 1981 – 1 BvL 77/78, BVerfGE 58, 300 (345).

ob dem Grundeigentümer jemals *an sich* ein zivilrechtlicher Abwehranspruch nach § 1004 BGB zustand[575] oder ob er jemals maßgeblichen Einfluss auf öffentlich-rechtliche Zulassungen hatte. Strukturell sind die verfassungsrechtlichen Anforderungen an die Rechtmäßigkeit der bestehenden Rechtslage auch hier grundsätzlich identisch mit denjenigen an entsprechende Neuregelungen.[576]

Die Rechtsstellung des Berechtigungsinhabers gegenüber dem Oberflächeneigentümer wäre *prima facie* nicht mehr ausgewogen, wenn trotz der fehlenden volkswirtschaftlichen Bedeutung weitreichende Duldungspflichten bestünden, im Rahmen der Vorhabenzulassung Einwirkungen auf die Oberfläche in der Regel hinzunehmen wären und Grundabtretung verlangt werden könnte. In der Tat geht das Bundesberggesetz von einer derartigen Rechtsstellung des Bergbauberechtigten aus und berücksichtigte insbesondere in seiner ursprünglichen Fassung Belange von Oberflächeneigentümern auf Betriebsplanebene völlig unzureichend. All dies betrifft aber – um es nochmals zu betonen – nicht die grundsätzliche Entscheidung für die Bergfreiheit von Bodenschätzen.

Ungeachtet dessen – soviel sei hier vorweggenommen – erscheint das geltende Zulassungsrecht in der Regel hinreichend flexibel, um der reduzierten volkswirtschaftlichen Bedeutung von Rohstoffen verfassungsrechtlich auch bei bergfreien Bodenschätzen ausreichend Rechnung zu tragen.

So können Grundeigentümerinteressen bei der Betriebsplanzulassung im Rahmen des § 48 Abs. 2 Satz 1 BBergG überwiegen und die Realisierung des Bergbauvorhabens verhindern. Mitunter ist ein Betriebsplan nur dann zuzulassen, soweit keine Auswirkungen auf das Oberflächeneigentum zu erwarten sind. In der Vergangenheit erteilte oder verliehene Bergbauberechtigungen sind allerdings ebenfalls besonders zu gewichten.

Ob Grundabtretungen wegen ausreichender Gemeinwohlbelange rechtfertigungsfähig sind, ist im jeweiligen Einzelfall zu würdigen. Der Verlust der wirtschaftlichen Bedeutung eines Rohstoffes an sich reduziert dabei das relative Gewicht des Bergbaus als Gemeinwohlbelang.[577] Die wirtschaftliche Bedeutung eines Rohstoffes hängt wiederum mitunter von politischen Leitentscheidungen oder verfassungsrechtlichen Belangen ab, wie der Abbau der Braunkohle zeigt. Bereits mit der politischen Entscheidung zum Ausstieg aus der Kohleverstromung wäre der Aufschluss eines *neuen* Braunkohlentagebaus – ungeachtet der politischen Durchsetzungsschwierigkeiten[578] – rechtlich wenig erfolg-

---

[575] In diese Richtung etwa BGH, Urteil vom 16. Februar 1970 – III ZR 136/68, BGHZ 53, 226 (235 f.); kategorisch ablehnend *H. Schulte*, ZfB 113 (1972), S. 166 (169 f.).

[576] Allerdings ist auch hier (vgl. soeben Fn. 571) schützenswertem Vertrauen in den Bestand der Rechtslage Rechnung zu tragen. So genießen bereits erteilte bzw. verliehene und insbesondere ins Werk gesetzte Bergbauberechtigungen eigenständigen Schutz, der gegenüber dem volkswirtschaftlichen Interesse an der Rohstoffgewinnung hervortreten kann.

[577] Zu den verfassungsrechtlichen Anforderungen an Grundabtretungen siehe zunächst BVerfG, Urteil vom 17. Dezember 2013 – 1 BvR 3139, 3386/08, BVerfGE 134, 242 Rn. 164 ff.

[578] Dabei ist zudem die Braunkohlenplanung noch nicht berücksichtigt.

versprechend gewesen, weil wohl keine ausreichenden Gemeinwohlbelange für Grundabtretungen mehr hätten vorgetragen werden können.[579] Mit der Entscheidung des Bundesverfassungsgerichts in Sachen Klimaschutz[580] ist zudem einer an sich grundsätzlich denkbaren politischen Neuausrichtung zugunsten der CO_2-emittierenden Braunkohleverstromung in der Zukunft[581] die Grundlage entzogen.[582]

Schließlich sind zivilrechtliche Abwehransprüche in Betracht zu ziehen, zumal sie gesetzlich nicht ausdrücklich ausgeschlossen sind.[583] All das gilt wohl auch, wenn die Rohstoffversorgung ebenso im Grundeigentümerbergbau sichergestellt werden könnte, weil auch dann kein Gemeinwohl für die Grundabtretung streitet.

Rechtspolitisch verbleibt gleichwohl die Frage, ob man die sich hieraus ohne Zweifel ergebenden Rechtsunsicherheiten hinnimmt und auf eine Maßstabsbildung der Rechtsprechung auf Basis des geltenden Rechts vertraut oder die Einteilung der Bodenschätze gelegentlich einer parlamentarischen Revision unterzieht.

D. Bilanz: Beibehaltung des Berechtsamswesens

Die Zweiteilung zwischen Konzessions- und Zulassungsverfahren, mit der das Bergrecht eine Sonderstellung im besonderen Verwaltungsrecht einnimmt, hat mit Blick auf die volkswirtschaftliche Bedeutung bestimmter Rohstoffe sowie das Bedürfnis einer gewissen Investitionssicherheit seine rechtspolitische Berechtigung. Die frühzeitige Rechteverleihung macht allerdings einen umfassenden Ausgleich kollidierender Rechtspositionen unmöglich, wobei spätere Zulassungsentscheidungen hierdurch rechtlich nicht determiniert werden. Soweit hier Vollzugsdefizite zu beklagen sein sollten, könnten punktuelle gesetzliche Klarstellungen Abhilfe verschaffen.

Verfahrens- und materiell-rechtliche Anreicherungen des Berechtsamsverfahrens könnten demgegenüber den Eigenwert dieser Zweiteilung aufweichen, sodass im Ergebnis der Sinn eines speziellen Konzessionsverfahrens in Frage zu

---

[579] Neue Braunkohlentagebaue sogar kategorisch ausschließend *Ziehm*, ZUR 2014, S. 458 (459 ff.).

[580] BVerfG, Beschluss vom 24. März 2021 – 1 BvR 2656/18 u. a., NJW 2021, S. 1723.

[581] Vgl. *T. Linke*, EurUP 2016, S. 199 (214), der zudem darauf hinweist, dass die Verfassung keine widerspruchsfreie Politik garantiere.

[582] Siehe bereits *Teßmer*, NuR 2019, S. 82 (89 ff.); *Ziehm*, ZUR 2014, S. 458 (462). Dies schließt allerdings nicht die Grundabtretung im Rahmen des derzeitigen Braunkohlenabbaus aus, solange sich der Abbau im Rahmen des Kohleausstiegspfads bewegt und dieser Pfad mit Art. 20a GG vereinbar ist. Auch das Bundesverfassungsgericht verlangt keinen sofortigen Ausstieg aus der Kohleverstromung.

[583] Siehe oben 2. Kapitel A. I., S. 89.

stellen wäre. Dem Investitionsschutz wäre dies abträglich. Rechtspolitisch abzulehnen ist auch die neuerdings relativierte Forderung nach einer Abschaffung
des Berechtsamswesens. Sie beruht auf der Annahme einer starken Rechtsposition der Berechtigungsinhaber, die aber bereits oben abgelehnt wurde. In eine
andere Richtung weisen allerdings zwei neuere Entscheidungen des EGMR sowie des Bundesverwaltungsgerichts, die jedoch die Entstehensvoraussetzungen
der Bergbauberechtigung völlig außer Acht lassen und daher abzulehnen sind.

Bedenkenswert ist allerdings, ob der Gesetzgeber dazu verpflichtet ist, volkswirtschaftlich nicht mehr bedeutsame Bodenschätze wieder dem Grundeigentum zuzuordnen. Ein grundsätzlicher Schutz durch Art. 14 GG auch auf Dauer
kann durchaus auf das überkommene Verständnis vom Umfang des Grundeigentums gestützt werden. Die Abspaltung scheint aber mit Blick insbesondere
auf die wirtschaftliche und risikoreiche Leistung der Bergbautreibenden hinnehmbar, soweit das Rohstoffvorkommen selbst keinen nennenswerten weiterreichenden Marktpreis (mehr) begründet. Daneben bedürfen aber konkrete
Beeinträchtigungen der Oberfläche durch die Gewinnung nicht mehr bedeutsamer Rohstoffe der Rechtfertigung. Hier ist eine verfassungskonforme Auslegung insbesondere des Zulassungsrechts in Betracht zu ziehen.

De lege ferenda sollte ferner das Ordnungspotential der Bergbauberechtigungen erkannt und deren Anwendung auf Untergrundnutzungen über die
Aufsuchung und Gewinnung von Bodenschätzen hinaus diskutiert werden.
Auch wenn das derzeitige Berechtsamswesen mit seinen schlanken Voraussetzungen für die Rechteverleihung kaum Steuerungsfunktion entfalten kann, so
würden beispielsweise Speicherrechte zumindest frühzeitige Rechtspositionen
schaffen, die ein gewisses Maß an Investitionssicherheit mit sich bringen und
zudem schwierige zivilrechtliche Fragen hinsichtlich des Verhältnisses zum
Grundeigentum entschärfen.[584] Hierauf ist später zurückzukommen.[585]

---

[584] Ausführlich hierzu siehe zunächst nur *Karrenstein*, Errichtung und Betrieb von Erdgasspeichern in unterirdischen Hohlraumstrukturen, 2016, S. 219 ff., 281 ff.
[585] Unten 3. Kapitel E. IV. 2., S. 362 ff. sowie ferner 4. Kapitel., S. 381 ff.

3. Kapitel:

Vorhabenzulassung und Konfliktlösung

Die bisherigen Betrachtungen zum Berechtsamswesen haben gezeigt, dass auf der Konzessionsebene nur bedingt gegenläufige Interessen Berücksichtigung finden. Vielmehr sollen lediglich frühzeitig ausschließliche Rechtspositionen geschaffen werden, die insbesondere das Aufsuchungs- bzw. Gewinnungsfeld gegenüber Konkurrenten absichern, dabei aber eine intensive Prüfung gegenläufiger Belange strukturell ausschließen. Eine normative Anreicherung des Verfahrens vor der Rechteverleihung würde diesen Zweck zumindest partiell konterkarieren. Rechtlich ist das insoweit unproblematisch, als aus der Bergbauberechtigung weder verwaltungsrechtliche Bindungswirkungen in nachfolgenden Zulassungsverfahren erwachsen[1] noch Art. 14 GG Schutz vermittelt, der die spätere Prüfung kollidierender Belange ausschließen oder auch nur beschränken würde. In den Zulassungsverfahren ist dafür Sorge zu tragen, dass nicht faktische Pfadabhängigkeiten einen offenen Interessenausgleich verhindern. Soweit Vorhaben die Aufsuchung oder Gewinnung grundeigener Bodenschätze adressieren, gehen – vorbehaltlich des Bestehens alter Rechte – der Vorhabenplanung ohnehin keine bergbehördlichen Prüfungen voraus, die künftiges Verwaltungshandeln determinieren könnten.

Polygonale Konflikte sind daher maßgeblich auf der Zulassungsebene zu würdigen. Bergrechtliche Verfahren stoßen dabei wegen der sogenannten bergbaulichen Sachgesetzlichkeiten[2] auf besondere Herausforderungen. Ein sukzessiv fortschreitender und in diesem Sinne dynamischer Abbau von Rohstoffen, kombiniert mit Unsicherheiten bei bergbaulichen Prognosen, erschwert frühzeitige Bewertungen und darauf basierende fachrechtliche Entscheidungen. Hierauf reagiert das Zulassungsregime für bergbauliche Vorhaben mit einem sehr ausdifferenzierten und in mehrfacher Hinsicht verwobenen System abgestufter und paralleler Prüfungen, das Unternehmen und Bergbehörden ein hohes Maß an Flexibilität ermöglicht, gleichzeitig aber Interessenabwägungen strukturell erschwert.

Das Bundesberggesetz differenziert zunächst zwischen fünf verschiedenen Betriebsplanarten. Während die Gestattung des Abbaus primär durch die Zu-

---

[1] Zu einem gleichwohl sehr eingeschränkt möglichen Vertrauensschutz siehe oben 2. Kapitel B. IV. 1. c), S. 125 f.
[2] Siehe oben 1. Kapitel A. III., S. 5.

lassung von Hauptbetriebsplänen erfolgt, die nach § 52 Abs. 1 Satz 1 BBergG in der Regel einen Zeitraum von maximal zwei Jahren erfassen,[3] können gemäß § 52 Abs. 2 Nr. 1 BBergG größere Teile des Vorhabens in Rahmenbetriebsplänen dargestellt werden. Als übergreifendes Gesamtkonzept bilden sie eine äußere Klammer des Projekts, geben aber den Abbau nicht frei.[4] Für bestimmte Teile des Betriebes oder bestimmte Vorhaben sind nach § 52 Abs. 1 Nr. 2 BBergG auf Verlangen der Behörde Sonderbetriebspläne aufzustellen. § 52 Abs. 3 BBergG sieht gemeinschaftliche Betriebspläne mehrerer Unternehmen vor. Die Einstellung des Betriebes erfolgt gemäß § 53 Abs. 1 BBergG auf Grundlage eines Abschlussbetriebsplans, der letztlich die Entlassung aus der Bergaufsicht vorbereitet.[5]

Abhängig von den jeweiligen Funktionen weisen die Betriebspläne eine unterschiedliche Regelungsdichte und -reichweite auf. Sie erfassen entweder das Vorhaben als Ganzes oder auch nur zeitliche, räumliche oder sachliche Abschnitte. Gleichwohl unterliegen sie im Wesentlichen denselben Voraussetzungen – namentlich den ausbuchstabierten Anforderungen des § 55 BBergG sowie der bergrechtlichen Öffnungsklausel des § 48 Abs. 2 Satz 1 BBergG, wonach auch sonstige öffentliche Interessen zu berücksichtigen sind. Konzeptionell handelt es sich hierbei um die zulassungsrechtliche Schnittstelle zu sonstigem Fachrecht, die gesetzgebungstechnisch Doppelregelungen und Normkollisionen vermeidet. Die Zulassung ist nach ständiger Rechtsprechung und herrschender Auffassung in der Literatur eine gerichtlich voll überprüfbare gebundene Entscheidung ohne planerische Abwägung. Ihr kommt überdies keine Konzentrationswirkung zu. Eine Öffentlichkeitsbeteiligung ist grundsätzlich nicht vorgesehen;[6] § 54 Abs. 2 Satz 1 BBergG regelt lediglich die Beteiligung anderer Behörden und von Gemeinden. Auch wenn ein Vorhabenabschnitt durch die Zulassung eines Hauptbetriebsplans bergrechtlich gestattet wird, bleiben folglich weitere Zulassungserfordernisse nach sonstigem Fachrecht bestehen.[7]

Von diesem Gesamtkonzept weicht die 1990 eingeführte[8] sogenannte obligatorische Rahmenbetriebsplanung für UVP-pflichtige Vorhaben insoweit ab,

---

[3] Nach Maßgabe des § 52 Abs. 1 Satz 3 bis 5 BBergG ist eine längere Laufzeit möglich.

[4] *Ludwig*, ZUR 2012, S. 150 f.

[5] *Beckmann*, DÖV 2010, S. 512.

[6] Eine Ausnahme bildet insoweit das infolge der *Moers-Kapellen*-Entscheidung (näher dazu sowie zu den Folgen siehe unten 3. Kapitel A. II. 2. b), S. 214 ff.) etablierte Sonderbetriebsplanverfahren zu den Abbaueinwirkungen auf das Oberflächeneigentum, ausführlich dazu *Beckmann*, UPR 2014, S. 206 (210 f.); *Keienburg*, Die Öffentlichkeitsbeteiligung im Bergrecht, 2004, S. 35 ff.

[7] Dies bekräftigte auch der Ausschuss für Wirtschaft im Gesetzgebungsverfahren und lehnte eine Konzentrationswirkung im Sinne des Bundes-Immissionsschutzgesetzes oder eine der Planfeststellung vergleichbare Regelung ausdrücklich ab, BT-Drs. 8/3965, S. 130.

[8] Gesetz zur Änderung des Bundesberggesetzes vom 12. Februar 1990, BGBl I 1990, S. 215.

als bereits zu Beginn das gesamte Vorhaben möglichst umfassend zu prüfen ist und die Zulassung im Planfeststellungsverfahren samt Öffentlichkeitsbeteiligung[9] und (eingeschränkter) Konzentrationswirkung erfolgt.[10] Nach der Rechtsprechung und herrschenden Auffassung in der Literatur soll jedoch auch hier – ganz in der bergrechtlichen Tradition – keine planerische Abwägung erfolgen. Vielmehr handele es sich um eine gebundene Entscheidung.

Schichtet man das so umrissene, zweifelsohne komplexe Zulassungssystem ab, ist der Fokus zunächst auf die im Kern einheitlichen bergrechtlichen Zulassungsvoraussetzungen und hier insbesondere auf die bergrechtliche Öffnungsklausel des § 48 Abs. 2 Satz 1 BBergG zu richten. Auch wenn es sich systematisch zunächst nicht aufdrängt, dass die dort genannten „öffentlichen Interessen" bereits im Betriebsplanverfahren zu berücksichtigen sind, und im Übrigen der gesamte § 48 BBergG missglückt erscheint, hat sich die Vorschrift in der Auslegung durch die Rechtsprechung zu einem sehr effektiven Einfallstor zur Berücksichtigung unterschiedlichster Belange entwickelt. Wurde ursprünglich noch die Durchsetzungsfähigkeit des Bergbaus gegenüber den Interessen von Oberflächeneigentümern[11] oder Umweltbelangen[12] sehr hochgehalten, hat mittlerweile selbst die Rohstoffsicherungsklausel in § 48 Abs. 1 Satz 2 BBergG allenfalls marginale Bedeutung. Diese Entwicklung hat letztlich gemäß der *Garzweiler*-Entscheidung des Bundesverfassungsgerichts[13] die Verfassungskonformität der Grundkonzeption des Zulassungssystems gesichert. Gerade hier offenbart sich allerdings zugleich eine bergrechtliche Sonderdogmatik, die bergbautechnisch nicht zwingend und trotz der *Garzweiler*-Entscheidung verfassungsrechtlich nicht unproblematisch ist (A.).

Der Interessenausgleich wird, wie bereits betont, durch die bergbaulichen Sachgesetzlichkeiten und die daraus resultierende notwendige Verfahrensstufung zusätzlich erschwert. Sukzessive Genehmigungen drohen tatsächliche Pfadabhängigkeiten zu begründen, sodass die dem Bergbau entgegenstehenden Belange in späteren Verfahren nicht mehr das erforderliche Gewicht erfahren könnten. Denn ein einmal aufgenommener Gewinnungsbetrieb hat durchaus eine gewisse faktische Bestandsmacht auf seiner Seite, ohne dass diese zugleich rechtlich fundiert sein müsste. Andererseits ist gerade der rechtlich anerkannte Bestands- und Vertrauensschutz zumindest nach derzeitiger Rechtsprechung nur schwach ausgeprägt. So stehen fakultative Rahmenbetriebsplanzulassun-

---

[9] Ausführlich *Keienburg*, Die Öffentlichkeitsbeteiligung im Bergrecht, 2004, S. 129 ff.

[10] Vgl. §§ 52 Abs. 2a, 2b, 57a ff. BBergG.

[11] Siehe etwa *Boldt/Weller*, BBergG, 1984, § 8 Rn. 7 ff., ohne dass dort öffentlich-rechtliche Abwehransprüche der Grundeigentümer auch nur angesprochen würden; ferner *Schmidt-Aßmann/Schoch*, Bergwerkseigentum und Grundeigentum im Betriebsplanverfahren, 1994, S. 113 f.

[12] *Hoppe*, DVBl 1987, S. 757 (761 f.).

[13] BVerfG, Urteil vom 17. Dezember 2013 – 1 BvR 3139/08, 1 BvR 3386/08, BVerfGE 134, 242.

gen – also solche, die nicht aufgrund einer UVP-Pflicht erfolgen – in ihrer Bindungswirkung unter dem Vorbehalt einer Änderung der Sach- oder Rechtslage, sodass langfristige Investitionen rechtlich nur eine geringe Absicherung
erfahren. Demgegenüber setzt die obligatorische Rahmenbetriebsplanzulassung auf eine möglichst frühzeitige Berücksichtigung kollidierender Belange.
Dieser Anspruch stößt durchaus an Grenzen, soweit künftige Interessen wegen des langen Zeithorizonts oder der dynamischen und insoweit nicht immer
ohne Weiteres prognostizierbaren Abbauweise nicht hinreichend ermittelbar
sind. Gleichzeitig drängt sich mit Blick auf die etablierte und in der Praxis auch
handhabbare obligatorische Rahmenbetriebsplanung die Frage auf, inwieweit
die bergbaulichen Sachgesetzlichkeiten einer frühzeitigen Prüfung sämtlicher
Belange tatsächlich entgegenstehen (B.).

Ob bergbauliche Vorhaben über die Betriebsplanzulassung hinaus weiterer
separater Gestattungen bedürfen, hängt von der Pflicht zur Umweltverträglichkeitsprüfung ab. UVP-pflichtige Projekte werden über die obligatorische
Rahmenbetriebsplanzulassung mit Konzentrationswirkung genehmigt. Außer
einer etwaigen wasserrechtlichen Erlaubnis[14] sind keine weiteren außerbergrechtlichen Gestattungen notwendig. Bergrechtliche Betriebsplanzulassungen
werden dagegen nicht konzentriert, sodass die Planfeststellung das Vorhaben
insoweit noch nicht gestattet. Hierzu bedarf es weiterhin der Zulassung zumindest von Hauptbetriebsplänen.[15] Vorhaben ohne UVP-Pflicht werden demgegenüber bergrechtlich ohne Konzentrationswirkung zugelassen, sodass daneben sämtliche weiteren Genehmigungserfordernisse bestehen bleiben. Dies
wirft die auch in anderem Kontext üblichen Fragen nach der Prüfungs- und
Entscheidungsbefugnis der jeweiligen Behörden sowie der zeitlichen Abfolge
notwendiger Gestattungen auf, die allerdings einer spezifisch bergrechtlichen
Betrachtung bedürfen (C.). Die Erkenntnisse zur Verfahrensstufung sowie zu
parallelen Genehmigungen führen schließlich zu der rechtspolitischen Frage,
ob künftig frühzeitige Betriebsplanzulassungen mit weitreichender Entscheidungskonzentration ausgestattet werden könnten und sollten (D.)

Während das bergrechtliche Zulassungsregime normative Schnittstellen zur
Berücksichtigung außerbergrechtlicher Belange bereitstellt, bleibt es im Bereich
des Bergnachbarrechts in einem weit verstandenen Sinne erstaunlich schweig-

---

[14] § 19 Abs. 1 WHG führt nach Rechtsprechung des Bundesverwaltungsgerichts zwar zu
einer Zuständigkeits- und Verfahrenskonzentration, nicht aber zu einer Entscheidungskonzentration, BVerwG, Urteil vom 16. März 2006 – 4 A 1075/04, BVerwGE 125, 116 Rn. 449 f.;
Urteil vom 18. März 2009 – 9 A 39/07, BVerwGE 133, 239 Rn. 32; *Keienburg*, in: Boldt/Wel-
ler/Kühne/von Mäßenhausen, BBergG, 2. Auflage 2016, § 57a Rn. 44; eine Konzentrationswirkung hingegen bejahend OVG Bautzen, Urteil vom 26. September 2008 – 4 B 773/06,
SächsVBl 2009, S. 61 (62, 67); *Reinhardt*, in: Czychowski/Reinhardt, WHG, 12. Auflage 2019,
§ 19 Rn. 16, siehe aber Rn. 5.
[15] *Keienburg*, in: Boldt/Weller/Kühne/von Mäßenhausen, BBergG, 2. Auflage 2016, § 57a
Rn. 8, 34 ff.

sam. Der Gesetzgeber setzt hier maßgeblich auf das sogenannte Windhundprinzip sowie vertragliche Absprachen zwischen den Beteiligten und begibt sich
damit wichtiger Steuerungsmöglichkeiten. Gerade mit Blick auf künftig wohl
zunehmende Nutzungskonkurrenzen im Untergrund – auch jenseits des klassischen Bergbaus – sollte hier das Steuerungspotenzial des Bergrechts – kombiniert mit raumplanerischen Festlegungen – besser genutzt werden (E.).

Ebenfalls schwach konturiert sind die Vorschriften zur Betriebseinstellung.
Dies führt bereits im Zusammenhang mit gestuften Verfahren und UVP-Pflichten zu Auslegungsschwierigkeiten, die bislang auch praktisch nicht abschließend
gelöst sind. Hinzu kommt erneut ein vergleichsweise schwacher Steuerungsanspruch des Bundesberggesetzes, wenn es um die Wiedernutzbarmachung geht.
Sachlich ist dies zustimmungswürdig, weil Fragen der Nachnutzung und damit
mittelbar auch der Wiedernutzbarmachung Sache der Raumordnung und Bauleitplanung sind. Der bergrechtliche Steuerungsanspruch endet schließlich mit
dem Ende der Bergaufsicht (F.).

A. Voraussetzungen der Betriebsplanzulassung

Die Betriebsplanzulassung unterliegt zunächst den in § 55 BBergG normierten
Voraussetzungen. Die nach der gesetzgeberischen Grundkonzeption abschließende[16] Vorschrift hat einen vergleichsweise hohen Konkretisierungsgrad und
wird durch Rechtsverordnungen nach Maßgabe des § 66 BBergG weiter präzisiert.[17] § 55 BBergG erfasst im Kern die Sicherheit innerhalb und außerhalb
des Betriebes, verlangt entsprechende Vorsorge, nimmt dabei allerdings bergbauexterne Belange wie etwa den Umweltschutz nur selektiv in den Blick (I.).
Damit weist das Bergrecht zwar insoweit eine hohe Regelungsdichte auf, kann
aber noch nicht die Berücksichtigung sämtlicher Interessen sicherstellen. Soweit diese nicht Gegenstand außerbergrechtlicher Verfahren sind, würden sie
gänzlich unberücksichtigt bleiben. Herzstück eines polygonalen Interessenausgleichs ist damit die ebenfalls bereits im Betriebsplanverfahren zu verortende
bergrechtliche Öffnungsklausel des § 48 Abs. 2 Satz 1 BBergG, die eine – nach
herrschender Auffassung *tatbestandliche* und gerichtlich vollständig überprüfbare – Abwägung ermöglicht (II.). Um sicherzustellen, dass die Voraussetzungen der Betriebsplanzulassung erfüllt werden, sind Nebenbestimmungen
ebenso zulässig wie die Forderung einer Sicherheitsleistung (III.). Im Ergebnis
ist die Zulassung eines Betriebsplans zu erteilen, wenn die Voraussetzungen des

---

[16] BT-Drs. 8/1315, S. 109; *von Mäßenhausen*, in: Boldt/Weller/Kühne/von Mäßenhausen, BBergG, 2. Auflage 2016, § 55 Rn. 98; *Piens*, in: ders./Schulte/Graf Vitzthum, BBergG,
3. Auflage 2020, § 55 Rn. 3, 357.

[17] Überblick über die geltenden Bergverordnungen bei *Mann*, in: Boldt/Weller/Kühne/
von Mäßenhausen, BBergG, 2. Auflage 2016, Vorbem. §§ 65–68 Rn. 17 ff.

§ 55 BBergG erfüllt sind und dem Vorhaben keine überwiegenden öffentlichen Interessen im Sinne des § 48 Abs. 2 Satz 1 BBergG entgegenstehen.

Besondere entwicklungsgeschichtliche Bedeutung hat dabei der Schutz des Oberflächeneigentums. Während das Bundesberggesetz im Wesentlichen an den überkommenen Grundsatz des „dulde und liquidiere" anknüpft und Schadensverhütung nur über die allgemeinen sicherheitstechnischen Bestimmungen bei der Betriebsplanzulassung, die Bergaufsicht nach §§ 69 ff. BBergG sowie Anpassungspflichten der Bauherren nach §§ 110 ff. BBergG realisiert,[18] hat die Rechtsprechung subjektive Rechtspositionen der Grundeigentümer ausgebaut, um Art. 14 GG zu genügen. Mit der *Moers-Kapellen*-Entscheidung[19] sichert das Bundesverwaltungsgericht den Oberflächeneigentümern einen Anspruch gegen unverhältnismäßige Beeinträchtigungen der Oberfläche durch Untertagebaue zu. Der dahingehende Drittschutz durch § 48 Abs. 2 Satz 1 BBergG wurde später auch auf Grundeigentümer erstreckt, deren Grundstücke einem Tagebauvorhaben weichen müssen. Sie genießen Schutz bereits im fakultativen Rahmenbetriebsplanverfahren, obwohl später unter Umständen[20] separate Grundabtretungsverfahren durchzuführen sind.[21] Hier soll nach der *Garzweiler*-Entscheidung des Bundesverfassungsgerichts bereits frühzeitig eine umfassende Gesamtabwägung erfolgen, obwohl diese § 48 Abs. 2 Satz 1 BBergG strukturell *eigentlich* nicht ermöglicht und sie vom Gesetzgeber gar nicht intendiert war, wie auch die Rohstoffsicherungsklausel des § 48 Abs. 1 Satz 2 BBergG impliziert. Der richterrechtliche Umgang mit dem Tatbestandsmerkmal der öffentlichen Interessen sichert damit zwar den Norm*text*bestand, indem er ein Minimum an grundrechtlich notwendigem Schutz gewährleistet, hat sich aber immer weiter von der eigentlichen gesetzgeberischen Konzeption entfernt und steht gleichzeitig einer grundlegenden Neujustierung bergrechtlicher Zulassungsanforderungen im Wege. Es verwundert daher auch losgelöst von umweltpolitischen Motiven nicht, wenn seit Längerem gefordert wird, ein planerisches Abwägungsgebot ausdrücklich im Bundesberggesetz zu verankern.[22]

---

[18] *Kühne*, in: FS Säcker, 2011, S. 105 (108, 110 f.); vgl. dazu BT Drs. 8/1315, S. 72, 137: „Schaden verhüten geht vor Schaden vergüten".

[19] BVerwG, Urteil vom 16. März 1989 – 4 C 36/85, BVerwGE 81, 329.

[20] Selbstredend kommt ein vorrangiger Kauf der Grundstücke in Betracht.

[21] BVerwG, Urteil vom 29. Juni 2006 – 7 C 11/05, BVerwGE 126, 205; bestätigt durch BVerfG, Urteil vom 17. Dezember 2013 – 1 BvR 3139/08, 1 BvR 3386/08, BVerfGE 134, 242 Rn. 214, 311 ff.

[22] Etwa *Ludwig*, ZUR 2014, S. 451 ff.; *dies.*, VerwArch 108 (2017), S. 559 (575 f.); durchaus offen auch *Knöchel*, ZfB 161 (2020), S. 173 (175), der allerdings die Abwägungsfestigkeit bestimmter Umweltbelange ablehnt und auch im Übrigen auf Unternehmensseite wohl in der Minderheit ist, vgl. die Auswertung der Interviews bei *Keimeyer/Gailhofer/Westphal/Sanden/Schomerus/Teßmer*, Recht der Rohstoffgewinnung, Umweltbundesamt, Texte 71/2019, S. 103 f. Ablehnend auch die Behördenseite, *Keimeyer et al.*, a.a.O., S. 106 f.

I. Überblick über die Voraussetzungen nach § 55 BBergG

§ 55 BBergG differenziert zwischen Anforderungen an Betriebspläne im Allgemeinen (§ 55 Abs. 1 Satz 1 Nr. 1 bis 9 BBergG),[23] zusätzlichen Anforderungen an Betriebspläne für einen Betrieb im Bereich des Festlandsockels oder der Küstengewässer (§ 55 Abs. 1 Satz 1 Nr. 10 bis 13 BBergG) sowie speziellen Vorgaben für Abschlussbetriebspläne (§ 55 Abs. 2 BBergG).[24]

In formaler Hinsicht muss nach § 55 Abs. 1 Satz 1 Nr. 1 BBergG die erforderliche Aufsuchungs- oder Gewinnungsberechtigung nachgewiesen werden. Nr. 2 betrifft die Zuverlässigkeit, Fachkunde und körperliche Eignung der verantwortlichen Personen und schließt damit an § 11 Nr. 6 BBergG an. Auch Vorschriften im Berechtsamswesen zum Lagerstättenschutz sowie zum Schutz bereits laufender Betriebe werden aufgegriffen. § 55 Abs. 1 Satz 1 Nr. 4 BBergG schreibt mit dem Schutz vor Beeinträchtigung von Bodenschätzen im öffentlichen Interesse die korrespondierende Vorschrift in § 11 Nr. 9 BBergG fort; § 55 Abs. 1 Satz 1 Nr. 8 BBergG, der die Vorsorge für die Sicherheit von bereits geführten Bergbaubetrieben regelt, konkretisiert partiell § 11 Nr. 8 BBergG. Bergbau im Bereich des Festlandsockels oder der Küstengewässer muss die weitere Nutzung des Meeres achten und darf etwa den Betrieb von Schifffahrtsanlagen oder die Schifffahrt nicht (unangemessen) beeinträchtigen (Nr. 10, 11) oder muss beispielsweise dem Betrieb von Unterwasserkabeln und Rohrleitungen sowie ozeanographischen oder sonstigen wissenschaftlichen Forschungen Rechnung tragen (Nr. 12).

Richtet man den Fokus auf originär umweltschutzbezogene Anforderungen, bleiben die materiell-rechtlichen Vorgaben lückenhaft. Während die Sonderanforderungen für Betriebe im Bereich des Festlandsockels oder der Küstengewässer schädliche Umwelteinwirkungen unmittelbar im Blick haben, wenn beispielsweise die Pflanzen- und Tierwelt nicht unangemessen beeinträchtigt werden darf (Nr. 11) oder sicherzustellen ist, dass sich die schädigenden Einwirkungen auf das Meer auf ein möglichst geringes Maß beschränken (Nr. 13), sind entsprechende allgemeine Anforderungen nur punktuell ausdrücklich formuliert. Der Schutz der Oberfläche bezieht sich lediglich auf die persönliche Sicherheit und diejenige des öffentlichen Verkehrs (Nr. 5) sowie die erforderliche Vorsorge zur Wiedernutzbarmachung der Oberfläche in dem nach den Umständen gebotenen Ausmaß (Nr. 7). Immerhin müssen – was auch den Anwendungsbereich des Kreislaufwirtschaftsgesetzes betrifft[25] – die anfallenden Ab-

---

[23] Ausführlich hierzu auch *Karrenstein*, Errichtung und Betrieb von Erdgasspeichern in unterirdischen Hohlraumstrukturen, 2016, S. 163 ff.

[24] Zur Unterscheidung zwischen bergbauinternen und bergbauexternen Voraussetzungen *Piens*, in: ders./Schulte/Graf Vitzthum, BBergG, 3. Auflage 2020, § 55 Rn. 8.

[25] Ausführlich zum bergrechtlichen Abfallrecht und dessen Verhältnis zum Kreislaufwirtschaftsgesetz sowie zu der Verfüllung mit bergbaufremdem Abfall *von Mäßenhausen*,

fälle ordnungsgemäß verwendet oder beseitigt werden (Nr. 6). Lediglich nach
§ 55 Abs. 1 Satz 1 Nr. 9 BBergG dürfen gemeinschädliche Einwirkungen der
Aufsuchung oder Gewinnung nicht zu erwarten sein. Ungeachtet der Einzelheiten drängt sich unmittelbar auf, dass hiernach zwar auch Umweltbelange zu
berücksichtigen sind, die Einwirkungen aber eine erhebliche Gefahrenschwelle
überschreiten müssen, wie es etwa bei dem Wasserentzug für Ortschaften oder
gefährlichen Bodensenkungen in dicht besiedelten Gebieten der Fall ist.[26] Keineswegs sind in diesem Rahmen sämtliche öffentlich-rechtlichen Belange zu berücksichtigen, die der Bergbau berührt.[27] Zudem erfordert die Gemeinschäd-
lichkeit einen überindividuellen Bezug,[28] sodass § 55 Abs. 1 Satz 1 Nr. 9 BBergG
keinen Drittschutz vermittelt.[29]

　　Für den richterrechtlich geprägten Schutz des Oberflächeneigentums zumindest im Ansatz relevant ist § 55 Abs. 1 Satz 1 Nr. 3 BBergG, der allerdings bereits im Wortlaut wegen unklarer Bezüge missglückt ist.[30] Hiernach muss

> „die erforderliche Vorsorge gegen Gefahren für Leben, Gesundheit und zum Schutz von
> Sachgütern, Beschäftigter und Dritter im Betrieb, insbesondere durch die den allgemein
> anerkannten Regeln der Sicherheitstechnik entsprechenden Maßnahmen, sowie dafür ge-
> troffen [sein], daß die für die Errichtung und Durchführung eines Betriebes auf Grund
> dieses Gesetzes erlassenen oder geltenden Vorschriften und die sonstigen Arbeitsschutz-
> vorschriften eingehalten werden".

Bei den Unklarheiten geht es im Kern um den Bezugspunkt der Einschränkung
„im Betrieb"[31] sowie um die Frage, ob es sich bei dem Komma zwischen „Sachgütern" und „Beschäftigter" um ein redaktionelles Versehen handelt[32]. Nach
der höchstrichterlichen Rechtsprechung muss „die erforderliche Vorsorge gegen Gefahren für Leben und Gesundheit Dritter auch außerhalb des Betriebs

---

in: Boldt/Weller/Kühne/von Mäßenhausen, BBergG, 2. Auflage 2016, Anh. § 48 Rn. 1 ff., § 55
Rn. 63 ff. Zu den Anforderungen an den Umgang mit Lagerstättenwasser und Rückfluss bei
der Aufsuchung und Gewinnung von Erdöl und Erdgas siehe jetzt § 22c ABBergV, dazu *Herbeck*, ZfB 158 (2017), S. 1 ff.; *Keienburg*, ZfB 157 (2016), S. 270 (273 ff.).

[26] Beispiele nach BT-Drs. 8/1315, S. 111.

[27] BVerwG, Urteil vom 4. Juli 1986 – 4 C 31/84, BVerwGE 74, 315 (321).

[28] BT-Drs. 8/1315, S. 111; BVerwG, Urteil vom 9. November 1995 – 4 C 25/94, BVerwGE
100, 31 (35).

[29] BVerwG, Urteil vom 16. März 1989 – 4 C 36/85, BVerwGE 81, 329 (337); zweifelnd
Beckmann, DVBl 1989, S. 669 (670 f.).

[30] *Piens*, in: ders./Schulte/Graf Vitzthum, BBergG, 3. Auflage 2020, § 55 Rn. 24: „sprach-
lich restlos misslungen".

[31] Dazu BVerwG, Urteil vom 13. Dezember 1991 – 7 C 25/90, BVerwGE 89, 246 (248 f.);
Piens, in: ders./Schulte/Graf Vitzthum, BBergG, 3. Auflage 2020, § 55 Rn. 30 ff.

[32] So insbesondere *von Mäßenhausen*, in: Boldt/Weller/Kühne/von Mäßenhausen,
BBergG, 2. Auflage 2016, § 55 Rn. 25 mit der Folge, dass es sich bei Beschäftigten und Dritten
im Betrieb um eine personelle und räumliche Beschränkung des Begriffs „Sachgüter" handelt.
So würde auch eine Doppelregelung vermieden, weil Leben und Gesundheit ohnehin separat
aufgeführt seien. Ähnlich *Piens*, in: ders./Schulte/Graf Vitzthum, BBergG, 3. Auflage 2020,
§ 55 Rn. 33.

getroffen werden"; Nr. 3 vermittelt entsprechenden Drittschutz.[33] *Sach*güter Dritter außerhalb des Betriebes werden dagegen nach der *Moers-Kapellen*-Entscheidung des 4. Senats nicht erfasst,[34] sodass insbesondere keine Interessen von Oberflächeneigentümern über § 55 Abs. 1 Satz 1 Nr. 3 BBergG geltend gemacht werden können und auch kein entsprechender Drittschutz besteht.[35] Stattdessen wird eingeschränkter materieller Schutz der Oberflächeneigentümer über § 48 Abs. 2 BBergG gewährt. Nach einem Zuständigkeitswechsel deutete dagegen der 7. Senat wenig später in seinem *Gasspeicher*-Urteil an, künftig Drittschutz von Oberflächeneigentümern möglicherweise über § 55 Abs. 1 Satz 1 Nr. 3 BBergG gewähren zu wollen.[36] In der Literatur wurden im Anschluss hieran Befürchtungen geäußert, dass damit der dogmatische Weg eines weitreichenden Grundeigentümerschutzes bereits im Rahmen der Betriebsplanzulassung geebnet werde, obwohl doch der Gesetzgeber den außerbetrieblichen Sachgüterschutz über das Bergschadensrecht der §§ 110 ff. BBergG habe gewähren wollen.[37] Ohne ausdrückliche Bezugnahme auf vorangegangene Rechtsprechung und Diskussionen in der Literatur bestätigte der 7. Senat im Jahre 2005 mit seiner *Tongrube-II*-Entscheidung die Linie der *Moers-Kapellen*-Rechtsprechung,[38] sodass nunmehr Sachgüterschutz außerhalb des Betriebes über § 55 Abs. 1 Satz 1 Nr. 3 BBergG rechtspraktisch ausgeschlossen ist.

§ 55 Abs. 2 BBergG formuliert schließlich besondere Anforderungen an die Zulassung von Abschlussbetriebsplänen. So muss nach § 55 Abs. 2 Satz 1 Nr. 1 BBergG der Schutz Dritter vor den durch den Betrieb verursachten Gefahren für Leben und Gesundheit auch noch nach Einstellung des Betriebes sichergestellt sein. Gleiches gilt für die Wiedernutzbarmachung der Oberfläche in der vom einzustellenden Betrieb in Anspruch genommenen Fläche (Nr. 2) und im Bereich des Festlandsockels und der Küstengewässer für die vollständige Beseitigung der betrieblichen Einrichtungen bis zum Meeresuntergrund (Nr. 3).

---

[33] BVerwG, Urteil vom 13. Dezember 1991 – 7 C 25/90, BVerwGE 89, 246 (Leits. 1, 248 f.); Urteil vom 29. April 2010 – 7 C 18/09, ZUR 2010, S. 430 (431); kritisch *Kühne*, DVBl 2010, S. 874 (878 f.), der Nr. 5 heranzieht. Auch die Entwurfsbegründung, BT-Drs. 8/1315, S. 110 f. geht nur von einem innerbetrieblichen Schutz aus.

[34] BVerwG, Urteil vom 16. März 1989 – 4 C 36/85, BVerwGE 81, 329 (336); siehe auch BVerwG, Urteil vom 14. Dezember 1990 – 7 C 18/90, NVwZ 1991, S. 992, kritisch aber S. 993.

[35] Ablehnend *Schmidt-Preuß*, Kollidierende Privatinteressen im Verwaltungsrecht, 2. Auflage 2005, S. 342 ff. mit Fn. 525.

[36] BVerwG, Urteil vom 13. Dezember 1991 – 7 C 25/90, BVerwGE 89, 246 (249); bejahend *Schenke*, Bergbau contra Oberflächeneigentum und kommunale Selbstverwaltung?, 1994, S. 50 ff.; *Schmidt-Preuß*, Kollidierende Privatinteressen im Verwaltungsrecht, 2. Auflage 2005, S. 342 ff.

[37] *Schmidt-Aßmann/Schoch*, Bergwerkseigentum und Grundeigentum im Betriebsplanverfahren, 1994, S. 113 ff.; ähnlich *Beckmann*, DVBl 1992, S. 741 (747), der dies allerdings in erster Linie als verfahrensrechtliches Problem mit Blick auf Beteiligungspflichten der Grundeigentümer sieht; solche „Spekulationen" zurückweisend *Gaentzsch*, DVBl 1993, S. 527 (532).

[38] BVerwG, Urteil vom 14. April 2005 – 7 C 26/03, BVerwGE 123, 247 (253).

Auch die Anforderungen an die Zulassung des Abschlussbetriebsplans reduzieren sich damit im Kern auf sicherheitstechnische Belange sowie die Nutzbarkeit der in Anspruch genommenen Fläche, ohne dass damit Gestaltungsspielräume der Bergbehörde in Bezug auf die Art der Nachnutzung eröffnet würden. Die Wiedernutzbarmachung selbst ist vielmehr „folgenutzungsneutral"; entsprechende Festlegungen bleiben der Bauleitplanung und Raumordnung vorbehalten.[39]

II. Die Öffnungsklausel des § 48 Abs. 2 Satz 1 BBergG

Die so umrissenen und gesetzgeberisch an sich abschließend konzipierten[40] Anforderungen des § 55 BBergG werden nach allgemeiner Auffassung bereits im Betriebsplanverfahren durch die Öffnungsklausel des § 48 Abs. 2 Satz 1 BBergG (§ 48 Abs. 2 BBergG a.F.) ergänzt, auch wenn sich dies nach Wortlaut und Systematik nicht unmittelbar aufdrängt (1.). Nach § 48 Abs. 2 Satz 1 BBergG kann in anderen Fällen als denen des § 48 Abs. 1 BBergG und des § 15 BBergG, unbeschadet anderer öffentlich-rechtlicher Vorschriften, die für die Zulassung von Betriebsplänen zuständige Behörde eine Aufsuchung oder eine Gewinnung beschränken oder untersagen, soweit ihr überwiegende öffentliche Interessen entgegenstehen. Der in Bezug genommene § 48 Abs. 1 BBergG formuliert eine Unberührtheitsgarantie und Auslegungsdirektive für außerbergrechtliche grundstücksbezogene Schutzvorschriften. § 15 BBergG regelt die Beteiligung anderer Behörden im Berechtsamsverfahren.

Klar ist zunächst, dass die Öffnungsklausel lediglich Auffangvorschrift ist, die bereits nach dem Wortlaut nur in eingeschränktem Umfang entgegenstehende öffentliche Interessen erfasst. Die Rechtsprechung hat im Anschluss an erste Literaturauffassungen den Umfang dieser Beschränkung im Einzelnen durchaus kritikwürdig konkretisiert. Insgesamt ermöglicht § 48 Abs. 2 Satz 1 BBergG zwar keine Berücksichtigung sämtlicher Belange im Betriebsplanverfahren selbst, sichert dies aber zumindest in der Summe aller erforderlichen Zulassungen. Über das Tatbestandsmerkmal der öffentlichen Interessen werden in diesem Rahmen nicht nur Umweltbelange, sondern aufgrund von Richterrecht zumindest rudimentär auch Interessen von Grundeigentümern berücksichtigt. Letztere vermitteln zudem bestimmte verfahrensrechtliche Anforderungen, die mittlerweile in § 48 Abs. 2 Satz 3 bis 6 BBergG anklingen (2.). Die für den Bergbau streitenden Interessen, die auf der anderen Seite in die

---

[39] *von Mäßenhausen*, in: Boldt/Weller/Kühne/von Mäßenhausen, BBergG, 2. Auflage 2016, § 55 Rn. 131.

[40] BT-Drs. 8/1315, S. 109; *von Mäßenhausen*, in: Boldt/Weller/Kühne/von Mäßenhausen, BBergG, 2. Auflage 2016, § 55 Rn. 98; *Piens*, in: ders./Schulte/Graf Vitzthum, BBergG, 3. Auflage 2020, § 55 Rn. 3, 357.

Abwägung zu stellen sind, werden dagegen nicht konkretisiert. Neben dem in § 1 Nr. 1 BBergG hinterlegten öffentlichen Interesse an der Sicherung der Rohstoffversorgung, das sich auch in § 48 Abs. 1 Satz 2 BBergG niederschlägt, sind unternehmerische Interessen der Bergbautreibenden zu berücksichtigen (3.).

Die Beschränkung der öffentlichen Interessen sowie deren Prüfung auf Tatbestandsebene verhindern, dass im Betriebsplanverfahren eine umfassende Abwägung aller widerstreitenden Belange stattfindet. Vielmehr verbleibt die Struktur der Prüfung dem Ideal einer relativen Vorrangstellung des Bergbaus verbunden. Besonders deutlich wird dies bei der obligatorischen Rahmenbetriebsplanung, die trotz Planfeststellung gebundene Entscheidung ohne *planerische* Abwägung bleiben soll. Dabei handelt es sich keineswegs nur um eine praktisch bedeutungslose gesetzgeberische Strukturentscheidung. Die konzeptionellen Unterschiede haben nach der Verwaltungsrechtsprechung vielmehr Rückwirkungen auf Abwägungsstruktur, Entscheidungsergebnis und gerichtliche Überprüfung. Soweit nun das Bundesverfassungsgericht bei bestimmten Bergbauvorhaben eine Gesamtabwägung bereits im (fakultativen) Rahmenbetriebsplanverfahren verlangt, um Interessen von künftigen Grundabtretungsbetroffenen adäquat und rechtzeitig Rechnung tragen zu können, öffnet § 48 Abs. 2 Satz 1 BBergG hierfür nur sehr begrenzte Möglichkeiten (4.).

1. Prüfung entgegenstehender überwiegender öffentlicher Interessen im Betriebsplanverfahren – die Altenberg-Entscheidung

Der Wortlaut des § 48 Abs. 2 Satz 1 BBergG deutet zunächst auf den Charakter einer Gestattungsnorm für aufsichtliche Maßnahmen,[41] auch wenn die Norm systematisch von den Regelungen zur Bergaufsicht im fünften Teil des Bundesberggesetzes und insbesondere der allgemeinen Anordnungsbefugnis in § 71 BBergG entkoppelt ist. Ist zudem § 55 BBergG als zentrale Zulassungsnorm im Duktus („ist zu erteilen, wenn") als abschließende Regelung ausgestaltet, spricht *prima facie* vieles dafür, nicht in § 55 BBergG genannte öffentliche Interessen im Betriebsplanverfahren nicht zu berücksichtigen.[42]

Das Bundesverwaltungsgericht stellte aber bereits 1986 in der unter anderem[43] für das Verständnis des § 48 Abs. 2 BBergG a.F. – dem heutigen § 48

---

[41] *Schmidt-Preuß*, Kollidierende Privatinteressen im Verwaltungsrecht, 2. Auflage 2005, S. 344 f.: Eingriffstatbestand; vgl. auch *Gaentzsch*, in: FS Sendler, 1991, S. 403 (416).

[42] So Teile der frühen Literatur *Boldt/Weller*, BBergG, 1984, § 48 Rn. 7; *Hoppe*, UPR 1983, S. 105 (110 mit Fn. 46); a.A. bereits *Kühne*, DVBl 1984, S. 709 (711 ff.); *H. Schulte*, NJW 1981, S. 88 (94).

[43] Darüber hinaus klärt die Entscheidung insbesondere die materiellen Prüfungs- und Entscheidungskompetenzen paralleler Genehmigungsverfahren – hier der Betriebsplanzulassung und der Baugenehmigung.

Abs. 2 Satz 1 BBergG[44] – wegweisenden *Altenberg*-Entscheidung[45] im Anschluss an *Reinhart Piens, Hans-Wolfgang Schulte und Stephan Graf Vitzthum*[46] klar, dass schon im Betriebsplanverfahren auch über § 55 BBergG hinausgehende Belange als öffentliche Interessen nach § 48 Abs. 2 BBergG a.F. zu berücksichtigen sind. Ebenso bestätigte es eine danebentretende Funktion der Norm als eigenständige Anordungsbefugnis, womit der Vorschrift eine Doppelfunktion zukommen soll.[47] Die knappe Begründung zur Anwendungsreichweite des § 48 Abs. 2 BBergG verweist auf eine sinnvolle Gesetzesanwendung, die einer zunächst einschränkungslosen Zulassung des Betriebsplans und unmittelbar anschließenden Beschränkung oder Untersagung entgegenstehe, sowie die Entstehungsgeschichte der Norm.[48] Bemerkenswert ist, dass diese für das bergrechtliche Regime so zentrale Klarstellung keine Erwähnung in den Leitsätzen zur Entscheidung findet, was wohl dem baurechtlichen Ausgangspunkt – Gegenstand war eine Verpflichtungsklage auf Erteilung einer Baugenehmigung – geschuldet gewesen sein dürfte. Nahezu beiläufig erfolgte so eine der wichtigsten Weichenstellungen im Bergrecht des Bundesberggesetzes, die eine verfassungskonforme Handhabung des bergrechtlichen Regelungsregimes erst ermöglichte. Ebenso beiläufig stellt das Gericht in einem *obiter dictum* klar, dass einzubringende öffentliche Interessen auch Drittschutz vermitteln können.[49]

Die sich nach dem Wortlaut und systematischer Stellung des § 48 Abs. 2 BBergG nicht unbedingt aufdrängende Rechtsprechung überzeugt im Ergebnis, wie insbesondere ein näherer Blick auf die teils kryptische[50] Entstehungs-

---

[44] § 48 Abs. 2 Satz 1 BBergG in der heutigen Fassung ist seit Inkrafttreten des Bundesberggesetzes nicht geändert worden. Die Sätze 2 bis 5 wurden durch Art. 1 des Gesetzes vom 12. Februar 1990, BGBl I 1990, S. 215 in Umsetzung der *Moers-Kapellen*-Entscheidung ergänzt. Durch Art. 3 des Gesetzes vom 23. Mai 2017, BGBl I 2017, S. 1245 wurde Satz 2 ergänzt; die ehemaligen Sätze 2 bis 5 sind nunmehr Sätze 3 bis 6.

[45] BVerwG, Urteil vom 4. Juli 1986 – 4 C 31/84, BVerwGE 74, 315 ff.

[46] *Piens/Schulte/Graf Vitzthum*, BBergG, 1. Auflage 1983, § 48 Rn. 4; siehe im Übrigen die Nachweise soeben in Fn. 42.

[47] BVerwG, Urteil vom 4. Juli 1986 – 4 C 31/84, BVerwGE 74, 315 (322 f.). Vgl. auch § 57a Abs. 5 Halbs. 2 BBergG; *Kühne*, in: Boldt/Weller/Kühne/von Mäßenhausen, BBergG, 2. Auflage 2016, § 48 Rn. 41 erkennt für § 48 Abs. 2 Satz 1 BBergG als eigenständige Ermächtigungsgrundlage allerdings keinen erkennbaren Raum mehr; zurückhaltender *Rausch*, Umwelt- und Planungsrecht beim Bergbau, 1990, S. 215 f.; nach *Dammert/Rieger/Brückner*, LKV 2020, S. 446 (448) enthalte § 48 Abs. 2 Satz 1 BBergG lediglich eine materielle Beschränkungsbefugnis, die als solche auf andere verfahrensrechtliche Befugnisse angewiesen bleibe.

[48] BVerwG, Urteil vom 4. Juli 1986 – 4 C 31/84, BVerwGE 74, 315 (323).

[49] BVerwG, Urteil vom 4. Juli 1986 – 4 C 31/84, BVerwGE 74, 315 (327) zu § 22 BImSchG, dessen drittschützende Wirkung nicht davon abhänge, in welchem Genehmigungsverfahren er zu prüfen ist.

[50] Vgl. auch *Kühne*, in: Boldt/Weller/Kühne/von Mäßenhausen, BBergG, 2. Auflage 2016, § 48 Rn. 2, 34. Näher zur Entstehungsgeschichte *Kühne*, in: Boldt/Weller/Kühne/von

geschichte zeigt. Ursprünglich sah der Gesetzentwurf der Bundesregierung zum Bundesberggesetz in § 54 Abs. 1 Satz 1 Nr. 8 BBergG – dem späteren § 55 Abs. 1 Satz 1 Nr. 9 BBergG – als Voraussetzung für die Zulassung des Betriebsplans ausdrücklich vor, dass „überwiegende öffentliche Interessen, insbesondere im Hinblick auf gemeinschädliche Einwirkungen der Aufsuchung oder Gewinnung", dem Betrieb nicht entgegenstehen dürfen, wobei die Betonung von gemeinschädlichen Einwirkungen keine Reduktion der zu berücksichtigenden Interessen auf besonders bedeutsame Güter intendieren sollte.[51] Die Vorschrift fand ihre Entsprechung auch bei den Voraussetzungen zur Erteilung von Bergbauberechtigungen. Gemäß § 11 Nr. 8 BBergG (Regierungsentwurf) war die Erlaubnis zu versagen, wenn „überwiegende öffentliche Interessen die Aufsuchung im gesamten zuzuteilenden Feld ausschließen". Im weiteren Gesetzgebungsverfahren wurde zunächst eine Splittung des § 54 Abs. 1 Satz 1 Nr. 8 BBergG diskutiert.[52] Statt einer Aufteilung der gemeinschädlichen Einwirkungen sowie der überwiegenden öffentlichen Interessen in § 54 Abs. 1 BBergG wurden dann jedoch die im Berechtsamsverfahren (§ 11 Nr. 8 BBergG) und im Betriebsplanverfahren (§ 54 Abs. 1 Satz 1 Nr. 8 BBergG) zu berücksichtigenden „öffentlichen Interessen" in einem völlig neu konzipierten § 47 Abs. 2 BBergG – dem späteren § 48 Abs. 2 BBergG – auf Empfehlung des federführenden Ausschusses für Wirtschaft zusammengefasst.[53] Die Gründe hierfür sind unklar; der Ausschuss verweist nur auf die „im Allgemeinen Teil dieses Berichts angeführten" Gründe,[54]

Mäßenhausen, BBergG, 2. Auflage 2016, § 48 Rn. 3 f.; *Kühne*, DVBl 1984, S. 709 (712); *Vitzthum/Piens*, in: Piens/Schulte/Graf Vitzthum, BBergG, 3. Auflage 2020, § 48 Rn. 1 f.

[51] Vgl. BT-Drs. 8/1315, S. 111.

[52] So bereits der Vorschlag des Bundesrates, den die Bundesregierung akzeptierte, BT-Drs. 8/1315, S. 179, 192. Grund für die Anregung war der Verweis in § 65 BBergG – jetzt § 66 BBergG –, der u.a. zum Schutz der in § 54 Abs. 1 Satz 1 Nr. 2 bis 12 BBergG bezeichneten Rechtsgüter und Belange eine Verordnungsermächtigung vorsah. Mit der Trennung zwischen gemeinschädlichen Einwirkungen (Nr. 8) und anderen öffentlich-rechtlichen Vorschriften sowie überwiegenden öffentlichen Interessen (Nr. 8a) sollte die Verordnungsermächtigung nach entsprechender Anpassung (vgl. BT-Drs. 8/1315, S. 180) zwar noch in Bezug auf Gemeinschäden, aber nicht mehr in Bezug auf andere öffentlich-rechtliche Vorschriften sowie überwiegende öffentliche Interessen greifen, um so Kompetenzprobleme zu vermeiden, so jedenfalls die Stellungnahme des Ausschusses für Wirtschaft, BT-Drs. 8/3965, S. 137.

[53] Vgl. BT-Drs. 8/3965, S. 12, 31, 36 f. im Anschluss an die durch den Ausschuss eingesetzte Arbeitsgruppe „Bundesberggesetz" (Ausschuss-Drs. 286/8, S. 36, 42; 287/8, S. 12) und entgegen dem Votum des Ausschusses für Raumordnung, Bauwesen und Städtebau. Dieser setzte sich ebenso wie zuvor der Bundesrat dafür ein, dass bei § 54 Abs. 1 Satz 1 Nr. 8 BBergG auch „das Entgegenstehen anderer öffentlich-rechtlicher Vorschriften oder ‚überwiegender öffentlicher Interessen' als Grund, die Zulassung eines Betriebsplans zu versagen, besonders hervorgehoben" wird, BT-Drs. 8/3965, S. 129.

[54] BT-Drs. 8/3965, S. 134, 137. Der Bericht der vom Ausschuss für Wirtschaft eingesetzten Arbeitsgruppe „Bundesberggesetz" vom 28. Februar 1980 enthält trotz insoweit im Wesentlichen gleicher Ausführungen zur Änderung des § 47 BBergG noch keinen Verweis auf solche Gründe, Ausschuss-Drs. 287/8, S. 12.

ohne dass dies dort näher konkretisiert würde. Vermutet werden „rechtssyste-
matische Gesichtspunkte".[55]

Dieses Konzept spiegelt sich allerdings im Bundesberggesetz nicht mehr
wider. So forderte der Bundesrat im Vermittlungsverfahren, die ursprünglich
gestrichene Regelung zur Berücksichtigung überwiegender öffentlicher Interessen bei der Erteilung einer Bergbauberechtigung erneut in § 11 Nr. 10
BBergG einzufügen.[56] Im Ergebnis ist dies begrüßenswert, weil die allgemeine Vorschrift des § 48 Abs. 2 BBergG systematisch – anders als bei der Betriebsplanzulassung[57] – nicht der Verleihung einer Bergbauberechtigung vorgelagert ist.[58] Der ursprüngliche Zweck, die an verschiedenen Stellen genannten entgegenstehenden öffentlichen Interessen in einer einzigen Norm
zusammenzufassen, war damit systematisch bereits falsch eingeleitet.

Bei allen Schwierigkeiten, den gesetzgeberischen Willen zu extrahieren, ist
im Ergebnis doch klar, dass zu keiner Zeit die Berücksichtigung öffentlicher Interessen bereits im Betriebsplanverfahren beseitigt werden sollte.[59] Gleichwohl
offenbart sich § 48 Abs. 2 BBergG bereits hier als Produkt einer insoweit verworrenen und in der Sache teils kaum noch nachvollziehbaren Entstehungsgeschichte, die Ursache systematischer Mängel ist und die weitere Auslegung der
Norm mitunter mehr verschleiert als erhellt. Besonders deutlich wird dies bei
der näheren Konturierung des Anwendungsbereichs.

2. Dem Bergbau entgegenstehende öffentliche Interessen
i. S. d. § 48 Abs. 2 Satz 1 BBergG

Das Bundesberggesetz selbst enthält sich einer näheren Definition oder Konkretisierung, welche Belange unter das Tatbestandsmerkmal der „öffentlichen
Interessen" zu fassen sind. Während Äußerungen des Bundesverwaltungsgerichts zu § 48 Abs. 2 Satz 1 BBergG zunächst eine enge Sichtweise naheleg-

---

[55] *Kühne*, in: Boldt/Weller/Kühne/von Mäßenhausen, BBergG, 2. Auflage 2016, § 48
Rn. 4.

[56] BT-Drs. 8/4220, S. 1. Der Bundesrat begründete dies allerdings nicht mit der fehlenden
Anwendbarkeit des § 48 Abs. 2 BBergG im Berechtsamswesen aus systematischen Gründen,
sondern mit dem abschließenden Charakter des § 11 BBergG. Dasselbe gilt aber nach der *ursprünglichen* gesetzgeberischen Konzeption auch für § 55 BBergG, *Kühne*, DVBl 1984, S. 709
(712 f.).

[57] Systematisch hat der Gesetzgeber § 48 BBergG im ersten Kapitel „Allgemeine Vorschriften über die Aufsuchung und Gewinnung" (§§ 39 bis 49 BBergG) im dritten Teil „Aufsuchung, Gewinnung und Aufbereitung" (§§ 39 bis 64 BBergG) verortet, sodass die Norm
auch allgemeine Vorschrift zu § 55 BBergG ist.

[58] So gesehen war die Ergänzung des § 48 Abs. 2 BBergG um eine Ausnahme für Fälle des
§ 15 BBergG im Vermittlungsverfahren, BT-Drs. 8/4220, S. 1 und BT-Drs. 8/4331, S. 2, überflüssig, siehe auch unten 3. Kapitel A. II. 2. a) bb), S. 208 f.

[59] I.E. ebenso BVerwG, Urteil vom 4. Juli 1986 – 4 C 31/84, BVerwGE 74, 315 (323);
Kühne, DVBl 1984, S. 709 (712); zustimmend *Seibert*, DVBl 1986, S. 1277 (1278).

ten, wonach solche Interessen in Betracht kommen, „die in öffentlich-rechtlichen Vorschriften konkretisiert sind, indem sie Tätigkeiten verbieten oder beschränken, die ihrer Art nach der Aufsuchung oder Gewinnung von Bodenschätzen dienen können",[60] stellte es später ohne Hinweis auf vorherige Entscheidungen zu Recht klar, dass der Begriff der entgegenstehenden öffentlichen Interessen als Auffangtatbestand weit gefasst ist.[61] Bereits entstehungsgeschichtlich war die Vorläuferbestimmung des § 54 Abs. 1 Satz 1 Nr. 8 (Regierungsentwurf) weit konzipiert und sollte etwa öffentliche Interessen „im Bereich der Verteidigung, des Gewässerschutzes, des Immissionsschutzes, des öffentlichen Verkehrs" erfassen können. Damit enthielt sich der Entwurf zwar einer regelungstechnisch unmöglichen „enumerative[n] Aufzählung und Gewichtung aller möglichen öffentlichen Interessen" und überließ diese dem jeweiligen Fachrecht, erkannte aber gleichzeitig an, dass solche Belange prinzipiell ein überwiegendes Gewicht einnehmen können und dann der Betriebsplanzulassung entgegenstehen.[62] Deutlich wird jedoch auch, dass nur öffentliche Interessen mit normativer Anknüpfung berücksichtigungsfähig sind.[63] Systematisch bestätigt dies der 1990 ergänzte § 52 Abs. 2a Satz 3 BBergG. Hiernach sind Anforderungen eines vorsorgenden Umweltschutzes, die sich bei der Umweltverträglichkeitsprüfung ergeben und über die Zulassungsvoraussetzungen des § 55 BBergG sowie der auf das Vorhaben anwendbaren Vorschriften in anderen Gesetzen hinausgehen, öffentliche Interessen im Sinne des § 48 Abs. 2 BBergG. Wäre die Öffnungsklausel nicht auf gesetzlich konkretisierte Interessen beschränkt, hätte es dieser Gleichstellung nicht bedurft.[64] § 48 Abs. 2 Satz 1 BBergG ist damit normative Schnittstelle zu sonstigem Fachrecht, die Doppelregelungen und materiell-rechtliche Normkollisionen vermeiden soll.[65]

---

[60] BVerwG, Urteil vom 2. November 1995 – 4 C 14/94, BVerwGE 100, 1 (16); ähnlich bereits Urteil vom 14. Dezember 1990 – 7 C 18/90, NVwZ 1991, S. 992 (993); dazu deutlich relativierend OVG Lüneburg, Urteil vom 17. Juli 2008 – 7 LC 53/05, ZUR 2008, S. 595 (597 f.); nachfolgend offengelassen in BVerwG, Beschluss vom 23. März 2009 – 7 B 54/08, NVwZ 2009, S. 778 Rn. 13 f. Enger auch etwa VGH Kassel, Urteil vom 12. September 2000 – 2 UE 924/99, NVwZ-RR 2001, S. 300 (302).

[61] BVerwG, Urteil vom 29. Juni 2006 – 7 C 11/05, BVerwGE 126, 205 Rn. 18; ebenso *Kühne*, in: Boldt/Weller/Kühne/von Mäßenhausen, BBergG, 2. Auflage 2016, § 48 Rn. 50 f.; vgl. auch BVerwG, Urteil vom 14. April 2005 – 7 C 26/03, BVerwGE 123, 247 (254).

[62] BT-Drs. 8/1315, S. 111.

[63] VGH Kassel, Beschluss vom 20. Februar 2014 – 2 B 277/14, NuR 2014, S. 425 (427): Rechtsvorschriften oder auch verbindliche Aussagen eines Plans; VG Kassel, Urteil vom 13. September 2002 – 4 E 1110/99 (1), ZfB 145 (2004), S. 68 (71 ff.); *Bohne*, ZfB 130 (1989), S. 93 (112).

[64] Vgl. dazu BT-Drs. 11/4015, S. 10; *Bohne*, ZfB 130 (1989), S. 93 (112).

[65] Vgl. auch *Kühne*, ZfB 121 (1980), S. 58 (71 f.).

Öffentliche Interessen können beispielsweise solche der Raumordnung,[66] des Abfallrechts,[67] des Bodenschutzrechts,[68] des Immissionsschutzrechts,[69] des Naturschutzrechts sowie des unionsrechtlichen Habitat- und Artenschutzrechts[70] oder der kommunalen Selbstverwaltung[71] sein.[72]

Dabei ist allerdings zu beachten, dass § 48 Abs. 2 Satz 1 BBergG konkrete Bereichsausnahmen formuliert, welche die Rechtsprechung und ganz herrschende Literatur noch systematisch anreichern. Im Ergebnis ist die Reichweite des Tatbestandsmerkmals „öffentliche Interessen" in dreifacher Hinsicht eingeschränkt.[73] Erstens gilt Abs. 2 subsidiär zu den Zulassungsvoraussetzungen des § 55 Abs. 1 BBergG, sodass dort erfasste Belange nicht erneut berücksichtigt werden.[74] Zweitens scheiden bereits nach dem Wortlaut Fälle der § 48 Abs. 1 BBergG und § 15 BBergG aus. Schließlich gilt die Verpflichtung zur Berücksichtigung überwiegender öffentlicher Interessen ausdrücklich nur unbeschadet anderer öffentlich-rechtlicher Vorschriften. Die Befugnis der Bergbehörde zur Beschränkung oder Untersagung von Aufsuchungs- oder Gewinnungstätigkeiten soll nur insoweit bestehen, als „nicht bereits andere öffentlich-rechtliche Vorschriften eine spezielle Behörde mit der Wahrnehmung der zu schützenden öffentlichen Interessen betraut haben".[75] Es sind folglich „Belange zu prüfen und abzuarbeiten, die nicht bereits [...] in Verfahren geprüft werden, die mangels einer Konzentrationswirkung der Zulassungsentscheidung nach anderen öffentlich-rechtlichen Vorschriften erforderlich sind".[76]

---

[66] BVerwG, Urteil vom 29. Juni 2006 – 7 C 11/05, BVerwGE 126, 205 Rn. 21 zu Zielen der Raumordnung; *Erbguth*, VerwArch 87 (1996), S. 258 (271 f.); *Kühne*, DVBl 1984, S. 709 (711 ff.). § 48 Abs. 2 Satz 2 BBergG stellt mittlerweile ausdrücklich klar, dass bei der Prüfung, ob eine Beschränkung oder Untersagung zu erfolgen hat, bei raumbedeutsamen Vorhaben Ziele der Raumordnung zu beachten sind.

[67] BVerwG, Urteil vom 14. April 2005 – 7 C 26/03, BVerwGE 123, 147 (254).

[68] BVerwG, Urteil vom 14. April 2005 – 7 C 26/03, BVerwGE 123, 147 (254).

[69] BVerwG, Urteil vom 4. Juli 1986 – 4 C 31/84, BVerwGE 74, 315 (322).

[70] BVerwG, Beschluss vom 6. Juni 2012 – 7 B 68/11, UPR 2013, S. 107. Zur naturschutzrechtlichen Eingriffsregelung *Brockhoff*, Naturschutzrechtliche Eingriffsregelung in bergrechtlichen Zulassungsverfahren, 2012, S. 290 ff.; *Kolonko*, ZUR 1995, S. 126 (130 ff.); *von Mäßenhausen*, in: Boldt/Weller/Kühne/von Mäßenhausen, BBergG, 2. Auflage 2016, Anh. § 48 Rn. 78 ff.; *Wolf*, ZUR 2006, S. 524 ff. Zur Geltung der Eingriffsregelung neben dem Bundesberggesetz siehe die Nachweise unten in Fn. 831, S. 338.

[71] BVerwG, Urteil vom 15. Dezember 2006 – 7 C 1/06, BVerwGE 127, 259 Rn. 30.

[72] Näher *Durner*, Konflikte räumlicher Planungen, 2005, S. 363 f.; *Kühne*, in: Boldt/Weller/Kühne/von Mäßenhausen, BBergG, 2. Auflage 2016, § 48 Rn. 52 ff.

[73] *von Weschpfennig*, DÖV 2017, S. 23 (28).

[74] BVerwG, Urteil vom 29. Juni 2006 – 7 C 11/05, BVerwGE 126, 205 Rn. 18.

[75] BVerwG, Urteil vom 4. Juli 1986 – 4 C 31/84, BVerwGE 74, 315 (323 f.) im Anschluss an *Piens/Schulte/Graf Vitzthum*, BBergG, 1. Auflage 1983, § 48 Rn. 17 und ferner *Boldt/Weller*, BBergG, 1984, § 48 Rn. 10; dem folgend BT-Drs. 11/4015, S. 7; kritisch *Seibert*, DVBl 1986, S. 1277 (1279 ff.).

[76] BVerwG, Urteil vom 29. Juni 2006 – 7 C 11/05, BVerwGE 126, 205 Rn. 18 mit insoweit

Die „Unbeschadet"-Klausel bewirkt nach dieser Lesart eine Separierung behördlicher Prüfungs- und Entscheidungszuständigkeiten.[77] Die Beschränkung der berücksichtigungsfähigen Belange entscheidet letztlich darüber, welche Interessen überwiegende im Sinne des § 48 Abs. 2 Satz 1 BBergG sein können. Erblickt man in dieser Vorschrift eine wie auch immer strukturierte Abwägung, die nicht nur nacheinander und separat entgegenstehende Belange abarbeitet,[78] ist der Umfang der Abwägungsmasse von entscheidender Bedeutung. Die tatbestandlichen und systematischen Einschränkungen sind einer kritischen Würdigung zu unterziehen.

Näherer Betrachtung bedarf auch die Berücksichtigung privater Interessen von Grundeigentümern beginnend mit der *Moers-Kapellen*-Entscheidung.[79] Verfassungsrechtliche Bedenken mit Blick auf die Grenzen richterlicher Rechtsfortbildung haben sich zwar mittlerweile erledigt, weil der Gesetzgeber diese Rechtsprechung mit der Ergänzung des § 48 Abs. 2 BBergG[80] nachgezeichnet und sich damit zu eigen gemacht hat. Gleichzeitig steht diese Entscheidungslinie paradigmatisch für eine bedenkliche Lösung vom gesetzgeberischen Normsystem, das letztlich einer Neukonzeption im Wege steht.

Soweit allerdings rechtsstaatliche Bedenken gegen § 48 Abs. 2 BBergG wegen mangelnder Bestimmtheit angedeutet wurden,[81] ist diese Kritik unbegründet. In der Tat hat sich die Öffnungsklausel zwar, wie bereits betont, zu einem Einfallstor für unterschiedlichste Belange entwickelt. Die Bindung der berücksichtigungsfähigen Interessen an gesetzgeberische Entscheidungen in sonstigem (Fach)recht stellt die Abwägung aber nicht in einen rechtsfreien Raum, sondern trägt den fachrechtlichen Grenzen des Bundesberggesetzes Rechnung und bewältigt gleichzeitig Übergriffe des Bergbaus in außerbergrechtliche Materien. Werden solche offenen Kollisionsregelungen etwa im Bereich der planerischen Abwägung akzeptiert und sogar rechtsstaatlich gefordert, ist auch gegen zumindest in der Zweckrichtung ähnliche Regelungen auf Tatbestandsebene nichts zu erinnern.[82] Jedenfalls wird man aber konstatieren können, dass mittlerweile die Rechtsprechung eine rechtsstaatlich ausreichende Konturierung vorgenommen hat.[83]

---

fehlerhafter Bezugnahme auf § 48 Abs. 1 BBergG, der nur bestimmte außerbergrechtliche Rechtsvorschriften erfasst.

[77] *Rausch*, Umwelt- und Planungsrecht beim Bergbau, 1990, S. 221 ff.

[78] Zur Abwägungsstruktur siehe unten 3. Kapitel A. II. 4., S. 239 ff.

[79] BVerwG, Urteil vom 16. März 1989 – 4 C 36/85, BVerwGE 81, 329 ff.; vgl. auch Urteil vom 16. März 1989 – 4 C 25/86, NVwZ 1989, S. 1162.

[80] Siehe oben Fn. 44, S. 202.

[81] *Kühne*, ZfB 121 (1980), S. 58 (60 f.); ferner *H. Schulte*, NJW 1981, S. 88 (95).

[82] Vgl. zu den fließenden Grenzen zwischen Tatbestand und Rechtsfolge oben 2. Kapitel B. III., S. 112 ff.

[83] I.E. wohl auch *Kühne*, in: Boldt/Weller/Kühne/von Mäßenhausen, BBergG, 2. Auflage 2016, § 48 Rn. 45.

a) Der dreifach eingeschränkte Anwendungsbereich

aa) Belange nach § 55 BBergG

Der Ausschluss der durch § 55 BBergG erfassten Belange aus dem Regelungsbereich des § 48 Abs. 2 Satz 1 BBergG ergibt sich unmittelbar aus der Entstehungsgeschichte der Norm. So war der Schutz überwiegender öffentlicher Interessen zunächst § 54 BBergG – dem heutigen § 55 BBergG – zugeordnet und sollte gerade bergrechtlich nicht geregelte Belange erfassen. Eine inzidente Prüfung aller separat aufgeführten Voraussetzungen unter dem Tatbestandsmerkmal der überwiegenden öffentlichen Interessen wäre danach systematisch verfehlt gewesen. Sollte aber die Ausgliederung an der grundsätzlichen Prüfung im Betriebsplanverfahren nichts ändern,[84] muss dies auch für den Prüfungsumfang selbst gelten.

bb) Fälle der § 48 Abs. 1 BBergG und § 15 BBergG

Ausdrücklich besteht die Befugnis des § 48 Abs. 2 Satz 1 BBergG zur Beschränkung oder Untersagung von Aufsuchungs- oder Gewinnungsvorhaben nur in anderen Fällen als denen des Abs. 1 und des § 15 BBergG. Damit grenzt sich die Öffnungsklausel sowohl zu grundstücksbezogenen Regelungen als auch zum Berechtsamsverfahren ab. Nach § 48 Abs. 1 Satz 1 BBergG bleiben Rechtsvorschriften unberührt, die auf Grundstücken solche Tätigkeiten verbieten oder beschränken, die ihrer Art nach der Aufsuchung oder Gewinnung dienen können, wenn die Grundstücke durch Gesetz oder auf Grund eines Gesetzes einem öffentlichen Zweck gewidmet oder im Interesse eines öffentlichen Zwecks geschützt sind. Nach der Rohstoffsicherungsklausel des Satzes 2 ist bei Anwendung dieser Vorschriften dafür Sorge zu tragen, dass die Aufsuchung und Gewinnung so wenig wie möglich beeinträchtigt werden. Nach § 15 BBergG hat die zuständige Behörde vor der Entscheidung über den Antrag auf Erteilung einer Erlaubnis oder Bewilligung den Behörden Gelegenheit zur Stellungnahme zu geben, zu deren Aufgaben die Wahrnehmung öffentlicher Interessen im Sinne des § 11 Nr. 10 BBergG (i.V.m. § 12 Abs. 1 Satz 1 BBergG) gehört. Dort wiederum ist geregelt, dass Erlaubnis und Bewilligung zu versagen sind, wenn überwiegende öffentliche Interessen die Aufsuchung im gesamten zuzuteilenden Feld ausschließen.

Systematisch völlig verfehlt ist zunächst die Bezugnahme auf § 15 BBergG. Der erst im Vermittlungsverfahren ergänzte Verweis auf § 15 BBergG soll sicherstellen, dass § 48 Abs. 2 BBergG keine Anwendung im Berechtsamsverfahren findet, nachdem ebenfalls im Vermittlungsverfahren erneut die Prüfung überwiegender öffentlicher Interessen in § 11 Nr. 10 BBergG verankert

---

[84] Siehe oben 3. Kapitel A. II. 1., S. 204.

wurde.[85] So sollen Doppelprüfungen vermieden werden.[86] Abgesehen von der wenig überzeugenden Abgrenzung materieller Prüfkompetenzen durch einen Verweis auf eine Verfahrensregelung erscheint die Bereichsausnahme überflüssig, weil § 48 BBergG in den allgemeinen Vorschriften über die Aufsuchung und Gewinnung verortet wurde und daher zumindest systematisch[87] ohnehin im Berechtsamsverfahren unanwendbar gewesen wäre.

Von Bedeutung ist dagegen das Verhältnis zwischen § 48 Abs. 1 und Abs. 2 BBergG. Entwicklungsgeschichtlich im Zentrum steht § 48 Abs. 1 Satz 1 BBergG, der seinen Ursprung in § 47 BBergG (Regierungsentwurf) hat. Ziel war es, die im überkommenen Bergrecht normierten absoluten Schürfverbote für bestimmte Kategorien von Grundstücken[88] durch ein fachübergreifendes dynamisches System abzulösen, das die Zulässigkeit von bergbaulichen Tätigkeiten diesen grundstücksbezogenen Schutzvorschriften, den dort normierten Verfahren und den zuständigen Behörden überlässt. Beispielhaft angeführt wurden öffentliche Verkehrswege, Wasserschutz-, Naturschutz- und Landschaftsschutzgebiete, Wasserstraßen sowie militärische Schutzbereiche.[89] Die Grundkonzeption blieb trotz Änderungen im Gesetzgebungsverfahren erhalten. Die Vorschrift wurde jedoch um die Rohstoffsicherungsklausel in Satz 2 ergänzt, weil „eine der Bedeutung der Rohstoffsicherung, d.h. der möglichst optimalen Erforschung und Nutzung heimischer Lagerstätten angemessene Abwägung zwischen den divergierenden Interessen" für notwendig gehalten wurde.[90] Wenn nun § 48 Abs. 2 Satz 1 BBergG der Bergbehörde eine Beschränkungs- oder Untersagungsbefugnis *in anderen Fällen* als denen des Abs. 1 zuweist, sind Bezugspunkte die dort adressierten grundstücksbezogenen Schutzvorschriften. Nur insoweit wird die Anwendbarkeit des § 48 Abs. 2 Satz 1 BBergG ausgeschlossen,[91] wobei im Interesse eines sinnvollen Gesetzesvollzugs

---

[85] Dazu oben 3. Kapitel A. II. 1., S. 204.

[86] *Rausch*, Umwelt- und Planungsrecht beim Bergbau, 1990, S. 207.

[87] Das systematische Argument wäre nach der ursprünglich vom Bundestag beschlossenen Fassung freilich mit Blick auf die Genese aufzuwiegen gewesen, weil § 47 Abs. 2 BBergG gerade § 11 Nr. 8 BBergG ersetzen sollte. Mit der Ergänzung der „öffentlichen Interessen" in dem heutigen § 11 Nr. 10 BBergG im Vermittlungsverfahren wäre allerdings auch diese Überlegung entkräftet worden, sodass es auch insoweit einer ausdrücklichen Bereichsausnahme in dem heutigen § 48 Abs. 2 Satz 1 BBergG nicht bedurft hätte.

[88] Etwa § 4 Abs. 1 ABG: „Auf öffentlichen Plätzen, Straßen und Eisenbahnen, auf See- und Flußdeichen sowie auf Friedhöfen ist das Schürfen verboten."

[89] BT-Drs. 8/1315, S. 104.

[90] So der federführende Ausschuss für Wirtschaft, BT-Drs. 8/3965, S. 136 f.

[91] Vgl. *Rausch*, Umwelt- und Planungsrecht beim Bergbau, 1990, S. 206 f.; a.A. wohl *Kühne*, in: Boldt/Weller/Kühne/von Mäßenhausen, BBergG, 2. Auflage 2016, § 48 Rn. 43: § 48 Abs. 2 BBergG gelte nicht für *bergbauliche Tätigkeiten*, die sich auf i.S.d. § 48 Abs. 1 BBergG geschützte Grundstücke beziehen und einer Befreiung bedürfen. Hiernach wäre die Anwendbarkeit des § 48 Abs. 2 BBergG umfänglich ausgeschlossen, auch soweit keine grundstücksbezogenen Schutzvorschriften betroffen sind. Dies geben aber weder Wortlaut

zumindest eine summarische Prüfung der Ausnahme- oder Befreiungsmöglich-
keit erfolgen soll.[92] Entscheidend ist damit, welche Rechtsvorschriften von § 48
Abs. 1 Satz 1 BBergG erfasst werden.

Grundstücksbezogene Schutzvorschriften i.S.d. § 48 Abs. 1 Satz 1 BBergG[93]
sind zunächst etwa Bebauungspläne,[94] Landschaftsschutzverordnungen,[95] Was-
serschutzgebiete,[96] Vorschriften zur Genehmigungsbedürftigkeit von Waldum-
wandlungen[97] und wohl auch Schutzgebietsausweisungen nach § 49 BImSchG[98].
Betrachtet man dagegen die Einbindung des europäischen Habitatschutzes in
die Zulassung bergbaulicher Vorhaben, treten Friktionen im Verhältnis zwischen § 48 Abs. 1 Satz 1 und Abs. 2 Satz 1 BBergG offen zutage. Die FFH-Verträglichkeitsprüfung nach § 34 Abs. 1 BNatSchG ist zunächst kein „Fall" des
§ 48 Abs. 1 BBergG, weil hier weder grundstücksbezogene Beschränkungen
noch Verbote verankert sind, und damit mangels sonstigen verfahrensrechtlichen Selbststands grundsätzlich § 48 Abs. 2 BBergG zuzuordnen.[99] Verbote folgen allerdings ggf. aus dem *Ergebnis* der Prüfung, sodass das Projekt nach § 34
Abs. 2 BNatSchG unzulässig sein kann, wobei Befreiungen nach § 34 Abs. 3
BNatSchG möglich bleiben. Nach dem Wortlaut sind § 34 Abs. 2, 3 BNatSchG
damit dem § 48 Abs. 1 BBergG zuzuordnen.[100]

---

noch Entstehungsgeschichte oder Systematik her. Wie hier wohl *Vitzthum/Piens*, in: Piens/
Schulte/Graf Vitzthum, BBergG, 3. Auflage 2020, § 48 Rn. 28.

[92] *Wilde*, DVBl 1998, S. 1321 (1324).

[93] Näher *Kühne*, in: Boldt/Weller/Kühne/von Mäßenhausen, BBergG, 2. Auflage 2016,
§ 48 Rn. 12 ff.; *Vitzthum/Piens*, in: Piens/Schulte/Graf Vitzthum, BBergG, 3. Auflage 2020,
§ 48 Rn. 7 ff. Zu Friktionen teils innerhalb derselben Abhandlungen siehe *von Weschpfennig*,
DÖV 2017, S. 23 (28 mit Fn. 62).

[94] BVerwG, Urteil vom 4. Juli 1986 – 4 C 31/84, BVerwGE 74, 315 (318); anders *Ludwig*, Auswirkungen der FFH-RL auf Vorhaben zum Abbau von Bodenschätzen nach dem
BBergG, 2005, S. 84. Nicht hingegen die Vorgaben der §§ 34, 35 BauGB, *Kühne*, in: Boldt/
Weller/Kühne/von Mäßenhausen, BBergG, 2. Auflage 2016, § 48 Rn. 14; a.A. *H. Schulte*, ZfB
128 (1987), S. 178 (194).

[95] Vgl. BVerwG, Beschluss vom 25. August 1995 – 4 B 191/95, NVwZ-RR 1996, S. 140 f.

[96] OVG Münster, Urteil vom 18. November 2015 – 11 A 3048/11, ZfB 157 (2016), S. 33 (48).

[97] OVG Greifswald, Urteil vom 24. November 1999 – 2 L 30/98, NuR 2000, S. 471 (472).

[98] *Kühne*, in: Boldt/Weller/Kühne/von Mäßenhausen, BBergG, 2. Auflage 2016, § 48
Rn. 24, anders allerdings Rn. 9; *Rasel*, Umweltrechtliche Implikationen im Bundesberggesetz, 1995, S. 173; anders *Rausch*, Umwelt- und Planungsrecht beim Bergbau, 1990, S. 170.

[99] Vgl. BVerwG, Beschluss vom 11. Mai 2015 – 7 B 18/14, ZfB 156 (2015), S. 85 Rn. 19 f.;
OVG Berlin-Brandenburg, Beschluss vom 28. August 2019 – OVG 11 S 51/19, ZUR 2019,
S. 693 Rn. 8, dort auch zur denkbaren Prüfung etwa in einem wasserrechtlichen Erlaubnis-
verfahren (Rn. 13 ff.; vgl. auch *Kremer/Neuhaus gen. Wever*, Bergrecht, 2001, Rn. 256), das
allerdings entgegen dem Vortrag der Beigeladenen (Rn. 13) kein Fall des § 48 Abs. 1 Satz 1
BBergG ist (*Kühne*, in: Boldt/Weller/Kühne/von Mäßenhausen, BBergG, 2. Auflage 2016,
§ 48 Rn. 24), sondern der „Unbeschadet"-Klausel nach § 48 Abs. 2 Satz 1 (*Frenz*, in: ders.,
BBergG, 2019, § 48 Rn. 60).

[100] *Kühne*, in: Boldt/Weller/Kühne/von Mäßenhausen, BBergG, 2. Auflage 2016, § 48
Rn. 19, der zudem darauf hinweist, dass die Rohstoffsicherungsklausel nach § 48 Abs. 1 Satz 2

Grit Ludwig fasst allerdings nur solche grundstücksbezogenen Schutzvorschriften unter § 48 Abs. 1 BBergG, die einer anderen Behörde als der Bergbehörde zur Prüfung in einem speziellen Verwaltungsverfahren zugewiesen
wurden, sodass die gesamte FFH-Prüfung im Rahmen von § 48 Abs. 2 BBergG
erfolgen würde.[101] Ein solches eingeschränktes Verständnis des § 48 Abs. 1
BBergG lässt sich aber weder in der Historie nachweisen,[102] noch hat es sich
im Wortlaut oder in der Systematik niedergeschlagen. Grundstücksschützende
Rechtsvorschriften können vielmehr auch solche sein, die keinem gesonderten Verfahren zugewiesen wurden, sondern ausdrücklich oder implizit von der
Bergbehörde zu prüfen sind. Sie sind dann im Betriebsplanverfahren zu beachten – allerdings aufgrund des ausdrücklichen Ausschlusses („in anderen Fällen") nicht im Rahmen von § 48 Abs. 2 BBergG.[103] Selbst wenn man dem im
Falle der FFH-Prüfung nicht folgen möchte, um eine systematisch mindestens
irritierende Splittung einer an sich zusammenhängenden Prüfung zu vermeiden, verbleiben gleichwohl potenziell andere grundstücksbezogene Schutzvorschriften,[104] die zwar im Betriebsplanverfahren zu beachten sind, gleichwohl
aber der Abwägungsmasse im Rahmen der bergrechtlichen Öffnungsklausel
entzogen bleiben. Bereits hier deutet sich eine wenig gelungene Systematik des
§ 48 BBergG an, die maßgeblich dem verworrenen Gesetzgebungsprozess geschuldet ist.

cc) „Unbeschadet anderer öffentlich-rechtlicher Vorschriften"

Wie bereits oben angesprochen,[105] verstehen Rechtsprechung und Literatur
den Verweis auf unbeschadet bleibende andere öffentlich-rechtliche Vorschriften als Separationsklausel, wonach solche Belange nicht in die Abwägung nach
§ 48 Abs. 2 Satz 1 BBergG einfließen, die bereits Gegenstand anderer (paralleler)

BBergG keine Auswirkungen auf etwaige Befreiungen haben könne, weil sie nicht europarechtliche Vorgaben überlagern könne (Rn. 32).

[101] *Ludwig*, Auswirkungen der FFH-RL auf Vorhaben zum Abbau von Bodenschätzen
nach dem BBergG, 2005, S. 32, 78; i.E. – Prüfung im Rahmen von § 48 Abs. 2 BBergG – ebenso
von Mäßenhausen, in: Boldt/Weller/Kühne/von Mäßenhausen, BBergG, 2. Auflage 2016,
Anh. § 48 Rn. 112, dort auch zur Verortung im obligatorischen Rahmenbetriebsplan.

[102] BT-Drs. 8/1315, S. 104: „Dieses System geht davon aus, daß es nicht Aufgabe des Bergrechts, sondern ausschließlich Aufgabe der für den jeweiligen Fachbereich geltenden oder zu
erlassenden Rechtsnormen und Aufgabe der für ihre Durchführung zuständigen Behörden
bleiben muß, für den zweckgerechten Schutz der gewidmeten Grundstücke zu sorgen."

[103] I.E. ebenso OVG Münster, Urteil vom 18. November 2015 – 11 A 3048/11, ZfB 157
(2016), S. 33 (48): „Ein Verstoß gegen § 48 Abs. 1 Satz 1 BBergG [durch die Betriebsplanzulas-
sung] liegt nicht vor. Die Wasserschutzgebietsverordnung ist rechtswidrig und daher nichtig
[…]." Ähnlich bereits die Vorinstanz VG Arnsberg, Urteil vom 29. November 2011 – 7 K
2895/09, ZfB 153 (2012), S. 49 (55 f.).

[104] Siehe die Nachweise soeben in Fn. 103.

[105] 3. Kapitel A. II. 2., S. 206 f. Allgemein zur Entwicklung des Separationsmodells *Jarass*,
Konkurrenz, Konzentration und Bindungswirkung von Genehmigungen, 1984, S. 81 ff.

Verfahren sind. Dabei muss es sich nicht notwendig um eine andere Behörde handeln; auch der Bergbehörde kann die Prüfung in einem separaten Verfahren zugewiesen sein.[106] Sind bestimmte Belange keinen speziellen Verfahren zugewiesen, ist nach der größeren Sachnähe zu entscheiden, wenn neben § 48 Abs. 2 BBergG weitere Auffangvorschriften in Betracht kommen.[107] Die „Unbeschadetklausel" ist hiernach eine ausdrückliche materiell-rechtliche Anordnung, die das Prüfprogramm bei parallelen Genehmigungen zuweist.[108] Allerdings soll im Interesse eines sinnvollen Gesetzesvollzugs bereits bei der Betriebsplanzulassung im Rahmen von § 48 Abs. 2 BBergG eine grundsätzliche Zulassungs- oder Genehmigungsfähigkeit bzw. die Möglichkeit einer Ausnahme oder Befreiung summarisch geprüft werden,[109] weil es an einem Sachbescheidungsinteresse fehlen würde, wenn der Antragsteller an der Verwertung einer beantragten Erlaubnis gehindert wäre.[110]

Die frühzeitige Weichenstellung in Richtung Separationsmodell geht auf die Kommentarliteratur zurück,[111] und entspricht der ganz herrschenden Auffassung. Zwingend ist sie nicht, wie die Entstehungsgeschichte zeigt. Im Gesetzgebungsverfahren sorgte sich der Ausschuss für Raumordnung, Bauwesen und Städtebau im Rahmen seiner thematischen Zuständigkeit um mögliche Überlagerungen des sonstigen Fachrechts durch das Bundesberggesetz. So solle bei § 54 Abs. 1 Nr. 8 BBergG – dem heutigen § 48 Abs. 2 Satz 1 BBergG –

„das Entgegenstehen anderer öffentlich-rechtlicher Vorschriften oder ‚überwiegender öffentlicher Interessen' als Grund, die Zulassung eines Betriebsplans zu versagen, besonders hervorgehoben werden.[112] Auf jeden Fall solle ausdrücklich bestimmt werden, daß die

---

[106] *Rausch*, Umwelt- und Planungsrecht beim Bergbau, 1990, S. 221 mit Fn. 259.

[107] BVerwG, Urteil vom 4. Juli 1986 – 4 C 31/84, BVerwGE 74, 315 (324 f.).

[108] Vgl. hierzu die Analyse bei *Rausch*, Umwelt- und Planungsrecht beim Bergbau, 1990, S. 217 ff.; ferner *Niermann*, Betriebsplan und Planfeststellung im Bergrecht, 1992, S. 167 ff.

[109] *Wilde*, DVBl 1998, S. 1321 (1324 f.). Vgl. BVerwG, Urteil vom 15. Dezember 2006 – 7 C 1/06, BVerwGE 127, 259 Rn. 45; Urteil vom 15. Dezember 2006 – 7 C 6/06, BVerwGE 127, 272 Rn. 40; Urteil vom 29. April 2010 – 7 V 18/09, ZUR 2010, S. 430 Rn. 24, dort jeweils zu nicht konzentrierten notwendigen Folgemaßnahmen in der obligatorischen Rahmenbetriebsplanzulassung.

[110] OVG Münster, Urteil vom 21. Dezember 2007 – 11 A 1194/02, ZfB 149 (2008), S. 101 (124 f.).

[111] BVerwG, Urteil vom 4. Juli 1986 – 4 C 31/84, BVerwGE 74, 315 (323 f.) im Anschluss an *Piens/Schulte/Graf Vitzthum*, BBergG, 1. Auflage 1983, § 48 Rn. 17 und ferner *Boldt/Weller*, BBergG, 1984, § 48 Rn. 10.

[112] Bereits der Bundesrat hatte zuvor die Trennung von § 54 Abs. 1 Nr. 8 BBergG vorgeschlagen (s.o. Fn. 52, S. 203) und mit Nr. 8a vorgesehen, dass die Zulassung eines Betriebsplans zu erteilen ist, wenn „[...] dem Betrieb *andere öffentlich-rechtliche Vorschriften* sowie überwiegende öffentliche Interessen nicht entgegenstehen", BT-Drs. 8/1315, S. 179 (Hervorh. nur hier). Die Bundesregierung hatte dem zugestimmt (S. 192), jedoch führte die Ergänzung um „andere öffentlich-rechtliche Vorschriften" in der Folge um Diskussionen über das Verhältnis zu § 47 BBergG (Regierungsentwurf), dazu *Kühne*, ZfB 121 (1980), S. 58 ff.; *Vitzthum/Piens*, in: Piens/Schulte/Graf Vitzthum, BBergG, 3. Auflage 2020, § 48 Rn. 2.

nach anderen öffentlich-rechtlichen Vorschriften bestehende Zulässigkeit übertägiger Anlagen und Maßnahmen durch das Bundesberggesetz nicht berührt werde."[113]

Dem trägt die Beschlussempfehlung des Ausschusses für Wirtschaft Rechnung, indem § 47 Abs. 2 BBergG – dem heutigen § 48 Abs. 2 Satz 1 BBergG – mit dem hier diskutierten Zusatz[114] versehen wurde:

„Den Bedenken des Ausschusses für Raumordnung, Bauwesen und Städtebau hinsichtlich eines sonst möglichen Umkehrschlusses für die anderen als in § 47 Abs. 1 erfaßten öffentlich-rechtlichen Vorschriften kann durch eine ähnliche Unberührtklausel wie in Absatz 1 Rechnung getragen werden."[115]

Entstehungsgeschichtlich handelt es sich mithin um nichts anderes als eine gesetzgeberische Klarstellung, dass das Bundesberggesetz sonstiges Fachrecht nicht überlagert.[116] Das bedeutet selbstredend auch, dass anderweitige Zuständigkeiten nicht verdrängt werden, eine Separation des materiellen Prüfungsumfangs folgt daraus aber nicht zwangsläufig,[117] zumal sich im Wortlaut – anders als bei der Abgrenzung zu § 48 Abs. 1 BBergG („in anderen Fällen") – keine ausdrückliche Exklusion wiederspiegelt.

Ob und inwieweit man nun in sonstigen Verfahren zu prüfende Interessen aus der Abwägungsmasse des § 48 Abs. 2 Satz 1 BBergG ausschließt, hängt damit nicht an der „Unbeschadetklausel", sondern schlicht an der Abgrenzung paralleler Genehmigungen.[118] Die frühzeitige Verengung des Aussagegehalts hat den Blick auf den eigentlichen Aussagegehalt versperrt – nämlich den uneingeschränkten rechtlichen Fortbestand außerbergrechtlicher Regelungen auch gegenüber dem Bundesberggesetz. Beides hat Rückwirkungen auf die Abwägung nach § 48 Abs. 2 Satz 1 BBergG.

dd) Kritische Synthese

Die dreifache Einschränkung der im Rahmen des § 48 Abs. 2 Satz 1 BBergG zu berücksichtigenden öffentlichen Interessen ist damit Ergebnis einer verworrenen Entstehungsgeschichte, die letztlich zu einer ähnlich schwer zu überblickenden Normsystematik geführt hat. Insbesondere § 48 Abs. 1 Satz 1 BBergG und die „Unbeschadetklausel" des § 48 Abs. 2 Satz 1 BBergG sind dabei wenig stringent aufeinander abgestimmt.

---

[113] BT-Drs. 8/3965, S. 129.

[114] Diese Klarstellung fehlte noch in der Beschlussempfehlung der Arbeitsgruppe „Bundesberggesetz", Ausschuss-Drs. 286/8, S. 36.

[115] BT-Drs. 8/3965, S. 135.

[116] I.E. ebenso *Kühne*, DVBl 1984, S. 709 (712), der eine unmittelbare Entwicklungslinie von § 54 Abs. 1 Nr. 8a BBergG in der Fassung des Vorschlags des Bundesrates (siehe soeben Fn. 112) zu der heutigen Fassung des § 48 Abs. 2 Satz 1 BBergG mit der Einschränkung „unbeschadet anderer öffentlich-rechtlicher Vorschriften" zieht.

[117] Vgl. *Rausch*, Umwelt- und Planungsrecht beim Bergbau, 1990, S. 217 ff.

[118] Dazu unten 3. Kapitel C. I., S. 340 ff.

Klar ist zunächst, dass weitere Zulassungsverfahren neben bergrechtlichen Verfahren bestehen bleiben. Insoweit hätte es keiner unterschiedlichen Regelungen bedurft. Während grundstücksbezogene Schutzvorschriften nach der eindeutigen Bestimmung des § 48 Abs. 2 Satz 1 BBergG nicht Teil der Abwägungsmasse sind („in anderen Fällen") – selbst wenn sie von der Bergbehörde im Rahmen des Betriebsplanverfahrens abzuarbeiten sind,[119] werden im Rahmen der „anderen öffentlich-rechtlichen Vorschriften" allenfalls solche Belange exkludiert, die in speziellen Verfahren zu prüfen sind.[120] Ein sachgerechter Grund für diese Unterscheidung drängt sich nicht auf. Unbedeutend ist dies nur, soweit § 48 Abs. 2 BBergG lediglich eine Auffangfunktion zukommen soll, welche die Berücksichtigung sämtlicher Belange sicherstellt. Sobald man aber im Wortlaut der *überwiegenden* öffentlich-rechtlichen Interessen einen Abwägungsbefehl erkennt, der über die bloße sukzessive Abarbeitung entgegenstehender Belange hinausgeht, ist der Umfang der Abwägungsmasse sehr wohl von Belang.

Kritikwürdig ist schließlich, dass nach dem ausdrücklichen Wortlaut[121] nur die Rechtsvorschriften des § 48 Abs. 1 Satz 1 BBergG der Rohstoffsicherungsklausel nach § 48 Abs. 1 Satz 2 BBergG unterliegen, nicht aber die „anderen öffentlich-rechtlichen Vorschriften". Völlig ungeachtet einer rechtspolitischen und rechtspraktischen Bewertung[122] der Vorgabe, dass bei Anwendung bestimmter außerbergrechtlicher Vorschriften dafür Sorge zu tragen ist, dass die Aufsuchung und Gewinnung so wenig wie möglich beeinträchtigt werden, ist systematisch und inhaltlich nicht plausibel begründbar, warum eine derartige Vorschrift beispielsweise bei Befreiungen von den Festsetzungen eines Bebauungsplans nach § 31 Abs. 2 BauGB[123] oder eines Wasserschutzgebiets gelten soll, nicht aber etwa im Rahmen des wasserrechtlichen Bewirtschaftungsermessens.

b) Insbesondere: Schutz des Oberflächeneigentums

Knapp drei Jahre nach der wegweisenden *Altenberg*-Entscheidung[124] hatte das Bundesverwaltungsgericht im März 1989 erneut ein bergrechtliches Grundsatzurteil zu treffen – dieses Mal zur Berücksichtigung von Grundeigentümerinteressen bei Untertagebauen. Das Bundesberggesetz knüpft systematisch und inhaltlich im Wesentlichen noch an den überkommenen Grundsatz des „dulde

---

[119] Anders ist dies, wenn man der o.g. Auffassung von *Grit Ludwig* folgt.

[120] Nach bislang wohl allgemeiner Auffassung werden derartige Belange nicht unter § 48 Abs. 2 Satz 1 BBergG gefasst. Oben wurde demgegenüber nachgewiesen, dass der Ausschluss keine Frage der „Unbeschadetklausel" ist, sondern vielmehr des Umgangs mit parallelen Genehmigungen.

[121] § 48 Abs. 1 Satz 2 BBergG: „Bei Anwendung dieser Vorschriften ist dafür Sorge zu tragen, daß die Aufsuchung und Gewinnung so wenig wie möglich beeinträchtigt werden."

[122] Dazu unten 3. Kapitel A. II. 3. a) aa), S. 232 f.

[123] BVerwG, Urteil vom 4. Juli 1986 – 4 C 31/84, BVerwGE 74, 315 (318 f.).

[124] Ausführlich dazu oben 3. Kapitel A. II. 1., S. 201 f.

und liquidiere" an. Zwar stärkte der Gesetzgeber mit den sicherheitstechnischen Vorgaben zur Betriebsplanzulassung, Regelungen zur Bergaufsicht gemäß §§ 69 ff. BBergG sowie Anpassungspflichten der Grundeigentümer nach Maßgabe der §§ 110 ff. BBergG einen gewissen Vorrang der Schadensverhütung gegenüber der bloßen Schadensvergütung,[125] räumte den Oberflächeneigentümern in seiner ursprünglichen Fassung allerdings nicht einmal Beteiligungs- oder Abwehrrechte gegen bergrechtliche Zulassungen ein. Vielmehr setzt das Bundesberggesetz auf eine traditionelle Regelungsstruktur, die „durch sonderrechtlich normierte tatbestandlich breite und abwägungslose Vorrang- und Ausgleichsmechanismen gekennzeichnet" ist.[126] Spätestens seit der Nassauskiesungsentscheidung des Bundesverfassungsgerichts vom 15. Juli 1981[127] schien dieser kategorische Vorrang bergbaulicher Vorhaben[128] nicht mehr haltbar, auch wenn die überwiegende Auffassung in der Literatur an dieser Konzeption festhielt. In diesem Sinne hat das Bundesverwaltungsgericht mit seiner *Moers-Kapellen*-Entscheidung[129] den Schutz des Oberflächeneigentums materiell- und verfahrensrechtlich über § 48 Abs. 2 BBergG gestärkt, um so „unverhältnismäßige" Beeinträchtigungen zu vermeiden. Unmittelbar nach der Entscheidung hat sich der Gesetzgeber diese Linie mit der Ergänzung des § 48 Abs. 2 BBergG zu Eigen gemacht.

Verfassungsrechtlich genügte die Rechtslage vor diesem Urteil in der Tat nicht den Anforderungen des Art. 14 GG, auch wenn es grundrechtsdogmatisch nicht ganz einfach ist, einen tragfähigen Prüfungsmaßstab zu entwickeln. Gleichwohl hat das Bundesverwaltungsgericht mit der Prüfung privater Belange im Rahmen der öffentlichen Interessen nach § 48 Abs. 2 BBergG die Grenzen richterlicher Rechtsfortbildung überschritten. Mit Blick auf die sich unmittelbar anschließende nachvollziehende Gesetzgebung könnte man dies für rechtspraktisch nunmehr irrelevant halten, hätte nicht die *Moers-Kapellen*-Entscheidung eine bis heute fortbestehende richterrechtliche Prägung des Bergrechts begründet, die eine verfassungskonforme Neukonzeption durch den *Gesetzgeber* bereits im Ansatz verhindert hat.

---

[125] Vgl. BT Drs. 8/1315, S. 72, 137: „Schaden verhüten geht vor Schaden vergüten".

[126] *Kühne*, in: FS Säcker, 2011, S. 105 (108), dort allgemein zu bergbaulichen nachbarschaftlichen Konfliktkonstellationen; vgl. *Beddies*, in: FS Kühne, 2009, S. 455 ff.

[127] Dazu oben 2. Kapitel B. IV. 2. b) aa) (1), S. 133 f., 136.

[128] Siehe etwa *Boldt/Weller*, BBergG, 1984, § 55 Rn. 57; *Karpen*, AöR 106 (1981), S. 15 (27 f.); *H. Schulte*, ZfB 119 (1978), S. 414 (425); vgl. auch *ders.*, NJW 1981, S. 88 (92), der bereits die Regelungen des Bundesberggesetzes zum Schutz des Oberflächeneigentums als zu weitgehend kritisiert; a.A. bereits *Hoppe/Beckmann*, Grundeigentumsschutz bei heranrückendem Bergbau, 1988, S. 72 ff.; *Stüer*, NuR 1985, S. 263 (265 f.).

[129] BVerwG, Urteil vom 16. März 1989 – 4 C 36/85, BVerwGE 81, 329.

aa) Die Moers-Kapellen-Entscheidung und das partielle Ende des „Dulde und liquidiere"

Das Bundesverwaltungsgericht hatte in seinem *Moers-Kapellen*-Urteil über Klagen von Oberflächeneigentümern auf geeignete Maßnahmen durch das zuständige Bergamt zur Vermeidung von Oberflächenschäden durch den untertägigen Abbau von Steinkohle zu entscheiden. Im Kern ging es dabei um die Auslegung von § 48 Abs. 2 BBergG.[130] Obwohl die Revision der Kläger erfolglos blieb, bedeutet das Urteil dennoch eine deutliche Stärkung der Rechtsposition von Oberflächeneigentümern.

Zu Beginn der Entscheidungsgründe erkennt das Gericht im Rahmen der Klagebefugnis nach § 42 Abs. 2 VwGO einen nicht von vornherein und unter jeder denkbaren Betrachtungsweise ausgeschlossenen Schutzanspruch jedenfalls unmittelbar aus Art. 14 Abs. 1 GG an. Nach einer Exegese des bergrechtlichen Normgefüges ohne positiven Befund für den Schutz der Oberflächeneigentümer stellt die Entscheidung in der Begründetheit klar, dass eine ausnahmslose Zurückdrängung des Oberflächeneigentums zugunsten des Bergbaus bei einer bloßen Wertgarantie in Form des Geldersatzes für Bergschäden nach §§ 114 ff. BBergG nicht mit der Eigentumsfreiheit vereinbar sei. Vielmehr erfordere Art. 14 Abs. 1 GG – und hier insbesondere der Verfassungsgrundsatz der Verhältnismäßigkeit sowie die „freiheitssichernde Bedeutung der Substanzgarantie des Eigentums gemäß Art. 14 Abs. 1 GG" –, dass „Eigentumsbeeinträchtigungen an der Oberfläche von einigem Gewicht, mit denen nach Lage der Dinge mit einer gewissen Wahrscheinlichkeit schon im Zeitpunkt der Betriebsplanzulassung zu rechnen ist",[131] in einem geeigneten Verfahren vorgebracht werden können und eine Abwägung „am Maßstab des Verhältnismäßigkeitsgrundsatzes" stattfindet. Bei kleineren bis mittleren Schäden im üblichen Umfang bei Ausführung des Betriebsplans sei hingegen ein Verweis auf den gesetzlich vorgesehenen Wertersatz ohne vorherige Beteiligung verfassungsrechtlich unbedenklich.[132] Damit zieht

---

[130] Dabei konnte die maßgebliche Rechtsgrundlage dahinstehen, vgl. BVerwG, Urteil vom 16. März 1989 – 4 C 36/85, BVerwGE 81, 329 (333, 339).

[131] Den Charakter einer Prognoseentscheidung übergeht *Frenz*, NVwZ 2012, S. 1221 (1222 ff.), wenn er die Ausübbarkeit der Hauptbetriebsplanzulassung davon abhängig macht, dass auch bei der Durchführung keine derartigen Beeinträchtigungen auftreten, ablehnend dazu *Keienburg*, NVwZ 2013, S. 1123 (1126 ff.).

[132] BVerwG, Urteil vom 16. März 1989 – 4 C 36/85, BVerwGE 81, 329 (344 f.); näher zur Klassifizierung bereits im Rahmen des § 48 Abs. 2 BBergG relevanter Eigentumsbeeinträchtigungen *Kühne*, in: Boldt/Weller/Kühne/von Mäßenhausen, BBergG, 2. Auflage 2016, § 48 Rn. 66 ff. Zu dogmatischen Inkonsequenzen der Entscheidung – etwa zu der angeblichen Abhängigkeit von Individualinteresen von einem „Gemeinschaden" (S. 345, vgl. auch S. 346) – *Beckmann*, DVBl 1989, S. 669 (671 f.); *Hoppe*, Das Spannungsverhältnis von Bergwerkseigentum und Oberflächeneigentum im Lichte des Verfassungsrechts, 1991, S. 19 ff.; *Schenke*, Bergbau contra Oberflächeneigentum und kommunale Selbstverwaltung?, 1994, S. 26 ff.; *H. Schulte*, NVwZ 1989, S. 1138 (1141); *Stiens*, Der bergrechtliche Betriebsplan, 1995, S. 115 ff.

der Senat bei der Maßstabsbildung, ohne dies ausdrücklich zu formulieren,[133] die Konsequenzen aus dem Nassauskiesungsbeschluss des Bundesverfassungsgerichts[134] und verabschiedet zumindest partiell den Grundsatz des „dulde und liquidiere", der letztlich auch das Bundesberggesetz entscheidend geprägt hat.

Die verfassungsrechtlichen Anforderungen können nach Auffassung des Gerichts über § 48 Abs. 2 BBergG in der damaligen Fassung[135] im Wege der verfassungskonformen Auslegung umgesetzt werden. Es erkennt zwar, dass die Beeinträchtigung eines einzelnen Oberflächeneigentümers nach Wortlaut und Systematik kein überwiegendes öffentliches Interesse sein könne. Allerdings seien solche überwiegenden öffentlichen Interessen dann betroffen, wenn der gebotene grundrechtliche Schutz des Oberflächeneigentums *generell* durch Interessen des Bergbaus verdrängt und im Verwaltungsverfahren gar nicht mehr berücksichtigt würde. Die Bergbehörde müsse Grundrechtsschutz zugunsten des Oberflächeneigentums in ihren Verfahren „in geeigneter Weise und in dem erforderlichen Umfang sowohl formell als auch materiell" gewährleisten, wenn „nur dadurch eine unverhältnismäßige Beeinträchtigung des Oberflächeneigentums vermieden werden kann." Insoweit sei § 48 Abs. 2 BBergG auch nachbarschützend.[136] Relevanz hat diese beiläufige Klarstellung sowohl für die Klagebefugnis nach § 42 Abs. 2 VwGO als auch für die tatsächliche Rechtsverletzung nach § 113 Abs. 1 Satz 1 VwGO.[137] Geschützt wird nicht nur „das Oberflächeneigentum" als Summe der aggregierten aber auch abstrahierten Privatinteressen und insoweit als öffentliches Interesse,[138] sondern gerade auch das einzelne konkretisierte Individualinteresse, wenn dieses erhebliche Bedeutung erlangt.

Damit akzeptiert das Gericht einen grundsätzlichen Vorrang der bergbaulichen Interessen, der in der sogenannten Rohstoffsicherungsklausel, § 48 Abs. 1 Satz 2 BBergG sowie in § 1 Nr. 1 BBergG zum Ausdruck kommt,[139] und justiert nur in Extremfällen nach. Verfahrensbeteiligung und Abwägung dienen nicht einem strukturellen Schutz der Oberflächeneigentümer, sondern werden erst bei wahrscheinlichen Eigentumsbeeinträchtigungen an der Oberfläche von einigem Gewicht relevant. Konsequent in diesem Sinne argumentiert der 4. Senat in seiner Entscheidung vom selben Tag, dass zwar Bauplanungsrecht im Rahmen des § 48 Abs. 2 BBergG zu berücksichtigen sei, sofern das Vorhaben keinem bauaufsichtlichen Genehmigungsverfahren unterliegt, gleichwohl ein nachbar-

---

[133] Bezugnahmen aber u.a. in BVerwG, Urteil vom 16. März 1989 – 4 C 36/85, BVerwGE 81, 329 (341).

[134] BVerfG, Beschluss vom 15. Juli 1981 – 1 BvL 77/78, BVerfGE 58, 300.

[135] Siehe oben Fn. 44, S. 202.

[136] BVerwG, Urteil vom 16. März 1989 – 4 C 36/85, BVerwGE 81, 329 (345 f.).

[137] Vgl. *Knauff*, in: Gärditz, VwGO, 2. Auflage 2018, § 113 Rn. 14 ff. zur subjektiven Rechtsverletzung. Kritisch zur Diskussion im Rahmen von § 42 Abs. 2 VwGO *Sodan*, in: Sodan/Ziekow, VwGO, 5. Auflage 2018, § 42 Rn. 385.

[138] Vgl. *Huber*, Konkurrenzschutz im Verwaltungsrecht, 1991, S. 195.

[139] BVerwG, Urteil vom 16. März 1989 – 4 C 36/85, BVerwGE 81, 329 (339, 342).

218   3. Kapitel: Vorhabenzulassung und Konfliktlösung

licher Rücksichtnahmeanspruch, der *lediglich* aus drittschützenden Bestimmungen des *einfachen* Bauplanungsrechts hergeleitet wird,[140] sich bereits im Ansatz nicht gegenüber bergbaulichen Interessen durchsetzen könne.[141] Auch hier wird deutlich, dass § 48 Abs. 2 BBergG insoweit nur extreme Fälle auffangen soll. Aus bergrechtlicher Perspektive bedeutete „*Moers-Kapellen*" gleichwohl einen Paukenschlag, mit dem überkommene Sichtweisen mit einem judikativen Federstrich beerdigt wurden.

bb) Der verfassungsrechtliche Schutz des Oberflächeneigentums

Das Bundesverwaltungsgericht betont in seiner Entscheidung – ungeachtet der Konsequenzen für den Umgang mit § 48 Abs. 2 BBergG[142] – im Ergebnis zu Recht die eigentumsverfassungsrechtliche Bedeutung des Oberflächeneigentums. Selbstverständlich ist die Annahme einer derart starken Stellung der Rechtsposition von Grundeigentümern allerdings nicht, wenn man bedenkt, dass der Eingriff in die Substanz des Eigentums regelmäßig durch private Bergbauunternehmen erfolgt, die nicht unmittelbar grundrechtsgebunden, sondern vielmehr selbst grundrechtsberechtigt sind.[143] Solche Grundrechtsbeeinträchtigungen durch Private sind dem Staat nach herrschender Auffassung aber selbst bei deren Genehmigung in der Regel nicht derart zurechenbar, dass abwehrrechtliche Prüfprogramme ausgelöst würden.[144] Es handelt sich nicht um einen staatlichen Eingriff in Grundrechte, sondern vielmehr um die Frage, ob die Genehmigungsvoraussetzungen sowie die Zulassung selbst den Anforderungen grundrechtlicher Schutzpflichtdogmatik[145] genügen.[146] Eine vom „Grund-

---

[140] Zum einfachrechtlichen Charakter des Rücksichtnahmegebots BVerwG, Beschluss vom 20. September 1984 – 4 B 181/84, NVwZ 1985, S. 37 (38); dem folgend *Hoppe*, in: ders./Bönker/Grotefels, Öffentliches Baurecht, 4. Auflage 2010, § 7 Rn. 147. Zur den in der ursprünglichen Konstruktion angelegten eigentumsverfassungsrechtlichen Bezügen *Weyreuther*, BauR 1975, S. 1 (4 ff.).

[141] BVerwG, Urteil vom 16. März 1989 – 4 C 25/86, NVwZ 1989, S. 1162 (1163).

[142] Dazu sogleich.

[143] Zum grundrechtlichen Schutz der Bergbauunternehmen siehe oben 1. Kapitel C. III. 3., S. 47 ff.

[144] Anders allerdings bei der Genehmigung von Atomkraftwerken, BVerfG, Beschluss vom 20. Dezember 1979 – 1 BvR 385/77, BVerfGE 53, 30 (57 f.). Gleichwohl verbleibt auch diese Entscheidung in der Schutzpflichtdogmatik und installiert lediglich eine der Eingriffsabwehr entsprechende Prüfungsintensität, *Krings*, Grund und Grenzen grundrechtlicher Schutzansprüche, 2003, S. 115 f. Kritisch zur Atomrechtsprechung, soweit diese die Genehmigung in die Nähe mittelbar-faktischer Eingriffe rückt, *Gärditz*, in: Landmann/Rohmer, Umweltrecht, Art. 20a GG Rn. 75 (Stand: Februar 2013): grundrechtsdogmatisch fragwürdige Sonderstellung des Atomrechts.

[145] Zu den unterschiedlichen Prüfungsmaßstäben siehe oben 1. Kapitel C. III. 3. a) ee), S. 54 f.

[146] BVerfG, Beschluss vom 26. Mai 1998 – 1 BvR 180/88, NJW 1998, S. 3264 f.; *Dietlein*, Die Lehre von den grundrechtlichen Schutzpflichten, 1992, S. 90 ff.; *Gärditz*, in: Landmann/Rohmer, Umweltrecht, Art. 20a GG Rn. 74 (Stand: Februar 2013); *Krings*, Grund

satz der Verhältnismäßigkeit gesteuerte Abwägung"[147] drängt sich danach noch nicht zwangsläufig als Prüfungsmaßstab auf.[148]

Allerdings ist zu beachten, dass die Eigentumsfreiheit – anders als andere Freiheitsrechte – nach dem Grundgesetz selbst der Ausgestaltung des Gesetzgebers obliegt. Dieser muss nach ständiger Rechtsprechung des Bundesverfassungsgerichts

„bei der Bestimmung von Inhalt und Schranken des Eigentums im Sinne von Art. 14 Abs. 1 Satz 2 GG die schutzwürdigen Interessen des Eigentümers und die Belange des Gemeinwohls in einen gerechten Ausgleich und ein ausgewogenes Verhältnis bringen".[149]

Bereits oben wurde allerdings auf die Schwierigkeiten bei der näheren Konkretisierung des Maßstabs bei Annahme einer Normprägung der Eigentums-

---

und Grenzen grundrechtlicher Schutzansprüche, 2003, S. 126 ff.; vgl. *Hermes*, Das Grundrecht auf Schutz von Leben und Gesundheit, 1987, S. 85 ff.; *Voßkuhle*, NVwZ 2013, S. 1 (6). A.A. *Schwabe*, NVwZ 1983, S. 523 (524 ff.); *Szczekalla*, Die sogenannten grundrechtlichen Schutzpflichten im deutschen und europäischen Recht, 2002, S. 406 ff.; speziell zur Betriebsplanzulassung – allerdings ohne Thematisierung der hier aufgeworfenen Frage – *Schenke*, Bergbau contra Oberflächeneigentum und kommunale Selbstverwaltung?, 1994, S. 31 ff.; vgl. auch *Murswiek*, Die staatliche Verantwortung für die Risiken der Technik, 1985, S. 62 ff., 91 ff., 99, 107, 108, 123; *ders.*, NVwZ 1986, S. 611 f. („Duldungspflicht"); ferner *Camilo de Oliveira*, Zur Kritik der Abwägung in der Grundrechtsdogmatik, 2013, S. 330 ff., die zwar die Zurechnung privaten Verhaltens ablehnt, gleichwohl aber im Anschluss an *Poscher*, Grundrechte als Abwehrrechte, 2003, eine abwehrrechtliche Konstruktion bezogen auf die gesetzliche Regelung wählt. Diese Gegenauffassung dezidiert ablehnend wiederum *Calliess*, Rechtsstaat und Umweltstaat, 2001, S. 423 ff.; *Krings*, a.a.O., S. 111 ff.; *Isensee*, Das Grundrecht als Abwehrrecht, in: ders./Kirchhof, Handbuch des Staatsrechts, Bd. IX, 3. Auflage 2011, § 191 Rn. 256 ff.; *Schmidt-Preuß*, Kollidierende Privatinteressen im Verwaltungsrecht, 2. Auflage 2005, S. 73 ff.; siehe bereits *Breuer*, in: FS BVerwG, 1978, S. 89 (108 ff.). Differenzierend *Lübbe-Wolff*, Die Grundrechte als Eingriffsabwehrrechte, 1988, S. 178 ff.; vgl. auch *Huber*, Konkurrenzschutz im Verwaltungsrecht, 1991, S. 244 ff. zur verfassungsrechtlichen Begründung einfachrechtlicher subjektiver Rechte (Kombination von „Eingriffs- und Schutzpflichtvorstellungen" (S. 245), „Garantenpflicht" (256 ff.)). Siehe dazu auch oben Fn. 324, S. 54.

[147] BVerwG, Urteil vom 16. März 1989 – 4 C 36/85, BVerwGE 81, 329 (339).

[148] Diskutabel ist nur die Auffassung, dass der Ausschluss (insbesondere) privater Abwehrrechte gegen genehmigte Vorhaben den Eigentumseingriff begründet, *Lübbe-Wolff*, Die Grundrechte als Eingriffsabwehrrechte, 1988, S. 181 f., 197 ff.; *Schenke*, Bergbau contra Oberflächeneigentum und kommunale Selbstverwaltung?, 1994, S. 31; vgl. auch *Poscher*, Grundrechte als Abwehrrechte, 2003, S. 167 ff. *Schmidt-Aßmann/Schoch*, Bergwerkseigentum und Grundeigentum im Betriebsplanverfahren, 1994, S. 105 f.; ablehnend *Krings*, Grund und Grenzen grundrechtlicher Schutzansprüche, 2003, S. 114; wohl auch *Calliess*, Rechtsstaat und Umweltstaat, 2001, S. 426. Der so umrissene Gegenstand eines grundrechtlichen Abwehrrechts könnte sich dann aber nur auf die Duldungspflicht selbst beziehen, hingegen privates Handeln nicht pauschal dem Staat zurechnen, *Dietlein*, Die Lehre von den grundrechtlichen Schutzpflichten, 1992, S. 96; vgl. *Poscher*, a.a.O., S. 178. Ausführlich und differenzierend zum Eingriffscharakter von Duldungswirkungen *Enders*, Der Staat 35 (1996), S. 351 (378 ff.); kritisch dazu wiederum *Poscher*, a.a.O., S. 178 f.

[149] BVerfG, Beschluss vom 2. März 1999 – 1 BvL 7/91, BVerfGE 100, 226 (240).

freiheit hingewiesen.[150] Dies zeigt sich auch hier, wenn man versucht zu bestimmen, was eigentlich der verfassungsrechtliche Schutz des Grundeigentums umfasst. Selbst wenn man ein verfassungsrechtliches Primat des Grundeigentums annehmen würde, könnte man dem historisch durchaus belastbar entgegensetzen, dass die Verschonung vor Bergschäden nie garantiert wurde[151] und damit ein Rechtsregime, das die Interessen der Oberflächeneigentümer ausblendet, *insoweit* gar nicht am Maßstab des Art. 14 GG gemessen werden müsste.[152] Argumentativ wäre das durchaus vergleichbar mit der Prämisse der Rechtsprechung zur Beschränkbarkeit der Bergbauberechtigung.[153] Dass eine solche Sichtweise zu kurz greift, wurde ebenfalls oben dargelegt.[154]

Konkrete Maßstäbe resultieren allerdings aus der Funktion des Eigentums, „dem Träger des Grundrechts einen Freiheitsraum im vermögensrechtlichen Bereich zu sichern und ihm damit eine eigenverantwortliche Gestaltung des Lebens zu ermöglichen".[155] Hiervon ausgehend stellt das Bundesverwaltungsgericht zu Recht den die Nassauskiesungsentscheidung – dort allerdings in anderem Kontext – prägenden Grundsatz des Vorrangs der Bestandsgarantie vor der bloßen Wertgarantie ins Zentrum.[156] Bestehende *konkrete* Eigentumspositionen dürfen damit weder durch Gesetz noch aufgrund behördlicher Gestattung ohne Weiteres gegen Entschädigung verkürzt oder gefährdet werden. Erforderlich ist ein die Bestandsgarantie berücksichtigender Interessenausgleich, der in den Kategorien der Abwägung und des Verhältnismäßigkeitsprinzips erfolgen kann.[157] Dem muss auch ein Rechtsregime, das potenzielle Beeinträchti-

---

[150] 2. Kapitel B. IV. 2. b) bb), S. 143 ff.

[151] Näher zu Duldungspflichten und fehlenden (zivilrechtlichen) Abwehrrechten BGH, Urteil vom 16. Februar 1970 – III ZR 136/68, BGHZ 53, 226 (233 ff.); BT-Drs. 8/1315, S. 137; *Ebel/Weller*, ABG, 2. Auflage 1963, § 148 Anm. 2. a); *Miesbach/Engelhardt*, Bergrecht, 1962, Vor Art. 206 bayBergG – § 148 ABG, Anm. I.; zweifelnd dagegen BVerwG, Urteil vom 16. März 1989 – 4 C 36/85, BVerwGE 81, 329 (335, 342 f.).

[152] Auch *H. Schulte*, ZfB 113 (1972), S. 166 (171 f.) als Befürworter einer weitreichenden Flexibilität des Bergbaus nahm allerdings eine Entschädigungspflicht schon wegen Art. 14 Abs. 1 GG an.

[153] Siehe oben 2. Kapitel B. IV. 2. b) aa) (1), S. 133 ff.

[154] 2. Kapitel B. IV. 2. b) bb) bis dd), S. 141 ff. Der gleichwohl strukturell reduzierte Schutz der Bergbauberechtigung ist nicht auf weitreichende Freiheiten des Gesetzgebers bei der Eigentumsbestimmung zurückzuführen, sondern auf die gewinnungsakzessorische Funktion der Bergbauberechtigung.

[155] BVerfG, Beschluss vom 18. Januar 2006 – 2 BvR 2194/99, BVerfGE 115, 97 (110); ebenso Beschluss vom 9. Januar 1991 – 1 BvR 929/89, BVerfGE 83, 201 (208); Urteil vom 6. Dezember 2016 – 1 BvR 2821/11 u.a., BVerfGE 143, 246 Rn. 216.

[156] Siehe bereits *Hoppe/Beckmann*, Grundeigentumsschutz bei heranrückendem Bergbau, 1988, S. 72 ff. Siehe auch oben 2. Kapitel B. IV. 2. b) aa) (1), S. 133 f.

[157] Zum Vergleich (siehe auch BVerwG, Urteil vom 16. März 1989 – 4 C 36/85, BVerwGE 81, 329 (338)): Die Bergbauberechtigung wird gegenüber den an sich prioritären Verkehrsanlagen derart differenziert geschützt. Neben planerischen Abwägungsgeboten im jeweiligen Fachrecht normiert § 124 Abs. 1 Satz 1 BBergG eine Pflicht gegenseitiger Rücksichtnahme und damit ein Opimierungsgebot. Erst wenn der gleichzeitige Betrieb einer öffentlichen Ver-

gungen durch Dritte regelt, genügen. Es darf sich nicht auf die Gewährung eines Wertersatzes beschränken.[158]

Soweit der Konflikt die Gewinnung bergfreier Bodenschätze und das unmittelbar darüberliegende Oberflächeneigentum betrifft,[159] ist weiterhin zu berücksichtigen, dass der Gesetzgeber selbst im Interesse der Sicherung der Rohstoffversorgung – und damit im Allgemeininteresse – die Bodenschätze vom Grundeigentum entkoppelt und so erst die Konfliktlage geschaffen hat. Damit trägt er aber, auch wenn die Grundrechtsbeeinträchtigung von privaten Dritten ausgeht, im Sinne der *Mülheim-Kärlich*-Entscheidung des Bundesverfassungsgerichts[160] eine Mitverantwortung, die gleichfalls eine Rechtmäßigkeitsprüfung in Anlehnung an das abwehrrechtliche Prüfprogramm erforderlich macht. Auch ungeachtet der Abspaltung der Bodenschätze vom Grundeigentum vermittelt die Steuerungsfunktion des Bergrechts zugunsten der Sicherung der Rohstoffversorgung eine gewisse Mitverantwortung, die zu einer Verstärkung von Schutzpflichten führt.[161] Aus verfassungsrechtlicher Perspektive greift daher ein bipolar ausgerichtetes Betriebsplanverfahren[162] zu kurz.[163]

cc) Kein Schutz nach der ursprünglichen gesetzgeberischen Konzeption

Im Kern stellt sich die Frage, ob das Bundesberggesetz im Betriebsplanverfahren die Berücksichtigung individualisierter Privatinteressen und damit den nach Art. 14 Abs. 1 GG gebotenen Interessenausgleich ermöglicht. Dabei müssen private Belange gerade als solche adressiert werden und dürfen nicht bloß unselbständiger Teil eines übergeordneten Belangs sein, weil dann eine eigentumsrechtliche Abwägung bereits im Ansatz nicht möglich ist. Nach der

---

kehrsanlage und eines Gewinnungsbetriebes ohne eine wesentliche Beeinträchtigung der öffentlichen Verkehrsanlage ausgeschlossen ist, gehen nach § 124 Abs. 3 BBergG öffentliche Verkehrsanlagen der Gewinnung von Bodenschätzen vor, es sei denn, dass das öffentliche Interesse an der Gewinnung der Bodenschätze überwiegt. Kritikwürdig ist allenfalls, dass das private Interesse des Bergbauunternehmers keine Erwähnung findet, was mit Blick auf die eigentumsrechtliche Funktion der Bergbauberechtigung verfassungsrechtlich aber akzeptabel erscheint. Verfassungsrechtlich nicht hinnehmbar ist allerdings, wenn den Bergbauunternehmen pauschal eine Eigentums*wert*garantie verweigert wird, dazu oben 2. Kapitel B. IV. 2. b) dd) (2) (c), S. 161 ff.

[158] A.A. *H. Schulte*, NVwZ 1989, S. 1138 (1139), der die Präventivwirkung des zivilrechtlichen Schadensersatzanspruchs für ausreichend hält; zu Recht ablehnend *Hoppe*, DVBl 1993, S. 221 (223 f.); *Schmidt-Aßmann/Schoch*, Bergwerkseigentum und Grundeigentum im Betriebsplanverfahren, 1994, S. 86 f.

[159] Vgl. die Bergverordnung über Einwirkungsbereiche (EinwirkungsBergV).

[160] Siehe soeben Fn. 144; vgl. auch *Schmidt-Aßmann/Schoch*, Bergwerkseigentum und Grundeigentum im Betriebsplanverfahren, 1994, S. 94.

[161] Siehe oben 1. Kapitel C. III. 3. b) bb), S. 61.

[162] *Kühne*, UPR 1992, S. 218 (220).

[163] *Schmidt-Aßmann/Schoch*, Bergwerkseigentum und Grundeigentum im Betriebsplanverfahren, 1994, S. 87.

Schutznormtheorie[164] ist eine solche Regelung zugleich drittschützend, sodass eine Verletzung auch prozessual geltend gemacht werden kann.

Eine Auslegung des Betriebsplanzulassungsrechts im Rahmen der übergeordneten bergrechtlichen Systematik zeigt jedoch, dass zumindest das damals geltende Rechtsregime weder drittschützende Normen zum Schutz des Oberflächeneigentums bereitstellte, noch – und insoweit entgegen der *Moers-Kapellen*-Entscheidung des Bundesverwaltungsgerichts – eine entsprechende verfassungskonforme Auslegung oder Rechtsfortbildung möglich war. Diese gesetzliche Systematik besteht im Kern bis heute fort und wurde nur punktuell durch eine Ergänzung des § 48 Abs. 2 BBergG angepasst.[165]

(1) Keine Berücksichtigung der Bestandsgarantie im Betriebsplanverfahren

Eine erste Textanalyse legt zunächst nahe, dass Privatinteressen bereits im Betriebplanverfahren als solche zu berücksichtigen sind. So ist nach § 55 Abs. 1 Satz 1 Nr. 3 BBergG die Zulassung eines Betriebsplans zu versagen, wenn nicht die erforderliche Vorsorge gegen Gefahren für Leben, Gesundheit und zum Schutz von Sachgütern, Beschäftigter und Dritter im Betrieb getroffen ist. Die Nennung „Dritter" in weiteren Bestimmungen, die mit dem Betriebsplanverfahren in Verbindung stehen, scheint eine Berücksichtigung von Privatinteressen auf Zulassungsebene ebenfalls nahezulegen. Hervorzuheben ist hier die allgemeine Anordnungsbefugnis des § 71 Abs. 1 Satz 2 BBergG, nach der Anordnungen, die über die auf Grund einer Rechtsverordnung oder eines zugelasse-

---

[164] Hiernach setzt eine geschützte Rechtsposition im Unterschied zum bloßen Rechtsreflex voraus, dass „der betreffende Rechtssatz nicht nur öffentlichen Interessen, sondern – zumindest auch – Individualinteressen zu dienen bestimmt ist", BVerfG, Beschluss vom 17. Dezember 1969 – 2 BvR 23/65, BVerfGE 27, 297 (307); BVerwG, Urteil vom 25. Februar 1977 – IV C 22/75, BVerwGE 52, 122 (128); ebenso *Schmidt-Kötters*, in: Posser/Wolff, BeckOK VwGO, § 42 Rn. 151. Die Vorschrift muss „in qualifizierter und zugleich individualisierter Weise auf schutzwürdige Interessen eines erkennbar abgegrenzten Kreises Dritter Rücksicht" nehmen, BVerwG, Urteil vom 18. Dezember 2014 – 4 C 36/13, BVerwGE 151, 138 Rn. 40; siehe bereits Urteil vom 25. Februar 1977 – IV C 22/75, BVerwGE 52, 122 (131); *Schmidt-Kötters*, a.a.O., § 42 Rn. 152 ff.; vgl. auch BVerwG, Urteil vom 24. Februar 2016 – 6 C 62/14, BVerwGE 154, 173 Rn. 19 ff.; abweichend *Gärditz*, in: ders., VwGO, 2. Auflage 2018, § 42 Rn. 62 (Entscheidend sei die „Resubjektivierbarkeit" und nicht die Abgrenzbarkeit). Dabei kommt es nicht darauf an, „ob die Norm ausdrücklich einen fest ‚abgrenzbaren Kreis der Betroffenen' benennt", BVerwG, Urteil vom 19. September 1986 – 4 C 8/84, NVwZ 1987, S. 409. Zu alternativen Modellen und zur Kritik vgl. zusammenfassend *Huber*, Konkurrenzschutz im Verwaltungsrecht, 1991, S. 153 ff.; *Sodan*, in: Sodan/Ziekow, VwGO, 5. Auflage 2018, § 42 Rn. 389 f. Eine Ausdifferenzierung erfährt die Schutznormtheorie etwa durch *Schmidt-Preuß*, Kollidierende Privatinteressen im Verwaltungsrecht, 2. Auflage 2005, S. 247 ff.: Konfliktschlichtungsformel, hierzu *Schmidt-Aßmann*, in: Maunz/Dürig, GG, Art. 19 Abs. 4 Rn. 136 mit Fn. 3, 140 (Stand: August 2020).

[165] Dazu unten 3. Kapitel A. II. 2. b) dd), S. 230 f.

nen Betriebsplans gestellten Anforderungen hinausgehen, nur getroffen werden können, soweit dies zum Schutz von Leben, Gesundheit und *Sachgütern* Beschäftigter oder *Dritter* erforderlich ist. Wenn aber die materiell-rechtliche Befugnis nach § 71 Abs. 1 Satz 2 BBergG nicht über die Voraussetzungen der Betriebsplanzulassung hinausreichen soll,[166] deutet gerade die Bezugnahme auf Sachgüter Dritter zunächst darauf hin, dass letztere bereits im Betriebsplanverfahren zu berücksichtigen sind.[167] Das Bundesverwaltungsgericht ist diesem Weg allerdings nicht gefolgt und lehnt Drittschutz für Sachgüter außerhalb des Betriebes über § 55 Abs. 1 Satz 1 Nr. 3 ab.[168] Auch die Entwurfsbegründung geht von einer innerbetrieblichen Ausrichtung der Norm aus.[169]

Der stattdessen bemühte § 48 Abs. 2 BBergG a.F.,[170] der entwicklungsgeschichtlich zu den Voraussetzungen der Betriebsplanzulassung zählt,[171] schien ursprünglich bereits deshalb fernzuliegen, weil schon der Wortlaut der entgegenstehenden überwiegenden öffentlichen Interessen die Einbeziehung individualisierter Privatinteressen nicht gerade nahelegte.[172] Allerdings ist die Inkorporation drittschützender privater Belange in den Begriff der öffentlichen Interessen nicht ohne Vorbild,[173] wobei hier nicht der schwierigen Frage nachgegangen werden soll, ob es sich dabei noch um Auslegung des Wortlauts oder schon um Rechtsfortbildung über den Wortlaut hinaus handelt[174] oder ob diese

---

[166] BVerwG, Urteil vom 16. März 1989 – 4 C 36/85, BVerwGE 81, 329 (338); *Keienburg*, in: Boldt/Weller/Kühne/von Mäßenhausen, BBergG, 2. Auflage 2016, § 71 Rn. 4; a.A. noch *Stüer*, NuR 1985, S. 263 (267).

[167] Näher zum Ganzen *Schenke*, Bergbau contra Oberflächeneigentum und kommunale Selbstverwaltung?, 1994, S. 29 f., 38, 50 ff.

[168] Zur zwischenzeitlichen Andeutung durch das Bundesverwaltungsgericht, doch Drittschutz zu gewähren, siehe oben 3. Kapitel A. I., S. 199.

[169] BT-Drs. 8/1315, S. 110 f.; ebenso *Schmidt-Aßmann/Schoch*, Bergwerkseigentum und Grundeigentum im Betriebsplanverfahren, 1994, S. 114; i.E. auch *Beckmann*, DVBl 1989, S. 669 (670). *Insoweit* hat auch der Sachgüterschutz Dritter in § 71 Abs. 1 Satz 2 BBergG weiterhin einen Anwendungsbereich, vgl. im Übrigen *Boldt/Weller*, BBergG, 1. Auflage 1984, § 71 Rn. 6; *Piens/Schulte/Graf Vitzthum*, BBergG, 1. Auflage 1983, § 71 Rn. 20.

[170] § 48 Abs. 2 Satz 1 BBergG der geltenden Fassung.

[171] Siehe oben 3. Kapitel A. II. 1., S. 201 ff.

[172] Kritisch daher *Durner*, Konflikte räumlicher Planungen, 2005, S. 370; *Gaentzsch*, DVBl 1993, S. 527 (531): „kühne Konstruktion"; eine entsprechende Auslegung ganz ablehnend *Beckmann*, DVBl 1989, S. 669 (671); *Hoppe*, Das Spannungsverhältnis von Bergwerkseigentum und Oberflächeneigentum im Lichte des Verfassungsrechts, 1991, S. 20.

[173] Vgl. dazu *Schmidt-Preuß*, Kollidierende Privatinteressen im Verwaltungsrecht, 2. Auflage 2005, S. 172 f. So soll etwa das Gebot der Rücksichtnahme, dem drittschützende Wirkung zukommen kann, zugleich öffentlicher Belang im Sinne des § 35 Abs. 3 BauGB sein, BVerwG, Urteil vom 25. Februar 1977 – IV C 22/75, BVerwGE 52, 122 (125, 129 f.); *Bönker*, in: Hoppe/Bönker/Grotefels, Öffentliches Baurecht, 4. Auflage 2010, § 18 Rn. 59; *Mitschang/Reidt*, in: Battis/Krautzberger/Löhr, BauGB, 14. Auflage 2019, § 35 Rn. 79 ff.; kritisch *Schmidt-Preuß*, a.a.O., S. 732.

[174] Vgl. allgemein hierzu *Depenheuer*, Der Wortlaut als Grenze, 1988, S. 10 f., im Folgen-

Differenzierung ohnehin als „fadenscheinig" abzulehnen ist[175]. Im Übrigen können sich öffentliche und private Interessen durchaus überschneiden und sind damit nicht trennscharf abgrenzbar.[176] Der ursprüngliche Wortlaut stand folglich einem zugleich individualisierten Schutzverständnis des § 48 Abs. 2 BBergG a.F. nicht entgegen. Schließlich betont der Gesetzgeber in § 1 Nr. 3 BBergG als Zweck des Bundesberggesetzes unter anderem die Vorsorge gegen Gefahren, die sich aus bergbaulicher Tätigkeit für Sachgüter Dritter ergeben.

Auch die Entwurfsbegründung deutet zunächst eine frühzeitige individuelle Berücksichtigung privater Grundeigentümerbelange an. So solle das Bundesberggesetz mit den Vorschriften über das Betriebsplanverfahren (§§ 51 ff. BBergG), die Bergaufsicht (§§ 69 ff. BBergG) sowie die Anpassungspflichten des Grundeigentümers (§§ 110 ff. BBergG) gerade dem Grundsatz „Schaden verhüten geht vor Schaden vergüten" Rechnung tragen und damit auch das zuvor geltende starre Entschädigungsprinzip verabschieden.[177]

„Eine sinnvolle Lösung kann nur in einem — auch gesetzlich anerkannten — Nachbarschaftsverhältnis gesehen werden, das zu normativen Anpassungspflichten beider Teile führt. Eine Ersatzpflicht sollte ultima ratio sein für den Fall, daß der Konflikt zwischen Bergbau und Grundeigentum nicht im Wege der gegenseitigen Rücksichtnahme gelöst werden kann."[178]

All dies konnte letztlich aber nicht durchdringen, weil die übergeordnete Systematik des Bundesberggesetzes – *jedenfalls* in seiner Ursprungsfassung – im Wesentlichen dem hergebrachten Grundsatz des „dulde und liquidiere" verhaftet blieb.[179] Insbesondere hatte sich ein nachbarschaftliches Verständnis mit

---

den dann aber ablehnend; *Klatt*, Theorie der Wortlautgrenze, 2004, S. 34 f.; *Sauer*, Juristische Methodenlehre, in: Krüper, Grundlagen des Rechts, 4. Auflage 2021, § 10 Rn. 23 f., 34 ff..

[175] *Jestaedt*, Richterliche Rechtsetzung statt richterliche Rechtsfortbildung, in: Bumke, Richterrecht zwischen Gesetzesrecht und Rechtsgestaltung, 2012, S. 49 (58 ff.); siehe bereits *Depenheuer*, Der Wortlaut als Grenze, 1988; ferner BVerfG, Beschluss vom 16. Dezember 2014 – 1 BvR 2142/11, BVerfGE 138, 64 Rn. 86; Beschluss vom 27. Januar 2015 – 1 BvR 471, 1181/10, BVerfGE 138, 296 Rn. 132, jeweils zu den Grenzen verfassungskonformer Auslegung (Wortlaut und klar erkennbarer Wille des Gesetzgebers), ohne dass der hier angesprochene Unterschied aufgegriffen würde; vgl. BVerfG, Beschluss vom 14. Juni 2007 – 2 BvR 1447, 136/05, BVerfGE 118, 212 (243): Wortlaut keine starre Auslegungsgrenze, der klare Wortlaut darf aber nicht hintangestellt werden; kritisch zur regelmäßigen Überschreitung des Wortlauts durch das Bundesverfassungsgericht *Korioth*, in: Schlaich/Korioth, Das Bundesverfassungsgericht, 11. Auflage 2018, Rn. 450.

[176] *Ibler*, Die Schranken planerischer Gestaltungsfreiheit im Planfeststellungsrecht, 1988, S. 229 f.; vgl. *Uerpmann*, Das öffentliche Interesse, 1999, S. 94.

[177] BT-Drs. 8/1315, S. 72, 137, 139. *Schmidt-Aßmann/Schoch*, Bergwerkseigentum und Grundeigentum im Betriebsplanverfahren, 1994, S. 119, 126 weisen auf ein Ergänzungsverhältnis zwischen präventivem Bergschadensrecht und Betriebsplanverfahren hin.

[178] BT-Drs. 8/1315, S. 138.

[179] I.E. ebenso *Boldt/Weller*, BBergG, 1984, § 54 Rn. 12, die keine subjektiven Rechte Dritter durch die Betriebsplanzulassung tangiert sahen und insoweit Beteiligungspflichten ablehnten; *Kühne*, ZfB 158 (2017), S. 71 (74 f., 80 f.). Auch Kritiker gingen vom fehlenden

gegenseitiger Rücksichtnahme systematisch nicht niedergeschlagen. Trotz der gesetzgeberischen Anpassung des Bundesberggesetzes an die *Moers-Kapellen*-Entscheidung[180] schlägt sich diese Grundkonzeption im Kern bis heute in der Systematik nieder.

Während die Voraussetzungen der Betriebsplanzulassung nach § 55 BBergG im Wesentlichen eindeutig objektiviert sind, Privatinteressen nur reflexhaft[181] erfasst werden und im hier relevanten Kontext lediglich § 55 Abs. 1 Satz 1 Nr. 3 BBergG – nicht zuletzt aufgrund der misslungenen Fassung – sowie die Auffangvorschrift des § 48 Abs. 2 BBergG a.F. Raum für Individualisierungen lassen, widmet sich der Gesetzgeber mit den §§ 110 ff. BBergG in vier ausdifferenzierten Vorschriften dem zivilrechtlich ausgestalteten Anpassungsregime, das Pflichten der oberirdischen Bauherren, aber auch die weitreichende Kostentragung durch die Bergbauunternehmen begründet. Ausschließlich die Unternehmen und Bergbehörden gestalten nach dieser Konzeption den Bergbau aktiv. Grundeigentümer wurden demgegenüber in der ursprünglichen Fassung[182] im Betriebsplanverfahren als Beteiligte nicht erwähnt,[183] hatten – und haben – aber nach §§ 110 Abs. 1, 111 Abs. 1 BBergG auf Verlangen des Unternehmens Anpassungen und Sicherungsmaßnahmen vorzunehmen und riskieren nach Maßgabe der §§ 112, 113 Abs. 2 BBergG den Verlust ihrer Ersatzansprüche.

Mit Blick auf derart ausdifferenzierte und individualisierte zivilrechtliche Pflichten und Rechte bei Anpassungen und Sicherungsmaßnahmen lag es systematisch fern, Drittschutz im Betriebsplanverfahren über eine Generalklausel anzunehmen, die sich zudem genetisch und im Wortlaut bestenfalls indifferent verhielt. Dieses Regelungsgefälle ließ nur den Schluss zu, dass der Gesetzgeber den Schutz des Oberflächeneigentums auf Betriebsplanebene nur reflexhaft erfassen wollte. Öffentlich normierte Belange können grundsätzlich zugleich dem objektivierten Schutz des Grundeigentums dienen; das individualisierte Grundeigentum wurde allerdings nach der ursprünglichen Fassung nicht adres-

---

Drittschutz aus, zogen daraus aber die Konsequenz der Verfassungswidrigkeit und gewährten Schutz unmittelbar über Art. 14 Abs. 1 GG, *Hoppe/Beckmann*, Grundeigentumsschutz bei heranrückendem Bergbau, 1988, S. 66 ff. (insb. S. 78, 93, 97), S. 98 ff.; siehe auch die Bestandsaufnahmen bei *Beckmann*, DVBl 1989, S. 669; *Durner*, Konflikte räumlicher Planungen, 2005, S. 360; *Hoppe*, DVBl 1993, S. 221 f., *ders.*, Das Spannungsverhältnis von Bergwerkseigentum und Oberflächeneigentum im Lichte des Verfassungsrechts, 1991, S. 15 f.; *Papier/Shirvani*, in: Maunz/Dürig, GG, Art. 14 Rn. 541 (Stand: April 2018), jeweils m.w.N.

180 Dazu unten 3. Kapitel A. II. 2. b) dd), S. 230 f.

181 Vgl. *Schmidt-Aßmann*, in: Maunz/Dürig, GG, Art. 19 Abs. 4 Rn. 137 (Stand: August 2020).

182 § 48 Abs. 2 BBergG wurde erst 1990 und damit nach der *Moers-Kapellen*-Entscheidung ergänzt.

183 Vgl. § 54 Abs. 2 BBergG. Gleichwohl ist eine Beteiligung nach Maßgabe des § 13 Abs. 2 LVwVfG möglich, dazu *Hoppe/Beckmann*, Grundeigentumsschutz bei heranrückendem Bergbau, 1988, S. 85 ff.; *Schmidt-Aßmann/Schoch*, Bergwerkseigentum und Grundeigentum im Betriebsplanverfahren, 1994, S. 120.

siert, war damit objektiv-rechtlich nicht umfassend erfasst und insgesamt nicht subjektiviert. Ganz in diesem Sinne wurden – und werden – umfassende Duldungspflichten der Grundeigentümer angenommen.[184]

Die soeben angeführte und in der Entwurfsbegründung betonte Pflicht gegenseitiger Rücksichtnahme war dabei wohl mehr eine euphemistische Umschreibung des Umstands, dass sich der Grundeigentümer nach dem Bundesberggesetz – anders als zuvor – „bei der Nutzung seiner Grundstücke auf die in Bergbaugebieten herrschenden besonderen Gegebenheiten einzustellen" hatte, damit Zahlungen für Bergschäden reduziert und Betriebsmittel für sinnvollere Investitionen frei werden konnten.[185] Bei gleichwohl eintretenden Bergschäden sollte nach diesem Konzept als *ultima ratio* der hergebrachte Grundsatz des „dulde und liquidiere" greifen, der in den §§ 114 ff. BBergG – wie erwähnt – sehr ausführlich und ausdifferenziert normiert ist.

Damit ließ das Bundesberggesetz in seiner ursprünglichen Fassung keinen Raum für die Berücksichtigung individualisierter Privatinteressen im Betriebsplanverfahren – und zwar ungeachtet der Frage, ob die Auslegung nach dem objektivierten Willen des Gesetzgebers zu erfolgen hat[186] oder historische und genetische Aspekte verstärkt zu berücksichtigen sind[187]. Auch Art. 14 GG konnte zumindest im Rahmen der *Auslegung* keinen weiterreichenden Schutz vermitteln.[188] Der Gesetzgeber hatte private Belange lediglich durch verschiedene Vo-

---

[184]　BT-Drs. 8/1315, S. 86 zur Bewilligung; näher oben 2. Kapitel A. I., S. 89.

[185]　Vgl. BT-Drs. 8/1315, S. 138; dazu *Hüffer*, in: FS Fabricius, 1989, S. 115 (125 ff.).

[186]　Siehe nur BVerfG, Urteil vom 17. Januar 2017 – 2 BvB 1/13, BVerfGE 144, 20 Rn. 555; *Huber*, Konkurrenzschutz im Verwaltungsrecht, 1991, S. 113; *Sodan*, in: Sodan/Ziekow, VwGO, 5. Auflage 2018, § 42 Rn. 391, jeweils m.w.N.; kritisch *Rüthers/Fischer/Birk*, Rechtstheorie, 11. Auflage 2020, Rn. 799 f.; *Voßkuhle*, AöR 125 (2000), S. 177 (186 f., 189).

[187]　So die überzeugendere Methodik, näher *Rüthers/Fischer/Birk*, Rechtstheorie, 11. Auflage 2020, Rn. 778 ff.; *Sauer*, Juristische Methodenlehre, in: Krüper, Grundlagen des Rechts, 4. Auflage 2021, § 9 Rn. 30 ff.; *H.-P. Schneider*, in: FS Stern, 1997, S. 903 ff. zur Verfassungsinterpretation. Auch das Bundesverfassungsgericht legt entgegen der eigenen Prämisse regelmäßig großes Gewicht auf entwicklungsgeschichtliche Aspekte, siehe etwa BVerfG, Beschluss vom 13. April 2017 – 2 BvL 6/13, BVerfGE 145, 171 Rn. 121; ebenso die Feststellung bei *Rüthers/Fischer/Birk*, a.a.O., Rn. 800. An dieser Frage sowie dem richterlichen Selbstverständnis bei der Rechtserzeugung entbrannte eine teils sehr polarisierend und überspitzt geführte Debatte um den (vermeintlichen) Weg zum „oligarchischen Richterstaat", *Rüthers*, JZ 2006, S. 53 ff. oder den Vergleich des Richters mit einem Pianisten, der die Vorgaben „mehr oder weniger virtuos" interpretiert, „aber das Stück nicht verfälschen" darf, *Hirsch*, ZRP 2006, S. 161, siehe dazu die kurze Rekonstruktion bei *Hassemer*, Rechtstheorie 39 (2008), S. 1 ff.

[188]　Anders ist dies zu beurteilen, wenn man den subjektiven Rechtscharakter der einfachrechtlichen Norm von vornherein als grundrechtlich determiniert betrachtet und ein staatlicher Eingriff bei einer konkreten Betroffenheit in grundrechtlich geschützte Interessen eine drittschützende Funktion aktiviert, so *Huber*, in: von Mangoldt/Klein/Starck, GG, Bd. 1, 2010, § 19 Abs. 4 Rn. 399 ff.; *ders.*, Konkurrenzschutz im Verwaltungsrecht, 1991, S. 244 ff. zu polygonalen Rechtsverhältnissen, der dort ausdrücklich auch die *Moers-Kapellen*-Konstruktion begrüßt (S. 263) und eine ausdrückliche gesetzgeberische Beschränkung auf eine

raussetzungen reflexhaft erfasst, aber mit Blick auf den Bestandsschutz keinen umfassenden Interessenausgleich intendiert und insoweit seine Schutzpflicht bereits objektiv-rechtlich verkannt. Vielmehr sollten Anpassungspflichten primär Entschädigungszahlungen reduzieren, die im Übrigen als Wertgarantie dem Eigentum Rechnung tragen sollten. Entsprechender Drittschutz auf Betriebsplanebene war damit ebenfalls abzulehnen.

(2) Überschreitung der Grenzen richterlicher Rechtsfortbildung

Die *Moers-Kapellen*-Entscheidung bewegt sich damit – soweit sie § 48 Abs. 2 BBergG a.F. individualisierten und drittschützenden Charakter beimisst, nicht mehr auf der Linie einer verfassungskonformen Auslegung, sondern betreibt grundrechtlich untermauerte Rechtsfortbildung, die im Ergebnis abzulehnen ist. Zwar kann sie immerhin für sich beanspruchen, nicht gegen einen klar artikulierten Wortlaut zu verstoßen. Allerdings wird die

„Eindeutigkeit der im Wege der Auslegung gewonnenen gesetzgeberischen Grundentscheidung […] nicht notwendig dadurch relativiert, dass der Wortlaut der einschlägigen Norm auch andere Deutungsmöglichkeiten eröffnet, soweit diese Deutungen offensichtlich eher fern liegen oder von der ganz überwiegenden Praxis zu keinem Zeitpunkt ernsthaft erwogen worden sind."[189]

Nicht möglich war zunächst – was das Bundesverwaltungsgericht jedenfalls in der Begründetheit auch nicht macht[190] – Schutzansprüche unmittelbar auf Art. 14 GG zu stützen, wenn – wie hier – damit gleichzeitig ein Eingriff in Freiheitsrechte Dritter begehrt wird, die dafür erforderliche einfachgesetzliche Grundlage[191] in der ursprünglichen Fassung des § 48 Abs. 2 BBergG jedoch fehlte.[192] Denn nur wenn der objektiv-rechtliche Regelungsgehalt kollidierende

---

Aufgabenwahrnehmung „nur im öffentlichen Interesse" zur Korrektur der fachgerichtlichen Rechtsprechung (vgl. BT-Drs. 10/1441, S. 2, 20) für wirkungslos hält (S. 296); ablehnend *Schmidt-Preuß*, Kollidierende Privatinteressen im Verwaltungsrecht, 2. Auflage 2005, S. 721. Vgl. auch *Schmidt-Kötters*, in: Posser/Wolff, BeckOK VwGO, § 42 Rn. 191, der im Einzelfall einer „Rechtsnorm auch gegen den Willen des einfachen Gesetzgebers einen subjektiv rechtlichen Gehalt" beimessen will.

[189] So überzeugend *Voßkuhle/Osterloh/Di Fabio*, Sondervotum zu BVerfG, Beschluss vom 15. Januar 2009 – 2 BvR 2044/07, BVerfGE 122, 248, (282 (284)).

[190] Anders in der Zulässigkeit BVerwG, Urteil vom 16. März 1989 – 4 C 36/85, BVerwGE 81, 329 (330).

[191] Näher zur Schutzpflichtdogmatik oben 1. Kapitel C. III. 3 a) ee), S. 54 f.

[192] Dazu *Schmidt-Preuß*, Kollidierende Privatinteressen im Verwaltungsrecht, 2. Auflage 2005, S. 721 f.; *Wahl*, DVBl 1996, S. 641 (646 f.); i.E. auch *Lübbe-Wolff*, Die Grundrechte als Eingriffsabwehrrechte, 1988, S. 203; vgl. *Scherzberg*, in: Ehlers/Pünder, Allgemeines Verwaltungsrecht, 15. Auflage 2016, § 12 Rn. 15; in der Sache a.A. VGH Kassel, Beschluss vom 6. November 1989 – 8 TH 685/89, NJW 1990, S. 336 ff., ablehnend dazu oben 1. Kapitel C. III. 3. b) bb), S. 60 f. Allgemein zu Grundrechten als Schutznormen (sog. normexterne Wirkung) *Gärditz*, in: Gärditz, VwGO, 2. Auflage 2018, § 42 Rn. 77 f.; *Sodan*, in: Sodan/Ziekow, VwGO, 4. Auflage 2014, § 42 Rn. 395 ff., jeweils m.w.N.; Grundrechte als subjektive öffent-

Grundrechtspositionen ausreichend achtet und lediglich die Subjektivierung abzulehnen ist, kommt ein grundrechtlicher Abwehranspruch gegen drittbelastende – rechtswidrige – Verwaltungsakte in Betracht.[193]

Möglich war also nur die Setzung von Richterrecht, die das legislative Recht derart umgestaltet, dass Individualinteressen objektiv-rechtlich ausreichend geschützt werden und gleichzeitig verfahrens- und prozessrechtlich von den betroffenen Dritten geltend gemacht werden können. Über § 48 Abs. 2 BBergG a.F. war dies vergleichsweise problemlos möglich, weil die „öffentlichen Interessen" eine gewisse Strapazierfähigkeit bei deren Konkretisierung aufweisen und zudem – auch wenn das Bundesverwaltungsgericht dies nicht ausdrücklich ausführt – die Annahme von subjektiven Rechten eine Beteiligung nach § 13 Abs. 2 LVwVfG mit sich bringt[194].

Die Grenzen richterlicher Rechtsfortbildung sind nun nicht einfach zu ziehen,[195] werden teils großzügig[196] und teils eng[197] umrissen, sind aber letztlich immer nur im Einzelfall zu ermitteln.[198] Dabei ist nicht zu verkennen, dass „statt

---

liche Rechte im Verwaltungskreis – auch in der grundrechtlichen Eingriffskonstellation – grundsätzlich ablehnend jedoch *Wahl*, a.a.O., S. 646; dagegen *Cornils*, Die Ausgestaltung der Grundrechte, 2005, S. 331 f.; *Enders*, in: Friauf/Höfling, Berliner Kommentar zum GG, vor Art. 1 Rn. 89 (Stand: Oktober 2000).

[193] *Scherzberg*, in: Ehlers/Pünder, Allgemeines Verwaltungsrecht, 15. Auflage 2016, § 12 Rn. 16; in diesem Sinne auch die ältere Rechtsprechung zum Drittschutz im Baurecht, BVerwG, Urteil vom 13. Juni 1969 – IV C 234/65, BVerwGE 32, 173 (178 f.); Urteil vom 26. März 1976 – IV C 7/74, BVerwGE 50, 282 (286); a.A. *Lübbe-Wolff*, Die Grundrechte als Eingriffsabwehrrechte, 1988, S. 200 f., die allerdings für eine entsprechende verfassungskonforme Auslegung eintritt (S. 201 ff.); im Baurecht anders auch BVerwG, Urteil vom 23. August 1996 – 4 C 13/94, BVerwGE 101, 364 (373); zurückhaltender noch BVerwG, Urteil vom 26. September 1991 – 4 C 5/87, BVerwGE 89, 69 (77 ff.).

[194] Siehe oben Fn. 183, S. 225.

[195] Vgl. *Möllers*, JZ 2009, S. 668 ff.; oben Fn. 187, S. 226.

[196] *Bumke*, Verfassungsrechtliche Grenzen fachrichterlicher Rechtserzeugung, in: ders., Richterrecht zwischen Gesetzesrecht und Rechtsgestaltung, 2012, S. 33 (40 ff.); vgl. BVerfG, Beschluss vom 15. Januar 2009 – 2 BvR 2044/07, BVerfGE 122, 248 ff., kritisch dazu *Möllers*, JZ 2009, S. 668 (670 f.).

[197] *Hillgruber*, JZ 1996, S. 118 ff., dort auch kritisch zu den Folgen der *Soraya*-Entscheidung, BVerfGE 34, 269 ff.; vgl. auch BVerfG, Beschluss vom 14. Juni 2007 – 2 BvR 1447, 136/05, BVerfGE 118, 212 (243); *Voßkuhle*, AöR 125 (2000), S. 177 (182 ff.), der gleichwohl konstatiert, dass „bei realistischer Einschätzung methodische Grenzziehungspostulate kaum hinreichenden Schutz vor einer Überformung des legislativen Gestaltungswillens" bieten; ferner *Schmidt-Preuß*, Kollidierende Privatinteressen im Verwaltungsrecht, 2. Auflage 2005, S. 44 f. zur verfassungskonformen Auslegung unter ausdrücklicher Kritik an der *Moers-Kapellen*-Entscheidung.

[198] Differenzierend *Voßkuhle/Osterloh/Di Fabio*, Sondervotum zu BVerfG, Beschluss vom 15. Januar 2009 – 2 BvR 2044/07, BVerfGE 122, 248, (282 286)): „Dient die vom Richter gewählte Lösung, der Verfassung, insbesondere verfassungsmäßigen Rechten des Einzelnen, zum Durchbruch zu verhelfen, wie etwa in der Soraya-Entscheidung [...], sind die Grenzen für richterliche Rechtsfortbildung weiter, da insoweit eine auch den Gesetzgeber treffende Vorgabe der höherrangigen Verfassung konkretisiert wird. Dagegen sind bei einer

Gewolltes als verfassungswidrig aufzuheben (oder nicht), das verfassungsrechtlich Zulässige zum wirklich Gewollten erklärt und somit Recht gesetzt statt an der Verfassung gemessen" wird.[199] Es stellt sich – plakativ formuliert – die Frage, ob im konkreten Fall die Norm „im Interesse einer funktionsfähigen Rechtsordnung besser ‚gerettet' wird oder zur Neuproduktion an den Gesetzgeber zurückzugeben ist", zumal die Entfernung von Wortlaut und Systematik der Rechtsklarheit abträglich ist.[200]

Die *Moers-Kapellen*-Entscheidung ist bestrebt, eine verfassungswidrige Ausgestaltung des Eigentums an der Eigentumsdogmatik des Nassauskiesungsbeschlusses auszurichten. Dabei handelt es sich aber nicht nur um eine geringfügige Nachjustierung, sondern um einen Systemwechsel im Schutz des Grundeigentums. Das Gericht formuliert einen Ausgleich, den es – unter weitestgehender Schonung der gesetzgeberischen Konzeption – für notwendig hält. Dabei ist schon zweifelhaft, ob dieser Schutzumfang schon nach den eigenen Maßstäben überhaupt verfassungsrechtlichen Anforderungen genügt. Der Senat knüpft nämlich zumindest gedanklich an ältere Rechtsprechung des Bundesverwaltungsgerichts zum baurechtlichen Nachbarschutz bei mittelbaren Beeinträchtigungen an, gegen die nur bei schweren und unerträglichen Veränderungen der Grundstückssituation ein Abwehranspruch bestehe, während *unmittelbare* Eingriffe in die Substanz des Eigentums auch darüber hinaus abgewehrt werden könnten.[201] Ist aber die wahrscheinliche Beeinträchtigung des Oberflächeneigentums nicht ein solcher unmittelbarer „Eingriff" in die Substanz des Grundeigentums mit der Folge, dass der richterrechtlich gewährte Schutz zu kurz greift?[202]

Nimmt man die Konfliktschlichtungsprärogative des demokratisch legitimierten Gesetzgebers[203] ernst, ist jedenfalls ein richterrechtlicher Systemwechsel im Eigentumsschutz ein bedenklicher Übergriff in die gesetzgebende Gewalt, zumal gar nicht klar ist, wie weit der eigentumsrechtliche Schutz und damit die Notwendigkeit der Anpassung reicht und darüber hinaus mehrere

---

Verkürzung von Rechtspositionen des Einzelnen durch die von der Rechtsprechung gewählte Lösung die Grenzen für richterliche Rechtsfortbildung deutlich enger gesteckt [...]."

[199] *Schuppert*, Funktionell-rechtliche Grenzen der Verfassungsinterpretation, 1980, S. 7.

[200] *Voßkuhle*, AöR 125 (2000), S. 177 (184); vgl. konkret zur *Moers-Kapellen*-Entscheidung *Beckmann*, DVBl 1992, S. 741 (745 f.).

[201] BVerwG, Urteil vom 26. März 1976 – IV C 7/74, BVerwGE 50, 282 (287 f.). Zum fehlenden Eingriffscharakter oben 3. Kapitel A. II. 2. b) bb), S. 218.

[202] Ausführlich *Hoppe/Beckmann*, Grundeigentumsschutz bei heranrückendem Bergbau, 1988, S. 100 ff.; *Schenke*, Bergbau contra Oberflächeneigentum und kommunale Selbstverwaltung?, 1994, S. 25 ff., insb. 33 f.; a.A. *Schmidt-Aßmann/Schoch*, Bergwerkseigentum und Grundeigentum im Betriebsplanverfahren, 1994, S. 101 ff., 110 f.; ferner *Gaentzsch*, DVBl 1993, S. 527 (530). Zum rechtsstaatlichen Abwägungsgebot siehe unten 3. Kapitel A. II. 4. e) cc), S. 257 ff.

[203] *Schmidt-Preuß*, Kollidierende Privatinteressen im Verwaltungsrecht, 2. Auflage 2005, S. 37 ff., 41 f., 45, 719 f.

Möglichkeiten zur Konfliktlösung denkbar sind.[204] Diese verfassungsrechtlichen Fragen zu klären, ist aber primäre Aufgabe des Bundesverfassungsgerichts; dessen Maßstäbe umzusetzen bleibt zuvörderst Angelegenheit des Gesetzgebers.[205] Damit wäre – statt einer die Gewaltenteilung missachtenden Rechtsfortbildung – eine konkrete Normenkontrolle angezeigt[206] oder zumindest durch Klageabweisung der Weg zur Verfassungsbeschwerde zu bereiten gewesen.[207] Der Gewaltenteilungsgrundsatz wird verfassungs*praktisch* zusätzlich dadurch unterminiert, dass Richterrecht dauerhaft dem demokratischen Willensbildungsprozess entzogen bleibt, weil der Gesetzgeber es wohl häufig nicht an sich zieht und neu gestaltet.[208]

dd) Folgen

Letzteres hat sich – wie bereits angedeutet – unmittelbar im Anschluss der *Moers-Kapellen*-Entscheidung bestätigt. Der Gesetzgeber hat 1990 im Zuge der bislang umfangreichsten Novellierung des Bundesberggesetzes[209] nicht die Gelegenheit zur Neukonzeption des Verhältnisses zwischen Grundeigentum und Bergbau ergriffen. Stattdessen hat er fragwürdiges Richterrecht durch eine nur im historischen Kontext verständliche verfahrensrechtliche Ergänzung des § 48 Abs. 2 BBergG lediglich legislativ bestätigt,[210] damit bis heute zemen-

---

[204] *Hillgruber*, JZ 1996, S. 118 (122 f.) sieht eine Rechtsfortbildung allenfalls dann als zulässig an, wenn es sich um die einzig mögliche Normsetzung zur Vermeidung der Verfassungswidrigkeit handelt.

[205] Vgl. hierzu auch *Voßkuhle*, AöR 125 (2000), S. 177 (194 ff.).

[206] *Ludwig*, VerwArch 108 (2017), S. 559 (573). Eine Vorlage nach Art. 100 Abs. 1 GG ist allerdings bei gesetzgeberischem Unterlassen problematisch, näher *Hillgruber*, JZ 1996, S. 118 (129); *Müller-Terpitz*, in: Maunz/Schmidt-Bleibtreu/Klein/Bethge, BVerfGG, § 80 Rn. 118 ff. (Stand: April 2015); *Schmidt-Preuß*, Kollidierende Privatinteressen im Verwaltungsrecht, 2. Auflage 2005, S. 50 f. Ist der Gesetzgeber auf einem Rechtsgebiet jedoch bereits tätig geworden und hält „ein Gericht die geschaffenen Vorschriften angesichts einer grundrechtlichen Schutzpflicht für unzureichend", ist eine Vorlage möglich, BVerfG, Beschluss vom 16. Januar 2013 – 1 BvR 2004/10, NJW 2013, S. 1148 (1149). Dies dürfte auch dann gelten, wenn die Schutzpflichterfüllung gleichzeitig einen Grundrechtseingriff in Rechte Dritter bedeutet. Das Bundesverfassungsgericht setzt allerdings darüber hinaus die Anforderungen an die Vorlage selbst hoch an, wenn es eine vorrangige verfassungskonforme Auslegung durch die Fachgerichte impliziert, kritisch dazu *Voßkuhle*, AöR 125 (2000), S. 177 (199 f.).

[207] Vgl. *Hillgruber*, JZ 1996, S. 118 (120, 122).

[208] Vgl. *Voßkuhle*, AöR 125 (2000), S. 177 (187). Zu einer denkbaren richterlichen Rechtsfortbildung bei Annahme einer Planungsentscheidung siehe unten 3. Kapitel A. II. 4. d) bb), S. 251 f.

[209] Gesetz zur Änderung des Bundesberggesetzes vom 12. Februar 1990, BGBl I 1990, S. 215.

[210] Vgl. Beschlussempfehlung und Bericht des Ausschusses für Wirtschaft, BT-Drs. 11/5601, S. 15 f.; *Kühne*, DVBl 2006, S. 662 (668); kritisch zur Regelungsstruktur auch *Schmidt-Aßmann/Schoch*, Bergwerkseigentum und Grundeigentum im Betriebsplanverfahren, 1994, S. 120.

tiert[211] und letztlich die Lesbarkeit des ohnehin schwierigen § 48 Abs. 2 BBergG nicht gerade erleichtert. Auch das Bundesverwaltungsgericht ist von dieser Linie nie abgerückt.[212] Die Zulassungspraxis hat mit der Abarbeitung der Interessen von Oberflächeneigentümern in eigenen Sonderbetriebsplänen reagiert.[213] Mit dem Ausstieg aus der Steinkohlenförderung hat sich die praktische Relevanz der konkreten Konstellation deutlich reduziert. Die Rechtswirkungen der Entscheidung zeigen sich aber bis heute in der Dogmatik zur Öffnungsklausel und hier insbesondere bei der tatbestandlichen Abwägung, auf die später näher einzugehen ist.[214]

Im Übrigen hat das Bundesverwaltungsgericht später auf Basis des so gewährleisteten Individualschutzes durch § 48 Abs. 2 BBergG auch den Schutz von Grundeigentümern bei Tagebauvorhaben ausgeweitet, deren Interessen nunmehr bereits im Rahmenbetriebsplanverfahren zu berücksichtigen sind und die insbesondere nicht ausschließlich auf spätere Grundabtretungsverfahren verwiesen werden können.[215] Diese Auslegung fand – bei aller Skepsis gegenüber dem Regelungssystem des Bundesberggesetzes selbst – auch das Wohlwollen des Bundesverfassungsgerichts in dessen *Garzweiler*-Entscheidung.[216]

3. Für den Bergbau streitende Interessen

Innertatbestandliche Gegenspieler der öffentlichen Interessen sind die Aufsuchung oder Gewinnung von Bodenschätzen. Beide können nur dann versagt werden, wenn die entgegenstehenden Belange höher zu gewichten sind als die für die Aufsuchung oder Gewinnung streitenden Interessen. Zu letzteren zählt maßgeblich die bereits in § 1 Nr. 1 BBergG hinterlegte Sicherung der Rohstoffversorgung. Hinzu kommen Interessen der Bergbauunternehmen, die zugleich grundrechtlichen Schutz genießen.[217]

---

[211] Die Versuche einer Auslegung in Richtung eines umfassenden Schutzes des Oberflächeneigentums durch *Schenke*, Bergbau contra Oberflächeneigentum und kommunale Selbstverwaltung?, 1994, S. 40 f. laufen dagegen eher auf eine objektivierte Überformung des gesetzgeberisch tatsächlich Gewollten hinaus, dazu oben 3. Kapitel A. II. 2. b) cc) (1), S. 222 ff.

[212] Vgl. *Kühne*, in: Boldt/Weller/Kühne/von Mäßenhausen, BBergG, 2. Auflage 2016, § 48 Rn. 66 ff.; a.A. *Papier/Shirvani*, in: Maunz/Dürig, GG, Art. 14 Rn. 541 (Stand: April 2018). Die dort rezipierte Entscheidung BVerwG, Urteil vom 29. Juni 2006 – 7 C 11/05 – BVerwGE 126, 205 Rn. 16, 22 f. betraf die spätere Inanspruchnahme der Grundstücke für einen Tagebau, sodass der dort postulierte generelle Drittschutz nicht auf Untertagebaue übertragbar ist.

[213] Dazu unten 3. Kapitel B. I. 2., S. 278.

[214] Siehe unten 3. Kapitel A. II. 4., S. 239 ff.

[215] BVerwG, Urteil vom 29. Juni 2006 – 7 C 11/05 – BVerwGE 126, 205 Rn. 19 ff.

[216] BVerfG, Urteil vom 17. Dezember 2013 – 1 BvR 3139, 3386/08, BVerfGE 134, 242; näher unten 3. Kapitel A. II. 4. f), S. 259 ff.

[217] *Kühne*, in: Boldt/Weller/Kühne/von Mäßenhausen, BBergG, 2. Auflage 2016, § 48 Rn. 46.

a) Die Sicherung der Rohstoffversorgung

Die Zwecksetzung des Bundesberggesetzes und die hiermit verbundene Steuerungs- und Sicherungsfunktion vermitteln eine bedeutsame Stellung bergbaulicher Tätigkeiten, die auch im Rahmen von § 48 Abs. 2 Satz 1 BBergG zu berücksichtigen ist. Eine systematisch zweifelhafte und inhaltlich indifferente Bedeutung kommt dabei der Rohstoffsicherungsklausel des § 48 Abs. 1 Satz 2 BBergG zu. Hiernach ist bei der Anwendung von grundstücksbezogenen Rechtsvorschriften dafür Sorge zu tragen, dass die Aufsuchung und Gewinnung so wenig wie möglich beeinträchtigt werden. Auf einen entsprechenden Rückgriff kann allerdings im Rahmen der bergrechtlichen Abwägung nach § 48 Abs. 2 Satz 1 BBergG verzichtet werden.

aa) Die fehlende Bedeutung der Rohstoffsicherungsklausel

Systematisch und nach dem ausdrücklichen Wortlaut bezieht sich die Rohstoffsicherungsklausel ausschließlich auf grundstücksschützende Rechtsvorschriften nach § 48 Abs. 1 Satz 1 BBergG und damit auf ganz bestimmte außerbergrechtliche Normen.[218] Sie greift daher unmittelbar weder bei der *Schaffung* von Rechtsvorschriften i.S.d. § 48 Abs. 1 Satz 1 BBergG wie etwa Schutzgebietsverordnungen[219] noch bei der Anwendung sonstiger außerbergrechtlicher Bestimmungen und erst recht nicht zur Verstärkung bergbaulicher Belange im Rahmen von § 48 Abs. 2 BBergG.[220] Diese eingeschränkte Geltung ist in der Sache nicht verständlich und wohl dem verworrenen Gesetzgebungsprozess geschuldet.[221] So verwundert es nicht, dass der Gedanke des § 48 Abs. 1 Satz 2 BBergG ganz im Sinne der Zwecksetzung in § 1 Nr. 1 BBergG auch über seinen unmittelbaren Anwendungsbereich – insbesondere auch auf § 48 Abs. 2 Satz 1 BBergG – ausstrahlen soll.[222]

---

[218] Die Rohstoffsicherungsklausel betrifft ausweislich ihrer allgemeinen Fassung nicht lediglich energieversorgungsrelevante Bodenschätze, OVG Bautzen, Urteil vom 17. August 2018 – 1 A 320/17, ZfB 160 (2019), S. 146 Rn. 78; *Vitzthum/Piens*, in: Piens/Schulte/Graf Vitzthum, BBergG, 3. Auflage 2020, § 48 Rn. 19 (a.A. noch die Vorauflage, Rn. 19).

[219] BVerwG, Beschluss vom 25. August 1995 – 4 B 191/95, NVwZ-RR 1996, S. 140 f.; *Kühne*, in: Boldt/Weller/Kühne/von Mäßenhausen, BBergG, 2. Auflage 2016, § 48 Rn. 26; *Ludwig*, Auswirkungen der FFH-RL auf Vorhaben zum Abbau von Bodenschätzen nach dem BBergG, 2005, S. 20; a.A. *Hoppe*, DVBl 1987, S. 757 (762); missverständlich BVerwG, Beschluss vom 15. Oktober 1998 – 4 B 94/98, NVwZ 1999, S. 876; *H. Schulte*, ZfB 128 (1987), S. 178 (194). Freilich sind auch bei der Schaffung solcher Normen bergbauliche Belange in die Abwägung einzustellen, näher *Vitzthum/Piens*, in: Piens/Schulte/Graf Vitzthum, BBergG, 3. Auflage 2020, § 48 Rn. 13.

[220] A.A. *Hoppe*, DVBl 1987, S. 757 (760, 764) zu § 11 Nr. 10 BBergG; wohl auch *Vitzthum/Piens*, in: Piens/Schulte/Graf Vitzthum, BBergG, 3. Auflage 2020, § 48 Rn. 15.

[221] Näher oben 3. Kapitel A. II. 1., S. 202 ff. sowie 2. a) dd), S. 214.

[222] *Brockhoff*, Naturschutzrechtliche Eingriffsregelung in bergrechtlichen Zulassungsverfahren, 2012, S. 296; *Büllesbach*, Die rechtliche Beurteilung von Abgrabungen nach Bun-

Inhaltlich kann nicht pauschal ermittelt werden, welches Gewicht dem Bergbau zuteil wird. Abzulehnen ist jedenfalls eine absolute Vorrangstellung.[223] Die von der herrschenden Sichtweise angenommene relative Vorrangstellung, die dem Bergbau ein besonderes Gewicht verleihen soll,[224] ermöglicht es zwar, der besonderen Bedeutung des Bergbaus in außerbergrechtlichen Entscheidungen Rechnung zu tragen. Mit wachsender Relevanz etwa des Umweltschutzes, der mit Art. 20a GG zudem Verfassungsrang genießt, verliert aber die Rohstoffsicherungsklausel an relativer Bedeutung.[225] Einmal geschaffene Präferenz- oder Optimierungsgebote konkurrieren mit späteren gegenläufigen Optimierungsgeboten; sie stehen „in Zukunft zwieträchtig nebeneinander", weil der Gesetzgeber derartige Entscheidungen – aus welchen Günden auch immer – kaum wieder zurücknimmt.[226]

Im Rahmen des § 48 Abs. 2 BBergG bedarf dies keiner näheren Diskussion, weil die Rohstoffsicherungsklausel bei bergrechtlichen Entscheidungen jedenfalls keine weiterreichenden Sicherungen vermittelt, als es der Zwecksetzung in § 1 Nr. 1 BBergG sowie der hieran anknüpfenden Gesamtsystematik ohnehin entspricht.[227] Die hervorgehobene Bedeutung der Sicherung der Rohstoffversorgung ist dem Bundesberggesetz immanent und demnach auch adäquat bei der Frage zu berücksichtigen, ob entgegenstehende Interessen überwiegen.

---

des- und Landesrecht, 1994, S. 100; *Frenz*, DÖV 2016, S. 322 (327); *Kühne*, in: Boldt/Weller/Kühne/von Mäßenhausen, BBergG, 2. Auflage 2016, § 48 Rn. 27; vgl. BVerwG, Urteil vom 16. März 1989 – 4 C 36/85, BVerwGE 81, 329 (339). Die fehlende unmittelbare Anwendbarkeit tritt dabei nicht immer ausreichend deutlich hervor, vgl. etwa VG Freiburg, Urteil vom 5. November 2020 – 10 K 2788/19, ZfB 162 (2021), S. 131 (145).

[223] *Hoppe/Beckmann*, Grundeigentumsschutz bei heranrückendem Bergbau, 1988, S. 15; *Schmidt-Aßmann/Schoch*, Bergwerkseigentum und Grundeigentum im Betriebsplanverfahren, 1994, S. 107; *Wörheide*, Die Bergbauberechtigungen nach dem Bundesberggesetz, 2014, S. 85 f. unter Verweis auf die mittlerweile in § 1 BBergG verankerte Bodenschutzklausel; vgl. bereits BT-Drs. 8/3965, S. 136 f.; a.A. noch *Hoppe*, DVBl 1987, S. 757 (761 ff.) zum Verhältnis zum Naturschutz, zur Kritik siehe die Nachweise oben in Fn. 127, S. 107; weitgehend auch noch BVerwG, Urteil vom 4. Juli 1986 – 4 C 31/84, BVerwGE 74, 315 (318 f.); Urteil vom 16. März 1989 – 4 C 36/85, BVerwGE 81, 329 (339).

[224] VGH Mannheim, Urteil vom 9. Juni 1988 – 6 S 2972/84, ZfB 130 (1989), S. 57 (71 f.); näher *Vitzthum/Piens*, in: Piens/Schulte/Graf Vitzthum, BBergG, 3. Auflage 2020, § 48 Rn. 14 m.w.N.

[225] Tendenziell a.A. *Frenz*, DÖV 2016, S. 322 (327 f.).

[226] *Di Fabio*, in: FS Hoppe, S. 75 (96): „Bürgerbeteiligung, Umweltschutz, Standortförderung, Verfahrensbeschleunigung". Würde man § 48 Abs. 1 Satz 2 BBergG streichen (so die Forderung von *Fischer-Hüftle*, NuR 1989, S. 106 (113) sowie jüngst *Keimeyer/Gailhofer/Westphal/Sanden/Schomerus/Teßmer*, Recht der Rohstoffgewinnung, Umweltbundesamt, Texte 71/2019, S. 304 f.), könnte dies wiederum als deutliche Signalwirkung gegen bergbauliche Interessen gewertet werden (was zumindest *Fischer-Hüftle* auch intendiert, während *Keimeyer et al.*, a.a.O., die Rechtsprechungspraxis aufgreifen und mit der Streichung „Missverständnissen" entgegenwirken wollen).

[227] I.E. ebenso *Brockhoff*, Naturschutzrechtliche Eingriffsregelung in bergrechtlichen Zulassungsverfahren, 2012, S. 297.

bb) Die Bedeutung der Rohstoffversorgung

Versucht man allerdings, diese „volkswirtschaftlich-bergbaulichen Interessen"[228] und deren Bedeutung im Rahmen der Abwägung nach § 48 Abs. 2 Satz 1 BBergG zu konturieren, stößt man unweigerlich auf ähnliche Schwierigkeiten, wie sie bereits im Berechtsamsverfahren auftreten. Auch im Betriebsplanverfahren kommt der Bergbehörde keine Befugnis zu, die *konkrete* volkswirtschaftliche Bedeutung des jeweiligen Vorhabens, insbesondere den Rohstoffbedarf am Markt, zu analysieren und zu gewichten. Das Bundesberggesetz soll die Aufsuchung, Gewinnung und Aufbereitung von Bodenschätzen nach § 1 Nr. 1 BBergG zur Sicherung der Rohstoffversorgung *fördern* und nicht an eine gesetzlich nicht einmal ansatzweise angedeutete Bedarfsplanung binden, welche die Bergbehörden der Länder sachlich und räumlich ohnehin häufig nicht leisten könnten.[229] Insbesondere besteht ein öffentliches Interesse an bergbaulichen Vorhaben nicht erst bei Versorgungsengpässen.[230]

Selbst im Rahmen von Enteignungen zugunsten von Gewinnungsvorhaben ist es nicht erforderlich, dass die konkrete Fläche zwingend benötigt wird, um den übergeordneten Gemeinwohlzweck – etwa die Energieversorgung[231] – nicht zu gefährden.[232] Es genügt, wenn das Vorhaben für das Wohl der Allgemeinheit „vernünftigerweise geboten" ist. Es muss demnach „einen substan-

---

[228] BVerwG, Beschluss vom 15. Oktober 1998 – 4 B 94/98, NVwZ 1999, S. 876.

[229] Vgl. bereits oben 2. Kapitel B. II. 1. b), S. 102 f. zu § 11 Nr. 9 BBergG. Im Einzelfall kann es aus Gründen des verfassungsrechtlichen Schutzes des Oberflächeneigentums allerdings notwendig sein, die *generelle* Bedeutung des Rohstoffes zu gewichten (siehe oben 2. Kapitel C. III. 2. b), S. 187 ff.), ohne dass damit zugleich ein rohstoffbezogenes „Bewirtschaftungs-"ermessen verbunden wäre.

[230] BVerwG, Urteil vom 20. November 2008 – 7 C 10/08, BVerwGE 132, 261 Rn. 50; VGH Mannheim, Urteil vom 15. April 2010 – 6 S 1939/09, ZfB 2010, S. 176 Rn. 29; *Kühne*, in: Boldt/ Weller/Kühne/von Mäßenhausen, BBergG, 2. Auflage 2016, § 1 Rn. 2.

[231] BVerfG, Urteil vom 17. Dezember 2013 – 1 BvR 3139, 3386/08, BVerfGE 134, 242 Rn. 228, 283. Dagegen ist nicht schon der Zweck der Rohstoffgewinnung selbst „abstrakt-absolute Festlegung des Wohls der Allgemeinheit", BVerwG, Urteil vom 14. Dezember 1990 – 7 C 5/90, BVerwGE 87, 241 (250 f.) unter in der Sache fehlerhaftem Verweis auf *Leisner*, DVBl 1988, S. 555 (558), der § 79 BBergG für verfassungswidrig hält, S. 561. Das Bundesverfassungsgericht akzeptiert hingegen den Zweck der Versorgung des Marktes mit Rohstoffen nach § 79 Abs. 1 BBergG (Rn. 201 f.). Damit bleiben auch Grundabtretungen, die nicht der Energieversorgung dienen, grundsätzlich möglich – wenngleich in der Praxis durchaus bezweifelt wird, ob die hohen Anforderungen an Enteignungen nach Maßgabe der *Garzweiler*-Entscheidung erfüllbar sind, dazu auch unten Fn. 376, S. 260.

[232] Vgl. BVerfG, Urteil vom 17. Dezember 2013 – 1 BvR 3139, 3386/08, BVerfGE 134, 242 Rn. 182 ff., 227 zur Grundabtretung zugunsten eines Braunkohlentagebaus (Garzweiler), das zwischen der Erforderlichkeit des Vorhabens für den Gemeinwohlzweck („vernünftigerweise geboten") und der Enteignung für die Verwirklichung des *konkreten Vorhabens* („unverzichtbar") unterscheidet. Damit muss die konkrete Enteignung aber nicht zugleich auch unverzichtbar zur Erfüllung des Gemeinwohlziels sein, weil dieser Anforderung auch das ganze Vorhaben nicht genügen muss.

tiellen Beitrag zur Erreichung des Gemeinwohlziels" leisten. Im Rahmen einer „Gesamtabwägung" ist dann zu überprüfen, ob „die Bedeutung des Vorhabens, zu dessen Verwirklichung die Enteignung geboten ist, für das konkret verfolgte Gemeinwohlziel [...] ihrerseits in einem angemessenen Verhältnis zu den durch das Vorhaben beeinträchtigten Belangen steht."[233] Dagegen kommt es etwa bei der Braunkohlengewinnung nicht darauf an, ob ohne die Vorhabenrealisierung „die Lichter ausgehen".[234]

Bergbauliche Belange setzen sich im Rahmen der Öffnungsklausel also nicht erst dann durch, wenn das Vorhaben für die Sicherung der Rohstoffversorgung unerlässlich ist. Selbst gewichtige gegenläufige Belange hindern nicht zwangsläufig die Betriebsplanzulassung, weil das Bundesberggesetz der Sicherung der Rohstoffversorgung pauschal und abstrakt einen hohen Stellenwert einräumt. Hier hat die Bergbehörde schon faktisch einen recht weiten Spielraum, der durchaus Ähnlichkeiten zu Ermessensregelungen hat. Bereits hier deutet sich an, dass die herrschende Lesart der gerichtlich voll überprüfbaren Zulassungsentscheidung wenig überzeugend ist. Außerbergrechtliche Konkretisierungen des Interesses an der Gewinnung eines bestimmten Rohstoffes oder der Rohstoffgewinnung im Allgemeinen können bergbaulichen Belangen im Rahmen der Öffnungsklausel zusätzliches Gewicht verleihen.

cc) Bergbausichernde Raumordnung

So kann der Gesetzgeber oder auch die Verwaltung die Bedeutung konkreter Vorhaben[235] oder zumindest der Gewinnung von Rohstoffen als solcher steuern.[236]

Wichtigstes Beispiel hierzu ist die Braunkohlenplanung, die in aufwendigen politischen und landesplanerischen Verfahren entsprechende Abbaugebiete festlegt,[237] gegen die Inanspruchnahme durch andere Nutzungen

---

[233] BVerfG, Urteil vom 17. Dezember 2013 – 1 BvR 3139, 3386/08, BVerfGE 134, 242 Rn. 184 f., 188, 202, 216, 227 f., 232, 299 f.

[234] BVerwG, Beschluss vom 20. Oktober 2008 – 7 B 21/08, NVwZ 2009, S. 333 Rn. 31 f.; vgl. auch Urteil vom 20. November 2008 – 7 C 10/08, BVerwGE 132, 261 Rn. 50 zur Zulegung nach § 35 BBergG.

[235] Zur *Sicherung* konkreter Vorhaben siehe auch – hier nicht näher behandelt – die Baubeschränkungen nach §§ 107 ff. BauGB sowie die Bergbauschutzgebiete nach § 11 BG DDR, dazu *M. Herrmann*, in: Boldt/Weller/Kühne/von Mäßenhausen, BBergG, 2. Aufl. 2016, Anhang Rn. 10, 39 ff.

[236] Zu Ressourcenschutzgebieten *de lege ferenda Sanden/Schomerus/Keimeyer/Gailhofer/Westphal/Teßmer*, Rohstoffbedarfsplanung, Umweltbundesamt, Texte 72/2019, S. 144 ff., dort ablehnend.

[237] Dies – trotz mancher Bedenken – billigend BVerfG, Urteil vom 17. Dezember 2013 – 1 BvR 3139, 3386/08, BVerfGE 134, 242 Rn. 301 f., 307 ff. zur nordrhein-westfälischen Regelung; ablehnend dagegen *Durner*, Konflikte räumlicher Planungen, 2005, S. 377 ff., der einen kompetenzwidrigen Übergriff des Landesrechts in das Bundesberggesetz annimmt. Jeden-

sichert[238] und auf richtungsweisenden Grundentscheidungen zur Sicherung der Energieversorgung[239] aufbaut, die wiederum das herausragende volkswirtschaftliche und gesellschaftliche Interesse an der Gewinnung nicht nur stärken, sondern im Grunde erst begründen. Der mit dem Kohleausstiegsgesetz vom 8. August 2020[240] festgelegte – und im Nachgang zum Klimabeschluss des Bundesverfassungsgerichts[241] wohl noch zu verschärfende – Pfad für den Ausstieg aus der Kohleverstromung führt damit zu erheblichem Anpassungsbedarf.[242]

Aber auch die raumordnungsrechtliche Festlegung von Vorrang-, Vorbehalts- oder Eignungsgebieten nach § 7 Abs. 3 Satz 1 Nr. 1 bis 3 ROG für die Rohstoffgewinnung dokumentiert eine gesamtplanerische Entscheidung zugunsten des Bergbaus am jeweiligen Ort,[243] die im Rahmen der bergbaulichen Abwägung nicht unberücksichtigt bleiben kann. Vorranggebiete sind Ziele der Raumordnung nach § 3 Abs. 1 Nr. 2 ROG,[244] während Vorbehaltsgebiete teils als Ziele[245] und teils als Grundsätze der Raumordnung nach § 3 Abs. 1 Nr. 3 ROG[246] angesehen werden. Eignungsgebiete werden mittlerweile ebenfalls als Ziele der Raumordnung angesehen.[247] Dabei handelt es sich – vorbehaltlich des jeweiligen Einzelfalls – weniger um eine grundsätzliche Stärkung bergbaulicher Belange, sondern lediglich um eine dem Betriebsplanverfahren vorgelagerte raumordnerische Abwägungsentscheidung, welche die bergrechtliche Abwägung insoweit aber präformiert.

---

falls unproblematisch sind dabei aber Vorranggebieten entsprechende raumordnungsrechtliche Festlegungen, *Durner*, a.a.O., S. 378.

[238] BVerwG, Urteil vom 29. Juni 2006 – 7 C 11/05, BVerwGE 126, 205 Rn. 21.

[239] Vgl. dazu BVerfG, Urteil vom 17. Dezember 2013 – 1 BvR 3139, 3386/08, BVerfGE 134, 242 Rn. 284 ff., 305 f.; § 48 KVBG. Die Verfassungsbeschwerde gegen § 48 KVBG wurde aus Subsidiaritätsgründen nicht zur Entscheidung angenommen, BVerfG, Beschluss vom 20. Oktober 2020 – 1 BvR 2126/20, juris. Zu § 48 KVBG siehe befürwortend *Spieth/Hellermann*, NuR 2021, S. 386 ff.; ablehnend *Schomerus*, NuR 2021, S. 378 ff.

[240] BGBl I 2020, S. 1818.

[241] BVerfG, Beschluss vom 24. März 2021 – 1 BvR 2656/18 u.a., NJW 2021, S. 1723.

[242] Zudem kann durchaus (künftig) auch die Funktionslosigkeit von Zielfestlegungen erwogen werden, soweit wegen der geänderten Rahmenbedingungen der Braunkohlenplan nicht mehr realisiert werden kann, vgl. allgemein dazu BVerwG, Beschluss vom 7. Februar 2005 – 4 BN 1/05, NVwZ 2005, S. 584 (585); *Kümper*, in: Kment, ROG, 2019, § 3 Rn. 61 f.; *Durner*, in: Kment, wie vor, § 4 Rn. 81.

[243] Siehe bereits oben 2. Kapitel B. II. 1. b), S. 103 f. zu § 11 Nr. 9 BBergG.

[244] *Durner*, in: Kment, ROG, 2019, § 4 ROG Rn. 70; *Hoppe*, in: ders./Bönker/Grotefels, Öffentliches Baurecht, 4. Auflage 2010, § 4 Rn. 47.

[245] *Goppel*, in: Spannowsky/Runkel/Goppel, ROG, 2. Auflage 2018, § 7 Rn. 78 ff.

[246] *Durner*, in: Kment, ROG, 2019, § 4 ROG Rn. 70; *Hoppe*, in: ders./Bönker/Grotefels, Öffentliches Baurecht, 4. Auflage 2010, § 4 Rn. 50 f.

[247] *Grotefels*, in: Kment, ROG, 2019, § 7 ROG Rn. 71 ff. m.w.N.; differenzierend noch *Hoppe*, in: ders./Bönker/Grotefels, Öffentliches Baurecht, 4. Auflage 2010, § 4 Rn. 52 ff.

Nichts anderes dürfte gelten – was hier nur am Rande erwähnt werden soll –, soweit Darstellungen im Flächennutzungsplan Flächen für Abgrabungen ausweisen.[248]

Die dogmatische Einbindung der Erfordernisse der Raumordnung gestaltet sich allerdings als schwierig. Da die in § 4 Abs. 1 Satz 1 Nr. 3 ROG normierte Bindungswirkung nur bei obligatorischen Rahmenbetriebsplanzulassungen mit Planfeststellung greift[249] und damit bei sonstigen Betriebsplanzulassungen zumindest nach Raumordnungsrecht weder Ziele der Raumordnung einer *Beachtens*pflicht noch Grundsätze sowie sonstige Erfordernisse der Raumordnung einer *Berücksichtigungs*pflicht unterliegen, war lange unklar, ob und inwieweit insbesondere *Ziele* der Raumordnung auch in sonstigen Betriebsplanverfahren zu beachten sind.[250] Dies betrifft freilich primär dem Bergbau *entgegenstehende* Festlegungen. Das Bundesverwaltungsgericht hat schließlich in einer leicht krypisch anmutenden Formulierung klargestellt, dass entgegenstehende öffentliche Interessen, die „in einem landesplanerischen Braunkohlenverfahren ermittelt worden sind und in die Darstellung von Zielen der Raumordnung eingegangen sind", über § 48 Abs. 2 Satz 1 BBergG „verbindlich gemacht werden können".[251] Das Bundesverfassungsgericht akzeptierte auf dieser Basis – den Wortlaut des § 48 Abs. 2 Satz 1 BBergG und die Systematik des Betriebsplanverfahrens ein weiteres Mal arg strapazierend – sogar die *landes*rechtliche Pflicht, Betriebspläne mit den Braunkohlenplänen in Einklang zu bringen.[252] Selbst Festlegungen zugunsten des Bergbaus wirken damit über die bergrechtliche Öffnungsklausel, weil bereits dort entgegenstehende Interessen abwägend verarbeitet wurden und Festlegungen mit sogenannter positiver Wirkung nur als *solche* in die bergrechtliche Abwägung eingestellt werden können. Dabei lassen auch Ziele der Raumordnung, die – anders als Grundsätze oder sonstige Erfordernisse der Raumordnung – nach § 3 Abs. 1 Nr. 2 ROG als verbindliche Vorgaben *abschließend* abgewogen sind,[253] abhängig von Inhalt und Reichweite Raum für eine daran anschließende fachrechtliche Abwägung.[254]

---

[248] Siehe dazu *Durner*, Konflikte räumlicher Planungen, 2005, S. 376 f.; *Gaentzsch*, NVwZ 1998, S. 889 (893 ff.).

[249] Selbst insoweit zweifelnd *von Mäßenhausen*, in: Boldt/Weller/Kühne/von Mäßenhausen, BBergG, 2. Auflage 2016, Anh. § 48 Rn. 132.

[250] Näher *Durner*, Konflikte räumlicher Planungen, 2005, S. 379 ff. m.w.N.

[251] BVerwG, Urteil vom 29. Juni 2006 – 7 C 11/05, BVerwGE 126, 205 Rn. 21.

[252] Siehe die Nachweise soeben in Fn. 237.

[253] Näher zur Abwägung *Runkel*, in: Spannowsky/Runkel/Goppel, ROG, 2. Auflage 2018, § 7 Rn. 29 ff.

[254] Siehe etwa VGH Kassel, Beschluss vom 20. Februar 2014 – 2 B 277/14, NuR 2014, S. 425 (427 ff.). Vgl. allgemein zur Reichweite der Bindungswirkung *Durner*, in: Kment, ROG, 2019, § 4 ROG Rn. 62; *Runkel*, in: Spannowsky/Runkel/Goppel, ROG, 2. Auflage 2018, § 7 Rn. 31 ff. Vgl. auch § 35 Abs. 3 Satz 2 Halbs. 2 BauGB, dazu OVG Koblenz, Urteil vom 13. Januar 2016 – 8 A 10535/15, ZfBR 2016, S. 276 ff.; *Mitschang/Reidt*, in: Battis/Krautzberger/Löhr, BauGB, 14. Auflage 2019, § 35 Rn. 109 f.

Mit der ROG-Novelle 2017 hat der Gesetzgeber in § 48 Abs. 2 Satz 2 BBergG eine Raumordnungsklausel ergänzt, nach der bei der Prüfung, ob eine Beschränkung oder Untersagung zu erfolgen hat, bei raumbedeutsamen Vorhaben Ziele der Raumordnung zu beachten sind. Auch wenn damit dem Bergbau entgegenstehende Festlegungen adressiert werden sollten,[255] lässt der Wortlaut – gerade im Lichte der vorhergehenden Rechtsprechung – genügend Raum, auch zumindest bergbau*stärkende Ziele* in der Abwägung zu beachten. Eine umfassende fachspezifische Raumordnungsklausel, die sämtliche Erfordernisse der Raumordnung sowohl zugunsten als auch zulasten bergbaulicher Vorhaben ausdrücklich und eindeutig erfasst, fehlt allerdings weiterhin. Nur so könnte man aber das Bergrecht tatsächlich deutlich stärker und vor allem rechtssicher insbesondere mit raumordnerischen Festlegungen zugunsten und zulasten des Bergbaus verzahnen. Gleichwohl sind bereits jetzt auch für und gegen den Bergbau streitende Grundsätze und sonstige Erfordernisse der Raumordnung im Rahmen des § 48 Abs. 2 Satz 1 BBergG abwägend zu berücksichtigen.[256]

b) Grundrechte der Bergbautreibenden

Die verfassungsrechtliche Stellung der Bergbautreibenden wurde bereits eingehend thematisiert,[257] sodass an dieser Stelle wenige zusammenfassende Bemerkungen genügen. Unabhängig davon, ob es sich um bergfreie oder grundeigene Bodenschätze handelt, genießen die Bergbauunternehmen den Schutz des Art. 12 Abs. 1 GG. Bei Beschränkungen oder Untersagungen wegen überwiegender öffentlicher Interessen handelt es sich regelmäßig um bloße Berufsausübungsregelungen, weil die Berufsfreiheit nicht allgemein, sondern lediglich aufgrund der konkreten Gegebenheiten vor Ort eingeschränkt wird. Daran ändert auch die Ortsgebundenheit der Lagerstätte nichts. Im Rahmen der Verhältnismäßigkeit der Regelung zur Berufsausübung ist aber zu gewichten, ob und inwieweit vergleichbare Gewinnungsvorhaben in Deutschland möglich bleiben.[258] Schließlich ist in gestuften Verfahren insbesondere grundrechtlich vermitteltem Vertrauensschutz Rechnung zu tragen.[259]

Besonders umstritten ist der Schutz des Eigentums im Rahmen bergfreier Bodenschätze. Entgegen einer in der Literatur vehement vertretenen Auffassung, die implizit mittlerweile auch in der Rechtsprechung Gehör findet, kann die Reichweite des Schutzes nicht ohne die Entstehungsvoraussetzungen und -gründe der Bergbauberechtigung konkretisiert werden. Im Ergebnis schützt

---

[255] So ist wohl jedenfalls die Entwurfsbegründung zu verstehen, BT-Drs. 18/10883, S. 64 f.
[256] *Erbguth*, VerwArch 87 (1996), S. 258 (271 f.); *Kühne*, DVBl 1984, S. 709 (711 ff.); *Frenz*, in: ders., BBergG, 2019, § 48 Rn. 65; a.A. *Vitzthum/Piens*, in: Piens/Schulte/Graf Vitzthum, BBergG, 3. Auflage 2020, § 48 Rn. 46.
[257] Siehe oben 1. Kapitel C. III. 3., S. 47 ff. und 2. Kapitel B. IV. 2., S. 126 ff.
[258] Siehe dazu auch oben 2. Kapitel B. IV. 2. b) dd) (1), S. 156.
[259] Näher unten 3. Kapitel B. II. 3., S. 293 ff.

Art. 14 GG die Bergbautreibenden nur akzessorisch zur beruflichen Betätigung, kann aber punktuell im Schutzumfang über denjenigen von Art. 12 Abs. 1 GG hinausgehen, wenn ausnahmsweise aus der Existenz der Bergbauberechtigung Vertrauensschutz erwächst, ohne dass dieser gleichzeitig auf eine Zulassung gestützt werden könnte.[260]

4. Die Abwägung bei der Betriebsplanzulassung

Erweist sich die bergrechtliche Öffnungsklausel bereits bei der Konkretisierung der relevanten Belange als schwierig und systematisch sowohl im bergrechtlichen Kontext als auch innerhalb des § 48 BBergG missglückt, bleibt die hieran anknüpfende herrschende Abwägungsdogmatik einer bergrechtlichen Sonderstellung verhaftet, die in dieser Form verwaltungsrechtlich nicht zwingend und verfassungsrechtlich kritikwürdig ist.

Das herrschende Verständnis der tatbestandlichen Abwägung im Rahmen des § 48 Abs. 2 Satz 1 BBergG entbehrt auch nach Jahrzehnten der praktischen Anwendung noch weitgehend einer näheren Konturierung. Sie unterscheidet sich überdies sowohl in ihren materiell-rechtlichen Anforderungen als auch im Rahmen der gerichtlichen Kontrolle erheblich von *planerischen* Abwägungsentscheidungen, die der Abwägungsfehlerlehre unterliegen. Die herrschende Auffassung knüpft dabei keineswegs an zwingende berg*bau*liche oder berg*recht*liche Erfordernisse an, sondern folgt mehr richter(recht)lichen Pfadabhängigkeiten. Dies betrifft sowohl die Frage, ob der Bergbehörde im Rahmen der tatbestandlichen Abwägung nach § 48 Abs. 2 Satz 1 BBergG ein Beurteilungsspielraum zusteht, als auch die deutlich weiterreichende Diskussion, ob es sich bei der Betriebsplanzulassung um eine *planerische* Entscheidung handelt. Letzteres ist entgegen der herrschenden Auffassung jedenfalls bei einem Teil der Betriebspläne anzunehmen. Nach der herrschenden Verwaltungsdogmatik jenseits des Bergrechts müsste hieraus eigentlich unter Rekurs auf ein rechtsstaatliches Abwägungsgebot das Erfordernis einer planerischen Abwägung sowie die Anwendbarkeit der Abwägungsfehlerlehre folgen.

Die Unterschiede zwischen tatbestandlicher und planerischer Abwägung und die insoweit kritikwürdige Zuordnung und Ausgestaltung durch die weit überwiegende Auffassung führen zu der Frage nach Inhalt und Reichweite des rechtsstaatlichen Abwägungsgebots. Unmittelbar hieran anschließend ist zu diskutieren, ob und inwieweit die verwaltungsdogmatische Abweichung im Bergrecht gleichzeitig einen Verfassungsverstoß begründet. Vor diesem Hintergrund bedarf auch die Entscheidung des Bundesverfassungsgerichts in Sachen Garzweiler näherer Betrachtung.

---

[260] Näher oben 2. Kapitel B. IV. 2. b) dd) (2) (a), S. 158 ff. und (c), S. 161 ff.

a) Herrschendes Verständnis: gebundene Entscheidung ohne planerische Abwägung

Nach ständiger Rechtsprechung des Bundesverwaltungsgerichts und herrschender Auffassung in der Literatur handelt es sich bei der Entscheidung über die Zulassung eines Betriebsplans um eine gebundene, ohne dass der Bergbehörde eine Ermessensentscheidung eingeräumt würde. Daran soll auch die systematisch deplazierte Regelung in § 48 Abs. 2 Satz 1 BBergG nichts ändern. Obwohl der Wortlaut auf behördliches Ermessen deutet, handele es sich dennoch – ohne dass die Rechtsprechung dies näher begründet – um eine bloße Befugnisnorm,[261] die nicht den Grundsätzen planerischer Gestaltungsfreiheit unterliege.[262]

Ohne bereits an dieser Stelle näher auf Frage nach einer planerischen Abwägung einzugehen, ist jedenfalls die Annahme einer gebundenen Entscheidung als solche systematisch nicht zwingend. Sie kann sich zwar auf den gesetzgeberischen Willen stützen, in § 55 BBergG die Zulassungsvoraussetzungen abschließend zu regeln,[263] wie der Wortlaut („… ist zu erteilen, wenn …") deutlich zum Ausdruck bringt. Die Auslagerung der überwiegenden öffentlichen Interessen in einen allgemeinen Teil bedeutete aber – ungeachtet der Prüfung bereits im Betriebsplanverfahren – einen normstrukturellen Wechsel von einer Tatbestandsvoraussetzung für eine Genehmigung zu einem Eingriffstatbestand („… kann […] beschränken oder untersagen …"), was terminologisch eher auf Ermessen und *insoweit* auch auf eine Ermessensentscheidung bei der Betriebsplanzulassung[264] deuten könnte.[265] Dann wäre nur noch klärungsbedürftig,

---

[261] BVerwG, Urteil vom 16. März 1989 – 4 C 36/85, BVerwGE 81, 329 (332 f.); Urteil vom 14. April 2005 – 7 C 26/03, BVerwGE 123, 247 (254).

[262] BVerwG, Urteil vom 14. Dezember 1990 – 7 C 18/90, NVwZ 1991, S. 992 (993); Urteil vom 29. Juni 2006 – 7 C 11/05 – BVerwGE 126, 205 Rn. 27; *Kühne*, in: Boldt/Weller/Kühne/von Mäßenhausen, BBergG, 2. Auflage 2016, § 48 Rn. 47 f.; *Vitzthum/Piens*, in: Piens/Schulte/Graf Vitzthum, BBergG, 3. Auflage 2020, § 48 Rn. 34 ff. Auch wenn man in der Betriebsplanzulassung eine planerische Entscheidung sieht, steht das nicht *notwendigerweise* in Widerspruch zum Charakter einer gebundenen Entscheidung, weil man dem planenden Vorhabenträger bei Beachtung des Abwägungsgebots einen Anspruch auf Zulassung einräumen kann, vgl. *Durner*, Konflikte räumlicher Planungen, 2005, S. 311 ff., 374 ff. unter eingehender Auseinandersetzung mit der Gegenauffassung; vgl. auch *Gaentzsch*, in: FS Sendler, 1991, S. 403 (420); *Hoppe*, DVBl 2003, S. 697 (703 f.); *Kment*, ZUR 2016, S. 331 (333); *Neumann/Külpmann*, in: Stelkens/Bonk/Sachs, VwVfG, 9. Auflage 2018, § 74 Rn. 28 ff.; *Ziekow*, Abwägung, in: ders., Handbuch des Fachplanungsrechts, 2. Auflage 2014, § 6 Rn. 3; a.A. etwa *Stüer*, Handbuch des Bau- und Fachplanungsrechts, 5. Auflage 2015, Rn. 3643. Die Eigenständigkeit eines *fach*planerischen Ermessens gegenüber dem Verwaltungsermessen ablehnend *Erbguth*, DVBl 1992, S. 398 (403 f.); *Gerhardt*, in: Schoch/Schneider/Bier, VwGO, § 114 Rn. 29 (Grundwerk).

[263] Dazu BT-Drs. 8/1315, S. 109; *von Mäßenhausen*, in: Boldt/Weller/Kühne/von Mäßenhausen, BBergG, 2. Auflage 2016, § 55 Rn. 98; *Piens*, in: ders./Schulte/Graf Vitzthum, BBergG, 3. Auflage 2020, § 55 Rn. 3, 357.

[264] Ablehnend *Seibert*, DVBl 1986, S. 1277 (1278).

[265] Das kollidiert wiederum mit der Erkenntnis aus der Gesetzesgenese, dass die Ausla-

welcher Spielraum noch auf der Rechtsfolgenseite verbleibt, wenn entgegenstehende öffentliche Interessen tatbestandlich überwiegen.[266] Die Rechtsprechung hat das Dogma der gebundenen Entscheidung über die Betriebsplanzulassung ohne planerische Abwägung auch für den obligatorischen Rahmenbetriebsplan fortgeführt, der nach § 52 Abs. 2a Satz 1 BBergG im Planfeststellungsverfahren zugelassen wird. Auch wenn gerade bei diesem Instrument des allgemeinen Verwaltungsrechts trotz fehlender ausdrücklicher gesetzlicher Verankerung die Geltung des Abwägungsgebots und der Abwägungsfehlerlehre anerkannt ist[267] und nach Integration in das Bergrecht zunächst auch hier teils akzeptiert wurde,[268] folgt das Bundesverwaltungsgericht der überkommenen bergrechtlichen Dogmatik sowie den mutmaßlichen Vorstellungen des Gesetzgebers[269] und lehnt trotz Planfeststellung eine planerische Entscheidung mit Abwägungsgebot ab.[270]

b) Die Struktur der tatbestandlichen Abwägung

Die Ablehnung eines Planungsermessens durch die herrschende Meinung ändert gleichwohl nichts an dem bereits mehrfach angesprochenen Umstand, dass im Rahmen des Tatbestandes des § 48 Abs. 2 Satz 1 BBergG eine Abwägungsentscheidung zu treffen ist.[271] Auch fast 40 Jahre nach Inkrafttreten des Bundesberggesetzes bleibt allerdings die Struktur dieser bergrechtlichen Abwägung auf Tatbestandsseite einigermaßen nebulös.

---

gerung der öffentlichen Interessen keine grundlegenden materiell-rechtlichen Änderungen gegenüber der Entwurfsfassung mit sich bringen sollte, vgl. oben 3. Kapitel A. II. 1., S. 204.

[266] Ermessen daher ablehnend *Seibert*, DVBl 1986, S. 1277 (1278).

[267] Siehe nur *Durner*, Konflikte räumlicher Planungen, 2005, S. 276 f.; *Neumann/Külpmann*, in: Stelkens/Bonk/Sachs, VwVfG, 9. Auflage 2018, § 74 Rn. 54 ff. Ausnahmen bestehen für die atomrechtliche Planfeststellung (vgl. BVerwG, Beschluss vom 26. März 2007 – 7 B 73/06, NVwZ 2007, S. 833 Rn. 27; Beschluss vom 26. März 2007 – 7 B 72/06, NVwZ 2007, S. 841 Rn. 21; ablehnend *Durner*, in: Magiera/Sommermann, Daseinsvorsorge und Infrastrukturplanung, 2009, S. 73 (78 ff.); *Ramsauer*, NVwZ 2008, S. 944) und die hier zu diskutierende Betriebsplanzulassung.

[268] *Bohne*, ZfB 130 (1989), S. 93 (112, 121); *Schmidt-Preuß*, Kollidierende Privatinteressen im Verwaltungsrecht, 2. Auflage 2005, S. 347; *Wahl/Dreier*, NVwZ 1999, S. 606 (608); einschränkend *Niermann*, Betriebsplan und Planfeststellung im Bergrecht, 1992, S. 231 ff.; a.A. bereits *Beckmann*, DVBl 1992, S. 741 (748); *Gaentzsch*, in: FS Sendler, 1991, S. 403 (412 f.).; *Kühne*, UPR 1989, S. 326 (327 f.); *ders.*, DVBl 2006, S. 662 (664 f.); *Pellens*, NuR 1996, S. 281 (283); vgl. *Hoppe*, DVBl 1993, S. 221 (229).

[269] Vgl. die Entwurfsbegründung BT-Drs. 11/4015, S. 12 zu § 57a Abs. 4 BBergG; *Kühne*, DVBl 2006, S. 662 (665); anders allerdings die Vermutung bei *Hoppe*, DVBl 1993, S. 221 (229).

[270] BVerwG, Urteil vom 15. Dezember 2006 – 7 C 1/06, BVerwGE 127, 259 Rn. 28; Urteil vom 15. Dezember 2006 – 7 C 6/06, BVerwGE 127, 272 Rn. 21.

[271] BVerwG, Urteil vom 4. Juli 1986 – 4 C 31/84, BVerwGE 74, 315 (326); *Kühne*, in: Boldt/Weller/Kühne/von Mäßenhausen, BBergG, 2. Auflage 2016, § 48 Rn. 46; *Vitzthum/Piens*, in: Piens/Schulte/Graf Vitzthum, BBergG, 3. Auflage 2020, § 48 Rn. 33.

Der Sache nach handelt es sich um eine umfassende Abwägung, bei der „auf der Seite des Bergbautreibenden das [...] Interesse an der Rohstoffsicherung sowie seine Interessen an der Grundrechtsausübung [...] und auf der anderen Seite das im Einzelfall betroffene öffentliche Interesse" gegeneinander abzuwägen sind.[272] Dabei sind der Umfang und die Tiefe der Abwägung abhängig vom Umfang und Detaillierungsgrad des Betriebsplans, sodass etwa der Rahmenbetriebsplan noch nicht alle Einzelheiten späterer Haupt- oder Sonderbetriebsplanungen berücksichtigen kann.[273] Die einzustellenden Interessen bedürfen allerdings einer normativen Anknüpfung,[274] sodass das Abwägungsmaterial strukturell hinter demjenigen bei der planerischen Abwägung[275] zurückbleibt. Sie werden überdies nach bislang allgemeiner Auffassung dreifach eingeschränkt:[276] § 48 Abs. 2 Satz 1 BBergG gilt subsidiär zu den Zulassungsvoraussetzungen des § 55 Abs. 1, bereits nach dem Wortlaut scheiden Fälle der § 48 Abs. 1 BBergG und § 15 BBergG aus und schließlich gilt die Verpflichtung zur Berücksichtigung überwiegender öffentlicher Interessen ausdrücklich nur unbeschadet anderer öffentlich-rechtlicher Vorschriften. Wie oben nachgewiesen wurde, handelt es sich bei dieser „Unbeschadetklausel" allerdings entgegen der ganz herrschenden Auffassung nicht um eine Bestimmung zur Reduktion der berücksichtigungsfähigen öffentlichen Interessen.[277]

Ungeachtet dessen wird deutlich, dass § 48 Abs. 2 Satz 1 in aller Regel[278] keine taugliche Grundlage für eine „Gesamt-"Abwägung sein kann, weil bereits entgegenstehende Belange nicht in ihrer Gesamtheit einzustellen sind.[279]

---

[272] *Kühne*, in: Boldt/Weller/Kühne/von Mäßenhausen, BBergG, 2. Auflage 2016, § 48 Rn. 46; in der Sache ebenso VG Kassel, Urteil vom 13. September 2002 – 4 E 1110/99 (1), ZfB 145 (2004), S. 68 (73 f.); *Hoppe*, Das Spannungsverhältnis von Bergwerkseigentum und Oberflächeneigentum im Lichte des Verfassungsrechts, 1991, S. 27; *Vitzthum/Piens*, in: Piens/Schulte/Graf Vitzthum, BBergG, 3. Auflage 2020, § 48 Rn. 33 f.

[273] Dies ist auch bei Abwägungen in der Raumordnung und Bauleitplanung nicht anders.

[274] Siehe oben 3. Kapitel A. II. 2., S. 205.

[275] Vgl. zur Berücksichtigung privater Belange unterhalb der Schwelle rechtlich geschützter Interessen (faktische Belange) BVerwG, Urteil vom 24. September 1998 – 4 CN 2/98, BVerwGE 107, 215 (221); ferner Beschluss vom 15. Mai 1996 – 11 VR 3/96, NVwZ-RR 1996, S. 557 (558); Urteil vom 28. April 2016 – 9 A 7/15, NVwZ 2016, S. 1735 Rn. 14; den Schutznormcharakter des rechtsstaatlichen Abwägungsgebots bezüglich solcher Belange offengelassen BVerwG, Urteil vom 28. Juni 2000 – 11 C 13/99, BVerwGE 111, 276 (281 f.). Aus der Literatur *Neumann/Külpmann*, in: Stelkens/Bonk/Sachs, VwVfG, 9. Auflage 2018, § 74 Rn. 70 ff.; *Schmidt-Preuß*, Kollidierende Privatinteressen im Verwaltungsrecht, 2. Auflage 2005, S. 322 ff.; *Wahl/Dreier*, NVwZ 1999, S. 606 (616); *H. A. Wolff*, in: Sodan/Ziekow, VwGO, 5. Auflage 2018, § 114 Rn. 253 ferner *Schütz*, Rechtsschutz im Fachplanungsrecht, in: Ziekow, Handbuch des Fachplanungsrechts, 2. Auflage 2014, § 8 Rn. 51 ff., die ausdrücklich auf rechtlich nicht geschützte Interessen verweisen; kritisch *Steinberg/Wickel/Müller*, Fachplanung, § 6 Rn. 74 f.

[276] Siehe oben 3. Kapitel A. II. 2. a), S. 208 ff.

[277] Siehe oben 3. Kapitel A. II. 2. a) cc), S. 212 f.

[278] Zur Sondersituation in Sachen Garzweiler siehe unten 3. Kapitel A. II. 4. f), S. 261.

[279] *von Weschpfennig*, DÖV 2017, S. 23 (30 f.); kritisch zu den Folgen *Hoppe/Beckmann*, Grundeigentumsschutz bei heranrückendem Bergbau, 1988, S. 110 f.

Im Übrigen werden die verbleibenden Interessen – anders als es der Wortlaut des § 48 Abs. 2 Satz 1 BBergG nahelegt und etwa auch im Rahmen planerischer Entscheidungen (mittlerweile) anerkannt ist[280] – nicht in ihrer Gesamtheit im Rahmen eines polygonalen Interessenausgleichs berücksichtigt, sodass etwa verschiedene Umweltbelange und Interessen von Oberflächeneigentümern kumulativ überwiegen können,[281] sondern vielmehr nacheinander abgearbeitet.[282] Nichts anderes gilt bei der Zulassung obligatorischer Rahmenbetriebspläne, die zwar außerbergrechtliche Entscheidungen konzentriert, die *grundlegende* Prüfungsstruktur der bergrechtlichen Zulassung als solche aber unberührt lässt.[283] Auch insoweit fehlt es an einer Gesamtabwägung. Insgesamt gewinnen bergbauliche Interessen an relativem Gewicht gegenüber den jeweiligen Einzelbelangen. Diese unterliegen im Zweifel, wenn nicht zwingende Verbote entgegenstehen.[284] Dies liegt durchaus in der Konsequenz der gesetzgeberischen Entscheidung, dem Bergbau eine gewisse Vorrangstellung einzuräumen.

Selbst die Durchsetzungsfähigkeit solcher Einzelbelange ist in der praktischen Handhabung allerdings zweifelhaft. Im Rahmen der tatbestandlichen Abwägung degenerieren auch zwingende Vorgaben des sonstigen Fachrechts – ähn-

---

[280] Vgl. *Durner*, Konflikte räumlicher Planungen, 2005, S. 322, der ausdrücklich die Durchführung separierter Verhältnismäßigkeitsprüfungen für jeden einzelnen Belang ablehnt; *Steinberg/Wickel/Müller*, Fachplanung, 4. Auflage 2012, § 6 Rn. 78; *H. A. Wolff*, in: Sodan/Ziekow, VwGO, 5. Auflage 2018, § 114 Rn. 278, der allerdings auch darauf verweist, dass ein solcher „Gesamtausgleich" in der Rechtsprechung erst ansatzweise herausgearbeitet sei; ferner *Gärditz*, in: Landmann/Rohmer, Umweltrecht, Art. 20a GG Rn. 61 (Stand: Februar 2013); zur Gesamtabwägung in der Rechtsprechung des Bundesverwaltungsgerichts siehe Urteil vom 10. April 1997 – 4 C 5/96, BVerwGE 104, 236 (248 f., 251): Gesamtbilanz; Urteil vom 14. November 2002 – 4 A 15/02, BVerwGE 117, 149 (162); Urteil vom 13. Oktober 2011 – 4 A 4001/10, BVerwGE 141, 1 Rn. 143; Urteil vom 17. November 2016 – 3 C 5/15, BVerwGE 156, 306 Rn. 43; Urteil vom 9. Februar 2017 – 7 A 2/15, BVerwGE 158, 1 Rn. 595; Urteil vom 9. November 2017 – 3 A 4/15, BVerwGE 160, 263 Rn. 160; Hinweisbeschluss vom 25. April 2018 – 9 A 16/16, DVBl 2018, S. 1426 Rn. 59, 66 zum Vollüberprüfungsanspruch bei der enteignungsrechtlichen Vorwirkung; ferner Urteil vom 19. Mai 1998 – 4 A 9/97, BVerwGE 107, 1 (11).

[281] In der Rechtsprechung zur Erteilung von Bergbauberechtigungen ist dies hingegen zumindest im Ansatz gesehen worden, siehe oben 2. Kapitel B. II. 2. b), S. 108; vgl. auch *Hoppe/Beckmann*, Grundeigentumsschutz bei heranrückendem Bergbau, 1988, S. 110 f.

[282] Siehe etwa OVG Münster, Urteil vom 21. Dezember 2007 – 11 A 1194/02, ZfB 149 (2008), S. 101 (116 ff.) zum Tagebau Garzweiler, bestätigt durch BVerfG, Urteil vom 17. Dezember 2013 – 1 BvR 3139, 3386/08, BVerfGE 134, 242, dazu unten 3. Kapitel A. II. 4. f), S. 259 ff.

[283] Vgl. VG Kassel, Urteil vom 13. September 2002 – 4 E 1110/99 (1), ZfB 145 (2004), S. 68 (71 ff.); *Kühne*, UPR 1989, S. 326 (328); a.A. *Niermann*, Betriebsplan und Planfeststellung im Bergrecht, 1992, S. 100 f., 220; *Stiens*, Der bergrechtliche Betriebsplan, 1995, S. 164, die einen umfassenden Interessenausgleich in der Konzentrationsvorschrift des § 57a Abs. 4 Satz 1 BBergG verankern. Vgl. aber auch BVerwG, Urteil vom 15. Dezember 2006 – 7 C 6/06, BVerwGE 127, 272 Rn. 28, das eine Konzentrationswirkung gegenüber Entscheidungen nach § 48 Abs. 2 BBergG annimmt, ebenso BT-Drs. 11/4015, S. 12; näher dazu unten 3. Kapitel B. III. 3. b) und c), S. 317 ff.

[284] Vgl. die Analyse bei *Durner*, Konflikte räumlicher Planungen, 2005, S. 367 f. m.w.N.

lich wie bei der im Rahmen der Planfeststellung überwundenen[285] Theorie der materiellen Konzentrationswirkung – mitunter zu bloßen Abwägungsbelangen, die durch bergbauliche Interessen an der Rohstoffgewinnung überwunden werden können.[286] Einer solchen Praxis widerspricht allerdings wohl bereits die *Altenberg*-Entscheidung des Bundesverwaltungsgerichts.[287] Im Übrigen hebt der Gesetzgeber mit der „Unbeschadetklausel" des § 48 Abs. 2 Satz 1 BBergG nicht nur hervor, dass sonstige Genehmigungserfordernisse neben dem Bergrecht bestehen bleiben, sondern erteilt gleichzeitig einer „materiellen Konzentrationswirkung" gegenüber zwingenden Vorgaben eine Absage. Öffentliches Recht, das in keinem anderen Genehmigungsverfahren überprüft wird, bleibt nur dann unbeschadet, wenn es über den Auffangtatbestand des § 48 Abs. 2 Satz 1 BBergG Beachtung findet. Mittlerweile scheint sich diese strenge Sichtweise praktisch auch durchgesetzt zu haben. Nicht unerheblich dürfte dabei die zunehmende Bedeutung des europarechtlich geprägten Umweltrechts (gewesen) sein, die den Blick auf bergbauliche Vorhaben insgesamt verschoben hat.

Die tatbestandliche Abwägung obliegt nach herrschender Auffassung dem Bergbauunternehmen, während die Bergbehörde auf eine „gebundene Kontrollerlaubnis"[288] beschränkt bleibt. Rechtlich ändert dies freilich nichts an der Möglichkeit, die Zulassung nach Maßgabe von § 36 LVwVfG mit Nebenbestimmungen zu versehen.[289] *Insoweit* unterscheidet sich die grundlegende Prü-

---

[285] BVerwG, Urteil vom 16. März 2006 – 4 A 1075/04, BVerwGE 125, 116 Rn. 448; *Durner*, Nachhaltigkeit durch Konzentration und Integration von Verfahren, in: Kahl, Nachhaltigkeit durch Organisation und Verfahren, 2016, S. 317 (326 f.).

[286] Deutlich etwa VG Kassel, Urteil vom 13. September 2002 – 4 E 1110/99 (1), ZfB 145 (2004), S. 68 (73): „Allerdings begründet nicht jeder Verstoß gegen § 22 BImSchG [der gerade keiner Genehmigung unterliegt] oder jede Beeinträchtigung des Eigentums Dritter einen Anspruch auf Beschränkung oder Untersagung des Bergbaubetriebes. Voraussetzung ist dafür nach § 48 Abs. 2 BBergG, dass überwiegende öffentliche Interessen entgegenstehen. Das bloße Entgegenstehen für sich genügt danach nicht, die öffentlichen Interessen müssen das Interesse an der Aufsuchung oder Gewinnung der betreffenden Bodenschätze vielmehr überwiegen." Grundsätzlich ablehnend zu dieser Praxis *Durner*, Konflikte räumlicher Planungen, 2005, S. 364; a.A. auch *Rausch*, Umwelt- und Planungsrecht beim Bergbau, 1990, S. 205; vgl. *Pauli/Wörheide*, NuR 2018, S. 302 (307).

[287] BVerwG, Urteil vom 4. Juli 1986 – 4 C 31/84, BVerwGE 74, 315 (322): „Die Genehmigung ist dann, wenn die Anlage nicht die Anforderungen des § 22 BImSchG erfüllt, zu versagen oder nur mit Einschränkungen z.B. Auflagen, die den Standard des § 22 BImSchG sichern, zu erteilen [...].", missverständlich aber S. 323: „zu berücksichtigen". Ebenso BVerwG, Urteil vom 29. Juni 2006 – 7 C 11/05 – BVerwGE 126, 205 Rn. 21: § 48 Abs. 2 Satz 1 BBergG ist „die bundesrechtliche Norm, über welche die Ziele der Raumordnung für das Zulassungsverfahren verbindlich gemacht werden können"; vgl. *Piens*, in: ders./Schulte/Graf Vitzthum, BBergG, 3. Auflage 2020, § 56 Anhang Rn. 213; anders *M. Schubert*, in: Kment, Unterirdische Nutzungen, 2015, S. 175 (191).

[288] *Kühne*, DVBl 2006, S. 662 (663 ff.); *Piens*, in: ders./Schulte/Graf Vitzthum, BBergG, 3. Auflage 2020, § 52 Rn. 134.

[289] Näher *von Hammerstein*, in: Boldt/Weller/Kühne/von Mäßenhausen, BBergG, 2. Auflage 2016, § 56 Rn. 4 ff.

fungskompetenz der Zulassungsbehörde nicht von derjenigen in sonstigen Planfeststellungsverfahren. Auch hier obliegt die Planung dem Vorhabenträger. Bei Vorliegen der tatbestandlichen Voraussetzungen sowie einer ordnungsgemäßen Abwägung dürfte in der Regel ein Zulassungsanspruch bestehen.[290] Freilich ändert dies nichts an inoffiziellen Einflussnahmen der Behörden im Vorfeld.[291]

c) Zu den Unterschieden der tatbestandlichen und planerischen Abwägung in der gerichtlichen Kontrolle

Ungeachtet dessen bestehen weitere Unterschiede zwischen der tatbestandlichen Abwägung im Rahmen des § 48 Abs. 2 Satz 1 BBergG und der planerischen Abwägung, die sich insbesondere auch auf die gerichtliche Kontrolle erstrecken.

Bereits der Zugang zu Rechtsschutz gestaltet sich unterschiedlich, weil betroffene Dritte nur unter den strengen Anforderungen der *Moers-Kapellen*-Rechtsprechung mit dessen Fortschreibung in Sachen *Garzweiler* klagebefugt sind,[292] während im Fachplanungsrecht bereits ein Recht auf gerechte Abwägung der eigenen Belange Rechtsschutz vermittelt[293].

Aber auch die inhaltliche Kontrolle wird anders gestaltet. Ganz im Rahmen der überkommenen Dichotomie von Ermessen und unbestimmtem Rechtsbegriff[294] sieht sich die Verwaltungsrechtsprechung einerseits dazu berufen, die tatbestandliche Abwägung im Rahmen des § 48 Abs. 2 Satz 1 BBergG einer vollen gerichtlichen Überprüfung zu unterziehen,[295] ohne dass die Maßstäbe hierfür näher konturiert würden.[296] Die gerichtliche Überprüfung planerischer Abwägungsentscheidungen folgt andererseits einer ausdifferenzierten Dogmatik, die ihre Ursprünge im Bauplanungsrecht hat[297] und später auf sämtliche räum-

---

[290] Siehe dazu auch oben Fn. 262, S. 240.

[291] Dazu *Durner*, Konflikte räumlicher Planungen, 2005, S. 354, 372; *Schmidt-Aßmann/Schoch*, Bergwerkseigentum und Grundeigentum im Betriebsplanverfahren, 1994, S. 151: traditionell „fortlaufende Verständigungssuche zwischen Bergbauunternehmen und Bergbehörde".

[292] Ausführlich oben 3. Kapitel A. II. 2. b), S. 214 ff.; ebenso die Feststellung bei *Durner*, Konflikte räumlicher Planungen, 2005, S. 367.

[293] *H. A. Wolff*, in: Sodan/Ziekow, VwGO, 5. Auflage 2018, § 114 Rn. 223; ausführlich auch zu weiteren Klagerechten *Schütz*, Rechtsschutz im Fachplanungsrecht, in: Ziekow, Handbuch des Fachplanungsrechts, 2. Auflage 2014, § 8 Rn. 18 ff.; offengelassen bei der einfachgesetzlich nicht konkretisierten rechtsstaatlichen Abwägung (dazu sogleich), soweit die Belange rechtlich nicht geschützt sind, BVerwG, Urteil vom 28. Juni 2000 – 11 C 13/99, BVerwGE 111, 276 (281 f.).

[294] Kritisch dazu bereits oben 2. Kapitel B. III., S. 112 ff.

[295] BVerwG, Urteil vom 29. Juni 2006 – 7 C 11/05 – BVerwGE 126, 205 Rn. 27.

[296] Siehe die Feststellung bei *Durner*, Konflikte räumlicher Planungen, 2005, S. 370; allgemein *Gerhardt*, in: Schoch/Schneider/Bier, VwGO, Vorbemerkung § 113 Rn. 24 (Grundwerk).

[297] Siehe bereits BVerwG, Urteil vom 12. Dezember 1969 – IV C 105/66, BVerwGE 34,

lichen Planungsentscheidungen übertragen wurde.[298] Hiernach ist das Gebot gerechter Abwägung verletzt, wenn *erstens* „eine (sachgerechte) Abwägung überhaupt nicht stattfindet", *zweitens* „in die Abwägung an Belangen nicht eingestellt wird, was nach Lage der Dinge in sie eingestellt werden muß", *drittens* „die Bedeutung der betroffenen privaten Belange verkannt oder [*viertens*] der Ausgleich zwischen den von der Planung berührten öffentlichen Belangen in einer Weise vorgenommen wird, der zur objektiven Gewichtigkeit einzelner Belange außer Verhältnis steht. Innerhalb des so gezogenen Rahmens wird das Abwägungsgebot jedoch nicht verletzt, wenn sich die [Planungsbehörde] zwischen verschiedenen Belangen für die Bevorzugung des einen und damit notwendig für die Zurückstellung eines anderen entscheidet."[299] Diese Anforderungen richten sich „grundsätzlich sowohl an den Abwägungsvorgang als auch an das Abwägungsergebnis".[300] Ein Abwägungsmangel ist allerdings nur dann erheblich, wenn die Möglichkeit besteht, dass sich der Abwägungsmangel auch auf das Ergebnis ausgewirkt hat.[301]

Die Kontrollmaßstäbe verdeutlichen, dass bereits die Verwaltung bei der planerischen Abwägung über zwingendes materielles Recht hinaus an *zusätzliche* Anforderungen gebunden wird, welche die planerische Gestaltungsfreiheit wieder einhegen.[302] Das Abwägungsgebot gilt aufgrund seiner rechtsstaatlichen Verankerung unabhängig von einer gesetzlichen Positivierung,[303] wobei das Bundesverwaltungsgericht neuerdings die Kontrolle bei „untergesetzlichen Normen" auf das Abwägungsergebnis beschränkt, wenn der Normgeber keiner „besonders ausgestalteten Bindung an gesetzlich formulierte Abwägungsdirektiven unterliegt".[304]

---

[301] (309); Urteil vom 5. Juli 1974 – IV C 50/72, BVerwGE 45, 309 (314 f.); zur Entstehungsgeschichte *Berkemann*, DVBl 2013, S. 1280 ff.

[298] Vgl. BVerwG, Urteil vom 14. Februar 1975 – IV C 21/74, BVerwGE 48, 56 (63 f.); näher dazu *Durner*, in: Steinbach, Verwaltungsrechtsprechung, 2017, Nr. 78, S. 535 (538 ff.); *Steinberg/Wickel/Müller*, Fachplanung, § 3 Rn. 107 ff.; ablehnend für das Fachplanungsrecht *Gerhardt*, in: Schoch/Schneider/Bier, VwGO, § 114 Rn. 29 (Grundwerk); ausführlich zur Rekonstruktion und verfassungsrechtlichen Begründung *Durner*, Konflikte räumlicher Planungen, 2005, S. 270 ff., 301 ff.

[299] BVerwG, Urteil vom 12. Dezember 1969 – IV C 105/66, BVerwGE 34, 301 (309); ebenso etwa Urteil vom 13. Oktober 2011 – 4 A 4001/10, BVerwGE 141, 1 Rn. 45.

[300] Näher BVerwG, Urteil vom 5. Juli 1974 – IV C 50/72, BVerwGE 45, 309 (315); auf Abgrenzungsschwierigkeiten hinweisend *Riese*, in: Schoch/Schneider, VwGO, § 114 Rn. 201 ff. (Stand: Februar 2019); ablehnend *Gerhardt*, in: Schoch/Schneider/Bier, VwGO, § 114 Rn. 10 (Stand: Mai 1997), Rn. 38 (Grundwerk).

[301] *Riese*, in: Schoch/Schneider, VwGO, § 114 Rn. 228 (Stand: Februar 2019); dazu BVerfG, Beschluss vom 16. Dezember 2015 – 1 BvR 685/12, DVBl 2016, S. 307 ff.

[302] *Durner*, Konflikte räumlicher Planungen, 2005, S. 306 f., 317.

[303] BVerwG, Urteil vom 14. Februar 1975 – IV C 21/74, BVerwGE 48, 56 (63).

[304] So zur Bestimmung von Flugrouten durch Rechtsverordnung BVerwG, Urteil vom 26. Juni 2014 – 4 C 3/13, BVerwGE 150, 114 Rn. 25, 37; Urteil vom 12. November 2014 – 4 C 37/13, BVerwGE 150, 286 Rn. 21; auf die Unterschiede zur Abwägung in der Fachplanung

Legt man diese Maßstäbe zugrunde, ist die Kontrolle der tatbestandlichen Abwägung insoweit enger, als das erkennende Gericht der Behörde – bzw. dem Vorhabenträger – keinen Beurteilungsspielraum einräumt, sondern das Ergebnis selbst unmittelbar auf seine Richtigkeit hin überprüft. Gleichzeitig sind Fehler im Abwägungsvorgang – selbst ein vollständiger Abwägungsausfall – unerheblich, weil das Gericht das Vorliegen von Tatbestandsmerkmalen selbst umfassend zu prüfen hat und insoweit – vorbehaltlich § 113 Abs. 3 VwGO – dem Amtsermittlungsgrundsatz unterliegt. Entscheidend ist nur, ob das Ergebnis stimmt. Gericht und Verwaltung sind bei der Frage nach der richtigen Entscheidung austauschbar.[305] Die Kontrolle der planerischen Abwägung akzeptiert demgegenüber – ungeachtet der Einzelheiten im jeweiligen Fachrecht – der Planungsentscheidung immanente, nicht justiziable Letztentscheidungsbefugnisse, erhöht aber gleichzeitig mit der eben umrissenen Abwägungsfehlerlehre die Anforderungen an die Entscheidungsfindung.[306] Insbesondere dürfen die Gerichte keine eigene Abwägung an die Stelle der behördlichen Abwägung setzen oder eine fehlerhafte Abwägung nachbessern.[307] Möglich bleibt aber, im Verwaltungsverfahren Abwägungsgesichtspunkte zu ergänzen[308] oder die Planung nach den Grundsätzen der Planerhaltung zu retten[309]. Damit erweist sich die gerichtliche Kontrolle bei der tatbestandlichen Abwägung strukturell zugleich enger und weiter als bei der Kontrolle planerischer Abwägungsentscheidungen.

---

hinweisend BVerwG, Urteil vom 24. Juni 2004 – 4 C 11/03, BVerwGE 121, 152 (157 ff.); anders noch BVerwG, Urteil vom 28. Juni 2000 – 11 C 13/99, BVerwGE 111, 276 (280 ff.), auch wenn der Senat Kontinuität impliziert; vgl. auch BVerwG, Beschluss vom 4. Mai 2005 – 4 C 6/04, BVerwGE 123, 322 (330, 333 ff.), wo ausdrücklich zwischen einer ausreichenden Ermittlung des Sachverhalts und dem Abwägungsergebnis differenziert wird. Anders auch Urteil vom 13. Oktober 2011 – 4 A 4001/10, BVerwGE 141, 1 Rn. 45 zum Nachtflugbetrieb im Rahmen der Planfeststellung.

[305] *Riese*, in: Schoch/Schneider, VwGO, § 113 Rn. 18 (Stand: Juni 2017); vgl. speziell zur obligatorischen Rahmenbetriebsplanzulassung *Durner*, Konflikte räumlicher Planungen, 2005, S. 367 f.

[306] Vgl. *Steinberg/Wickel/Müller*, Fachplanung, § 3 Rn. 113 f.

[307] *Steinberg/Wickel/Müller*, Fachplanung, § 3 Rn. 115, die auf eine teils gegenteilige Praxis hinweisen; *Schütz*, Rechtsschutz im Fachplanungsrecht, in: Ziekow, Handbuch des Fachplanungsrechts, 2. Auflage 2014, § 8 Rn. 4; *H. A. Wolff*, in: Sodan/Ziekow, VwGO, 5. Auflage 2018, § 114 Rn. 224; *Ziekow*, Abwägung, in: ders., a.a.O., § 6 Rn. 39.

[308] Zur entsprechenden Anwendbarkeit des § 114 Satz 2 VwGO auf Planungsentscheidungen *Decker*, in: Posser/Wolff, BeckOK VwGO, § 114 Rn. 40; *Knauff*, in: Gärditz, VwGO, 2. Auflage 2018, § 114 Rn. 47; a.A. *Bader*, NVwZ 1999, S. 120 (122).

[309] Näher hierzu *Riese*, in: Schoch/Schneider, VwGO, § 114 Rn. 226 ff. (Stand: Februar 2019).

d) Pfadabhängigkeiten und bergrechtlicher Sonderweg

Zwingend war – und ist – die herrschende bergrechtliche Abwägungsdogmatik nicht. Vielmehr erscheint die Rechtsprechung als Ergebnis von Pfadabhängigkeiten.[310] Sowohl die Annahme einer gerichtlich voll überprüfbaren tatbestandlichen Abwägung im Rahmen des § 48 Abs. 2 Satz 1 BBergG als auch die Ablehnung einer planerischen Abwägungsentscheidung im Rahmen der Betriebsplanzulassung begegnen Bedenken. Ersteres ist mit Blick auf die herrschende Dogmatik zum Beurteilungsspielraum kritikwürdig, zweiteres wegen der damit einhergehenden bergrechtlichen Sonderdogmatik.

aa) Tabestandliche Abwägung und Beurteilungsspielraum im Rahmen des § 48 Abs. 2 Satz 1 BBergG

Zunächst folgt die Annahme einer gerichtlich vollständigen Überprüfung der überwiegenden öffentlichen Interessen im Rahmen des § 48 Abs. 2 Satz 1 BBergG der überkommenen kategorischen Unterscheidung von Tatbestand und Rechtsfolge. Unbestimmte Rechtsbegriffe sind danach in aller Regel gerichtlich voll überprüfbar und nur ausnahmsweise der Verwaltung zur Letztkonkretisierung zugewiesen, während die Ermessensausübung nur eingeschränkt überprüft wird. Bereits im Rahmen der Ausführungen zur Erteilung von Bergbauberechtigungen wurde aber klargestellt, dass diese Differenzierungen mehr graduell als kategorial und in nicht unerheblichem Maße eine Frage der Gesetzgebungstechnik sind.[311] Selbst Planungsermessen kann ohne Weiteres tatbestandlich verortet werden.[312]

Nun wird man § 48 Abs. 2 Satz 1 BBergG wegen seiner konzeptionell nachrangigen Auffangfunktion aber kaum als tatbestandliche Planungsermächtigung verstehen können.[313] Sieht man in der Öffnungsklausel lediglich die bergrechtliche Anknüpfung an sonstiges Fachrecht, die nur dann aktiviert werden kann, wenn abschließend zwingende Hinderungsgründe vorliegen, bestehen in der Tat keine Bedenken gegen die volle gerichtliche Überprüfung. Akzeptiert man demgegenüber, dass § 48 Abs. 2 Satz 1 BBergG einen offen formulierten

---

[310] Siehe hierzu *von Weschpfennig*, Pfadabhängigkeiten im Bergrecht und nachhaltige Ressourcenbewirtschaftung, in: Wagner et al., Pfadabhängigkeit hoheitlicher Ordnungsmodelle, 2016, S. 175 (178 f.). Ausführlich zum Pfadabhängigkeitsmodell im Recht *Hartmann*, Das Konzept der Pfadabhängigkeit – Bedingungen und Grenzen seiner Rezeption durch die Wissenschaften vom Öffentlichen Recht, in: Wagner, a.a.O., S. 71 ff.; *Münkler*, Pfadabhängigkeiten im Rechtssystem: Außerrechtliche und rechtliche Faktoren, in: Wagner, a.a.O., S. 49 ff.

[311] Siehe oben 2. Kapitel B. III., S. 112 ff.

[312] *Jestaedt*, in: Ehlers/Pünder, Allgemeines Verwaltungsrecht, 15. Auflage 2016, § 11 Rn. 16, 18.

[313] A.A. *Kühling*, Fachplanungsrecht, 1988, Rn. 69, 377; dem folgend *Wahl*, NVwZ 1990, S. 426 (428).

und inhaltlich nicht abschließend vorherbestimmten[314] Abwägungstatbestand bereitstellt, verschwimmen die Grenzen zum überkommenen Rechtsfolgenermessen. Daran ändert auch die Annahme einer gebundenen Entscheidungsstruktur nichts. Konsistent wäre infolgedessen die Annahme einer administrativen Letztentscheidung, die freilich nicht umfassend von gerichtlicher Kontrolle freigestellt wird.[315] Vieles spricht dafür, die hierauf bezogene Abwägungskontrolle entgegen der ganz herrschenden Auffassung derjenigen bei planerischen Abwägungsentscheidungen anzunähern[316] – auch weil eine vollständige Überprüfung gar nicht möglich ist.

bb) Der Betriebsplan als Plan im materiellen Sinne und rechtsstaatliches Abwägungsgebot

Die Rechtsprechung und herrschende Auffassung unterliegen zudem Pfadabhängigkeiten, soweit sie konsequent ablehnen, dass die Betriebsplanzulassung den Charakter einer materiellen Planungsentscheidung hat und infolgedessen die Abwägungsfehlerlehre greift.

Dem liegt möglicherweise die überkommene eindimensionale Ausrichtung des Bergrechts auf die Rohstoffgewinnung zugrunde. Bergbauliche Vorhaben müssen sich hiernach nicht in den Raum einfügen und konkurrierenden Nutzungsinteressen Rechnung tragen, sondern unterliegen im Kern nur sicherheitstechnischen Anforderungen. § 67 Abs. 3 ABG brachte dies zum Ausdruck, indem die Prüfung des Betriebsplans durch die Bergbehörde auf die in § 196 ABG festgestellten (berg)polizeilichen Gesichtspunkte zu beschränken war. Die notwendige Betriebsplanung unterliegt nach *diesem* Verständnis nur den bergbaulichen Sachgesetzlichkeiten,[317] die eine kreative planerische Entscheidung schon im Ansatz unmöglich machen. Infolgedessen ist sie nicht vergleichbar mit sonstigen Gesamt- oder Fachplanungen und unterliegt nur der präventiven und repressiven Bergaufsicht, die aber ebenfalls keine Planungsentscheidung trifft oder mitverantwortet. Es ist „zumeist lediglich zu entscheiden, *ob* abgebaut wird oder nicht".[318]

---

[314] Ausführlich zur Abwägung als Grundlage tatbestandsbezogener Freiräume *Pache*, Tatbestandliche Abwägung und Beurteilungsspielraum, 2001, S. 479 ff.

[315] Allgemein *Jestaedt*, in: Ehlers/Pünder, Allgemeines Verwaltungsrecht, 15. Auflage 2016, § 11 Rn. 41; speziell zu § 48 Abs. 2 BBergG vorsichtig auch *Gaentzsch*, in: FS Sendler, 1991, S. 403 (413).

[316] Ausführlich *Pache*, Tatbestandliche Abwägung und Beurteilungsspielraum, 2001, S. 495 ff.; ebenso etwa *Hoffmann-Riem*, Eigenständigkeit der Verwaltung, in: ders./ Schmidt-Aßmann/Voßkuhle, Grundlagen des Verwaltungsrechts, Bd. I, 2. Auflage 2012, § 10 Rn. 96 ff.; *Ludwigs*, JZ 2009, S. 290 (293).

[317] Siehe oben 1. Kapitel A. III., S. 5.

[318] *Pellens*, NuR 1996, S. 281 (283); ebenso *Kühne*, DVBl 2006, S. 662 (665); *Stiens*, Der bergrechtliche Betriebsplan, 1995, S. 163 f.

Dies alles ändert allerdings nichts an dem Umstand, dass die Betriebsplanung trotz – oder gerade wegen – der Sachgesetzlichkeiten eine Planung im materiellen Sinne darstellen kann, als solche komplexe und gesetzlich nur unvollständig programmierte Sachverhalte zu bewältigen hat und infolgedessen dem rechtsstaatlichen Abwägungsgebot zu unterwerfen ist.[319]

Materielle Planungsentscheidungen zeichnen sich durch ihre hohe Komplexität aus, wobei zahlreiche konfligierende Belange und Bodenansprüche berücksichtigt und ausgeglichen werden müssen. Hat aber nun der Gesetzgeber wegen dieser Kompexität die Anforderungen nur unvollständig programmiert und verbleibt ein umfassender gestalterischer Spielraum, besteht gerade deshalb ein Bedürfnis nach rechtsstaatlicher Abwägung.[320]

Diese Merkmale erfüllt häufig auch die Betriebsplanung. Richtig ist zwar, dass bergbauliche Vorhaben wegen ihrer Lagerstättenbindung bergbaulichen Sachzwängen unterliegen. Dies ändert allerdings nichts an betrieblichen Entscheidungen, wie und in welchem Umfang der Rohstoff gewonnen werden soll.[321] Gerade hierzu hat das Bundesberggesetz die materiell-rechtlichen Anforderungen im Berechtsamswesen sowie die Anforderungen der Betriebsplanzulassung unvollständig und – jenseits sicherheitsrelevanter Aspekte – letztlich im Wesentlichen nur zielorientiert normiert. Im Rahmen des bergrechtlichen Geltungsbereichs werden zudem beispielsweise auch Straßen und Schienenwege geplant.[322] Es geht insoweit eben nicht nur um das „ob" des Abbaus. Unterstützt wird diese Lesart seit der Novellierung im Jahre 1990 durch die Ergänzung der Zwecksetzung in § 1 Nr. 1 BBergG.[323] Hiernach obliegt es dem Bundesberggesetz, zur Sicherung der Rohstoffversorgung das Aufsuchen, Gewinnen und Aufbereiten von Bodenschätzen unter Berücksichtigung ihrer Standortgebundenheit und des Lagerstättenschutzes *bei sparsamem und schonendem Umgang mit Grund und Boden* zu ordnen und zu fördern. Materiell-rechtliche Konkretisierungen fehlen allerdings sowohl im Betriebsplanrecht als auch im Bundes-Bodenschutzgesetz;[324] gerade hier eröffnen sich also

---

[319] Ausführlich *Durner*, Konflikte räumlicher Planungen, 2005, S. 352 ff., 370, 372. Vgl. auch BT-Drs. 11/4015, S. 7: „Der Rahmenbetriebsplan hat deshalb Bedeutung vor allem in planerischer Hinsicht und für die damit zusammenhängende Beteiligung einer Vielzahl von Behörden." Freilich wird dort ebenso betont, dass es sich bei dem Betriebsplanverfahren „weder um ein behördliches Planungsverfahren noch um ein Planfeststellungsverfahren" handele.

[320] Ausführlich zum Anwendungsbereich des rechtsstaatlichen Abwägungsgebots *Durner*, Konflikte räumlicher Planungen, 2005, S. 315 ff., dort auch zu weiteren Begründungsansätzen. Näher zum Inhalt und zur Reichweite des rechtsstaatlichen Abwägungsgebots unten 3. Kapitel A. II. 4. e), S. 253 ff.

[321] *Durner*, Konflikte räumlicher Planungen, 2005, S. 354.

[322] *Durner*, Konflikte räumlicher Planungen, 2005, S. 354.

[323] Gesetz zur Änderung des Bundesberggesetzes vom 12. Februar 1990, BGBl I 1990, S. 215.

[324] *von Hammerstein*, in: Boldt/Weller/Kühne/von Mäßenhausen, BBergG, 2. Auf-

gesetzlich nicht abschließend programmierte Abwägungsspielräume zwischen Bodenschutz, Standortgebundenheit und Schutz der Lagerstätte, die nur im Rahmen einer Planung im materiellen Sinne auszugleichen sind. Dass die Planung durch das Bergbauunternehmen erfolgt,[325] unterscheidet die Betriebsplanzulassung schließlich nicht von sonstigen Fachplanungen, bei denen ebenfalls der Vorhabenträger plant.[326]

Akzeptiert man mit der Rechtsprechung des Bundesverwaltungsgerichts, dass „Planung ohne Planungsfreiheit ein Widerspruch in sich wäre" und dass das Abwägungsgebot zum „Wesen einer rechtsstaatlichen Planung" auch unabhängig von einer gesetzlichen Positivierung zählt,[327] sind Betriebsplanzulassungen abwägungsbedürftige Planungsentscheidungen.[328] Dies gilt jedenfalls für Betriebsplanzulassungen von Tagebauen – insbesondere bei Rahmen- und ggf. Sonderbetriebsplänen – sowie für Untertagebaue, wenn und soweit sie Auswirkungen auf die Oberfläche haben. Dagegen wird nicht jede Hauptbetriebsplanzulassung etwa zur Nutzung einer bestehenden Erdgasbohrung zugleich eine materielle Planungsentscheidung sein.[329]

Gegen diese Lesart könnten nun im Wesentlichen dieselben Argumente angeführt werden, die bereits gegen eine Berücksichtigung individualisierter privater Interessen im Rahmen von § 48 Abs. 2 Satz 1 BBergG sprechen.[330] Denn Konsequenz einer planerischen Abwägungsentscheidung mit entsprechender gerichtlicher Kontrolle anhand der Abwägungsfehlerlehre wäre unter anderem eine deutlich weitergehende Berücksichtigung privater Interessen als nach der *Moers-Kapellen*-Rechtsprechung. Dies würde der gesetzgeberischen Konstruktion ebenso widersprechen. Auch darüber hinaus schiene die Einräumung eines Planungsermessens neben der tatbestandlichen Abwägung nach § 48 Abs. 2 Satz 1 BBergG mindestens irritierend. Die Annahme eines ungeschriebenen Planungsermessens scheint damit der gesetzgeberischen Konzeption zuwider-

---

lage 2016, § 1 Rn. 9, der auf eine entsprechende Verankerung in § 15 BNatSchG sowie dem Grundabtretungsrecht verweist.

[325] Dies stellt auch *Niermann*, Betriebsplan und Planfeststellung im Bergrecht, 1992, S. 50 ff. nicht in Abrede, der aber eine schöpferisch-gestalterische Tätigkeit der Bergbehörde und damit eine Planungsentscheidung im Rahmen der Betriebsplanzulassung ablehnt.

[326] *Durner*, Konflikte räumlicher Planungen, 2005, S. 312 ff., 374 ff.; siehe auch oben Fn. 262, S. 240 zum nur vermeintlichen Widerspruch zur Annahme einer gebundenen Entscheidung.

[327] BVerwG, Urteil vom 10. Februar 1978 – 4 C 25/75, BVerwGE 55, 220 (225 ff.); ebenso etwa BVerwG, Urteil vom 28. Juni 2000 – 11 C 13/99, BVerwGE 111, 276 (280); Beschluss vom 18. Januar 2011 – 7 B 19/10, NVwZ 2011, S. 812 Rn. 12; vgl. BVerwG, Beschluss vom 12. Juli 2018 – 7 B 15/17, juris, Rn. 16.

[328] *Durner*, Konflikte räumlicher Planungen, 2005, S. 371 ff.

[329] Vgl. auch *Beckmann*, DVBl 1992, S. 741 (749), der im Rahmen der Öffentlichkeitsbeteiligung vorschlägt, zwischen betriebstechnischen und raumbezogenen Fragen zu differenzieren.

[330] Siehe oben 3. Kapitel A. II. 2. b) cc) (1), S. 222 ff.

zulaufen und kann bei erster Betrachtung als strukturell engere Bindung des Vorhabenträgers[331] dessen Grundrechtsposition mangels gesetzlicher Verankerung nicht weiter einschränken.

Allerdings hat das Bundesverwaltungsgericht bereits vor Verabschiedung des Bundesberggesetzes die Grundsätze zur rechtsstaatlichen Planung etabliert und beispielsweise im Jahre 1978 die privatnützige wasserrechtliche Planfeststellung für eine Kiesgrube einem ungeschriebenen Abwägungsgebot unterworfen.[332] Folglich musste der Berggesetzgeber durchaus damit rechnen, dass die Rechtsprechung auch die Betriebsplanzulassung allein wegen des materiellen Planungscharakters einem solchen ungeschriebenen rechtsstaatlichen Abwägungsgebot unterwirft. Enthält er sich unter diesen Umständen aber einer *ausdrücklichen* Aussage gegen die Geltung des Abwägungsgebots, hätte dies eine entsprechende richterliche Rechtsfortbildung – anders als die Begründung der *Moers-Kapellen*-Entscheidung – eher stützen können. Folgt man dem, hätte es der Verwaltungsrechtsprechung kompetenziell freigestanden, bergrechtliche Pfade zu verlassen und planungsrechtliche einzuschlagen.

cc) Inkurs: Planrechtfertigung und Alternativenprüfung

Auch wenn nach alledem die Betriebs*planung* gerichtlich überprüfbare Abwägungsentscheidungen beinhaltet, so dürften dennoch zwei weitere materiell-rechtliche Anforderungen an Planungen allenfalls eingeschränkte Bedeutung haben.

Dies betrifft zunächst die sogenannte Planrechtfertigung. Diese erfordert „die Prüfung, ob das Vorhaben mit den Zielen des Gesetzes übereinstimmt (fachplanerische Zielkonformität) und ob das Vorhaben für sich in Anspruch nehmen kann, in der konkreten Situation erforderlich zu sein. Das ist nicht erst bei Unausweichlichkeit des Vorhabens der Fall, sondern bereits dann, wenn es vernünftigerweise geboten ist [...]."[333] Ist der dogmatische Selbststand bereits im sonstigen Fachplanungsrecht umstritten,[334] wird man im Übrigen den zulassungsfähigen bergbaulichen Vorhaben mit Blick auf die generelle Zwecksetzung der Sicherung der Rohstoffversorgung in § 1 Nr. 1 BBergG die Erforderlichkeit wohl nie absprechen können.[335] Nach derzeit herrschender Dogmatik ist die Planrechtfertigung ohnehin nicht zu prüfen, weil es sich bei der Zulas-

---

[331] Siehe oben 3. Kapitel A. II. 4. b), S. 242 f., sowie c), S. 245 f.

[332] BVerwG, Urteil vom 10. Februar 1978 – 4 C 25/75, BVerwGE 55, 220 (225 ff.).

[333] BVerwG, Urteil vom 9. November 2006 – 4 A 2001/06, BVerwGE 127, 95 Rn. 34.

[334] *Steinberg/Wickel/Müller*, Fachplanung, 4. Auflage 2012, § 3 Rn. 96 ff.

[335] Davon zu unterscheiden sind Ansätze und Vorschläge, bereits auf Berechtsamsebene die Erforderlichkeit der Rohstoffgewinnung vom volkswirtschaftlichen Bedarf abhängig zu machen, ablehnend oben 2. Kapitel B. II. 1. b), S. 102 f., oder grundsätzlich die Verfügbarkeit von Rohstoffen zu steuern, siehe unten 4. Kapitel., S. 381 ff.

sung um keine Planungsentscheidung handelt.[336] Allerdings zieht das Bundesverfassungsgericht bei Rahmenbetriebsplanzulassungen, die künfig Enteignungen nach sich ziehen, eine Parallele zum Fachplanungsrecht. Das Vorhaben muss „zum Wohl der Allgemeinheit vernünftigerweise geboten" sein.[337]

Darüber hinaus ist fraglich, ob und inwieweit eine dem Abwägungsgebot zuzuordnende Alternativen- oder Variantenprüfung[338] notwendig und möglich ist. Auch sie erübrigt sich nach derzeitiger Dogmatik, da die Betriebsplanzulassung keine Planungsentscheidung sein soll.[339] Daran ändern bei obligatorischen Rahmenbetriebsplanungen auch § 57a Abs. 2 Satz 2 BBergG i.V.m. § 16 Abs. 1 Satz 1 Nr. 6 UVPG nichts.[340] Erkennt man demgegenüber in der Betriebsplanzulassung eine Abwägungsentscheidung, dürfte zumindest bei der Wahl des Standortes eines Gewinnungsvorhabens regelmäßig die Lagerstättengebundenheit eine Alternativenprüfung ausschließen. Diesbezügliche Steuerungen können aber über die Raumordnung erfolgen. Anders verhält es sich etwa mit Abraumhalden, bei denen bereits jetzt durchaus alternative Standorte geprüft werden.

e) Die Reichweite des rechtsstaatlichen Abwägungsgebots

Erkennt man verwaltungsdogmatisch mit Rekurs auf das rechtsstaatliche Abwägungsgebot an, dass auch Betriebsplanzulassungen häufig planerische Entscheidungen sind, verbleibt gleichwohl die Frage, wie weit das hieran anschließende rechtsstaatliche Abwägungsgebot reicht. Anders als die bisherigen Ausführungen insbesondere zur Rechtsprechung vermuten lassen, sind die unmittelbar verfassungsrechtlich zwingenden planerischen Abwägungsgebote und korrespondierende subjektive Rechte auf Abwägung nicht umfassend. Dies ändert allerdings nichts am oftmals planerischen Charakter der Betriebsplanung, daraus verfassungsrechtlich resultierenden Abwägungspflichten sowie der diesbezüglichen Geltung der Abwägungsfehlerlehre.

---

[336] *Keienburg*, in: Boldt/Weller/Kühne/von Mäßenhausen, BBergG, 2. Auflage 2016, § 57a Rn. 53.

[337] Näher oben 3. Kapitel A. II. 3. a) bb), S. 234 f.; kritisch zu dieser Parallele *T. Linke*, EurUP 2016, S. 199 (212 ff.).

[338] Dazu *Steinberg/Wickel/Müller*, Fachplanung, 4. Auflage 2012, § 3 Rn. 178 ff.; *Ziekow*, in: ders., Handbuch des Fachplanungsrechts, 2. Auflage 2014, § 6 Rn. 41 ff.

[339] Etwas anderes gilt auch nicht bei UVP- und planfeststellungspflichtigen Vorhaben, *Keienburg*, in: Boldt/Weller/Kühne/von Mäßenhausen, BBergG, 2. Auflage 2016, § 57a Rn. 12, dort auch unter Hinweis auf eine erforderliche Alternativenprüfung für planfeststellungspflichtige Leitungsführung mit Abwägungsentscheidung (vgl. § 65 Abs. 1 UVPG, § 57b Abs. 3 Satz 1 BBergG, dazu *dies.*, in: Boldt/Weller/Kühne/von Mäßenhausen, BBergG, 2. Auflage 2016, § 2 Rn. 43, § 57a Rn. 30). Trägerverfahren ist hier gleichwohl das obligatorische Rahmenbetriebsplanverfahren.

[340] Vgl. *Kment*, in: Hoppe/Beckmann/Kment, UVPG, 5. Auflage 2018, § 16 Rn. 28.

aa) Die verfassungsrechtliche Verankerung des Abwägungsgebots

Die Rechtsprechung leitet das ungeschriebene planerische Abwägungsgebot apodiktisch aus dem Rechtsstaatsprinzip[341] und insbesondere dem Verhältnismäßigkeitsgrundsatz[342] ab.[343] Das rechtsstaatliche Abwägungsgebot greift immer dann, wenn konkrete Verfassungspositionen betroffen sind, die unter dem Vorbehalt einer verhältnismäßigen Einschränkung stehen, der Zulassungstatbestand aber kollidierende Belange nicht vollständig ausgleicht, sondern der Behörde bzw. dem Vorhabenträger einen planerischen Gestaltungsspielraum belässt, der zugleich den Rahmen für diesen Interessenausgleich bildet. Namentlich Grundrechtspositionen sowie die kommunale Selbstverwaltungsgarantie[344] können damit ein ungeschriebenes Abwägungserfordernis implizieren, um verfassungsrechtlichen Anforderungen zu genügen.[345]

Die grundrechtliche Verankerung des Abwägungsgebots bedingt aber zugleich, dass das ungeschriebene *rechtsstaatliche* Abwägungsgebot nicht über die konkreten grundrechtlichen Garantien hinausreicht und damit strukturell hinter der einfachgesetzlich angeordneten Abwägung von öffentlichen und privaten Belangen zurückbleibt.[346] Im Rahmen von staatlichen Planungen liegt eine umfassende Abwägung verfassungsrechtlich geschützter privater Belange ohne Weiteres nahe.[347] Bei Planungen durch private Vorhabenträger kann das rechtsstaatliche Abwägungsgebot allerdings nicht weiterreichen als grundrechtliche Schutzpflichten bestehen. Insbesondere ist die behördliche Genehmigung der Fachplanung eines privaten Vorhabenträgers noch kein Eingriff in die Grundrechte Dritter. Wie bereits nachgewiesen, vermittelt aber jedenfalls die gegen-

---

[341] BVerwG, Urteil vom 14. Februar 1975 – IV C 21/74, BVerwGE 48, 56 (63); siehe auch die Nachweise oben in Fn. 327, S. 251.

[342] BVerwG, Urteil vom 11. Dezember 1981 – 4 C 69/78, BVerwGE 64, 270 (273).

[343] Näher *Durner*, Konflikte räumlicher Planungen, 2005, S. 295 ff., 301 ff.

[344] Zur nicht einheitlichen Übertragung des Verhältnismäßigkeitsgrundsatzes auf Einschränkungen der kommunalen Selbstverwaltungsgarantie vgl. *Ernst*, in: von Münch/Kunig, GG, 7. Auflage 2021, Art. 28 Rn. 167; *Nierhaus/Engels*, in: Sachs, GG, 9. Auflage 2021, Art. 28 Rn. 73.

[345] Näher *Durner*, Konflikte räumlicher Planungen, 2005, S. 319 ff., der beispielsweise die Baugenehmigung gegenüberstellt, bei der ein Interessenausgleich auf der übergeordneten Planungsebene stattfindet (S. 321, 323). Art. 20a GG vermittelt hingegen insoweit wohl kein Abwägungsgebot, weil entsprechenden Anforderungen bereits durch außerbergrechtliche Zulassungserfordernisse Rechnung getragen werden dürfte, vgl. oben 1. Kapitel C. III. 2. a) cc) (2), S. 34 ff.

[346] Vgl. BVerwG, Urteil vom 28. Juni 2000 – 11 C 13/99, BVerwGE 111, 276 (281 f.), dazu auch oben Fn. 275, S. 242; *Durner*, Konflikte räumlicher Planungen, 2005, S. 330 f., der allerdings auch auf die weitgehende Gleichbehandlung durch Rechtsprechung und Literatur hinweist.

[347] Vgl. zum möglichen Eingriffscharakter etwa bei der Zulassung öffentlicher Verkehrsanlagen *von Weschpfennig*, AöR 145 (2020), S. 438 (465 m.w.N. auch zur Gegenauffassung in der Rechtsprechung in Fn. 158).

über dem Bergbau besonders relevante Eigentumsgarantie einen vergleichsweise weiten Schutz.[348]

Sind im Einzelfall Grundrechte oder die kommunale Selbstverwaltungsgarantie gar nicht betroffen, resultiert aus dem materiellen Planungscharakter *alleine* kein Abwägungserfordernis.[349] Die rechtsstaatliche Anbindung des Abwägungsgebots führt daher tatsächlich zu einem strukturell reduzierteren Anwendungsbereich, als es die höchstrichterliche Rechtsprechung zunächst vermuten lässt. Selbst komplexe Betriebsplanungen unterliegen damit nicht einem zwingenden verfassungsrechtlichen Abwägungsgebot, wenn und soweit Grundrechte oder Art. 28 Abs. 2 GG nicht (erneut) betroffen sind.

bb) Verfassungsrechtlicher Anspruch auf umfassende Abwägung?

Im Ausgangspunkt garantieren Grundrechte nur die Abwägung der jeweils *eigenen* Verfassungsbelange mit den für das Vorhaben streitenden Interessen. Weitergehend wurde allerdings in der Literatur eine Stärkung namentlich der Eigentumsgarantie dahingehend vertreten, dass „bei der Bestimmung der Gewichtigkeit der öffentlichen Interessen auch die gegen eine Zulassung sprechenden Umstände einbezogen werden" müssen. Stehen dem Vorhaben überwiegende öffentiche Belange entgegen, bestehe kein öffentliches Interesse am Bergbauvorhaben, sodass auch die privaten Belange des Eigentümers überwögen.[350] Im Ergebnis würde die Eigentumsgarantie zu einer Art Supergrundrecht[351] erstarken, das sämtliche gegenläufigen Belange aufnehmen und unmittelbar subjektivieren würde.

In der Tat sind *Enteignungen* nach Art. 14 Abs. 3 Satz 1 GG nur zum Wohle der Allgemeinheit zulässig, das fehlt, wenn dem Vorhaben bereits öffentliche Interessen oder aggregierte private Belange entgegenstehen.[352] *Inhalts- und Schrankenbestimmungen* unterliegen dem aber nicht im selben Maße.[353] Eigentumsbelange sind bei der gesetzlichen Ausgestaltung oder bei Administrativakten zu berücksichtigen, zu gewichten und dürfen nur verhältnismäßig in Relation zum angestrebten Ziel eingeschränkt werden, nehmen aber sonstige Interessen nicht gleichsam auf. Eigentumsrechtliche Belange können durchaus

---

[348] Siehe oben 3. Kapitel A. II. 2. b) bb), S. 218 ff.

[349] Vgl. *Durner*, Konflikte räumlicher Planungen, 2005, S. 319 f.

[350] *Schenke*, Bergbau contra Oberflächeneigentum und kommunale Selbstverwaltung?, 1994, S. 56 ff.

[351] Vgl. *T. Linke*, EurUP 2016, S. 199 (218).

[352] Näher unten 3. Kapitel. A. II. 4. f), S. 259 f.

[353] Soweit das Bundesverfassungsgericht das Wohl der Allgemeinheit als Grund und Grenze von Beschränkungen des Eigentümers sieht (etwa BVerfG, Beschluss vom 23. Januar 1990 – 1 BvR 306/86, BVerfGE 81, 208 (220); Urteil vom 6. Dezember 2016 – 1 BvR 2821/11 u.a., BVerfGE 143, 246 Rn. 218, 268), bleibt dieser Obersatz wenig konkret.

bereits auf abstrakter Ebene im Gesetz abschließend ausgeglichen werden, ohne dass etwa konkrete umweltrechtliche Belange und deren Gewicht bereits bekannt sind.

Gleichwohl stellt sich die Frage, ob nicht die Eigenart der Abwägung zumindest auf der Ebene der gerichtlichen Kontrolle der Entscheidung eine andere Bewertung verlangt. Erkennt man die Abwägung als Ort eines polygonalen Interessenausgleichs an, aus der keine einzelnen Belange sinnvoll herausgelöst werden können,[354] liegt eine vollständige Überprüfung jedenfalls bei Grundrechtsbetroffenheiten nahe.[355] Zudem könnte Art. 14 GG in Anknüpfung an die *Elfes*-Doktrin des Bundesverfassungsgerichts[356] ein Abwehrrecht gegen jegliche rechtswidrige Beeinträchtigung vermitteln, ohne dass es auf den Grund der Rechtswidrigkeit ankommt.[357]

Das Bundesverwaltungsgericht folgt solchen Ansätzen bereits im Ansatz nicht. Einen Vollüberprüfungsanspruch akzeptiert es nur bei einer enteignungsrechtlichen Vorwirkung,[358] während „mittelbar" Betroffene lediglich die gerechte Abwägung der eigenen Belange verlangen können[359]. Dies gilt auch,

---

[354] Vgl. oben in Fn. 280, S. 243.

[355] Allgemein bei Betroffenheit *Steinberg/Wickel/Müller*, Fachplanung, 4. Auflage 2012, § 6 Rn. 78 f.

[356] BVerfG, Urteil vom 16. Januar 1957 – 1 BvR 253/56, BVerfGE 6, 32 (41): „Aus dem Gesagten ergibt sich, daß eine Rechtsnorm, nur wenn sie allen diesen Anforderungen entspricht, aber auch immer dann zum Bestandteil der ‚verfassungsmäßigen Ordnung' wird und somit den Bereich der allgemeinen Handlungsfähigkeit des Bürgers wirksam beschränkt. [...] Jedermann kann im Wege der Verfassungsbeschwerde geltend machen, ein seine Handlungsfreiheit beschränkendes Gesetz gehöre nicht zur verfassungsmäßigen Ordnung, weil es (formell oder inhaltlich) gegen einzelne Verfassungsbestimmungen oder allgemeine Verfassungsgrundsätze verstoße; deshalb werde sein Grundrecht aus Art. 2 Abs. 1 GG verletzt." Das Bundesverfassungsgericht schreibt die *Elfes*-Doktrin allerdings selbst nicht immer konsequent fort, vgl. dazu etwa *Dreier*, in: ders., GG, Bd. 1, 3. Auflage 2013, Art. 2 I Rn. 43; *Löwer*, Zuständigkeiten und Verfahren des Bundesverfassungsgerichts, in: Isensee/Kirchhof, Handbuch des Staatsrechts, Bd. III, 3. Auflage 2005, § 70 Rn. 204 zum reduzierten Prüfungsumfang bei der Urteilsverfassungsbeschwerde.

[357] *Schenke*, Bergbau contra Oberflächeneigentum und kommunale Selbstverwaltung?, 1994, S. 53 ff.; vgl. ferner *Hoppe/Beckmann*, Grundeigentumsschutz bei heranrückendem Bergbau, 1988, S. 113 ff.; vgl. auch *Skouris*, Verletztenklagen und Interessentenklagen im Verwaltungsprozeß, 1979, S. 202 f.; zu Emissionsbetroffenen einer planfestzustellenden Straße *Löwer*, DVBl 1981, S. 528 (532 ff.); ablehnend auch zur Gesamtabwägung bei der Grundabtretung (dazu unten 3. Kapitel A. II. 4. f), S. 259 f.) *T. Linke*, EurUP 2016, S. 199 (218). Soweit – wie hier – Genehmigungen privater Vorhaben im Raume stehen, die gerade keine Grundrechtseingriffe sind (siehe oben 3. Kapitel A. II. 2. b) bb), S. 218 sowie sogleich Fn. 360), greift diese Überlegung wohl bereits im Ansatz auch dann nicht, wenn die Anforderungen an die Erfüllung der Schutzpflichten der Eingriffsdogmatik angenähert werden.

[358] BVerwG, Urteil vom 24. November 2010 – 9 A 13/09, BVerwGE 138, 226, Rn. 23 f.; *Schütz*, Rechtsschutz im Fachplanungsrecht, in: Ziekow, Handbuch des Fachplanungsrechts, 2. Auflage 2014, § 8 Rn. 28 ff.; siehe bereits BVerwG, Urteil vom 18. März 1983 – 4 C 80/79, BVerwGE 67, 74 (75 f.).

[359] BVerwG, Urteil vom 14. Februar 1975 – IV C 21/74, BVerwGE 48, 56 (66); Urteil vom

soweit nicht nur einfachrechtlich geschützte Belange, sondern Grundrechte betroffen sind.[360]

Ungeachtet dessen ist nochmals daran zu erinnern, dass es kein grundrechtlich verbürgtes Recht auf Administrativabwägung gibt. Dem Gesetzgeber steht es frei, im Rahmen des Möglichen Grundrechtspositionen im Tatbestand abschließend auszugleichen, wie er es beispielsweise beim vorsorgenden Schutz von Personen auch außerhalb des Betriebes im Rahmen von § 55 Abs. 1 Satz 1 Nr. 3 BBergG[361] getan hat. Schwieriger verhält es sich beim Schutz des Oberflächeneigentums, der je nach Gewinnungsvorhaben nur relativ geschützt werden kann und damit eine durchaus vielschichtige und komplexe Abwägung mit bergbaulichen Belangen erfordert, die kaum gesetzlich abschließend programmiert werden kann.

cc) Schlussfolgerungen für die bergrechtliche Betriebsplanzulassung

Nach alledem ist zu konstatieren, dass die Betriebsplanzulassung[362] zwar einem bereits vor der Entstehung des Bundesberggesetzes entwickelten (rechtsstaatlichen) Abwägungsgebot unterliegt, dieses jedoch inhaltlich an die Betroffenheit von Grundrechten oder der kommunalen Selbstverwaltungsgarantie anknüpft und – abgesehen von enteignungsrelevanten Konstellationen – nach der Rechtsprechung auch nur insoweit ein subjektives Recht auf Abwägung besteht. Gerichtliche Vollüberprüfungsansprüche bestehen ebenfalls nur bei Enteignungen oder enteignungsrechtlichen Vorwirkungen. Vor diesem Hintergrund stellt sich nun die Frage, ob und inwieweit die herrschende Auffassung zur tatbestandlichen Abwägung im Rahmen des § 48 Abs. 2 Satz 1 BBergG insbeson-

---

24. November 2010 – 9 A 13/09, BVerwGE 138, 226, Rn. 25, 54; Urteil vom 4. April 2019 – 4 A 6/18, juris, Rn. 40; *Schütz*, Rechtsschutz im Fachplanungsrecht, in: Ziekow, Handbuch des Fachplanungsrechts, 2. Auflage 2014, § 8 Rn. 54 ff. Fremde gegenläufige Belange sollen auch nicht das Gewicht der für das Vorhaben sprechenden Interessen saldierend reduzieren, BVerwG, Beschluss vom 16. Januar 2007 – 9 B 14/06, NVwZ 2007, S. 462 Rn. 21.

[360] Vgl. BVerwG, Urteil vom 10. Oktober 2012 – 9 A 20/11, NVwZ 2013, S. 645 Rn. 9, 11; a.A. *Schenke*, Bergbau contra Oberflächeneigentum und kommunale Selbstverwaltung?, 1994, S. 55. Das führt freilich zu dem wenig intuitiven und problematischen Ergebnis, dass der künftig Enteignungsbetroffene, der einen Quadratmeter Grundfläche verlieren soll, einen Vollüberprüfungsanspruch hat, während etwa künftig dauerhaft Immissionsbetroffene nur die Verletzung eigener Belange geltend machen können. Soweit allerdings – wie im Rahmen der Genehmigung privater Vorhaben – lediglich Grundrechte als Schutzpflichten in die Abwägung einzustellen sind, scheint dieses Ergebnis konsequent. Selbst dann könnten aber gesetzliche Duldungspflichten einen gerichtlichen Vollüberprüfungsanspruch vermitteln, vgl. *Löwer*, DVBl 1981, S. 528 (534 mit Fn. 59); oben Fn. 148, S. 219.

[361] BVerwG, Urteil vom 13. Dezember 1991 – 7 C 25/90, BVerwGE 89, 246; Urteil vom 29. April 2010 – 7 C 18/09, ZUR 2010, S. 430; näher *von Mäßenhausen*, in: Boldt/Weller/Kühne/von Mäßenhausen, BBergG, 2. Auflage 2016, § 55 Rn. 24.

[362] Soweit ein Plan im materiellen Sinne vorliegt, dazu oben 3. Kapitel A. II. 4. d) bb), S. 249 ff.

dere grundrechtsbetroffenen Grundeigentümern eine rechtsstaatlich notwendige Abwägung vorenthält.

Vieles spricht dafür, dass die *Moers-Kapellen*-Rechtsprechung den verfassungsrechtlichen Anforderungen nicht genügt.[363] Sie beschränkt sich auf den Schutz vor zu erwartenden schweren Schäden, ohne aus der gesetzlich nur unvollständigen Programmierung die Konsequenzen zu ziehen und die Entscheidung an einem Maßstab ähnlich der Abwägungsfehlerlehre zu messen.[364] Leichte bis mittlere Schäden bleiben gänzlich unberücksichtigt, obwohl kaum bereits abstrakt-generell feststehen dürfte, dass hier von Verfassungs wegen immer auf einen Wertersatz verwiesen werden kann. Solche möglichen Beeinträchtigungen *per se* aus einer abwägenden Entscheidung auszuklammern ist mit Art. 14 GG nicht mehr vereinbar.

Mit Blick auf die 1990 erfolgte Anerkennung privater Interessen im Rahmen von § 48 Abs. 2 BBergG wäre jedoch überlegenswert, die Öffnungsklausel in Richtung eines weiterreichenden Schutzes auszulegen[365] oder eine entsprechende verfassungskonforme Rechtsfortbildung zu betreiben, die wegen der grundsätzlichen Öffnung *prima facie* weniger bedenklich erschiene als vor der Novellierung.[366] Die Verortung dieses Interessenausgleichs im Tatbestand ändert auch nichts am planenden Charakter. In diesem Rahmen wäre der Vorhabenträger – mithin das Bergbauunternehmen – an das Abwägungsgebot gebunden und müsste die grundrechtlich geschützten Belange ermitteln, gewichten und mit bergbaulichen Interessen abwägen. Werden die Anforderungen eingehalten, hätte es einen Anspruch auf Betriebsplanzulassung, die wiederum gerichtlich an einer an der Abwägungsfehlerlehre orientierten Überprüfung[367] zu unterziehen wäre. Die nur graduellen Unterschiede zwischen Tatbestand und Rechtsfolge, gebundener Entscheidung und Ermessen sowie Konditional- und Finalprogrammierung werden hier besonders deutlich.[368]

Dennoch ist ein weiteres Mal zu betonen, dass diese punktuellen tatbestandlichen Abwägungen zwar subjektiven Verfassungsrechtspositionen genügen können, allerdings wegen der Tatbestandsstruktur des § 48 Abs. 2 Satz 1 BBergG keine umfassende *Gesamt*abwägung ermöglichen. Der Gesetzgeber hat im Gegenteil mit dem 1990 integrierten Planfeststellungsverfahren für UVP-pflichtige Rahmenbetriebsplanzulassungen mit § 57a Abs. 5 Halbs. 2

---

[363] Siehe bereits oben 3. Kapitel A. II. 2. b) cc) (2), S. 229.

[364] Vgl. auch *Durner*, Konflikte räumlicher Planungen, 2005, S. 369 f.

[365] Kritisch dazu oben Fn. 211, S. 231.

[366] Siehe hierzu oben 3. Kapitel A. II. 2. b) cc) (2), S. 227 ff.

[367] Siehe oben 3. Kapitel A. II. 4. d) aa), S. 248 f.

[368] Siehe dazu bereits oben 2. Kapitel B. III., S. 112 ff.; vgl. ferner *Di Fabio*, in: FS Hoppe, S. 75 (86 ff., 95 f.), der konstruktiv ein „stetes Ringen um eine Art Konditionalisierung des geltenden Planungsrechts" für notwendig erachtet. (S. 96).

BBergG[369] gerade die Möglichkeit vorgesehen, die Prüfung der Auswirkungen auf das Oberflächeneigentum in nachfolgende Sonderbetriebspläne auszulagern und so gerade der tatbestandlichen Abwägung im obligatorischen Rahmenbetriebsplan zu entziehen.[370] Eine Gesamtabwägung fordert allerdings das Bundesverfassungsgericht mit seiner wegweisenden *Garzweiler*-Entscheidung und akzeptiert – anders als die bisherigen Ausführungen vermuten lassen – das Zulassungsregime des Bundesberggesetzes in der Auslegung durch die Rechtsprechung des Bundesverwaltungsgerichts und damit auch die konkrete Zulassung des Rahmenbetriebsplans „Garzweiler I/II".

f) Gesamtabwägung nach der Garzweiler-Entscheidung des Bundesverfassungsgerichts

Das Bundesverfassungsgericht[371] hatte über die Verfassungsmäßigkeit einer Grundabtretung gemäß §§ 77 ff. BBergG zugunsten des Braunkohlentagebaus Garzweiler[372] sowie die Zulassung des fakultativen Rahmenbetriebsplans „Garzweiler I/II" für den Abbauzeitraum von 1997 bis 2045[373] zu befinden.

Bei der bergrechtlichen Grundabtretung zugunsten des Tagebaus handelt es sich um eine Enteignung,[374] die nur unter den Voraussetzungen des Art. 14 Abs. 3 GG zulässig ist. Der Erste Senat formuliert ausdifferenzierte Anforderungen an den Eigentumsentzug zum Wohle der Allgemeinheit, unterscheidet dabei zwischen der Bedeutung des Vorhabens für das Gemeinwohlziel und der Bedeutung der konkreten Enteignung für das Vorhaben und fordert schließlich eine in der Verwaltungsrechtsprechung bereits anerkannte[375]

„Gesamtabwägung zwischen den für das Vorhaben sprechenden Gemeinwohlbelangen einerseits und den durch seine Verwirklichung beeinträchtigten öffentlichen und privaten Belangen andererseits [...]. In dieser Gesamtabwägung ist auf der einen Seite zu werten und zu würdigen, ob und inwieweit das jeweilige Vorhaben das Gemeinwohlziel zu fördern in der Lage ist, wobei die grundsätzliche ‚Enteignungswürdigkeit' des verfolgten gemeinen Wohls bereits durch den Gesetzgeber vorgegeben wird [...]. Dem sind auf der anderen Seite nicht nur die durch das Vorhaben nachteilig betroffenen privaten Rechtspo-

---

[369] „Entscheidungen nach § 48 Abs. 2 werden außer in den in § 48 Abs. 2 Satz 2 genannten Fällen des Schutzes von Rechten Dritter durch einen Planfeststellungsbeschluß ausgeschlossen."

[370] Dazu BVerwG, Urteil vom 15. Dezember 2006 – 7 C 6/06, BVerwGE 127, 272 Rn. 27 ff.

[371] BVerfG, Urteil vom 17. Dezember 2013 – 1 BvR 3139, 3386/08, BVerfGE 134, 242. Nachfolgende Randnummern ohne Zuordnung beziehen sich auf diese Entscheidung.

[372] Rn. 49 ff., 147 ff.; kritisch zu der zugrundegelegten Eigentumsdogmatik – insbesondere der sozialen Komponente von Art. 14 Abs. 1 Satz 1 GG – *T. Linke*, EurUP 2016, S. 199 (200 ff.).

[373] Rn. 20 ff., 246 ff.

[374] Zum nicht immer anzunehmenden Enteignungscharakter der Grundabtretung siehe oben 2. Kapitel B. IV. 2. b) dd) (1) mit Fn. 383, S. 154.

[375] Vgl. BVerwG, Urteil vom 14. Dezember 1990 – 7 C 5/90, BVerwGE 87, 241 (251 f.).

sitionen in ihrer Gesamtheit, sondern auch die ihm entgegen stehenden öffentlichen Belange gegenüberzustellen."[376]

Ausdrücklich abgelehnt wird der planerische Charakter dieser Gesamtabwägung.[377]

Auch wenn der mitunter mehrere Jahrzehnte vor der Grundabtretung zuzulassende Rahmenbetriebsplan keine enteignungsrechtliche Vorwirkung entfaltet, erkennt das Bundesverfassungsgericht, dass Vorfestlegungen oder der tatsächliche Vollzug des Vorhabens „eine grundsätzlich ergebnisoffene Überprüfung aller Enteignungsvoraussetzungen" zum Zeitpunkt der Grundabtretung *jedenfalls* bei komplexen Großvorhaben verhindern.[378] Erforderlich sei daher eine frühzeitige und einheitliche Gesamtabwägung bereits im Rahmenbetriebsplanverfahren, die im Anschluss an die Rechtsprechung des Bundesverwaltungsgerichts[379] über § 48 Abs. 2 BBergG auch möglich sei[380] und die im Sinne eines effektiven Rechtsschutzes frühzeitig gerichtlich anfechtbar sein müsse.[381] Nur sie könne gewährleisten, „dass die Zulassung eines Bergbaubetriebs nicht durch die Segmentierung einzelner Entscheidungsgegenstände fehlgewichtet und damit verfälscht wird".[382] Strukturell werden die Anforderungen an die spätere Enteignung im Kern auch Voraussetzungen für die Zulassung des Rahmenbetriebsplans.[383] Dabei unterscheidet sich die Gesamtabwägung von derjenigen im Rahmen der Enteignung allenfalls im Hinblick auf den geringeren Konkretisierungsgrad der Rahmenbetriebsplanzulassung.[384] Im Ergebnis akzeptiert das Bundesverfassungsgericht die Rahmenbetriebsplanzulassung, nachdem diese im Verfahren vor dem OVG Münster im Nachgang zu der eben genannten Rechtsprechung des Bundesverwaltungsgerichts[385] nachgebessert werden musste. Zugleich billigt es von Verfassungs wegen implizit den Verzicht auf das planerische Abwägungsgebot sowie die Anwendbarkeit der Abwägungs-

---

[376] Rn. 188, 215 ff., 229 ff.; grundsätzlich kritisch *T. Linke*, EurUP 2016, S. 199 (217 f.). Die Gesamtabwägung lässt damit auch genügend Spielraum, um Grundabtretungen jenseits der Braunkohlengewinnung – sofern es sich überhaupt um Enteignungen handelt – zu ermöglichen, vgl. auch Rn. 201 f.; VG Freiburg, Urteil vom 5. November 2020 – 10 K 2788/19, ZfB 162 (2021), S. 131 (144 f.); a.A. *Knöchel*, ZfB 161 (2020), S. 173 (177); siehe bereits oben Fn. 231, S. 234.

[377] Rn. 233 u.a. unter Verweis auf BVerwG, Beschluss vom 20. Oktober 2008 – 7 B 21/08, NVwZ 2009, S. 333 Rn. 22.

[378] Rn. 194, 224, 272 ff., 316 f. Zur problematischen Abgrenzung komplexer Großvorhaben von anderen *Ludwig*, DVBl 2016, S. 685 (689).

[379] BVerwG, Urteil vom 29. Juni 2006 – 7 C 11/05, BVerwGE 126, 205.

[380] Rn. 213 f., 311 ff.

[381] Rn. 190 ff., 219 ff., 236, 238 f., 317.

[382] Rn. 317.

[383] Rn. 280 ff.; so im Kern auch BVerfG, Beschluss vom 17. Juli 1996 – 2 BvF 2/93, BVerfGE 95, 1 (21 f.); ablehnend *T. Linke*, EurUP 2016, S. 199 (218, 220).

[384] Rn. 318.

[385] Oben Fn. 379.

fehlerlehre auf die Betriebsplanzulassung oder zumindest den Tatbestand des § 48 Abs. 2 Satz 1 BBergG und akzeptiert ohne weiteres mit ausdrücklichem Verweis auf den Charakter einer gebundenen Entscheidung die umfangreiche Nachbesserung der Rahmenbetriebsplanzulassung im Zuge des gerichtlichen Verfahrens.[386]

Ungeachtet dessen überrascht zunächst, wenn das Gericht die „Gesamtabwägung" in § 48 Abs. 2 BBergG verortet, wurde doch oben[387] nachgewiesen, dass sich der Tatbestand wegen seines Auffangcharakters hierzu nicht eignet.[388] Ist aber bereits bei der Betriebsplanzulassung die Zulässigkeit einer späteren Enteignung zu antizipieren und setzt letztere eine Gesamtabwägung voraus, ist diese als öffentliches Interesse in § 48 Abs. 2 BBergG einzustellen.[389] Denn ist bereits jetzt klar, dass später nicht enteignet werden kann, stehen dem Vorhaben schon im Betriebsplanverfahren überwiegende Interessen – nämlich solche der Grundstückseigentümer – entgegen, die gerichtlich im Ergebnis einen Vollüberprüfungsanspruch ähnlich wie bei der enteignungsrechtlichen Vorwirkung von Planfeststellungsbeschlüssen geltend machen können.[390] In diesem Fall erweist sich die Öffnungsklausel quasi durch die Hintertür ausnahmsweise als taugliche Grundlage für eine Gesamtabwägung. Allerdings hat – soweit aus der Entscheidung des OVG Münster ersichtlich – keine *Gesamt*abwägung im Sinne eines polygonalen Interessenausgleichs stattgefunden, sondern erneut nur die sukzessive Abarbeitung gegenläufiger Belange.[391] Etwaige Summationseffekte beispielsweise zwischen grund- und umweltrechtlichen Belangen[392] können so nicht berücksichtigt werden.

Die Diskrepanz zwischen Obersatz und Subsumtion irritiert. Hat das Bundesverfassungsgericht den Begriff der Gesamtabwägung von vornherein nicht im Sinne eines umfassenden Interessenausgleichs verstanden? Oder hat der Senat die – gemessen am Obersatz – bestehenden Abwägungsmängel nicht gesehen? Wahrscheinlicher ist es, dass sich das Gericht mit Blick auf die bereits lange Dauer des Rechtsschutzes und die politisch gestützte überragende Bedeutung des Tagebaus für die Energieversorgung und einen damals noch an-

---

[386] Rn. 318, ferner Rn. 318 i.V.m. Rn. 233.

[387] 3. Kapitel A. II. 2. a), S. 208 ff.

[388] Ablehnend daher *Wasielewski*, ZUR 2014, S. 385.

[389] In diesem Sinne auch VG Aachen, Urteil vom 3. November 2016 – 6 K 369/15, ZfB 157 (2016), S. 312 (321); VG Freiburg, Urteil vom 5. November 2020 – 10 K 2788/19, ZfB 162 (2021), S. 131 (139 ff.).

[390] In diesem Sinne wohl auch BVerwG, Urteil vom 29. Juni 2006 – 7 C 11/05, BVerwGE 126, 205 Rn. 16, 19, 22; deutlicher das nachfolgende Urteil des OVG Münster vom 21. Dezember 2007 – 11 A 1194/02, ZfB 149 (2008), S. 101 (108 ff., 118), gebilligt von BVerfG, Urteil vom 17. Dezember 2013 – 1 BvR 3139, 3386/08, BVerfGE 134, 242 Rn. 325.

[391] Vgl. Urteil des OVG Münster vom 21. Dezember 2007 – 11 A 1194/02, ZfB 149 (2008), S. 101 (116 ff.).

[392] Vgl. *Gärditz*, in: Landmann/Rohmer, Umweltrecht, Art. 20a GG Rn. 61 (Stand: Februar 2013).

genommenen weiten energiepolitischen Handlungsspielraum[393] in grundsätzlich zu begrüßender verfassungsgerichtlicher Zurückhaltung übte. Gleichwohl fand so ein rechtlich wie rechtspolitisch defizitäres Rechtsregime, das nur durch verwaltungsgerichtliche Auslegung und Rechtsfortbildung notdürftig den verfassungsrechtlichen Anforderungen angepasst werden konnte, bis auf Weiteres verfassungsgerichtliche Billigung. Unklar bleiben auch die Implikationen für das sonstige Fachrecht. Behandelt man das Bergrecht als verwaltungsrechtliches Sonderrecht, besteht kein Anlass zur Sorge, die Rechtsprechung könnte auf das Planungsrecht übertragen werden. Ansonsten müsste man konstatieren, dass die verfassungsrechtliche Verankerung des planerischen Abwägungsgebots sowie der Abwägungsfehlerlehre deutlich schwächer ausgeprägt ist, als bislang allgemein angenommen.

Völlig losgelöst von der Abwägungsproblematik stellt sich weiterführend die Frage, ob nicht auch in anderen Fällen einer Grundrechtsbetroffenheit – etwa bei der Betroffenheit von Oberflächeneigentümern durch Untertagebaue – aus Gründen des effektiven Rechtsschutzes eine Prüfung bereits im Rahmenbetriebsplanverfahren erfolgen muss. Verfassungsrechtlich problematisch wären dann etwa die Sonderbetriebspläne „Abbaueinwirkungen auf das Oberflächeneigentum".[394] Effektiver Rechtsschutz setzt allerdings voraus, dass das potenzielle Ausmaß der Grundrechtsbetroffenheit zumindest prognostizierbar ist. Bei Tagebauen, die künftig Grundeigentum in Anspruch nehmen, ist dies vergleichsweise einfach. Geht es aber um Auswirkungen von Untertagebauen auf die Oberfläche, werden bereits aus technischen Gründen bei einer dynamischen Betriebsweise frühzeitige Prognosen, noch bevor überhaupt die Detailplanung stattgefunden hat, regelmäßig nicht möglich sein. Gerade deshalb hat die Praxis eine Auslagerung in Sonderbetriebsplanverfahren entwickelt, was das Bundesverwaltungsgericht auch akzeptiert.[395] Ungeachtet dessen stehen Hauptbetriebsplanzulassungen unter der partiell aufschiebenden Bedingung, dass der konkrete Abbau erst auf Grundlage einer Sonderbetriebsplanzulassung erfolgen darf[396] – was freilich den Mehrwert einer frühzeitigen Berücksichtigung nicht kompensieren kann.

---

[393] Rn. 289: „Energiepolitische Grundentscheidungen können daher vom Bundesverfassungsgericht nur darauf überprüft werden, ob sie offensichtlich und eindeutig unvereinbar sind mit verfassungsrechtlichen Wertungen, wie sie insbesondere in den Grundrechten oder den Staatszielbestimmungen, hier namentlich dem Umweltschutz (Art. 20a GG), zum Ausdruck kommen." Mit dem Klimabeschluss des Bundesverfassungsgerichts vom 24. März 2021 – 1 BvR 2656/18 u.a., NJW 2021, S. 1723 wurde der politische Gestaltungsspielraum im Lichte des Art. 20a GG deutlich enger gezogen, näher zu den bergrechtlichen Konsequenzen oben 2. Kapitel C. III. 2. b), S. 189.

[394] Vgl. *Beckmann*, UPR 2014, S. 206 (213).

[395] BVerwG, Urteil vom 15. Dezember 2006 – 7 C 6/06, BVerwGE 127, 272 Rn. 30 f.

[396] *Keienburg*, NVwZ 2013, S. 1123 (1127).

5. Bilanz und rechtspolitischer Ausblick

Die bergrechtliche Öffnungsklausel ist seit Inkrafttreten des Bundesberggesetzes gewissermaßen zum Herzstück der materiell-rechtlichen Zulassungsdogmatik avanciert und als solches zugleich eine der rechtlich und rechtspolitisch umstrittensten Bestimmungen. Dabei soll die insbesondere für den technischen Vollzug bedeutsame Regelung des § 55 BBergG keineswegs unterschätzt werden. Als flexible Brückenklausel ist § 48 Abs. 2 Satz 1 BBergG aber in der Lage, stetem Wandel unterworfenes außerbergrechtliches Fachrecht aufzunehmen und so auch die Anforderungen an die Betriebsplanzulassung zu modifizieren. Das Betriebsplanverfahren wird so häufig zum Trägerverfahren für Regelungen, die sonst keinem anderen Verfahren zugewiesen sind. Gleichzeitig war § 48 Abs. 2 Satz 1 BBergG wiederholt Anknüpfungspunkt für die Gewährleistung eines (vermeintlich) ausreichenden Grundrechtsschutzes von Grundeigentümern, was im Kern auch das Bundesverfassungsgericht Ende 2013 billigte.

Gleichwohl ist bereits die systematische Stellung der Norm infolge eines verworrenen Gesetzgebungsverfahrens ebenso missglückt wie die Binnensystematik. Gemeinsam mit einer teils wohl kompetenzwidrigen Rechtsfortbildung zur Sicherung der Bestandsgarantie des Oberflächeneigentums, die aber in der Sache durch Verfahrensergänzungen der Öffnungsklausel gesetzgeberisch bestätigt wurde, entstand ein Zulassungstatbestand, der sich recht weit vom Gesetzestext entfernt hat. Eigentumsverfassungsrechtliche Mindestanforderungen werden dabei gleichwohl nicht immer gewahrt, wobei mit Einstellung der Steinkohlenförderung die praktische Relevanz eines unzureichenden Schutzes des Oberflächeneigentums deutlich abgenommen haben dürfte.

Die Rechtsprechung hat überdies im Anschluss an die gesetzgeberische Entscheidung, die Betriebsplanzulassung als gebundene Entscheidung auszugestalten, den Charakter einer Planungsentscheidung samt Anwendbarkeit der Abwägungsfehlerlehre abgelehnt. Damit wurde im Fachplanungsrecht ein bergrechtlicher Sonderweg zementiert, obwohl im Sinne einer einheitlichen Fachplanungsdogmatik ein anderer Pfad rechtstechnisch möglich und verfassungsrechtlich zumindest partiell erforderlich gewesen wäre. Mangels umfassender fachplanerischer Abwägung genießen bergbauliche Belange eine – sonstigem Fachplanungsrecht in der Regel fremde – hervorgehobene Stellung, die allerdings zunehmend insbesondere durch europäisiertes Umweltrecht infrage gestellt wird.

Mögliche Reformen des Bergrechts sollten zuförderst an der bergrechtlichen Öffnungsklausel ansetzen und sich insbesondere um Erkennbarkeit des materiellen Rechts im Normtext bemühen.[397] Gleichwohl wird man die geltende Rechtslage noch nicht als Verstoß gegen den rechtsstaatlichen Bestimmt-

---

[397] *Ludwig*, DVBl 2016, S. 685 (688) speziell zur Umsetzung der *Garzweiler*-Entscheidung des Bundesverfassungsgerichts; vgl. auch *T. Linke*, EurUP 2016, S. 199 (220).

heitsgrundsatz ansehen können;[398] dann wären weite Teile unserer Vorschriften rechtsstaatlich bedenklich. Zudem ist rechtspolitisch eine Korrektur der Rechtsprechung zu diskutieren, soweit diese den Planungscharakter der Betriebsplanzulassung ablehnt. Entsprechende Forderungen nach einer „Gesamtabwägung ins Bundesberggesetz!" wurden im Anschluss an die *Garzweiler*-Entscheidung des Bundesverfassungsgerichts bereits erhoben.[399] Dabei ist zu beachten, dass nicht jeder Betriebsplan – auch wenn er die Anforderungen an eine materielle Planung erfüllt – aus rechtsstaatlichen Gründen einer Abwägung bedarf. Insbesondere kann der Gesetzgeber einen Interessenausgleich bereits auf Tatbestandsebene sicherstellen.

Reformdiskussionen bergen die latente Gefahr, dass statt moderater Anpassungen tiefgreifende Änderungen folgen, die bergbauliche Vorhaben deutlich erschweren oder unmöglich machen könnten. Soweit dies auf bislang unterbelichtete Belange zurückzuführen ist, wäre dies hinzunehmen. Das gilt insbesondere, soweit es sich um verfassungsrechtlich geschützte Interessen handelt.

Gleichwohl ist an dieser Stelle nochmals daran zu erinnern, dass über Regelungen zur Rohstoffgewinnung nur höchst eingeschränkt eine Rohstoffbedarfs- oder -verwendungspolitik betrieben werden kann.[400] Wer beispielsweise die Gewinnung von Erdöl, Erdgas oder Braunkohle zumindest *de facto* rechtlich unmöglich machen will, muss vorher belastbare Konzepte zur Sicherstellung der Energieversorgung entwickeln oder offen – auch im Sinne von öffentlich – eingestehen, dass Versorgungslücken bewusst in Kauf genommen werden. Selbst mit Blick auf Entwicklungschancen künftiger Generationen wäre Letzteres verfassungsrechtlich höchst problematisch, ist doch das „Interesse an einer Stromversorgung [...] heute so allgemein wie das Interesse am täglichen Brot"[401]. Auch die Klimaentscheidung des Bundesverfassungsgerichts erkennt die grundsätzliche Abwägbarkeit von Klimabelangen in der Zukunft – wenngleich unter engen Grenzen – weiterhin an.[402] Jenseits der Energieversorgung werden beispielsweise Sande, Kies[403] oder Basaltlava für Bauprojekte benötigt, ohne die die wirtschaftliche Entwicklung ebenso gefährdet wäre, wie die Wohnraumentwicklung nicht nur in Großstädten sowie energetische Sanierungen. Gefragt sind hier eine vorausschauende, auch internationale Entwicklungspolitik sowie eine Forschungsförderung, die Recycling, Substitutionen oder

---

[398] So aber tendenziell *Ludwig*, DVBl 2016, S. 685 (688).

[399] *Ludwig*, ZUR 2014, S. 451 ff. mit einem detaillierten Regelungsvorschlag.

[400] Ausführlich oben 1. Kapitel C. III. 2. b) aa), S. 40 f.

[401] BVerfG, Beschluss vom 11. Oktober 1994 – 2 BvR 633/86, BVerfGE 91, 186 (206).

[402] BVerfG, Beschluss vom 24. März 2021 – 1 BvR 2656/18 u.a., NJW 2021, S. 1723 Rn. 120, 185, 198.

[403] Beides fällt freilich nicht unbedingt in den Anwendungsbereich des Bundesberggesetzes, dazu oben 1. Kapitel D. I. 1. b) bb) (1), S. 72 f.

eine Reduktion des Rohstoffverbrauchs ermöglicht. Eine künstliche Reduktion des Angebots kann allenfalls flankierend hinzutreten.

III. Zur Sicherung der Zulassungsvoraussetzungen

Um die gesetzlichen Voraussetzungen der Zulassung eines Betriebsplans sicherzustellen, sind Nebenbestimmungen sowie nachträgliche Auflagen möglich (1.). Bergbauliche Vorhaben sind überdies kapitalintensive und lang andauernde Projekte. Um sicherzustellen, dass hieraus erwachsende Pflichten bis hin zur Betriebseinstellung und Nachsorgeverantwortung nicht unter Umständen durch den Fiskus finanziert werden müssen, kann die Bergbehörde Sicherheitsleistungen verlangen (2.). Maßgebliche Vorschrift hierfür ist zuförderst § 56 BBergG, der allerdings in weiten Teilen wenig klar erscheint.

1. Nebenbestimmungen

Die Zulassung kann zunächst nach Maßgabe des § 36 Abs. 1 LVwVfG mit Nebenbestimmungen versehen werden.[404] Darüber hinaus ermöglicht § 56 Abs. 1 Satz 2 BBergG die nachträgliche Aufnahme, Änderung oder Ergänzung von Auflagen[405], soweit dies zur Sicherstellung der Voraussetzungen nach § 55 Abs. 1 Satz 1 Nr. 2 bis 13 und Abs. 2 BBergG sowie – in Fortschreibung der *Altenberg*-Rechtsprechung[406] – § 48 Abs. 2 Satz 1 BBergG[407] erforderlich ist. Sie müssen allerdings nach dem ausdrücklichen Normtext für den Unternehmer und für Einrichtungen der von ihm betriebenen Art wirtschaftlich vertretbar und nach den allgemein anerkannten Regeln der Technik erfüllbar sein.

Umstritten ist insbesondere das Merkmal der wirtschaftlichen Vertretbarkeit. Kern der Regelung ist der wirtschaftliche Schutz des Betriebes. Er darf nicht durch nachträgliche Auflagen unrentabel werden.[408] Mit Blick auf den eindeutigen Wortlaut des § 56 Abs. 1 Satz 2 BBergG kommt es dabei kumu-

---

[404] Näher *von Hammerstein*, in: Boldt/Weller/Kühne/von Mäßenhausen, BBergG, 2. Auflage 2016, § 56 Rn. 4 ff.; *Frenz*, in: ders., BBergG, 2019, § 56 Rn. 21 ff.

[405] Zur Begrenzung auf Auflagen BVerwG, Urteil vom 22. November 2018 – 7 C 11/17, NVwZ 2019, S. 886 Rn. 16 ff.; rechtspolitisch kritisch *Umweltbundesamt* (Hrsg.), Politikempfehlungen für eine verantwortungsvolle Rohstoffversorgung Deutschlands als Beitrag zur nachhaltigen Entwicklung. Teil I – Handlungsvorschläge für eine umwelt- und ressourcenschonende Rohstoffgewinnung in Deutschland, Dezember 2020, S. 33, https://www.umweltbundesamt.de/sites/default/files/medien/1410/publikationen/2020_12_pp_bergrecht_bf.pdf, zuletzt abgerufen am 9. Juli 2021.

[406] Dazu oben 3. Kapitel A. II. 1., S. 201 f.

[407] BVerwG, Urteil vom 22. November 2018 – 7 C 11/17, NVwZ 2019, S. 886 Rn. 15; *Beckmann*, DÖV 2010, S. 512 (517); *von Hammerstein*, in: Boldt/Weller/Kühne/von Mäßenhausen, BBergG, 2. Auflage 2016, § 56 Rn. 22 m.w.N. auch zur Gegenauffassung.

[408] Näher *von Hammerstein*, in: Boldt/Weller/Kühne/von Mäßenhausen, BBergG, 2. Auflage 2016, § 56 Rn. 16.

lativ auf die wirtschaftliche Belastung des einzelnen Unternehmers sowie auf Einrichtungen der von ihm betriebenen Art an.[409] Unternehmer ist nach § 4 Abs. 5 BBergG eine natürliche oder juristische Person oder Personenhandelsgesellschaft, die eine der in § 2 Abs. 1 Nr. 1 und 2 sowie Abs. 2 und 3 BBergG bezeichneten Tätigkeiten auf eigene Rechnung durchführt oder durchführen läßt. Soweit Teile der Literatur bei individueller wirtschaftlicher Unvertretbarkeit *alternativ* auf ein gesundes Durchschnittsunternehmen abstellen,[410] findet dies in § 56 Abs. 1 Satz 2 Nr. 1 BBergG keine hinreichende Stütze. Aber auch die Gegenansicht, die *kumulativ* auf den einzelnen Unternehmer sowie auf ein „Durchschnittsunternehmen dieser Betriebsart" abstellt,[411] ist zumindest ungenau. Adressiert werden nämlich nicht vergleichbare *Unternehmen*, sondern vergleichbare *Einrichtungen*. Dies sind nach § 2 Abs. 1 Nr. 3 BBergG Betriebsanlagen und Betriebseinrichtungen, die überwiegend der Aufsuchung, Gewinnung, Aufbereitung oder Wiedernutzbarmachung dienen oder zu dienen bestimmt sind.[412] Folglich kommt es nicht auf ein vergleichbares Unternehmen, sondern lediglich auf die wirtschaftliche Vertretbarkeit für vergleichbare – und diesbezüglich durchschnittliche – Einrichtungen an. Damit wird sowohl vermieden, dass es im selben Unternehmen zu (übermäßigen) Quersubventionierungen kommt, als auch dass wirtschaftlich besonders gut gestellte Betriebe höheren Anforderungen unterworfen werden.[413]

Das Merkmal der wirtschaftlichen Vertretbarkeit wird teilweise für verfassungswidrig gehalten, weil die durch Art. 2 Abs. 2 GG geschützten Güter nicht ausnahmslos der Wirtschaftlichkeit untergeordnet werden könnten.[414] Im Ergebnis überzeugt diese Kritik nicht.[415] Zunächst lässt das Merkmal der wirtschaftlichen Vertretbarkeit durchaus Raum für eine abwägende Betrachtung, die allerdings jedenfalls dann erschöpft ist, wenn die Existenz des Unternehmens oder die wirtschaftlich sinnvolle Betriebsführung im Vergleich zu Einrichtungen ihrer Art gefährdet würde.[416] Überdies kommen Anordnungen nach

---

[409] Vgl. auch *Beyer*, Die Verantwortung für Gefahren bei der Überplanung und Bebauung risikobehafteter Flächen, 2005, S. 114.

[410] *Beckmann*, ZUR 2006, S. 295 (297).

[411] *Piens*, in: ders./Schulte/Graf Vitzthum, BBergG, 3. Auflage 2020, § 56 Rn. 247, der diese Formulierung gleichbedeutend mit „Vergleichseinrichtungen der von ihm betriebenen Art" verwendet.

[412] Vgl. auch § 4 Abs. 8 BBergG, der den Gewinnungsbetrieb als „Einrichtungen zur Gewinnung von bergfreien und grundeigenen Bodenschätzen" definiert.

[413] In diesem Sinne wohl auch *von Hammerstein*, in: Boldt/Weller/Kühne/von Mäßenhausen, BBergG, 2. Auflage 2016, § 56 Rn. 19; vgl. auch OVG Magdeburg, Urteil vom 7. Dezember 2016 – 2 L 21/14, ZfB 158 (2017), S. 141 (162).

[414] *Beyer*, Die Verantwortung für Gefahren bei der Überplanung und Bebauung risikobehafteter Flächen, 2005, S. 113 ff.

[415] Zu apodiktisch ablehnend allerdings *Piens*, in: ders./Schulte/Graf Vitzthum, BBergG, 3. Auflage 2020, § 56 Rn. 246, der die These als kühn, falsch und überflüssig bezeichnet.

[416] *von Hammerstein*, in: Boldt/Weller/Kühne/von Mäßenhausen, BBergG, 2. Auflage

§ 71 BBergG[417] sowie der Widerruf oder die Rücknahme der Betriebsplanzulassung[418] in Betracht.[419]

Teilweise wird zudem in Erwägung gezogen, die Beschränkung von nachträglichen Auflagen auf die wirtschaftliche Vertretbarkeit nicht auf Abschlussbetriebspläne zu erstrecken.[420] In Anbetracht von Wortlaut und Systematik, die keinen Raum für eine einschränkende Auslegung lassen, wäre eine teleologische Reduktion aber nur dann angezeigt, wenn nicht anderweitig verfassungskonforme Ergebnisse erzielt werden können. Gerade das ist im Ergebnis aber möglich:

Hier ist zunächst wieder auf die Möglichkeit von Anordnungen nach § 71 BBergG zu verweisen. Gerade § 71 Abs. 1 Satz 2 BBergG dient dem Schutz von Leben, Gesundheit und Sachgütern Beschäftigter oder Dritter. Abs. 2 trifft eine Spezialregelung für unmittelbare Gefahren für Beschäftigte oder Dritte.

Dagegen führen der Widerruf oder die Rücknahme eines Abschlussbetriebsplans nicht zwangsläufig zum Erfolg, weil dann zwar der (mittlerweile) unzureichende Betriebsplan aus der Welt ist, gleichwohl aber die Notwendigkeit und Rechtspflicht[421] der Betriebseinstellung auf Grundlage eines Abschlussbetriebsplans verbleibt. Der Widerruf kommt damit nur dann in Betracht, wenn die ordnungsgemäße Einstellung gleichwohl gesichert werden kann. Möglich ist dies zunächst auf Grundlage des § 71 Abs. 3 BBergG.[422] Insbesondere kann die Bergbehörde aber auch nach § 71 Abs. 1 BBergG die Vorlage eines neuen Abschlussbetriebsplans verlangen. Nach § 71 Abs. 1 Satz 1 BBergG kann die

---

2016, § 56 Rn. 17; a.A. OVG Magdeburg, Urteil vom 7. Dezember 2016 – 2 L 21/14, ZfB 158 (2017), S. 141 (161).

[417] Hierzu sowie zu deren Verhältnis zu § 56 Abs. 1 Satz 2 BBergG siehe unten 3. Kapitel B. I. 5., S. 282 ff.

[418] Vgl. *Beckmann*, DÖV 2010, S. 512 (517 f.), der erst in einem letzten Schritt eine teleologische Reduktion in Betracht zieht, dazu sogleich.

[419] Ablehnend *Beyer*, Die Verantwortung für Gefahren bei der Überplanung und Bebauung risikobehafteter Flächen, 2005, S. 113, die § 56 Abs. 1 Satz 2 BBergG verdrängende Wirkung beimisst. Es überzeugt dabei nicht, das sonstige Instrumentarium ohne systematisch zwingende Günde auszuschließen, um im nächsten Schritt die Verfassungswidrigkeit des § 56 Abs. 1 Satz 2 BBergG zu begründen.

[420] *Beckmann*, in: Kühne/Ehricke, Bergrecht zwischen Tradition und Moderne, 2010, S. 169 (188 f.); vgl. *ders.*, DVBl 2010, S. 512 (517 f.); a.A. *Kühne*, DVBl 2006, S. 1219 (1222), der der Einschränkung gleichwohl die praktische Relevanz abspricht, weil die Betriebsplanzulassung widerrufen werden könne und der Betrieb sodann nach § 71 Abs. 3 BBergG eingestellt würde.

[421] § 53 Abs. 1 Satz 1 BBergG: „Für die Einstellung eines Betriebes ist ein Abschlußbetriebsplan aufzustellen, [...]." Damit unterscheidet sich der Abschlussbetriebsplan von der grundsätzlichen Freiwilligkeit der Vorlage von Betriebsplänen; siehe aber auch § 52 Abs. 2, 2a, 3, § 57d Abs. 1 BBergG.

[422] „Im Falle der Einstellung des Betriebes ohne zugelassenen Abschlußbetriebsplan kann die zuständige Behörde die erforderlichen Maßnahmen anordnen, um die Erfüllung der in § 55 Abs. 2 bezeichneten Voraussetzungen sicherzustellen."

zuständige Behörde im Einzelfall anordnen, welche Maßnahmen zur Durchführung der Vorschriften dieses Gesetzes zu treffen sind. Da nach § 53 Abs. 1 Satz 1 BBergG ein Abschlussbetriebsplan aufzustellen *ist*, kann diese Rechtspflicht auch über § 71 Abs. 1 Satz 1 BBergG durchgesetzt werden.[423] Dem steht weder § 71 Abs. 3 BBergG entgegen,[424] welcher der Bergbehörde für den Fall der Betriebseinstellung ohne Abschlussbetriebsplan lediglich zusätzliche Befugnisse verleihen will, noch sind die Beschränkungen des § 56 Abs. 1 Satz 2 – namentlich diejenige der wirtschaftlichen Vertretbarkeit – übertragbar. Lediglich der Grundsatz der Verhältnismäßigkeit ist zu beachten.[425] Im Ergebnis besteht daher keine verfassungsrechtliche Notwendigkeit, die Beschränkung nachträglicher Auflagen auf die wirtschaftliche Vertretbarkeit nach § 56 Abs. 1 Satz 2 Nr. 1 BBergG bei Abschlussbetriebsplänen teleologisch zu reduzieren.

2. Sicherheitsleistungen

Neben der Möglichkeit von Nebenbestimmungen kann die Bergbehörde die Betriebsplanzulassung nach § 56 Abs. 2 Satz 1 BBergG von der Leistung einer Sicherheit abhängig machen, soweit diese erforderlich ist, um die Erfüllung der in § 55 Abs. 1 Satz 1 Nr. 3 bis 13 und Abs. 2 BBergG genannten Voraussetzungen zu sichern.[426] Ziel ist es, die Allgemeinheit vor hohen Kosten zu schützen, falls das Unternehmen nicht willens oder finanziell nicht in der Lage ist, seine Verpflichtungen zu erfüllen, und der Staat selbst im Wege der Ersatzvornahme tätig werden muss.[427] Relevant wird dies zumeist – aber nicht nur – bei Hauptbetriebsplanzulassungen[428] und betrifft wohl vor allem die Sicherstellung der Wiedernutzbarmachung der Oberfläche bei Tagebauen.

Spätestens mit der vollständigen Durchführung des Abschlussbetriebsplans und dem Ende der Bergaufsicht nach § 69 Abs. 2 BBergG[429] entfällt der tatbestandliche Grund der Sicherheitsleistung. Etwaige fortbestehende Verantwortlichkeiten, welche die Zeit nach der Entlassung aus der Bergaufsicht betreffen,[430] werden damit von vornherein nicht mehr erfasst.[431]

---

[423] *Beckmann*, DÖV 2010, S. 512 (518 f.); *ders.*, in: Frenz, BBergG, 2019, § 71 Rn. 23; vgl. BVerwG, Urteil vom 18. Dezember 2014 – 7 C 22/12, BVerwGE 151, 156 Rn. 34 ff.

[424] *Beckmann*, DÖV 2010, S. 512 (519).

[425] Näher dazu unten 3. Kapitel B. I. 5., S. 282 ff.

[426] Zu politischen Reformbestrebungen *Keimeyer/Gailhofer/Westphal/Sanden/Schomerus/Teßmer*, Recht der Rohstoffgewinnung, Umweltbundesamt, Texte 71/2019 S. 302, 332 ff.

[427] Siehe die Nachweise unten in Fn. 450, S. 271.

[428] Vgl. dazu *M. Herrmann*, ZfB 159 (2018), S. 271 (273 f.); *Jäkel*, ZfB 157 (2016), S. 21 (22 f.); die Forderung von Sicherungsleistungen bei Rahmenbetriebsplanzulassungen ablehnend *Piens*, in: ders./Schulte/Graf Vitzthum, BBergG, 3. Auflage 2020, § 56 Rn. 260.

[429] Zum Ende der Bergaufsicht siehe unten 3. Kapitel F. IV., S. 377 ff.

[430] Diese richten sich dann nach allgemeinem Ordnungsrecht, siehe unten 3. Kapitel F. IV., S. 379.

[431] Vgl. *M. Herrmann*, ZfB 159 (2018), S. 271 (295); a.A. *Frenz*, in: ders., BBergG, 2019,

Bislang nicht abschließend geklärt ist, ob Sicherheitsleistungen auch zur Sicherung der Voraussetzungen nach § 48 Abs. 2 Satz 1 BBergG verlangt werden können.[432] Bedenkt man, dass die Auskopplung der öffentlichen Interessen aus dem heutigen § 55 BBergG keine materiell-rechtlichen Änderungen bewirken sollte[433] und dass § 48 Abs. 2 Satz 1 BBergG bereits in § 56 Abs. 1 Satz 2 BBergG[434] sowie die Voraussetzungen zur Abschlussbetriebsplanzulassung[435] hineinzulesen ist, wird man dies bei § 56 Abs. 2 Satz 1 BBergG nicht anders sehen können.[436]

Weiterhin ist umstritten, ob die Formulierung „soweit […] erforderlich" Tatbestandsmerkmal ist[437] oder lediglich ermessensleitender Gesetzeszweck[438]. Hierauf kommt es aber nicht maßgeblich an.[439] Entscheidend sind vielmehr drei andere Fragen. *Erstens:* Unter welchen wirtschaftlichen Umständen des Unternehmens kann eine Sicherheitsleistung verlangt werden? *Zweitens:* Was ist überhaupt der tatbestandliche Bezugspunkt für die Sicherheitsleistung? *Drittens:* Welche Arten von Sicherheitsleistungen können verlangt werden?

a) Sicherheitsleistung unabhängig von der Wirtschaftskraft des Unternehmens

Einigkeit besteht noch insoweit, als es keiner konkreten Zweifel an der Wirtschaftskraft des Unternehmens bedarf. Das Bedürfnis einer Sicherheitsleistung kann sich vielmehr „auch aus allgemeinen Erfahrungen, aus der wirtschaftlichen Gesamtsituation oder aus anderen Gesichtspunkten ergeben".[440] So akzeptierte das OVG Magdeburg eine Verwaltungsvorschrift, nach der nur in atypischen Ausnahmefällen von der Erhebung einer Sicherheitsleistung abgesehen

---

§ 56 Rn. 73 unter Verweis auf BVerwG, Urteil vom 18. Dezember 2014 – 7 C 22/12, BVerwGE 151, 156 Rn. 48. Dort ging es aber gar nicht um *nach*bergrechtliche Pflichten, sondern vielmehr um bergrechtliche. Solange diese bestehen, kann die Bergaufsicht nicht enden, ausführlich unten 3. Kapitel F. III. und IV., S. 370 ff.

[432] So *Piens*, in: ders./Schulte/Graf Vitzthum, BBergG, 3. Auflage 2020, § 56 Rn. 262; ablehnend *von Hammerstein*, in: Boldt/Weller/Kühne/von Mäßenhausen, BBergG, 2. Auflage 2016, § 56 Rn. 33; *Keienburg*, ZfB 154 (2013), S. 243 f.

[433] Ausführlich oben 3. Kapitel A. II. 1, S. 202 ff.

[434] Siehe oben 3. Kapitel A. III. 1., S. 265.

[435] Siehe unten 3. Kapitel F. I., S. 368.

[436] Vgl. *M. Herrmann*, ZfB 159 (2018), S. 271 (277 f.) bereits unter Verweis auf das dort noch ausstehende Urteil des Bundesverwaltungsgerichts vom 22. November 2018 – 7 C 11/17, NVwZ 2019, S. 886 Rn. 15 zu § 56 Abs. 1 Satz 2 BBergG.

[437] OVG Magdeburg, Urteil vom 17. Mai 2017 – 2 L 126/15, ZfB 158 (2017), S. 276 (283 ff.); *M. Herrmann*, ZfB 159 (2018), S. 271 (280).

[438] *von Hammerstein*, in: Boldt/Weller/Kühne/von Mäßenhausen, BBergG, 2. Auflage 2016, § 56 Rn. 30 ff.; vgl. *Pielow*, in: Festgabe OLG Hamm, 2020, S. 406 (429, 434 ff.).

[439] Zum Verhältnis von unbestimmtem Rechtsbegriff und Rechtsfolgenermessen siehe oben 2. Kapitel B. III., S. 112 ff.

[440] BT-Drs. 8/1315, S. 112.

werden soll, was etwa bei dem Betrieb durch eine juristische Person des öffentlichen Rechts der Fall sein könne.[441] *De lege ferenda* wird freilich die Forderung erhoben, Sicherheitsleistungen zwingend und ohne Ermessen der Bergbehörde zu verlangen.[442]

b) Sicherung der Zulassungsvoraussetzungen oder Sicherung künftiger Unternehmerpflichten?

Strittig ist dagegen der tatbestandliche Bezugspunkt der Sicherheitsleistung. Naheliegend erscheint es zunächst, die Sicherheitsleistung auf die Sicherung der *Zulassungsvoraussetzungen* zum Zeitpunkt der Genehmigung zu beziehen. Ihre Forderung käme hiernach – wovon auch die Entwurfsbegründung ausgeht[443] – nur in Betracht, wenn andernfalls der Betriebsplan gar nicht zugelassen werden dürfte. Dann läge *allenfalls* noch die Entscheidung im pflichtgemäßen Ermessen der Bergbehörde, ob Versagungsgründe durch eine Sicherheitsleistung ausgeräumt werden können oder die Zulassung zu verweigern ist.[444] Nach gegenteiliger Auffassung betrifft die Möglichkeit der Sicherheitsleistung die Sicherung der Durchführung *künftiger Unternehmerpflichten*, die sich aus der (rechtmäßigen) Zulassung des Betriebsplans ergeben.[445] Erst diese Entkopplung

---

[441] OVG Magdeburg, Urteil vom 17. Mai 2017 – 2 L 126/15, ZfB 158 (2017), S. 276 (285); *Keienburg*, ZfB 154 (2013), S. 243 (244 f.); vgl. *Jäkel*, ZfB 157 (2016), S. 21 (25). Zur Verwaltungspraxis im Übrigen *M. Herrmann*, ZfB 159 (2018), S. 271 (285 ff.).

[442] *Keimeyer/Gailhofer/Westphal/Sanden/Schomerus/Teßmer*, Recht der Rohstoffgewinnung, Umweltbundesamt, Texte 71/2019, S. 332 ff.; *Umweltbundesamt* (Hrsg.), Politikempfehlungen für eine verantwortungsvolle Rohstoffversorgung Deutschlands als Beitrag zur nachhaltigen Entwicklung. Teil I – Handlungsvorschläge für eine umwelt- und ressourcenschonende Rohstoffgewinnung in Deutschland, Dezember 2020, S. 32 f., https://www.umweltbundesamt.de/sites/default/files/medien/1410/publikationen/2020_12_pp_bergrecht_bf.pdf, zuletzt abgerufen am 9. Juli 2021. Auf eine fehlende verfassungsrechtliche *Pflicht* einer generalisierenden Sicherheitsleistung hinweisend *Pielow*, in: Festgabe OLG Hamm, 2020, S. 406 (430 f.). Im ursprünglichen Entwurf zum Bundesberggesetz war eine verpflichtende Sicherheitsleistung für die Vorsorge zur Wiedernutzbarmachung der Oberfläche vorgesehen (vgl. BT-Drs. 8/1315, S. 26), die dann auf Vorschlag des Bundesrates entfallen ist (wie vor, S. 179).

[443] BT-Drs. 8/1315, S. 112; ebenso *Jäkel*, ZfB 157 (2016), S. 21 (23).

[444] So *Piens*, in: ders./Schulte/Graf Vitzthum, BBergG, 3. Auflage 2020, § 56 Rn. 258; ablehnend *von Hammerstein*, in: Boldt/Weller/Kühne/von Mäßenhausen, BBergG, 2. Auflage 2016, § 56 Rn. 31; *M. Herrmann*, ZfB 159 (2018), S. 271 (280); *ders.*, ZfB 161 (2020), S. 179 (188), die insbesondere darauf hinweisen, dass die Sicherheitsleistung im Grunde immer als milderes Mittel gegenüber der Verweigerung einer Betriebsplanzulassung verlangt werden müsse (so auch *Jäkel*, ZfB 157 (2016), S. 21 (27)) und es sich damit um keine Ermessensentscheidung hinsichtlich des „Ob" der Sicherheitsleistung mehr handele.

[445] *von Hammerstein*, in: Boldt/Weller/Kühne/von Mäßenhausen, BBergG, 2. Auflage 2016, § 56 Rn. 32; *M. Herrmann*, ZfB 159 (2018), S. 271 (280); *ders.*, ZfB 161 (2020), S. 179 (188 f.), dort auch zum zeitlich über die Betriebsplanzulassungen reichenden Horizont der Sicherheitsleistung (S. 193 ff.); vgl. *Frenz*, in: ders., BBergG, 2019, § 56 Rn. 69; *Keienburg*, ZfB

von den tatbestandlichen Zulassungsvoraussetzungen ermögliche eine wirkliche Ermessensentscheidung.[446]

Beide Auffassungen unterscheiden sich im Ergebnis nicht so sehr hinsichtlich der abzusichernden Pflichten, sondern vielmehr hinsichtlich des tatbestandsauslösenden Sicherungsbedürfnisses. Die unmittelbar auf Unternehmerpflichten abstellende Auffassung zielt auf die Sicherung der in der Betriebsplanzulassung konkretisierten oder konkretisierbar angelegten (künftigen) Pflichten,[447] beispielsweise die in § 55 Abs. 1 Satz 1 Nr. 7 BBergG hinterlegte Wiedernutzbarmachung der Oberfläche[448]. Stellt man demgegenüber auf die Sicherung der Voraussetzungen für die Betriebsplanzulassung ab, ist etwa die nach § 55 Abs. 1 Satz 1 Nr. 7 BBergG erforderliche Vorsorge zur Wiedernutzbarmachung der Oberfläche Bezugspunkt der Sicherung. Beide Auffassungen betonen aber als Sicherungszweck die finanzielle Absicherung etwaiger künftiger, ggf. nach Ablauf des Betriebsplans notwendig werdender[449] Ersatzvornahmen[450] – also die Absicherung des Ausfallrisikos der Bergbauunternehmer[451] – wobei der Umfang der Sicherheitsleistung im Detail unterschiedlich bemessen wird[452].

---

154 (2013), S. 243 (244); *Spieth/Hellermann*, ZfB 158 (2017), S. 18 (21 f.); *Pielow*, in: Festgabe OLG Hamm, 2020, S. 406 (428, 436 f.).

[446] In diesem Sinne *von Hammerstein*, in: Boldt/Weller/Kühne/von Mäßenhausen, BBergG, 2. Auflage 2016, § 56 Rn. 31 f.; *M. Herrmann*, ZfB 159 (2018), S. 271 (280); *ders.*, ZfB 161 (2020), S. 179 (188).

[447] Vgl. *M. Herrmann*, ZfB 159 (2018), S. 271 (280, 281, 289 f.); *Keienburg*, ZfB 154 (2013), S. 243 (252 f.).

[448] Ausführlich dazu *M. Herrmann*, ZfB 161 (2020), S. 179 (192 ff.).

[449] Zur zulässigen Zeitdauer einer Sicherheitsleistung siehe auch OVG Weimar, Urteil vom 8. Juni 2011 – 1 KO 704/07, ThürVBl 2014, S. 8 (12 ff.); VG Halle (Saale), Urteil vom 1. Oktober 2009 – 3 A 29/08, ZfB 151 (2010), S. 33 (40); *M. Herrmann*, ZfB 161 (2020), S. 179 (194 f.); *Jäkel*, ZfB 157 (2016), S. 21 (31 f.); *Piens*, in: ders./Schulte/Graf Vitzthum, BBergG, 3. Auflage 2020, § 56 Rn. 260.

[450] Vgl. einerseits: *Jäkel*, ZfB 157 (2016), S. 21 (21, 29 f.); *Piens*, in: ders./Schulte/Graf Vitzthum, BBergG, 3. Auflage 2020, § 56 Rn. 260. Vgl. andererseits: *M. Herrmann*, ZfB 159 (2018), S. 271 (289 ff.); *Keienburg*, ZfB 154 (2013), S. 243 (244, 252). Vgl. auch OVG Weimar, Urteil vom 8. Juni 2011 – 1 KO 704/07, ThürVBl 2014, S. 8 (12 ff.); OVG Magdeburg, Urteil vom 17. Mai 2017 – 2 L 126/15, ZfB 158 (2017), S. 276 (287). Dieser einmütige Gleichlauf überrascht insoweit, als doch eigentlich die finanzielle Sicherung der bloßen Vorsorge strukturell durchaus geringer ausfallen müsste als die finanzielle Sicherung der späteren Erfüllung. Nur letztere kann *un*mittelbar die Kosten einer (hypothetischen) Ersatzvornahme zugrundelegen.

[451] *Spieth/Hellermann*, ZfB 158 (2017), S. 18 (22).

[452] Auch sogenannte Ewigkeitslasten wie etwa eine dauerhaft notwendige Grubenwasserhaltung sind berücksichtigungsfähig, *von Hammerstein*, in: Boldt/Weller/Kühne/von Mäßenhausen, BBergG, 2. Auflage 2016, § 56 Rn. 47; *Frenz*, in: ders., BBergG, 2019, § 56 Rn. 103. Die Bemessung ist nicht auf die Kosten für reine Gefahrenabwehr beschränkt, *M. Herrmann*, ZfB 159 (2018), S. 271 (290); a.A. *Jäkel*, ZfB 157 (2016), S. 21 (29 f.). Nicht erfasst werden die finanzielle Vorsorge für realisierte Risiken, *M. Herrmann*, ZfB 159 (2018), S. 271 (279, 289 f.), sowie Zahlungspflichten wegen Bergschäden, *Frenz*, in: ders., BBergG, 2019, § 56 Rn. 72; *M. Herrmann*, a.a.O., S. 279. Teilweise soll Bezugspunkt für die Sicherheitsleistung aber auch eine im Falle einer *außer*planmäßigen Betriebseinstellung notwendig werdende staatliche Ersatzvor-

Grundlegende Differenzen bestehen aber in der Frage, ob Sicherheitsleistungen *nur*[453] zur Kompensation fehlender Tatbestandsvoraussetzungen – etwa bei mangelnder Vorsorge zur Wiedernutzbarmachung der Oberfläche – zulässig sind, oder vielmehr *auch*[454] der weitergehenden Sicherung der Erfüllung von aus der Betriebsplanzulassung folgenden Betreiberpflichten dienen[455]. Diese Frage ist entgegen mancher Stimmen in der Literatur[456] durchaus praxisrelevant.

Die Entstehungsgeschichte bleibt ambivalent. Einerseits soll eine Sicherheitsleistung nur dann in Betracht kommen, wenn ansonsten die Zulassung des Betriebsplans zu versagen wäre.[457] Andererseits wurde ausdrücklich der Ermessensspielraum betont,[458] der aber nach der Kompensationslösung zumindest hinsichtlich des „Ob" der Sicherheitsleistung wohl nicht bestehen würde[459]. Ebenfalls ambivalent bleibt der Wortlaut, da die *Erfüllung der Voraussetzungen* des § 55 Abs. 1 Satz 1 Nr. 3 bis 13, Abs. 2 BBergG sowohl das Vorliegen der Voraussetzungen zum Zulassungszeitpunkt als auch die Erfüllung der darin zum Ausdruck kommenden künftigen Betreiberpflichten adressieren kann.[460]

---

nahme sein (siehe etwa die Hausverfügung zur Erhebung und Verwertung von Sicherheitsleistungen gem. § 56 Abs. 2 BBergG des Landesamtes für Geologie und Bergwesen des Landes Sachsen-Anhalt (Stand: September 2019), S. 7 ff., https://lagb.sachsen-anhalt.de/fileadmin/ Bibliothek/LaGB/Dokumente/2019_1001_Hausverfuegung_2019.pdf, zuletzt abgerufen am 9. Juli 2021; akzeptiert von OVG Magdeburg, Urteil vom 17. Mai 2017 – 2 L 126/15, ZfB 158 (2017), S. 276 (284 f., 287), dort bezogen auf die Kosten zur Gefahrenabwehr im Falle einer außerplanmäßigen Betriebseinstellung; ablehnend *M. Herrmann*, ZfB 159 (2018), S. 271 (289 f. mit Fn. 93); *Spieth/Hellermann*, ZfB 158 (2017), S. 18 (22 f.); vgl. – insoweit zurückhaltender – das Merkblatt zur Erhebung und Verwertung von Sicherheitsleistungen gem. § 56 Abs. 2 BBergG – Merkblatt Sicherheitsleistungen – des Sächsischen Oberbergamts (Stand: Juni 2019), S. 5 f. (Kosten, die dem Freistaat im Fall einer Betriebseinstellung entstehen), https://www.oba.sachsen.de/download/2019_06_05_MerkblattSicherheitsleistungen.pdf, zuletzt abgerufen am 9. Juli 2021.

[453] Ausdrücklich *Jäkel*, ZfB 157 (2016), S. 21 (23).

[454] Vgl. *von Hammerstein*, in: Boldt/Weller/Kühne/von Mäßenhausen, BBergG, 2. Auflage 2016, § 56 Rn. 32; *M. Herrmann*, ZfB 159 (2018), S. 271 (280, 283).

[455] Neben organisatorischen, planerischen und technischen Vorkehrungen umfasst sie auch finanzielle Vorsorge, *M. Herrmann*, ZfB 159 (2018), S. 271 (281 ff.); *ders.*, ZfB 161 (2020), S. 179 (184 ff., 189 f.); *Jäkel*, ZfB 157 (2016), S. 21 (23 ff.); *dies.*, Die Sicherheitsleistung zur Sicherstellung der Vorsorge für die Wiedernutzbarmachung der Oberfläche im Bergrecht, 2017, S. 93 ff.; *Spieth/Hellermann*, ZfB 158 (2017), S. 18 (19 f., 26 f.), jeweils zur Wiedernutzbarmachung der Oberfläche.

[456] Vgl. *Piens*, in: ders./Schulte/Graf Vitzthum, BBergG, 3. Auflage 2020, § 56 Rn. 258; *Spieth/Hellermann*, ZfB 158 (2017), S. 18 (22), die dem hier umrissenen Streit keine (nennenswerte) praktische Bedeutung beimessen.

[457] So die Entwurfsbegründung, BT-Drs. 8/1315, S. 112.

[458] Vgl. die Stellungnahme des Bundesrates BT-Drs. 8/1315, S. 179; daran anschließend *von Hammerstein*, in: Boldt/Weller/Kühne/von Mäßenhausen, BBergG, 2. Auflage 2016, § 56 Rn. 31.

[459] Siehe soeben Fn. 444.

[460] Anders *von Hammerstein*, in: Boldt/Weller/Kühne/von Mäßenhausen, BBergG,

Letztlich spricht der spezifische Zweck einer Sicherheitsleistung gegen das reine Kompensationsmodell und für einen eigenständigen Gehalt des § 56 Abs. 2 BBergG neben § 55 BBergG. Während § 55 BBergG Vorsorgepflichten für das Bergbauunternehmen generiert, damit dieses *selbst* auch in Zukunft seine bereits jetzt in Gang gesetzten Betreiberpflichten erfüllen kann, betrifft § 56 Abs. 2 BBergG die Rolle des Staates als verantwortlicher Akteur bei einem *Ausfall* des Unternehmens. Vorsorge – und damit auch finanzielle Vorsorge[461] – ist aber im *Ausgangspunkt* etwas kategorial anderes als die Leistung einer Sicherheit zugunsten eines anderen – hier des Staates. Von einem derartigen Verständnis geht auch die Entwurfsbegründung aus, wenn sie zwar die Instrumente im Rahmen des § 56 Abs. 2 BBergG nicht auf Sicherheitsleistungen im Sinne der §§ 232 ff. BGB beschränkt, hierzu aber speziell auf die Bankbürgschaft verweist.[462] Das schließt nicht aus, dass Sicherheitsleistungen (zugleich) ausreichender Vorsorge dienen. Primärer Zweck ist dies aber nicht. Fließende Grenzen offenbaren sich zudem bei der umstrittenen Frage nach zulässigen Arten von Sicherheitsleistungen. Allein deshalb wären entsprechende gesetzgeberische Klarstellungen zu begrüßen.

c) Arten von Sicherheitsleistungen

Als Sicherheitsleistung kommen verschiedene Arten von Sicherheiten in Betracht.[463] Neben den in § 232 BGB genannten Sicherheitsleistungen sind dies die bereits erwähnten Bürgschaften. Ob auch betriebliche Rückstellungen und Rücklagen akzeptiert werden können, wird unterschiedlich bewertet.[464] Mit Blick auf den Sicherungszweck der Sicherheitsleistung, die gerade die öffentliche Hand vor einer (umfassenden) Kostentragungslast schützen soll, können betriebsinterne finanzielle Vorsorgemaßnahmen im Grundsatz nicht als Sicherheitsleistung anerkannt werden. Sie sind Teil der erforderlichen und behördlich einzufordernden Vorsorge im Rahmen des § 55 BBergG, aber keine hiervon zu trennende Sicherheitsleistung.

---

2. Auflage 2016, § 56 Rn. 32 unter Verweis auf den anders gelagerten Wortlaut in § 56 Abs. 1 BBergG (Sicherstellung).

[461] Siehe die Nachweise soeben in Fn. 455.

[462] BT-Drs. 8/1315, S. 112.

[463] Ausführlich *Jäkel*, Die Sicherheitsleistung zur Sicherstellung der Vorsorge für die Wiedernutzbarmachung der Oberfläche im Bergrecht, 2017, S. 142 ff.; *Pielow*, in: Festgabe OLG Hamm, 2020, S. 406 (434 f.); *Keienburg*, ZfB 154 (2013), S. 243 (247 ff.).

[464] Grundsätzlich bejahend *von Hammerstein*, in: Boldt/Weller/Kühne/von Mäßenhausen, BBergG, 2. Auflage 2016, § 56 Rn. 44 f.; *Keienburg*, ZfB 154 (2013), S. 243 (250 ff.); ablehnend *M. Herrmann*, ZfB 159 (2018), S. 271 (288 f.); *Jäkel*, ZfB 157 (2016), S. 21 (28 f.); *Pielow*, in: Festgabe OLG Hamm, 2020, S. 406 (432 f.), der Rückstellungen aber indizielle Wirkung für das Erfordernis einer Sicherheitsleistung beimisst. Zu betrieblichen Rückstellungen siehe auch *Spieth/Hellermann*, ZfB 158 (2017), S. 18 (26 ff.).

In der Praxis zunehmende Bedeutung erlangen schließlich Vorsorgevereinbarungen im Rahmen öffentlich-rechtlicher Verträge, die eine ausreichende Flexibilität ermöglichen, um den Herausforderungen des Kohleausstiegs zu begegnen.[465] Hier werden beide Ebenen der betriebsinternen unternehmerischen Vorsorge sowie des behördlichen Sichergungsverlangens miteinander kombiniert und verwoben. Die unternehmerische Vorsorge für den Zeitpunkt nach der Gewinnung wird im Kern auf eine rechtlich selbständige Zweckgesellschaft übertragen, die ein zweckgebundenes Sondervermögen aufbaut. Die Leistung einer Sicherheit nach § 56 Abs. 2 BBergG erfolgt durch die Bestellung eines zentralen Pfandrechts an den Gesellschaftsanteilen sowie einem abstrakten Schuldversprechen des Bergbauunternehmens.

B. Bergrechtliche Verfahrensstufung

So missglückt die bergrechtliche Öffnungsklausel und deren Dogmatik ist, so vorbildlich erscheint in vielerlei Hinsicht das bergrechtliche Instrumentarium zur Verfahrensstufung. Mit insgesamt fünf Betriebsplanarten (I.) offeriert das Gesetz flexible Möglichkeiten[466] zur sukzessiven Zulassung hochkomplexer Vorhaben.[467] Verpflichtend ist zunächst nur die Vorlage eines Hauptbetriebsplans sowie des Abschlussbetriebsplans und im Falle einer UVP-Pflicht die obligatorische Rahmenbetriebsplanung. Bergbauunternehmen und Bergbehörden können der dynamischen Betriebsführung und Prognoseschwierigkeiten insbesondere durch zeitlich beschränkte Hauptbetriebsplanzulassungen mit Gestattungswirkung hinreichend Rechnung tragen, bestimmte Teile in Sonderbetriebspläne auslagern, gleichwohl aber das Gesamtvorhaben oder zumindest größere Teile mit der Zulassung von fakultativen oder obligatorischen Rahmenbetriebsplänen zulassungsrechtlich im Blick behalten. Eine auch nur annähernd umfassende Würdigung dieses Regimes würde den Rahmen dieser Untersuchung sprengen. Stattdessen konzentrieren sich die folgenden Ausführungen auf wenige punktuelle Aspekte.

Höchstrichterlich geklärt ist mittlerweile die (eingeschränkte) Bindungswirkung fakultativer Rahmenbetriebsplanzulassungen für nachfolgende berg-

---

[465] Ausführlich zum Ganzen *M. Herrmann*, ZfB 161 (2020), S. 179 (192 ff.).

[466] Zu den Vorzügen der Verfahrensstufung auch bei Abwägungsentscheidungen *Kment*, ZUR 2016, S. 331 (338 f.); zu Vorschlägen weiterer Flexibilisierung im Rahmen des Kohleausstiegs *Beckmann/Wittmann*, DVBl 2021, S. 137 ff., die etwa die fakultative Zusammenfassung verschiedener Betriebsplanarten, längere Laufzeiten von Hauptbetriebsplanzulassungen sowie die Zulassung vorzeitigen Beginns anregen. Teilweise wurden diese Vorschläge mit dem Gesetz zur Änderung des Bundesberggesetzes und zur Änderung der Verwaltungsgerichtsordnung vom 14. Juni 2021 (BGBl I 2021, S. 1760) aufgegriffen, vgl. auch oben Fn. 531, S. 86.

[467] Siehe bereits oben 1. Kapitel D. II. 2., S. 81 ff.

rechtliche Genehmigungen – allerdings vorbehaltlich einer Änderung der Sach- oder Rechtslage. Das Bundesverwaltungsgericht etabliert damit erneut eine bergrechtliche Sonderdogmatik neben allgemein anerkannten Rechtsinstituten. Im System der Bindungswirkungen erscheint die Zurückhaltung wenig konsistent und führt letztlich zu einem nur reduziert geschützten Vertrauen in den Bestand einmal getroffener Regelungen (II.).

Obligatorische Rahmenbetriebsplanzulassungen erweisen sich mit ihrem umfassenden Prüfungsgegenstand sowie der partiellen Konzentrations- und weitreichenden Bindungswirkung zunächst als Fremdkörper im bergrechtlichen Zulassungssystem. So hinterlegte der Ausschuss für Wirtschaft im Gesetzgebungsverfahren zum Bundesberggesetz audrücklich, dass die dynamische Betriebsweise und das hieran angepasste Intrument der Betriebsplanung den Ausbau zu einem Verfahren mit Konzentrationswirkung wie im Bundes-Immissionsschutzgesetz oder zu einer den Planfeststellungsverfahren vergleichbaren Regelung ausschließe.[468] In der Tat ist die bergrechtliche Planfeststellung – neben der Ablehnung des Planungscharakters durch die herrschende Auffassung – atypisch, entfaltet sie doch letztlich wegen der bergbaulichen Sachgesetzlichkeiten[469] keine bergrechtliche Gestattungswirkung. Trotz allem sind die damit einhergehenden Friktionen praktisch handhabbar. Schwierigkeiten bereitet allerdings immer wieder die Verknüpfung von UVP-Pflicht und Rahmenbetriebsplanung (III.).

Unklare und unterschiedliche Bindungs- und Regelungswirkungen der Betriebspläne sowie deren Masse implizieren potenzielle Folgeprobleme im Rechtsschutz. Ohne betriebs- oder behördeninterne Detailkenntnisse ist für Außenstehende selbst nach dem Studium der gerichtlichen Entscheidungen die Prozessgeschichte sowie der Prüfungsumfang zuweilen schwer zu rekonstruieren, wie etwa anhand der zahlreichen Verfahren in Sachen Tagebau Hambach zu beobachten ist. Durch die Ausweitung der Verbandsklagerechte gewinnen insbesondere Fragen zum Umfang der gerichtlichen Kontrolle an Bedeutung (IV.).

I. Grundlagen zur Verfahrensstufung bei der Betriebsplanzulassung

Das Bundesberggesetz unterscheidet zwischen fünf verschiedenen Betriebsplanarten – Haupt- und Rahmenbetriebsplänen (1.), Sonderbetriebsplänen (2.), gemeinschaftlichen Betriebsplänen (3.) sowie Abschlussbetriebsplänen (4.). Neben der so ausgestalteten präventiven Bergaufsicht installiert das Bundesberggesetz ein repressives Handlungsinstrumentarium der Bergbehörden (5.).

---

[468] BT-Drs. 8/3965, S. 130.
[469] Siehe oben 1. Kapitel A. III., S. 5.

1. Haupt- und Rahmenbetriebspläne

Während die eigentliche Gestattung des Vorhabens grundsätzlich[470] durch *Hauptbetriebspläne* erfolgt, die nach § 52 Abs. 1 Satz 1 BBergG in der Regel einen Zeitraum von zwei Jahren[471] bzw. nach Maßgabe des § 52 Abs. 1 Satz 3 bis 5 BBergG einen Zeitraum von vier Jahren nicht überschreiten, erfassen *Rahmenbetriebspläne* nach § 52 Abs. 2 Nr. 1 BBergG als äußere Klammer des Projekts[472] einen längeren Zeitraum von etwa bis zu 20 Jahren,[473] sind allerdings auch weniger detailreich[474]. Sie haben keine gestattende Wirkung, sondern stellen vielmehr die grundsätzliche Zulassungsfähigkeit des Gesamtvorhabens fest.[475] Eine *Pflicht* zur Aufstellung solcher sogenannter fakultativer Rahmenbetriebspläne besteht nach den gesetzlichen Vorgaben nur, wenn die zuständige Behörde dies verlangt.[476] Weder Haupt- noch fakultativen Rahmenbetriebsplänen kommt Konzentrationswirkung zu; sonstige Zulassungserfordernisse werden nicht verdrängt.[477]

Eine unmittelbare gesetzliche Pflicht zur Aufstellung von Rahmenbetriebsplänen besteht nach dem 1990 eingefügten[478] § 52 Abs. 2a Satz 1 BBergG, sofern ein Vorhaben UVP-pflichtig ist. Der obligatorische Rahmenbetriebsplan ist grundsätzlich für das gesamte Vorhaben aufzustellen[479] und wird in einem Planfeststellungsverfahren zugelassen. Dem zugelassenen Rahmenbetriebsplan kommt gemäß § 75 Abs. 1 Satz 1 LVwVfG, § 57a Abs. 4 Satz 1 BBergG Konzentrationswirkung gegenüber den meisten[480] außerbergrechtlichen Entscheidungen zu. Insoweit weist der obligatorische Rahmenbetriebsplan eine

---

[470] Siehe aber unten 3. Kapitel B. I. 2., S. 278 f.

[471] Zur Kritik siehe die Nachweise oben in Fn. 502, S. 81.

[472] *Ludwig*, ZUR 2012, S. 150 f.; näher *von Hammerstein*, in: Boldt/Weller/Kühne/von Mäßenhausen, BBergG, 2. Auflage 2016, § 52 Rn. 33.

[473] *Kremer/Neuhaus gen. Wever*, Bergrecht, 2001, Rn. 169; *Ludwig*, ZUR 2012, S. 150 (151).

[474] Kritisch zur teils gegenteiligen Praxis *Kremer/Neuhaus gen. Wever*, Bergrecht, 2001, Rn. 170.

[475] BVerwG, Urteil vom 29. Juni 2006 – 7 C 11/05 – BVerwGE 126, 205 Rn. 20, 25.

[476] Dies schließt nicht aus, dass Unternehmen ohne Verlangen die Zulassung von Rahmenbetriebsplänen beantragen, *Kremer/Neuhaus gen. Wever*, Bergrecht, 2001, Rn. 168.

[477] *Kremer/Neuhaus gen. Wever*, Bergrecht, 2001, Rn. 284; *Piens*, in: ders./Schulte/Graf Vitzthum, BBergG, 3. Auflage 2020, § 51 Rn. 17.

[478] Gesetz zur Änderung des Bundesberggesetzes vom 12. Februar 1990, BGBl I 1990, S. 215.

[479] Vgl. BVerwG, Urteil vom 2. November 1995 – 4 C 14/94, BVerwGE 100, 1 (7); siehe auch § 52 Abs. 2b Satz 1 BBergG, der die Zulässigkeit einer Abschnitts- oder Stufenbildung davon abhängig macht, dass die erforderliche Einbeziehung der erheblichen Auswirkungen des gesamten Vorhabens auf die Umwelt nicht ganz oder teilweise unmöglich wird.

[480] Dies gilt nicht für wasserrechtliche Gestattungen, vgl. § 19 Abs. 1 WHG. Nach Rechtsprechung des Bundesverwaltungsgerichts besteht nur eine Zuständigkeits- und Verfahrenskonzentration, aber keine Entscheidungskonzentration, siehe die Nachweise oben in Fn. 14, S. 194.

umfassendere Prüfungsreichweite auf als der fakultative.[481] Konzentrierte
außerbergrechtliche Entscheidungen haben insoweit Gestattungswirkung.
Zur Durchführung des Rahmenbetriebsplans und damit zur Projektrealisie-
rung erforderlich bleiben aber ausweislich § 57a Abs. 5 Halbs. 1 BBergG insbesondere Hauptbetriebspläne;[482] *bergrechtlich* kommt dem obligatorischen
Rahmenbetriebsplan folglich keine Gestattungswirkung zu.[483] Gleichwohl
weist bereits der obligatorische Rahmenbetriebsplan auch gegenüber nachfolgenden Betriebsplänen eine höhere Regelungsdichte auf als der fakultative
Rahmenbetriebsplan. So generiert § 57a Abs. 5 BBergG[484] weitreichende Bindungswirkungen gegenüber nachfolgenden Betriebsplanzulassungen, schließt
spätere Einwendungen Dritter oder Beteiligter im Sinne des § 54 Abs. 2
BBergG weitgehend aus und stellt im Ergebnis klar, dass über entgegenstehende öffentliche Interessen nach § 48 Abs. 2 BBergG abschließend im Rahmenbetriebsplanverfahren zu entscheiden ist.[485] Verlagerungen in nachgeordnete Betriebspläne bleiben zumindest nach der gesetzlichen Konzeption nur
in den in § 48 Abs. 2 Satz 2 BBergG[486] genannten Fällen des Schutzes von
Rechten Dritter zulässig.[487]

2. Sonderbetriebspläne

Sonderbetriebspläne sind auf Verlangen der Bergbehörde neben Haupt- und
Rahmenbetriebsplänen nach § 52 Abs. 2 Nr. 2 BBergG für bestimmte Teile
des Betriebes oder für bestimmte Vorhaben aufzustellen. Sie sind zeitlich aufgrund ihrer funktionalen Beschränkung gegenüber Hauptbetriebsplänen nicht

---

[481] *von Hammerstein*, in: Boldt/Weller/Kühne/von Mäßenhausen, BBergG, 2. Auflage
2016, § 52 Rn. 57.

[482] Gleiches gilt für Sonder- und Abschlussbetriebspläne.

[483] Zur eingeschränkten Gestattungswirkung siehe zunächst nur *Keienburg*, in: Boldt/
Weller/Kühne/von Mäßenhausen, BBergG, 2. Auflage 2016, § 57a Rn. 34.

[484] „Hinsichtlich der vom Vorhaben berührten Belange Dritter und der Aufgabenbereiche
Beteiligter im Sinne des § 54 Abs. 2 erstrecken sich die Rechtswirkungen der Planfeststellung
auch auf die Zulassung und Verlängerung der zur Durchführung des Rahmenbetriebsplanes erforderlichen Haupt-, Sonder- und Abschlußbetriebspläne, soweit über die sich darauf
beziehenden Einwendungen entschieden worden ist oder bei rechtzeitiger Geltendmachung
hätte entschieden werden können; Entscheidungen nach § 48 Abs. 2 werden außer in den in
§ 48 Abs. 2 Satz 2 genannten Fällen des Schutzes von Rechten Dritter durch einen Planfeststellungsbeschluß ausgeschlossen."

[485] BT-Drs. 11/4015, S. 12: Die Zulässigkeit des einzelnen Vorhabens wird „im Hinblick
auf alle davon berührten und relevanten Belange, d.h. umfassend geprüft und festgestellt",
auch wenn Gegenstand nicht die Zulassung der nachgeordneten Betriebspläne ist.

[486] Seit der Ergänzung der Raumordnungsklausel in § 48 Abs. 2 BBergG müsste es richtigerweise Satz 3 heißen.

[487] Ermöglicht wird so insbesondere die Auslagerung der Prüfung von Einwirkungen auf
die Oberfläche im Sinne der *Moers-Kapellen*-Rechtsprechung auf Sonderbetriebspläne, siehe
sogleich Fn. 504. Näher zum Ganzen unten 3. Kapitel B. III. 3. c) bb), S. 320 ff.

beschränkt[488] und dienen insbesondere der verwaltungstechnischen Vereinfachung,[489] indem sie längerfristig unveränderte Einrichtungen oder Tätigkeiten aufnehmen.[490]

Sonderbetriebspläne können bestimmte, immer wiederkehrende und damit über den einzelnen Hauptbetriebsplan zeitlich hinausreichende sektorale Arbeiten wie etwa das Sprengwesen oder die Errichtung und den Betrieb von Anlagen wie beispielsweise Schachtfördergerüste, Bewetterungsanlagen oder Halden erfassen.[491] Praktisch relevant sind aber auch Sonderbetriebspläne, die den Abbau selbst oder dessen Auswirkungen betreffen und insoweit nicht bloß sektorale sondern integrale Funktion[492] haben. Nennenswert sind etwa der Sonderbetriebsplan „Abbau", in dem die betriebs- und sicherheitstechnischen Einzelheiten verankert werden, oder – infolge der *„Moers-Kapellen*-Rechtsprechung[493] – der Sonderbetriebsplan „Auswirkungen auf das Oberflächeneigentum".[494] Fraglich erscheint hier jedoch, ob die Beteiligung der Oberflächeneigentümer im Sonderbetriebsplanverfahren noch rechtzeitig erfolgt, oder ob – auch mit Blick auf die *Garzweiler*-Entscheidung des Bundesverfassungsgerichts[495] – nicht eine Beteiligung bereits im Rahmenbetriebsplanverfahren angezeigt wäre. Wegen der Prognoseunsicherheiten im Untertagebergbau dürfte dies allerdings kaum möglich sein.[496] Auch im Sanierungsbergbau arbeiten Behörden und Unternehmen mit Sonderbetriebsplänen wie „Folgen des Grundwasseranstiegs" oder „Einstellung der Wasserhaltung".[497]

Sonderbetriebsplanzulassungen kann *insoweit* (partiell) gestattende Wirkung zukommen, als dort – und nicht mit der Zulassung des Hauptbetriebsplans – bestimmte Maßnahmen wie beispielsweise die Errichtung und der Be-

---

[488] *Kremer/Neuhaus gen. Wever*, Bergrecht, 2001, Rn. 197; a. A. *Stiens*, Der bergrechtliche Betriebsplan, 1995, S. 61 ff.

[489] *Kremer/Neuhaus gen. Wever*, Bergrecht, 2001, Rn. 199; *Kühne*, UPR 1986, S. 81; vgl. BT-Drs. 8/1315, S. 107: „entlastende Funktion" im Verhältnis zu Hauptbetriebsplänen.

[490] *Keienburg*, NVwZ 2013, S. 1123 (1125).

[491] *von Hammerstein*, in: Boldt/Weller/Kühne/von Mäßenhausen, BBergG, 2. Auflage 2016, § 52 Rn. 48; zahlreiche weitere Beispiele mit umfangreichen Rechtsprechungsnachweisen bei *Piens*, in: ders./Schulte/Graf Vitzthum, BBergG, 3. Auflage 2020, § 52 Rn. 47 ff.

[492] Zu dieser Unterscheidung *Schmidt-Aßmann/Schoch*, Bergwerkseigentum und Grundeigentum im Betriebsplanverfahren, 1994, S. 196 ff. Die Zulässigkeit von Sonderbetriebsplänen mit integraler Funktion ablehnend wegen der gesetzgeberisch gewollten Funktion des Hauptbetriebsplans als zentrale Zulassungsstufe *Stiens*, Der bergrechtliche Betriebsplan, 1995, S. 63 ff.; zweifelnd auch *Schmidt-Aßmann/Schoch*, a.a.O., S. 202; die Auffassung von *Stiens* als allzu formalistisch ablehnend *Keienburg*, Die Öffentlichkeitsbeteiligung im Bergrecht, 2004, S. 73.

[493] Ausführlich hierzu oben 3. Kapitel. A. II. 2. b), S. 214 ff.

[494] Ausführlich *Piens*, in: ders./Schulte/Graf Vitzthum, BBergG, 3. Auflage 2020, § 52 Rn. 51 ff.

[495] Dazu oben 3. Kapitel A. II. 4. f), S. 259 ff.

[496] Näher oben 3. Kapitel A. II. 4. f), S. 262.

[497] Näher *Piens*, in: ders./Schulte/Graf Vitzthum, BBergG, 3. Auflage 2020, § 52 Rn. 70 ff.

trieb einer Grubenbahn freigegeben werden.[498] Kontrovers diskutiert wird dagegen, ob Sonderbetriebspläne nur akzessorisch zu Hauptbetriebsplänen Gestattungswirkung entfalten können, also deren „Ausnutzbarkeit […] von der Existenz und der Nutzbarkeit einer Hauptbetriebsplanzulassung" abhängt.[499] Mit Blick auf die gesetzliche Vorgabe nach § 52 Abs. 1 Satz 1 BBergG, wonach für die Errichtung und Führung eines Betriebes Hauptbetriebspläne aufzustellen *sind*, wird man dies bejahen können.[500] Das bedeutet aber nicht zugleich, dass Sonderbetriebspläne unwirksam würden, sobald die Befristungsdauer eines Hauptbetriebsplans ausgelaufen ist, oder – aus welchen Gründen auch immer – temporär keine Hauptbetriebsplanzulassung vorliegt.[501] Jedenfalls ist aber der rechtskonstruktiven Überlegung eine Absage zu erteilen, die Betriebsführung zumindest für eine gewisse Zeit nur durch summative Sonderbetriebspläne zu organisieren.[502]

Soweit schließlich die gesamte Sonderbetriebsplanpraxis in der Literatur als rechtswidrig angesehen wird, weil damit der gesetzliche Stellenwert der Hauptbetriebsplanzulassung unterlaufen werde,[503] dringen diese Bedenken nicht durch.[504] Der Gesetzgeber hat die Systematik der Betriebsplanverfahren sowie

---

[498] Vgl. *Glückert*, in: FS Kühne, 2009, S. 543 (545 ff.); *Piens*, in: ders./Schulte/Graf Vitzthum, BBergG, 3. Auflage 2020, § 52 Rn. 46; *H. Schulte*, Kernfragen des bergrechtlichen Genehmigungsverfahrens, 1993, S. 68 f. Die bei *Glückert* ausführlich diskutierten gegenteiligen Auffassungen von *Ludwig*, Auswirkungen der FFH-RL auf Vorhaben zum Abbau von Bodenschätzen nach dem BBergG, 2005, S. 49 mit Fn. 187 und *Stiens*, Der bergrechtliche Betriebsplan, 1995, S. 58, 60 ff. verhalten sich zu dieser Frage entgegen den Ausführungen von *Glückert* allerdings nicht eindeutig. *Ludwig* spricht Sonderbetriebsplänen zwar Gestattungswirkung ab, stellt dies aber in den Kontext der Akzessorietät zum Hauptbetriebsplan (vgl. Fn. 499). *Stiens* hält hingegen allgemein die Bedeutungsverlagerung zu Sonderbetriebsplänen für rechtswidrig, näher hierzu sogleich.

[499] So *Keienburg*, NVwZ 2013, S. 1123 (1125); *Kremer/Neuhaus gen. Wever*, Bergrecht, 2001, Rn. 197; *H. Schulte*, Kernfragen des bergrechtlichen Genehmigungsverfahrens, 1993, S. 68 f., 94; dagegen *Glückert*, in: FS Kühne, 2009, S. 543 (552 ff.); *von Hammerstein*, in: Boldt/Weller/Kühne/von Mäßenhausen, BBergG, 2. Auflage 2016, § 52 Rn. 54; *Piens*, in: ders./Schulte/Graf Vitzthum, BBergG, 3. Auflage 2020, § 52 Rn. 86; differenzierend *Schmidt-Aßmann/Schoch*, Bergwerkseigentum und Grundeigentum im Betriebsplanverfahren, 1994, S. 196 f., 199.

[500] A.A. *Glückert*, in: FS Kühne, 2009, S. 543 (554 f.).

[501] *Glückert*, in: FS Kühne, 2009, S. 543 (555); *Keienburg*, NVwZ 2013, S. 1123 (1125). Daraus lässt sich aber nicht der Umkehrschluss ziehen, dass dann die Sonderbetriebsplanzulassung auch ohne Hauptbetriebsplanzulassung ausnutzbar ist.

[502] So aber *Schmidt-Aßmann/Schoch*, Bergwerkseigentum und Grundeigentum im Betriebsplanverfahren, 1994, S. 199; wie hier *Stiens*, Der bergrechtliche Betriebsplan, 1995, S. 63 f.; i.E. auch BVerwG, Urteil vom 13. Dezember 1991 – 7 C 25/90, BVerwGE 89, 246 (259 f.); *von Hammerstein*, in: Boldt/Weller/Kühne/von Mäßenhausen, BBergG, 2. Auflage 2016, § 52 Rn. 54.

[503] *Stiens*, Der bergrechtliche Betriebsplan, S. 60 ff.

[504] I.E. ebenso BVerwG, Urteil vom 15. Dezember 2006 – 7 C 6/06, BVerwGE 127, 272 Rn. 30 f., das einen Sonderbetriebsplan zu den Auswirkungen auf die Oberfläche akzeptiert.

deren Verhältnis zueinander gesetzlich nahezu gar nicht ausgestaltet.[505] Damit überlässt er Konkretisierungen gerade dem Vollzug, der zudem auf das flexible Instrument der Sonderbetriebsplanung angewiesen[506] ist. Nur aus der Tatsache heraus, dass die Betriebsführung der Zulassung einer Hauptbetriebsplanung bedarf, kann das gesetzlich vorgesehene Instrument des Sonderbetriebsplans nicht seiner Kernfunktion – der Entlastung des Hauptbetriebsplans – entkleidet werden.[507]

Das Instrument der Sonderbetriebsplanung erweist sich damit als wahrer Flexibilitätskatalysator, können doch – wie hier nur angedeutet wurde – im Grunde beliebig Teile des Betriebes oder konkrete Vorhaben, die bis hin zum Abbau selbst reichen, der zeitlich starren Hauptbetriebsplanzulassung entzogen und parallel oder zeitlich überlappend zugelassen werden. Bei entsprechend gestattender Wirkung ähneln sie insoweit der Teilgenehmigung. Negativ formuliert hat sich ein wahres „Sonderbetriebsplan(un)wesen"[508] etabliert. In Sachen „Erkundungsbergwerk Gorleben" verweist das Bundesverwaltungsgericht etwa auf die Zulassung von „mehrere[n] hundert Sonderbetriebspläne[n]" allein zwischen 1983 und 1990.[509]

3. Gemeinschaftliche Betriebspläne

Das Bundesberggesetz erfasst mit § 52 Abs. 3 auch *gemeinschaftliche Betriebspläne*, die für Arbeiten und Einrichtungen, die von mehreren Unternehmen nach einheitlichen Gesichtspunkten durchgeführt, errichtet oder betrieben werden müssen, auf Verlangen der zuständigen Behörde aufzustellen sind. Die Entwurfsbegründung nennt beispielhaft die Verlegung von Verkehrs- und Versorgungsanlagen, den Betrieb von Zentralhalden sowie die Wiedernutzbarmachung möglichst großer Bodenflächen.[510] In seiner Konzeption scheint der gemeinschaftliche Betriebsplan jedoch nicht den Abbau verschiedener Rohstoffe im selben Feld zu erfassen.[511] Die Literatur verweist auf gemeinschaftliche Betriebspläne, wenn Teileinheiten von bergbaulichen Vorhaben durch verschie-

---

[505] Vgl. auch *Schmidt-Aßmann/Schoch*, Bergwerkseigentum und Grundeigentum im Betriebsplanverfahren, 1994, S. 138 f.

[506] Näher *Glückert*, in: FS Kühne, 2009, S. 543 (548 ff.).

[507] I.E. ebenso *Glückert*, in: FS Kühne, 2009, S. 543 (546 ff.); *von Hammerstein*, in: Boldt/ Weller/Kühne/von Mäßenhausen, BBergG, 2. Auflage 2016, § 52 Rn. 50; vgl. auch *Keienburg*, Die Öffentlichkeitsbeteiligung im Bergrecht, 2004, S. 73.

[508] *Piens*, in: ders./Schulte/Graf Vitzthum, BBergG, 3. Auflage 2020, § 52 Rn. 48.

[509] BVerwG, Urteil vom 2. November 1995 – 4 C 14/94, BVerwGE 100, 1 (7).

[510] BT-Drs. 8/1315, S. 107; weitere Beispiele bei *Piens*, in: ders./Schulte/Graf Vitzthum, BBergG, 3. Auflage 2020, § 52 Rn. 93.

[511] Ohne nähere Begründung ziehen hingegen *Boldt/Weller*, BBergG, 1984, § 42 Rn. 10 einen gemeinschaftlichen Betriebsplan in Betracht, wenn mehrere Gewinnungsberechtigte gleichzeitig den Abbau von Bodenschätzen an der gleichen Stelle beabsichtigen. Näher unten 3. Kapitel E. II., S. 355.

dene Unternehmen betrieben werden, wie etwa bei der Gewinnung von Kies und der anschließenden Aufbereitung.[512] Gemeinschaftliche Betriebspläne können in Form von Haupt- und Rahmenbetriebsplänen,[513] aber auch als Sonder- sowie Abschlussbetriebsplan[514] vorgelegt werden.

4. Abschlussbetriebspläne

Mit dem Erfordernis eines *Abschlussbetriebsplans* trägt der Gesetzgeber den Auswirkungen des Bergbaus Rechnung. Er ist nach § 53 Abs. 1 Satz 1 BBergG für die Einstellung eines Betriebes aufzustellen und dient dessen

„ordnungsgemäßer Abwicklung durch Wiedernutzbarmachung der vom Betrieb in Anspruch genommenen Flächen und der Abwehr von Gefahren, die auf der zuvor vom Bergwerksunternehmer aufgenommenen Betriebsführung beruhen.‟

Er soll im Grundsatz eine „umfassende und abschließende Regelung der mit der Betriebseinstellung verbundenen Probleme enthalten‟.[515]

Die Zulassungsvoraussetzungen richten sich im Kern nach den auch für die anderen Betriebspläne geltenden Anforderungen. Das ist insoweit überraschend, als der Abschlussbetriebsplan nicht mehr unmittelbar rohstoffbezogene bergbauliche Tätigkeiten adressiert, sondern – neben der Wiedernutzbarmachung – Vorsorge gegen künftige schädliche Auswirkungen des Betriebes zum Schutz der Allgemeinheit auch nach Betriebseinstellung gewährleisten[516] und letztlich die Entlassung aus der Bergaufsicht vorbereiten soll.[517] Ebenso ist der Gesetzgeber offenbar davon ausgegangen, dass diese Herausforderungen in einem einzigen Abschlussbetriebsplan bewältigt werden können, und hat diesen in § 53 BBergG systematisch von den übrigen Betriebsplänen, die allesamt in § 52 BBergG normiert sind, entkoppelt. Ein einzelner Abschlussbetriebsplan wird aber in der Praxis häufig nicht der bergbaulich hochkomplexen Betriebseinstellung gerecht werden können. Jedenfalls größere Vorhaben werden daher in der Regel verfahrensrechtlich abgeschichtet werden müssen.[518] In der Praxis werden daher auch ergänzende Sonderbetriebspläne,[519] gemein-

---

[512] *Kremer/Neuhaus gen. Wever*, Bergrecht, 2001, Rn. 212; *Piens*, in: ders./Schulte/Graf Vitzthum, BBergG, 3. Auflage 2020, § 52 Rn. 93.

[513] BT-Drs. 8/1315, S. 107.

[514] *Kremer/Neuhaus gen. Wever*, Bergrecht, 2001, Rn. 214.

[515] BVerwG, Urteil vom 18. Dezember 2014 – 7 C 22/12, BVerwGE 151, 156 Rn. 33. Für eine Erweiterung auf die letzte Phase des Abbaus *de lege ferenda Beckmann/Wittmann*, DVBl 2021, S. 137 (140).

[516] Vgl. BT-Drs. 8/1315, S. 108.

[517] *Beckmann*, DÖV 2010, S. 512; *Franke*, in: Frenz/Preuße, Spätfolgen des Bergbaus, 2000, S. 93 (94 f.); *Knöchel*, ZfB 137 (1996), S. 44 (45).

[518] *Beckmann*, DÖV 2010, S. 512 (514 f.); *von Hammerstein*, in: Boldt/Weller/Kühne/von Mäßenhausen, BBergG, 2. Auflage 2016, § 53 Rn. 7; *Knöchel*, ZfB 137 (1996), S. 44 (49).

[519] BVerwG, Urteil vom 18. Dezember 2014 – 7 C 22/12, BVerwGE 151, 156 Rn. 25; *von*

schaftliche Abschlussbetriebspläne,[520] Teilabschlussbetriebspläne[521] und – allerdings mit deutlicher Kritik aus der Literatur[522] – Rahmenabschlussbetriebspläne[523] für zulässig gehalten. Der Abschlussbetriebsplan nach § 53 BBergG hat Gestattungs- aber keine Konzentrationswirkung.[524]

5. Repressives Instrumentarium der Bergbehörde

Das Bundesberggesetz regelt in Ergänzung[525] zu der präventiven Bergaufsicht durch Betriebsplanzulassung die repressive Bergaufsicht in §§ 69 ff. BBergG.[526] Geregelt werden allgemeine Aufsichtsbefugnisse sowie Auskunfts- und Duldungspflichten (§ 70 BBergG), die Verhinderung unerlaubter Tätigkeiten sowie die Sicherstellung (§ 72 BBergG), die Untersagung der Beschäftigung verantwortlicher Personen (§ 73 BBergG) und die Hilfeleistung sowie Anzeigepflicht bei bestimmten Betriebsereignissen (§ 74 BBergG). Das wichtigste Instrument zur Erfüllung der bergaufsichtlichen Aufgaben ist jedoch die allgemeine Anordnungsbefugnis nach § 71 Abs. 1 BBergG[527] als aufsichtsrechtliche Generalklausel. Nur sie soll im Folgenden näher thematisiert werden.

Nach § 71 Abs. 1 Satz 1 BBergG kann die zuständige Behörde im Einzelfall anordnen, welche Maßnahmen zur Durchführung der Vorschriften dieses Ge-

---

Hammerstein, in: Boldt/Weller/Kühne/von Mäßenhausen, BBergG, 2. Auflage 2016, § 53 Rn. 10 f.; *Nolte*, ZfB 159 (2018), S. 77 (84); *Piens*, in: ders./Schulte/Graf Vitzthum, BBergG, 3. Auflage 2020, § 53 Rn. 7; vgl. *Jordan/Welsing*, ZfB 158 (2017), S. 231 (233 f.); zurückhaltend OVG Saarlouis, Urteil vom 10. Dezember 2019 – 2 A 185/18, ZfB 161 (2020), S. 122 (139).

[520] *Kremer/Neuhaus gen. Wever*, Bergrecht, 2001, Rn. 214; *von Hammerstein*, in: Boldt/Weller/Kühne/von Mäßenhausen, BBergG, 2. Auflage 2016, § 52 Rn. 101.

[521] *Beckmann*, DÖV 2010, S. 512 (514 f.); *ders.*, in: Kühne/Ehricke, Bergrecht zwischen Tradition und Moderne, 2010, S. 169 (181 ff.); *Beddies*, Rechtsfragen im Zusammenhang mit der Einstellung eines Bergwerkes, 1995, S. 113 ff.; vgl. BVerwG, Urteil vom 18. Dezember 2014 – 7 C 22/12, BVerwGE 151, 156 Rn. 25, 33; vgl. *Jordan/Welsing*, ZfB 158 (2017), S. 231 (233 f.). So ist etwa die Aufteilung in Abschlussbetriebspläne für den unter- und übertägigen Bereich anerkannt, *Beckmann*, a.a.O.; *Knöchel*, ZfB 137 (1996), S. 44 (49 f., 56); *Piens*, in: ders./Schulte/Graf Vitzthum, BBergG, 3. Auflage 2020, § 53 Rn. 58 ff.

[522] *Knöchel*, ZfB 137 (1996), S. 44 (50); *Kremer/Neuhaus gen. Wever*, Bergrecht, 2001, Rn. 221; *Piens*, in: ders./Schulte/Graf Vitzthum, BBergG, 3. Auflage 2020, § 53 Rn. 7; differenzierend *Beckmann*, DÖV 2010, S. 512 (515).

[523] *Beddies*, Rechtsfragen im Zusammenhang mit der Einstellung eines Bergwerkes, 1995, S. 113 ff.; *von Hammerstein*, in: Boldt/Weller/Kühne/von Mäßenhausen, BBergG, 2. Auflage 2016, § 53 Rn. 12 ff.; vgl. zur diesbezüglichen Praxis etwa BVerwG, Urteil vom 9. November 1995 – 4 C 25/94, BVerwGE 100, 31 ff.; BVerwG, Urteil vom 18. Dezember 2014 – 7 C 22/12, BVerwGE 151, 156 Rn. 25, 33.

[524] *von Hammerstein*, in: Boldt/Weller/Kühne/von Mäßenhausen, BBergG, 2. Auflage 2016, § 53 Rn. 22. Näher zum Ganzen unten 3. Kapitel F., S. 365 ff.

[525] Siehe bereits oben Fn. 496, S. 80.

[526] Näher *Kremer/Neuhaus gen. Wever*, Bergrecht, 2001, Rn. 358 ff.

[527] So BVerwG, Urteil vom 18. Dezember 2014 – 7 C 22/12, BVerwGE 151, 156 Rn. 23 zu Satz 1. Näher zum Folgenden *Keienburg*, in: Boldt/Weller/Kühne/von Mäßenhausen, BBergG, 2. Auflage 2016, § 71 Rn. 3 f.

setzes, der auf Grund dieses Gesetzes erlassenen und der aufrechterhaltenen Rechtsverordnungen zu treffen sind. Zentrale Funktion der Generalklausel ist damit die Sicherung der Durchführung und Umsetzung bergrechtlicher Vorschriften. Sie ist im Kern das Instrument zur Durchsetzung von Betriebsplanzulassungen,[528] die wiederum berggesetzliche Vorgaben umsetzen.[529]

Nach § 71 Abs. 1 Satz 2 BBergG können Anordnungen nach Satz 1, die über die auf Grund einer Rechtsverordnung oder eines zugelassenen Betriebsplans gestellten Anforderungen hinausgehen, nur getroffen werden, soweit dies zum Schutz von Leben, Gesundheit und Sachgütern Beschäftigter oder Dritter erforderlich ist. Auch solche Anordnungen sind aber an die Vorgaben des Bundesberggesetzes nach Satz 1 gebunden („zur Durchführung dieses Gesetzes"), über die sie nicht hinausgehen dürfen. Beispielsweise dürfen nach § 71 Abs. 1 Satz 1 BBergG – sofern man der *Moers-Kapellen*-Rechtsprechung[530] folgt – keine Anordnungen zum Schutz vor kleinen und mittleren Bergschäden am Eigentum Dritter erfolgen.[531] Gleiches gilt für die Sicherung außerbergrechtlicher Anforderungen, soweit sie nicht im Rahmen des Betriebsplanverfahrens zu prüfen sind.[532] Anordnungsbefugnisse bestehen damit nur im Rahmen der Voraussetzungen zur Zulassung eines Betriebsplans.[533] Systematisch macht dies durchaus Sinn, weil – wie bereits betont – auch die Betriebsplanzulassung Teil der Bergaufsicht ist.

Die in § 71 Abs. 1 Satz 2 BBergG statuierte grundsätzliche Bindung an die Betriebsplanzulassung vermittelt zugleich einen Vorrang der nachträglichen Aufnahme, Änderung oder Ergänzung von Auflagen nach § 56 Abs. 1 Satz 2 BBergG gegenüber Anordnungen nach § 71 Abs. 1 BBergG.[534] Solche sind zulässig, wenn sie *erstens* für den Unternehmer und für Einrichtungen der von ihm betriebenen Art wirtschaftlich vertretbar und *zweitens* nach den allgemein anerkannten Regeln der Technik erfüllbar sind, soweit es zur Sicherstellung der

---

[528] *Beckmann*, in: Kühne/Ehricke, Bergrecht zwischen Tradition und Moderne, 2010, S. 169 (194, 195).

[529] Vgl. BVerwG, Urteil vom 18. Dezember 2014 – 7 C 22/12, BVerwGE 151, 156 Rn. 23, 25.

[530] Ausführlich oben 3. Kapitel A. II. 2. b), S. 214 ff.

[531] *Beckmann*, in: Frenz, BBergG, § 71 Rn. 16.

[532] *Keienburg*, in: Boldt/Weller/Kühne/von Mäßenhausen, BBergG, 2. Auflage 2016, § 71 Rn. 3.

[533] So bereits BVerwG, Urteil vom 16. März 1989 – 4 C 36/85, BVerwGE 81, 329 (338).

[534] BVerwG, Urteil vom 16. März 1989 – 4 C 36/85, BVerwGE 81, 329 (333); *Keienburg*, in: Boldt/Weller/Kühne/von Mäßenhausen, BBergG, 2. Auflage 2016, § 71 Rn. 5; *Kremer/ Neuhaus gen. Wever*, Bergrecht, 2001, Rn. 361 zu § 71 Abs. 1 Satz 1 BBergG; *Nolte*, ZfB 159 (2018), S. 77 (83, 85); *Piens*, in: ders./Schulte/Graf Vitzthum, BBergG, 3. Auflage 2020, § 71 Rn. 36; (unklar allerdings § 56 Rn. 234, wo auch ein „Wahlrecht" angenommen wird); *Stüer*, Handbuch des Bau- und Fachplanungsrechts, 5. Auflage 2015, Rn. 4470 zu § 71 Abs. 1 Satz 2 BBergG; vgl. BVerwG, Urteil vom 18. Dezember 2014 – 7 C 22/12, BVerwGE 151, 156 Rn. 38 ff.

Voraussetzungen nach § 55 Abs. 1 Satz 1 Nr. 2 bis 13 und Abs. 2 BBergG sowie nach § 48 Abs. 2 Satz 1 BBergG erforderlich ist.[535] Dieser Vorrang impliziert zugleich, dass Anordnungen nach § 71 Abs. 1 Satz 1 BBergG grundsätzlich nicht getroffen werden können, wenn die nachträgliche Aufnahme, Änderung oder Ergänzung von Auflagen nach § 56 Abs. 1 Satz 2 BBergG deshalb scheitert, weil die dort formulierten Anforderungen nicht erfüllt sind. Sonst könnte die vorrangige betriebsplanbezogene Regelung unterlaufen werden.[536]

Kommt aber eine nachträgliche Auflage aus anderen Gründen nicht in Betracht, bleibt § 71 Abs. 1 Satz 1 BBergG anwendbar. Denkbar ist dies beispielsweise, wenn ein verpflichtender Abschlussbetriebsplan gar nicht vorgelegt[537] oder die Vorlage eines den Abschlussbetriebsplan ergänzenden Sonderbetriebsplans angeordnet wird, dessen Regelungsbereiche vom Abschlussbetriebsplan noch nicht erfasst werden[538]. Eine Übertragung der Einschränkungen nach § 56 Abs. 1 Satz 2 BBergG – insbesondere der wirtschaftlichen Vetretbarkeit – ist dann grundsätzlich ausgeschlossen, weil sie sich nach der Gesetzessystematik nicht zwingend aufdrängt und eine Umgehung nicht zu beklagen ist. Allenfalls kommt eine Erstreckung dann in Betracht, wenn eine vergleichbare Interessenlage – etwa mit Blick auf Vertrauensschutz – besteht.[539] Im Übrigen ist aber der Verhältnismäßigkeitsgrundsatz zu wahren.[540]

Ebenfalls sind die Einschränkungen des § 56 Abs. 1 Satz 2 BBergG nicht übertragbar, wenn Anordnungen zum Schutz von Leben, Gesundheit und Sachgütern Beschäftigter oder Dritter angezeigt sind und der Zweck nicht über nachträgliche Auflagen nach § 56 Abs. 1 Satz 2 BBergG erreicht werden kann oder dessen Voraussetzungen nicht vorliegen.[541] Solche Anordnungen gehen nach § 71 Abs. 1 Satz 2 BBergG gerade über die auf Grund einer Rechtsverordnung oder eines zugelassenen Betriebsplans gestellten Anforderungen hinaus,

---

[535] Näher oben 3. Kapitel A. III. 1., S. 265 ff.

[536] *Beckmann*, in: Kühne/Ehricke, Bergrecht zwischen Tradition und Moderne, 2010, S. 169 (195 f.); *ders.*, in: Frenz, BBergG, 2019, § 71 Rn. 18 ff.; *Kremer/Neuhaus gen. Wever*, Bergrecht, 2001, Rn. 361; *Piens*, in: ders./Schulte/Graf Vitzthum, BBergG, 3. Auflage 2020, § 56 Rn. 233, § 71 Rn. 36.

[537] Dazu bereits oben 3. Kapitel A. III. 1., S. 267 f.

[538] Dazu BVerwG, Urteil vom 18. Dezember 2014 – 7 C 22/12, BVerwGE 151, 156 Rn. 28, 32 ff.

[539] BVerwG, Urteil vom 18. Dezember 2014 – 7 C 22/12, BVerwGE 151, 156 Rn. 42. Wurde zuvor ein (unzureichender) Abschlussbetriebsplan widerrufen oder zurückgenommen (näher dazu oben 3. Kapitel A. III. 1., S. 266 ff.), dürfte etwaigem Vertrauensschutz bereits in diesem Rahmen Rechnung getragen worden sein.

[540] BVerwG, Urteil vom 18. Dezember 2014 – 7 C 22/12, BVerwGE 151, 156 Rn. 41 ff.

[541] A.A. *Beyer*, Die Verantwortung für Gefahren bei der Überplanung und Bebauung risikobehafteter Flächen, 2005, S. 114, die aus dem grundsätzlichen Vorrang des § 56 Abs. 1 Satz 2 BBergG gegenüber § 71 Abs. 1 Satz 2 BBergG offenbar dessen generelle Unanwendbarkeit ableitet. Unklar bleibt, welchen Anwendungsbereich § 71 Abs. 1 Satz 2 BBergG dann überhaupt noch haben soll.

sodass es systemwidrig wäre, weitere Beschränkungen aus § 56 Abs. 1 Satz 2 BBergG abzuleiten oder zu übertragen.[542] Auch hier ist jedoch der Verhältnismäßigkeitsgrundsatz zu beachten.[543]

Systematisch verfehlt ist dagegen die dem Dritten Teil über die Aufsuchung, Gewinnung und Aufbereitung zugeordnete allgemeine Beschränkungs- und Untersagungsvorschrift in § 48 Abs. 2 Satz 1 BBergG, die aufgrund ihrer systematischen Stellung nicht der im Fünften Teil normierten repressiven Bergaufsicht zuzuordnen ist. Diese bergrechtliche Öffnungsklausel wurde bereits oben[544] analysiert und kritisiert, sodass hier nur der Verweis genügen soll, dass es sich nach ganz herrschender Auffassung um eine zusätzliche Anforderung bei der Betriebsplanzulassung handelt. Als eigenständige Anordnungsbefugnis[545] hat die Vorschrift dagegen keine praktische Bedeutung.[546]

Abschließend bleibt noch auf die Möglichkeit des Widerrufs und der Rücknahme von Betriebsplanzulassungen nach den allgemeinen verwaltungsrechtlichen Vorschriften hinzuweisen.[547] Dagegen stehen gestattende Hauptbetriebsplanzulassungen von Untertagebauen nie unter einem immanenten Vorbehalt, dass es zu keinen Beeinträchtigungen an der Oberfläche kommt. Selbst wenn eine diesbezügliche Prognoseentscheidung enttäuscht wird, bleibt ein einmal zugelassener Hauptbetriebsplan – vorbehaltlich anderweitiger Regelungen – vollziehbar. Die Behörde ist insoweit auf das hier umrissene Instrumentarium zu verweisen.[548]

---

[542] I.E. ebenso *Kremer/Neuhaus gen. Wever*, Bergrecht, 2001, Rn. 362; a.A. *von Hammerstein*, in: Boldt/Weller/Kühne/von Mäßenhausen, BBergG, 2. Auflage 2016, § 56 Rn. 18, der das Erfordernis der wirtschaftlichen Vertretbarkeit auch auf § 71 Abs. 1 BBergG – und damit auch auf Satz 2 – erstreckt, solange der Betrieb zugelassen ist; *Piens*, in: ders./Schulte/Graf Vitzthum, BBergG, 3. Auflage 2020, § 71 Rn. 35, zurückhaltender § 56 Rn. 234; differenzierend *Keienburg*, in: Boldt/Weller/Kühne/von Mäßenhausen, wie vor, § 71 Rn. 5. Lehnt man die Zulässigkeit einer Anordnung nach § 71 Abs. 1 Satz 2 BBergG ab, ist die Betriebsplanzulassung ggf. zu widerrufen oder zurückzunehmen, *von Hammerstein*, a.a.O.

[543] *Piens*, in: ders./Schulte/Graf Vitzthum, BBergG, 3. Auflage 2020, § 56 Rn. 234; vgl. dazu *Beckmann*, in: Kühne/Ehricke, Bergrecht zwischen Tradition und Moderne, 2010, S. 169 (196 f.).

[544] 3. Kapitel A. II., S. 200 ff.

[545] Vgl. oben 3. Kapitel A. III. 1., S. 265 ff.

[546] *Kühne*, in: Boldt/Weller/Kühne/von Mäßenhausen, BBergG, 2. Auflage 2016, § 48 Rn. 41; zurückhaltender *Rausch*, Umwelt- und Planungsrecht beim Bergbau, 1990, S. 215 f.

[547] Näher *von Hammerstein*, in: Boldt/Weller/Kühne/von Mäßenhausen, BBergG, 2. Auflage 2016, § 56 Rn. 25 ff.

[548] *Keienburg*, NVwZ 2013, S. 1123 (1126 ff.) unter Ablehnung von *Frenz*, NVwZ 2012, S. 1221 (1222 ff.). Siehe auch oben Fn. 131, S. 216.

II. Die Bindungswirkung der Zulassung fakultativer Rahmenbetriebspläne

Richtet man nun den Blick auf die zumindest größere Teile des Bergbaubetriebes umfassende Zulassung eines (fakultativen) Rahmenbetriebsplans, der nach Maßgabe des § 52 Abs. 2 Nr. 1 BBergG vorzulegen ist, so fällt insbesondere der über lange Zeit konzeptlos wirkende Umgang der höchstrichterlichen Rechtsprechung mit der Frage der Bindungswirkung für nachfolgende Betriebsplanzulassungen auf (1.). Die mittlerweile gefestigte Rechtsprechung hierzu verläuft allerdings nicht kongruent zu der in Rechtsprechung und Praxis herausgearbeiteten Bedeutung der Rahmenbetriebsplanung sowie der allgemeinen Verwaltungsdogmatik zur Bindungswirkung (2.). Eine konsequent weitreichendere Bindungswirkung hätte freilich Rückwirkungen auf den Vertrauensschutz der Bergbauunternehmen (3.).

1. Höchstrichterliche Rechtsprechung zu den Bindungswirkungen

Nach § 52 Abs. 2 Nr. 1 BBergG kann die zuständige Behörde verlangen, dass für einen bestimmten längeren, nach den jeweiligen Umständen bemessenen Zeitraum Rahmenbetriebspläne aufgestellt werden, die allgemeine Angaben über das beabsichtigte Vorhaben, dessen technische Durchführung und voraussichtlichen zeitlichen Ablauf enthalten müssen. Der fakultative Charakter sowie der im Wortlaut der Befugnisnorm wenig konkret angelegte Inhalt lassen zunächst auf eine im Grunde unverbindliche gesetzliche Konzeption der Rahmenbetriebsplanzulassung schließen. So verwundert die anfängliche Zurückhaltung des Bundesverwaltungsgerichts zu hieraus resultierenden Bindungswirkungen nicht.

Mit seiner *Erdgasspeicher*-Entscheidung im Jahre 1991 grenzte das Bundesverwaltungsgericht die Zulassung eines Rahmenbetriebsplans ausdrücklich von dem im Atom- und Immissionsschutzrecht verankerten vorläufigen positiven Gesamturteil ab und stellte zudem klar, dass die Zulassung weder Teilgenehmigung noch Standort- oder Konzeptvorbescheid sei, weil weder die Errichtung von Teilanlagen oder -einrichtungen freigegeben noch abschließend über das Vorliegen einzelner Zulassungsvoraussetzungen entschieden werde. Die Zulassung verpflichte den Bergbauunternehmer, habe aber keine dem Vorbescheid vergleichbare berechtigende Wirkung.[549] In Sachen Erkundung des Salzstocks *Gorleben* erwog das Bundesverwaltungsgericht vier Jahre später – inso-

---

[549] BVerwG, Urteil vom 13. Dezember 1991 – 7 C 25/90, BVerwGE 89, 246 (253 f.); kritisch *Kühne*, UPR 1992, S. 218 ff.; *von Mäßenhausen*, ZfB 135 (1994), S. 119 (125 f.). Anders *Gaentzsch*, in: FS Sendler, 1991, S. 403 (415): vorbescheidsähnliche Behördenentscheidung; *Hoppe/Beckmann*, Grundeigentumsschutz bei heranrückendem Bergbau, 1988, S. 132 f., 136 f. sowie *Kühne*, UPR 1986, S. 81 (83 ff.): Vergleich mit Konzeptvorbescheid.

weit durchaus differenzierter als noch in der *Erdgasspeicher*-Entscheidung –, der Zulassung eines Rahmenbetriebsplans eine „gegenüber dem Vorbescheid mindere Bindungswirkung" zuzuerkennen, sodass die Zulassung eines nachgeordneten Betriebsplans möglicherweise nicht verweigert werden könne, wenn bei unveränderter Sach- und Rechtslage bereits die Zulassung des Rahmenbetriebsplans hätte verweigert werden müssen. Ob Bindungswirkungen über die Geltungsdauer der Rahmenbetriebsplanzulassung hinausreichen können,[550] sah der erkennende Senat durchaus kritisch. Entschieden werden mussten diese Fragen nicht.[551]

Deutlich entschlossener vollzog das Bundesverwaltungsgericht eine partielle Kehrtwende mit seiner *Garzweiler I/II*-Entscheidung im Jahre 2006. Die Zulassung des Rahmenbetriebsplans enthält hiernach „die Feststellung, dass die beabsichtigte Gewinnung von Braunkohle nicht aus überwiegenden öffentlichen Interessen [...] zu beschränken oder zu untersagen ist." Bei der Zulassung der Hauptbetriebspläne könne „die grundsätzliche Zulassungsfähigkeit des Gesamtvorhabens – vorbehaltlich einer Änderung der tatsächlichen Verhältnisse – nicht erneut in Frage gestellt werden." Damit einher ging die Ausweitung des Rechtsschutzes von künftig grundabtretungsbetroffenen Grundeigentümern bereits gegenüber der Zulassung von Rahmenbetriebsplänen.[552] Die damit verbundene verfahrensrechtliche Aufwertung des Rahmenbetriebsplanverfahrens gerade auch gegenüber Dritten trägt nach Rechtsprechung des Bundesverfassungsgerichts in ausreichender Weise dem Grundrechtsschutz der nunmehr klagebefugten Grundeigentümer Rechnung, während Rechtsschutz erst gegen die Grundabtretung *de facto* zu spät käme.[553] Dass die Bindungswirkung einer „Zulassungsfähigkeit des Gesamtvorhabens" und die Feststellung, dass nach § 48 Abs. 2 Satz 1 BBergG keine überwiegenden öffentlichen Interessen entgegenstehen, ihrerseits der Konkretisierung bedürfen, drängt sich unmittelbar auf.[554] Den etwas kontextlosen und dogmatisch nicht näher eingeordneten Vorbehalt einer Änderung der *tatsächlichen* Verhältnisse hat das Gericht mittlerweile – ebenfalls ohne nähere Auseinandersetzung – zu einem Vorbehalt einer Änderung der „tatsächlichen und rechtlichen Verhältnisse" präzisiert[555] und die Bindungswirkung damit in schleichender Abkehr von seiner *Erdgas-*

---

[550] So *Kühne*, Bergrechtlicher Rahmenbetriebsplan, Anlagengenehmigungsrecht und Umweltverträglichkeitsprüfung, 1993, S. 33 ff., zusammenfassend S. 56 f.

[551] BVerwG, Urteil vom 2. November 1995 – 4 C 14/94, BVerwGE 100, 1 (11 f.).

[552] BVerwG, Urteil vom 29. Juni 2006 – 7 C 11/05, BVerwGE 126, 205 Rn. 23, 25 unter ausdrücklicher Abkehr (Rn. 16) von älterer Rechtsprechung, die Rechtsschutz erst gegenüber der Grundabtretung anerkannte, BVerwG, Urteil vom 14. Dezember 1990 – 7 C 18/90, NVwZ 1991, S. 992 f.

[553] Näher oben 3. Kapitel A. II. 4. f), S. 259 ff.

[554] Näher *von Hammerstein*, in: Boldt/Weller/Kühne/von Mäßenhausen, BBergG, 2. Auflage 2016, § 52 Rn. 45.

[555] BVerwG, Urteil vom 20. November 2008 – 7 C 10/08, BVerwGE 132, 261 Rn. 35.

speicher-Entscheidung derjenigen des vorläufigen positiven Gesamturteils angenähert,[556] das ebenfalls unter dem Vorbehalt einer Änderung der Sach- oder
Rechtslage steht[557].

Weitergehende Bindungswirkung entfaltet nach der Rechtsprechung des
Bundesverwaltungsgerichts die Zulassung eines obligatorischen Rahmenbetriebsplans. Dieser setzt einen verbindlichen Rahmen für nachfolgende Haupt-
und Sonderbetriebspläne,[558] wie insbesondere die Bindungswirkungen nach
§ 57a Abs. 5 BBergG gegenüber nachfolgenden Betriebsplänen, aber letztlich
auch die Konzentration außerbergrechtlicher Entscheidungen durch die Planfeststellung verdeutlichen.[559] Eine Änderung der Sach- oder Rechtslage befreit
die Bergbehörde hiernach nicht von der Bindung in nachfolgenden bergrechtlichen Zulassungsverfahren; in Betracht kommen aber nachträgliche Auflagen
nach § 56 Abs. 1 Satz 2 BBergG oder ein Widerruf.[560] Die Zulassung eines obligatorischen Rahmenbetriebsplans ist damit innerhalb des bergrechtlichen Zulassungssystems vergleichbar mit einem Vorbescheid.[561]

2. Der Rahmenbetriebsplan als Instrument flexibler Bindungswirkungen

Die erstaunliche Bandbreite der Rechtsprechung zur Bindungswirkung von
Rahmenbetriebsplanzulassungen sowie die fehlende Einordnung in die Dogmatik des allgemeinen Verwaltungsrechts verdeutlichen die Komplexität des
bergrechtlichen Zulassungsregimes, das nicht zuletzt bergbauliche Besonderheiten – insbesondere die dynamische Betriebsweise und die Unsicherheit bergbaulicher Prognosen – bewältigen muss. Soll aber das Betriebsplanzulassungs-
regime ein flexibel handhabbares rechtliches Instrumentarium bereitstellen, um
gerade diesen Besonderheiten Rechnung zu tragen, verbietet die Funktion des
Rahmenbetriebsplans eine allgemeine Beschreibung der von ihr ausgehenden
Bindungen. Einige grundlegende Bemerkungen sind gleichwohl möglich und
angezeigt. Dabei ist insbesondere der zuletzt formulierte Vorbehalt einer Änderung der Sach- oder Rechtslage kritikwürdig.

---

[556] Ähnlich *Stevens*, ZUR 2012, S. 338 (340 f.).

[557] BVerwG, Urteil vom 19. Dezember 1985 – 7 C 65/82, BVerwGE 72, 300 (309 f.); vgl.
§ 8 Satz 2 BImSchG.

[558] BVerwG, Urteil vom 15. Dezember 2006 – 7 C 1/06, BVerwGE 127, 259 Rn. 25; Urteil
vom 15. Dezember 2006 – 7 C 6/06, BVerwGE 127, 272 Rn. 18; ähnlich die Entwurfsbegründung BT-Drs. 11/4015, S. 8.

[559] Ausführlich zur obligatorischen Rahmenbetriebsplanung unten 3. Kapitel B. III.,
S. 298 ff.

[560] *Keienburg*, in: Boldt/Weller/Kühne/von Mäßenhausen, BBergG, 2. Auflage 2016,
§ 57a Rn. 36, 57 ff.

[561] *Kühne*, DVBl 2006, S. 662 (665); vgl. *Keienburg*, in: Boldt/Weller/Kühne/von Mäßenhausen, BBergG, 2. Auflage 2016, § 57a Rn. 36: Konzeptvorbescheid; weitergehend *Gaentzsch*,
in: FS Sendler, 1991, S. 403 (417).

a) Grundsätzliches zur möglichen Bindungswirkung

Zunächst zu Recht hat das Bundesverwaltungsgericht bereits frühzeitig klargestellt, dass die Zulassung eines (fakultativen) Rahmenbetriebsplans weder mit einer aus dem Anlagenzulassungsrecht bekannten Teilgenehmigung noch mit einem Vorbescheid[562] vergleichbar ist. Ersteres ist bereits deshalb fernliegend, weil nur die Zulassung eines Hauptbetriebsplans gestattende Wirkung hat. Rahmenbetriebspläne können hingegen keine Teilanlagen oder -einrichtungen freigeben. Ebenso wenig beinhaltet die Rahmenbetriebsplanzulassung notwendigerweise eine abschließende Entscheidung über einzelne Zulässigkeitsvoraussetzungen wie der Vorbescheid. Kann man folglich nicht auf die Dogmatik des Anlagenzulassungsrechts zurückgreifen, um Bindungswirkungen der Rahmenbetriebsplanzulassung zu ermitteln, ist eine originär bergrechtliche Betrachtung erforderlich, die gleichwohl auf allgemeine verwaltungsrechtliche Grundsätze zu stützen ist.[563]

Dabei begegnet es allerdings Schwierigkeiten, den genauen Regelungsgehalt der Rahmenbetriebsplanzulassung zu extrahieren, weil der Tenor des Hauptverwaltungsaktes[564] häufig wenig aussagekräftig sein dürfte. Bereits im Zusammenhang mit etwaigen Bindungswirkungen der Erteilung von Bergbauberechtigungen wurde darauf hingewiesen, dass der Regelungsgehalt aber nicht notwendigerweise auf den Verfügungsteil beschränkt, sondern vielmehr der Auslegung auch unter Heranziehung der Begründung des Verwaltungsaktes zugänglich ist.[565] Grundlage hierfür sind neben dem erklärten Willen der Verwaltung das Begehren des Antragstellers sowie die objektive Rechtsordnung.[566] Letztlich kommt es aber auf die sachlichen und rechtlichen Sinnzusammenhänge und damit auf die Frage an, welche rechtliche Ordnung mit dem Verwaltungsakt angestrebt wird. Nicht in den Verfügungsteil aufgenommene (Inzident)feststellungen können im Ergebnis

„dann angenommen werden, wenn eine sachliche Beziehung und Zuordnung besteht zwischen dem im Erstbescheid festgestellten und einem anderen Verwaltungsverfahren, das das Festgestellte sachlich fortführt und ergänzt. Das erste Verfahren muß darauf ausgerichtet und angelegt sein, für weitere Verfahren bestimmte Rechtsfolgen festzulegen, d.h. außer Streit zu stellen."[567]

Kann nun die sachliche Beziehung zwischen dem umfassenden, aber im Detaillierungsgrad zurückgenommenen Rahmenbetriebsplan sowie nachfolgen-

---

[562] Siehe etwa §§ 8 f. BImSchG.

[563] Grundlegend jüngst *Bellroth*, Die Bindungswirkung bergrechtlicher Rahmenbetriebsplanzulassungen, 2021.

[564] Etwa: „Der Rahmenbetriebsplan wird gemäß §§ 55, 56 BBergG zugelassen."

[565] Siehe oben 2. Kapitel B. IV. 1. b), S. 123.

[566] *M.-J. Seibert*, Die Bindungswirkung von Verwaltungsakten, 1989, S. 314 ff.

[567] *M.-J. Seibert*, Die Bindungswirkung von Verwaltungsakten, 1989, S. 322 ff., Zitat auf S. 327.

den Haupt- und Sonderbetriebsplänen nicht in Abrede gestellt werden, sind die Bindungswirkungen abhängig von den intendierten Rechtsfolgen.

Ausgehend hiervon hatte das Bundesverwaltungsgericht in seiner *Erdgasspeicher*-Entscheidung der Rahmenbetriebsplanzulassung zu Unrecht die grundsätzliche Vergleichbarkeit mit der anlagenrechtlichen Figur des vorläufigen positiven Gesamturteils abgesprochen. Nach Auffassung des Gerichts sei das bergrechtliche Betriebsplanverfahren zwar durch Abschnittsbildung gekennzeichnet, gleiche aber nicht dem gestuften Genehmigungsverfahren im Immissionsschutz- und Atomrecht.[568] Richtig ist zwar die Annahme, dass die Zulassung des Rahmenbetriebsplans – anders als die Teilgenehmigung – nicht Teile mit „Blick auf das Ganze" genehmigt, sondern nur einen bestimmten Zeitabschnitt in den Blick nimmt. Gerade diesen gegenüber der Hauptbetriebsplanung umfassenderen Zeitabschnitt soll aber der Rahmenbetriebsplan übergreifend erfassen, sodass die Zulassung zwar nicht notwendig das Gesamtvorhaben erfasst, sehr wohl aber einen größeren Kontext. Dies ermöglicht auch eine Bewertung der langfristigen Zweckmäßigkeit des Vorhabens.[569] *Hierauf* bezogen erfolgt die Prüfung umfassend, steht aber – wie im Anlagenrecht[570] – unter dem Vorbehalt späterer Detailprüfung durch Haupt- und Sonderbetriebspläne, die auf den Rahmenbetriebsplan insoweit aufbauen und diesen fortführen.

b) Verfassungsrechtlich notwendige Bindungswirkungen

Diese Zusammenhänge arbeitet das Bundesverwaltungsgericht in Sachen Garzweiler I/II überzeugend heraus, indem nach der Rahmenbetriebsplanzulassung die „grundsätzliche Zulassungsfähigkeit" später (grundsätzlich) nicht mehr in Frage gestellt werden soll. Das Gericht geht aber noch weiter. Es extrahiert – wie erwähnt – „die Feststellung, dass die beabsichtigte Gewinnung von Braunkohle nicht aus überwiegenden öffentlichen Interessen [...] zu beschränken oder zu untersagen ist" und gewährt in der Zukunft enteignungsbetroffenen Grundeigentümern Drittschutz. Insoweit nähert der 7. Senat den Regelungsgehalt demjenigen der Zulassung obligatorischer Rahmenbetriebspläne an, wo nach § 57a Abs. 5 Halbs. 2 BBergG zumeist[571] abschließend über entgegenstehende überwiegende öffentliche Interessen nach § 48 Abs. 2 Satz 1 BBergG zu befinden ist. Das Bundesverfassungsgericht hat in seiner hieran mittelbar anschließenden *Garzweiler*-Entscheidung die frühzeitige „Gesamtabwä-

---

[568] BVerwG, Urteil vom 13. Dezember 1991 – 7 C 25/90, BVerwGE 89, 246 (253).

[569] *von Hammerstein*, in: Boldt/Weller/Kühne/von Mäßenhausen, BBergG, 2. Auflage 2016, § 52 Rn. 33.

[570] BVerwG, Urteil vom 19. Dezember 1985 – 7 C 65/82, BVerwGE 72, 300 (309 f.).

[571] Anerkannte Ausnahme ist die Auslagerung der Interessen von Oberflächeneigentümern bei Untertagebauen in nachfolgende Sonderbetriebspläne, näher unten 3. Kapitel B. III. 3. c), S. 319 ff.

gung" geradezu als verfassungsrechtlich notwendig erachtet, weil sonst jedenfalls bei komplexen Großvorhaben frühzeitig Fakten geschaffen würden, die später gerichtlich nur noch schwer angreifbar seien.[572] Überträgt man diesen Gedankengang auf die Frage nach der Bindungswirkung, vermitteln die faktischen Zwänge eines einmal ins Werk gesetzten Abbaubetriebes geradezu die verfassungsrechtliche Notwendigkeit, kollidierende Belange nicht nur frühzeitig zu prüfen, sondern das Abwägungsergebnis für folgende Verfahren verbindlich fest- und damit außer Streit zu stellen. Nur eine frühzeitige und anfechtbare Regelung kann faktische Pfadabhängigkeiten verhindern, die sehr bedingt justitiabel sind.

c) Fakultative Bindungswirkungen

Ist damit grundsätzlich anerkannt, dass die Rahmenbetriebsplanzulassung bestimmte Voraussetzungen für die Durchführung des Vorhabens abschließend regeln kann und muss, wenn hierzu eine verfassungsrechtliche Notwendigkeit besteht, ist im Ergebnis nichts gegen weitere Regelungen jenseits der bloßen Entscheidung über die Zulassung selbst zu erinnern. Soweit der Rahmenbetriebsplan nach § 52 Abs. 2 Nr. 1 BBergG *allgemeine* Angaben über das beabsichtigte Vorhaben, dessen technische Durchführung und voraussichtlichen zeitlichen Ablauf enthalten *muss*, schließt dies punktuelle abschließende Regelungen nicht aus. Dies verdeutlicht seit der Novellierung im Jahre 1990 auch die umfassendere obligatorische Rahmenbetriebsplanung, die materiell-rechtlich nicht kategorisch, sondern nur graduell von der fakultativen Rahmenbetriebsplanung unterschieden wird.[573]

Solche Regelungen können auch im unternehmerischen Interesse liegen. In der Rechtsprechung ist anerkannt, dass nicht nur die Bergbehörde die Aufstellung eines Rahmenbetriebsplans verlangen kann, sondern das Unternehmen auch von sich aus vorlageberechtigt ist.[574] Im Sinne frühzeitiger Planungssicherheit[575] und damit einhergehendem Investitionsschutz[576] erweist sich die Rahmenbetriebsplanzulassung als hinreichend flexibles Instrument, punktuelle Vorhabenvoraussetzungen abschließend zu regeln und so dem Zweck des Bundesberggesetzes Rechnung zu tragen, das Aufsuchen, Gewinnen und Aufberei-

---

[572] Vgl. insbesondere BVerfG, Urteil vom 17. Dezember 2013 – 1 BvR 3139, 3386/08, BVerfGE 134, 242 Rn. 278, 281 f. Näher zur *Garzweiler*-Entscheidung siehe oben 3. Kapitel A. II. 4. f), S. 259 ff.

[573] Vgl. § 52 Abs. 2a Satz 1 BBergG: „Die Aufstellung eines Rahmenbetriebsplanes ist zu verlangen [...], wenn...".

[574] BVerwG, Urteil vom 2. November 1995 – 4 C 14.94, BVerwGE 100, 1 (10 f.).

[575] *Keienburg*, NVwZ 2013, S. 1123 (1124).

[576] *Kühne*, UPR 1986, S. 81 (84); *ders.*, DVBl 2006, S. 662 (669); kritisch *Hoppe/Beckmann*, Grundeigentumsschutz bei heranrückendem Bergbau, 1988, S. 133 f., die auch insoweit den Überwachungscharakter der Betriebsplanzulassung in den Vordergrund rücken.

ten von Bodenschätzen zu ordnen und zu fördern.[577] Solche Regelungen können etwa die grundsätzliche Vereinbarkeit des Vorhabens mit dem Habitatschutzrecht oder auch die Abbaugrenzen im Tagebau sein. Gerade hinsichtlich der Abbaugrenzen müssen Unternehmen langfristig planen, wie die künftige Oberfläche modelliert werden soll, damit sie dauerhaft (stand)sicher ist.[578]

Entsprechende Feststellungen sollten schon im Interesse der Rechtsklarheit tenoriert werden. Im Übrigen ist im Einzelfall zu ermitteln, ob sie nicht nur Teil der Begründung, sondern selbst Regelung sind.[579] Hierbei können auch Nebenbestimmungen zur Zulassung Indizcharakter haben – etwa wenn die festgelegten Abbaugrenzen ausdrücklich nicht zu überschreiten sind.[580]

d) Vorbehalt einer Änderung der Sach- oder Rechtslage?

In Literatur und Rechtsprechung wird allerdings unterschiedlich bewertet, ob Bindungswirkungen in dem dargestellten Rahmen absolut gelten oder unter dem Vorbehalt einer Änderung der Sach- oder Rechtslage stehen. Ersteres befürworten Teile der Literatur unter Verweis auf die Dogmatik zum Vorbescheid,[581] während das Bundesverwaltungsgericht zunächst unentschlossen schien, wie die Rahmenbetriebsplanzulassung diesbezüglich zu bewerten ist. So stellte es – ohne Äquivalent im Anlagenzulassungsrecht[582] – die Bindungswirkung zunächst nur unter den Vorbehalt einer Änderung der tatsächlichen Verhältnisse, ergänzte diesen aber später um eine Änderung auch der rechtlichen Verhältnisse und zog so im Ergebnis eine Parallele zum vorläufigen positiven Gesamturteil.[583]

---

[577] § 1 Nr. 1 BBergG.

[578] Wie kurzfristige Planänderungserfordernisse bewältigt werden können, wird sich beim Tagebau Hambach zeigen, da der Hambacher Forst ungeachtet der noch offenen Fragen zum europäischen Habitatschutz (siehe dazu *Durner/von Weschpfennig*, NVwZ 2018, S. 1821 ff.) im Zuge des Ausstiegs aus der Kohleverstromung und der damit einhergehenden Verkleinerung des Abbaufeldes nicht weiter gerodet werden wird, § 5 Abs. 3 des öffentlich-rechtlichen Vertrages zur Reduzierung und Beendigung der Braunkohleverstromung in Deutschland, BT-Drs. 19/25494, dem der Bundestag gemäß § 49 Satz 2 KVBG am 13. Januar 2021 zugestimmt hat, BT-Plenarprotokoll 19/203, S. 25584 (A). Siehe dazu auch die Leitentscheidung der nordrhein-westfälischen Landesregierung vom 23. März 2021, Neue Perspektiven für das Rheinische Braunkohlerevier. Kohleausstieg entschlossen vorantreiben, Tagebaue verkleinern, CO2 noch stärker reduzieren, S. 20 ff. https://www.wirtschaft.nrw/sites/default/files/asset/document/leitentscheidung_2021_0.pdf, zuletzt abgerufen am 9. Juli 2021.

[579] Näher oben 3. Kapitel B. II. 2. a), S. 289 f.

[580] Dieses Beispiel ist einer Rahmenbetriebsplanzulassung entnommen.

[581] *von Hammerstein*, in: Boldt/Weller/Kühne/von Mäßenhausen, BBergG, 2. Auflage 2016, § 52 Rn. 47; *Hoppe/Beckmann*, Grundeigentumsschutz bei heranrückendem Bergbau, 1988, S. 136 f.; *Kühne*, UPR 1986, S. 81 (86).

[582] Eine gewisse Parallele besteht aber zu § 49 Abs. 2 Satz 1 Nr. 3 VwVfG zum Widerruf begünstigender Verwaltungsakte.

[583] Siehe oben 3. Kapitel B. II. 1., S. 286 ff.

Richtigerweise wird man differenzieren müssen.[584] Bestimmte rahmensetzende Entscheidungen bedürfen weiterer Konkretisierungen in Haupt- und Sonderbetriebsplänen und sind als Element eines quasi „vorläufigen positiven Gesamturteils" als solche nicht umfassend bindungsfähig. Gleiches gilt im Ergebnis bei Entscheidungen zum europarechtlich geprägten Umweltschutz. Zwar sind abschließende Feststellungen etwa zur Vereinbarkeit mit europäischem Habitatschutzrecht grundsätzlich denkbar – insbesondere, wenn gar keine Berührung mit Natura-2000–Gebieten zu beklagen ist. Bedenkt man allerdings, dass nach der EuGH-Rechtsprechung selbst bei bestandskräftig genehmigten Vorhaben der Habitatschutz greift,[585] wird man kaum absolute Bindungswirkungen bei einer Änderung der Sach- oder Rechtslage annehmen können, was bei zwischenzeitlich in das Netzwerk Natura 2000 aufgenommenen Gebieten der Fall ist.[586] Wenn aber im Rahmenbetriebsplan abschließend über bereits zuvor durch die Braunkohlenplanung festgelegte Grenzen des Tagebaus befunden wird, liegt jedenfalls diesbezüglich eine umfassende und nicht mehr konkretisierungsbedürftige Entscheidung – vergleichbar mit einem Vorbescheid – vor. Folgt man der tradierten verwaltungsrechtlichen Dogmatik,[587] ist kein Grund ersichtlich, warum insoweit ein Bindungsvorbehalt bestehen sollte.

3. Bindungswirkungen und Vertrauensschutz

a) Bindungswirkungen in nachfolgenden Betriebsplanverfahren

Soweit die Rahmenbetriebsplanzulassung Bindungswirkung entfaltet, darf die Bergbehörde hiervon in nachfolgenden Haupt- und Sonderbetriebsplanzulassungen nicht abweichen. Stellt sich die Zulassung im Nachhinein als fehlerhaft heraus oder haben sich die rechtlichen oder tatsächlichen Umstände geändert, kommen nachträgliche Auflagen, repressive Maßnahmen oder auch Rücknahme und Widerruf in Betracht.[588] Aber auch soweit Feststellungen nur Teil der Begründung sind und nicht am Verfügungsteil partizipieren, kann die Bergbehörde ohne Änderung der Sach- oder Rechtslage in späteren Verfahren keine

---

[584] I.E. ebenso *von Hammerstein*, in: Boldt/Weller/Kühne/von Mäßenhausen, BBergG, 2. Auflage 2016, § 52 Rn. 47.

[585] EuGH, Urteil vom 14. Januar 2010 – C-226/08, *Papenburg*, ECLI:EU:C:2010:10; vgl. auch EuGH, Urteil vom 14. Januar 2016 – C-339/14, *Waldschlößchenbrücke*, ECLI:EU: C:2016:10, daran anschließend BVerwG, Urteil vom 15. Juli 2016 – 9 C 3/16, NVwZ 2016, S. 1631; EuGH, Urteil vom 1. Juni 2017 – C-529/15, *Gert Folk*, ECLI:EU:C:2017:419.

[586] I.E. – allerdings ohne Problematisierung – auch BVerwG, Urteil vom 20. November 2008 – 7 C 10/08, BVerwGE 132, 261 Rn. 35 f.; siehe aber auch OVG Koblenz, Beschluss vom 6. Februar 2013 – 1 B 11266/12, ZUR 2013, S. 293 (294, 298) zur (dort abgelehnten) erneuten Pflicht zur Prüfung eines nunmehr potenziellen FFH-Gebiets im Hauptbetriebsplanverfahren.

[587] Hierzu ablehnend *M.-J. Seibert*, Die Bindungswirkung von Verwaltungsakten, 1989, S. 233, 491 ff.

[588] Siehe dazu oben 3. Kapitel B. I. 5., S. 282 ff.

grundlegend anderen Bewertungen treffen, sofern die ursprünglichen nicht ihrerseits rechtswidrig waren. Sie ist bei der Konkretisierung von Entscheidungsfreiräumen wegen eines „inzwischen eingetretenen Verbrauch[s] von glaubwürdigen Ablehnungsgründen" beschränkt und bindet sich insoweit selbst.[589] Das dürfte auch bei der Verlängerung von (Rahmen)betriebsplänen gelten.[590]

Soweit die Zulassung des Rahmenbetriebsplans Bindungswirkungen entfaltet oder zumindest eine Selbstbindung der Verwaltung hinsichtlich einzelner Begründungselemente anzunehmen ist, erwächst dem Bergbauunternehmen freiheitsrechtlich vermittelter (rechtsstaatlicher) Vertrauensschutz.[591] Vertrauen kann insbesondere dann enttäuscht werden, wenn zugelassene Rahmenbetriebspläne nicht mehr realisierbar sind, weil politische Einflüsse die Fortschreibung des Rahmenbetriebsplans und damit die Zulassung gestattender Betriebspläne oder die Schaffung sonstiger Voraussetzungen hindern.[592]

b) Die Verkleinerung des Tagebaus Garzweiler II

Wohl prominentestes und gleichzeitig politisch besonders umstrittenes Beispiel hierzu ist die avisierte Verkleinerung des Tagebaus Garzweiler im rheinischen Braunkohlenbergbau, abweichend vom derzeit gültigen zugrundliegenden Braunkohlenplan.[593] Auch wenn sich die hier zu behandelnden Fragen der Bindungswirkung sowie des Vertrauensschutzes aufgrund eines öffentlich-rechtlichen Vertrages mit der Bundesrepublik Deutschland insoweit mittlerweile erübrigt haben,[594] sollen sie gleichwohl mit einem kurzen Blick auf die rechtliche und politische Entwicklung in Sachen Garzweiler veranschaulicht werden.

---

[589] Ebenso bereits oben 2. Kapitel B. IV. 1. c), S. 125 f. zur Wirkung von Bergbauberechtigungen unter Verweis auf *Salzwedel*, in: FS Feldhaus, 1999, S. 281 (288).

[590] Weniger zurückhaltend *Kühne*, Bergrechtlicher Rahmenbetriebsplan, Anlagengenehmigungsrecht und Umweltverträglichkeitsprüfung, 1993, S. 33 ff.

[591] Vgl. oben 2. Kapitel B. IV. 1. c), S. 125; BVerfG, Urteil vom 6. Dezember 2016 – 1 BvR 2821/11 u.a., BVerfGE 143, 246 Rn. 232. Zum verfassungsdogmatischen Ursprung des Vertrauensschutzes in Grundrechten *Gärditz*, in: Friauf/Höfling, Berliner Kommentar zum GG, Art. 20 (6. Teil) Rn. 207 (Stand: Januar 2011).

[592] Nicht hier zu behandeln ist die Verhinderung über sonstiges Fachrecht, etwa der Verweigerung wasserrechtlicher Erlaubnisse, vgl. *Salzwedel*, in: FS Feldhaus, 1999, S. 281 ff. zum Tagebau Garzweiler; vgl. ferner oben 1. Kapitel C. III. 3. b) bb), S. 61 zum Fracking-Moratorium, wobei dort – soweit ersichtlich – keine Rahmenbetriebspläne zugelassen waren.

[593] Der ebenfalls rechtlich hochumstrittene Tagebau Hambach eignet sich dagegen nicht als Beispiel, da der relevante Rahmenbetriebsplan noch nicht bestandskräftig und zudem die Reichweite des europäischen Habitatschutzes umstritten ist und insoweit der Rahmenbetriebsplan ohnehin keine Festlegungen ohne Vorbehalt einer Änderung der tatsächlichen oder rechtlichen Verhältnisse treffen könnte, oben 3. Kapitel B. II. 2. d), S. 292 f. Diskussionswürdig wäre hier nur, ob und inwieweit die im Braunkohlenplan festgelegten Abbaugrenzen Vertrauensschutz vermitteln könnten. Im Übrigen hat sich auch dieses Problem mittlerweile erledigt, siehe oben Fn. 578, S. 292.

[594] Siehe dazu unten 3. Kapitel B. II. 3. c), S. 297.

Mitte Dezember 2013 akzeptierte das Bundesverfassungsgericht[595] nach jahrelangen Rechtsstreitigkeiten endgültig die Zulassung des Rahmenbetriebsplans Garzweiler I/II, der den Abbau für den Zeitraum bis 2045 erfasst. Ende März 2014 kündigte die rot-grüne nordrhein-westfälische Landesregierung an, den Tagebau verkleinern zu wollen, wobei die Gewinnung bis mindestens 2030 gesichert sei. Die hieran anschließende Leitentscheidung[596] der Landesregierung von Nordrhein-Westfalen zur Zukunft des Rheinischen Braunkohlereviers/Garzweiler II vom 5. Juli 2016[597] sah vor, dass der Tagebau derart verkleinert wird, dass eine Ortschaft, eine Siedlung und ein Hof nicht umgesiedelt werden müssen, während die Abbaugrenzen der Tagebaue Inden und Hambach unverändert bleiben sollten. Hieran schließt die Leitentscheidung vom 23. März 2021[598] an, die für den Tagebau Garzweiler Konkretisierungen und Modifikationen trifft, während nunmehr auch die Abbaugrenzen des Tagebaus Hambach verkleinert werden sollen[599].

Auf dieser Basis sind nun die dem Vorhaben zugrundeliegenden Braunkohlenpläne zu ändern.

Damit stellt sich die Frage, wie sich der bestandskräftig zugelassene Rahmenbetriebsplan Garzweiler I/II und künftige nachgeordnete Betriebspläne zu der künftigen neuen Braunkohlenplanung verhalten. Nach § 29 Abs. 3 Satz 2 LPlG NRW sind die Betriebspläne der im Braunkohlenplangebiet gelegenen bergbaulichen Betriebe mit den Braunkohlenplänen in Einklang zu bringen.[600] Selbst wenn man diese Pflicht gegenüber dem bereits zugelassenen Rahmenbetriebsplan ablehnen würde, besteht sie jedoch grundsätzlich gegenüber noch zuzulassenden Haupt- und Sonderbetriebsplänen. Zudem sind nach § 48 Abs. 2 Satz 2 BBergG bei raumbedeutsamen Vorhaben mittlerweile Ziele der Raumordnung zu beachten. Allerdings könnte man – rein formaljuristisch und völlig ungeachtet aller politisch-faktischen Zwänge – argumentieren, dass bei der Zulassung von nachfolgenden Haupt- und Sonderbetriebsplänen eine Berücksichtigung der neuen Braunkohlenplanung über § 48 Abs. 2 Satz 1, 2 BBergG

---

[595] Ausführlich zu dieser Entscheidung siehe oben 3. Kapitel A. II. 4. f), S. 259 ff.

[596] Vgl. hierzu BVerfG, Urteil vom 17. Dezember 2013 – 1 BvR 3139, 3386/08, BVerfGE 134, 242 Rn. 283 ff., 304 ff., 327.

[597] Leitentscheidung der Landesregierung von Nordrhein-Westfalen zur Zukunft des Rheinischen Braunkohlereviers/Garzweiler II. Eine nachhaltige Perspektive für das Rheinische Revier, https://www.wirtschaft.nrw/sites/default/files/asset/document/leitentscheidung_5_07_2016.pdf, zuletzt abgerufen am 9. Juli 2021.

[598] Neue Perspektiven für das Rheinische Braunkohlerevier. Kohleausstieg entschlossen vorantreiben, Tagebaue verkleinern, CO2 noch stärker reduzieren https://www.wirtschaft.nrw/sites/default/files/asset/document/leitentscheidung_2021_0.pdf, zuletzt abgerufen am 9. Juli 2021.

[599] Siehe dazu oben Fn. 578, S. 292.

[600] Kritisch dazu – noch unter der alten Rechtslage ohne bergrechtliche Raumordnungsklausel – *Durner*, Konflikte räumlicher Planungen, 2005, S. 378 ff.; siehe auch BVerfG, Urteil vom 17. Dezember 2013 – 1 BvR 3139, 3386/08, BVerfGE 134, 242 Rn. 302.

nicht mehr in Betracht kommt, weil die Abbaugrenzen im Rahmenbetriebsplan
bereits abschließend festgestellt wurden und nicht mehr Gegenstand nachfolgender Verfahren sein können. Selbst wenn man dem folgen würde, könnte der
Abbau nicht realisiert werden, weil der erforderliche Braunkohlenplan „Um-
siedlung"[601] nicht mehr aufgestellt werden, das Bergbauunternehmen hierauf
auch keinen Anspruch haben und wegen der geänderten Rahmenbedingungen
die Grundabtretung ebenfalls scheitern würde[602].

Unter diesen Vorzeichen ist die Frage aufzuwerfen, inwieweit die Rahmenbetriebsplanzulassung überhaupt berechtigtes Vertrauen generieren kann. Jedoch soll verfassungsrechtlicher Vertrauensschutz gerade auch vor derartigen
politischen Kehrtwenden schützen, sodass *jedenfalls* die Möglichkeit einer politischen Neubewertung des Rohstoffbedarfs nach einer Betriebsplanzulassung
das Entstehen von Vertrauen noch nicht hindert. Nach der Rechtsprechung des
Bundesverwaltungsgerichts scheitert der Vertrauensschutz freilich bereits an
dem Vorbehalt einer Änderung der Sach- oder Rechtslage.

c) Vertrauensschutz und Entschädigungspflicht

Wird in solchen Fällen geschütztes Vertrauen enttäuscht, kann die Umsetzung
des Rahmenbetriebsplans mittels nachgeordneter Betriebspläne aber rechtlich gleichwohl nicht durchgesetzt werden, ist eine finanzielle Entschädigung
zu leisten, wenn die Beeinträchtigung der unternehmerischen Tätigkeit bzw.
geschützter Eigentumspositionen verfassungsrechtlich andernfalls nicht mehr
hinnehmbar ist. Im Rahmen von Art. 14 GG ist dies unter der Figur der ausgleichspflichtigen Inhalts- und Schrankenbestimmung anerkannt.[603] Aber auch
im Rahmen von Art. 12 Abs. 1 GG können frustrierte unternehmerische Dispositionen und Investitionen auf Grundlage einer Genehmigung entschädigungspflichtig sein, wenn nur so die unverhältnismäßige Beeinträchtigung ausgeglichen werden kann – auch wenn noch keine neuen Eigentumspositionen
begründet wurden.[604]

---

[601] Vgl. § 26 Abs. 2, 3, § 27 Abs. 4 bis 6 LPlG NRW.

[602] Vgl. oben 2. Kapitel C. III. 2. b), S. 188 f. I.E. ebenso *Frenz*, DVBl 2019, S. 467 (471),
wenngleich die „Vorwirkung der Rahmenbetriebsplanzulassung [...] rechtlich gegen den zeitlichen Wandel von Einschätzungen geschützt" sein soll und trotz fehlender enteignungsrecht-
licher Vorwirkung „Enteignungen nur Nachwirkungen der ursprünglichen Rahmenbetriebsplanzulassung" bildeten. Dagegen spricht aber, dass die Rahmenbetriebsplanzulassung das
Enteignungsverfahren gerade nicht förmlich bindet, vgl. BVerfG, Urteil vom 17. Dezember
2013 – 1 BvR 3139, 3386/08, BVerfGE 134, 242 Rn. 218, 272.

[603] Siehe bereits oben 2. Kapitel B. IV. 2. b) cc) (3), S. 151 f. und dd) (2), S. 157 ff. zur Bergbauberechtigung.

[604] Die Rechtsprechung hat allerdings die Figur der ausgleichspflichtigen Beschränkung
der Berufsfreiheit in diesem Kontext bislang – soweit ersichtlich – nicht aktiviert, siehe oben
2. Kapitel B. IV. 2. b) cc) (3), S. 151 zur Bergbauberechtigung. *Jedenfalls* im Rahmen der Bin-

Schwierigkeiten bereitet allerdings – wie bereits bei der nicht ausübbaren Bergbauberechtigung[605] – die Suche nach einer Anspruchsgrundlage. In Erwägung zu ziehen ist wohl im Grundsatz[606] nur ein am Aufopferungsgedanken orientierter Anspruch aus § 49 Abs. 6 LVwVfG, der seinerseits den Widerruf eines begünstigenden Verwaltungsakts voraussetzt. Hier könnte man – auch wenn dies zunächst paradox klingt – erneut über einen grundrechtlich vermittelten Anspruch auf Widerruf eines begünstigenden Verwaltungsakts nach § 49 Abs. 2 Satz 1 Nr. 3 oder Nr. 4 LVwVfG wegen nachträglich eingetretener Tatsachen oder einer geänderten Rechtsvorschrift nachdenken, weil nur so die Anspruchsgrundlage für die Entschädigungspflicht aktiviert werden kann.[607] Der Entschädigungsanspruch ist dabei nicht auf bereits geschaffene Eigentumspositionen beschränkt, sondern erfasst grundsätzlich auch frustrierte unternehmerische Investitionen,[608] soweit sie in Bezug auf den nunmehr nicht möglichen Abbau getätigt wurden.

Der Weg über die Entschädigung nach Widerruf ist allerdings kaum mehr als eine dogmatische Hilfskonstruktion, die verfassungsrechtliche Schutzlücken kompensieren kann. Damit setzen sich die bereits im Rahmen des Berechtsamswesens aufgezeigten strukturellen Defizite fort, soweit das Vertrauen in abschließende Regelungen der Rahmenbetriebsplanzulassung enttäuscht wird. Folgt man allerdings der Rechtsprechung des Bundesverwaltungsgerichts, besteht bereits kein schützenswertes Vertrauen und damit auch keine verfassungsrechtlich vermittelte Entschädigungspflicht.

Auch ungeachtet dessen dürfte die *praktische* Durchsetzbarkeit ohnehin politisch häufig schwierig sein – haben doch die Bergbauunternehmen letztlich ein Interesse an einer kooperativen Zusammenarbeit mit Politik und Bergbehörden. Ganz in diesem Sinne wurden im Rahmen des Kohleausstiegs bei den in § 44 Abs. 1 KVBG gesetzlich festgelegten und zuvor verhandelten Entschädigungszahlungen zugunsten der Stilllegung von Braunkohleanlagen auch etwaige Ansprüche von Tagebaubetreibern berücksichtigt[609] – wenngleich dies im Gesetz nicht ausdrücklich verankert ist.

---

dungswirkung von Genehmigungen ist aber Vertrauensschutz notfalls auch über einen finanziellen Ausgleich zu gewähren, wenn andere Formen nicht in Betracht kommen.

[605] Dazu oben 2. Kapitel B. IV. 2. b) dd) (2) (e), S. 164 ff.

[606] Verhindert beispielsweise ein Planfeststellungsbeschluss für eine Straße die Umsetzung eines Rahmenbetriebsplans (vgl. dazu oben 2. Kapitel B. IV. 2. b) dd) (2) (c), S. 161 ff.), ist ein Anspruch aus § 74 Abs. 2 Satz 3 BBergG in Betracht zu ziehen.

[607] Siehe bereits oben 2. Kapitel B. IV. 2. b) dd) (2) (e), S. 164 zur nicht (mehr) ausnutzbaren Bergbauberechtigung.

[608] § 49 Abs. 6 (L)VwVfG ist nicht bloß gesetzliche Ausgestaltung der ausgleichspflichtigen Inhalts- und Schrankenbestimmung, so aber wohl *Abel*, in: Bader/Ronellenfitsch, BeckOK VwVfG, § 49 Rn. 89; *Suerbaum*, in: Mann/Sennekamp/Uechtritz, VwVfG, 2. Auflage 2019, § 49 Rn. 155.

[609] Vgl. die Entwurfsbegründung BT-Drs. 19/17342, S. 138 f., dort noch zu dem nunmehr in § 49 KVBG vorgesehenen öffentlich-rechtlichen Vertrag. Dieser (siehe BT-Drs. 19/25494;

III. Die obligatorische Rahmenbetriebsplanung – Fremdkörper im bergrechtlichen Gestattungsregime?

Noch zur Zeit der Entstehung des Bundesberggesetzes war klar, dass das rechtliche Zulassungsinstrumentarium den bergbaulichen Sachgesetzlichkeiten[610] – namentlich der dynamischen Betriebsweise – Rechnung tragen muss und somit eine Zulassung mit Konzentrationswirkung wie im Immissionsschutzrecht oder bei Planfeststellungsverfahren nicht in Betracht kam.[611] Weniger als zehn Jahre nach Inkrafttreten des Bundesberggesetzes erkannte der Gesetzgeber im Fehlen einer solchen Konzentrationswirkung einen Mangel, erweise sich dies doch „insbesondere bei der Neuerrichtung von Betrieben in steigendem Maße als unbefriedigend". Entsprechendes gelte „im Hinblick auf eine Öffnung der Beteiligung am Zulassungsverfahren in derartigen Fällen".[612] Infolgedessen legte die Bundesregierung einen Gesetzentwurf vor, mit dem ein in Teilen den bergrechtlichen Besonderheiten angepasstes Planfeststellungsverfahren ins Bundesberggesetz integriert werden sollte. Dieses wurde gleichzeitig in Umsetzung der Richtlinie 85/337/EWG des Rates vom 27. Juni 1985 über die Umweltverträglichkeitsprüfung bei bestimmten öffentlichen und privaten Projekten[613] (jetzt Richtlinie 2011/92/EU[614] – UVP-Richtlinie) mit einer Pflicht zur Umweltverträglichkeitsprüfung verknüpft. In der Zielsetzung und Entwurfsbegründung wurden beide Zwecke strikt getrennt.[615] Anlass für die seit Inkrafttreten des Bundesberggesetzes umfang- und folgenreichste Novellierung war damit nicht nur die Umsetzung europarechtlicher Vorgaben, was in jüngerer Zeit wohl nicht zuletzt aufgrund der gesetzlichen Systematik – die Planfeststellungspflicht folgt der UVP-Pflicht – aus dem Fokus geraten ist.[616]

Spezielle Vorschriften für die bergrechtliche Umweltverträglichkeitsprüfung finden sich in den §§ 52 Abs. 2a bis 2d, 57a bis 57c BBergG, der Verordnung über die Umweltverträglichkeitsprüfung bergbaulicher Vorhaben (UVP-V

BT-Plenarprotokoll 19/203, S. 25584 (A)) sieht zudem in § 23 weitreichende Rechtsbehelfsverzichte vor. Freilich macht es für die Frage einer Entschädigungspflicht zumindest im Ausgangspunkt einen Unterschied, ob sie unmittelbar auf die Verkleinerung und damit enttäuschten Vertrauensschutz gestützt wird, oder nur mittelbar aus dem Kohleausstieg resultiert, weil die Braunkohle zur Verstromung nicht mehr benötigt wird.

[610] Siehe oben 1. Kapitel A. III., S. 5.

[611] So ausdrücklich der federführende Ausschuss für Wirtschaft, BT-Drs. 8/3965, S. 130.

[612] BT-Drs. 11/4015, S. 1.

[613] ABl. Nr. L 175 vom 5. Juli 1985, S. 40.

[614] ABl. Nr. L 26 vom 28. Januar 2012, S. 1.

[615] BT-Drs. 11/4015, S. 1 f., 7 ff.; ebenso die Äußerungen des Parlamentarischen Staatssekretärs beim Bundesminister für Wirtschaft von Wartenberg in der 593. Bundesratssitzung am 14. Oktober 1988, BR-PlPr. 593, S. 367; vgl. Kühne, UPR 1989, S. 326.

[616] Siehe bereits die Konzentration auf die UVP-Richtlinie bei Gaentzsch, in: FS Sendler, 1991, S. 403 (404).

Bergbau), in den in weiten Teilen anwendbaren[617] Vorschriften zur Umweltverträglichkeitsprüfung im UVPG einschließlich der Anlage 1 Liste „UVP-pflichtige Vorhaben" sowie subsidiär den §§ 72 ff. LVwVfG[618]. Das damit geschaffene Rechtsregime war und ist keinesfalls friktionsfrei, wie bereits die mehrfachen Anpassungen zeigen.

Nicht näher behandelt werden im Folgenden verfahrensrechtliche Fragen zur Planfeststellung sowie zur Umweltverträglichkeitsprüfung und hier insbesondere zur Beteiligung der Behörden mit umweltbezogenen Aufgaben sowie der Öffentlichkeit[619]. Der Fokus richtet sich vielmehr auf die grundsätzliche UVP-Pflicht bergbaulicher Vorhaben, das richtige Trägerverfahren sowie die Rechtswirkungen gegenüber sonstigen Betriebsplanzulassungen. Mittlerweile ist im Wesentlichen geklärt, unter welchen Voraussetzungen bergbauliche Vorhaben oder Maßnahmen einer Umweltverträglichkeitsprüfung bedürfen (1.). Ist dies der Fall, erfolgt sie nach der eindeutigen gesetzgeberischen Entscheidung als unselbständiger Teil der Planfeststellung[620] im Rahmen eines obligatorischen Rahmenbetriebsplanverfahrens. Gleichwohl wählt die Praxis zuweilen andere Trägerverfahren oder zieht zumindest Abweichungen in Betracht (2.). Die obligatorische Rahmenbetriebsplanung und deren Zulassung sind auf das Gesamtvorhaben ausgerichtet und beanspruchen weitreichende Bindungs- und Konzentrationswirkungen, wobei allerdings nachfolgende Betriebsplanzulassungen nicht entbehrlich werden. Bedenkt man die langen Laufzeiten des dynamischen Abbaus über mehrere Jahrzehnte, ist dieser Anspruch durchaus ambitioniert (3.).

All dies ist bereits an anderer Stelle näher diskutiert worden[621] und soll daher hier im Kern nur in seinen übergreifenden Zusammenhängen und aktuellen Entwicklungen thematisiert werden.

---

[617] Mittlerweile klarstellend § 51 UVPG, § 57a Abs. 1 Satz 5 BBergG; zur alten Rechtslage *von Weschpfennig*, EurUP 2016, S. 182 (194).

[618] *Keienburg*, Die Öffentlichkeitsbeteiligung im Bergrecht, 2004, S. 134 f.; *dies.*, in: Boldt/Weller/Kühne/von Mäßenhausen, BBergG, 2. Auflage 2016, § 57a Rn. 3; zur Frage der Anwendbarkeit des § 76 LVwVfG *von Hammerstein*, in: Boldt/Weller/Kühne/von Mäßenhausen, BBergG, 2. Auflage 2016, § 52 Rn. 98.

[619] Ausführlich dazu *Keienburg*, Die Öffentlichkeitsbeteiligung im Bergrecht, 2004, S. 129.

[620] BVerwG, Urteil vom 15. Dezember 2006 – 7 C 1/06, BVerwGE 127, 259 Rn. 23; Urteil vom 15. Dezember 2006 – 7 C 6/06, BVerwGE 127, 272 Rn. 16.

[621] *von Weschpfennig*, EurUP 2016, S. 182 ff. Die dortigen Ausführungen gelten im Wesentlichen auch nach der umfassenden Modernisierung des Rechts der Umweltverträglichkeitsprüfung durch Gesetz vom 20. Juli 2017, BGBl I 2017, S. 2808, das auch verschiedene Änderungen des Bundesberggesetzes mit sich brachte.

1. Die Pflicht zur Umweltverträglichkeitsprüfung

Dem Wortlaut nach vermitteln bei bergrechtlichen Vorhaben sowohl das Bundesberggesetz als auch das Gesetz über die Umweltverträglichkeitsprüfung UVP-Pflichten. Systematisch ist dies irreführend. Im Ergebnis greifen, wie nachfolgend zu zeigen ist, nur die vom Bundesberggesetz ausgehenden Verweisketten. Ausnahmen von der UVP-Pflicht bestehen bei Altvorhaben sowie gemäß § 52 Abs. 2b Satz 2 BBergG für Vorhaben, die einem besonderen Verfahren im Sinne des § 54 Abs. 2 Satz 3 BBergG unterliegen, was insbesondere bei Tagebauen auf Grundlage eines Braunkohlenplans der Fall sein kann.

a) UVP-Pflichten nach dem Bundesberggesetz und dem Gesetz über die Umweltverträglichkeitsprüfung

Nach § 52 Abs. 2a BBergG ist die Aufstellung eines Rahmenbetriebsplans zu verlangen und für dessen Zulassung ein Planfeststellungsverfahren nach Maßgabe der §§ 57a und 57b BBergG durchzuführen, wenn ein Vorhaben gemäß der Verordnung nach § 57c BBergG in Verbindung mit den Vorschriften des Teils 2 Abschnitt 1 UVPG einer Umweltverträglichkeitsprüfung bedarf. § 57c Satz 1 Nr. 1 BBergG bezieht die Verordungsermächtigung auf betriebsplanpflichtige Vorhaben. Damit verweist der Gesetzgeber auf eine spezielle bergrechtliche Verordnung – die UVP-V Bergbau – sowie seit 2017 ausdrücklich auch auf die §§ 4 ff. UVPG n.F. Die Geltung der Vorgängerbestimmungen im UVPG entsprach zwar bereits der alten Rechtslage,[622] war aber teils nicht unumstritten.[623]

Erfasst werden nach § 1 UVP-V Bergbau unter näher konkretisierten Voraussetzungen beispielsweise rohstoffbezogene Vorhaben wie die Gewinnung von Stein- oder Braunkohle im Tiefbau oder Tagebau sowie die Gewinnung von Erdöl und Erdgas zu gewerblichen Zwecken (Nr. 1 bis 2b, ferner Nr. 2c) – abhängig unter anderem von dem Flächenbedarf, zu erwartenden Senkungen, dem Fördervolumen oder dem Einsatz der Fracking-Technologie.[624] Objektbezogene Vorhaben erfassen beispielsweise Halden, Schlammlagerplätze, Abfallentsorgungseinrichtungen, Bahnstrecken oder Wassertransportleitungen (Nr. 3 bis 6). UVP-Pflichten betreffen zudem Untergrundspeicher, Anlagen zur Sicherstellung oder Endlagerung radioaktiver Stoffe sowie Tiefboh-

---

[622] *Keienburg*, in: Boldt/Weller/Kühne/von Mäßenhausen, BBergG, 2. Auflage 2016, Anh. § 57c – § 1 UVP-V Bergbau Rn. 2 mit Fn. 4; *von Weschpfennig*, EurUP 2016, S. 182 (191); *Wittmann*, in: Landmann/Rohmer, Umweltrecht, § 18 UVPG Rn. 11 (Stand: Februar 2012); vgl. BT-Drs. 18/11499, S. 101.

[623] Ablehnend noch *Beckmann*, in: Hoppe/Beckmann, UVPG, 4. Auflage 2012, § 18 Rn. 25 zu § 3b Abs. 2 Satz 1 UVPG a.F.; anders und ohne Einschränkung jetzt *ders.*, in: Hoppe/Beckmann/Kment, UVPG, 5. Auflage 2018, § 51 Rn. 3; vgl. auch *Piens*, in: ders./Schulte/Graf Vitzthum, BBergG, 3. Auflage 2020, § 57c Rn. 13 ff.

[624] Zur Fracking-Technologie siehe oben Fn. 146, S. 24.

rungen etwa zur Gewinnung von Erdwärme (Nr. 6a bis 8a, 10). § 1 Satz 1 Nr. 9 UVP-V Bergbau enthält schließlich seit 2005 einen Auffangtatbestand, der die Anlage 1 Liste „UVP-pflichtige Vorhaben" zum Gesetz über die Umweltverträglichkeitsprüfung in Bezug nimmt. Damit wurden Lücken geschlossen, weil die dort formulierten UVP-Pflichten sonst bei betriebsplanpflichtigen Vorhaben und Maßnahmen nicht greifen würden.[625]

Zwar fordert § 51 Satz 1 UVPG – insoweit in eigenartiger Konkurrenz zu § 52 Abs. 2a Satz 1 BBergG i.V.m. der UVP-V Bergbau[626] –, dass bei bergbaulichen Vorhaben, die in der Anlage 1 zum UVPG aufgeführt sind *und dem Bergrecht unterliegen*[627], die Umweltverträglichkeitsprüfung und die Überwachung des Vorhabens nach den Vorschriften des Bundesberggesetzes durchgeführt werden. Hieraus möglicherweise erwachsende Friktionen löst Nr. 15.1 der Anlage 1 aber gewissermaßen wieder auf, indem bergbauliche Vorhaben, einschließlich der zu ihrer Durchführung erforderlichen betriebsplanpflichtigen Maßnahmen dieser Anlage, *nur*[628] nach Maßgabe der UVP-V Bergbau UVP-pflichtig sind. Damit ist klargestellt, dass sich die Pflicht zur Umweltverträglichkeitsprüfung bergbaulicher Vorhaben ausschließlich nach der UVP-V Bergbau richtet, sodass die Rückverweisung in § 1 Satz 1 Nr. 9 UVP-V Bergbau notwendig ist.

Ungeachtet dessen wurden in der Praxis auch vor der Ergänzung der Nr. 9 UVP-Pflichten mitunter unmittelbar der Anlage 1 zum UVPG entnommen und die Umweltverträglichkeitsprüfung in einem außerbergrechtlichen Trägerverfahren durchgeführt.[629] Eine derartige Praxis war allerdings nicht nur mit dem ausschließlichen Charakter der UVP-V Bergbau unvereinbar,[630] sondern ebenso mit der berggesetzlichen Bestimmung des obligatorischen Rahmenbetriebsplanverfahrens als Trägerverfahren[631].

---

[625] Näher zur Verweisklausel *von Weschpfennig*, EurUP 2016, S. 182 (186 f.). Denkbar wäre jedoch eine UVP-Pflicht *un*mittelbar kraft Europarechts gewesen, vgl. EuGH, Urteil vom 11. August 1995 – C-431/92, *Kommission/Deutschland (Großkrotzenburg)*, ECLI:EU:C:1995:260, Rn. 37 ff.; Urteil vom 24. Oktober 1996 – C-72/95, *Kraaijeveld u.a.*, ECLI:EU:C:1996:404, Rn. 43 ff.; Urteil vom 16. September 1999 – C-435/97, *WWF u.a.*, ECLI:EU:C:1999:418, Rn. 68 ff.; Urteil vom 21. März 2013 – C-244/12, *Salzburger Flughafen*, ECLI:EU:C:2013:203, Rn. 39 ff. Eine UVP-Pflicht unmittelbar kraft Europarechts wurde – losgelöst von der hier erörterten Problematik – in der Vergangenheit etwa für das Fracking in Betracht gezogen, siehe dazu die Nachweise bei *von Weschpfennig*, a.a.O., Fn. 134.

[626] Näher hierzu sowie zum Folgenden *von Weschpfennig*, EurUP 2016, S. 182 (185 ff.).

[627] Diese Klarstellung fehlte noch in § 18 UVPG a.F.

[628] Anders noch die Fassung bis 2001, dazu *von Weschpfennig*, EurUP 2016, S. 182 (186 mit Fn. 54).

[629] Siehe den Hinweis bei *Keienburg*, in: Boldt/Weller/Kühne/von Mäßenhausen, BBergG, 2. Auflage 2016, Anh. § 57c – § 1 UVP-V Bergbau Rn. 65 auf eine wasserrechtliche Planfeststellung bei der Flutung von Tagebaurestlöchern, die durchaus noch unter das bergrechtliche Regelungsregime fallen kann.

[630] Bis 2001 war allerdings auch diese Ausschließlichkeit nicht klar artikuliert, siehe soeben in und bei Fn. 628.

[631] Näher unten 3. Kapitel B. III. 2. a), S. 306 ff.

b) Ausnahmen bei Altvorhaben

Eine Pflicht zur Umweltverträglichkeitsprüfung besteht allerdings nicht bei Altvorhaben, bei denen das Genehmigungsverfahren bereits vor Ablauf der Umsetzungsfrist der UVP-Richtlinie, dem 3. Juli 1988, eingeleitet wurde,[632] um nicht „Verfahren, die bereits auf nationaler Ebene komplex sind und die vor Ablauf der Frist für die Umsetzung der Richtlinie förmlich eingeleitet wurden, durch die spezifischen Anforderungen der Richtlinie" noch zusätzlich zu belasten und zu verzögern sowie bereits entstandene Rechtspositionen zu beeinträchtigen.[633] In diesem Sinne hat das Bundesverwaltungsgericht in seiner *Gorleben*-Entscheidung bereits 1995 entschieden, dass die Verlängerung eines 1983 zugelassenen Rahmenbetriebsplans, der das Vorhaben als Ganzes erfasst, keine UVP-Pflichten auslöst.[634] 2002 hatte das Gericht über die UVP-Pflicht zweier Braunkohlentagebaue auf dem Gebiet der ehemaligen DDR – Jänschwalde und Cottbus Nord – zu entscheiden. Auch hier stellte es auf den Umfang des Gesamtvorhabens ab, das bereits vor dem Zeitpunkt des Beitritts der DDR „von den zuständigen staatlichen Entscheidungsträgern" als Gesamtprojekt „beabsichtigt" war, und nicht nur auf diejenigen Flächen, für die im Beitrittszeitpunkt bereits ein Verfahren zur Zulassung eines technischen Betriebsplans eingeleitet worden war.[635] Diese Linie bekräftigte das Bundesverwaltungsgericht nochmals 2005 in Sachen Tagebau Hambach und stellte für die Bestimmung des Gesamtvorhabens auf den seit 1977 verbindlichen Braunkohlenplan ab. Innerhalb

---

[632] EuGH, Urteil vom 18. Juni 1998 – C-81/96, *Gedeputeerde Staten van Noord-Holland*, ECLI:EU:C:1998:305, Rn. 23; Urteil vom 15. Januar 2013 – C-416/10, *Križan u.a.*, ECLI:EU:C:2013:8, Rn. 94; vgl. Urteil vom 24. November 2011, C-404/09, *Kommission/Spanien*, ECLI:EU:C:2011:768, Rn. 70 zu einer Richtlinienänderung; offengelassen von EuGH, Urteil vom 9. August 1994 – C-396/92, *Bund Naturschutz in Bayern u.a.*, ECLI:EU:C:1994:307, Rn. 19; im Grunde ebenfalls offengelassen von EuGH, Urteil vom 11. August 1995 – C-431/92, *Kommission/Deutschland (Großkrotzenburg)*, ECLI:EU:C:1995:260, Rn. 28 ff.; dagegen auf den Zeitpunkt der Genehmigung abstellend EuGH, Urteil vom 7. November 2013 – C-72/12, *Gemeinde Altrip u.a.*, ECLI:EU:C:2013:712, Rn. 25 ff. zu Art. 10a RL 85/337/EWG (jetzt Art. 11 RL 2011/92/EU). Soweit Art. 2 des Gesetzes zur Änderung des Bundesberggesetzes (BGBl I 1990, S. 215) einen späteren Zeitpunkt bestimmt, ist dies europarechtswidrig, hierzu sowie zu den weiteren zahlreichen Übergangsbestimmungen *von Weschpfennig*, EurUP 2016, S. 182 (189). UVP-Pflichten *de lege ferenda* auch für Altvorhaben fordernd *Keimeyer/Gailhofer/Westphal/Sanden/Schomerus/Teßmer*, Recht der Rohstoffgewinnung, Umweltbundesamt, Texte 71/2019, S. 305.

[633] EuGH, Urteil vom 18. Juni 1998 – C-81/96, *Gedeputeerde Staten van Noord-Holland*, ECLI:EU:C:1998:305, Rn. 24, einschränkend Rn. 25; Urteil vom 15. Januar 2013 – C-416/10, *Križan u.a.*, ECLI:EU:C:2013:8, Rn. 95; einschränkend auch EuGH, Urteil vom 7. Januar 2004 – C-201/02, *Wells*, ECLI:EU:C:2004:12, Rn. 42 ff.

[634] BVerwG, Urteil vom 2. November 1995 – 4 C 14/94, BVerwGE 100, 1 (6 ff.); nochmals bekräftigend OVG Lüneburg, Beschluss vom 2. April 2013 – 7 ME 81/11, DVBl 2013, S. 725 (726).

[635] BVerwG, Urteil vom 12. Juni 2002 – 7 C 2/02, NVwZ 2002, S. 1237 f.; Urteil vom 12. Juni 2002 – 7 C 3/02, ZfB (143) 2002, S. 165 (169).

dieses Gebiets liegende Rahmenbetriebspläne unterliegen hiernach keiner Umweltverträglichkeitsprüfung.[636] Diese nationale Rechtsprechung führt letztlich dazu, dass gerade komplexe Großvorhaben wie Tagebaue über Jahrzehnte hinweg keiner Umweltverträglichkeitsprüfung bedürfen, obwohl doch gerade sie die Umwelt besonders belasten können.

Im Ergebnis[637] ist die Rechtsprechung gleichwohl mit Europarecht vereinbar. Zwar stellt der EuGH grundsätzlich auf die Genehmigung ab, „aufgrund derer der Projektträger das Recht zur Durchführung des Projekts erhält".[638] Dies wäre nach strenger Lesart zunächst nur die Hauptbetriebsplanzulassung. *Ob* eine solche Genehmigung anzunehmen ist, obliegt jedoch den nationalen Gerichten,[639] sodass hier ein nicht unerheblicher Spielraum besteht. Dabei akzeptiert der EuGH auch gestufte Verfahren. Hierbei soll es auf die Antragstellung zur ersten Stufe ankommen,[640] sodass die Zulassung eines (fakultativen) Rahmenbetriebsplans ohne Weiteres als Genehmigung im Sinne der UVP-Richtlinie angesehen werden kann. Fällt die entsprechende Antragstellung vor den Stichtag, sind auch spätere Konkretisierungen nicht UVP-pflichtig. Die Übertragung auf die Darstellung eines „Gesamtvorhabens" in einem Braunkohlenplan erscheint gleichwohl problematisch, weil dieser selbst jedenfalls nicht Genehmigung im verwaltungsrechtlichen Sinne ist[641] und bereits erfolgte Betriebsplanzulassungen in aller Regel nicht das Gesamtvorhaben erfassen[642]. Gleichwohl lässt die EuGH-Rechtsprechung tendenziell erkennen, komplexe Vorhaben nicht zerstückeln zu wollen. Insofern ist gegen die Rechtsprechung des Bundesverwaltungsgerichts nichts zu erinnern.

Der EuGH stellt darüber hinaus klar, dass Altvorhaben im vorgeprägten Umfang *insgesamt* von der Pflicht zur Umweltverträglichkeitsprüfung freigestellt sind, also auch in weiteren Genehmigungsverfahren keine andere Be-

---

[636] BVerwG, Beschluss vom 21. November 2005 – 7 B 26/05, ZfB 147 (2006), S. 27 Rn. 18.

[637] Näher zur Kritik an der Begründung sowie zum Folgenden *von Weschpfennig*, EurUP 2016, S. 182 (190).

[638] EuGH, Urteil vom 18. Juni 1998 – C-81/96, *Gedeputeerde Staten van Noord-Holland*, ECLI:EU:C:1998:305, Rn. 20.

[639] EuGH, Urteil vom 18. Juni 1998 – C-81/96, *Gedeputeerde Staten van Noord-Holland*, ECLI:EU:C:1998:305, Rn. 20 zur Zustimmung zu einem Flächennutzungsplan in den Niederlanden.

[640] EuGH, Urteil vom 15. Januar 2013 – C-416/10, *Križan u.a.*, ECLI:EU:C:2013:8, Rn. 92 ff.

[641] EuGH, Urteil vom 18. Juni 1998 – C-81/96, *Gedeputeerde Staten van Noord-Holland*, ECLI:EU:C:1998:305, Rn. 20 deutet zwar auf eine gewisse Großzügigkeit hin. EuGH, Urteil vom 15. Januar 2013 – C-416/10, *Križan u.a.*, ECLI:EU:C:2013:8, Rn. 98 stellt aber auf den ersten Antrag des Betreibers ab, obwohl bereits zuvor ein städtebaulicher Plan erlassen wurde (Rn. 26). Entscheidungserheblich war dies jedoch nicht.

[642] Anders bei der ersten Stufe in EuGH, Urteil vom 15. Januar 2013 – C-416/10, *Križan u.a.*, ECLI:EU:C:2013:8.

urteilung angezeigt ist.[643] Dies alles gilt allerdings nur vorbehaltlich wesentlicher Änderungen des Gesamtvorhabens.[644] Im Übrigen entbindet die fehlende UVP-Pflicht nicht von der Achtung des materiellen Umweltrechts,[645] wie gerade auch die Streitigkeiten um den Tagebau Hambach verdeutlicht haben.[646]

c) Keine UVP-Pflicht insbesondere bei zugrundeliegenden Braunkohlenplänen

Nach § 52 Abs. 2b Satz 2 BBergG besteht des Weiteren weder eine Pflicht zur obligatorischen Rahmenbetriebsplanung mit Umweltverträglichkeitsprüfung noch eine UVP-Pflicht nach anderen Rechtsvorschriften, wenn die Vorhaben einem besonderen Verfahren im Sinne des § 54 Abs. 2 Satz 3 BBergG unterliegen und in diesem Verfahren die Durchführung einer Umweltverträglichkeitsprüfung gewährleistet ist, die den Anforderungen des Bundesberggesetzes entspricht. § 54 Abs. 2 Satz 3 BBergG verweist auf Pläne, in denen insbesondere die Abbaugrenzen und Haldenflächen festgelegt sind und die auf Grund eines Bundes- oder Landesgesetzes in einem besonderen Planungsverfahren genehmigt worden sind. Dies sind insbesondere Braunkohlenpläne, sofern im Verfahren eine Umweltverträglichkeitsprüfung erfolgt. Das ist in Nordrhein-Westfalen mit § 27 LPlG NRW der Fall,[647] während eine Strategische Umweltprüfung beispielsweise nach Maßgabe der §§ 2 Abs. 2, 5 SächsLPlG und §§ 8, 13 Abs. 1 Nr. 2 ROG nicht genügt.[648] Aus diesem Grunde bedurfte der Rahmenbetriebsplan Garzweiler I/II[649] keiner Planfeststellung mit Umweltverträglichkeitsprüfung.

Es darf allerdings bezweifelt werden, ob eine derart frühzeitige und umfassende Umweltverträglichkeitsprüfung sachgerecht ist, wenn über mehrere Jahrzehnte trotz einer dynamischen Betriebsweise keine umfassende Prüfung

---

[643] Vgl. in diesem Sinne EuGH, Urteil vom 15. Januar 2013 – C-416/10, *Križan u.a.*, ECLI:EU:C:2013:8, Rn. 92 ff. Ebenso zur insoweit problematischen Rechtslage nach dem Einigungsvertrag *Stevens*, ZUR 2012, S. 338 (343 f.); a.A. *M. Herrmann*, in: Boldt/Weller/ Kühne/von Mäßenhausen, BBergG, 2. Auflage 2016, Anhang – Einigungsvertrag Rn. 38; *H. Schulte*, ZfB 136 (1995), S. 31 (33 ff.); vgl. auch den Hinweis bei *Stevens*, a.a.O., Fn. 45.

[644] *Von Hammerstein*, in: Boldt/Weller/Kühne/von Mäßenhausen, BBergG, 2. Auflage 2016, § 52 Rn. 92. Vgl. § 52 Abs. 2c BBergG sowie §§ 9 ff. UVPG.

[645] Vgl. auch BVerwG, Beschluss vom 11. Mai 2015 – 7 B 18/14, ZfB 156 (2015), S. 85 (88 ff.) zur FFH-Verträglichkeitsprüfung eines vor der Wiedervereinigung begonnenen Vorhabens in der ehemaligen DDR mit einem später festgesetzten Natura-2000-Gebiet bei UVP-Bestandsschutz.

[646] Vgl. dazu *Durner/von Weschpfennig*, NVwZ 2018, S. 1821 ff.; *Teßmer*, NuR 2019, S. 82 ff.

[647] Seit dem 16. Juli 2021 besteht insoweit allerdings eine Entscheidungsbefugnis des Braunkohlenausschusses, § 27 Abs. 1 LPlG NRW.

[648] *von Hammerstein*, in: Boldt/Weller/Kühne/von Mäßenhausen, BBergG, 2. Auflage 2016, § 52 Rn. 88; *Piens*, in: ders./Schulte/Graf Vitzthum, BBergG, 3. Auflage 2020, § 52 Rn. 156 ff.

[649] Dazu oben 3. Kapitel A. II. 4. f), S. 259 ff.

der Umweltverträglichkeit mehr erfolgt.[650] Umwelteinwirkungen sind wohl kaum über einen derart langen Zeitraum prognostizierbar. Kann beispielsweise der 1995 genehmigte Braunkohlenplan Garzweiler II, der einen Abbauzeitraum bis etwa 2045 umfasst, tatsächlich die Umweltverträglichkeit der Anlage eines Restsees zuverlässig bewerten, der seinerseits über einen Zeitraum von etwa 40 Jahren befüllt werden soll? Zwar deutet in der Tat zunächst alles auf eine frühzeitige und umfassende Prüfung der Umweltverträglichkeit hin: Die UVP-Richtlinie geht nur von der einmaligen und möglichst frühzeitigen Prüfung der Umweltverträglichkeit aus,[651] der EuGH nimmt bei gestuften Zulassungen nur *eine* Genehmigung im Sinne der Richtlinie an,[652] auch das Bundesverwaltungsgericht stellt auf *ein* „Gesamtvorhaben" ab und schließlich müssen mögliche Umweltauswirkungen bereits in der Grundsatzentscheidung ermittelt und geprüft werden und nicht erst in der Durchführungsentscheidung[653]. Letzteres gilt aber auch nach dem EuGH dann nicht, „wenn diese Auswirkungen erst im Verfahren zum Erlass der Durchführungsentscheidung ermittelt werden können".[654]

Auch wasserrechtliche Planfeststellungen mit Umweltverträglichkeitsprüfung nach § 68 Abs. 1 WHG können den Anforderungen des § 52 Abs. 2b Satz 2 BBergG genügen.[655] Planfestgestellte Nassauskiesungen, die nicht unter das Bundesberggesetz fallen, bedürfen auch keiner obligatorischen Rahmenbetriebsplanung, wenn sie ins Bergrecht übergeleitet werden, weil nachträglich Gold gefunden wird[656] oder sich herausstellt, dass der Quarzkies die Anforderungen an eine Feuerfesteignung erfüllt[657]. Es genügt die Zulassung eines Haupt- oder fakultativen Rahmenbetriebsplans.

---

[650] Vgl. auch *Keimeyer/Gailhofer/Westphal/Sanden/Schomerus/Teßmer*, Recht der Rohstoffgewinnung, Umweltbundesamt, Texte 71/2019, S. 305 f.

[651] Vgl. Erwägungsgrund Nr. 2 sowie Art. 2 Abs. 1 RL 2011/92/EU; zum Grundsatz der Frühzeitigkeit EuGH, Urteil vom 7. Januar 2004 – C-201/02, *Wells*, ECLI:EU:C:2004:12, Rn. 49 ff.; Urteil vom 29. Juli 2019 – C-411/17, *Inter-Environnement Wallonie ASBL und Bond Beter Leefmilieu Vlaanderen ASBL*, ECLI:EU:C:2019:622, Rn. 85; *Appold*, in: Hoppe/Beckmann/Kment, UVPG, 5. Auflage 2018, § 3 Rn. 49.

[652] EuGH, Urteil vom 15. Januar 2013 – C-416/10, *Križan u.a.*, ECLI:EU:C:2013:8, Rn. 103.

[653] EuGH, Urteil vom 7. Januar 2004 – C-201/02, *Wells*, ECLI:EU:C:2004:12, Rn. 52; Urteil vom 29. Juli 2019 – C-411/17, *Inter-Environnement Wallonie ASBL und Bond Beter Leefmilieu Vlaanderen ASBL*, ECLI:EU:C:2019:622, Rn. 85 f.

[654] EuGH, Urteil vom 7. Januar 2004 – C-201/02, *Wells*, ECLI:EU:C:2004:12, Rn. 52; Urteil vom 29. Juli 2019 – C-411/17, *Inter-Environnement Wallonie ASBL und Bond Beter Leefmilieu Vlaanderen ASBL*, ECLI:EU:C:2019:622, Rn. 86.

[655] *von Hammerstein*, in: Boldt/Weller/Kühne/von Mäßenhausen, BBergG, 2. Auflage 2016, § 52 Rn. 88; *Piens*, in: ders./Schulte/Graf Vitzthum, BBergG, 3. Auflage 2020, § 52 Rn. 155.

[656] OVG Koblenz, Urteil vom 9. Oktober 2008 – 1 A 10231/08, ZfB 151 (2010), S. 150 (159 f.).

[657] OVG Koblenz, Urteil vom 5. Oktober 2010 – 1 A 10689/09, DVBl 2011, S. 47 (49).

2. UVP-Pflicht und Pflicht zur obligatorischen Rahmenbetriebsplanung

Das Regelungsgefüge zur UVP-Pflicht bei betriebsplanpflichtigen Vorhaben bringt zwei grundlegende Weichenstellungen mit sich, die einerseits klar zu sein scheinen, andererseits aber in der Praxis durchaus anders gehandhabt werden. *Erstens* ist die Umweltverträglichkeitsprüfung mit bergrechtlichem Planfeststellungsverfahren im Rahmen der obligatorischen Rahmenbetriebsplanung durchzuführen. Andere bergrechtliche Trägerverfahren sind ebenso ausgeschlossen wie Umweltverträglichkeitsprüfungen in außerbergrechtlichen Verfahren. *Zweitens* sind Umweltverträglichkeitsprüfungen entsprechend dem Gegenstand – oder besser: dem Grund – der UVP-Pflicht zu begrenzen und nicht auf das bergbauliche Gesamtvorhaben auszuweiten.

Die teils gegenläufige Praxis impliziert möglicherweise einen gesetzgeberischen Handlungsbedarf; die derzeitige Rechtslage lässt hingegen wenig administrativen Spielraum.

a) Die obligatorische Rahmenbetriebsplanung als einzig zulässiges Trägerverfahren

Bei allen Schwierigkeiten bei der Auslegung des bergbaulichen UVP-Regimes erscheint es an sich sehr klar, dass betriebsplanpflichtige Vorhaben, die einer Umweltverträglichkeitsprüfung bedürfen, nach § 52 Abs. 2a Satz 1 BBergG rahmenbetriebsplanpflichtig sind („*ist* zu verlangen […], wenn") und dieses obligatorische Rahmenbetriebsplanverfahren gleichzeitig Trägerverfahren für die Umweltverträglichkeitsprüfung ist, wie § 57a BBergG deutlich ausbuchstabiert. Innerhalb des bergrechtlichen Zulassungsregimes folgt die Rahmenbetriebsplanpflicht der UVP-Pflicht.

Sind für UVP-pflichtige Vorhaben nach § 52 Abs. 2a BBergG auch nach anderen Vorschriften Planfeststellungsverfahren oder vergleichbare behördliche Entscheidungen vorgesehen, so ist nach § 57b Abs. 3 Satz 1 BBergG nur das bergrechtliche Planfeststellungsverfahren durchzuführen. Ausnahmen bestehen für atomrechtliche Planfeststellungen nach Maßgabe des § 57b Abs. 3 Satz 2 BBergG sowie nach Satz 3 – in Abweichung von § 75 Abs. 1 Satz 1 LVwVfG – für planfeststellungspflichtige Folgemaßnahmen. Erst recht ist folglich das obligatorische Rahmenbetriebsplanverfahren vorrangig gegenüber UVP-Trägerverfahren jenseits der Planfeststellung.

Umso mehr überrascht es, dass die Zulassungspraxis und Rechtsprechung nicht selten hiervon abweicht oder Abweichungen zumindest erwägt.

aa) Die Offenheit der Rechtsprechung für andere Trägerverfahren

So zieht das OVG Lüneburg auch die anderen Betriebsplanverfahren als Trägerverfahren in Betracht und verweist auf § 1 UVP-V Bergbau, der sich zu der Frage der richtigen Betriebsplanart nicht verhalte.[658] Allerdings kann die UVP-V Bergbau formal-gesetzliche Anforderungen im Bundesberggesetz nicht abändern. Auch das OVG Koblenz zog in der Sache eine UVP-Pflicht im Rahmen von Hauptbetriebsplanverfahren in Betracht, obwohl bereits zuvor ein obligatorisches Rahmenbetriebsplanverfahren stattgefunden hatte.[659] Grund hierfür war die Herleitung eines Verbandsklagerechts sowie die Frage nach der Zulässigkeit oder Erforderlichkeit einer (erneuten) Umweltverträglichkeitsprüfung. Unabhängig von der prozessualen und verwaltungsverfahrensrechtlichen Bewertung dieser Fragen[660] rechtfertigt beides allerdings nicht, von der Vorgabe des § 52 Abs. 2a Satz 1 BBergG und den hieran anknüpfenden Regelungen abzuweichen.

bb) Pflicht zur Rahmenbetriebsplanung bei der Betriebseinstellung

Als problematisch erweist sich die Frage, ob die obligatorische Rahmenbetriebsplanpflicht auch bei der Betriebseinstellung bestehen kann. Eine Umweltverträglichkeitsprüfung kann etwa erforderlich sein bei Maßnahmen zur Wiedernutzbarmachung wie der Erstaufforstung (Nr. 17.1 der Anlage 1 zum UVPG), der Flutung von Tagebaurestlöchern (Nr. 13.6 und Nr. 13.18 der Anlage 1 zum UVPG),[661] oder auch im Rahmen des Grubenwasserkonzepts bei Einstellung des Steinkohlenbergbaus.[662]

Grund hierfür ist die bergrechtliche Systematik, die zwischen Betriebsplänen für die Errichtung und Führung des Betriebes nach § 52 BBergG und dem Betriebsplan für die Einstellung des Betriebes nach § 53 BBergG unterscheidet. Umstritten ist daher, ob zwingend nur ein Abschlussbetriebsplan zu erstellen ist oder ob auch sogenannte Rahmenabschlussbetriebspläne mit konkretisie-

---

[658] OVG Lüneburg, Beschluss vom 24. September 2013 – 7 LA 21/10, juris, Rn. 3; richtig insoweit VG Darmstadt, Beschluss vom 26. November 2015 – 7 L 1775/15.DA, juris, Rn. 21; Beschluss vom 21. November 2017 – 7 L 4343/17.DA, ZfB 159 (2018), S. 135 (144 f.); OVG Bautzen, Urteil vom 17. August 2018 – 1 A 320/17, ZfB 160 (2019), S. 146 Rn. 65.

[659] OVG Koblenz, Beschluss vom 6. Februar 2013 – 1 B 11266/12, ZUR 2013, S. 293 (294 f.).

[660] Zur Reichweite der Bindungs- und Konzentrationswirkung obligatorischer Rahmenbetriebsplanzulassungen sowie der Frage nach einer erneuten UVP-Pflicht siehe unten 3. Kapitel B. III. 3., S. 314 ff. Zur Rügebefugnis von Umweltverbänden siehe unten 3. Kapitel B. IV. 1. b), S. 331 ff.

[661] Abzugrenzen ist die Wiedernutzbarmachung von der nicht betriebsplanpflichtigen Folgenutzung, was im Einzelfall schwierig sein kann, näher *Keienburg*, in: Boldt/Weller/Kühne/von Mäßenhausen, BBergG, 2. Auflage 2016, Anh. § 57c – § 1 UVP-V Bergbau Rn. 64 f.; *Stevens*, ZUR 2012, S. 338 (344).

[662] Näher dazu unten 3. Kapitel B. III. 2. a) cc), S. 309 ff.

renden nachfolgenden Betriebsplänen zulässig sind.[663] Die obligatorische Rahmenbetriebsplanung findet sich nur in § 52 BBergG, der ausweislich seines Titels die Errichtung und Führung des Betriebes, nicht aber dessen Einstellung erfasst. Allerdings löst sich die Bestimmung zur obligatorischen Rahmenbetriebsplanung in § 52 Abs. 2a BBergG terminologisch von ihrem systematischen Kontext und knüpft i.V.m. § 57c Satz 1 Nr. 1 BBergG tatbestandlich nur an die UVP-Pflicht *betriebsplanpflichtiger* Vorhaben an, sodass sich auch im Rahmen der Betriebseinstellung nichts an der Pflicht zur obligatorischen Rahmenbetriebsplanung ändert.[664]

Auch insoweit war es kritikwürdig, wenn die Umweltverträglichkeitsprüfung zur Flutung von Tagebaurestlöchern vor Ergänzung der Verweisklausel in § 1 Satz 1 Nr. 9 UVP-V Bergbau im wasserrechtlichen Planfeststellungsverfahren erfolgte.[665] Mit dem Verweis auf die Anlage 1 UVPG sollte nunmehr klargestellt sein, dass entsprechende Maßnahmen der Zulassung eines obligatorischen Rahmenbetriebsplans bedürfen.[666] In Literatur und Rechtsprechung werden gleichwohl (separate) UVP-pflichtige wasserrechtliche Planfeststellungen in Betracht gezogen, ohne eine obligatorische Rahmenbetriebsplanung zu erwägen.[667] Erforderliche Abschlussbetriebspläne sollen dabei offenbar nicht konzentriert werden.[668]

Verkompliziert werden diese systematischen Fragen durch ein bislang nicht abschließend geklärtes Verhältnis der UVP-pflichtigen Betriebseinstellung zu der vorangehenden Rahmenbetriebsplanung. Handelt es sich um ein Altvorhaben mit UVP-Bestandsschutz, ist durchaus zu erwägen, ob dieser auch die Einstellung erfasst.[669] Sind hierzu allerdings Maßnahmen erforderlich, die nicht schon zuvor im Gesamtvorhaben angelegt waren, greift der Bestandsschutz nicht[670] und die UVP-Pflicht ist separat zu ermitteln. Besteht für das Gewin-

---

[663] Dazu oben 3. Kapitel B. I. 4., S. 281 f.

[664] *Frenz*, Unternehmerverantwortung im Bergbau, 2003, S. 75 f.; *von Hammerstein*, in: Boldt/Weller/Kühne/von Mäßenhausen, BBergG, 2. Auflage 2016, § 53 Rn. 16; *Keienburg*, in: Boldt/Weller/Kühne/von Mäßenhausen, BBergG, 2. Auflage 2016, Anh. § 57c – § 1 UVP-V Bergbau Rn. 65.

[665] Dazu bereits kritisch oben 3. Kapitel B. III. 1. a), S. 301.

[666] Ebenso *Keienburg*, in: Boldt/Weller/Kühne/von Mäßenhausen, BBergG, 2. Auflage 2016, Anh. § 57c – § 1 UVP-V Bergbau Rn. 65.

[667] OVG Bautzen, Urteil vom 26. September 2008 – 4 B 773/06, SächsVBl 2009, S. 61 (64 f.); *von Mäßenhausen*, in: Boldt/Weller/Kühne/von Mäßenhausen, BBergG, 2. Auflage 2016, Anh. § 48 Rn. 204; *Müggenborg*, NuR 2013, S. 326 (329); *Piens*, in: ders./Schulte/Graf Vitzthum, BBergG, 3. Auflage 2020, § 53 Rn. 88 f.

[668] Ausdrücklich *Piens*, in: ders./Schulte/Graf Vitzthum, BBergG, 3. Auflage 2020, § 53 Rn. 89; zu denkbaren Begründungsansätzen vgl. *von Weschpfennig*, EurUP 2016, S. 182 (186 mit Fn. 60 m.w.N.).

[669] Vgl. *Wittmann*, in: Landmann/Rohmer, Umweltrecht, § 18 UVPG Rn. 26, 40 a.E. (Stand: Februar 2012).

[670] Vgl. allgemein zur Fortführung eines Bergbaubetriebes *von Hammerstein*, in: Boldt/Weller/Kühne/von Mäßenhausen, BBergG, 2. Auflage 2016, § 52 Rn. 92.

nungsvorhaben bereits ein planfestgestellter Rahmenbetriebsplan, muss dieser möglicherweise nach § 52 Abs. 2c BBergG[671] mit erneuter Umweltverträglichkeitsprüfung geändert werden, wenn die zu realisierende Einstellung hiervon wesentlich abweicht.[672] Dies setzt allerdings voraus, dass Fragen zur Einstellung überhaupt Gegenstand der Umweltverträglichkeitsprüfung für das *Gewinnungs*vorhaben sind.[673] Eine Umweltverträglichkeitsprüfung mit separater Rahmenbetriebsplanung für die Einstellung wird gleichwohl nicht zwangsläufig entbehrlich, da die Bezugspunkte insoweit differieren.[674]

cc) Insbesondere: Die Grubenwasserhaltung nach Einstellung der Steinkohlengewinnung

Die Komplexität der Umweltverträglichkeitsprüfung bei der Betriebseinstellung hinsichtlich der Wahl des richtigen Trägerverfahrens verdeutlicht eindrucksvoll die Zulassungspraxis bei der bereits berg*baulich* hochkomplexen Einstellung der Steinkohlenförderung im Ruhrgebiet. Um es vorwegzunehmen: Die nordrhein-westfälische Bergbehörde hat sich entgegen der hier vertretenen Auffassung für eine Umweltverträglichkeitsprüfung im Rahmen des wasserrechtlichen Erlaubnisverfahrens entschieden.

Zur langfristigen Optimierung der Grubenwasserhaltung im Ruhrgebiet ist zunächst geplant, das Grubenwasser ansteigen zu lassen und Jahre später die Grubenwasserhaltung bei Erreichen des Zielhorizonts wiederaufzunehmen. Mittels untertägiger Durchleitungen soll dabei die Zahl der Wasserhaltungsstandorte reduziert werden.[675] Um das nutzbare Grundwasser zu schützen, ist allerdings ein ausreichender Abstand zu grundwasserführenden Schichten zu wahren.[676] Ein optimiertes Grubenwasserkonzept kann im Ergebnis die Belastung des später zu hebenden Grubenwassers reduzieren,[677] die Vorfluter – ins-

---

[671] Zum Verhältnis zu § 3e UVPG a.F. (jetzt § 9 UVPG) *von Hammerstein*, in: Boldt/Weller/Kühne/von Mäßenhausen, BBergG, 2. Auflage 2016, § 52 Rn. 93 ff.

[672] Dazu *Beckmann*, DÖV 2010, S. 512 (516); *Elgeti/Dietrich*, NuR 2009, S. 461 (465); *Wittmann*, in: Landmann/Rohmer, Umweltrecht, § 18 UVPG Rn. 40 (Stand: Februar 2012).

[673] Siehe dazu unten Fn. 685, S. 311 sowie 3. Kapitel B. III. 2. b), S. 312 ff. und 3. a), S. 316 f.

[674] Vgl. *Beckmann*, DÖV 2010, S. 512 (516), der Fragen der Änderung eines Rahmenbetriebsplans und der Umweltverträglichkeitsprüfung für die Einstellung ausdrücklich trennt. Näher unten 3. Kapitel B. III. 2. b), S. 313 f. und 3. a), S. 316 f.

[675] Näher zu den damit verbundenen rechtlichen Fragestellungen *Jordan/Welsing*, ZfB 158 (2017), S. 231 ff.; *dies.*, ZfW 56 (2017), S. 121 ff.; *Jordan*, ZfB 159 (2018), S. 102 ff.

[676] Die zu erwartenden Schadstoffbelastungen wurden extern begutachtet, abrufbar unter http://umweltauswirkungen-utv.de/index.html, zuletzt abgerufen am 9. Juli 2021; zusammenfassend *Denneborg*, ZfB 161 (2020), S. 77 ff.

[677] So kann ein Grubenwasseranstieg beispielsweise PCB-belastete Bereiche potenziellen Erosionen durch schnell fließendes Grubenwasser entziehen.

besondere die Emscher – entlasten und den Aufwand und damit auch den Energieverbrauch für die späteren Wasserhaltungsmaßnahmen senken.[678]

Bereits im Rahmen der Zulassung bergrechtlicher Betriebspläne betreffend die temporäre Einstellung der Grubenwasserhaltung[679] ist über § 48 Abs. 2 Satz 1 BBergG *jedenfalls*[680] zu prüfen, ob später wasserrechtliche Erlaubnisse für das (erneute) Heben[681] und Einleiten[682] von Grubenwasser in Oberflächengewässer im Grundsatz erteilt werden können. Steht hingegen fest, dass bestehende Probleme in späteren Verfahren nicht gelöst werden können, ist die Betriebsplanzulassung zu versagen.[683]

Die Frage nach dem richtigen Trägerverfahren für eine Umweltverträglichkeitsprüfung stellt sich, soweit die spätere Wiederaufnahme der Hebung von Grubenwasser UVP-pflichtig ist.[684] Dies richtet sich nach § 1 Satz 1 Nr. 9 UVP-V Bergbau i.V.m. Nr. 13.3 der Anlage 1 (Liste „UVP-pflichtige Vorha-

---

[678] Vgl. zusammenfassend die Vorlage 17/1163 des Ministers für Wirtschaft, Innovation, Digitalisierung und Energie des Landes Nordrhein-Westfalen vom 26. September 2018, https://www.landtag.nrw.de/portal/WWW/dokumentenarchiv/Dokument/MMV17–1163.pdf, S. 2 ff., zuletzt abgerufen am 9. Juli 2021.

[679] Zur Zulässigkeit der Verfahrensstufung bei der Betriebseinstellung siehe oben 3. Kapitel B. I. 4., S. 281 f.

[680] Zur Frage, ob solche Betriebspläne sogar nur dann zulassungsfähig sind, wenn bereits die wasserrechtliche Erlaubnis für die spätere Hebung und Einleitung erteilt wurde, siehe unten Fn. 875, S. 348.

[681] Gewässerbenutzung nach § 9 Abs. 1 Nr. 5 WHG, dazu *Reinhardt*, in: Czychowski/Reinhardt, WHG, 12. Auflage 2019, § 9 Rn. 70.

[682] Gewässerbenutzung nach § 9 Abs. 1 Nr. 4 WHG, dazu *Reinhardt*, in: Czychowski/Reinhardt, WHG, 12. Auflage 2019, § 9 Rn. 35.

[683] *Jordan/Welsing*, ZfB 158 (2017), S. 231 (240 f.); vgl. die Nachweise oben in Fn. 109, S. 212.

[684] Die *Einstellung* der Grubenwasserhaltung ist hingegen nicht nach § 1 Satz 1 Nr. 9 UVP-V Bergbau i.V.m. Nr. 13.6 der Anlage 1 zum UVPG UVP-pflichtig, weil es sich nicht um den Bau einer Anlage zur dauerhaften Speicherung von Wasser handelt, so ausdrücklich OVG Lüneburg, Beschluss vom 21. Oktober 2008 – 7 ME 170/07, NuR 2009, S. 58 (60); Beschluss vom 24. September 2013 – 7 LA 21/10, juris, Rn. 5. Allenfalls könnte die Einstellung der Grubenwasserhaltung Teil eines etwaigen *vorangegangenen* obligatorischen Rahmenbetriebsplans für die Steinkohlen*gewinnung* sein, sodass bei entsprechenden Abweichungen Änderungen mit erneuter Umweltverträglichkeitsprüfung notwendig würden, siehe zunächst oben 3. Kapitel B. III. 2. a) bb), S. 308 f., wobei jedenfalls ein Hinweis auf § 55 Abs. 1 Satz 1 Nr. 7 BBergG für den Untertagebau insoweit nicht passt. Allerdings war die Einstellung der Steinkohlenbergwerke – soweit ersichtlich – wohl nie bereits Gegenstand der obligatorischen Rahmenbetriebsplanzulassungen für die Steinkohlengewinnung und wäre auch prognostisch wohl kein möglicher Regelungsgegenstand gewesen. Soweit *Frenz*, NuR 2014, S. 405 (408) eine UVP-Pflicht unmittelbar aus der UVP-Richtlinie (siehe dazu die Nachweise oben in Fn. 625, S. 301) ableitet, bleibt die Herleitung mit Blick auf Anhang II der Richtlinie 2011/92/EU wenig greifbar. Denkbar wäre nur ein Rekurs auf Anhang II Nr. 2 lit. b der Richtlinie („Untertagebau"), wobei durchaus zweifelhaft erscheint, ob hieraus eine *eigenständige* unmittelbar anwendbare UVP-Pflicht für die Einstellung der Grubenwasserhaltung hergeleitet werden kann, vgl. auch sogleich Fn. 685 sowie die dortigen Verweise.

ben") zum UVPG, wonach das Entnehmen, Zutagefördern oder Zutageleiten von Grundwasser in Abhängigkeit vom jährlichen Volumen UVP-pflichtig sein kann.[685] Die an das Heben anschließende Einleitung in Oberflächengewässer unterliegt hingegen weder einer selbständigen noch einer akzessorischen Pflicht zur Umweltverträglichkeitsprüfung.[686]

Nach der bergrechtlichen Systematik determiniert die Pflicht zur Umweltverträglichkeitsprüfung ein obligatorisches Rahmenbetriebsplanverfahren. Weil allerdings der Schwerpunkt dieses Verfahrens ohnehin auf wasserwirtschaftlichen Fragestellungen liegt,[687] wird in Nordrhein-Westfalen – anders als im Saarland[688] – hierauf verzichtet und stattdessen die Umweltverträglichkeitsprüfung ausschließlich im Rahmen des wasserrechtlichen Erlaubnisverfahrens nach Maßgabe des § 11 Abs. 1 WHG durchgeführt.[689] In der Tat spricht hierfür rein sachlich, dass mit dem wasserwirtschaftlichen Schwerpunkt eine Umgehung UVP-relevanter Aspekte oder der bergrechtlichen Konzentrationswirkung ausgeschlossen sein dürfte und ausgerechnet die Entscheidung über die Erteilung einer wasserrechtlichen Erlaubnis nach § 19 Abs. 1 WHG von der obligatorischen Rahmenbetriebsplanzulassung ohnehin nicht konzen-

---

[685] Eine *eigenständige* UVP-Pflicht folgt dagegen nicht bereits aus § 1 Satz 1 Nr. 1 lit. a UVP-V Bergbau, weil es sich hier nicht mehr um ein *Gewinnungs*vorhaben handelt, sondern um die Betriebseinstellung, welche die Vorschrift aber nicht mehr erfasst, vgl. OVG Lüneburg, Beschluss vom 21. Oktober 2008 – 7 ME 170/07, NuR 2009, S. 58 (60); Beschluss vom 24. September 2013 – 7 LA 21/10, juris, Rn. 6; ferner BVerwG, Urteil vom 14. April 2005 – 7 C 26/03, BVerwGE 123, 247 (255 f.), dazu *von Weschpfennig*, EurUP 2016, S. 182 (188 mit Fn. 72). Davon zu trennen ist die Frage, ob eine UVP-Pflicht des Gewinnungsbetriebes zugleich auch die spätere Einstellung mitumfasst, vgl. *Keienburg*, in: Boldt/Weller/Kühne/von Mäßenhausen, BBergG, 2. Auflage 2016, Anh. § 57c – § 1 UVP-V Bergbau Rn. 62 f., siehe dazu soeben Fn. 684 sowie unten 3. Kapitel B. III. 2. b), S. 312 ff. und 3. a), S. 316 f.

[686] Die Umweltauswirkungen müssen aber als mittelbare Umweltauswirkungen des UVP-pflichtigen Vorhabens im *diesbezüglichen* Verfahren ermittelt und bewertet werden, näher *von Weschpfennig*, in: ders., Bergbau und Wasserrecht (i.E.), dort unter III. 1. c) mit Verweis auf BVerwG, Urteil vom 2. November 2017 – 7 C 25/15, NVwZ 2018, S. 986 Rn. 25; siehe dazu unten 3. Kapitel B. III. 2. b), S. 312.

[687] Vgl. die Vorlage 17/1163 des Ministers für Wirtschaft, Innovation, Digitalisierung und Energie des Landes Nordrhein-Westfalen vom 26. September 2018, https://www.landtag.nrw.de/portal/WWW/dokumentenarchiv/Dokument/MMV17-1163.pdf, S. 11, zuletzt abgerufen am 9. Juli 2021.

[688] Dazu *von Weschpfennig*, in: ders., Bergbau und Wasserrecht (i.E.), dort unter III. 2.

[689] Siehe die Vorlage 17/1163 des Ministers für Wirtschaft, Innovation, Digitalisierung und Energie des Landes Nordrhein-Westfalen vom 26. September 2018, https://www.landtag.nrw.de/portal/WWW/dokumentenarchiv/Dokument/MMV17-1163.pdf, S. 7 f., zuletzt abgerufen am 9. Juli 2021; tendenziell ebenso *Jordan/Welsing*, ZfB 158 (2017), S. 231 (246 ff.); vgl. auch OVG Saarlouis, Urteil vom 10. Dezember 2019 – 2 A 185/18, ZfB 161 (2020), S. 122 (136 ff.), wo eine obligatorische Rahmenbetriebsplanung gar nicht in Betracht gezogen wird. Hinzu kommt möglicherweise die Überlegung, dass es sich um die Einstellung eines Bergbaubetriebes handelt, bei dem eine Rahmenbetriebsplanzulassung unzulässig ist, ablehnend dazu oben 3. Kapitel B. III. 2. a) bb), S. 307 f.

triert würde. All dies berechtigt aber nicht dazu, die eindeutige Vorgabe des
§ 52 Abs. 2a Satz 1 BBergG teleologisch zu reduzieren, zumal UVP-Doppel-
prüfungen in den berg- und wasserrechtlichen Verfahren bereits dadurch vermieden werden, dass zumindest eine Zuständigkeits- und Verfahrenskonzentration stattfindet[690] und auf diese Weise die Anforderungen des § 11 Abs. 1
WHG ohne Weiteres eingehalten werden.[691] Hiernach kann die Erlaubnis für
ein UVP-pflichtiges Vorhaben nur in einem Verfahren erteilt werden, das den
Anforderungen des UVPG entspricht. Gleichwohl zeigt gerade das Beispiel der
Grubenwasserhaltung nach dem Ende der Steinkohlenförderung die mitunter
zweifelhafte Sachorientierung des bergrechtlichen UVP-Regimes.

b) Gegenstand und Reichweite der Umweltverträglichkeitsprüfung und Planfeststellung

Gegenstand und Reichweite der Umweltverträglichkeitsprüfung richten sich
grundsätzlich nach dem Tatbestand, der die UVP-Pflicht vermittelt. Ist beispielsweise ein Gewinnungsvorhaben nach § 1 Satz 1 Nr. 1 oder Nr. 2 UVP-V
Bergbau UVP-pflichtig, erstreckt sich die Umweltverträglichkeitsprüfung *an
sich* noch nicht auf die hieran anschließende Einstellung des Bergbaubetriebs.[692]
Allerdings muss der Rahmenbetriebsplan nach § 57a Abs. 2 Satz 2 BBergG alle
für die Umweltverträglichkeitsprüfung bedeutsamen Angaben in der Form eines Berichts zu den voraussichtlichen Umweltauswirkungen des Vorhabens
(UVP-Bericht) nach Maßgabe des § 16 UVPG enthalten. Zu den Umweltauswirkungen zählen aber nach § 2 Abs. 2 Satz 1 UVPG sowohl unmittelbare als
auch mittelbare Auswirkungen des Vorhabens. Mit Blick auf die umfassende
Ausrichtung der Umweltverträglichkeitsprüfung nach der UVP-Richtlinie, die
Vorhaben als solches erfasst und nicht zwischen Errichtung, Führung und Einstellung trennt, können Langzeitwirkungen, die von der Einstellung des Betriebes abhängen, nicht ausgeblendet werden.[693] Sie sind insoweit jedenfalls mittelbar auf die Gewinnung zurückzuführen.

Dies ist im Grundsatz auch im materiellen Bergrecht hinterlegt. So erfordert bereits die Zulassung eines Betriebsplans für die Rohstoffgewinnung nach
§ 55 Abs. 1 Satz 1 Nr. 7 BBergG, dass die erforderliche Vorsorge zur Wiedernutzbarmachung der Oberfläche in dem nach den Umständen gebotenen Aus-

---

[690] Siehe die Nachwiese oben in Fn. 14, S. 194.

[691] § 11 Abs. 1 WHG selbst verlangt keine Umweltverträglichkeitsprüfung zwingend im
wasserrechtlichen Verfahren, *Breuer/Gärditz*, Öffentliches und privates Wasserrecht, 4. Auflage 2017, Rn. 563 ff.

[692] Vgl. *Keienburg*, in: Boldt/Weller/Kühne/von Mäßenhausen, BBergG, 2. Auflage 2016,
Anh. § 57c – § 1 UVP-V Bergbau Rn. 62.

[693] Ähnlich *Beckmann*, DÖV 2010, S. 512 (516); *ders.*, in: Kühne/Ehricke, Bergrecht zwischen Tradition und Moderne, 2010, S. 169 (185 f.), der die Einstellung des Betriebes in die
UVP-Pflicht ausdrücklich mit einbezieht.

maß getroffen wird, sodass zumindest in diesem Rahmen auch die Einstellung des Betriebes Gegenstand der Umweltverträglichkeitsprüfung ist. Zudem erstreckt § 57a Abs. 5 Halbs. 1 BBergG die Rechtswirkungen der Planfeststellung auch auf die Zulassung nachfolgender Abschlussbetriebspläne, sodass der Gesetzgeber implizit entsprechende Festlegungen unterstellt. Soweit diesbezüglich Änderungen vorgenommen werden, können sie ihrerseits UVP-pflichtig sein. Wird beispielsweise ein Bergbaubetrieb früher als ursprünglich geplant und damit an einem anderen Ort eingestellt, können hieraus andere Umweltauswirkungen resultieren.[694] Allerdings wird die Tiefe der einstellungsbezogenen Prüfung wegen der langfristigen Prognoseunsicherheiten in der Regel nur reduziert sein, zumal gerade die Art und Weise der Einstellung weder so frühzeitig im Detail planbar, noch originärer Gegenstand der Rahmenbetriebsplanung für die Gewinnung ist.[695]

Sind nur Teile eines Bergbaubetriebes UVP-pflichtig, vermittelt die UVP-V Bergbau keine Umweltverträglichkeitsprüfung des Gesamtvorhabens. Erfordert beispielsweise eine Halde nach § 1 Satz 1 Nr. 3 oder Nr. 4a UVP-V Bergbau eine Umweltverträglichkeitsprüfung, ist diese auch nur insoweit durchzuführen.[696] Nur hierauf erstreckt sich die Pflicht, einen obligatorischen Rahmenbetriebsplan vorzulegen.[697] Auch im Rahmen der Einstellung der Steinkohlengewinnung erstreckt sich die Umweltverträglichkeitsprüfung nur auf die künftige Wiederaufnahme der Grubenwasserhaltung und Einleitung, nicht aber auf die Einstellung der Grubenwasserhaltung, weil diese selbst nicht UVP-pflichtig ist, sondern die UVP-Pflicht erst durch künftige nachfolgende[698] Maßnahmen ausgelöst wird.[699] Zwar geht die UVP-Richtlinie von einer umfassenden Umweltverträglichkeitsprüfung des gesamten Projekts aus. Maßgeblich kann aber in-

---

[694] Siehe oben 3. Kapitel B. III. 2. a) bb), S. 308 f.

[695] § 55 Abs. 1 Satz 1 Nr. 7 BBergG erfasst ganz in diesem Sinne nur die Vorsorge zur Wiedernutzbarmachung, nicht aber die Wiedernutzbarmachung selbst, für die ein Abschlussbetriebsplan erforderlich bleibt, *Piens*, in: ders./Schulte/Graf Vitzthum, BBergG, 3. Auflage 2020, § 55 Rn. 259; vgl. OVG Bautzen, Urteil vom 26. September 2008 – 4 B 773/06, SächsVBl 2009, S. 61 (64 f.); *von Mäßenhausen*, in: Boldt/Weller/Kühne/von Mäßenhausen, BBergG, 2. Auflage 2016, § 55 Rn. 91.

[696] BR-Drs. 251/05, S. 22; *Keienburg*, in: Boldt/Weller/Kühne/von Mäßenhausen, BBergG, 2. Auflage 2016, Anh. § 57c – § 1 UVP-V Bergbau Rn. 33, 60; *H. Schulte*, Kernfragen des bergrechtlichen Genehmigungsverfahrens, 1993, S. 86; *Stevens*, ZUR 2012, S. 338 (341).

[697] *Keienburg*, in: Boldt/Weller/Kühne/von Mäßenhausen, BBergG, 2. Auflage 2016, Anh. § 57c – § 1 UVP-V Bergbau Rn. 33, 60; a.A. *H. Schulte*, Kernfragen des bergrechtlichen Genehmigungsverfahrens, 1993, S. 86.

[698] Daher wäre es auch nicht überzeugend, eine entsprechende Prüfung vorzunehmen, weil es sich um *mittelbare* Auswirkungen handele. Begrifflich dürften zu den mittelbaren Umweltauswirkungen solche nicht zählen, die von dem UVP-pflichtigen Vorhaben vorgelagerten Maßnahmen ausgehen.

[699] *Jordan/Welsing*, ZfB 158 (2017), S. 231 (245); siehe dazu auch oben Fn. 684, S. 310; undifferenziert dagegen OVG Saarlouis, Urteil vom 10. Dezember 2019 – 2 A 185/18, ZfB 161 (2020), S. 122 (141 f.).

soweit nur das Projekt sein, das die Umweltverträglichkeitsprüfung vermittelt, und nicht ein übergreifendes Vorhaben.[700]

Innerhalb des so umrissenen Gesamtvorhabens kann die Tiefe der Umweltverträglichkeitsprüfung reduziert sein, soweit Aussagen noch nicht abschließend möglich sind[701] und spätere Entscheidungen insoweit von der Bindungs- und Konzentrationswirkung[702] der Planfeststellung ausgenommen sind. Neben dem bereits angesprochenen Sonderfall der Betriebseinstellung durch Abschlussbetriebsplanung betrifft dies beispielsweise artenschutzrechtliche Fragen sowie die nach § 57a Abs. 5 Halbs. 2 BBergG zulässigen Sonderbetriebsplanverfahren „Abbaueinwirkungen auf das Oberflächeneigentum", wenn auch die Auswirkungen bei der Umweltverträglichkeitsprüfung nicht ausgeblendet werden können, sondern im Rahmen des Möglichen zu berücksichtigen sind.[703] Gleiches gilt für nach § 74 Abs. 3 LVwVfG vorbehaltene Entscheidungen.[704] Einschränkungen bestehen schließlich, soweit nach § 57b Abs. 3 Satz 3 BBergG nicht konzentrierte, planfeststellungspflichtige Folgemaßnahmen notwendig werden. So hat die Bergbehörde „nur über die grundsätzliche technische Möglichkeit und Ausführbarkeit von Maßnahmen des Hochwasserschutzes zu befinden". Die Umweltverträglichkeitsprüfung ist entsprechend beschränkt.[705]

3. Der Umfang der Bindungs- und Konzentrationswirkung

Mit der Anordnung des Planfeststellungsverfahrens im bergrechtlichen Zulassungsregime entstand zunächst ein gewisses Spannungsverhältnis zwischen der überkommenen bergrechtlichen Verfahrensstufung, die insbesondere der dynamischen Betriebsweise geschuldet ist, und der Idee eines planfeststellungsrechtlichen Gebots der umfassenden Problembewältigung, das einen Konflikttransfer zumindest im Grundsatz ausschließt[706]. Nicht zuletzt deshalb wurde auch

---

[700] Siehe auch unten 3. Kapitel B. III. 3. a), S. 315 ff.

[701] *Ludwig*, Auswirkungen der FFH-RL auf Vorhaben zum Abbau von Bodenschätzen nach dem BBergG, 2005, S. 67 sieht hier aufgrund der technischen Möglichkeiten wenig Probleme.

[702] Dazu sogleich.

[703] Vgl. BVerwG, Urteil vom 15. Dezember 2006 – 7 C 6/06, BVerwGE 127, 272 Rn. 18 f., 24 ff. zu den Abbaueinwirkungen auf die Oberfläche; zum Artenschutz vgl. OVG Koblenz, Beschluss vom 6. Februar 2013 – 1 B 11266/12, ZUR 2013, S. 293 (297) sowie Rn. 47 (zitiert nach juris, nicht abgedruckt in ZUR); VGH Kassel, Beschluss vom 20. Februar 2014 – 2 B 277/14, NuR 2014, S. 425 (431), dort jeweils zur Verlagerung der Prüfung in nachfolgende Verfahren.

[704] Vgl. OVG Bautzen, Urteil vom 26. September 2008 – 4 B 773/06, SächsVBl 2009, S. 61 (64 f.); VGH Kassel, Beschluss vom 20. Februar 2014 – 2 B 277/14, NuR 2014, S. 425 (426).

[705] BVerwG, Urteil vom 15. Dezember 2006 – 7 C 1/06, BVerwGE 127, 259 Rn. 25 f., 45 f.; Urteil vom 15. Dezember 2006 – 7 C 6/06, BVerwGE 127, 272 Rn. 18 f., 40 f.

[706] *Geiger*, Der Planfeststellungsbeschluss, in: Ziekow, Handbuch des Fachplanungsrechts, 2. Auflage 2014, § 3 Rn. 94; *Wysk*, in: Kopp/Ramsauer, VwVfG, 22. Auflage 2021, § 72 Rn. 54; *Steinberg/Wickel/Müller*, Fachplanung, 4. Auflage 2012, § 3 Rn. 16; *Ziekow*, Abwä-

mitunter eine Betriebsplanzulassung nach dem Muster der immissionsschutzrechtlichen Genehmigung für naheliegender gehalten.[707]

Diese Friktionen hat der Gesetzgeber im Ansatz erkannt und den Inhalt sowie die Rechtswirkungen der Zulassung obligatorischer Rahmenbetriebspläne
entsprechend modifiziert. Nur außerbergrechtliche Gestattungen werden formell konzentriert, während Haupt-, Sonder- und Abschlussbetriebspläne weiterhin notwendig bleiben. Hinzu treten sogleich näher zu vertiefende Intrumen-
tarien zur Abschichtung von Problemkomplexen, die gleichfalls über allgemeines
Planfeststellungsrecht hinausgehen. Damit soll die nötige Flexibilität der Vorha-
bendurchführung gesichert werden. Der Gesetzgeber trägt auf diese Weise dem
Umstand Rechnung, dass – anders als bei Planfeststellungen etwa im Straßen-
und Wasserstraßenrecht – nicht nur die Errichtung Gegenstand ist,[708] sondern
gerade der mit der Errichtung verzahnte dynamische Betrieb.

Die Zulassungspraxis geht zuweilen über diesen Kanon vorgesehener Abschichtungen hinaus und verlagert konzeptionell der obligatorischen Rahmenbetriebsplanung vorbehaltene Prüfungen in nachgelagerte Betriebsplanverfahren. Soweit dies in der Sache begründet ist, sind *de lege ferenda* entsprechende
Flexibilisierungen angezeigt.

a) Das Gesamtvorhaben als Gegenstand

Der gesetzgeberischen Idee nach ist das Gesamtvorhaben zu betrachten, wie
auch die Rechtsprechung des Bundesverwaltungsgerichts bei Altvorhaben unterstreicht.[709] Dies ermöglicht nicht nur eine frühzeitige Umweltverträglichkeitsprüfung, die das Vorhaben umfassend in den Blick nimmt, sondern entspricht der eben erwähnten Idee einer umfassenden Problembewältigung im
Planfeststellungsverfahren. Zudem verlangt Art. 2 Abs. 1 Satz 1 der Richtlinie
2011/92/EU, dass vor Genehmigung diejenigen Projekte, bei denen unter anderem aufgrund ihrer Art, ihrer Größe oder ihres Standortes mit erheblichen Auswirkungen auf die Umwelt zu rechnen ist, einer Umweltverträglichkeitsprüfung zu unterziehen sind.

Dass dieser Anspruch bereits an mitunter jahrzehntelangen Laufzeiten und
großen räumlichen Ausdehnungen in einer dynamischen Betriebsweise scheitern kann und gerade zu Beginn des Vorhabens relevante Daten und Entwick-

---

gung, in: ders., Handbuch des Fachplanungsrechts, 2. Auflage 2014, § 6 Rn. 66 ff. Siehe aber
auch unten 3. Kapitel B. III. 3. c) bb) (4), S. 325.

[707] *Gaentzsch*, in: FS Sendler, 1991, S. 403 (411).

[708] Sogenannte Bauplanfeststellung; anders etwa § 43 EnWG: Errichtung und Betrieb.
Zum Gegenstand der Planfeststellung *Blümel*, VerwArch 83 (1992), S. 146 (149 ff.); *Gaentzsch*,
in: FS Sendler, 1991, S. 403 (406 f., 410); *Geiger*, Der Planfeststellungsbeschluss, in: Ziekow,
Handbuch des Fachplanungsrechts, 2. Auflage 2014, § 3 Rn. 8; *Lieber*, in: Mann/Sennekamp/
Uechtritz, VwVfG, 2. Auflage 2019, § 72 Rn. 55.

[709] Dazu oben 3. Kapitel B. III. 1. b), S. 302 f.

lungen nicht vollständig absehbar sein können, hat der Gesetzgeber selbst gesehen[710] und die Zulassung in Abschnitten oder Stufen nach Maßgabe des § 52
Abs. 2b Satz 1 BBergG ermöglicht. So begegnet er der „Idealvorstellung, wenn
nicht gar [...] Utopie" des ganzheitlichen Ansatzes der Umweltverträglichkeitsprüfung.[711] Auch der EuGH sperrt sich nicht völlig gegen eine der Grundsatzentscheidung zugunsten des Vorhabens nachgelagerte Prüfung der Umweltauswirkungen, „wenn diese Auswirkungen erst im Verfahren zum Erlass
der Durchführungsentscheidung ermittelt werden können".[712] Ganz in diesem
Sinne erfordert die Abschnitts- oder Stufenbildung nach § 52 Abs. 2b Satz 1
BBergG, dass es sich um selbständige Abschnitte oder Stufen handelt. Zudem
darf die erforderliche Einbeziehung der erheblichen Auswirkungen des gesamten Vorhabens auf die Umwelt nicht ganz oder teilweise unmöglich werden.[713]

Keine Abweichung vom Grundsatz des Gesamtvorhabens als Bezugspunkt
ist allerdings die Beschränkung der Umweltverträglichkeitsprüfung auf den
Gegenstand des § 1 UVP-V Bergbau, weil sich das Gesamtvorhaben nur hierauf bezieht.[714] So kann strukturell ein als solches nicht UVP-pflichtiges Vorhaben mehrere obligatorische Rahmenbetriebsplanungen erfordern. Damit ist
es durchaus möglich, dass ein im Grunde zusammenhängendes Vorhaben zerstückelt wird und gerade keine einheitliche Umweltverträglichkeitsprüfung erfolgt, obwohl wesentliche Teile UVP-pflichtig sind.[715]

Ist allerdings UVP-pflichtiger Tatbestand das *Gewinnungs*vorhaben als solches, können die Langzeitwirkungen, die auch die Art der Betriebs*einstellung*
hervorruft, im Rahmen des Möglichen nicht unberücksichtigt bleiben.[716] Diesbezügliche wesentliche Änderungen können eine erneute Pflicht zur Umweltverträglichkeitsprüfung mit Planfeststellung nach § 52 Abs. 2c BBergG vermitteln.[717] Die *Konkretisierung* beispielsweise einer Wiedernutzbarmachung ist

---

[710] Siehe die Entwurfsbegründung BT-Drs. 11/4015, S. 10.

[711] *Gaentzsch*, in: FS Sendler, 1991, S. 403 (421 f.).

[712] EuGH, Urteil vom 7. Januar 2004 – C-201/02, *Wells*, ECLI:EU:C:2004:12, Rn. 52; Urteil vom 29. Juli 2019 – C-411/17, *Inter-Environnement Wallonie ASBL und Bond Beter Leefmilieu Vlaanderen ASBL*, ECLI:EU:C:2019:622, Rn. 86.

[713] Für eine restriktive Anwendung des § 52 Abs. 2b Satz 1 BBergG im Lichte des Unionsrechts *Ludwig*, Auswirkungen der FFH-RL auf Vorhaben zum Abbau von Bodenschätzen
nach dem BBergG, 2005, S. 66.

[714] Siehe bereits oben 3. Kapitel B. III. 2. b), S. 312 ff.

[715] Vgl. zur Zulassung einer Gasspeicherstation VG Oldenburg, Urteil vom 13. Juni 2012 –
5 A 3370/10, ZfB 153 (2012), S. 306 ff., dazu *von Weschpfennig*, EurUP 2016, S. 182 (194 f.).
Unterschiede in Wortlaut und indendiertem Willen des Verordnungsgebers sorgen nicht für
mehr Klarheit. So sollen die in § 1 Satz 1 Nr. 6a UVP-V Bergbau erfassten Untergrundspeicher auch eine Umweltverträglichkeitsprüfung der zugehörigen Tagesanlagen umfassen, BR-
Drs. 312/10, S. 106. Im Verordnungstext wird dies nicht hinreichend deutlich.

[716] Näher oben 3. Kapitel B. III. 2. b), S. 312 ff.

[717] Siehe bereits oben 3. Kapitel III. 2. a) bb), S. 308 f.

hingegen keine Änderung,[718] weil sie *als solche* nicht Gegenstand der Betriebsplanung für die Gewinnung ist, sondern der nachfolgenden Abschlussbetriebsplanung. Daher scheidet auch eine Planergänzung aus. Ist eine Maßnahme für
die Einstellung des Bergbaubetriebes UVP-pflichtig,[719] ist hierfür folglich ein
gesonderter Rahmenbetriebsplan nach § 52 Abs. 2a Satz 1 BBergG vorzulegen,
wenn die Umweltverträglichkeitsprüfung für den Gewinnungsbetrieb die Maßnahme nicht bereits umfassend abdeckt.[720] Andernfalls reicht ein Abschlussbetriebsplan.[721] Dies hat zur Folge, dass nicht das gesamte Vorhaben einer umfasse-
nen Umweltverträglichkeitsprüfung unterzogen wird, sondern eine Aufspaltung
zwischen Gewinnungsvorhaben und Maßnahmen zur Einstellung erfolgt. Mit
der europarechtlichen Vorgabe einer frühzeitigen und einheitlichen Umweltverträglichkeitsprüfung ist dies gleichwohl vereinbar, soweit die Umweltauswirkungen von künftigen Einstellungsmaßnahmen nicht sinnvoll beurteilt werden
können. Nach Ende der Rohstoffgewinnung kann vernünftigerweise ohnehin
nur noch eine Umweltverträglichkeitsprüfung bezüglich der Einstellung erfolgen, sodass auch keine sachlich ungerechtfertigte „Salamitaktik" zu beklagen ist.

b) Die Konzentration außerbergrechtlicher Entscheidungen

Außerbergrechtliche Entscheidungen einschließlich notwendiger Folgemaß-
nahmen[722] werden ausweislich § 75 Abs. 1 Satz 1 LVwVfG[723] konzentriert.
Dabei handelt es sich um eine umfassende Zuständigkeits-, Verfahrens- und
Entscheidungskonzentration; materiell-rechtliche Vorgaben des sonstigen
Fachrechts werden entgegen der früher vertretenen Theorie der materiellen
Konzentrationswirkung nicht suspendiert.[724] Die Zulassung eines obligatorischen Betriebsplans erfasst damit ebenso bau- und immissionsschutzrechtliche Entscheidungen, wie forstrechtliche Entscheidungen oder naturschutz-
rechtliche Befreiungen.[725] Abwägungserfordernisse bei außerbergrechtlichen

---

[718] *Keienburg,* in: Boldt/Weller/Kühne/von Mäßenhausen, BBergG, 2. Auflage 2016,
Anh. § 57c – § 1 UVP-V Bergbau Rn. 6.

[719] Siehe die Beispiele oben 3. Kapitel III. 2. a) bb), S. 307.

[720] Vgl. OVG Bautzen, Urteil vom 26. September 2008 – 4 B 773/06, SächsVBl 2009, S. 61
(64 f.), das insoweit aber eine spätere wasserrechtliche Planfeststellung in Betracht zieht, insoweit kritisch oben 3. Kapitel III. 2. a) bb), S. 308.

[721] Vgl. *von Weschpfennig,* EurUP 2016, S. 182 (189), dort allerdings noch tendenziell verallgemeinernd.

[722] Ausgenommen sind nach § 57b Abs. 3 Satz 3 BBergG Folgemaßnahmen, die ebenfalls
planfeststellungspflichtig sind.

[723] Vgl. auch § 57a Abs. 4 Satz 1 BBergG.

[724] BVerwG, Urteil vom 16. März 2006 – 4 A 1075/04, BVerwGE 125, 116 Rn. 448; *Durner,*
Nachhaltigkeit durch Konzentration und Integration von Verfahren, in: Kahl, Nachhaltigkeit
durch Organisation und Verfahren, 2016, S. 317 (326 f.).

[725] Näher *Keienburg,* in: Boldt/Weller/Kühne/von Mäßenhausen, BBergG, 2. Auflage
2016, § 57a Rn. 40 ff.

Entscheidungen bleiben bestehen, auch wenn nach herrschender Auffassung nicht die gesamte Betriebsplanzulassung einer Abwägung unterliegt.[726] Insoweit hat die Zulassung des obligatorischen Rahmenbetriebsplans Gestattungswirkung.[727] Ausgenommen sind nach § 19 Abs. 1 WHG die wasserrechtliche Erlaubnis und Bewilligung, die in einer eigenständigen Entscheidung ergehen.[728]

Weiterhin ermöglicht § 57b Abs. 2 BBergG Ausnahmen von einer umfassenden Konzentrationswirkung, indem er lediglich die Konzentration von außerbergrechtlichen Vorbescheiden und Teilgenehmigungen vorsieht.[729] Nach Maßgabe des § 74 Abs. 3 LVwVfG sind Entscheidungsvorbehalte hinsichtlich konzentrierter außerbergrechtlicher Aspekte möglich. Hierüber ist später durch Planergänzungsbeschluss zu entscheiden, der mit dem Planfeststellungsbeschluss zu einer Einheit verschmilzt.[730] Problematisch ist jedoch, dass im Rahmen der dynamischen Betriebsweise nicht immer absehbar ist, welche außerbergrechtlichen Entscheidungen künftig anstehen könnten. Ist ein Vorbehalt nach § 74 Abs. 3 LVwVfG aus diesem Grunde nicht möglich,[731] muss die Bergbehörde letztlich – praktisch wenig befriedigend und der Konfliktlage nicht hinreichend Rechnung tragend – auf das Instumentarium für Veränderungen nach Erlass des Planfeststellungsbeschlusses[732] verwiesen werden. Neben einem Widerruf kommt insbesondere eine Änderungsplanfeststellung nach Maßgabe des § 52 Abs. 2c BBergG in Betracht. Die Lösung, die Konzentrations-

---

[726] *Keienburg*, in: Boldt/Weller/Kühne/von Mäßenhausen, BBergG, 2. Auflage 2016, § 57a, Rn. 30.

[727] *Keienburg*, in: Boldt/Weller/Kühne/von Mäßenhausen, BBergG, 2. Auflage 2016, § 57a Rn. 34 f.

[728] Siehe dazu oben Fn. 14, S. 194.

[729] Der Wortlaut ist allerdings nicht eindeutig, weil er auch der Planfeststellung vorausgehende Vorbescheide und Teilgenehmigungen meinen kann, näher *von Weschpfennig*, EurUP 2016, S. 182 (196 f. m.w.N.).

[730] Vgl. VG Darmstadt, Beschluss vom 21. November 2017 – 7 L 4343/17.DA, ZfB 159 (2018), S. 135 (148); näher *Keienburg*, in: Boldt/Weller/Kühne/von Mäßenhausen, BBergG, 2. Auflage 2016, § 57a Rn. 46 f., die beispielsweise auf Fragen des naturschutzrechtlichen Ausgleichs verweist, die u.U. erst nach dem Planfeststellungsbeschluss detailliert festgelegt werden können. Geht man hingegen davon aus, dass die naturschutzrechtliche Eingriffsregelung nicht nur materiell-rechtlich über § 48 Abs. 2 Satz 1 BBergG Eingang ins Betriebsplanverfahren findet (*von Mäßenhausen*, in: Boldt/Weller/Kühne/von Mäßenhausen, BBergG, 2. Auflage 2016, Anh. § 48 Rn. 98), sondern auch Entscheidungen über den Ausgleich im Rahmen der Öffnungsklausel zu treffen sind (so wohl *Brockhoff*, Naturschutzrechtliche Eingriffsregelung in bergrechtlichen Zulassungsverfahren, 2012, S. 291 f.), gilt § 57a Abs. 5 Halbs. 2 BBergG, näher unten 3. Kapitel B. III. 3. c), S. 319 ff.

[731] Vgl. BVerwG, Urteil vom 22. November 2000 – 11 C 2/00, BVerwGE 112, 221 (225 ff.); *Gaentzsch*, in: FS Sendler, 1991, S. 403 (417); *Neumann/Külpmann*, in: Stelkens/Bonk/Sachs, VwVfG, 9. Auflage 2018, § 74 Rn. 200.

[732] Näher dazu *Keienburg*, in: Boldt/Weller/Kühne/von Mäßenhausen, BBergG, 2. Auflage 2016, § 57a Rn. 57 ff.

wirkung unter den bergbautypischen Vorbehalt später hinzutretender Erkenntnisse zu stellen und lediglich auf das Entscheidungsprogramm zu erstecken, „das im frühen Zeitpunkt der Aufstellung des Rahmenbetriebsplans absehbar zu bewältigen ist",[733] mag man aus pragmatischen Gründen begrüßen. Im Gesetz findet sie allerdings keine hinreichende Stütze und ließe sich allenfalls als berg*rechts*immanentes Prinzip begründen.

c) Bindungswirkungen für nachfolgende Betriebsplanzulassungen

aa) Weitreichende vertikale Bindungswirkungen

Anders als außerbergrechtliche Entscheidungen werden nachfolgende Betriebsplanzulassungen nicht formell konzentriert, wie § 57a Abs. 5 Halbs. 1 BBergG klarstellt. Der obligatorischen Rahmenbetriebsplanzulassung kommt demnach insoweit auch keine bergrechtliche Gestattungswirkung zu.[734] Sie entfaltet aber gleichwohl weitreichende vertikale Bindungswirkungen,[735] woran schon die Entwurfsbegründung keinen Zweifel lässt. Bereits im Planfeststellungsverfahren soll „die Zulässigkeit des einzelnen Vorhabens [...] im Hinblick auf alle davon berührten und relevanten Belange, d.h. umfassend geprüft und festgestellt" werden.[736]

§ 57a Abs. 5 BBergG erstreckt die Rechtswirkungen hinsichtlich der vom Vorhaben berührten Belange Dritter und der Aufgabenbereiche Beteiligter im Sinne des § 54 Abs. 2 BBergG auch auf die Zulassung und Verlängerung nachfolgender Betriebspläne, soweit über die sich darauf beziehenden Einwendungen entschieden worden ist oder bei rechtzeitiger Geltendmachung hätte entschieden werden können, und schließt Entscheidungen nach § 48 Abs. 2 BBergG außer in den in § 48 Abs. 2 Satz 2 (jetzt Satz 3) BBergG genannten Fällen des Schutzes von Rechten Dritter aus. Entgegenstehende überwiegende öffentliche Interessen sind danach grundsätzlich im Rahmenbetriebsplanverfahren abzuarbeiten und nicht mehr in nachfolgenden Betriebsplanverfahren zu prüfen.[737] Hierzu zählen nach § 52 Abs. 2a Satz 3 BBergG auch Anforderungen eines vorsorgenden Umweltschutzes, die sich bei der Umweltverträglichkeitsprüfung ergeben und über die Zulassungsvoraussetzungen des § 55 BBergG sowie der auf das Vorhaben anwendbaren Vorschriften in anderen Gesetzen hinausgehen.

---

[733] *Beckmann* in: Hoppe/Beckmann/Kment, UVPG, 5. Auflage 2018, § 51 Rn. 102; vgl. *H. Schulte*, Kernfragen des bergrechtlichen Genehmigungsverfahrens, 1993, S. 74, der ausdrücklich contra legem und generell spätere umweltrechtliche Parallelentscheidungen für zulässig hält.

[734] *Keienburg*, in: Boldt/Weller/Kühne/von Mäßenhausen, BBergG, 2. Auflage 2016, § 57a Rn. 6, 34 f.

[735] Siehe bereits oben 3. Kapitel B. II. 1., S. 288.

[736] BT-Drs. 11/4015, S. 12.

[737] BT-Drs. 11/4015, S. 12.

Nachfolgende Betriebspläne sollen sich also konzeptionell in erster Linie auf die technische Ausführung beschränken.[738]

Gemessen an diesem Anspruch erscheint die Feststellung des Bundesverwaltungsgerichts, der Rahmenbetriebsplan setze einen verbindlichen Rahmen für nachfolgende Haupt- und Sonderbetriebspläne,[739] vergleichsweise zurückhaltend. Auch mit Blick auf die horizontale Konzentrationswirkung außerbergrechtlicher Entscheidungen muss die Beschreibung des Vorhabens „bis an die Grenze der seriösen Konkretisierbarkeit" gehen; der Rahmenbetriebsplan sollte aber nicht vollständiger als möglich sein.[740] Insoweit lässt sich – trotz der Erforderlichkeit weiterer Betriebsplanzulassungen – von einer gewissen vertikalen Konzentrationswirkung sprechen.[741]

bb) Einwendungsausschlüsse und die abschließende Entscheidung nach § 48 Abs. 2 BBergG

Spätere Einwendungen bleiben durch diese weitreichenden Bindungwirkungen nach Maßgabe des § 57a Abs. 5 BBergG nur noch sehr eingeschränkt möglich. Dabei ist die Vorschrift jedoch terminologisch, systematisch und sachlich wenig geglückt.

(1) Die Rechte Dritter in späteren Betriebsplanverfahren

Zunächst werden nach dem Wortlaut des § 57a Abs. 5 Halbs. 1 BBergG – aber wohl entgegen der (ursprünglichen) gesetzgeberischen Intention[742] – Einwendungen in späteren Verfahren nicht vollständig ausgeschlossen, sondern nur, soweit sie im Rahmenbetriebsplanverfahren rechtzeitig geltend gemacht werden

---

[738] VGH Kassel, Beschluss vom 20. Februar 2014 – 2 B 277/14, NuR 2014, S. 425 (426); *Gaentzsch*, in: FS Sendler, 1991, S. 403 (417); kritisch *Kühne*, DVBl 2006, S. 662 (669).

[739] BVerwG, Urteil vom 15. Dezember 2006 – 7 C 1/06, BVerwGE 127, 259 Rn. 25; Urteil vom 15. Dezember 2006 – 7 C 6/06, BVerwGE 127, 272 Rn. 18; ähnlich die Entwurfsbegründung BT-Drs. 11/4015, S. 8.

[740] *Kühne*, DVBl 2006, S. 662 (666, 672); a.A. *Erbguth/Schink*, UVPG, 2. Auflage 1996, § 18 Rn. 9, die die berggesetzlichen Regelungen für nicht ausreichend halten, um dem obligatorischen Rahmenbetriebsplan eine weitergehende Konkretisierungsleistung abzuverlangen.

[741] *Gaentzsch*, in: FS Sendler, 1991, S. 403 (415); *Ludwig*, Auswirkungen der FFH-RL auf Vorhaben zum Abbau von Bodenschätzen nach dem BBergG, 2005, S. 65.

[742] Siehe die Entwurfsbegründung BT-Drs. 11/4015, S. 12: „Die Regelung im ersten Halbsatz bedeutet also nicht etwa einen Ausschluß von möglichen Einwendungen, sondern nur die Notwendigkeit, daß alle Einwendungen, die gegen das im Rahmenbetriebsplan beschriebene Vorhaben geltend gemacht werden können, im Rahmen des Planfeststellungsverfahrens auch geltend gemacht werden müssen." Zudem bestimmte Halbs. 2 im Entwurf noch kategorisch und ohne Ausnahme, dass Entscheidungen nach § 48 Abs. 2 BBergG ausgeschlossen werden. Erst der Ausschuss für Wirtschaft ergänzte im Gesetzgebungsverfahren eine diesbezügliche Ausnahme für die in § 48 Abs. 2 Satz 2 BBergG genannten Fälle des Schutzes von *Rechten Dritter*, BT-Drs. 11/5601, S. 9.

konnten. Dies lässt durchaus Raum für Unschärfen bei der einzelfallbezogenen Eingrenzung der Bindungswirkung der Rahmenbetriebsplanzulassung, soweit Einwendungen aus tatsächlichen Gründen erst später in Betracht kommen. Diesen grundsätzlichen Einwendungsausschluss führt der Gesetzgeber in § 57a Abs. 5 Halbs. 2 BBergG fort. Hiernach werden durch den Planfeststellungsbeschluss auch Entscheidungen über entgegenstehende überwiegende öffentliche Interessen nach § 48 Abs. 2 BBergG ausgeschlossen. Dies gilt allerdings ausdrücklich nicht in den in § 48 Abs. 2 Satz 2 (mittlerweile eigentlich Satz 3) BBergG[743] genannten Fällen des Schutzes von Rechten Dritter.[744] Diesbezügliche Entscheidungen[745] können damit auch noch in nachgelagerten Betriebsplanverfahren getroffen werden.

Zulässig ist danach jedenfalls eine Verlagerung der Prüfung von Einwirkungen auf die Oberfläche in Sonderbetriebspläne,[746] wobei das Bundesverwaltungsgericht eine weitere Konturierung des Anwendungsbereichs ausdrücklich vermieden hat. Bei einer entsprechenden Verlagerung greifen die Bindungswirkung und der Einwendungsausschluss nach § 57a Abs. 5 Halbs. 1 BBergG nicht, wie im Übrigen auch Halbs. 2 klarstellt.[747] Das VG Oldenburg hat in diesem Sinne akzeptiert, dass bei der Zulassung der übertägigen Anlagen einer Kavernenspeicheranlage die Prüfung von Sicherheitsbelangen und Belangen der Oberflächeneigentümer in Sonderbetriebspläne verlagert wurden.[748] Im In-

---

[743] „Soweit die öffentlichen Interessen zugleich den Schutz von Rechten Dritter umfassen, kann die für die Zulassung von Betriebsplänen zuständige Behörde den Plan auslegen, wenn voraussichtlich mehr als 300 Personen betroffen sind oder der Kreis der Betroffenen nicht abschließend bekannt ist."

[744] Gemeint sind allgemein Fälle des Schutzes von Rechten Dritter und nicht lediglich solche, bei denen voraussichtlich mehr als 300 Personen betroffen sind. Die Einschränkung des Entscheidungsausschlusses ist letztlich Reaktion auf die *Moers-Kapellen*-Entscheidung (dazu oben 3. Kapitel A. II. 2. b), S. 214 ff.). Entscheidungen zum Schutze von Rechten Dritter nach Maßgabe dieser Rechtsprechung sollen hiernach auch noch nach der Zulassung des obligatorischen Rahmenbetriebsplans möglich sein, *Keienburg*, in: Boldt/Weller/Kühne/von Mäßenhausen, BBergG, 2. Auflage 2016, § 57a Rn. 38. Da die *Moers-Kapellen*-Entscheidung den zu gewährenden Drittschutz aber nicht von der Anzahl der betroffenen Personen abhängig macht, sondern von der Schwere der zu erwartenden Schäden, kommt es im Rahmen von § 57a Abs. 5 Halbs. 2 BBergG nur auf Letzteres an, vgl. dazu auch *Kühne*, in: Boldt/Weller/Kühne/von Mäßenhausen, wie vor, § 48 Rn. 95 f.

[745] Zu sonstigen Fällen siehe unten 3. Kapitel B. III. 3. c) bb) (2), S. 322 f.

[746] BVerwG, Urteil vom 15. Dezember 2006 – 7 C 6/06, BVerwGE 127, 272 Rn. 24 ff.; *Kühne*, DVBl 2006, S. 662 (670); zweifelnd noch VG Saarlouis, Beschluss vom 25. Januar 2002 – 2 F 82/01, ZfB 144 (2003), S. 124 (126 f., 132); anders auch *Ludwig*, Auswirkungen der FFH-RL auf Vorhaben zum Abbau von Bodenschätzen nach dem BBergG, 2005, S. 64 f.; kritisch *Beckmann*, UPR 2014, S. 206 (213) mit Blick auf eine möglicherweise zu späte Beteiligung.

[747] BVerwG, Urteil vom 15. Dezember 2006 – 7 C 6/06, BVerwGE 127, 272 Rn. 29, 34. Das gilt unabhängig davon, ob Einwendungen bereits im Planfeststellungsverfahren vorgetragen wurden oder nicht, siehe dazu unten 3. Kapitel III. 3. c) bb) (3), S. 324 f.

[748] VG Oldenburg, Urteil vom 13. Juni 2012 – 5 A 3370/10, ZfB 153 (2012), S. 306 (315).

teresse einer klaren Abschichtung von Bindungswirkungen ist diese Entscheidung ausdrücklich vorzubehalten[749] – und zwar unmittelbar nach § 57a Abs. 5 Halbs. 2 i.V.m. § 48 Abs. 2 BBergG.[750] Ein Vorbehalt nach § 74 Abs. 3 LVwVfG kommt dagegen nicht in Betracht, da dieser eine Planergänzung mit sich bringen würde, die hier gerade nicht bezweckt ist.[751]

(2) Der Ausschluss sonstiger Entscheidungen nach § 48 Abs. 2 BBergG und abweichende Rechtsprechung zum Artenschutz

Sachlich verfehlt ist § 57a Abs. 5 BBergG dagegen, soweit dessen Halbs. 2 spätere Entscheidungen nach § 48 Abs. 2 BBergG in anderen Fällen als denen des § 48 Abs. 2 Satz 2 (jetzt Satz 3) BBergG ausschließt, obwohl Halbs. 1 spätere Einwendungen, die sich durchaus auf entsprechende entgegenstehende öffentliche Interessen beziehen können, nicht abschließend suspendiert. Darüber hinaus kann es angezeigt sein, bestimmte Aspekte in nachfolgende Betriebsplanverfahren auszulagern. Ein Vorbehalt nach § 74 Abs. 3 LVwVfG kommt dabei nicht in Betracht, da dieser – wie eben ausgeführt – eine Planergänzung erforderlich macht, nicht aber eine bergrechtliche Abschichtung von Problemkomplexen in verschiedenen Betriebsplanzulassungen ermöglicht.

Praktisch relevant wird dies etwa bei unter § 48 Abs. 2 BBergG fallenden[752] artenschutzrechtlichen Konflikten, die nicht bereits im obligatorischen Rahmenbetriebsplanverfahren abschließend geklärt werden *können* und auch nicht der Ausnahme nach § 57a Abs. 5 Halbs. 2 BBergG unterfallen, weil es sich nicht um „Rechte Dritter"[753] handelt. Entgegen der gesetzgeberischen Entscheidung akzeptieren der VGH Kassel sowie das VG Darmstadt beispielsweise die Verlagerung einer artenschutzrechtlichen Prüfung von unter Umständen notwendig werdenden Vergrämungsmaßnahmen gegenüber Vogelpopulationen, die wiederum ggf. einen Verbotstatbestand nach § 44 Abs. 1 BNatSchG erfüllen könnten, in ein etwaiges Sonderbetriebsplanverfahren.[754] Das OVG Koblenz beschränkt die Überprüfung einer obligatorischen Rahmenbetriebsplanzulassung in artenschutzrechtlicher Hinsicht auf die Kontrolle, „ob die artenschutzrechtlichen Verbote ein von vornherein unüberwindbares Hindernis für das Vorhaben"

---

[749] OVG Berlin, Beschluss vom 17. August 2010 – 11 N 10/08, ZfB 152 (2011), S. 20 (22 ff.).

[750] Vgl. *Kühne*, DVBl 2006, S. 662 (670).

[751] Ausdrücklich VG Darmstadt, Urteil vom 22. Dezember 2015 – 7 K 1452/13.DA, juris, Rn. 126 in Ablehnung von VGH Kassel, Beschluss vom 20. Februar 2014 – 2 B 277/14, NuR 2014, S. 425 (426); vgl. *Keienburg*, in: Boldt/Weller/Kühne/von Mäßenhausen, BBergG, 2. Auflage 2016, § 57a Rn. 38, 47. Ungeachtet dessen erscheint es fraglich, ob ein Entscheidungsvorbehalt mit Blick auf § 48 Abs. 2 Satz 1 BBergG und anschließender Planergänzung zulässig ist oder § 57a Abs. 5 Halbs. 2 BBergG insoweit als speziellere Regelung zu sehen ist.

[752] BVerwG, Beschluss vom 6. Juni 2012 – 7 B 68/11, UPR 2013, S. 107.

[753] Dies sind auch nicht nach dem UmwRG antragsbefugte Umweltverbände.

[754] VGH Kassel, Beschluss vom 20. Februar 2014 – 2 B 277/14, NuR 2014, S. 425 (431); dem folgend VG Darmstadt, Urteil vom 22. Dezember 2015 – 7 K 1452/13.DA, juris, Rn. 214.

darstellen. Die eingehende Überprüfung erfolgt dann im Rahmen der Kontrolle der Hauptbetriebsplanzulassung, für die zuvor die Antragsbefugnis eines Umweltverbandes angenommen wurde.[755] Wird in diesem Rahmen eine Ausnahme nach § 45 Abs. 7 BNatSchG oder Befreiung nach § 67 Abs. 2 Satz 1 BNatSchG erforderlich, stellt sich überdies die Frage, ob diese durch schlichten Verwaltungsakt erfolgen kann, nach § 74 Abs. 3 LVwVfG vorbehalten sein muss, ggf. sogar eine Planänderung nach § 52 Abs. 2c BBergG bzw. § 76 LVwVfG[756] notwendig werden kann oder ein Widerruf in Betracht zu ziehen ist.[757]

Weniger problematisch erscheint *insoweit* ein Beschluss des VG Darmstadt, in dem es die Konkretisierung von Artenschutzmaßnahmen in Haupt- und Sonderbetriebsplänen akzeptiert, weil es sich hierbei um reine Umsetzungsakte der Rahmenbetriebsplanung handele, eine Problembewältigung hingegen nicht stattfinde und auch nicht stattfinden könne. Eine Antragsbefugnis des klagenden Umweltverbandes hat das Gericht folglich abgelehnt.[758]

(3) Vereinbarkeit des Einwendungsausschlusses mit der Präklusionsentscheidung des EuGH

Die Einwendungsausschlüsse in späteren Verfahren widersprechen nicht der Entscheidung des EuGH zur materiellen Präklusion[759]. Hiernach verstößt es gegen Art. 11 der Richtlinie 2011/92/EU und Art. 25 der Richtlinie 2010/75/EU, wenn die Klagebefugnis und der Umfang der gerichtlichen Prüfung auf Einwendungen beschränkt wird, „die bereits innerhalb der Einwendungsfrist im Verwaltungsverfahren, das zur Annahme der Entscheidung geführt hat, eingebracht wurden."[760] Denkbar erscheint es zwar zunächst, in Fortführung dieser Rechtsprechung auch den Einwendungsausschluss in nachfolgenden *Verwaltungs*verfahren und die hieraus folgende fehlende Klagebefugnis gegen spätere Zulassungsentscheidungen als europarechtswidrig anzusehen – insbesondere soweit im Rahmenbetriebsplanverfahren rechtzeitig vortragbare aber nicht vorgetragene Einwendungen[761] ausgeschlossen werden. Das OVG Bautzen hat bereits signalisiert, die Frage – sollte sie entscheidungserheblich werden – dem

---

[755] OVG Koblenz, Beschluss vom 6. Februar 2013 – 1 B 11266/12, juris, Rn. 47, 51 ff.

[756] Die Anwendbarkeit von § 76 LVwVfG ablehnend *von Hammerstein*, in: Boldt/Weller/Kühne/von Mäßenhausen, BBergG, 2. Auflage 2016, § 52 Rn. 98 m.w.N. auch zur Gegenauffassung; bejahend wohl auch *Beckmann*, in: Frenz, BBergG, 2019, Art. 52 Rn. 103.

[757] Allgemein hierzu *Kautz*, UPR 2018, S. 474 ff.; *Lieber*, NuR 2012, S. 665 ff.

[758] VG Darmstadt, Beschluss vom 21. November 2017 – 7 L 4343/17.DA, ZfB 159 (2018), S. 135 (148); zur Antragsbefugnis siehe unten 3. Kapitel B. IV. 1. b), S. 331 ff., dort auch unter Diskussion des Beschlusses.

[759] EuGH, Urteil vom 15. Oktober 2015 – C-137/14, *Kommission/Deutschland*, ECLI:EU:C:2015:683, Rn. 68 ff.

[760] Rn. 104.

[761] § 57a Abs. 5 Halbs. 1 BBergG: „[...] oder bei rechtzeitiger Geltendmachung hätte entschieden werden können".

EuGH vorzulegen, obwohl es selbst nicht wirklich von dieser Argumentationslinie überzeugt scheint.[762]

Dagegen spricht aber, dass § 57a Abs. 5 BBergG nicht lediglich einen Einwendungsausschluss formuliert, sondern zuvörderst die Rechtswirkungen der Planfeststellung konkretisiert. Soweit über Einwendungen bezüglich der vom Vorhaben berührten Belange Dritter und der Aufgabenbereiche Beteiligter im Sinne des § 54 Abs. 2 BBergG entschieden werden kann, *sind* diese abschließend im Rahmenbetriebsplanverfahren abzuarbeiten. Hierauf erstrecken sich die Rechtswirkungen für nachfolgende Betriebsplanzulassungen, in deren Rahmen über Einwendungen nicht erneut entschieden wird. Gleiches gilt, wenn über Einwendungen bei rechtzeitiger Geltendmachung im Planfeststellungsverfahren hätte entschieden werden können. § 57a Abs. 5 BBergG grenzt damit den materiell-rechtlichen Prüfungskanon sowie den Regelungsgehalt verschiedener Betriebsplanzulassungen voneinander ab. Die Einwendungsausschlüsse sind damit Folge einer Abschichtung von Zulassungen.[763] Hierdurch entstehen grundsätzlich auch keine Rechtsschutzlücken, weil präklusionsfreier Rechtsschutz gegen die Zulassung des obligatorischen Rahmenbetriebsplans gewährt wird.[764] Nichts anderes gilt, wenn der Rahmenbetriebsplan bestandskräftig geworden ist, weil der europarechtlich vermittelte Wegfall der Präklusion die Bestandskraft von Verwaltungsakten nicht berührt.[765]

Ist aber der Einwendungsausschluss nach § 57a Abs. 5 BBergG abhängig von der Reichweite der Rechtswirkungen des Planfeststellungsbeschlusses, greift er nicht, soweit Entscheidungen ausdrücklich späteren Betriebsplanzulassungen vorbehalten[766] bleiben.[767] Daher überzeugt eine – allerdings vor der Präklusionsentscheidung des EuGH ergangene – Entscheidung des OVG Münster im vorläufigen Rechtsschutz nicht, in der das Gericht eine Präklusion im gerichtlichen Verfahren gegen die Zulassung eines *Sonder*betriebsplans nach § 57a Abs. 5 Halbs. 1 BBergG i.V.m. § 73 Abs. 4 Satz 3 VwVfG NRW nur wegen verspäteten Vorbringens im *Rahmen*betriebsplanverfahren annahm, ohne über die Frage nach der Reichweite der Rechtswirkungen der Rahmenbetriebs-

---

[762] OVG Bautzen, Urteil vom 17. August 2018 – 1 A 320/17, ZfB 160 (2019), S. 146 Rn. 89 ff.

[763] *Beckmann*, in: Frenz, BBergG, 2019, Art. 57a Rn. 128. Daran ändert auch der Umstand nichts, dass die Einwendungsausschlüsse nach § 57a Abs. 5 BBergG teilweise als materielle Präklusionsvorschriften bezeichnet werden, so etwa OVG Bautzen, Urteil vom 17. August 2018 – 1 A 320/17, ZfB 160 (2019), S. 146 Rn. 90; *Kühne*, DVBl 2006, S. 662 (671).

[764] Näher zum Rechtsschutz siehe unten 3. Kapitel B. IV., S. 329 ff.

[765] *von Weschpfennig*, in: Landmann/Rohmer, Umweltrecht, § 104a WHG Rn. 9 (Stand: Juli 2018); i.E. ebenso *Piens*, in: ders./Schulte/Graf Vitzthum, BBergG, 3. Auflage 2020, § 57a Rn. 46a; a.A. *Frenz*, in: Berendes/Frenz/Müggenborg, WHG, 2. Auflage 2017, § 104a Rn. 5.

[766] Zur Zulässigkeit siehe oben 3. Kapitel B. III. 3. c) bb) (1), S. 321 f.

[767] BVerwG, Urteil vom 15. Dezember 2006 – 7 C 6/06, BVerwGE 127, 272 Rn. 29, 34 zur Verlagerung der Prüfung von Rechten Dritter i.S.d. § 57a Abs. 5 Halbs. 2 i.V.m. § 48 Abs. 2 BBergG. Irrelevant ist hierbei ausdrücklich, ob Einwendungen bereits im Planfeststellungsverfahren vorgetragen wurden oder nicht.

planzulassung zu befinden.[768] Auf dieser Grundlage wäre damals eine Präklusion *allenfalls* und *ausschließlich* nach § 73 Abs. 4 Satz 3 VwVfG NRW denkbar gewesen, wenn man sie auf das Gesamtvorhaben einschließlich späterer Betriebsplanverfahren erstreckt.[769]

(4) De lege ferenda: Zulässigkeit von vertikalen Entscheidungsvorbehalten

Die vorangegangenen Betrachtungen zeigen, dass es entgegen dem gesetzgeberischen Anspruch nicht immer möglich ist, bereits im Rahmenbetriebsplanverfahren entgegenstehende öffentliche Interessen abschließend abzuarbeiten. Hinsichtlich der Rechte Dritter – namentlich der *Moers-Kapellen*-Konstellation – wurde § 57a Abs. 5 Halbs. 2 BBergG im Gesetzgebungsverfahren in diesem Sinne um eine entsprechende Ausnahme ergänzt. *De lege ferenda* sollten weitere qualifizierte[770] Vorbehalte ermöglicht werden – schon um die bereits jetzt im Vollzug anerkannten Ausnahmen der „vertikalen Konzentration" nachzuvollziehen. Damit würde lediglich eine § 74 Abs. 3 LVwVfG vergleichbare, bergrechtliche Abschichtungsmöglichkeit geschaffen. An die Stelle der Planergänzung träte die Zulassung nachgeordneter Betriebspläne, was eine hinreichende Flexibilität ermöglicht, gleichwohl aber den Planfeststellungsbeschluss unberührt lässt. Bereits die „freizügige Zulassung von Teilentscheidungen" nach § 52 Abs. 2b BBergG weicht vom traditionellen Planfeststellungsrecht ab.[771]

Erscheinen diese Abschichtungsmöglichkeiten einerseits notwendig, um bei der Zulassung nicht nur der Errichtung, sondern auch dem hiermit notwendigerweise untrennbar verbundenen Betrieb hinreichend Rechnung zu tragen, wird so andererseits strukturell ein nicht nur ausnahmsweiser Konflikttransfer ermöglicht, der dem Planfeststellungsrecht an sich fremd ist. Bedenkt man allerdings, dass der Grundsatz umfassender Problembewältigung im planerischen Abwägungsgebot wurzelt,[772] sind weitergehende Abschichtungen jedenfalls dann planfeststellungsrechtlich akzeptabel, wenn man der Betriebsplanzulassung den Planungscharakter abspricht.[773] Aber auch dem Planungsrecht sind Stufungen keineswegs fremd, wie bereits das Raumordnungsrecht zeigt.

---

[768] OVG Münster, Beschluss vom 23. Juni 2005 – 11 B 644/05, ZfB (146) 2005, S. 311 ff.; die Regelungsreichweite klar herausarbeitend und auf dieser Grundlage auf § 57a Abs. 5 Halbs. 1 BBergG abstellend dagegen OVG Münster, Beschluss vom 6. Juli 2005 – 11 B 750/05, ZfB 147 (2006), S. 166 ff., jeweils zum Sonderbetriebsplan „Abbau unter dem Rhein 2005".

[769] So die Vorinstanz VG Düsseldorf, Beschluss vom 21. März 2005 – 3 L 115/05, juris.

[770] Denkbar wäre eine Orientierung an § 74 Abs. 3 VwVfG oder die Nennung bestimmter Fallgruppen.

[771] Vgl. bereits *Gaentzsch*, in: FS Sendler, 1991, S. 403 (417 f.).

[772] *Steinberg/Wickel/Müller*, Fachplanung, 4. Auflage 2012, § 3 Rn. 137 f., 166.

[773] *Gaentzsch*, in: FS Sendler, 1991, S. 403 (412, 419 ff., 422 f.); *Kühne*, DVBl 2006, S. 662 (666, 667). Zum fehlenden Planungscharakter des Betriebsplans siehe oben 3. Kapitel A. II. 4. a), S. 240 f. sowie kritisch d) bb), S. 249 ff.

Es besteht also durchaus gesetzlicher Optimierungsbedarf. Hiervon zu trennen ist die Frage, ob und inwieweit eine Abschichtung möglicherweise eine erneute Pflicht zur Umweltverträglichkeitsprüfung vermittelt.

d) Pflicht zur erneuten Umweltverträglichkeitsprüfung?

Die vorangehenden Betrachtungen zeigen, dass der in der Systematik des bergrechtlichen Planfeststellungsrechts angelegte Anspruch, die Umweltverträglichkeitsprüfung umfassend und frühzeitig im obligatorischen Rahmenbetriebsplanverfahren durchzuführen, an praktische Grenzen stößt. Man wird aber auch europarechtlich keine bis ins letzte Detail gehende Umweltverträglichkeitsprüfung verlangen müssen,[774] wenn man anerkennt, dass die UVP-Richtlinie grundsätzlich nur von der *einmaligen* sowie möglichst *frühzeitigen* Prüfung der Umweltverträglichkeit[775] für *ein* Vorhaben[776] ausgeht und nach der EuGH-Rechtsprechung die Verlagerung in spätere Durchführungsentscheidungen nur die Ausnahme ist[777]. Die Prüfung von Einwirkungen auf die Oberfläche in Sonderbetriebsplänen ist hiernach trotz der möglichen Auswirkungen auf Boden und Sachgüter[778] ebenso akzeptabel[779] wie die entsprechende Verlagerung von artenschutzrechtlichen Fragen, wenn im Rahmenbetriebsplanverfahren die Ermittlung so konkret wie möglich erfolgte, die grundsätzliche Realisierbarkeit des Vorhabens im Einklang mit dem materiellen Recht feststeht und eine ausreichende Ermittlung der Umweltauswirkungen sowie eine materiell-rechtlich hinreichende Prüfung in den nachgelagerten Verfahren – ggf. durch Nebenbestimmungen oder Vorbehalte – gewährleistet ist. Eine nochmalige förmliche Umweltverträglichkeitsprüfung ist dann in der Regel nicht mehr erforderlich.

Nicht unproblematisch ist allerdings, dass die bei der Umweltverträglichkeitsprüfung zentrale Öffentlichkeitsbeteiligung partiell abgeschnitten wird.[780] Möchte man den partiellen Verzicht auf die Öffentlichkeitsbeteiligung nicht als immanente Folge der frühzeitigen und einheitlichen Umweltverträglichkeits-

---

[774] *von Weschpfennig*, EurUP 2016, S. 182 (198); a.A. *Erbguth/Schink*, UVPG, 2. Auflage 1996, § 18 Rn. 9, die allerdings auch die Konkretisierungstiefe des obligatorischen Rahmenbetriebsplans als weniger konkret ansehen, als mittlerweile anerkannt ist.

[775] Siehe bereits oben 3. Kapitel B. III. 1. c), S. 305.

[776] Vgl. oben 3. Kapitel B. III. 1. b), S. 302 ff. zum UVP-Bestandsschutz von Altvorhaben sowie 3. Kapitel B. III. 1. c), S. 305 zur Verfahrensstufung.

[777] EuGH, Urteil vom 7. Januar 2004 – C-201/02, *Wells*, ECLI:EU:C:2004:12, Rn. 52; Urteil vom 29. Juli 2019 – C-411/17, *Inter-Environnement Wallonie ASBL und Bond Beter Leefmilieu Vlaanderen ASBL*, ECLI:EU:C:2019:622, Rn. 86.

[778] Diese sind grundsätzlich in der Umweltverträglichkeitsprüfung zu berücksichtigen, Art. 3 lit. a und c RL 2011/92/EU; vgl. § 2 Abs. 1 Nr. 1 und 4 UVPG.

[779] Vgl. BVerwG, Urteil vom 15. Dezember 2006 – 7 C 6/06, BVerwGE 127, 272 Rn. 15 ff.

[780] Insoweit könnte auch Art. 6 der Aarhus-Konvention entgegenstehen.

prüfung akzeptieren, könnte die in der Rechtssache *Križan u.a.*[781] durch die Generalanwältin *Juliane Kokott* vorgeschlagene sogenannte „Aktualisierungs-prüfung" eine mögliche Lösung bieten.[782] Dabei ging es um die – letztlich nicht mehr entscheidungserhebliche – Frage, ob bei gestuften Zulassungsentschei-dungen eine „alte" Umweltverträglichkeitsprüfung noch ausreicht oder eine er-gänzende Umweltverträglichkeitsprüfung mit erneuter Öffentlichkeitsbeteili-gung erforderlich ist. Zweifel hatte die Generalanwältin neben verschiedenen Veränderungen der Rahmenbedingungen, ob schon die Konsequenzen der De-ponierichtlinie beachtet worden waren.[783] Damit ist die hier vorliegende Situa-tion durchaus vergleichbar, dass im Rahmenbetriebsplanverfahren noch nicht alle Umweltauswirkungen abschließend beurteilt werden konnten.

Eine Ergänzung der Umweltverträglichkeitsprüfung – und damit eine Er-gänzung der obligatorischen Rahmenbetriebsplanzulassung – wird man hier-nach umso eher für erforderlich halten können, je mehr nachgelagerte Umwelt-prüfungen der originären und erstmaligen Problembewältigung dienen sollen und nicht lediglich Umsetzungsakt des bereits bestehenden Rahmenbetriebs-plans sind. Indikator hierfür kann sein, ob und inwieweit etwa artenschutz-rechtliche Konflikte in der Sache bereits im Planfeststellungsverfahren erör-tert wurden. Mit Blick auf die Konzeption einer einheitlichen und frühzeitigen Umweltverträglichkeitsprüfung sollte gleichwohl nicht vorschnell eine erneute förmliche Umweltverträglichkeitsprüfung gefordert werden. Im Rahmen der „Aktualisierungsprüfung" selbst ist jedoch keine Öffentlichkeitsbeteiligung notwendig. *Kokott* lehnt eine derartige Belastung *dieses* Verfahrens ab, zieht Parallelen zur UVP-Vorprüfung und stellt klar, dass die Öffentlichkeit nicht rechtlos bleibt, sondern effektive Klagemöglichkeiten gegen eine ablehnende Entscheidung haben müsse.[784]

De lege ferenda könnte man auch in Betracht ziehen, neben der abschnitt- oder stufenweisen Planfeststellung nach § 52 Abs. 2b BBergG eine konkreti-sierende Umweltverträglichkeitsprüfung in Haupt- und Sonderbetriebsplänen zuzulassen, sofern dies europarechtlich angezeigt ist.[785] Wegen des Gebots der Frühzeitigkeit darf dies jedoch nicht dazu führen, das obligatorische Rahmen-betriebsplanverfahren zu entschlacken und über einen Konflikttransfer eine effektive Umweltverträglichkeitsprüfung zu verhindern. Eine Nachlagerung kann nur dann zulässig sein, wenn eine frühzeitige Konfliktlösung nicht sinn-

---

[781] EuGH, Urteil vom 15. Januar 2013 – C-416/10, *Križan u.a.*, ECLI:EU:C:2013:8.
[782] Schlussanträge vom 19. April 2012, ECLI:EU:C:2012:218; dazu *Rung*, EurUP 2014, S. 279 ff.
[783] Rn. 130.
[784] Rn. 133.
[785] Vgl. bereits *Erbguth/Schink*, UVPG, 2. Auflage 1996, § 18 Rn. 9; ferner *Beckmann*, UPR 2014, S. 206 (213, zweifelnd hingegen S. 214 zu Braunkohlentagebauen).

voll möglich ist. Gleichzeitig bleibt so gewährleistet, dass nachgelagerte Betriebsplanverfahren nicht unnötig verfahrensrechtlich überfrachtet werden.

4. Bilanz

Die Bilanz der bergrechtlichen Planfeststellung mit Umweltverträglichkeitsprüfung fällt gemischt aus. Ihr Anspruch ist es, das Gesamtvorhaben umfassend zu betrachten, außerbergrechtliche Entscheidungen formell zu konzentrieren, aber auch grundsätzlich abschließend zu entscheiden, ob dem Vorhaben überwiegende öffentliche Interessen entgegenstehen, wenngleich Haupt- und Sonderbetriebsplanzulassungen weiterhin erforderlich bleiben.

Da die Pflicht zur Rahmenbetriebsplanung der UVP-Pflicht folgt, richtet sich der Umfang der Planfeststellung und der als unselbständiger Verfahrensteil integrierten Umweltverträglichkeitsprüfung nach dem Tatbestand, der die UVP-Pflicht begründet. Gerade hier ist allerdings zuweilen nicht eindeutig, welche Umweltauswirkungen zu prüfen sind. Virulent wird dies etwa bei der Frage, ob und inwieweit die Zulassung eines UVP-pflichtigen Gewinnungsbetriebes auch die Umweltauswirkungen der Betriebseinstellung erfassen muss. Überdies erweist sich zuweilen die gesetzgeberisch eindeutige Entscheidung, dass eine UVP-Pflicht bei betriebsplanpflichtigen Vorhaben immer die verfahrensrechtliche Bewältigung im obligatorischen Rahmenbetriebsplanverfahren bedingt, als nicht immer sachdienlich. Aus diesem Grunde erfolgt im Rahmen der Einstellung des Steinkohlenbergbaus die Umweltverträglichkeitsprüfung für die nach dem Anstieg des Grubenwassers erforderliche Wiederaufnahme der Grubenwasserhebung in Nordrhein-Westfalen im Verfahren zur Erteilung der wasserrechtlichen Erlaubnis.

Mit der umfassenden Betrachtung des Gesamtvorhabens geht auch der dem Planfeststellungsrecht immanente Anspruch einher, das Vorhaben umfassend zuzulassen. Außerbergrechtliche Gestattungen oder Befreiungen werden formell konzentriert, und Entscheidungen nach § 48 Abs. 2 Satz 1 BBergG bleiben im Wesentlichen der obligatorischen Rahmenbetriebsplanzulassung vorbehalten; sie sind später ausgeschlossen. Dass dies bei mitunter jahrzehntelangen Vorhaben, der Verzahnung von Errichtung und Betrieb des Vorhabens sowie einer dynamischen Betriebsweise an praktische Grenzen stößt, hat der Gesetzgeber gesehen. Haupt- und Sonderbetriebsplanzulassungen sind weiterhin erforderlich und sollen die notwendige Flexibilität bei der präventiven Überwachung ermöglichen. Dabei entfaltet die Zulassung des obligatorischen Rahmenbetriebsplans weitreichende Bindungswirkungen; insbesondere ist nicht mehr (erneut) zu prüfen, ob dem Vorhaben überwiegende öffentliche Interessen entgegenstehen. Zulässig ist zudem eine Abschnitts- und Stufenbildung nach § 52 Abs. 2b Satz 1 BBergG, wenn nicht die erforderliche Einbeziehung der erheblichen Auswirkungen des gesamten Vorhabens auf die Umwelt ganz oder teilweise unmöglich wird. So kann zumindest in gewissem Umfang bergbaulichen Prognoseunsicherheiten Rechnung getragen werden.[786]

Gerade der weitreichende Ausschluss von Entscheidungen nach § 48 Abs. 2 Satz 1 BBergG erweist sich jedoch als kritikwürdig. Selbst bei Abschnitts- und Stufenbildungen wird im Rahmenbetriebsplanverfahren nicht immer abschließend zu beurteilen sein, wie entgegenstehenden öffentlichen Interessen Rechnung zu tragen ist. So wurde noch im Gesetzgebungsverfahren eine Ausnahme für die in § 48 Abs. 2 Satz 2 (jetzt Satz 3) BBergG genannten Fälle des Schutzes von Rechten Dritter ergänzt – wohl um der *Moers-Kapellen*-Konstellation Rechnung zu tragen. Die Rechtsprechung akzeptiert infolgedessen die Auslagerung der Prüfung von Auswirkungen auf die Oberfläche in Sonderbetriebsplanverfahren. Weitere Ausnahmen sind auch nach § 74 Abs. 3 LVwVfG nicht möglich, wenngleich solche beispielsweise bei über § 48 Abs. 2 Satz 1 BBergG zu prüfenden Umweltbelangen sachgerecht sein können. Streng genommen würde dann eine Änderung der Planfeststellung notwendig, obgleich eine Prüfung in nachgelagerten Haupt- und Sonderbetriebsplanverfahren sachgerechter und praktikabler erscheint. So verwundert es nicht, dass die Praxis derartige Verschiebungen durchaus ermöglicht.

Eng hiermit verbunden ist die Frage, ob eine ausreichende Umweltverträglichkeitprüfung für ein mitunter mehrere Jahrzehnte umfassendes Vorhaben überhaupt im Rahmenbetriebsplanverfahren möglich ist. Nach hier vertretener Auffassung dürfte dies in der Regel der Fall sein, weil auch das Europarecht von einer im Grundsatz frühzeitigen und umfassenden Umweltverträglichkeitsprüfung ausgeht. Abstriche in der Prüfungsdichte sind damit grundsätzlich hinnehmbar. Selbstredend bedeutet das nicht, dass in nachfolgenden (Betriebsplan)verfahren die materiell-rechtlichen Vorgaben des Umweltrechts nicht umfassend einzuhalten wären und die hierfür erforderliche spätere Sachverhaltsermittlung verzichtbar ist. Folgt man dem nicht, ist die mehr rechtspolitische Frage aufzuwerfen, ob dann wirklich immer – wie nach geltendem Recht – eine ergänzende Umweltverträglichkeitsprüfung und (etwaige) Änderung des Rahmenbetriebsplans notwendig sein soll oder *de lege ferenda* nicht auch entsprechende verfahrensrechtliche Ergänzungen unter bestimmten Anforderungen in Haupt- und Sonderbetriebsplanverfahren zugelassen werden sollten.

IV. Rechtsschutz gegen Betriebsplanzulassungen

So kompliziert und verschachtelt die gestufte Vorhabenzulassung im Bergrecht ist, so differenziert sind auch die Klagebefugnisse gegen die einzelnen Stufen zu beurteilen, die hier nur in Grundzügen angesprochen werden können (1.).[787]

---

[786] Zu den bergbaulichen Sachgesetzlichkeiten siehe oben 1. Kapitel A. III., S. 5.

[787] Eingehend *Dammert/Brückner*, ZUR 2017, S. 469 ff.

Während Rechtsschutzmöglichkeiten von Drittbetroffenen und Gemeinden gegen Betriebsplanzulassungen mittlerweile im Wesentlichen geklärt sind, befinden sich Gesetzgebung und Rechtsprechung zu den Verbandsklagerechten nach wie vor im Wandel, da das Umwelt-Rechtsbehelfsgesetz mehrfach wegen Verstößen gegen Völker- und Europarecht nachgebessert werden musste.[788]

Neben der Klagebefugnis kann auch der „Streitstoff"[789] der Klage gegen der Rahmenbetriebsplanzulassung nachgelagerte Betriebsplanzulassungen problematisch sein, wenn erstere noch nicht bestandskräftig ist (2.).

1. Rechtsschutz in gestuften Verfahren

a) Geltendmachung der Verletzung subjektiver Rechte

Rechtsschutz gegen Betriebsplanzulassungen kommt zunächst in Betracht, wenn subjektive Rechtspositionen Dritter oder von Gemeinden betroffen sind.

So können sich Grundstückseigentümer nach der *Moers-Kapellen*-Doktrin, die der Gesetzgeber mit § 48 Abs. 2 Satz 3 bis 6 BBergG aufgegriffen hat, unter qualifizierten Anforderungen auf drohende Bergschäden berufen.[790] Soweit die Prüfung in Sonderbetriebsplanverfahren erfolgt, sind Dritte auch insoweit klagebefugt.[791] Künftig potenziell enteignungsbetroffene Grundeigentümer müssen sich nach der *Garzweiler*-Rechtsprechung des Bundesverwaltungs- und Bundesverfassungsgerichts bei komplexen Großvorhaben bereits gegen die Zulassung des Rahmenbetriebsplans wenden können.[792] Im Übrigen vermittelt § 55 Abs. 1 Satz 1 Nr. 3 BBergG ebenso Drittschutz[793] wie im Rahmen von § 48 Abs. 2 Satz 1 BBergG zu berücksichtigende außerbergrechtliche Vorschriften mit drittschützender Wirkung.[794]

Gemeinden können sich auf eine mögliche Verletzung ihrer kommunalen Selbstverwaltungsgarantie mit Blick auf ihre Planungshoheit berufen.[795]

---

[788] Zusammenfassend *Schieferdecker*, in: Hoppe/Beckmann/Kment, UVPG, 5. Auflage 2018, § 1 UmwRG Rn. 7 ff.; *Schlacke*, NVwZ 2019, S. 1392 ff.; *dies.*, EurUP 2018, S. 127 (128 ff.). „Handwerkliche Qualitätsmängel eines konzeptlosen Gesetzes" attestierend *Gärditz*, EurUP 2018, S. 158 (172 f.).

[789] BVerwG, Urteil vom 9. Dezember 1983 – 4 C 44/80, BVerwGE 68, 241 (244).

[790] Ausführlich oben 3. Kapitel A. II. 2. b), S. 214 ff.

[791] *Piens*, in: ders./Schulte/Graf Vitzthum, BBergG, 3. Auflage 2020, § 52 Rn. 63 f. Zur Zulässigkeit der Klage auch gegen die vorangegangene obligatorische Rahmenbetriebsplanzulassung vgl. BVerwG, Beschluss vom 27. April 2006 – 7 C 5/05, ZfB 147 (2006), S. 156; offengelassen OVG Münster, Urteil vom 2. März 2006 – 11 A 1752/04, NuR 2006, S. 801; a.A. – Klagebefugnis *nur* gegen Sonderbetriebsplanzulassungen – *Piens*, a.a.O., Rn. 63.

[792] Näher oben 3. Kapitel A. II. 4. f), S. 260.

[793] Jenseits des Sachgüterschutzes, näher oben 3. Kapitel A. I., S. 198 f.

[794] BVerwG, Urteil vom 4. Juli 1986 – 4 C 31/84, BVerwGE 74, 315 (327); *Dammert/ Brückner*, ZUR 2017, S. 469 (474).

[795] OVG Bautzen, Urteil vom 17. August 2018 – 1 A 320/17, ZfB 160 (2019), S. 146 Rn. 59; OVG Münster, Urteil vom 27. Oktober 2005 – 11 A 1751/04, ZfB 147 (2006), S. 32 (45 f.); OVG

Zuvörderst wird Rechtsschutz gegen Rahmenbetriebsplanzulassungen in Betracht kommen. Grundsätzlich möglich ist auch Rechtsschutz gegen nachgeordnete Haupt- und Sonderbetriebsplanzulassungen,[796] weil auch insoweit – abhängig vom konkreten Prüfprogramm – die Verletzung drittschützender Normen denkbar ist. Nennenswert ist hier erneut der Sonderbetriebsplan „Abbaueinwirkungen auf das Oberflächeneigentum".[797]

b) Verbandsklagerechte

Praktisch nach wie vor nicht abschließend geklärt sind Klagerechte von Umweltverbänden gegen Betriebsplanzulassungen. Klar ist zunächst, dass nach § 3 UmwRG anerkannte inländische oder ausländische Vereinigungen gemäß § 2 Abs. 1 Satz 1 Nr. 1 i.V.m. § 1 Abs. 1 Satz 1 Nr. 1 lit. b UmwRG Anfechtungsklage gegen die Zulassung eines obligatorischen Rahmenbetriebsplans erheben können, weil im Zulassungsverfahren eine Umweltverträglichkeitsprüfung durchzuführen ist.[798]

Umstritten war bis zur Novellierung des Umwelt-Rechtsbehelfsgesetzes 2017, ob auch der obligatorischen Rahmenbetriebsplanzulassung nachfolgende Haupt- und Sonderbetriebspläne durch Umweltverbände anfechtbar sind. Im Zentrum stand dabei die Frage, ob im Zulassungsverfahren erneute Umweltverträglichkeitsprüfungen erforderlich gewesen wären und somit Entscheidungen nach § 1 Abs. 1 Satz 1 Nr. 1 lit. b UmwRG angefochten wurden. Dies war nicht bereits mit der an sich richtigen Überlegung[799] abzulehnen, dass das Bundesberggesetz für UVP-pflichtige Vorhaben zwingend die obligatorische Rahmenbetriebsplanung vorsieht, sodass Haupt- und Sonderbetriebspläne gar keine Trägerverfahren sein können.[800] Denn auch die Rügebefugnis nach dem

---

Saarlouis, Urteil vom 10. Dezember 2019 – 2 A 185/18, ZfB 161 (2020), S. 122 (135), dort auch zur Geltendmachung einer unterbliebenen Umweltverträglichkeitsprüfung nach Maßgabe des Umwelt-Rechtsbehelfsgesetzes; *Dammert/Brückner*, ZUR 2017, S. 469 (470); *Kirchner*, UPR 2010, S. 161 (166 ff.) zum Abschlussbetriebsplan; *Schoch*, in: FS Hoppe, 2000, S. 711 (712 f., 717 ff.), dort auch kritisch zum fehlenden verfahrensrechtlichen Schutz (S. 713 ff.).

[796] Tendenziell anders *Dammert/Brückner*, ZUR 2017, S. 469 (475 f.).

[797] Siehe auch OVG Bautzen, Urteil vom 17. August 2018 – 1 A 320/17, ZfB 160 (2019), S. 146 Rn. 59 zur möglichen Verletzung der kommunalen Selbstverwaltungsgarantie durch die Zulassung eines Hauptbetriebsplans; OVG Münster, Urteil vom 18. November 2015 – 11 A 3048/11, ZfB 157 (2016), S. 33 (45 f.) zur Klagebefugnis eines Wasserversorgers gegen die Zulassung eines Hauptbetriebsplans.

[798] VG Darmstadt, Urteil vom 22. Dezember 2015 – 7 K 1452/13.DA, juris, Rn. 94 ff.; *Dammert/Brückner*, ZUR 2017, S. 469 (474 f.); wohl ablehnend im Falle der fakultativen Rahmenbetriebsplanzulassung bei einem Altvorhaben mit UVP-Bestandsschutz VG Köln, Urteil vom 24. November 2017 – 14 K 1282/15, ZfB 159 (2018), S. 150 (156), weil die fehlende UVP-Pflicht bereits die Klagebefugnis entfallen lassen dürfte und die Klage nicht erst unbegründet ist.

[799] Ausführlich oben 3. Kapitel B. III. 2. a), S. 306 ff.

[800] So aber VG Darmstadt, Beschluss vom 26. November 2015 – 7 L 1775/15.DA, juris, Rn. 19 ff.; Beschluss vom 21. November 2017 – 7 L 4343/17.DA, ZfB 159 (2018), S. 135 (144 f.).

UmwRG setzte weder damals noch heute voraus, dass tatsächlich eine Umweltverträglichkeitsprüfung durchgeführt wurde.[801] Damit konnte entweder der Haupt- oder Sonderbetriebsplan angefochten werden, wenn tatsächlich eine Umweltverträglichkeitsprüfung notwendig war und insoweit das falsche Trägerverfahren gewählt wurde,[802] oder es wäre unter denselben Voraussetzungen das Unterlassen eines (erneuten) obligatorischen Rahmenbetriebsplanverfahrens rügefähig gewesen. Die prozessuale Rügebefugnis von Umweltverbänden vermittelt allerdings keine verwaltungsverfahrensrechtliche UVP-Pflicht in Haupt- und Sonderbetriebsplanverfahren entgegen der eindeutigen Vorgaben des Bundesberggesetzes.[803]

All dies kann im Ergebnis mittlerweile in der Regel[804] dahinstehen, weil § 1 Abs. 1 Satz 1 UmwRG in der 2017 ergänzten Nr. 5 nunmehr auch Verwaltungsakte oder öffentlich-rechtliche Verträge erfasst, durch die andere als in den Nummern 1 bis 2b genannte Vorhaben unter Anwendung umweltbezogener Rechtsvorschriften des Bundesrechts, des Landesrechts oder unmittelbar geltender Rechtsakte der Europäischen Union zugelassen werden.

Problematisch ist allerdings zunächst, ob sich Haupt- und Sonderbetriebsplanzulassungen auf Vorhaben im Sinne dieser Vorschrift beziehen.[805] Auch wenn der Begriff ausweislich der Entwurfsbegründung an den heutigen § 2 Abs. 4 UVPG anknüpft und damit

„die Errichtung und [den] Betrieb einer technischen Anlage, [den] Bau einer anderen Anlage oder die Durchführung einer sonstigen in Natur und Landschaft eingreifenden Maßnahme sowie jeweils deren Änderung bzw. Erweiterung"

meint, soll doch letztlich für die Abgrenzung jeweils allein maßgeblich sein, „ob für die Zulassungsentscheidung umweltbezogene Vorschriften des Bundes- oder Landesrechts anzuwenden sind".[806] Damit ist der Vorhabenbegriff nicht zu eng zu fassen, zumal auch ausdrücklich „besondere Ausgestaltungen von fachrechtlichen Zulassungsentscheidungen in Form eines Verwaltungsaktes, wie beispielsweise Teilgenehmigungen oder Vorbescheide, erfasst"[807] werden sollen. Haupt- und Sonderbetriebsplanzulassungen, die jeweils zeitlich oder

---

[801] Insoweit zutreffend OVG Koblenz, Beschluss vom 6. Februar 2013 – 1 B 11266/12, ZUR 2013, S. 293 (294 f.); dazu *von Weschpfennig*, EurUP 2016, S. 182 (198) sowie oben 3. Kapitel B. III. 2. a) aa), S. 307. Das OVG stützte letztlich eine Rügebefugnis auf Art. 9 Abs. 2, jedenfalls aber Abs. 3, der Aarhus-Konvention (S. 295 f.); ablehnend *Dammert/Brückner*, ZUR 2017, S. 469 (476).

[802] Zur erneuten UVP-Pflicht siehe oben 3. Kapitel B. III. 3. d), S. 326 ff. Vgl. auch OVG Saarlouis, Urteil vom 10. Dezember 2019 – 2 A 185/18, ZfB 161 (2020), S. 122 (140 ff.) zur Klage einer Kommune gegen eine Sonderbetriebsplanzulassung bei unterlassener Vorprüfung.

[803] Siehe bereits oben 3. Kapitel B. III. 2. a), S. 306 ff.

[804] Siehe aber § 2 Abs. 1 Satz 2 UmwRG.

[805] Zurückhaltend *Dammert/Brückner*, ZUR 2017, S. 469 (476).

[806] BT-Drs. 18/9526, S. 36.

[807] BT-Drs. 18/9526, S. 36.

sachlich abtrennbare Teile des Gesamtvorhabens erfassen, dürften damit in aller Regel – vorbehaltlich der Relevanz umweltbezogener Rechtsvorschriften – unter den Vorhabenbegriff fallen.[808]

Soweit angezweifelt wird, dass es sich bei Haupt- und Sonderbetriebsplanzulassungen um „Zulassungen" i.S.d. § 1 Abs. 1 Satz 1 Nr. 5 UmwRG handelt, weil „diese bergrechtlichen Zulassungen regelmäßig lediglich Umsetzungsakte von Zulassungen obligatorischer sowie fakultativer Rahmenbetriebspläne" darstellten[809] und „die Zulassung eines obligatorischen oder fakultativen Rahmenbetriebsplans bereits die Feststellung der Zulassungsfähigkeit des Gesamtvorhabens oder zumindest zeitlicher oder räumlicher Abschnitte" beinhalte,[810] dringen diese Argumente ebenfalls nicht durch. Sie berücksichtigen nicht, dass gerade die Hauptbetriebsplanzulassung nach der berggesetzlichen Systematik die bergrechtlich einzig *gestattende* Entscheidung ist, die mitunter durch Sonderbetriebsplanzulassungen ergänzt wird. Zulassungsrechtlich sind sie damit keine bloßen Umsetzungsakte. Entscheidend ist damit nur, ob im Einzelfall noch unter Anwendung umweltbezogener Rechtsvorschriften zu entscheiden ist,[811] was selbst bei vorangehenden obligatorischen Rahmenbetriebsplanungen der Fall sein kann.[812]

---

[808] A.A. VG Darmstadt, Beschluss vom 21. November 2017 – 7 L 4343/17.DA, ZfB 159 (2018), S. 135 (146), das zu sehr am Wortlaut des § 2 Abs. 4 UVPG hängt und feststellt, dass es sich weder um ein Neu- (§ 2 Abs. 4 Nr. 1 UVPG) noch um ein Änderungsvorhaben (§ 2 Abs. 4 Nr. 2 UVPG) handele. Dabei bezieht sich die Entwurfsbegründung nicht einmal auf Neu- oder Änderungsvorhaben.

[809] Zumindest im Hinblick auf obligatorische Rahmenbetriebsplanzulassungen kann dies an § 57a Abs. 5 Halbs. 1 BBergG anknüpfen, der von „Durchführung" des Rahmenbetriebsplans spricht.

[810] *Dammert/Brückner*, ZUR 2017, S. 469 (476); dem folgend VG Darmstadt, Beschluss vom 21. November 2017 – 7 L 4343/17.DA, ZfB 159 (2018), S. 135 (146).

[811] Klage- bzw. Antragsbefugnis bejaht von VG Köln, Urteil vom 24. November 2017 – 14 K 1282/15, ZfB 159 (2018), S. 150 (156); VG Cottbus, Beschluss vom 27. Juni 2019 – 3 L 36/19, juris, Rn. 5, implizit bestätigt durch OVG Berlin-Brandenburg, Beschluss vom 28. August 2019 – OVG 11 S 51/19, ZUR 2019, S. 693 Rn. 6 ff.; zweifelnd dagegen zu § 48 Abs. 2 BBergG VG Darmstadt, Beschluss vom 21. November 2017 – 7 L 4343/17.DA, ZfB 159 (2018), S. 135 (147), weil über die Öffnungsklausel des § 48 Abs. 2 BBergG umweltbezogene Rechtsvorschriften nur mittelbar zur Anwendung kämen. Das ändert aber nichts an dem Umstand, dass umweltbezogene Rechtsvorschriften anzuwenden sein können; vgl. auch *Schieferdecker*, in: Hoppe/Beckmann/Kment, UVPG, 5. Auflage 2018, § 1 UmwRG Rn. 112.

[812] Zur – wegen § 57a Abs. 5 Halbs. 2 BBergG systematisch problematischen – Prüfung umweltbezogener Rechtsvorschriften über § 48 Abs. 2 BBergG in nachgeordneten Betriebsplanverfahren siehe oben 3. Kapitel B. III. 3. c) bb) (2), S. 322 f.; ablehnend VG Darmstadt, Beschluss vom 21. November 2017 – 7 L 4343/17.DA, ZfB 159 (2018), S. 135 (147 ff.). Selbst wenn alle relevanten Entscheidungen nach § 48 Abs. 2 BBergG in der Zulassung des obligatorischen Rahmenbetriebsplans getroffen wurden, verbleibt aber die Frage, ob deren Konkretisierungen in nachgeordneten Betriebsplänen nicht gleichwohl im Sinne des § 1 Abs. 1 Satz 1 Nr. 5 UmwRG unter Anwendung umweltbezogener Rechtsvorschriften zugelassen werden, weil bei der Konkretisierung im Rahmen der „technischen" Durchführung wohl kaum Anforderungen des materiellen Umweltrechts völlig ausgeblendet werden dürften. Im Übrigen ist

Schwierig zu bewerten sind Fälle, in denen eine erneute UVP-Pflicht geltend gemacht wird, weil die ursprüngliche nicht mehr genüge[813] oder nie den Anforderungen an eine Umweltverträglichkeitsprüfung genügt habe. War von vornherein klar, dass die Umweltverträglichkeitsprüfung im obligatorischen Rahmenbetriebsplanverfahren aus tatsächlichen Gründen nicht eingehender erfolgen kann, ist die Frage nach einer erneuten UVP-Pflicht mit der Folge einer Ergänzung oder Änderung der obligatorischen Rahmenbetriebsplanzulassung in späteren Verfahren zu thematisieren.[814] Gleiches gilt, wenn substantiiert vorgetragen wird, dass die alte Umweltverträglichkeitsprüfung nicht *mehr* genügt. Im Übrigen spricht vieles dafür, dass Mängel an der Umweltverträglichkeitsprüfung prozessual ausschließlich im Verfahren gegen die Rahmenbetriebsplanzulassung geltend zu machen sind, weil sich die Rechtswirkungen der Planfeststellung nach § 57a Abs. 5 Halbs. 1 BBergG auch insoweit auf nachfolgende Betriebsplanzulassungen erstrecken.[815]

Schließlich überzeugt es nicht, aus der Rechtsprechung zum UVP-Bestandsschutz bei Altvorhaben einen Bestandsschutz gegenüber Verbandsklagen auf Grundlage des § 1 Abs. 1 Satz 1 Nr. 5 UmwRG gegen Rahmenbetriebsplanzulassungen bei Altvorhaben zu entwickeln. Begründet wird dies mit der Überlegung, der Bundesgesetzgeber habe keine Übergangsregelung geschaffen, „die Rechtsschutzmöglichkeiten auch für bereits begonnene Vorhaben einräumt". Ferner fordere auch „die Aarhus-Konvention für bereits begonnene Vorhaben nicht die nachträgliche Einräumung von Rechtsbehelfen".[816] Zunächst können verwaltungsverfahrensrechtliche Vertrauenserwägungen nicht auf neues Prozessrecht übertragen werden, zumal hierdurch bestandskräftige Verwaltungsakte nicht berührt werden. Weiterhin dient die Ergänzung der Nr. 5 der Umsetzung von Art. 9 Abs. 3 der Aarhus-Konvention[817] im Nachgang zur Rechtsprechung des EuGH in Sachen *Slowakischer Braunbär* aus dem Jahre 2011,[818] sodass etwaiger „Bestandsschutz" jedenfalls nicht bis 2017 wirken könnte. Schließlich können Klagerechte nach nationalem Recht nicht davon abhängen, dass sie bei gestuften Vorhabenzulassungen ausdrücklich gegen spätere

---

zu erwägen, ob und inwieweit die Anforderungen des § 55 Abs. 1 Satz 1 BBergG, die auch in nachgeordneten Betriebsplanzulassungen Relevanz haben (vgl. *Keienburg*, in: Boldt/Weller/Kühne/von Mäßenhausen, BBergG, 2. Auflage 2016, § 57a Rn. 37), umweltbezogene Rechtsvorschriften i.S.d. Umwelt-Rechtsbehelfsgesetzes sind.

[813] Siehe oben 3. Kapitel B. III. 3. d), S. 326 ff.

[814] Vgl. *Beckmann*, in: Frenz, BBergG, 2019, § 57a Rn. 129. Fraglich ist dann nur, ob prozessual die Haupt- oder Sonderbetriebsplanzulassung unmittelbar angegriffen werden können oder insoweit das Unterlassen eines erneuten obligatorischen Rahmenbetriebsplanverfahrens geltend zu machen ist.

[815] Zum Einwendungsausschluss siehe oben 3. Kapitel B. III. 3. c) bb), S. 320 ff.

[816] *Dammert/Brückner*, ZUR 2017, S. 469 (475).

[817] *Schlacke*, EurUP 2018, S. 127 (130).

[818] EuGH, Urteil vom 8. März 2011 – C-240/09, *Slowakischer Braunbär*, ECLI:EU:C:2011:125.

Genehmigungen zugelassen werden, wenn die erste Genehmigung vor Änderung des Prozessrechts ergangen ist. Im Übrigen regelt § 8 Abs. 2 UmwRG die Anwendbarkeit des Gesetzes für Rechtsbehelfe gegen Entscheidungen nach § 1 Abs. 1 Satz 1 Nr. 4 bis 6 UmwRG, die (1.) am 2. Juni 2017 noch keine Bestandskraft erlangt haben oder die (2.) nach diesem Zeitpunkt ergangen sind oder hätten ergehen müssen.

c) Prinzipaler Rechtsschutz gegen Braunkohlenpläne

Nur am Rande soll in diesem Kontext auf Rechtsschutzmöglichkeiten gegen die im Rahmen dieser Abhandlung nicht näher thematisierten Braunkohlenpläne hingewiesen werden. So hatte das OVG Bautzen Normenkontrollanträge gegen den Braunkohlenplan Tagebau Nochten im Lausitzer Braunkohlenrevier bereits als unzulässig abgelehnt, allerdings die Revision zugelassen. Im Zentrum steht dabei die Frage, ob eine Antragsbefugnis aus dem Abwägungsgebot in § 7 Abs. 2 ROG oder der Raumordnungsklausel in § 35 Abs. 3 Satz 2 BauGB abgeleitet werden kann.[819]

Als Paradebeispiel für systematisch verwirrende und verfehlte Gesetzgebung können die Vorschriften über Verbandsklagerechte gegen Braunkohlenpläne gelten. § 2 Abs. 1 Satz 1 Nr. 1 i.V.m. § 1 Abs. 1 Satz 1 Nr. 4 UmwRG sieht die Verbandsklage gegen Entscheidungen über die Annahme von Plänen und Programmen im Sinne von § 2 Abs. 7 UVPG und im Sinne der entsprechenden landesrechtlichen Vorschriften vor, für die nach Anlage 5 UVPG oder landesrechtlichen Vorschriften eine Pflicht zur Durchführung einer Strategischen Umweltprüfung bestehen kann. Hierunter fallen grundsätzlich auch Braunkohlenpläne, die einer Strategischen Umweltprüfung bedürfen.[820] Dass das Raumordnungsrecht insoweit nur von Umweltprüfung spricht,[821] ist unschädlich.[822] Nun schreibt aber § 48 Satz 2 UVPG (bzw. § 16 Abs. 4 Satz 2 UVPG a.F. mit Wirkung vom 2. Juni 2017) prozessual sehr versteckt vor, dass auf einen Raumordnungsplan nach Anlage 5 Nr. 1.5 oder 1.6, der Flächen für die Windenergienutzung oder für den Abbau von Rohstoffen ausweist, § 1 Abs. 1 Satz 1 Nr. 4 UmwRG nicht anzuwenden ist. Damit hat der Gesetzgeber Verbandsklagerechte gegen Braunkohlenpläne ausgeschlossen. Rechtspolitisch ist dies schon deshalb kritikwürdig, weil Klagen auf die nachgeordneten Stufen der Betriebsplanzulassung verlagert werden, Festlegungen der Braunkohlenplanung inzident zu überprüfen sind und so Bergbauunternehmen in einem späteren Ver-

---

[819] OVG Bautzen, Urteil vom 9. April 2015 – 1 C 26/14, ZfB 156 (2015), S. 244 ff.; näher hierzu *Dammert/Brückner*, ZUR 2017, S. 469 (471 f.); *Stevens*, DVBl 2014, S. 349 (351 f.), dort auch zu Klagemöglichkeiten von Gemeinden (S. 350 f.).

[820] Siehe etwa § 27 Abs. 1 LPlG NRW; §§ 2 Abs. 2, 5 SächsLPlG i.V.m. §§ 8, 13 Abs. 1 Nr. 2 ROG.

[821] § 8 ROG.

[822] Vgl. § 48 Satz 1 UVPG; dazu BT-Drs. 18/11499, S. 101.

fahrensstadium konzeptionell mehr belastet werden. Ob diese Ausnahme völker- und europarechtlich Bestand hat, erscheint keineswegs ausgemacht.[823]

2. „Streitstoff" der Anfechtungsklage gegen Haupt- und Sonderbetriebsplanzulassungen

Die Abschichtung von Zulassungsentscheidungen führt grundsätzlich auch zu einer Abschichtung des Prüfungsgegenstandes in gerichtlichen Verfahren. Zudem greifen vorläufiger Rechtsschutz und Hauptsacheverfahren gegen verschiedene – ggf. abgestufte – Betriebsplanzulassungen vor unterschiedlichen Instanzen ineinander über. Prozessual problematisch ist bei alledem, dass der Hauptbetriebsplan bergrechtlich gestattende Wirkung entfaltet, inhaltlich aber nicht unbedingt alle zu bewältigenden Konflikte erfasst, weil sie bereits auf Rahmenbetriebsplanebene oder in Sonderbetriebsplanverfahren geprüft wurden. Die damit verbundenen Schwierigkeiten bei der Gewährleistung eines effektiven Rechtsschutzes können hier nur angedeutet werden.

Trifft die Bergbehörde in der Hauptbetriebsplanzulassung wie in einem Zweitbescheid erneut Feststellungen etwa zur Vereinbarkeit mit europäischem Habitatschutzrecht, dürften entsprechende Regelungen zum Gegenstand einer Anfechtungsklage gemacht werden können, selbst wenn entsprechende Prüfungen bereits zuvor stattgefunden hatten.[824]

Schwieriger verhält es sich, wenn entsprechende Prüfungen und Feststellungen infolge der Verfahrens- und Entscheidungsabschichtung fehlen. Das Bundesverwaltungsgericht hat zur Anfechtung einer Baugenehmigung mit vorangegangenem und noch nicht bestandskräftigem bebauungsrechtlichem Vorbescheid entschieden, dass die Baugenehmigung nicht nur die Feststellung der Vereinbarkeit mit den zuvor noch nicht geprüften Vorschriften enthält, sondern

> „darüber hinaus verfügend die Durchführung des Bauvorhabens, und zwar in seinem gesamten Umfange, freigibt. Diese Verfügung ist nur rechtmäßig, wenn alle einschlägigen bebauungs- und bauordnungsrechtlichen Einzelfragen zugunsten des Antragstellers zu beantworten sind."

Daher sei bei der Anfechtung der Baugenehmigung „auch der Inhalt des noch nicht bestandskräftigen Vorbescheides auf seine Rechtmäßigkeit zu prüfen [...], also in den Streitstoff der gegen die Baugenehmigung gerichteten Anfechtung mit einzubeziehen".[825] Eine Baugenehmigung nehme „den Inhalt einer noch

---

[823] Vgl. *Durner*, EurUP 2018, S. 142 (154) als Frage am Rande; *Keimeyer/Gailhofer/Westphal/Sanden/Schomerus/Teßmer*, Recht der Rohstoffgewinnung, Umweltbundesamt, Texte 71/2019, S. 328; für die Vereinbarkeit mit Völker- und Europarecht *Dammert/Brückner*, ZUR 2017, S. 469 (473); *Stevens*, DVBl 2014, S. 349 (353 f.).

[824] *Durner/von Weschpfennig*, NVwZ 2018, S. 1821; vgl. zum Zweitbescheid *Sodan*, in: ders./Ziekow, VwGO, 5. Auflage 2018, § 42 Rn. 25.

[825] BVerwG, Urteil vom 9. Dezember 1983 – 4 C 44/80, BVerwGE 68, 241 (244); kritisch

nicht bestandskräftigen Bebauungsgenehmigung in der Art eines Zweitbescheides in sich auf" und mache „damit die Entscheidung über die planungsrechtliche Zulässigkeit des Vorhabens erneut anfechtbar".[826]

Die Übertragbarkeit dieser Rechtsprechung auf Betriebsplanzulassungen ist differenziert zu bewerten. Im Verhältnis zwischen Hauptbetriebsplan- zu fakultativen Rahmenbetriebsplanzulassungen dürfte die Argumentationslinie übertragbar sein. Das Bundesberggesetz sieht für die Errichtung und Führung eines Betriebes ausschließlich Hauptbetriebsplanzulassungen als zwingend erforderlich an. Soweit sie das Vorhaben bergrechtlich gestatten und freigeben, muss diese Verfügung auf der Feststellung beruhen, dass das Vorhaben den materiell-rechtlichen Anforderungen entspricht. Hier kann bei fehlender Bestandskraft[827] vorangegangener Rahmen- und Sonderbetriebsplanzulassungen entsprechend der höchtrichterlichen Rechtsprechung zur Baugenehmigung der „Streitstoff" – als letztlich der Prüfungsgegenstand – der Anfechtungsklage erweitert werden. Andernfalls bestünde die Gefahr, dass das Vorhaben im Umfang der Hauptbetriebsplanzulassung freigegeben würde, obwohl nicht über alle Voraussetzungen bestandskräftig entschieden wurde.[828]

Gegenüber obligatorischen Rahmenbetriebsplanzulassungen erscheint eine Übertragbarkeit dagegen problematisch. Zwar hat auch hier grundsätzlich nur die Hauptbetriebsplanzulassung Gestattungswirkung. Allerdings sieht § 52 Abs. 2a Satz 1 BBergG zwingend die Durchführung eines Planfeststellungsverfahrens vor. Die Rechtswirkungen der Planfeststellung erstrecken sich nach § 57a Abs. 5 Halbs. 1 BBergG auf nachfolgende Haupt-, Sonder- und Abschlussbetriebspläne, sodass bei deren Zulassung nicht mehr über die Gegenstände der Rahmenbetriebsplanung zu entscheiden ist – weder ausdrücklich noch im Sinne eines Zweitbescheides. Einer Übertragung der Rechtsprechung des Bundesverwaltungsgerichts ist damit die dogmatische Anknüpfung abgeschnitten. Gleichwohl erscheint dies im Ergebnis unproblematisch, weil gestattende Hauptbetriebsplanzulassungen – ähnlich wie Vorbescheide – das Vorhaben bergrechtlich nicht freigeben können, wenn es an einer bestandskräftigen oder zumindest sofort vollziehbaren – verfahrensrechtlich zwingenden – Rahmenbetriebsplanzulassung fehlt.[829]

---

zur dogmatischen Begründung *M.-J. Seibert*, Die Bindungswirkung von Verwaltungsakten, 1989, S. 486 ff., der stattdessen eine Prüfung als Vorfrage befürwortet.

[826] BVerwG, Urteil vom 17. März 1989 – 4 C 14/85, NVwZ 1989, S. 863. Damit wird allerdings ein zuvor erteilter Bauvorbescheid nicht zwangsläufig gegenstandslos, BVerwG, Urteil vom 9. Februar 1995 – 4 C 23/94, NVwZ 1995, S. 894 (895).

[827] Mangels Bekanntgabe gegenüber den jeweiligen Klägern kann auch noch lange Zeit nach Wirksamwerden der Zulassung keine Bestandskraft eingetreten sein. Zur Möglichkeit der öffentlichen Bekanntgabe siehe § 5a BBergG.

[828] Soweit man der Sonderbetriebsplanzulassung Gestattungswirkung zumisst, dazu oben 3. Kapitel B. I. 2., S. 278 f., wird man dies nicht anders sehen können.

[829] Vor diesem Hintergrund ist es *insoweit* unproblematisch, dass VG Darmstadt, Be-

Rechtsschutzlücken können hiernach nur dann entstehen, wenn – aus welchen Gründen auch immer – die Zulassung des Hauptbetriebsplans bei vorangegangener faktultativer Rahmenbetriebsplanung oder abschichtenden Sonderbetriebsplanungen *an sich* nicht anfechtbar ist. Hier müsste entweder die Anfechtbarkeit der vorangehenden Betriebsplanzulassungen im Sinne eines effektiven Rechtsschutzes auch die Anfechtbarkeit der Hauptbetriebsplanzulassung vermitteln, oder man müsste der Hauptbetriebsplanzulassung einen immanenten Gestattungsvorbehalt dahingehend beimessen, dass vorherige Rahmen- und Sonderbetriebspläne, auf denen der Hauptbetriebsplan fußt, bestandskräftig oder zumindest sofort vollziehbar sein müssen.

C. Außerbergrechtliche Anforderungen und parallele Zulassungsentscheidungen

Das materielle Bergrecht erhebt, wie bereits mehrfach thematisiert, nicht den Anspruch, Konflikte zwischen Bergbau und entgegenstehenden Interessen vollständig zu erfassen.[830] Außerbergrechtliche Anforderungen an Vorhaben bleiben vielmehr unberührt[831] und fließen entweder über die bergrechtliche Öffnungsklausel des § 48 Abs. 2 BBergG in die Zulassung ein oder werden in außerbergrechtlichen Zulassungsverfahren berücksichtigt. Seit Inkrafttreten des Bundesberggesetzes haben gerade umweltrechtliche Vorgaben massiv an Bedeutung gewonnen. Bergbauliche Vorhaben scheitern – plakativ formuliert – nicht an den Anforderungen des Bergrechts, sondern an außerbergrechtlichen Bestimmungen. Namentlich das Artenschutzrecht und das Wasserrecht haben sich in der Vergangenheit als effiziente Gegengewichte zu bergbaulichen Interessen entwickelt, wie schon einige Diskussionen mit überregionalem Öffentlichkeitsinteresse aus der jüngsten Vergangenheit zeigen:

So ist die seit Jahrzehnten stattfindende Braunkohlengewinnung im Tagebau Hambach möglicherweise nicht mit europäischem Artenschutzrecht vereinbar.

---

schluss vom 21. November 2017 – 7 L 4343/17.DA, ZfB 159 (2018), S. 135 (146 ff.) die Klagebefugnis eines Umweltverbands gegen die Zulassung eines Hauptbetriebsplans ablehnt. Zur Kritik an der Entscheidung siehe oben 3. Kapitel B. IV. 1. b), S. 331 ff.

[830] Vgl. nur BT-Drs. 8/1315, S. 111; BT-Drs. 8/3965, S. 130.

[831] Das ist nicht immer unumstritten, wenn das Bundesberggesetz mutmaßlich speziellere Regelungen trifft, vgl. dazu etwa die Diskussionen um die Geltung der naturschutzrechtlichen Eingriffsregelung für bergbauliche Vorhaben, Anwendbarkeit zu Recht grundsätzlich bejahend *Brockhoff*, Naturschutzrechtliche Eingriffsregelung in bergrechtlichen Zulassungsverfahren, 2012, S. 213 ff.; *Kolonko*, ZUR 1995, S. 126 (130 f.); *Wolf*, ZUR 2006, S. 524 ff.; ablehnend *Müggenborg*, NuR 2013, S. 326 (330); *Wilde*, DVBl 1998, S. 1321 (1323, 1325) unter Verweis auf § 55 Abs. 1 Satz 1 Nr. 7 BBergG (Vorsorge zur Wiedernutzbarmachung); eine gesetzgeberische Klarstellung fordernd *Keimeyer/Gailhofer/Westphal/Sanden/Schomerus/Teßmer*, Recht der Rohstoffgewinnung, Umweltbundesamt, Texte 71/2019, S. 308 f.

In den gerichtlichen Verfahren wurde insbesondere geltend gemacht, es handele sich bei dem zu rodenden Hambacher Forst um ein potenzielles FFH-Gebiet.[832] Das OVG Münster hatte jedenfalls im vorläufigen Rechtsschutz die aufschiebende Wirkung der Klage gegen die Hauptbetriebsplanzulassung teilweise wiederhergestellt.[833] Mittlerweile ist der Bestand des Hambacher Forsts politisch gesichert.[834]

Die Kalisalzgewinnung muss seit Jahren Probleme bei der Entsorgung salzhaltigen Wassers bewältigen. Sowohl Erlaubnisse für die Einleitung in Oberflächengewässer als auch für die Versenkung in den Untergrund wurden in den vergangenen Jahren nur zurückhaltend erteilt und gerichtlich angefochten. Ende 2017 schloss der Salzproduzent K+S mit dem BUND einen Kompromiss zur Beendigung der Streitigkeiten um den Umgang mit salzhaltigen Abwässern.[835] 2019 stellte auch die Europäische Kommission ein Vertragsverletzungsverfahren wegen Einleitungen in Werra und Weser ein.[836] Die mit der Abwasserbeseitigung verbundenen rechtlichen und tatsächlichen Probleme dürften damit aber keineswegs erledigt sein.

Bereits angesprochen wurden das Fracking-Moratorium, wonach aus Gründen insbesondere des Grundwasserschutzes grundsätzlich keine Erdöl- und Erdgasgewinnungsvorhaben unter Einsatz der Fracking-Technologie gestattet wurden,[837] sowie die wasserrechtlichen Prüfungen zur Grubenwasserhaltung nach Einstellung des Steinkohlenbergbaus[838]. Bergbauliche Vorhaben können sich regelmäßig eines hohen politischen, medialen und gesellschaftlichen Interesses sicher sein, sodass eine – möglicherweise überschießende – politische Anreicherung rechtlicher Entscheidungen insbesondere dann denkbar ist, wenn politische Gremien wie der Kreistag oder der Kreisausschuss an Genehmigungsentscheidungen beteiligt sind.[839]

Schon der Umfang der Kommentierungen zu außerbergrechtlichen Anforderungen an bergbauliche Vorhaben in zwei der drei neueren Kommentare zum Bundesberggesetz[840] im Gegensatz zu den über 30 Jahre zuvor erschienenen

---

[832] Vgl. dazu *Teßmer*, NuR 2019, S. 82 ff.

[833] OVG Münster, Beschluss vom 5. Oktober 2018 – 11 B 1129/18, NVwZ 2018, S. 1818 ff.; kritisch zur Begründung *Durner/von Weschpfennig*, NVwZ 2018, S. 1821 ff.

[834] Siehe oben Fn. 578, S. 292.

[835] FAZ vom 28. November 2017, S. 23, K+S schließt Umweltkompromiss. Salzkonzern einigt sich mit Naturschutzorganisation BUND.

[836] FAS vom 16. Juni 2019, S. R2, Salzeinleitung: EU lenkt ein.

[837] Siehe oben 1. Kapitel C. III. 3. b) bb), S. 61.

[838] Siehe oben 3. Kapitel B. III. 2. a) cc), S. 309 ff.

[839] *Herbeck*, ZfB 158 (2017), S. 1 (17) zur Zuständigkeit des Kreises als untere Wasserbehörde.

[840] *von Mäßenhausen*, in: Boldt/Weller/Kühne/von Mäßenhausen, BBergG, 2. Auflage 2016, Anh. § 48; *Piens*, in: ders./Schulte/Graf Vitzthum, BBergG, 3. Auflage 2020, § 56 Anhang.

Erstauflagen[841] verdeutlicht die mittlerweile zentrale Bedeutung des sonstigen Fachrechts.

Da sich die vorliegende Abhandlung auf das bergrechtliche Regelungsregime konzentriert, ist hier nicht der Ort, die fachrechtlichen Probleme auch nur ansatzweise zu thematisieren. Im Folgenden sind stattdessen nur die Schnittstellen des Bergrechts zu beleuchten. Relevant ist dabei zunächst, wie Betriebsplanzulassungen sowie außerbergrechtliche Gestattungen nach ihrem Prüfungsgegenstand und in ihrer Regelungswirkung abzuschichten sind (I.). Die vergleichsweise eindeutige Systematik wird mittlerweile zuweilen dadurch durchbrochen, dass Berg- und sonstiges Fachrecht mitunter ausdrücklich dieselben Voraussetzungen regeln. Dies führt zu Dopplungen des zu prüfenden Rechts in unterschiedlichen Genehmigungsentscheidungen – eine verfahrensrechtlich kritikwürdige Gesetzgebung (II.). Systematisch wenig überzeugend ist auch eine vom OVG Münster etablierte bergrechtliche Schlusspunkttheorie, nach der die Zulassung des Hauptbetriebsplans die letzte notwendige Entscheidung sein muss (III.).

I. Die Abschichtung paralleler Entscheidungen

Die Grundkonzeption der Zulassung bergbaulicher Vorhaben ist verhältnismäßig klar. Die spezifisch bergrechtlichen Zulassungsvoraussetzungen betreffen ganz im Sinne der Betriebsplanzulassung als präventives bergaufsichtliches Überwachungsinstrument[842] im Kern die Sicherheit der Betriebsführung, Belange des Lagerstättenschutzes und nur partiell Umweltinteressen.[843] *Bergrechtlich* ist damit das Betriebsplanverfahren das zentrale Entscheidungsverfahren. Sonstige Vorgaben finden nach der *Altenberg*-Rechtsprechung über die bergrechtliche Öffnungsklausel Einzug ins Betriebsplanverfahren,[844] wobei ebenso klar ist, dass außerbergrechtliche Zulassungen nicht verdrängt werden. Nach der Grundkonzeption erfolgen sie in separaten Verfahren durch die jeweils zuständige Behörde. Erfordert ein Vorhaben eine Umweltverträglichkeitsprüfung, werden außerbergrechtliche Gestattungen durch die Zulassung eines obligatorischen Rahmenbetriebsplans in einem Planfeststellungsverfahren formell konzentriert.[845]

Damit stellt sich die Frage, ob und inwieweit die Öffnungsklausel des § 48 Abs. 2 BBergG auch Anforderungen erfasst, die ebenso in anderen Zulassungs-

---

[841] *Boldt/Weller*, BBergG, 1984 enthielt sich völlig; *Piens/Schulte/Graf Vitzthum*, BBergG, 1983, § 56 Rn. 115 ff.

[842] Siehe dazu oben 1. Kapitel D. II., S. 80.

[843] Näher oben 3. Kapitel A. I., S. 197 ff.

[844] Näher oben 3. Kapitel A. II. 1., S. 201 ff.

[845] Näher oben 3. Kapitel B. III. 3. b), S. 317 ff.

verfahren zu prüfen sind oder dort geprüft werden können. Im Ausgangspunkt unterscheidet sich diese Abgrenzung nicht von derjenigen in sonstigen parallelen Genehmigungsverfahren,[846] findet aber in Satz 1 der Öffnungsklausel eine spezielle[847] materiell-rechtliche Anknüpfungsmöglichkeit, wenn die Bergbehörde – *unbeschadet anderer öffentlich-rechtlicher Vorschriften* – eine Aufsuchung oder eine Gewinnung beschränken oder untersagen kann, soweit ihr *überwiegende öffentliche Interessen* entgegenstehen.

Bereits in seiner *Altenberg*-Entscheidung hat das Bundesverwaltungsgericht entschieden, dass materiell-rechtliche Vorgaben, die nicht eindeutig einem bestimmten Genehmigungsverfahren zuzuordnen sind und verschiedene Auffangklauseln miteinander konkurrieren, im sachnäheren Verfahren abzuarbeiten sind. Immissionsschutzrechtliche Anforderungen für nicht genehmigungsbedürftige Anlagen nach § 22 BImSchG seien infolgedessen als überwiegende öffentliche Interessen im Sinne des § 48 Abs. 2 BBergG im Betriebsplanverfahren zu berücksichtigen, während der Bauaufsichtsbehörde eine entsprechende Prüfung im Baugenehmigungsverfahren versagt sein soll.[848]

Im Übrigen hat das Gericht in § 48 Abs. 2 BBergG im Ergebnis eine materiell-rechtliche Anordnung des Separationsmodells gesehen, da die Befugnis der Bergbehörde zur Beschränkung oder Untersagung von Aufsuchungs- oder Gewinnungstätigkeiten nur insoweit bestehen soll, als „nicht bereits andere öffentlich-rechtliche Vorschriften eine spezielle Behörde mit der Wahrnehmung der zu schützenden öffentlichen Interessen betraut haben".[849] Eine Einschränkung erfährt die Separierung allerdings insoweit, als zumindest die grundsätzliche Zulassungs- oder Genehmigungsfähigkeit sowie die Möglichkeit einer Ausnahme oder Befreiung summarisch zu prüfen ist.[850]

Diese Sichtweise ist aber weder nach dem Wortlaut noch der Entstehungsgeschichte zwingend. Die „Unbeschadet"-Klausel ist vielmehr nichts weiter als eine gesetzgeberische Klarstellung, dass das Bundesberggesetz sonstiges Fach-

---

[846] Allgemein zu den verschiedenen Abgrenzungsmodellen *Gaentzsch*, NJW 1986, S. 2787 ff.; *Jarass*, Konkurrenz, Konzentration und Bindungswirkung von Genehmigungen, 1984; *Niermann*, Betriebsplan und Planfeststellung im Bergrecht, 1992, S. 168 f.; *Rausch*, Umwelt- und Planungsrecht beim Bergbau, 1990, S. 217 ff.; *M.-J. Seibert*, Die Bindungswirkung von Verwaltungsakten, 1989, S. 353 ff.

[847] Vgl. demgegenüber etwa § 74 Abs. 1 BauO NRW: Die Baugenehmigung ist zu erteilen, wenn dem Vorhaben keine öffentlich-rechtlichen Vorschriften entgegenstehen.

[848] BVerwG, Urteil vom 4. Juli 1986 – 4 C 31/84, BVerwGE 74, 315 (324 f.); einen formaleren Ansatz verfolgt hingegen BVerwG, Urteil vom 28. September 2016 – 7 C 18/15, NVwZ 2017, S. 632 Rn. 43, wo eine eindeutige Zuordnung bauplanungsrechtlicher Anforderungen zum immissionsschutzrechtlichen Genehmigungsverfahren erfolgt, weil dieses nach § 13 BImSchG Konzentrationswirkung entfalte; kritisch und näher *Pauli/Wörheide*, NuR 2018, S. 302 (308 ff.).

[849] Näher oben 3. Kapitel A. II. 2., S. 206 f.

[850] Siehe oben 3. Kapitel A. II. 2. a) cc), S. 212.

recht nicht überlagert.[851] Folglich werden auch anderweitige Zuständigkeiten nicht verdrängt, sodass verwaltungsdogmatisch durchaus eine Lesart denkbar wäre, nach der Prüfungs- und Entscheidungskompetenzen in Abhängigkeit der jeweiligen Fachkompetenz abzuschichten[852] sind. Die Bergbehörde hätte danach im Rahmen der tatbestandlichen Abwägung nach § 48 Abs. 2 BBergG auch solche Vorschriften zu prüfen, die parallelen Genehmigungsverfahren zugeordnet sind. Dabei handelte es sich allerdings nur um Abwägungsmaterial, das zwar zu prüfen ist, über das die Bergbehörde allerdings keine die Fachbehörde bindende Entscheidung trifft. Auf diese Weise würde auch der Prüfungsstoff für die tatbestandliche Abwägung erweitert, der sonst doch erheblich reduziert ist.[853]

Der damit verbundenen Gefahr von Doppelprüfungen und sich widersprechenden fachrechtlichen Wertungen könnte dadurch begegnet werden, dass die Behörde mit der weitestgehenden *Prüfungs*kompetenz die anderen Entscheidungen – sofern die Verfahren auch parallel geführt werden – koordiniert und entsprechende fachbehördliche Auffassungen in die eigene Entscheidung aufnimmt.[854] Akzeptiert man das Betriebsplanverfahren als zentrales Zulassungsverfahren bergbaulicher Vorhaben, kann diese Koordinierungsfunktion die Bergbehörde übernehmen. Verfahrensrechtlich ist § 54 Abs. 2 Satz 1 BBergG eine taugliche Grundlage, da hiernach ohnehin andere Behörden oder Gemeinden als Planungsträger zu beteiligen sind, deren Aufgabenbereich durch die in einem Betriebsplan vorgesehenen Maßnahmen berührt wird. Gleichzeitig würden die zu beteiligenden Fachbehörden nach Vertrauensschutzgesichtspunkten materiell an die Stellungnahmen im Beteiligungsverfahren gebunden. Sie dürften wegen des „inzwischen eingetretenen Verbrauch[s] von glaubwürdigen Ablehnungsgründen" in den Zulassungsverfahren keine grundsätzlich abweichenden Wertungen vornehmen.[855] Dogmatisch lässt sich dies allerdings nicht mit etwaigen Bindungswirkungen der Betriebsplanzulassung begründen, weil der Bergbehörde insoweit die Entscheidungskompetenz fehlt. Tragfähig ist dagegen die Annahme einer gewissen Selbstbindung der Verwaltung aus rechtsstaatlichen Gründen in Verbindung mit Freiheitsgrundrechten in Anlehnung

---

[851] Näher oben 3. Kapitel A. II. 2. a) cc), S. 212 f.

[852] Dazu *M.-J. Seibert*, in: Landmann/Rohmer, Umweltrecht, BImSchG § 13 Rn. 93 f. (Februar 2013); ausführlich *ders.*, Die Bindungswirkung von Verwaltungsakten, 1989, S. 395 ff. („beschränkte Inzidentfeststellungen").

[853] Siehe oben 3. Kapitel A. II. 2. a), S. 208 ff.; *Hoppe/Beckmann*, Grundeigentumsschutz bei heranrückendem Bergbau, 1988, S. 110 f.; vgl. auch *Jarass*, Konkurrenz, Konzentration und Bindungswirkung von Genehmigungen, 1984, S. 83 zu Ermessensentscheidungen im Separationsmodell.

[854] *Seibert*, DVBl 1986, S. 1277 (1280 f.); vgl. *ders.*, Die Bindungswirkung von Verwaltungsakten, 1989, S. 399.

[855] *Salzwedel*, in: FS Feldhaus, 1999, S. 281 (284 ff., 288 (Zitat)) zum Bewirtschaftungsermessen bei Sümpfungserlaubnissen für den Braunkohlentagebau Garzweiler II.

an die Gleichheitsdogmatik,[856] die man im Übrigen auch völlig ungeachtet einer Differenzierung zwischen Prüfungs- und Entscheidungskompetenz annehmen kann.

II. Parallele Genehmigungen und materiell-rechtliche Dopplungen – insbesondere: Fracking-Gesetzgebung

Folgt man der Separationslösung des Bundesverwaltungsgerichts, werden die materiell-rechtlichen Anforderungen an das Vorhaben deutlich auf verschiedene Verfahren aufgeteilt. Unterscheidet man demgegenüber in Abhängigkeit von der Fachkompetenz nach Prüfungs- und Entscheidungskompetenzen, sind materiell-rechtliche Dopplungen im Prüfungsumfang nicht zu vermeiden, die Sachentscheidungen werden gleichwohl deutlich voneinander abgegrenzt.

Von dieser klaren Abschichtung paralleler Genehmigungen löst sich der Gesetzgeber allerdings punktuell mit der im Wesentlichen zum 11. Februar 2017 in Kraft getretenen Fracking-Novelle[857] selbst, indem er im Wasserhaushaltsgesetz auf Anforderungen in bergrechtlichen Verordnungen verweist und auch ansonsten teils identische materiell-rechtliche Anforderungen stellt. Namentlich geht es dabei um Änderungen in der UVP-V Bergbau sowie der Allgemeinen Bundesbergverordnung auf Grundlage der § 57c Satz 1 Nr. 1 und 2 BBergG sowie § 68 Abs. 2 Nr. 3, Abs. 3 i.V.m. § 66 Satz 1 Nr. 1 und 2 BBergG. Die Verordnungen installieren UVP-Pflichten für die Aufsuchung und Gewinnung von Erdöl und Erdgas mittels der Fracking-Technologie[858] (§ 1 Satz 1 Nr. 2a UVP-V Bergbau) sowie der Entsorgung oder Beseitigung von Lagerstättenwasser (§ 1 Satz 1 Nr. 2c UVP-V Bergbau), formulieren in § 2 UVP-V Bergbau hierauf bezogene Angabepflichten im UVP-Bericht und präzisieren mit §§ 22b und 22c ABBergV Anforderungen an die Aufsuchung und Gewinnung von Erdgas, Erdöl und Erdwärme einschließlich des Frackings sowie Anforderungen an den Umgang mit Lagerstättenwasser und Rückfluss[859] bei der Aufsuchung und Gewinnung von Erdöl und Erdgas. Im Wasserhaushaltsgesetz stellt der Gesetzge-

---

[856] Ebenso bereits oben 2. Kapitel B. IV. 1. c), S. 125 f. zur Wirkung von Bergbauberechtigungen sowie 3. Kapitel B. II. 3. a), S. 293 f. zur Bindungswirkung bei Rahmenbetriebsplanzulassungen.

[857] Gesetz zur Änderung wasser- und naturschutzrechtlicher Vorschriften zur Untersagung und zur Risikominimierung bei den Verfahren der Fracking-Technologie (BGBl. I 2016, 1972); Gesetz zur Ausdehnung der Bergschadenshaftung auf den Bohrlochbergbau und Kavernen (BGBl. I 2016, 1962); Verordnung zur Einführung von Umweltverträglichkeitsprüfungen und über bergbauliche Anforderungen beim Einsatz der Fracking-Technologie und Tiefbohrungen (BGBl. I 2016, 1957).

[858] Zur Fracking-Technologie siehe oben Fn. 146, S. 24.

[859] Zu den Begrifflichkeiten *von Weschpfennig*, in: Landmann/Rohmer, Umweltrecht, § 13a WHG Rn. 8 ff. (Stand: Juli 2018).

ber hingegen – rechtswissenschaftlich nicht unumstritten[860] – zunächst mit § 9 Abs. 2 Nr. 3 und 4 WHG die Fiktion des Frackings sowie der untertägigen Ablagerung von Lagerstättenwasser als Gewässerbenutzung auf und formuliert in den §§ 13a und 13b WHG hieran zu stellende Anforderungen.

Verfahrens- und vollzugsrechtlich verweist § 13b Abs. 1 und 3 WHG auch für die wasserrechtliche Erlaubnis auf verpflichtende Angaben nach der UVP-V Bergbau sowie die Konkretisierung von Überwachungspflichten nach Maßgabe der Allgemeinen Bundesbergverordnung. Materiell-rechtlich wird die Erlaubnis nach § 13a Abs. 4 Nr. 2, Abs. 5 WHG an den Stand der Technik gebunden. Der Stand der Technik wird ebenfalls in § 22b Satz 1 Nr. 1 sowie § 22c Abs. 3 ABBergV in Bezug genommen. § 13a Abs. 5 WHG verweist nochmals ausdrücklich darauf, dass nicht nur der Stand der Technik im Allgemeinen, sondern „insbesondere" die Anforderungen des § 22c ABBergV zu erfüllen sind.

Ohne in diesem Rahmen die Einzelheiten zu thematisieren, tritt nicht nur eine teils verwirrende Verweistechnik hervor, sondern es wird auch deutlich, dass die bergrechtliche Betriebsplanzulassung und wasserrechtliche Erlaubnis verfahrens- und materiell-rechtlich teils identischen oder doch zumindest vergleichbaren Anforderungen unterliegen und es somit von Gesetzes wegen zu verfahrensrechtlichen und regelungstechnischen Dopplungen kommen *muss*. Fachkompetenzen des Wasser- und Bergrechts werden nicht mehr klar unterschieden, sondern gehen ineinander über und überschneiden sich. Regelungstechnisch könnten solche Dopplungen im ungünstigsten Fall zu divergierenden Entscheidungen verschiedener Behörden führen. Hier ist dies allerdings nicht zu befürchten, weil die Bergbehörde ohnehin nach § 19 Abs. 1 WHG über die Erteilung der Erlaubnis entscheidet,[861] wobei – anders als bei der Betriebsplanzulassung – das Einvernehmen mit der zuständigen Wasserbehörde erforderlich ist. Dabei sind Verweise der wasserrechtlichen Erlaubnisse auf die Rahmenbetriebsplanzulassung in Betracht zu ziehen, um Dopplungen zu vermeiden.[862]

Die Gesetz- und Verordnungsgeber sollten künftig Regelungsbereiche möglichst eindeutig jeweils der sachnäheren Fachkompetenz zuordnen. Im Rahmen der Fracking-Novelle wurden hingegen im Kern bergtechnische Anforderungen, die selbstredend mittelbar auch dem Gewässerschutz dienen, zusätzlich in

---

[860] *Frenz*, NVwZ 2016, S. 1042 (1044) und *Giesberts/Kastelec*, in: Giesberts/Reinhardt, BeckOK UmweltR, § 13a WHG Rn. 38 bezeichnen die Fiktion, soweit nicht zumindest potenziell gewässerbezogen, als *ultra vires*. Sicherlich stellen die Fiktionen einen Fremdkörper innerhalb des § 9 WHG dar, kompetenzwidrig sind sie jedoch nicht, *von Weschpfennig*, in: Landmann/Rohmer, Umweltrecht, § 13a WHG Rn. 41 (Stand: Juli 2018).

[861] Im Übrigen nimmt das Bundesverwaltungsgericht auch eine Verfahrenskonzentration der Planfeststellung gegenüber der wasserrechtlichen Erlaubnis an, siehe oben Fn. 14, S. 194.

[862] *von Weschpfennig*, in: Landmann/Rohmer, Umweltrecht, § 13a WHG Rn. 89, 91, 96, 103 (Stand: Juli 2018), § 13b WHG Rn. 13 (Stand: Juli 2018).

die wasserrechtliche Erlaubnis einbezogen, obwohl sie ausschließlich im Bergrecht besser verortet gewesen wären.[863] Umgekehrt sollte der Bundesgesetzgeber aber auch eine materiell-rechtliche Ökologisierung des Bergrechts vermeiden. Interessen des Umweltschutzes sind im jeweiligen Fachrecht zu verorten, soweit es sich nicht um unmittelbar bergbautechnische Anforderungen handelt. Da solche Anforderungen jedenfalls über § 48 Abs. 2 BBergG einfließen, ist die ausreichende Berücksichtigung umweltrechtlicher Interessen nach Maßgabe des Fachrechts gesichert.

III. Bergrechtliche Schlusspunkttheorie und Relativierung der bergrechtlichen Zulassungsdogmatik

Neben diesen Aspekten der Abschichtung paralleler Entscheidungen sowie der Verteilung materiell-rechtlicher Anforderungen auf parallele Verfahren hat das OVG Münster im Jahre 2015 recht unvermittelt einen neuen Aspekt entscheidungserheblich thematisiert – nämlich die Frage nach der Reihenfolge der Gestattungen bei bergrechtlichen Vorhaben.

Das Gericht hatte auf Klage eines Wasserversorgungsunternehmens über die Rechtmäßigkeit der Zulassung eines Hauptbetriebsplans für die Gewinnung von Kalkstein in einem Steinbruch zu entscheiden. Es hielt die bergrechtliche Gestattung für rechtswidrig, weil sie vor einer notwendigen wasserrechtlichen Erlaubnis oder Bewilligung erteilt worden war, und installierte damit *de facto* eine bergrechtliche „Schlusspunkttheorie". „Eine den Abbau freigebende bergrechtliche Betriebsplanzulassung durfte wegen des Fehlens einer wasserrechtlichen Genehmigung noch nicht bzw. nicht unbedingt erteilt werden." Die Bergbehörde hätte mit Blick auf § 19 Abs. 2 WHG

---

[863] Kritisch auch *Kment*, NWVBl 2017, S. 1 (3). Damit gehen Diskussionen um die Frage nach der kompetenziellen Grundlage für die Fracking-Gesetzgebung einher. Die wasserrechtlichen Kernregelungen hat der Gesetzgeber auf den Kompetenztitel „Wasserhaushalt" nach Art. 74 Abs. 1 Nr. 32 GG gestützt, wenngleich hinsichtlich des Verbots des sogenannten unkonventionellen Frackings nach § 13a Abs. 1 Satz 1 Nr. 1 WHG der Kompetenztitel des Art. 74 Abs. 1 Nr. 11 GG „Recht der Wirtschaft (Bergbau)" einschlägig ist, weil eine konkrete Gewinnungstechnik untersagt wird, *von Weschpfennig*, in: Landmann/Rohmer, Umweltrecht, § 13a WHG Rn. 26 (Stand: Juli 2018). Relevanz hat dies für die Frage, ob und unter welchen Voraussetzungen die Länder abweichende Regelungen – etwa in Form eines absoluten Verbots auch des konventionellen Frackings – treffen dürfen, was jedenfalls im *Ergebnis* zu verneinen ist. Näher dazu LVerfG Schleswig-Holstein, Urteil vom 6. Dezember 2019 – LVerfG 2/18, Rn. 92 ff., dass allerdings dem Wasserhaushaltsgesetz entgegenstehendes Landesrecht ausdrücklich nicht bereits an Art. 72 Abs. 1 GG scheitern lässt, weil der Gesetzgeber Frackingverbote abschließend auf Grundlage des Art. 74 Abs. 1 Nr. 11 GG geregelt hat, sondern auf Art. 72 Abs. 3 Satz 1 Nr. 5 GG rekurriert; *Durner*, W+B 2019, S. 143 (144 ff.); *von Weschpfennig*, a.a.O., Rn. 20 ff. (Stand: Juli 2018).

„bei zutreffender Bewertung der Sach- und Rechtslage [...] berücksichtigen müssen, dass der zugelassene Abbau zu einer Freilegung von Grundwasser führt. Demgegenüber ist der Beklagte in dem Zulassungsbescheid vom 25. September 2007 davon ausgegangen, ,die Machbarkeit des Vorhabens ohne nachteilige Einwirkungen auf das Grundwasser (sei) nachgewiesen'. Da der Hauptbetriebsplan den Abbau freigibt (vgl. § 51 Abs. 1 Satz 1 BBergG) hätte die Bergbehörde den Hauptbetriebsplan wegen entgegenstehender Gründe des Grundwasserschutzes gemäß § 48 Abs. 2 Satz 1 BBergG nicht vor oder nur bei gleichzeitiger Erteilung der erforderlichen wasserrechtlichen Genehmigung zulassen dürfen."[864]

Diese knappen Ausführungen bergen bei näherer Betrachtung durchaus Sprengkraft für die Bergrechtsdogmatik. Sie kumulieren nicht nur die systematischen Unklarheiten bei der Bestimmung des Prüfungsstoffs im Rahmen von § 48 Abs. 2 BBergG,[865] sondern münden in einem von der Rechtsprechung des Bundesverwaltungsgerichts partiell abweichenden Verständnis der Öffnungsklausel sowie der Abschichtung paralleler Zulassungen. Auch Jahrzehnte nach der *Altenberg*-Entscheidung 1986 scheint die Funktionsweise der Öffnungsklausel – selbst völlig ungeachtet der Kritik an der herrschenden Auffassung[866] – noch immer nicht hinreichend geklärt. Letztlich werden damit erneut entsprechende Reformforderungen unterstrichen.[867]

Wie bereits mehrfach thematisiert,[868] sieht das Bundesverwaltungsgericht in § 48 Abs. 2 Satz 1 BBergG die materiell-rechtliche Anordnung einer Separationslösung. Die Befugnis der Bergbehörde zur Beschränkung oder Untersagung von Aufsuchungs- oder Gewinnungstätigkeiten besteht hiernach nur insoweit, als „nicht bereits andere öffentlich-rechtliche Vorschriften eine spezielle Behörde mit der Wahrnehmung der zu schützenden öffentlichen Interessen betraut haben". Es sind „Belange zu prüfen und abzuarbeiten, die nicht bereits [...] in Verfahren geprüft werden, die mangels einer Konzentrationswirkung der Zulassungsentscheidung nach anderen öffentlich-rechtlichen Vorschriften erforderlich sind".

In der baurechtlichen Dogmatik wird dem Separationsmodell – je nach landesrechtlicher Ausgestaltung – die sogenannte baurechtliche Schlusspunkttheorie gegenübergestellt,[869] nach der die Baugenehmigung die öffentlich-

---

[864] OVG Münster, Urteil vom 18. November 2015 – 11 A 3048/11, ZfB 157 (2016), S. 33 (52 f.); daran anschließend für die Zulassung eines Sonderbetriebsplans OVG Saarlouis, Urteil vom 10. Dezember 2019 – 2 A 185/18, ZfB 161 (2020), S. 122 (137); zweifelnd offenbar VG Köln, Urteil vom 12. März 2019 – 14 K 3037/18, juris, Rn. 63 ff., das die Frage allerdings dahinstehen lassen konnte.

[865] Was sind die entgegenstehenden öffentlichen Interessen? Sind diese überhaupt zu prüfen, wenn sie in speziellere Verfahren einfließen?

[866] Ausführlich hierzu oben 3. Kapitel A. II., S. 200 ff.

[867] Siehe oben 3. Kapitel A. II. 5., S. 263 ff.

[868] Siehe oben 3. Kapitel A. II. 2., S. 206 f., a) cc), S. 212 f. sowie C. I., S. 341 f.

[869] Ausdrücklich etwa *Anders*, JuS 2015, S. 604 (607 f.); *Gassner*, in: Spannowsky/Uechtritz, BeckOK BauO BW, § 58 Rn. 88; *Grotefels*, in: Hoppe/Bönker/Grotefels, Öffentliches Baurecht, 4. Auflage 2010, § 16 Rn. 49; *Hornmann*, HBO, 3. Auflage 2019, § 74 Rn. 51 ff.

rechtliche Zulässigkeit des Vorhabens umfassend und abschließend feststellt und daher erst dann erteilt werden darf, wenn sonstige erforderliche Gestattungen vorliegen[870]. Im Separationsmodell werden hingegen weder solche Voraussetzungen geprüft, noch kommt es darauf an, ob entsprechende Genehmigungen bereits vorliegen.[871] Indem das OVG Münster die Zulassung eines Hauptbetriebsplans ausdrücklich nicht vor der Zulassung der wasserrechtlichen Erlaubnis – zumindest aber nicht ohne entsprechende Bedingung – akzeptiert, entfernt es sich von der dogmatischen Grundlegung des Bundesverwaltungsgerichts, was zumindest nach baurechtlicher Dogmatik einen offenen Bruch bedeuten würde.

Die Entscheidung könnte nur dann in die höchstrichterliche Rechtsprechung eingereiht werden, wenn man zwar dem Separationsansatz folgt, gleichwohl aber – wie das OVG – schon wegen der Gestattungswirkung der Hauptbetriebsplanzulassung in ihr einen zwingenden zeitlichen Schlusspunkt sieht. Ohne die dogmatische Anbindung an den Prüfungsumfang kann die Schlusspunkttheorie allerdings nicht untermauert werden, weil das Bundesberggesetz – abgesehen von der obligatorischen Rahmenbetriebsplanzulassung, soweit sie außerbergrechtliche Entscheidungen konzentriert[872] – nicht den Anspruch erhebt, Vorhaben (auch) außerbergrechtlich umfassend zu gestatten.[873]

Die gegenteilige Auffassung des OVG Münster bleibt nicht ohne Folgen für den materiell-rechtlichen Gehalt der Öffnungsklausel. Offenbar sollen schon dann überwiegende öffentliche Interessen der Zulassung des Hauptbetriebsplans entgegenstehen, wenn eine wasserrechtliche Genehmigung fehlt, ohne dass es auf die (grundsätzliche) Vereinbarkeit mit Wasserrecht überhaupt ankommt.[874] Ein materiell-rechtliches Tatbestandsmerkmal wird auf diese Weise mit einem verfahrensrechtlichen Kriterium angereichert, sodass der Amtsermittlungsgrundsatz *inhaltlich* nicht mehr greifen kann. Damit ist das Gericht insoweit auch von den Anforderungen des § 113 Abs. 3 VwGO für eine Aufhebung der Zulassung entbunden.

Die praktischen Auswirkungen der Entscheidung dürften sich gleichwohl meist in Grenzen halten, weil sich die Praxis auf die Anforderungen an die verfahrensrechtliche Reihenfolge der Zulassungen grundsätzlich einstel-

---

[870] *Hellhammer-Hawig*, in: Schönenbroicher/Kamp, BauO NRW, 2012, § 75 Rn. 52; vgl. BVerwG, Beschluss vom 25. Oktober 1995 – 4 B 216/95, NVwZ 1996, S. 377.

[871] Siehe die Nachweise soeben in Fn. 869.

[872] Siehe oben 3. Kapitel B. III. 3. b), S. 317 ff.

[873] Ablehnend daher auch *Beckmann*, in: Frenz, BBergG, 2019, § 53 Rn. 44 ff. Nichts anderes gilt, wenn man die Separationslösung ablehnt und stattdessen die Trennung einer Prüfungs- und Entscheidungskompetenz annimmt. Auch dies setzt nicht voraus, dass bereits sämtliche Genehmigungen erteilt wurden, siehe oben 3. Kapitel C. I., S. 341 ff.

[874] Ist diese nicht geprüft worden, kann die Betriebsplanzulassung schon aus diesem Grunde rechtswidrig sein, näher oben 3. Kapitel A. II. 2. a) cc), S. 212.

len kann.[875] Selbst wenn es nicht möglich oder zweckmäßig sein sollte, bereits zum Zeitpunkt der Hauptbetriebsplanzulassung bereits alle parallelen Genehmigungen vorzulegen, scheint das OVG Münster entsprechende Nebenbestimmungen akzeptieren zu wollen. Eine ausreichende Flexibilität ist demnach nicht grundsätzlich gefährdet.

D. Synthese: Weitreichende Entscheidungskonzentrationen de lege ferenda?

I. Konfliktbewältigung im Betriebsplanverfahren – eine Zwischenbilanz

Bei allen im Detail bestehenden Defiziten und Schwierigkeiten des Bergrechts sowie der Rechtsprechung hierzu bleibt doch zu konstatieren, dass die Regelungen des Bundesberggesetzes in vielerlei Hinsicht eine strukturell sinnvoll abgeschichtete Konfliktlösung ermöglichen. Defizitär ist allerdings nach wie vor die Öffnungsklausel des § 48 Abs. 2 BBergG, wie auch die soeben diskutierte Entscheidung des OVG Münster nochmals belegt. Eine etwaige Novellierung ist nicht nur im Sinne einer Normenklarheit angezeigt, sondern sollte auch grundrechtlichen Anforderungen besser als bislang Rechnung tragen können – auch wenn die relevanten Fragen mit der Einstellung der Steinkohlengewinnung an Bedeutung verlieren dürften.

Reform- oder zumindest Klarstellungsbedarf besteht zudem hinsichtlich der Bindungswirkungen fakultativer Rahmenbetriebsplanzulassungen, die nach hier vertretener Auffassung weiter reichen, als es die höchstrichterliche Rechtsprechung annimmt.

Im Detail erhebliche Defizite sind im Bereich planfeststellungspflichtiger Bergbauvorhaben zu konstatieren, weil der Anspruch einer umfassenden Umweltverträglichkeitsprüfung und hieran anschließenden horizontalen Konzentrationswirkung außerbergrechtlicher Entscheidungen nicht selten an den bergbaulichen Sachgesetzlichkeiten[876] – oder einfach nur an den langen Laufzeiten der Vorhaben – scheitert. Schließlich sollte die Stellung des Abschlussbe-

---

[875] Anders ist dies allerdings, wenn man die Zulassung etwa eines Abschlussbetriebsplans, der auch den Wiederanstieg des Grubenwassers gestattet, von der zumindest gleichzeitigen wasserrechtlichen Gestattung der mitunter erst mehrere Jahre später notwendigen erneuten Hebung des Grubenwassers und Einleitung in Oberflächengewässer (näher dazu oben 3. Kapitel B. III. 2. a) cc), S. 309 ff.) abhängig macht, so OVG Saarlouis, Urteil vom 10. Dezember 2019 – 2 A 185/18, ZfB 161 (2020), S. 122 (137) zu einer Sonderbetriebsplanzulassung; ablehnend *von Weschpfennig*, in: ders., Bergbau und Wasserrecht (i.E.), dort unter IV.

[876] Siehe oben 1. Kapitel A. III., S. 5.

triebsplans innerhalb des Systems der UVP-Pflichten, die Reichweite der UVP-Pflicht sowie das maßgebliche Trägerverfahren deutlicher konturiert werden, da derzeit der Vollzug mitunter erheblich von der geltenden Rechtslage abweicht. Rechtspolitisch ist zu diskutieren, ob die Beschränkung des Trägerverfahrens auf die obligatorische Rahmenbetriebsplanung immer sachgerecht ist.

II. Rechtspolitische Überlegungen de lege ferenda: *Planfeststellung bei nicht UVP-pflichtigen Vorhaben?*

Ungeachtet dieser mehr punktuellen Korrekturen sollte die Struktur des gestuften Zulassungssystems als solche rechtspolitisch auf den Prüfstand gestellt werden.

Die sehr ausdifferenzierte Verfahrensstufung wird in aller Regel mit der dynamischen Betriebsweise des Bergbaus und insbesondere mit Prognoseschwierigkeiten begründet. Ist dies zwar im Grundsatz sicherlich nicht zu bestreiten, so bleibt doch die Frage, ob diese Prognoseunsicherheiten tatsächlich bei sämtlichen betriebsplanpflichtigen Vorhaben derart vergleichbar sind, dass die Zulassung von Hauptbetriebsplänen für die Dauer von in der Regel zwei Jahren stets der zulassungsrechtliche Maßstab sein müssen. Hier werden beispielsweise die Erdölförderung oder die Gewinnung von Sand im Tagebau – die gleichfalls unter das Bundesberggesetz fallen kann[877] – anders zu bewerten sein als die mittlerweile eingestellte Steinkohlengewinnung.[878] Überdies dürfte auch technologischer Fortschritt Prognoseunsicherheiten zumindest reduzieren.[879] Der Gesetzgeber hat hierauf zumindest im Ansatz reagiert und nach Maßgabe des § 52 Abs. 1 Satz 3 bis 5 BBergG Hauptbetriebspläne mit einer Laufzeit von bis zu vier Jahren ermöglicht.[880]

In rechtlicher Hinsicht hat der Gesetzgeber mit der bislang größten Novellierung im Jahre 1990[881] für UVP-pflichtige Vorhaben eine Planfeststellungspflicht mit horizontaler Konzentrationswirkung und weitreichenden vertikalen Bindungswirkungen eingeführt, obwohl noch zehn Jahre zuvor verfahrensrechtliche Konzentrationswirkungen wegen der Besonderheiten des Bergbaus ausdrücklich ausgeschlossen worden waren.[882] Trotz aller Umsetzungsschwie-

---

[877] Zum Anwendungsbereich siehe oben 1. Kapitel D. I. 1. b) bb) (1), S. 71 ff.

[878] Vgl. bereits oben 1. Kapitel D. I. 1. b) bb) (1), S. 73 zu § 3 Abs. 4 Nr. 2 BBergG, wonach alle Bodenschätze, die untertägig aufgesucht oder gewonnen werden, jedenfalls grundeigen sind und damit in den Anwendungsbereich des Bundesberggesetzes fallen.

[879] *Ludwig*, DVBl 2016, S. 685 (690).

[880] Siehe dazu oben Fn. 502, S. 81.

[881] Gesetz zur Änderung des Bundesberggesetzes vom 12. Februar 1990, BGBl I 1990, S. 215.

[882] Näher dazu oben 3. Kapitel B. III., S. 298.

rigkeiten im Detail scheint sich die Bergbaupraxis verfahrensrechtlich mit diesem Systemwandel arrangiert zu haben.

Gesetzessystematisch verbleibt dann aber die Frage, warum die grundlegende Struktur der gestuften Vorhabenzulassung von der UVP-Pflicht abhängen soll. *Gunther Kühne* regte daher konsequenterweise an, die fakultative Rahmenbetriebsplanung der obligatorischen anzunähern.[883] Da die Möglichkeiten hierzu *de lege lata* begrenzt sind und die Rechtsprechung bislang der fakultativen Rahmenbetriebsplanzulassung selbst in ihrem Regelungsbereich entgegen der hier vertretenen Auffassung abschließende Bindungswirkungen abspricht und sie unter den Vorbehalt einer Änderung der Sach- oder Rechtslage stellt, sind entsprechende Novellierungen zu erwägen. Überdies fordert das Bundesverfassungsgericht mit seiner *Garzweiler*-Entscheidung eine frühzeitige Gesamtabwägung bereits bei der Rahmenbetriebsplanzulassung, wenn bei komplexen Vorhaben später Grundabtretungen notwendig werden können.[884] Der Senat geht folglich davon aus, dass selbst bei Jahrzehnte andauernden Tagebaubetrieben solche Abwägungen frühzeitig möglich sind, wenngleich die Entscheidungsgründe herausstellen, dass die spätere Abwägung im Rahmen der Grundabtretung selbst durchaus detailreicher ausfallen *kann*.

Vor diesem Hintergrund erscheint es diskussionswürdig, ob und inwieweit die Rahmenbetriebsplanzulassung *ungeachtet* einer UVP-Pflicht zu einer Planfeststellung[885] oder – sofern man eine Öffentlichkeitsbeteiligung für nicht notwendig erachtet – einer Plangenehmigung ausgebaut werden könnte. Konzeptionell hätte dies verschiedene Vorteile. Vorhabenträger hätten frühzeitiger Planungssicherheit. Im Übrigen würden so verschiedene Verfahren gebündelt, sodass auch etwaige unterschiedliche Zuständigkeiten nach Maßgabe des Landesrechts[886] entfallen würden. Denkbar wäre auch eine freiwillige Option zur Planfeststellung auf Wunsch des Vorhabenträgers.

Auf diese Weise könnten auch andere, teilweise bereits vor Jahrzehnten vorgetragene rechtspolitische Überlegungen eingearbeitet werden. *Martin Beckmann* hatte schon im Nachgang zur *Moers-Kapellen*-Rechtsprechung am Rande die Frage aufgeworfen, ob bei der Verfahrensstufung „nicht stärker nach betriebstechnischen und raumbezogenen Fragen unterschieden werden" könnte. Nachbarbelange mit Öffentlichkeitsbeteiligung könnten hiernach umfänglich auf einer der Gestattung vorgelagerten Stufe berücksichtigt werden. „Eine solche Differenzierung würde im übrigen auch der einzigartigen Dop-

---

[883] *Kühne*, DVBl 2006, S. 662 (665, 672).

[884] Dazu oben 3. Kapitel A. II. 4. f), S. 260 ff.

[885] Vgl. den ausgearbeiteten Gesetzesvorschlag von *Ludwig*, ZUR 2014, S. 451 (454 ff.); vgl. auch *Keimeyer/Gailhofer/Westphal/Sanden/Schomerus/Teßmer*, Recht der Rohstoffgewinnung, Umweltbundesamt, Texte 71/2019, S. 302.

[886] Siehe dazu *H. Schulte*, Raumplanung und Genehmigung bei der Bodenschätzegewinnung, 1996, S. 415 ff.

pelfunktion des Betriebsplanverfahrens als Zulassungs- und Aufsichtsverfahren besser gerecht."[887] In diesem Rahmen könnte auch auf vorgelagerter Stufe dem Planungscharakter der Betriebsplanung Rechnung getragen und eine *ausdrückliche* planerische Abwägungsentscheidung implementiert werden,[888] während insbesondere die gestattenden Hauptbetriebsplanzulassungen solche Planentscheidungen nur noch konkretisieren würden.

E. Bergnachbarrecht und Nutzungskonkurrenzen

Bislang wurde fast ausschließlich die Konfliktlösung zwischen bergbaulichen und sonstigen Interessen in den Blick genommen, insbesondere die adäquate Berücksichtigung von Grundeigentümerinteressen sowie solchen des Umweltschutzes. Nahezu[889] unbeleuchtet blieben dagegen kollidierende Interessen in Bezug auf Rohstoffe, bei bergbaulichen Vorhaben oder ganz allgemein bei Nutzungen des Untergrundes.

Verglichen mit den zahlreichen gerichtlichen Auseinandersetzungen wegen Beeinträchtigungen des Oberflächeneigentums oder der Umwelt scheinen die praktischen Schwierigkeiten ungleich geringer zu sein,[890] obgleich das Bundesberggesetz hierfür ganz in der Tradition des überkommenen Bergrechts[891] nur rudimentäre Konfliktlösungsmechanismen bereitstellt (I. und II.). Der Gesetzgeber setzt hier zumindest implizit auf Kooperation sowie die allgemeinen zivilrechtlichen Konfliktlösungsmechanismen (III.). In der Sache geht es beispielsweise um die Gewinnung von unterschiedlichen Bodenschätzen durch verschiedene Berechtigungsinhaber[892] im selben Feld[893] oder sogar in derselben Lagerstätte[894], feldesüberschreitende Kohlenwasserstoff-Lagerstät-

---

[887] *Beckmann*, DVBl 1992, S. 741 (749).

[888] Vgl. zurückhaltend *Stiens*, Der bergrechtliche Betriebsplan, 1995, S. 168 ff. Ausführlich zur Abwägung siehe oben 3. Kapitel A. II. 4., S. 239 ff.

[889] Zum Rechtsschutz siehe oben 2. Kapitel A. I., S. 89 f. sowie B. V., S. 167. Zur Relevanz bergbaulicher Interessen bei der Verleihung von Bergbauberechtigungen siehe oben 2. Kapitel B. II. 1., S. 98 ff.

[890] Vgl. *von Hammerstein*, in: FS Kühne, 2009, S. 575 (596), der für den Bereich der Förderung von Kohlenwasserstoffen auf die fehlende Regelung der Reichweite der entsprechenden Bergbauberechtigungen bei feldesüberschreitenden Lagerstätten verweist, was über Jahrzehnte weder Gerichte noch die Rechtswissenschaft beschäftigt habe.

[891] *Kühne*, in: FS Säcker, 2011, S. 105 (108).

[892] Das kann auf einer Seite auch der Grundeigentümer sein, nämlich wenn der Bodenschatz nicht bergfrei ist, vgl. § 34 BBergG. Grundeigentümer treten damit in einer Doppelfunktion auf: Als Inhaber eines Grundstücks, das für bergbauliche Aktivitäten benötigt wird, sowie als spezifisch bergbaulicher Interessenträger.

[893] Ausführlich dazu *Weller*, ZfB 131 (1990), S. 111 ff.

[894] *Kühne*, Rechtsfragen der Aufsuchung und Gewinnung von in Steinkohleflözen beisitzendem Methangas, 1994; vgl. BGH, Urteil vom 12. Oktober 2000 – III ZR 242/98, BGHZ 145, 316 zum Zusammentreffen des Bergwerkseigentums an Mamor auf Grundlage der kur-

ten,[895] die Nutzung eines Salzbergwerks durch den Inhaber einer Salzabbau-gerechtigkeit zur Speicherung von Rohöl entgegen dem Willen des Grundeigentümers,[896] die Kollision eines unterirdischen behälterlosen Gasspeichers mit dem Abbau von Ton durch die Grundeigentümerin[897] oder auch Kollisionen bei benachbarten Geothermievorhaben[898]. Überdies können verschiedene Nutzungsinteressen am Untergrund wie die Verpressung von CO_2, die Erdgas-, Erdöl-, Druckluft- oder Wasserstoffspeicherung sowie die Geothermie miteinander kollidieren.[899]

Rechtspolitisch ist eine Stärkung des bergrechtlichen Steuerungspotenzials zu diskutieren (IV.). Gegenstand diesbezüglicher Überlegungen sollte nicht nur eine materiell-rechtliche Anreicherung des Berechtsamswesens und der Regelungen zur Betriebsplanzulassung sein, sondern ebenso die Ausweitung des bergrechtlichen Konzessionssystems auf andere, bislang nicht erfasste Untergrundnutzungen. Dies könnte nicht nur zu einem frühzeitigen Konfliktausgleich zwischen kollidierenden Nutzungsinteressen beitragen, sondern gleichzeitig das Verhältnis zum Grundeigentum spezialgesetzlich einhegen. Denn das Bundesberggesetz adressiert derzeit im Kern die Aufsuchung und Gewinnung von Bodenschätzen, während die sonstige Nutzung des Untergrundes nur partiell erfasst wird. So gelten zwar nach § 126 BBergG unter anderem die Vorschriften zur Betriebsplanzulassung beispielsweise auch für Untergrundspeicher. Das Berechtsamswesen gilt hingegen nicht. Sonstige Nutzungen des Untergrundes wie die dauerhafte Speicherung von Kohlendioxid oder die Errichtung von unterirdischen Pumpspeicherkraftwerken fallen – was ebenso diskussionswürdig erscheint – gar nicht unter das Bundesberggesetz.[900]

Solche Ergänzungen könnten allerdings nur eine unmittelbar auftretende Konfliktsituation steuern. Eine vorausschauende Planung von Untergrundnutzungen ermöglichen sie dagegen nicht, sofern man nicht das bergrechtliche Regelungssystem als solches in Frage stellen will.[901]

---

kölnischen Bergordnung von 1669 und nicht durch das Bundesberggesetz erfassten Grundeigentümerbodenschätzen (hier: Kalkstein).

[895] *von Hammerstein*, in: FS Kühne, 2009, S. 575 ff.; *Kühne*, in: FS Säcker, 2011, S. 105 (120 f.).

[896] BGH, Urteil vom 23. Oktober 1980 – III ZR 146/78, WM 1981, S. 129.

[897] BGH, Urteil vom 21. Dezember 1989 – III ZR 26/88, BGHZ 110, 17.

[898] Näher *Berlin*, NuR 2014, S. 476 ff. Die Gewinnung von Erdwärme fällt allerdings nur unter bestimmten Voraussetzungen in den Anwendungsbereich des Bundesberggesetzes (siehe oben 1. Kapitel D. I. 1. b) bb) (1), S. 72), was die damit verbundenen Probleme freilich nicht weniger interessant macht.

[899] *Bartel/Janssen*, NuR 2016, S. 237 (238); näher *Dietrich*, in: Kühne/Ehricke, Bergrecht zwischen Tradition und Moderne, 2010, S. 139 (140 ff.).

[900] Näher oben 1. Kapitel D. I. 2. a), S. 76 f.

[901] Vgl. dazu oben 2. Kapitel B. II. 1., S. 98 ff. sowie zur Steuerung der Untergrundnutzung unten 4. Kapitel, S. 381 ff.

I. Der nur rudimentäre Konfliktausgleich
im Berechtsamswesen

Bereits bei der Diskussion des Berechtsamswesens wurde deutlich, dass das Bundesberggesetz mit § 11 Nr. 8 und 9 bestehende Bergbaubetriebe und Lagerstätten im selben Feld oder in der Nachbarschaft nur rudimentär schützt.[902] Auch ungeachtet dessen steuert das Bundesberggesetz Konflikte in Bezug auf dasselbe Berechtigungsfeld nur in Ansätzen.

Grundsätzlich gilt das Windhundprinzip. Wer frühzeitig Bergbauberechtigungen beantragt und erlangt, kommt der Konkurrenz zuvor. § 14 Abs. 1 BBergG räumt allerdings dem Inhaber einer Erlaubnis ein Vorrangrecht bei der Erteilung einer Bewilligung ein. Nach § 14 Abs. 2 BBergG genießt in allen anderen Fällen derjenige Antrag Vorrang, der den Anforderungen einer sinnvollen und planmäßigen Aufsuchung oder Gewinnung – bezogen auf denselben Bodenschatz[903] – am besten Rechnung trägt. Maßgeblich für die Beurteilung sind im Kern das vorgelegte Arbeitsprogramm sowie die Glaubhaftmachung, die erforderlichen Mittel aufbringen zu können. Ferner sind die sonstigen bergbaulichen Tätigkeiten des Antragstellers zu berücksichtigen. Angesichts dieser ausdrücklichen Konkretisierungen ist es problematisch, wenn unter Verweis auf den Rohstoffsicherungszweck des Bundesberggesetzes mitunter wettbewerbspolitische Gesichtspunkte herangezogen werden.[904]

Da Bergbauberechtigungen auf einen bestimmten Bodenschatz in einem bestimmten Feld verliehen werden, können sich Felder mehrerer Bergbauberechtigungen für unterschiedliche Bodenschätze überdecken.[905] Konzessionierungen werden erst dann verweigert, wenn eine Konfliktlösung mit Blick auf die materiell-rechtlichen Voraussetzungen zu einem späteren Zeitpunkt nicht möglich erscheint. Daher wurden bereits oben[906] Zweifel geäußert, ob solchen Konflikten auf Berechtsamsebene Rechnung getragen werden kann.[907]

---

[902] Siehe oben 2. Kapitel B. II. 1., S. 98 ff.

[903] Ausdrücklich *Franßen*, in: Frenz, BBergG, 2019, § 14 Rn. 1, 8, 12; *Kühne*, Rechtsfragen der Aufsuchung und Gewinnung von in Steinkohleflözen besitzendem Methangas, 1994, S. 64; *Vitzthum/Piens*, in: Piens/Schulte/Graf Vitzthum, BBergG, 3. Auflage 2020, § 14 Rn. 1.

[904] So aber VG Leipzig, Urteil vom 3. März 1994 – 5 K 763/93, ZfB 135 (1994), S. 143 (148); dem folgend *Franßen*, in: Frenz, BBergG, 2019, § 14 Rn. 20; *Neuhaus gen. Wever*, Glückauf 130 (1994), S. 617 f.; ablehnend *Franke*, in: Boldt/Weller/Kühne/von Mäßenhausen, BBergG, 2. Auflage 2016, § 14 Rn. 11.

[905] *Keienburg*, in: Boldt/Weller/Kühne/von Mäßenhausen, BBergG, 2. Auflage 2016, § 4 Rn. 42; *Weller*, ZfB 131 (1990), S. 111 (113); missverständlich hingegen *M. Schubert*, in: Kment, Unterirdische Nutzungen, 2015, S. 175 (195 f.), der nur pauschal auf die fehlende Zulassungsfähigkeit anderer Nutzungen im selben Feld verweist, dann aber zu Recht auf die derzeit fehlende Möglichkeit von Stockwerknutzungen durch unterschiedliche Berechtigungsinhaber bei Erdwärme abstellt.

[906] 2. Kapitel B. II. 1. a), S. 99 ff.

[907] *Weller*, ZfB 131 (1990), S. 111 (113) sieht hingegen mit § 11 Nr. 8 und 9 i.V.m. § 12 Abs. 1

II. Konfliktlösungsinstrumente des Bundesberggesetzes
bei der Durchführung bergbaulicher Vorhaben

Etwas differenzierter verhält sich das Bundesberggesetz zu Konflikten bei der Durchführung bergbaulicher Vorhaben und setzt dabei neben öffentlich-rechtlichem Instrumentarium verstärkt auf zivilrechtliche Ansprüche. Während der Gesetzgeber die Rechte zur (Mit)benutzung fremder Grundstücke öffentlich-rechtlich geregelt hat,[908] sind vergleichbare Rechte gegenüber anderen Bergbautreibenden oder Berechtigungsinhabern – namentlich die Mitgewinnung von Bodenschätzen innerhalb des Gewinnungsfeldes nach §§ 42 f. BBergG,[909] das Hilfsbaurecht nach §§ 44 f. BBergG sowie die Benutzung fremder Grubenbaue gemäß § 47 BBergG[910] – zivilrechtlich ausgestaltet.[911] Der grenzüberschreitende Abbau desselben Bodenschatzes bedarf wiederum der Zulegung nach §§ 35 ff. BBergG,[912] bei der es sich nach herrschender Auffassung um eine Enteignung handelt.[913]

Darüber hinaus bleibt das Bundesberggesetz erstaunlich wortkarg.[914] Insbesondere trifft es keine näheren Regelungen zum grundsätzlichen Konkurrenzverhältnis zwischen betriebsplanpflichtigen Vorhaben und bemüht sich auch nicht um einen entsprechenden Interessenausgleich. Möglich sind solche Kollisionen bei horizontal benachbarten Betrieben, bergbaulichen Vorhaben in unterschiedlichen Schichten im selben Feld oder bei unterschiedlichen Berechtigungen an verschiedenen Bodenschätzen in derselben Lagerstätte.

Satz 1 BBergG die Kollision mehrerer Bergbauberechtigungen im selben Feld als weitgehend eingeschränkt.

[908] § 40 BBergG: Streitentscheidung bei versagter Zustimmung im Rahmen der Aufsuchung; §§ 77 ff. BBergG: Grundabtretung bei der Gewinnung.

[909] Näher *Wörheide*, Die Bergbauberechtigungen nach dem Bundesberggesetz, 2014, S. 406 ff. Bestimmte Entscheidungen nach § 42 Abs. 1, 4 trifft gleichwohl die zuständige Behörde, ohne dass dies den zivilrechtlichen Charakter beeinträchtigen würde, dazu *Franke*, in: Boldt/Weller/Kühne/von Mäßenhausen, BBergG, 2. Auflage 2016, § 42 Rn. 9 f., 19. Die unberechtigte Mitgewinnung von Bodenschätzen durch einen Nutzungsberechtigten kann jedenfalls zivilrechtlich abgewehrt werden, *Wörheide*, ZfB 156 (2015), S. 73 (75 f. mit Fn. 17).

[910] Näher *Wörheide*, Die Bergbauberechtigungen nach dem Bundesberggesetz, 2014, S. 416 ff.

[911] *Kühne*, in: FS Säcker, 2011, S. 105 (107 f.).

[912] Näher *Wörheide*, Die Bergbauberechtigungen nach dem Bundesberggesetz, 2014, S. 408 ff.

[913] BVerwG, Urteil vom 20. November 2008 – 7 C 10/08, BVerwGE 132, 261 Rn. 18; *Franke*, in: Boldt/Weller/Kühne/von Mäßenhausen, BBergG, 2. Auflage 2016, § 35 Rn. 1; *Wittmann*, in: Frenz, BBergG, 2019, § 35 Rn. 3; zweifelnd im Lichte neuerer Verfassungsrechtsprechung in Sachen Atomausstieg (BVerfG, Urteil vom 6. Dezember 2016 – 1 BvR 2821/11 u.a., BVerfGE 143, 246) *Froese*, Entschädigung und Ausgleich, in: Depenheuer/Shirvani, Die Enteignung, 2018, § 9, S. 255 (265 f. mit Fn. 69).

[914] Ähnlich *Wörheide*, Die Bergbauberechtigungen nach dem Bundesberggesetz, 2014, S. 405.

Naheliegend wäre es zunächst, die Bedeutung der Vorhaben pauschal nach der Art des Bodenschatzes abzustufen. Das Bundesberggesetz gewichtet allerdings das Interesse am Abbau bergfreier und grundeigener Bodenschätze grundsätzlich[915] gleich.[916] Der Bundesgerichtshof erstreckt diesen Gleichrang auch auf die Gewinnung von Grundeigentümerbodenschätzen.[917] Nicht anders wird man dies wohl bei der Untergrundspeicherung im Verhältnis zu anderen bergbaulichen Tätigkeiten sehen können.[918]

Ausdrückliche Regelungen zur Koordination mehrerer Betriebe bei der Betriebsplanzulassung sucht man vergeblich.[919] Denkbar wäre eine Konfliktlösung mittels gemeinschaftlicher Betriebspläne, welche die beteiligten Unternehmer nach § 52 Abs. 3 BBergG auf Verlangen der zuständigen Behörde für Arbeiten und Einrichtungen aufzustellen haben, die von mehreren Unternehmen nach einheitlichen Gesichtspunkten durchgeführt, errichtet oder betrieben werden müssen.[920] Ob hier allerdings das Kriterium der *einheitlichen* Gesichtspunkte erfüllt ist, erscheint im Einzelfall eher zweifelhaft.[921]

Auch die eben erwähnten Vorschriften zur Mitgewinnung helfen häufig nicht weiter, weil die Mitgewinnung die Notwendigkeit einer gemeinschaftlichen Gewinnung aus bergtechnischen oder sicherheitstechnischen Gründen voraussetzt[922] und damit eine räumliche Verbindung erfordert. Das dürfte zwar regelmäßig bei Vorkommen in derselben Lagerstätte der Fall sein. Ist aber beispielsweise ein zeitlich getrennter Abbau übereinanderliegender Lagerstätten wie bei der Gewinnung von Sand vor der Braunkohlenförderung möglich, greifen die Regelungen zur Mitgewinnung nicht.[923]

---

[915] Zur eingeschränkten Bedeutung der Einteilung der Bodenschätze für § 11 Nr. 9 und § 55 Abs. 1 Satz 1 Nr. 4 BBergG – keine Beeinträchtigung von Lagerstätten, deren Schutz im öffentlichen Interesse liegt – siehe oben 2. Kapitel B. II. 1. b), S. 102 mit Fn. 95.

[916] BGH, Urteil vom 12. Oktober 2000 – III ZR 242/98, BGHZ 145, 316 (325 ff.) unter Verweis auf §§ 34, 43, 114 Abs. 2 Nr. 2 BBergG; *Kühne*, in: FS Säcker, 2011, S. 105 (121); *Wörheide*, Die Bergbauberechtigungen nach dem Bundesberggesetz, 2014, S. 404.

[917] BGH, Urteil vom 12. Oktober 2000 – III ZR 242/98, BGHZ 145, 316 (325 ff.).

[918] *Karrenstein*, Errichtung und Betrieb von Erdgasspeichern in unterirdischen Hohlraumstrukturen, 2016, S. 167 ff., 266 ff.

[919] *Boldt/Weller*, BBergG, 1. Auflage 1984, § 42 Rn. 7.

[920] *Boldt/Weller*, BBergG, 1. Auflage 1984, § 42 Rn. 10 für den *gleichzeitigen* Abbau an der gleichen Stelle. Im Übrigen gelte der Grundsatz des zeitlichen Vorrangs. Zu gemeinschaftlichen Betriebsplänen siehe oben 3. Kapitel B. I. 3., S. 280 f.

[921] In der Literatur wird als Beispiel neben der Verlegung von Verkehrs- und Versorgungsanlagen oder der Wiedernutzbarmachung möglichst großer Bodenflächen immerhin auch der Betrieb eines Vorhabens durch verschiedene Unternehmen in Teileinheiten genannt, etwa die Gewinnung von Quarzkies und dessen anschließende Aufbereitung, *Kremer/Neuhaus gen. Wever*, Bergrecht, 2001, Rn. 212.

[922] So bei Gewinnungsvorhaben nach §§ 42, 43 BBergG.

[923] Näher zum Ganzen *Franke*, in: Boldt/Weller/Kühne/von Mäßenhausen, BBergG, 2. Auflage 2016, § 42 Rn. 7, der im Falle der zeitlichen Schichtung auf das Erfordernis von

Immerhin setzt aber die Zulassung eines Betriebsplans nach § 55 Abs. 1 Satz 1 Nr. 8 BBergG voraus, dass die erforderliche Vorsorge für die Sicherheit eines nach den §§ 50 und 51 BBergG zulässigerweise bereits geführten Betriebes getroffen wird. Insoweit ist § 55 BBergG auch drittschützend.[924] Gestattungsrechtlich genießt also derjenige Bergbaubetrieb Priorität, der bereits zulässigerweise geführt wird.[925] Es gilt letztlich auch hier der Grundsatz zeitlichen Vorrangs („Prioritätsprinzip", „Windhundprinzip").[926] In konsequenter Fortführung der *Moers-Kapellen*-Rechtsprechung[927] müsste darüber hinaus im Rahmen des § 48 Abs. 2 BBergG auch ein Interesse der Berechtigungsinhaber berücksichtigt werden, die jeweiligen Bodenschätze dauerhaft gewinnen zu können. Denn auch sie werden durch Art. 14 GG geschützt.[928] Auch ansonsten kann im Einzelfall das öffentliche Interesse an einer bestimmten Untergrundnutzung der Zulassung eines Betriebsplans entgegenstehen.[929]

Haftungsrechtlich flankiert § 114 Abs. 2 Nr. 2 BBergG das Verhältnis der Bergnachbarn. Schäden, die an einem anderen Bergbaubetrieb oder an den dem Aufsuchungs- oder Gewinnungsrecht eines anderen unterliegenden Bodenschätzen entstehen, sind hiernach keine Bergschäden i.S.d. § 114 Abs. 1 BBergG. Damit wird der schon zuvor durch das Reichsgericht geprägte Grundsatz der Störergemeinschaft (Prinzip des gegenseitigen Störens und Duldens[930]) positivrechtlich geregelt.[931]

---

vertraglichen Vereinbarungen oder die Gewinnung grundeigener Bodenschätze nach Grundabtretung (siehe dazu aber oben Fn. 338, S. 57) verweist.

[924] OVG Lüneburg, Urteil vom 17. Juli 2008 – 7 LC 53/05, ZUR 2008, S. 595 (596 f.); *Frenz*, in: ders., BBergG, 2019, § 55 Rn. 246; *von Mäßenhausen*, in: Boldt/Weller/Kühne/von Mäßenhausen, BBergG, 2. Auflage 2016, § 55 Rn. 97; *Weller*, ZfB 131 (1990), S. 111 (131).

[925] Vgl. *Karrenstein*, Errichtung und Betrieb von Erdgasspeichern in unterirdischen Hohlraumstrukturen, 2016, S. 169 f., 242, 252, insb. S. 267 f.

[926] *M. Schubert*, in: Kment, Unterirdische Nutzungen, 2015, S. 175 (178); vgl. BGH, Urteil vom 12. Oktober 2000 – III ZR 242/98, BGHZ 145, 316 (327); *Karrenstein*, Errichtung und Betrieb von Erdgasspeichern in unterirdischen Hohlraumstrukturen, 2016, S. 173; *Weller*, ZfB 131 (1990), S. 111 (114 f.); ferner *Stapf*, in: Kment, Unterirdische Nutzungen, 2015, S. 203 (217 f.) zum fehlenden Vorrang der Geothermie.

[927] Ausführlich hierzu oben 3. Kapitel A. II. 2. b), S. 214 ff.

[928] *Weller*, ZfB 131 (1990), S. 111 (132 f.).

[929] OVG Lüneburg, Urteil vom 17. Juli 2008 – 7 LC 53/05, ZUR 2008, S. 595 (598) zu der Salzgewinnung vorrangigen Standortsuche für ein atomares Endlager.

[930] *Lantzke*, ZfB 101 (1960), S. 78 (84 f.); *Weller*, ZfB 131 (1990), S. 111 (118, 121).

[931] *Kühne*, in: FS Säcker, 2011, S. 105 (119 f.); näher *Weller*, ZfB 131 (1990), S. 111 (114 ff.).

III. Lösungsansätze über das allgemeine Zivilrecht

Mangels ausreichender spezialgesetzlicher Regelungen in der Breite werden kollidierende Bergbauvorhaben häufig kooperativ in Einklang gebracht,[932] oder es bleibt ein Rückgriff auf das allgemeine Zivilrecht erforderlich.

1. Weitreichende Duldungspflichten zwischen Bergnachbarn

Auch hier stößt man allerdings schnell an Grenzen, da – ebenso wie Schadensersatzansprüche – auch Unterlassungs- oder Besitzstörungsansprüche nach § 1004 oder § 862 BGB grundsätzlich abgelehnt werden, sofern der Betrieb *rechtmäßig* geführt wird. Bergnachbarn unterliegen folglich weitreichenden Duldungspflichten.[933] Prekär erscheint dies vor allem deshalb, weil das öffentlich-rechtliche Gestattungsrecht keine ausreichenden Ausgleichsinstrumente bereitstellt. So nimmt die Literatur zum Bundesberggesetz mittlerweile in engen Grenzen eine Verpflichtung zur gegenseitigen Rücksichtnahme an. Dogmatisch begründet wird diese Figur mit dem Gedanken eines nachbarrechtlichen Gemeinschaftsverhältnisses[934] zwischen Bergnachbarn sowie dem Grundsatz von Treu und Glauben.[935] In Ausnahmefällen sollen durchaus Ausgleichsansprüche entsprechend §§ 904 Satz 2, 906 Abs. 2 Satz 2 BGB, § 14 Satz 2 BImSchG in Betracht kommen.[936] Ansprüche aus § 823 BGB, die nach § 121 BBergG weiterhin möglich sind, setzen demgegenüber widerrechtliches und schuldhaftes Verhalten voraus.[937]

2. Lösungsmodelle bei feldesübergreifenden Lagerstätten

Auch der eingangs erwähnte Fall der Gewinnung von Kohlenwasserstoffen aus feldesübergreifenden Lagerstätten wirft Schwierigkeiten auf. Da Gas sowie flüssige Bodenschätze wie Öl oder Sole nicht starr im Untergrund verharren, sondern sich innerhalb der Lagerstätte bewegen, kann bei Lagerstätten,

---

[932] Vgl. dazu *Franke*, in: Boldt/Weller/Kühne/von Mäßenhausen, BBergG, 2. Auflage 2016, § 42 Rn. 7; *ders.*, in: FS Kühne, 2009, S. 507 (516); *Th. Schulz/C. Reese*, RdE 2011, S. 8 (14 f.); *Weller*, ZfB 131 (1990), S. 111 (130); zu Vereinbarungen bei mehreren Gewinnungsrechten an einer einheitlichen Lagerstätte sowie Absprachen mit Zulassungsbehörden *von Hammerstein*, in: FS Kühne, 2009, S. 575 (581 f.); *Kühne*, in: FS Säcker, 2011, S. 105 (119, 120).

[933] Näher *Weller*, ZfB 131 (1990), S. 111 (115 ff.), dort auch zu den Grenzen der Duldungspflicht.

[934] Kritisch zum Rückgriff auf diese Figur zur dogmatischen Begründung *Wörheide*, Die Bergbauberechtigungen nach dem Bundesberggesetz, 2014, S. 422.

[935] *Kühne*, in: FS Säcker, 2011, S. 105 (121 f.); *Weller*, ZfB 131 (1990), S. 111 (120 ff.); konkretisierend *Wörheide*, Die Bergbauberechtigungen nach dem Bundesberggesetz, 2014, S. 422 f.

[936] *Weller*, ZfB 131 (1990), S. 111 (124 f.); dem folgend *Kühne*, in: FS Säcker, 2011, S. 105 (122); ablehnend *Wörheide*, Die Bergbauberechtigungen nach dem Bundesberggesetz, 2014, S. 423 f.

[937] Näher *Weller*, ZfB 131 (1990), S. 111 (123 f.).

die sich über mehrere Bewilligungsfelder erstrecken, der Bodenschatz aufgrund des Druckabfalls aus benachbarten Feldern in Richtung Förderstelle nachströ-men.[938] Bergrechtlich ist bislang nicht abschließend geklärt, ob hinsichtlich der Gewinnungsberechtigung das Bohrloch- oder das Lagerstättenprinzip gilt. Nach dem Bohrlochprinzip darf der Rohstoff soweit gewonnen werden, wie er der Förderstelle zuströmt; das Lagerstättenprinzip gestattet nur eine antei-lige Förderung.[939]

Folgt man, wofür vieles spricht,[940] dem Lagerstättenprinzip, verbleiben Ver-teilungsfragen sowie Fragen nach deren rechtlichen Handhabung. Aufsichts-rechtlich kommt eine Verfügung nach § 72 Abs. 1 BBergG in Betracht, wenn der Rohstoff über den eigenen Anteil hinaus gefördert wird.[941] Zivilrechtlich finden über § 8 Abs. 2 BBergG die für Ansprüche aus dem Eigentum geltenden Vor-schriften des bürgerlichen Rechts entsprechend Anwendung.[942] Überdies kom-men bereicherungsrechtliche Ansprüche in Betracht.[943] Die Förderkosten sol-len über eine entsprechende Anwendung der zivilrechtlichen Regelungen zur Bruchteilsgemeinschaft aufgeteilt werden.[944]

3. Allgemeines Zivilrecht und Untergrundspeicherung

Schließlich werfen auch Untergrundspeicher schwierige zivilrechtliche Fra-gen nicht nur im Verhältnis zum Grundeigentum, sondern auch bei Konflik-ten mit Rechten an Bodenschätzen auf.[945] Beispielsweise können sie den Abbau von oberhalb gelegenen Bodenschätzen verhindern, wenn dieser zu nahe an den Speicher heranrückt, sodass dessen Sicherheit nicht mehr gewährleistet ist.[946]

---

[938] von Hammerstein, in: FS Kühne, 2009, S. 575; Kühne, in: FS Säcker, 2011, S. 105 (120).

[939] Ausführlich dazu von Hammerstein, in: FS Kühne, 2009, S. 575 (577 ff.), der im Ergeb-nis das Lagerstättenprinzip vertritt. Zu förderabgabenrechtlichen Problemen sowie der Zu-lässigkeit vertraglicher Regelungen beim Aufeinandertreffen von bergfreien mit grundstücks-zugehörigen Vorkommen aus Altverträgen Altenschmidt, in: Festgabe OLG Hamm, S. 112 ff.

[940] Da das Bohrlochprinzip faktisch den Rücksichtslosesten prämiere, der zuerst mög-lichst viel fördern kann, könnte dies eine suboptimale Ausbeutung der Lagerstätte begünsti-gen, was wiederum der Zwecksetzung des § 1 Nr. 1 BBergG zuwiderliefe, von Hammerstein, in: FS Kühne, 2009, S. 575 (580 f.); Wörheide, Die Bergbauberechtigungen nach dem Bundes-berggesetz, 2014, S. 413 f. Vgl. auch zur angemessenen Nutzung grenzüberschreitender Mine-ralvorkommen im Völkerrecht Durner, Common Goods, 2001, S. 93 ff.

[941] von Hammerstein, in: FS Kühne, 2009, S. 575 (583).

[942] Näher von Hammerstein, in: FS Kühne, 2009, S. 575 (583 ff.), insbesondere zum Beste-hen eines Abwehranspruchs aus § 1004 Abs. 1 BGB.

[943] von Hammerstein, in: FS Kühne, 2009, S. 575 (584); Kühne, in: FS Säcker, 2011, S. 105 (120).

[944] von Hammerstein, in: FS Kühne, 2009, S. 575 (587 ff.); Wörheide, Die Bergbauberech-tigungen nach dem Bundesberggesetz, 2014, S. 414 f.

[945] Siehe hierzu die Zusammenfassung der relevanten Rechtsprechung bei Th. Schulz/ C. Reese, RdE 2011, S. 8 (11).

[946] Vgl. BGH, Urteil vom 21. Dezember 1989 – III ZR 26/88, BGHZ 110, 17.

Ebenso hatte der Bundesgerichtshof schon über die Reichweite eines Abbaurechts für einen Bodenschatz zu entscheiden, auf dessen Grundlage der Inhaber einen Untergrundspeicher errichtet.[947] Auch hier greift im Kern das allgemeine Zivilrecht, das derartige Konstellationen allerdings nur unzureichend abbildet.

An sich trifft § 905 BGB hierzu eine klare und ausschließlich auf das Eigentümerinteresse bezogene[948] Regelung. Hiernach erstreckt sich das Recht des Eigentümers eines Grundstücks auch auf den Raum unter der Oberfläche; der Eigentümer kann jedoch solche Einwirkungen nicht verbieten, die in solcher Höhe oder Tiefe vorgenommen werden, dass er an der Ausschließung kein Interesse hat.

Noch im Jahre 1980 und vor Inkrafttreten des Bundesberggesetzes nahm der Bundesgerichtshof in seiner *Wintershall*-Entscheidung ein Verbietungsrecht des Grundeigentümers nach § 1004 BGB gegen den Inhaber einer Salzabbaugerechtigkeit[949] an, der in dem stillgelegten Bergwerk Rohöl speicherte. Das Gericht nahm insoweit ein potenzielles Nutzungsinteresse des Grundeigentümers an, zumal die Gerechtigkeit nicht die Befugnis umfasse, das Grundstück zur Untergrundspeicherung von Rohöl zu nutzen.[950]

Das sah das OLG Celle[951] im Anschluss an die Vorinstanz[952] unmittelbar zuvor anders. In der Sache ging es um den Konflikt eines Untergrundspeichers mit dem darüberliegenden Abbau von Ton durch die Grundeigentümerin. Ein Abwehranspruch aus § 1004 BGB bestehe nicht, weil der Gasspeicherbetrieb zur Sicherung der Energieversorgung im öffentlichen Interesse liege. Auf die Möglichkeit eines Enteignungsverfahrens komme es dabei nicht an. In dem hieran anschließenden Prozess um Entschädigungsansprüche erkannte der Bundesgerichtshof letztinstanzlich das Bestehen eines bürgerlich-rechtlichen Ausgleichsanspruchs auch im vertikalen Bereich an, nachdem er nochmals die Bedeutung des Speichers für die öffentliche Energieversorgung und die Entbehrlichkeit einer förmlichen Enteignung betont hatte.[953] 19 Jahre später bekräftigte der Bundesgerichtshof – ohne dass dies entscheidungserheblich gewesen wäre[954] – das Bestehen eines vertikalen nachbarlichen Gemeinschaftsverhältnisses, wenn der Speicherbetrieb auf öffentlich-rechtlicher Grundlage (bergrechtliche „Betriebserlaubnis", gemeint ist wohl eine Betriebsplanzulassung) zu dulden ist.

---

[947] BGH, Urteil vom 23. Oktober 1980 – III ZR 146/78, WM 1981, S. 129.

[948] *Karrenstein*, Errichtung und Betrieb von Erdgasspeichern in unterirdischen Hohlraumstrukturen, 2016, S. 248 f., 254, 271.

[949] Hier: Abtrennung der genannten Mineralien vom Grundeigentum auf vertraglicher Basis nach Maßgabe des Preußischen Gesetzes über die Bestellung von Salzabbaugerechtigkeiten in der Provinz Hannover vom 4. August 1904, vgl. dazu § 176 Abs. 1 Nr. 50 BBergG.

[950] BGH, Urteil vom 23. Oktober 1980 – III ZR 146/78, WM 1981, S. 129 ff.

[951] OLG Celle, Urteil vom 17. Oktober 1980 – 4 U 62/80, ZfB 122 (1981), S. 447 ff.

[952] LG Hannover, Urteil vom 14. Februar 1980 – 15 O 292/79, ZfB 122 (1981), S. 456 ff.

[953] BGH, Urteil vom 21. Dezember 1989 – III ZR 26/88, BGHZ 110, 17 (23 f.).

[954] In der Sache ging es um Erschütterungen durch Bergbau.

In diesem Fall habe der beeinträchtigte Grundeigentümer einen Ausgleichsanspruch nach § 906 Abs. 2 Satz 2 BGB.[955]

Dogmatisch bleibt diese Entscheidungslinie nicht frei von Widersprüchen, ohne dass hierauf näher einzugehen ist.[956] Fraglich bleibt zudem, ob die sehr apodiktisch gehaltenen Ausführungen der letztgenannten Entscheidung verallgemeinerungsfähig sind. Damit würde die *Wintershall*-Rechtsprechung stillschweigend aufgegeben. Zugelassene Untergrundspeicher wären nach § 905 Satz 2 BGB *immer* zu dulden, obwohl es dort gerade an einer allgemeinen Regelung zur privatrechtsgestaltenden Wirkung öffentlich-rechtlicher Gestattungen fehlt und auch das Bundesberggesetz der Betriebsplanzulassung keine entsprechende Wirkung beimisst[957]. Soweit ersichtlich nicht geklärt ist schließlich die Rechtslage, wenn ein zugelassener Speicherbetrieb mit der volkswirtschaftlich bedeutsamen Gewinnung bergfreier Bodenschätze kollidiert. Letztere kann nach § 8 Abs. 2 BBergG ebenfalls durch die entsprechend anwendbaren bürgerlich-rechtlichen Ansprüche aus dem Eigentum verteidigt werden.

IV. De lege ferenda: *Steuerungspotenzial des Bergrechts*

Vor diesem Hintergrund ist die rechtspolitische Frage aufzuwerfen, ob und inwieweit der Gesetzgeber das Instrumentarium verdichten sollte, um die Steuerungsfunktion des Bergrechts im Bergnachbarrecht zu stärken. Zwar deuten die nur wenigen gerichtlichen Entscheidungen darauf hin, dass in aller Regel kooperative Lösungen möglich sind. Gleichwohl ist es zumindest diskussionswürdig, ob grundlegende Fragen der Rohstoffgewinnung sowie sonstigen Nutzung des Untergrundes wirklich im Kern einem bergrechtlichen Windhundprinzip sowie flankierend dem allgemeinen Zivilrecht überantwortet werden sollten. Dies gilt umso mehr, als künftig durchaus quantitativ ansteigende Untergrundnutzungen mit völlig unterschiedlichen Zwecken hieraus resultierende Verteilungsfragen intensivieren könnten.[958] Einige Eckpunkte hierzu sollen im Folgenden genügen.

---

[955] BGH, Urteil vom 19. September 2008 – V ZR 28/08, BGHZ 178, 90 Rn. 17 ff.; siehe dazu auch oben Fn. 9, S. 89.

[956] Ausführlich *Karrenstein*, Errichtung und Betrieb von Erdgasspeichern in unterirdischen Hohlraumstrukturen, 2016, S. 219 ff., insb. S. 241 ff., 251 ff., 271.

[957] *Karrenstein*, Errichtung und Betrieb von Erdgasspeichern in unterirdischen Hohlraumstrukturen, 2016, S. 219 ff., 228 ff., 251 ff., 258 ff.

[958] Vgl. *M. Schubert*, in: Kment, Unterirdische Nutzungen, 2015, S. 175 (177 f.).

1. Materiell-rechtliche Anreicherungen

Denkbar ist zunächst eine behutsame materiell-rechtliche Anreicherung bereits des Berechtsamswesens. So könnte § 14 BBergG um weitere Vorrangregelungen ergänzt werden, die nicht gleichlaufende Bergbauberechtigungen adressieren. Diskussionswürdig ist auch die Beschränkung von Bergbauberechtigungen auf bestimmte „Stockwerke" innerhalb des selben Feldes.[959]

Das Instrumentarium der Betriebsplanzulassung könnte – neben einer einfachgesetzlichen Anordnung des Abwägungsgebots, das auch bergbauliche und sonstige untergrundnutzungsbezogene Kollisionen erfassen würde[960] – mit einer ausdrücklichen Pflicht zur Rücksichtnahme auf kollidierende Bergbauvorhaben, ausdifferenzierteren Vorrangregelungen oder weiterreichenden Vorschriften zur effizienten Ausbeutung übereinanderliegender Lagerstätten angereichert werden. Ebenso erscheint die tatbestandliche Ausweitung der Pflicht zu gemeinschaftlichen Betriebsplänen in § 52 Abs. 3 BBergG vorstellbar. Im Entstehungsprozess des Bundesberggesetzes wurde sogar unter bestimmten Voraussetzungen die Änderung der Gewinnungsberechtigungen erwogen, um eine bergtechnisch oder wirtschaftlich erforderliche Zusammenarbeit zu erzwingen,[961] dann aber nicht weiterverfolgt.

All das könnte den Grundsatz des zeitlichen Vorrangs partiell durchbrechen und damit den Zielen des Bundesberggesetzes einer möglichst effizienten Rohstoffförderung sowie des Lagerstättenschutzes Rechnung tragen.

---

[959] *Bartel/Janssen*, NuR 2016, S. 237 (241); *Franke*, in: FS Kühne, 2009, S. 507 (515); *Große*, ZUR 2009, S. 535 (537 f.); *Keimeyer/Gailhofer/Westphal/Sanden/Schomerus/Teßmer*, Recht der Rohstoffgewinnung, Umweltbundesamt, Texte 71/2019, S. 319 f.; *M. Schubert*, in: Kment, Unterirdische Nutzungen, 2015, S. 175 (195 f., 201), jeweils zur Erdwärme, die ohne Weiteres in unterschiedlichen Tiefen durch verschiedene Berechtigungsinhaber genutzt werden könnte; ferner *Bovet*, UPR 2014, S. 418 (424). Allgemein zur Zunahme von Nutzungskonkurrenzen *Umweltbundesamt* (Hrsg.), Politikempfehlungen für eine verantwortungsvolle Rohstoffversorgung Deutschlands als Beitrag zur nachhaltigen Entwicklung. Teil I – Handlungsvorschläge für eine umwelt- und ressourcenschonende Rohstoffgewinnung in Deutschland, Dezember 2020, S. 13, https://www.umweltbundesamt.de/sites/default/files/medien/1410/publikationen/2020_12_pp_bergrecht_bf.pdf, zuletzt abgerufen am 9. Juli 2021.

[960] Dazu oben 3. Kapitel A. II. 5., S. 263 f.

[961] Kritisch *Westermann*, Freiheit des Unternehmers und des Grundeigentümers und ihre Pflichtbindungen im öffentlichen Interesse nach dem Referentenentwurf eines Bundesberggesetzes, 1973, S. 68, dort auch zu einem sogenannten Ausgleichsverfahren, das ähnlich dem Umlegungsverfahren oder § 22 WHG alle Gewinnungsrechte in einem Ausgleichsgebiet neu ordnen sollte; siehe dazu auch *Wörheide*, Die Bergbauberechtigungen nach dem Bundesberggesetz, 2014, S. 415, 424.

2. Die Ausdehnung des Anwendungsbereichs – insbesondere Speicherrechte und sonstige Konzessionierungen

Grundsätzlicher Natur und ein Stück weit ein Systemwechsel wäre die deutliche Ausdehnung des bergrechtlichen Instrumentariums auf sonstige Formen der Untergrundnutzung. Aus ordnungsrechtlicher Perspektive erscheint dies gleichwohl diskussionswürdig.

Traditionell zielt das Bergrecht auf die Aufsuchung und Gewinnung von Rohstoffen und damit die Urproduktion, adressiert dagegen nicht etwa die Hohlraumnutzung. Insoweit bedeutete bereits die Ausdehnung bestimmter bergrechtlicher Vorschriften auf Untergrundspeicher[962] sowie Anlagen zur Lagerung, Sicherstellung oder Endlagerung radioaktiver Stoffe nach § 2 Abs. 2 Satz 1 Nr. 1 und 2, § 126 BBergG[963] die Erstreckung des Bergrechts auf nicht klassisch bergbauliche Vorhaben.[964] Explizit ausgenommen bleibt hiervon aber das Berechtsamswesen. Wissenschaftliche und politische Forderungen zielen teilweise auf eine Rückführung des Bundesberggesetzes auf seinen Kernbereich – nämlich die Rohstoffgewinnung.[965] Ganz in diesem Sinne wurde die CCS-Technologie nicht im Bundesberggesetz verankert oder zumindest hiermit verknüpft.[966] Der Gesetzgeber hat stattdessen ein separates Kohlendioxid-Speicherungsgesetz – KSpG – geschaffen.[967] Dahinter steckt wohl weniger ein Interesse an der thematischen Abschottung des „Kern"-Bergrechts um seiner selbst Willen, sondern vielmehr eine große Skepsis gegenüber dem Bergrecht und dessen terminologischer Offenheit gegenüber der Vorhabenrealisierung.

Bei aller Kritik am Bundesberggesetz sowie der hierzu ergangenen Rechtsprechung haben die bisherigen Ausführungen jedoch gezeigt, dass das Regelungsregime deutlich flexibler und geeigneter für eine effektive Konfliktschlichtung ist als üblicherweise angenommen. Verbleibende Unzulänglichkeiten sollten ohnehin gesetzlich behoben werden – ungeachtet der Frage, ob der Anwen-

---

[962] Siehe dazu oben 1. Kapitel D. I. 2. a), S. 76 f.

[963] Siehe dazu oben 1. Kapitel D. I. 2. b), S. 77 f.

[964] Siehe oben 1. Kapitel A. II., S. 3 ff. Vgl. *Kühne*, RdE 2009, S. 14; *Willecke*, DVBl 1970, S. 373 (374); näher *Karrenstein*, Errichtung und Betrieb von Erdgasspeichern in unterirdischen Hohlraumstrukturen, 2016, S. 41 ff.

[965] So der Antrag der Fraktion Bündnis 90/Die Grünen vom 14. Dezember 2011, BT-Drs. 17/8133, S. 4 f. *M. Schulz*, Rechtliche Anforderungen an die Zulassung stofflicher Speicher in Salzkavernen, 2016, S. 206 ff. plädiert nach einer Defizitanalyse des bergrechtlichen Zulassungssystems (S. 187 ff.) für ein separates Gesetz zur Untergrundspeicherung oder zumindest ein spezifisches Salzkavernenspeichergesetz (S. 209), dazu *von Weschpfennig*, DVBl 2018, S. 502 f.

[966] Dies hätte durchaus nahegelegen, vgl. *Franke*, in: FS Kühne, 2009, S. 507 (517 f.) zum Berechtsamswesen. Die bergrechtliche (und abfallrechtliche) Diskussion für mittlerweile obsolet haltend *Benrath*, in: Festgabe OLG Hamm, 2020, S. 320 (336 ff.), der stattdessen das Recht des Transports und Exports von Kohlendioxid in den Vordergrund rückt.

[967] Siehe dazu oben in Fn. 472, S. 77.

dungsbereich neu gefasst wird.[968] Bedenkt man, dass durch zunehmend heterogene Untergrundnutzungen Kollisionslagen künftig zunehmen könnten, sollten durchaus statt „nicht voll durchdachte[r] ad-hoc Lösungen [...] bereits erprobte bergrechtliche Lösungswege" in Betracht gezogen werden.[969] Selbstredend wären dabei bergrechtliche Vorschriften themenspezifisch anzupassen.[970]

Insbesondere das Berechtsamswesen, das sich seit Längerem deutlicher politischer Kritik ausgesetzt sieht,[971] könnte Nutzungsmöglichkeiten am Untergrund ordnend begleiten.[972] Dies würde ein gewisses Maß an frühzeitiger Planungssicherheit bedeuten,[973] je nach konkreter Ausgestaltung auch beschränkte Steuerungsmöglichkeiten der Bergbehörde bei der Konzessionierung sowie insbesondere eine ausdrückliche Abspaltung des Nutzungsrechts vom Grundeigentum. Letzteres wäre als Inhaltsbestimmung des Eigentums[974] auch ohne Ausgleich möglich – jedenfalls soweit der Grundstückseigentümer sein Grundstück noch nicht entsprechend selbst nutzt. Hält man die ausgleichslose Entkopplung solcher Nutzungsrechte vom Grundeigentum für rechtspolitisch unbillig, könnten zivilrechtliche Ausgleichsansprüche des Grundeigentümers installiert werden. Ausdrückliche Speicherrechte wären der deutschen Rechtsordnung mit Blick auf aufrechterhaltene Speicherrechte im Gebiet der ehemaligen DDR[975] nicht einmal fremd.

---

[968] Vgl. *von Weschpfennig*, DVBl 2018, S. 502 (503).

[969] In diesem Sinne *Kühne*, RdE 2009, S. 14 (20); vgl. *Ludwig*, VerwArch 108 (2017), S. 559 (583); *Th. Schulz/C. Reese*, RdE 2011, S. 8 (13). Zu weitgehend erscheint es allerdings, *de lege ferenda* das Bundesberggesetz auf die Windkraftnutzung zu übertragen (so der Vorschlag von *Frenz*, ZUR 2017, S. 690 ff.; *ders.*, in: *ders.*, BBergG, 2019, Einf. II BBergG), schon weil sich der Gegenstand nicht nur von der Gewinnung nicht regenerativer Rohstoffe löst, sondern gleichzeitig auch von der Nutzung des Untergrundes und damit von beiden zentralen Regelungsbereichen, die das Bundesberggesetz adressiert. Ungeachtet der Frage, ob eine Konzessionierung der Nutzung der Luft mittels einer Nutzungserlaubnis rechtspolitisch in Betracht gezogen werden sollte (vgl. zu entsprechenden Überlegungen sowie verfassungsrechtlichen Grenzen *Bäumler*, ZUR 2017, S. 667 ff.; *dies.*, in: Frenz, BBergG, 2019, Einf. III BBergG), könnte das Bergrecht hierzu nur Anregungen bieten (vgl. *Bäumler*, a.a.O.).

[970] Vgl. *Franke*, in: FS Kühne, 2009, S. 507 (515, 516 f.) zur Erdwärme und zur Untergrundspeicherung.

[971] Siehe oben 2. Kapitel C., S. 170 ff.

[972] *Karrenstein*, Errichtung und Betrieb von Erdgasspeichern in unterirdischen Hohlraumstrukturen, 2016, S. 281 ff. zu Untergrundspeichern, dort auch zum Vorzug gegenüber bloßen Duldungspflichten der Genehmigung (S. 286 f.); *Kühne*, RdE 2009, S. 14 (19 f.) zur CCS-Technologie. Vgl. zur bereits seit Jahrzehnten geführten Diskussion über Speicherberechtigungen die Nachweise bei *Franke*, in: FS Kühne, 2009, S. 507 (515 mit Fn. 31).

[973] Damit würde zudem der wirtschaftliche Verkehr mit Nutzungsberechtigungen am Untergrund (vgl. dazu *Enderle/Rehs*, NVwZ 2012, S. 338 ff.) auf eine belastbarere Grundlage gestellt.

[974] Vgl. oben 2. Kapitel C. III. 1., S. 179.

[975] Dazu *Franke*, in: FS Kühne, 2009, S. 507 (516 f.); *M. Herrmann*, in: Boldt/Weller/Kühne/von Mäßenhausen, BBergG, 2. Auflage 2016, Anhang Rn. 10; *Karrenstein*, Errich-

Speicherrechte könnten auch innerhalb des Berechtsamswesens Rechtssicherheit über erforderliche Berechtigungen bei der Errichtung und dem Betrieb von Untergrundspeichern schaffen. Klar ist zunächst, dass die Untersuchung des Untergrundes auf seine Eignung zur Errichtung von Untergrundspeichern einer Erlaubnis bedarf, wenn sie zugleich eine Aufsuchung bergfreier Bodenschätze ist.[976] Ähnlich verhält es sich bei der Errichtung, wenn hiermit eine Gewinnung bergfreier Bodenschätze verbunden ist.[977] Dass die Gewinnung nicht zur wirtschaftlichen Verwertung des Bodenschatzes erfolgt, ist dabei irrelevant.[978] Mitunter wird eine Bergbauberechtigung aber auch für den anschließenden Betrieb gefordert, wenn der Unternehmer dabei auf untertägige Bereiche bergfreier Bodenschätze zugreift, ohne dass damit eine Aufsuchung oder Gewinnung verbunden ist.[979] Solche Bereiche dürften nur aufgrund einer Bergbauberechtigung nutzbar gemacht werden.[980] Dem steht allerdings der eingeschränkte Berechtigungsumfang der Bergbauberechtigungen entgegen. Sie gewähren im Kern nur die Aufsuchung und Gewinnung, nicht aber sonstige Untergrundnutzungen. Diese verbleiben nach Maßgabe des § 905 BGB auch in Bereichen bergfreier Bodenschätze vielmehr beim Grundeigentümer.[981] Bewilligungsinhaber könnten zwar Eigentumsabwehransprüche gegen Untergrundspeicher geltend machen,[982] nicht aber auf eine ausschließliche Befugnis zur Nutzung von bestimmten Bereichen im Untergrund verweisen. Lehnt man diese Konsequenz rechtspolitisch ab, kann dem nur mit der Etablierung von Speicherrechten begegnet werden.

3. Keine bergrechtliche Planung der Untergrundnutzung

Der praktische Ertrag einer Ausweitung des Berechtsamswesens darf allerdings nicht überschätzt werden. Wesentliches Ziel bleibt die Ordnung von Nutzungsberechtigungen am Untergrund auch gegenüber dem Grundeigentum. Damit

---

tung und Betrieb von Erdgasspeichern in unterirdischen Hohlraumstrukturen, 2016, S. 86 f.; *Mann*, in: Boldt/Weller/Kühne/von Mäßenhausen, BBergG, wie vor, § 126 Rn. 29.

[976] Vgl. § 126 Abs. 2; *Keienburg*, in: Boldt/Weller/Kühne/von Mäßenhausen, BBergG, 2. Auflage 2016, § 2 Rn. 18; *Mann*, in: Boldt/Weller/Kühne/von Mäßenhausen, wie vor, § 126 Rn. 10.

[977] Vgl. *Keienburg*, in: Boldt/Weller/Kühne/von Mäßenhausen, BBergG, 2. Auflage 2016, § 2 Rn. 18; *Mann*, in: Boldt/Weller/Kühne/von Mäßenhausen, wie vor, § 126 Rn. 11.

[978] Vgl. BVerwG, Urteil vom 2. November 1995 – 4 C 14/94, BVerwGE 100, 1 (5 f.).

[979] Ist die Ausspeicherung aus einem Porenspeicher mit einer Gewinnung von Kissengas verbunden, handelt es sich zugleich um eine Gewinnungsmaßnahme, *Karrenstein*, Errichtung und Betrieb von Erdgasspeichern in unterirdischen Hohlraumstrukturen, 2016, S. 86.

[980] *Keienburg*, in: Boldt/Weller/Kühne/von Mäßenhausen, BBergG, 2. Auflage 2016, § 2 Rn. 18; *Th. Schulz/C. Reese*, RdE 2011, S. 8 (11).

[981] *Karrenstein*, Errichtung und Betrieb von Erdgasspeichern in unterirdischen Hohlraumstrukturen, 2016, S. 71 ff., 81 ff.

[982] Vgl. § 8 Abs. 2 BBergG.

verbunden ist die frühzeitige Planungssicherheit für Projektträger sowie eine greifbare Rechtsposition im Wirtschaftsverkehr.

Nicht möglich ist es dagegen, Bergbauberechtigungen planerisch steuernd zu erteilen. Nach derzeitiger Konzeption des Berechtsamswesens haben die Bergbehörden keine vorausschauend planerischen Befugnisse oder ein wie auch immer ausgestaltetes Bewirtschaftungsermessen – auch nicht über § 11 Nr. 8 und 9 BBergG.[983] Frühzeitige Steuerung ist hier nur über die Raumordnung oder eine noch zu schaffende fachrechtliche (Bewirtschaftungs)planung möglich.[984]

F. Betriebseinstellung und dauerhafte Verantwortlichkeit

Kollidierende Belange und unterschiedliche Interessen prägen auch die bergbautechnisch hochkomplexe Einstellung eines Bergbaubetriebes. Beispielsweise darf der nach Einstellung des Steinkohlenbergbaus geplante Grubenwasseranstieg das nutzbare Grundwasser nicht gefährden; nach Wiederaufnahme der Grubenwasserhaltung müssen Einleitungen in Oberflächengewässer zulässig sein.[985] Auch nach der Einstellung von Tagebauen können – selbst bei geplanter Flutung von Tagebaurestlöchern – weiterhin Wasserhaltungsmaßnahmen erforderlich sein. Werden Sümpfungsmaßnahmen eingestellt, kann es zur Vernässung von Bauwerken oder auch Deponien kommen.[986] Die bergrechtlich zwingende Wiedernutzbarmachung[987] der Oberfläche bei Tagebauen kann zudem mit neu angesiedelten Tier- und Pflanzenarten in Konflikt geraten. Dann stellt sich etwa die Frage, ob sogenannte Sekundärbiotope schützenswert sind und zumindest der naturschutzrechtlichen Eingriffsregelung unterliegen. Bejaht man dies,[988] müssen die Konflikte zulassungsrechtlich bewältigt werden. Schließlich können Interessenkonflikte mit vorgesehenen Folgenutzungen nicht nur mit Blick auf die Pflichten der Bergbautreibenden bei der Wiedernutzbar-

---

[983] Näher oben 2. Kapitel B. II. 1., S. 98 ff.

[984] Dazu unten 4. Kapitel, S. 381 ff. Die Entwicklung planungsrechtlicher Instrumente zur Festlegung von Prioritäten bei der Untergrundnutzung befürwortend *Kühne*, RdE 2009, S. 14 (20); siehe auch *Stapf*, in: Kment, Unterirdische Nutzungen, 2015, S. 203 (217 f.).

[985] Siehe oben 3. Kapitel B. III. 2. a) cc), S. 309 ff.

[986] Näher zu Wasserhaltungsmaßnahmen und Restlochflutungen *M. Appel*, NuR 2008, S. 553 ff.; *Knöchel*, ZfB 137 (1996), S. 44 (51 ff.); *Müggenborg*, NuR 2013, S. 326 ff.; *Stüer/K. Wolff*, LKV 2003, S. 1 ff. Zum Steinkohlenbergbau *Beckmann*, in: Kühne/Ehricke, Bergrecht zwischen Tradition und Moderne, 2010, S. 169 (170 f.) m.w.N.

[987] §§ 4 Abs. 4, 53 Abs. 1 Satz 1, 55 Abs. 2 Nr. 2 BBergG.

[988] *Holzapfel*, Umweltrechtliche Anforderungen an die Verwertung mineralischer Abfälle in und auf dem Boden, 2014, S. 276 ff.; vgl. *Frenz*, ZfB 143 (2002), S. 23 ff.; ablehnend *Ludwig*, Auswirkungen der FFH-Richtlinie auf Vorhaben zum Abbau von Bodenschätzen nach dem BBergG, 2005, S. 73 ff.; *Spieth/Hong*, ZfB 142 (2001), S. 183 (190 ff.).

machung auftreten, sondern auch bei Folgenutzungen während der Betriebseinstellung.[989]

Maßgebliches Trägerverfahren[990] für die Einstellung eines Bergbaubetriebes
ist das Abschlussbetriebsplanverfahren, in dem kollidierende Belange auszugleichen sind. Es soll die dauerhafte Sicherheit des Betriebes garantieren und
letztlich die Entlassung aus der Bergaufsicht vorbereiten.[991] Dabei verwundert
es in Anbetracht der gestalterischen Verantwortung, der technischen Kompexität sowie der regelmäßig langen Realisierungsdauer, dass der Gesetzgeber nur
vergleichsweise schlanke Regelungen bereitstellt. Dass es in der Praxis bei der
Abschlussbetriebsplanung gleichwohl recht selten zu gerichtlichen Auseinandersetzungen kommt, liegt wohl einmal mehr an dem Umstand, dass alle Beteiligten in der Regel konstruktiv und kooperativ zusammenwirken.[992] Immerhin
hat der Gesetzgeber aber eine Pflicht des Unternehmers installiert, einen zulassungsfähigen Abschlussbetriebsplan vorzulegen.[993]

Infolge der wenigen Vorgaben verbleiben nicht nur Fragen zur Zulässigkeit
der Verfahrensstufung bei der Betriebseinstellung, sondern – eng damit verbunden – auch nach der zutreffenden Verortung einer für die Betriebseinstellung etwaig notwendigen Umweltverträglichkeitsprüfung. Beides wurde bereits
behandelt,[994] sodass zulassungsrechtlich im Folgenden nur noch die materiell-rechtlichen Anforderungen der Betriebseinstellung zu thematisieren sind
(I.). Dabei zeigt sich erneut, dass Bergrecht nur eine begrenzte Steuerungswir-
kung zu entfalten vermag. So regelt die Zulassung des Abschlussbetriebsplans
zwar die Wiedernutzbarmachung der Oberfläche. Einer aktiven Gestaltung der
Folgenutzung dient sie hingegen nicht. Hierfür bedarf es konkreter Vorgaben
der Raumordnung oder Bauleitplanung (II.). Mittlerweile im Wesentlichen geklärt ist die tatbestandliche Reichweite der unternehmerischen Verantwortung
für den Bergbaubetrieb in der Stilllegungsphase sowie für die Zeit danach. Offen bleiben bislang allerdings Fragen nach der zeitlichen Reichweite (III.). Nach
Durchführung des Abschlussbetriebsplans endet die Bergaufsicht nach Maßgabe des § 69 Abs. 2 BBergG (IV.). Bereits behandelt wurden schließlich die gesetzlichen Vorgaben für Sicherheitsleistungen, die auch die Betriebseinstellung
betreffen.[995]

---

[989] Näher *Knöchel*, ZfB 137 (1996), S. 44 (56 ff.); *Piens*, ZfB 156 (2015), S. 170 ff.

[990] Vgl. auch *Piens*, ZfB 156 (2015), S. 170 (171): „Mutterverfahren".

[991] Siehe bereits oben 3. Kapitel B. I. 4., S. 281 f.

[992] *Kirchner*, UPR 2010, S. 161 ff., dort auch zum (kooperativen) Abschlussbetriebsplan*verfahren*; vgl. *Beckmann*, in: Kühne/Ehricke, Bergrecht zwischen Tradition und Moderne, 2010, S. 169 (172). *Knöchel*, ZfB 137 (1996), S. 44 (59) lobt in diesem Kontext die Ent-
scheidungsfreude der Bergbehörden und deren Bereitschaft, Verantwortung zu übernehmen.

[993] BT-Drs. 8/1315, S. 108.

[994] Siehe oben 3. Kapitel B. I. 4., S. 281 f. sowie III. 2. a) bb), S. 307 ff.

[995] Siehe oben 3. Kapitel A. III. 2., S. 268 ff.

I. Voraussetzungen der Abschlussbetriebsplanzulassung

Die Regelungen über die Abschlussbetriebsplanung sind vergleichsweise schlicht. Nach § 53 Abs. 1 Satz 1 BBergG ist für die Einstellung eines Betriebes ein Abschlussbetriebsplan aufzustellen, der eine genaue Darstellung der technischen Durchführung und der Dauer der beabsichtigten Betriebseinstellung enthalten muss. Gleiches gilt für den Nachweis, dass die in § 55 Abs. 1 Satz 1 Nr. 3 bis 13, Abs. 2 BBergG bezeichneten Voraussetzungen erfüllt sind, sowie für Angaben über eine Beseitigung der betrieblichen Anlagen und Einrichtungen oder über deren anderweitige Verwendung.[996] Nach § 53 Abs. 2 BBergG ist dem Abschlussbetriebsplan eine Betriebschronik beizufügen. Die gesetzliche Pflicht zur Aufstellung eines zulassungsfähigen Abschlussbetriebsplans kann aufsichtsrechtlich über eine Anordnung nach § 71 Abs. 1 Satz 1 BBergG sichergestellt werden.[997]

Materiell-rechtlich gelten nach § 55 Abs. 2 Satz 1 BBergG zunächst die Anforderungen des Abs. 1 Satz 1 Nr. 2 bis 13 entsprechend, weil sich die Probleme im Wesentlichen nicht von denjenigen bei der Errichtung oder Führung des Aufsuchungs- oder Gewinnungsbetriebes unterscheiden.[998] Spezielle Anforderungen an die Zulassung eines Abschlussbetriebsplans stellt § 55 Abs. 2 BBergG, die auch den Zeitraum nach der Stilllegung in den Blick nehmen.[999] Sie betreffen den Schutz vor Gefahren für Leben und Gesundheit,[1000] die Wiedernutzbarmachung der Oberfläche[1001] und die vollständige Beseitigung der betrieblichen Einrichtungen im Bereich des Festlandsockels.[1002]

---

[996] Für den Bereich des Festlandsockels regelt § 55 Abs. 2 Satz 1 Nr. 3 BBergG die Beseitigung.

[997] Näher oben 3. Kapitel A. III. 1., S. 267 f., dort auch zu nachträglichen Auflagen sowie dem Widerruf eines Abschlussbetriebsplans und einer anschließenden Anordnung.

[998] BVerwG, Urteil vom 9. November 1995 – 4 C 25/94, BVerwGE 100, 31 (37 f.); BT-Drs. 8/1315, S. 112. Näher zu diesen Anforderungen oben 3. Kapitel A. I., S. 197 ff.

[999] Vgl. *Piens*, in: ders./Schulte/Graf Vitzthum, BBergG, 3. Auflage 2020, § 53 Rn. 24.

[1000] § 55 Abs. 2 Satz 1 Nr. 1 BBergG sichert über die Betriebs- und Einstellungsphase hinaus den Schutz Dritter vor durch den Betrieb verursachten Gefahren für Leben und Gesundheit. Hierdurch wird die Entlassung aus der Bergaufsicht nach § 69 Abs. 2 BBergG vorbereitet, die neben weiteren Voraussetzungen nur dann möglich ist, wenn nach allgemeiner Erfahrung nicht mehr mit Gefahren für Leben und Gesundheit Dritter durch den Betrieb zu rechnen ist. Sachgüterschutz in der Einstellungs- und Nachbetriebsphase kann – im Grunde ebenso wie während der Produktionsphase – über § 48 Abs. 2 Satz 1 BBergG gewährt werden, *Kühne*, DVBl 2006, S. 1219 (1220); *M. Herrmann*, NuR 2016, S. 823 (826). Näher zu § 55 Abs. 2 Satz 1 Nr. 1 BBergG siehe unten 3. Kapitel F. III. 1., S. 371 ff.

[1001] Dazu unten 3. Kapitel F. II., S. 368 ff.

[1002] § 55 Abs. 2 Satz 1 Nr. 3 BBergG stellt sicher, dass im Bereich des Festlandsockels und der Küstengewässer – anders als bei sonstigen Bergbauvorhaben, vgl. § 53 Abs. 1 Satz 1 BBergG – betriebliche Einrichtungen bis zum Meeresuntergrund vollständig beseitigt werden. Damit trägt der Gesetzgeber Art. 5 Abs. 5 Satz 2 der damals geltenden Genfer Konven-

Ebenso anwendbar ist nach der Rechtsprechung des Bundesverwaltungsgerichts auch § 48 Abs. 2 BBergG.[1003] Mit Blick auf den eindeutigen Wortlaut erscheint dies zunächst kritikwürdig.[1004] Denn § 48 Abs. 2 Satz 1 BBergG gestattet nur die Beschränkung oder Untersagung von Aufsuchungen oder Gewinnungen, nicht aber von Maßnahmen nach Ende von Aufsuchungs- oder Gewinnungstätigkeiten. Argumentativ hilft auch hier nur ein Verweis auf den ursprünglichen Gesetzentwurf.[1005] Dort umfassten die Voraussetzungen für die Zulassung des Abschlussbetriebsplans ausdrücklich auch entgegenstehende überwiegende öffentliche Interessen. Wenn aber – wie oben nachgewiesen – mit deren Auskopplung in den heutigen § 48 Abs. 2 BBergG keine materiell-rechtliche Änderung verbunden gewesen sein sollte,[1006] muss dies entgegen dem Wortlaut auch für die Abschlussbetriebsplanung gelten. Im Ergebnis ist die Rechtsprechung des Bundesverwaltungsgerichts damit zustimmungswürdig.

Auch die Zulassung des Abschlussbetriebsplans soll eine gebundene Entscheidung ohne planerisches Ermessen sein.[1007] Sie hat Gestattungs-, aber – vorbehaltlich der zulassungsrechtlichen Behandlung einer UVP-pflichtigen Betriebseinstellung[1008] – keine Konzentrationswirkung.[1009]

II. Wiedernutzbarmachung und planerische Steuerung

In einem gewissen Spannungsverhältnis zwischen Betriebseinstellung und Folgenutzung sowie zwischen Regelungsfunktion der Abschlussbetriebsplanzulassung und gesamtplanerischen Entscheidungen bewegt sich die Pflicht zur Wiedernutzbarmachung der Oberfläche in der vom einzustellenden Betrieb in Anspruch genommenen Fläche nach § 55 Abs. 2 Satz 1 Nr. 2 BBergG.

Wiedernutzbarmachung ist nach § 4 Abs. 4 BBergG die ordnungsgemäße Gestaltung der vom Bergbau in Anspruch genommenen Oberfläche unter Beachtung des öffentlichen Interesses. Gegenständlich bezieht sie sich nur auf unmittelbar in Anspruch genommene Flächen wie solche für Betriebseinrichtun-

---

tion über den Festlandsockel vom 29. April 1958 Rechnung. Auf Wunsch des Bundesrates wurde die Regelung auf die Küstengewässer erstreckt, BT-Drs. 8/1315, S. 179.

[1003] BVerwG, Urteil vom 14. April 2005 – 7 C 26/03, BVerwGE 123, 247 (255) unter wenig überzeugendem Verweis auf die Nichtgeltung der Rohstoffsicherungsklausel (die im Rahmen des § 48 Abs. 2 BBergG ohnehin nicht gilt, siehe oben 3. Kapitel A. II. 3. a) aa), S. 232 f.).

[1004] Kritisch auch *Kirchner*, UPR 2010, S. 161 (165).

[1005] Ebenso *Kühne*, DVBl 2006, S. 1219 (1220).

[1006] Ausführlich oben 3. Kapitel A. II. 1., S. 202 ff.

[1007] *Beckmann*, DÖV 2010, S. 512 (513); *Kirchner*, UPR 2010, S. 161 (166); vgl. *Piens*, in: ders./Schulte/Graf Vitzthum, BBergG, 3. Auflage 2020, § 55 Rn. 350.

[1008] Dazu oben 3. Kapitel B. III. 2. a) bb), S. 307 ff.

[1009] *Beckmann*, DÖV 2010, S. 512 (514); *von Hammerstein*, in: Boldt/Weller/Kühne/von Mäßenhausen, BBergG, 2. Auflage 2016, § 53 Rn. 22.

gen oder Halden, nicht hingegen auf Flächen, die etwa von Senkungen oder Sümpfungsmaßnahmen betroffen sind.[1010] Nicht näher konkretisiert werden Inhalt und Umfang einer ordnungsgemäßen Gestaltung. Wenig erhellend ist auch der nach § 55 Abs. 2 BBergG entsprechend anwendbare § 55 Abs. 1 Satz 1 Nr. 7 BBergG, wonach die erforderliche Vorsorge zur Wiedernutzbarmachung der Oberfläche in dem *nach den Umständen gebotenen Ausmaß* zu treffen ist.

Terminologisch klar ist nur, dass eine Wiedernutzbarmachung weder eine vollständige Herstellung der Fläche zur Folgenutzung umfasst, noch „solche Maßnahmen, die die künftige Nutzung bereits aufnehmen".[1011] Nicht erfasst wird damit beispielsweise die Herstellung der Infrastruktur für die Folgenutzung.[1012] Ebenso verlangt die allgemeine Formulierung nicht die „Wiederherstellung des vor Beginn des Abbaus bestehenden Zustandes der Oberfläche".[1013] Geboten sind lediglich „Vorkehrungen und Maßnahmen, die erforderlich sind, um eine künftige geplante Nutzung zu gewährleisten, d.h. vorzubereiten und zu ermöglichen". Die Fläche muss ordnungsgemäß so gestaltet werden, dass „sie sich für eine sinnvolle andere Nutzung eignet".[1014] Damit wird gleichzeitig die Gefahrenabwehr adressiert.[1015] Folgenutzungen dürfen keinem bergbauinduziertem Risiko ausgesetzt werden.

Weitere konkrete Anforderungen ergeben sich aus der Pflicht zur Wiedernutzbarmachung zunächst nicht. Sie ist „folgenutzungsneutral".[1016] Insbesondere ist die Zulassung des Abschlussbetriebsplans nicht das richtige Instrument, um kommunale – oder bergbehördliche – Planungsabsichten zu sichern.[1017] Damit wäre der Abschlussbetriebsplan zuzulassen, wenn nur irgendeine sinnvolle Nutzung später möglich ist.

§ 4 Abs. 4 BBergG bindet die Wiedernutzbarmachung allerdings ausdrücklich an das öffentliche Interesse.[1018] Diese Beachtenspflicht ist tatbestandliches Einfallstor für bauplanerische oder raumordnerische Entscheidungen. Über sie wird die Folgenutzung Maßstab für die Ordnungsmäßigkeit der Gestaltung der Oberfläche. Erfasst werden ebenso Bebauungspläne wie etwa Ziele der

---

[1010] *Keienburg*, in: Boldt/Weller/Kühne/von Mäßenhausen, BBergG, 2. Auflage 2016, § 4 Rn. 24; *Kirchner*, UPR 2010, S. 161 (164).

[1011] OVG Münster, Urteil vom 15. Mai 1998 – 21 A 6726/95, ZfB 139 (1998), S. 160 (167 f.).

[1012] *Kirchner*, UPR 2010, S. 161 (164).

[1013] Anders bei §§ 39 Abs. 3, 81 Abs. 3 Nr. 1 BBergG.

[1014] OVG Münster, Urteil vom 15. Mai 1998 – 21 A 6726/95, ZfB 139 (1998), S. 160 (167); ähnlich *Kirchner*, UPR 2010, S. 161 (164); *Knöchel*, ZfB 137 (1996), S. 44 (54); *von Mäßenhausen*, in: Boldt/Weller/Kühne/von Mäßenhausen, BBergG, 2. Auflage 2016, § 55 Rn. 130; ferner BT-Drs. 8/1315, S. 76.

[1015] *Kirchner*, UPR 2010, S. 161 (164).

[1016] *von Mäßenhausen*, in: Boldt/Weller/Kühne/von Mäßenhausen, BBergG, 2. Auflage 2016, § 55 Rn. 131.

[1017] *Knöchel*, ZfB 137 (1996), S. 44 (54).

[1018] Siehe dazu auch *Beckmann*, in: Kühne/Schoch/Beckmann, Gegenwartsprobleme des Bergrechts, 1995, S. 67 (86 ff.).

Raumordnung, insbesondere auch Braunkohlenpläne und schließlich Flächennutzungspläne, sofern sie hinreichend konkretisiert sind.[1019] Die Wiedernutzbarmachung darf damit der geplanten Folgenutzung nicht zuwiderlaufen. Das betrifft nicht nur Fragen der Modellierung der Oberfläche,[1020] sondern ebenso den Umgang mit Altlasten[1021].

Hieran schließt sich die Frage an, ob die Abschlussbetriebsplanung zumindest in gewissem Umfang eine Planung im materiellen Sinne ist. Auch wenn eine gestalterische Planung der Nachfolgenutzung nicht dem Abschlussbetriebsplanverfahren obliegt, so wird gleichwohl deutlich, dass die Wiedernutzbarmachung eine Betriebsplanung erfordert, die bereits konkretisierte Folgenutzungen ermöglicht. Diesbezüglich beinhaltet das Bundesberggesetz notwendigerweise nur schwach konturierte materiell-rechtliche Vorgaben. Ist aber schon die Betriebsplanzulassung für einen Gewinnungsbetrieb richtigerweise eine materielle Planungsentscheidung,[1022] so muss dies erst recht für betriebsplanerische Entscheidungen zur Wiedernutzbarmachung gelten. Sie liegen nicht nur in Verantwortung des Vorhabenträgers als Fachplanungsträger, sondern umfassen sogar gesamtplanerische Elemente,[1023] weil sie die Nachnutzung vorbereiten und ermöglichen sollen.[1024] Vor diesem Hintergrund überzeugt es nicht, auch in der Abschlussbetriebsplanzulassung eine gebundene Entscheidung ohne planerischen Charakter zu sehen.[1025]

III. Grenzen der Unternehmensverantwortung

Während die Wiedernutzbarmachung der Oberfläche regelmäßig innerhalb eines überschaubaren Zeitraums abgeschlossen sein dürfte, sind Maßnahmen zur Vorsorge vor künftigen Gefahren zeitlich nicht ohne Weiteres absehbar. Nicht umsonst hat sich mittlerweile vor allem im Steinkohlenbergbau der Begriff der Ewigkeitslasten etabliert, wenngleich er terminologisch von den damit verbundenen rechtlichen Problemen eher ablenkt. Hiervon zu unterscheiden ist das

---

[1019] Näher *Keienburg*, in: Boldt/Weller/Kühne/von Mäßenhausen, BBergG, 2. Auflage 2016, § 4 Rn. 27; *von Mäßenhausen*, in: Boldt/Weller/Kühne/von Mäßenhausen, BBergG, wie vor, § 55 Rn. 131; deutlich restriktiver *Knöchel*, ZfB 137 (1996), S. 44 (54), der insbesondere Pläne ohne Außenwirkung ausklammert.

[1020] *Kirchner*, UPR 2010, S. 161 (164 f.) zur Ablagerung von Massen auf einer vorgesehenen Parkplatzfläche sowie zur Modellierung von Halden.

[1021] *Knöchel*, ZfB 137 (1996), S. 44 (55).

[1022] Näher und differenzierend oben 3. Kapitel A. II. 4. d) bb), S. 249 ff.

[1023] Weitergehend *Frenz*, in: ders., BBergG, 2019, § 55 Rn. 289: Gesamtplanung.

[1024] Nebenbei: Die Wiedernutzbarmachung erfolgt nach § 2 Abs. 1 Nr. 2 BBergG bereits während der Aufsuchung, Gewinnung und Aufbereitung von Bodenschätzen. Insoweit greifen die obigen Überlegungen bereits für sonstige Betriebspläne.

[1025] Ausführlich oben 3. Kapitel A. II. 4., S. 239 ff.

hier nicht näher behandelte Bergschadensrecht, das gleichfalls Unternehmer-
verantwortlichkeiten normiert.

Das Bundesverwaltungsgericht hat in zwei wegweisenden Entscheidungen
wichtige und im Ergebnis überzeugende Eckpunkte zur Nachsorgeverantwortung klargestellt – 1995 im *Rammelsberg*-Urteil[1026] und 2014 im *Meggen*-Ur-
teil[1027]. Gegenstand war in beiden Fällen der Umgang mit Grubenwasser nach
Einstellung der Erzgewinnung. Kern dieser Rechtsprechung ist die bis dahin
umstrittene Erkenntnis, dass der Bergbauunternehmer weitreichende Verantwortlichkeiten zum Schutz nicht nur vor (unmittelbaren) Gefahren für Leib und
Leben Dritter, sondern ebenso vor gemeinschädlichen Einwirkungen durch den
Betrieb auch für die Zeit nach der Betriebseinstellung trägt. Hieraus resultiert
die Verpflichtung zur ggf. dauerhaften Grubenwasserhaltung nach dem Ende
der Gewinnungsphase. Insbesondere vermitteln vorangegangene Betriebsplanzulassungen für die Gewinnungsphase keine Legalisierungswirkung, weil sie
insoweit schon gar keine Regelungen für die Einstellung treffen.[1028] Begrenzt
wird diese Verantwortung jedoch auf betriebsbedingte Folgen. Die so umrissene tatbestandliche Reichweite der Unternehmensverantwortung (1.) findet ihre
Grenzen im Grundsatz der Verhältnismäßigkeit und hier insbesondere einer fehlenden Zurechnung (2.). Konkretisierungen dieser Zurechnungsbeschränkung
überantwortet das Bundesverwaltungsgericht allerdings dem Gesetzgeber, womit sich die Frage stellt, ob und wann entsprechende Haftungsbeschränkungen
rechtspolitisch sinnvoll begründbar sind (3.).

1. Tatbestandliche Reichweite der Unternehmerverantwortung

Vor dem *Rammelsberg*-Urteil des Bundesverwaltungsgerichts war umstritten,
wie weit unternehmerische Verantwortlichkeiten im Rahmen der Betriebseinstellung sowie für die Zeit danach reichen. Grund hierfür waren die systematisch durchaus missverständlichen Vorgaben des § 55 Abs. 2 BBergG.[1029]
Hiernach gilt einerseits § 55 Abs. 1 Satz 1 Nr. 2 bis 13 BBergG entsprechend,
andererseits werden diese Voraussetzungen unmittelbar nachfolgend modifiziert. So sollen sie nach § 55 Abs. 2 Satz 1 Nr. 1 BBergG nur mit der Maßgabe
entsprechend gelten, dass der Schutz Dritter vor den durch den Betrieb verursachten Gefahren für Leben und Gesundheit auch noch nach Einstellung des
Betriebes sichergestellt sein muss.[1030] Hieraus wurde unter anderem abgeleitet,
dass der Unternehmer für die Zeit nach der Betriebseinstellung weder die Verantwortung für den Schutz von Sachgütern trage, noch für den Schutz vor ge-

---

[1026] BVerwG, Urteil vom 9. November 1995 – 4 C 25/94, BVerwGE 100, 31.

[1027] BVerwG, Urteil vom 18. Dezember 2014 – 7 C 22/12, BVerwGE 151, 156.

[1028] BVerwG, Urteil vom 18. Dezember 2014 – 7 C 22/12, BVerwGE 151, 156 Rn. 44.

[1029] Ähnlich *Kühne*, DVBl 2006, S. 1219.

[1030] Zum Sachgüterschutz siehe oben Fn. 1000, S. 367.

meinschädlichen Einwirkungen gemäß § 55 Abs. 1 Satz 1 Nr. 9 BBergG,[1031] die nicht unmittelbar aus der Betriebseinstellung folgen.[1032]

Dem ist das Bundesverwaltungsgericht mit seiner *Rammelsberg*-Entscheidung entgegengetreten und hat die unternehmerischen Pflichten bei der Betriebseinstellung nach ihrem Tatbestand weit gezogen.[1033] § 55 Abs. 2 Satz 1 Nr. 1 BBergG modifiziere lediglich Abs. 1 Satz 1 Nr. 3 BBergG[1034] für die Phase nach Beendigung der Einstellungsmaßnahmen. § 55 Abs. 1 Satz 1 Nr. 9 BBergG bleibe hingegen – wie auch die übrigen Tatbestände – unberührt. Der Senat begründet dies auch mit einem Verweis auf § 69 Abs. 2 BBergG, der das Ende der Bergaufsicht regelt. Sie endet unter anderem erst dann, wenn nach allgemeiner Erfahrung nicht mehr damit zu rechnen ist, dass durch den Betrieb gemeinschädliche Einwirkungen eintreten werden. Es sei sinnwidrig, gerade diese Anforderung aus der Abschlussbetriebsplanzulassung auszublenden und insoweit nur über Anordnungen nach § 71 Abs. 1 BBergG[1035] zu erfassen.

Konsequenz dieser Rechtsprechung ist, dass der Zeitpunkt, zu dem die Einstellung des Betriebes *umfänglich* abgeschlossen werden kann, mitunter in weite Ferne rückt. Der Abschlussbetriebsplan ist nur dann zulassungsfähig, wenn die vorgesehenen Maßnahmen unter anderem dauerhaft sicherstellen, dass durch den Betrieb keine Gefahren für Leben und Gesundheit Dritter ausgehen und gemeinschädliche Einwirkungen der Aufsuchung oder Gewinnung nicht zu erwarten sind. Können diese Anforderungen nur erfüllt werden, wenn beispielsweise für einen langen Zeitraum Wasserhaltungsmaßnahmen durchgeführt werden, muss dies auch im Abschlussbetriebsplan geregelt werden – zumindest durch einen Verweis auf notwendige und einzuholende wasserrechtliche Gestattungen.[1036] Der Betrieb ist *insoweit* noch nicht eingestellt[1037], weil die Wasserhaltung noch Durchführung des Abschlussbetriebsplans ist.

[1031] Näher sowie zu weiteren tatbestandlichen Einschränkungen *Heuvels*, NVwZ 1995, S. 972 (973), der allerdings im Anschluss eine Verantwortlichkeit annimmt, wenn der Unternehmer auch die maßgeblichen Ursachen in der Betriebsphase gesetzt hat und nicht nur – wie in Sachen *Rammelsberg* – letzter Betreiber ist (S. 974). Unklar bleiben dabei die an sich zu ziehenden Konsequenzen für die Abschlussbetriebsplanzulassung. Vgl. zusammenfassend *Spieth/Wolfers*, ZfB 138 (1997), S. 269 (271).

[1032] Vgl. zusammenfassend BVerwG, Urteil vom 9. November 1995 – 4 C 25/94, BVerwGE 100, 31 (37); *Kühne*, DVBl 2006, S. 1219 (1220).

[1033] BVerwG, Urteil vom 9. November 1995 – 4 C 25/94, BVerwGE 100, 31 (37 ff.).

[1034] Hiernach ist die Zulassung eines Betriebsplans zu erteilen, wenn „die erforderliche Vorsorge gegen Gefahren für Leben, Gesundheit und zum Schutz von Sachgütern, Beschäftigter und Dritter im Betrieb [...] sowie dafür getroffen ist, daß die für die Errichtung und Durchführung eines Betriebes auf Grund dieses Gesetzes erlassenen oder geltenden Vorschriften und die sonstigen Arbeitsschutzvorschriften eingehalten werden", dazu oben 3. Kapitel A. I., S. 198 f.

[1035] Ablehnend *Heuvels*, NVwZ 1995, S. 972 (974 f.).

[1036] Vgl. *Piens*, in: Piens/Schulte/Graf Vitzthum, BBergG, 2. Auflage 2013, § 69 Rn. 43; siehe auch unten 3. Kapitel F. IV., S. 377 f.

[1037] Das hier verwendete Begriffsverständnis knüpft an § 53 BBergG an, der für die Ein-

Verantwortlichkeiten bestehen allerdings nur, soweit (mögliche) Folgen kausal auf dem Bergbau beruhen. Ausgangspunkt der Nachsorgeverpflichtungen sind die aus dem Bergwerksbetrieb herrührenden Risiken, während Gefahren, die ihre Ursache nicht in der vorangegangenen Bergbautätigkeit haben, keine bergbaulichen Pflichten vermitteln können. Bergrechtliche Pflichten entsprechen damit keinesfalls einer „allgemeinen Polizeipflicht".[1038] In Betracht kommt insoweit allenfalls die Inanspruchnahme des Bergbauunternehmens als Nichtstörer.[1039] Unerheblich ist es, wenn entsprechende Verursachungsbeiträge auf einen früheren Betreiber zurückzuführen sind. § 55 Abs. 2 BBergG knüpft nicht an eine Verhaltensverantwortlichkeit an, sondern an die Verantwortlichkeit für die Betriebseinstellung, bei der Bergbaufolgen nicht ungelöst bleiben dürfen.[1040]

Zu Recht hat das Bundesverwaltungsgericht in diesem Kontext der sogenannten Quellwassertheorie eine Absage erteilt.[1041] Diese Theorie nimmt zum Ausgangspunkt, dass kein wasserrechtlicher Benutzungstatbestand anzunehmen ist, wenn aus einem stillgelegten Bergwerk Wasser austritt[1042]. Dementsprechend scheide auch die bergrechtliche Verantwortlichkeit für den Austritt von verunreinigtem Wasser aus.[1043] Dem tritt bereits die *Rammelsberg*-Entscheidung entgegen und stellt ebenso lapidar wie überzeugend fest, dass es sich bei der Sauerwasserbildung zwar um einen natürlichen Vorgang handele,

---

stellung eines Betriebes einen Abschlussbetriebsplan fordert, vgl. auch VGH München, Urteil vom 24. August 2010 – 8 BV 06/1795, ZfB 152 (2011), S. 114 Rn. 18. Begrifflich differenzierend *M. Herrmann*, NuR 2016, S. 823 (825 ff.); *von Mäßenhausen*, in: Boldt/Weller/Kühne/von Mäßenhausen, BBergG, 2. Auflage 2016, § 55 Rn. 123, die zwischen Stilllegung bzw. Einstellung und danach erforderlich bleibenden Nachsorgemaßnahmen differenzieren, welche aber gleichwohl Gegenstand des Abschlussbetriebsplans sind; vgl. auch *Wolfers/Ademmer*, DVBl 2010, S. 22 f.

[1038] BVerwG, Urteil vom 9. November 1995 – 4 C 25/94, BVerwGE 100, 31 (40).

[1039] *Knöchel*, ZfB 137 (1996), S. 44 (52); *Keienburg*, in: Boldt/Weller/Kühne/von Mäßenhausen, BBergG, 2. Auflage 2016, § 69 Rn. 21; *von Mäßenhausen*, in: Boldt/Weller/Kühne/von Mäßenhausen, wie vor, § 55 Rn. 125, jeweils unter Verweis auf die Aufrechterhaltung der Wasserhaltung; zurückhaltend *Kühne*, DVBl 2006, S. 1219 (1221 f.), der auf die wohl zu verneinende Anwendbarkeit des allgemeinen Ordnungsrechts verweist. Grundsätzlich denkbar erscheint zudem eine Verantwortlichkeit nach Maßgabe des § 4 BBodSchG, soweit dessen Anwendbarkeit nicht nach § 3 Abs. 1 Nr. 10 BBodSchG ausgeschlossen ist. Da aber das Bundesberggesetz keine Vorschriften zur Verantwortlichkeit bei fehlender Kausalität trifft, erscheint die Anwendbarkeit des § 4 BBodSchG nicht von vornherein ausgeschlossen, vgl. *Müggenborg*, NVwZ 2006, S. 278 (281); a.A. wohl *von Mäßenhausen*, in: Boldt/Weller/Kühne/von Mäßenhausen, wie vor, Anh. § 48 Rn. 50 f.

[1040] BVerwG, Urteil vom 9. November 1995 – 4 C 25/94, BVerwGE 100, 31 (39); einschränkend *Keienburg*, in: Boldt/Weller/Kühne/von Mäßenhausen, 2. Auflage 2016, § 69 Rn. 23.

[1041] BVerwG, Urteil vom 18. Dezember 2014 – 7 C 22/12, BVerwGE 151, 156 Rn. 31, 46.

[1042] *Piens*, in: ders./Schulte/Graf Vitzthum, BBergG, 3. Auflage 2020, § 56 Anhang Rn. 574; *Reinhardt*, in: Czychowski/Reinhardt, WHG, 12. Auflage 2019, § 9 Rn. 70; vgl. auch zur Einstellung der Grubenwasserhaltung *Jordan/Welsing*, ZfW 56 (2017), S. 121 (124 ff.).

[1043] Vgl. darstellend *von Mäßenhausen*, in: Boldt/Weller/Kühne/von Mäßenhausen, BBergG, 2. Auflage 2016, § 55 Rn. 145 mit Fn. 399; *Wolfers/Ademmer*, DVBl 2010, S. 22.

„der auch ohne bergbauliche Eingriffe überall dort stattfindet, wo in Hohlräume einge-
drungenes Wasser mit pyritischen Erzen in Berührung kommt. Zu einem Umweltpro-
blem ist die Sauerwasserentstehung [...] indes nur deshalb geworden, weil durch die Bergbautätigkeit in großem Umfange Erzreste freigelegt worden sind, die eine Anreicherung
des in die künstlich geschaffenen Hohlräume einströmenden Wassers mit Oxidationspro-
dukten begünstigen."[1044]

Anders ist die Verantwortlichkeit zu beurteilen, wenn nach Einstellung der
Wasserhaltung der Grundwasserspiegel wieder ansteigt. Dadurch verursachte
Vernässungen sollen nach der Literatur nur dann dem Bergbau zurechenbar
sein, wenn diese zugleich auf einer bergbaubedingten Absenkung des Gelände-
niveaus beruhen. Denn es bestehe kein Anspruch auf „‚ewiges' Pumpen". Bauherren könnten nicht darauf vertrauen, dass der Grundwasserspiegel dauerhaft
künstlich niedrig gehalten werde.[1045]

2. Verhältnismäßigkeit der Nachsorgeverantwortung

Eine Begrenzung findet der Grundsatz der Unternehmerverantwortung nur
im Verhältnismäßigkeitsgrundsatz. So müssen entsprechende Nebenbestimmungen zu Betriebsplanzulassungen ebenso verhältnismäßig sein[1046] wie eine
Anordnung nach § 71 Abs. 1 Satz 1 BBergG etwa auf Vorlage eines ergänzenden Sonderbetriebsplans[1047]. Während das Bundesverwaltungsgericht in Sachen
Rammelsberg noch eine Beschränkung von Nachsorgepflichten in Betracht zog,
wenn diese wirtschaftlich unvertretbar werden,[1048] lässt es in Sachen *Meggen* nur
noch wenig Raum für entsprechende Korrekturen im Rahmen der Angemessen-
heit.[1049] Bergbauliche Tätigkeiten entfalteten besondere Risiken für die Umwelt
und seien gefahrgeneigte Tätigkeiten. Die Haftung könne damit nicht auf den
zuvor erwirtschafteten Gewinn beschränkt werden.[1050]

[1044] BVerwG, Urteil vom 9. November 1995 – 4 C 25/94, BVerwGE 100, 31 (40).

[1045] *Keienburg*, in: Boldt/Weller/Kühne/von Mäßenhausen, BBergG, 2. Auflage 2016, § 69
Rn. 21; *von Mäßenhausen*, in: Boldt/Weller/Kühne/von Mäßenhausen, wie vor, § 55 Rn. 145;
Schubert, in: Boldt/Weller/Kühne/von Mäßenhausen, wie vor, § 114 Rn. 33 f.; *Spieth/Wolfers*,
ZfB 138 (1997), S. 269 (273 ff.); ähnlich *Kühne*, DVBl 2006, S. 1219 (1221); vgl. auch OVG Mag-
deburg, Beschluss vom 26. Mai 2008 – 2 L 187/06, NuR 2008, S. 578 (581 f.); a.A. *Frenz*, Unter-
nehmerverantwortung im Bergbau, 2003, S. 99 ff. Zum Bergschadensausgleich vgl. *Neupert*,
ZfB 159 (2018), S. 116 ff.

[1046] BVerwG, Urteil vom 9. November 1995 – 4 C 25/94, NVwZ 1996, S. 712 (716), insoweit nicht abgedruckt in BVerwGE 100, 31.

[1047] BVerwG, Urteil vom 18. Dezember 2014 – 7 C 22/12, BVerwGE 151, 156 Rn. 41 ff.

[1048] BVerwG, Urteil vom 9. November 1995 – 4 C 25/94, NVwZ 1996, S. 712 (716): „Sollten die jetzt ergriffenen Maßnahmen zur Zweckerreichung nicht genügen [...], so wird zu ge-
gebener Zeit zu prüfen sein, welche Bedeutung dem Umstand zukommt, daß das Verlangen,
eine Neutralisationsanlage dauerhaft zu betreiben, möglicherweise mit einem wirtschaftlich
unvertretbaren Aufwand verbunden ist." (insoweit nicht abgedruckt in BVerwGE 100, 31).

[1049] BVerwG, Urteil vom 18. Dezember 2014 – 7 C 22/12, BVerwGE 151, 156 Rn. 42 ff.

[1050] A.A. *Wolfers/Ademmer*, DVBl 2010, S. 22 (26 f.).

Konsequent lehnt das Gericht damit auch eine Übertragung der Altlasten-Rechtsprechung des Bundesverfassungsgerichts[1051] ab. Bergbauliche Tätigkeit generiere Verhaltensverantwortlichkeiten und sei nicht mit der dort gegenständlichen Zustandshaftung vergleichbar.[1052] Damit betont das Bundesverwaltungsgericht zu Recht die wirtschaftliche Eigenverantwortlichkeit der Bergbauunternehmen. Sie müssen Risiken und sogenannte Ewigkeitslasten grundsätzlich einpreisen und können sie nicht ohne Weiteres vergemeinschaften. Nichts anderes wird man annehmen können, wenn es um die Pflichten des letzten Betreibers geht. Übernimmt ein Unternehmen ein Bergwerk, so tritt es in die damit verbundenen gesetzlichen Verantwortlichkeiten ein.[1053]

Nicht mehr angemessen sind Nachsorgeanordnungen allerdings dann, wenn die Risiken oder Gefahren nicht mehr zurechenbar sind. Das Bundesverwaltungsgericht zieht es durchaus in Betracht, den Verursachungsbeitrag durch Zeitablauf in den Hintergrund treten zu lassen, weist entsprechende Klarstellungen allerdings maßgeblich dem Gesetzgeber zu.[1054] Mit Blick auf die lange Dauer bergbaulicher Vorhaben dürfte die Nachsorgeverantwortung damit regelmäßig auch nach mehreren Jahrzehnten nicht in den Hintergrund treten.

Entgegen dieser sehr restriktiven Rechtsprechung steht Bergbehörden und Gerichten auch ohne ausdrückliche gesetzgeberische Detailregelungen im Einzelfall durchaus zu, die Grenzen des Zurechnungszusammenhangs zu konkretisieren. Soweit die Zulässigkeit einer Nebenbestimmung oder Anordnung zu prüfen ist, ist dogmatische Anknüpfung hierfür die Verhältnismäßigkeit. Aber auch die kehrseitige[1055] Pflicht des Bergbauunternehmens auf Abschlussbetriebsplanung eröffnet genügend Raum für Zurechnungserwägungen. Die Voraussetzungen zur Zulassung des Abschlussbetriebsplans nach § 55 Abs. 1, 2 BBergG sind kausalitätsbezogen. Tritt der Verursachungsbeitrag des Bergbaubetriebes in den Hintergrund, dann geht es nicht mehr zwingend um gemeinschädliche Einwirkungen *der* Aufsuchung, Gewinnung oder Einstellung[1056] nach § 55 Abs. 2 i.V.m. Abs. 1 Satz 1 Nr. 9 BBergG oder den Schutz Dritter vor den *durch* den Betrieb *verursachten* Gefahren für Leben und Gesundheit nach

---

[1051] BVerfG, Beschluss vom 16. Februar 2000 – 1 BvR 242/91, 1 BvR 315/99, BVerfGE 102, 1.

[1052] Zustimmend *Dietrich/Elgeti*, NVwZ 2015, S. 747; *M. Herrmann*, NuR 2016, S. 823 (830); a.A. *Wolfers/Ademmer*, DVBl 2010, S. 22 (25 f.).

[1053] Vgl. BVerfG, Beschluss vom 16. Februar 2000 – 1 BvR 242/91, 1 BvR 315/99, BVerfGE 102, 1 (21 f.).

[1054] BVerwG, Urteil vom 18. Dezember 2014 – 7 C 22/12, BVerwGE 151, 156 Rn. 47; zustimmend *Dietrich/Elgeti*, NVwZ 2015, S. 747 (748).

[1055] Allerdings ist ein Gleichlauf von behördlichen Rechten und unternehmerischen Pflichten keineswegs zwingend. Dogmatisch ist es durchaus denkbar, dass zwar bergrechtliche Pflichten bestehen, deren Durchsetzung aber im konkreten Fall unverhältnismäßig sein kann.

[1056] Vgl. *von Mäßenhausen*, in: Boldt/Weller/Kühne/von Mäßenhausen, BBergG, 2. Auflage 2016, § 55 Rn. 145.

§ 55 Abs. 2 Satz 1 Nr. 1 BBergG. Diesbezügliche Vorsorgemaßnahmen haben insoweit von vornherein nicht Teil an der Abschlussbetriebsplanpflicht nach § 53 Abs. 1 BBergG. Damit finden im bergrechtlichen Pflichtenkanon bei der Betriebseinstellung auf Tatbestandsseite im Grunde dieselben Zurechnungsüberlegungen Beachtung wie im Rahmen von behördlichen Anordungsbefugnissen auf Rechtsfolgenseite im Rahmen der Verhältnismäßigkeit. Einmal mehr wird offensichtlich, dass unbestimmter Rechtsbegriff und Ermessen nicht dichotomisch nebeneinanderstehen, sondern dieselben behördlichen und gerichtlichen Konkretisierungen je nach normativer Ausgestaltung unterschiedlich verankert sein können.[1057]

3. Politische Legitimität gesetzlicher Haftungsbeschränkungen

Ungeachtet dessen steht es dem Gesetzgeber in den weiten Grenzen des unionalen Verursacherprinzips frei, die Nachsorgeverantwortung und insbesondere deren Finanzierung zumindest teilweise der Allgemeinheit zuzuweisen. Insoweit müsste das Verursacherprinzip dem Gemeinlastprinzip weichen.[1058] Politisch dürften derartige Vorstöße allerdings regelmäßig auf scharfe Kritik stoßen, laufen sie doch letztlich auf eine Privatisierung von Gewinnen und eine Sozialisierung von Verlusten hinaus.

Gleichwohl kann eine staatliche Teilhabe an der Nachsorgeverantwortung rechtspolitisch legitim sein, wenn die privatwirtschaftliche Tätigkeit in der Vergangenheit gesamtgesellschaftlichen Nutzen generiert hat. Weiterhin kann zukunftsgerichtet ein erhebliches politisches Interesse daran bestehen, eine bestimmte Technologie oder ein konkretes Produkt am Markt zu etablieren und negative externe Effekte auszublenden, wenn gesamtgesellschaftliche Vorteile erwartet werden.

In solchen Fällen kann es politisch konsequent sein, die möglicherweise erst viel später offenbar werdenden Nachsorgelasten ein Stück weit der staatlichen

---

[1057] Ausführlich oben 2. Kapitel B. III., S. 112 ff.

[1058] Zum Verursacher- und Gemeinlastprinzip *Kahl/Gärditz*, Umweltrecht, 11. Auflage 2019, § 2 Rn. 15; *Kloepfer/Durner*, Umweltschutzrecht, 3. Auflage 2020, § 3 Rn. 18 ff. Eine solche Verantwortungsverschiebung soll möglicherweise § 49 KVBG ermöglichen, wonach der Bund mit den Betreibern von Braunkohleanlagen und Braunkohletagebauunternehmen in einem öffentlich-rechtlichen Vertrag u.a. Regelungen zur bergrechtlichen Verantwortung der Tagebaubetreiber treffen kann. Der Gesetzgeber hatte hierbei allerdings bereits unmittelbar den ursprünglichen Vertragsentwurf (BT-Drs. 19/21120; zum weiteren Verfahren siehe oben Fn. 374, S. 62) vor Augen (vgl. Beschlussempfehlung und Bericht des Ausschusses für Wirtschaft und Energie, BT-Drs. 19/20714 (neu), S. 169 f.), der wiederum in § 7 ausdrücklich klarstellt, dass der Vertrag die bergrechtliche Verantwortung der Tagebaubetreiber unberührt lässt. Ungeachtet der Frage, ob eine derart offene Regelung wie § 49 KVBG überhaupt eine partielle Abkehr vom bergrechtlichen Regelungsgefüge zulässt oder nicht vielmehr nur Konkretisierungen ermöglicht, stützt jedenfalls die Entstehungsgeschichte keine partielle Freistellungsmöglichkeit.

Verantwortung zuzuweisen. So wurde seit den 1950er Jahren die Entwicklung und der Aufbau der Atomenergie in Deutschland massiv politisch forciert und durch staatliche Finanzierungen überhaupt erst ermöglicht.[1059] Wenn nun der Staat die organisatorische wie finanzielle (Letzt)verantwortung für die Zwischen- und Endlagerung übernimmt,[1060] trägt er gleichzeitig den Folgen seiner Jahrzehnte zurückliegenden Politik Rechnung. Ähnlich verhält es sich bei der Einstellung der Steinkohlengewinnung. Die sogenannten Ewigkeitslasten sollen zwar durch die RAG-Stiftung getragen werden. Reicht das Stiftungsvermögen jedoch nicht aus, bestehen staatliche Nachschusspflichten;[1061] auch für Verpflichtungen, die nicht von der Stiftung getragen werden, werden Finanzhilfen gewährt.[1062] Mit Blick auf die herausragende Bedeutung, welche die Steinkohlengewinnung für die wirtschaftliche Entwicklung hatte,[1063] erscheint auch dies nicht neben der Sache liegend. Ungeachtet dessen tragen solche Lösungen dazu bei, dass drängende Finanzierungsfragen abschließend und nachhaltend geklärt werden.

Ganz in diesem Sinne nennt auch das Bundesverwaltungsgericht – *de lege ferenda* – denkbare Verantwortlichkeiten nach Maßgabe des Gemeinlastprinzips gerade im Bergrecht, da dieses nach § 1 Nr. 1 BBergG „der Sicherung der Rohstoffversorgung dient und der privatnützigen Bergbautätigkeit demnach zugleich ein besonderer öffentlicher Nutzen zukommt".[1064] Rechtspolitisch wird man dies wohl jedenfalls dann in Erwägung ziehen können, wenn gerade die heimische Rohstoffversorgung betroffen ist *und* der Markt in der Vergangenheit von günstigen Preisen profitiert hat, die *auch* auf die fehlende Internalisierung von Umweltkosten zurückzuführen sind.

IV. Das Ende der Bergaufsicht

Die Bergaufsicht endet nach § 69 Abs. 2 BBergG nach der Durchführung des Abschlussbetriebsplans oder entsprechender Anordnungen der zuständigen Behörde nach § 71 Abs. 3 BBergG erst zu dem Zeitpunkt, in dem nach allgemeiner Erfahrung nicht mehr damit zu rechnen ist, dass durch den Betrieb Gefah-

---

[1059] Näher *Herbert*, Geschichte Deutschlands im 20. Jahrhundert, 2014, S. 799 ff.

[1060] Mit der Einzahlung näher bestimmter Beträge durch die Kernkraftwerkbetreiber in den neu errichteten Entsorgungsfonds gehen entsprechende Pflichten im Ergebnis auf den Staat über, vgl. *Schmitz/Helleberg/Martini*, NVwZ 2017, S. 1332 ff.; ferner *Leidinger*, in: Frenz, Atomrecht, 2019, § 6 AtG Rn. 58 ff.

[1061] Das Vermögen der RAG-Stiftung dürfte nach jetzigem Stand allerdings ausreichen, um deren Verpflichtungen zu genügen, *Burger*, Schicht im Schacht, FAZ vom 5. Dezember 2018, S. 3.

[1062] Vgl. § 4 Steinkohlefinanzierungsgesetz; *Beckmann*, in: Kühne/Ehricke, Bergrecht zwischen Tradition und Moderne, 2010, S. 169 (170).

[1063] *Brüggemeier*, Grubengold, 2018, S. 229, 231 f.

[1064] BVerwG, Urteil vom 18. Dezember 2014 – 7 C 22/12, BVerwGE 151, 156 Rn. 47.

ren für Leben und Gesundheit Dritter, für andere Bergbaubetriebe und für Lagerstätten, deren Schutz im öffentlichen Interesse liegt, oder gemeinschädliche Einwirkungen eintreten werden. Erforderlich ist also *erstens* die tatsächliche Einstellung des Betriebs, ohne dass noch Betriebspläne oder substituierende Anordnungen durchgeführt werden, sowie *zweitens* die dauerhafte Sicherheit des eingestellten Betriebes, wobei ein gewisses Restrisiko unbeachtlich ist. Möglich ist auch die sukzessive Beendigung der Bergaufsicht.[1065] Die Bergaufsicht endet *ipso iure*. Üblich sind gleichwohl entsprechende Mitteilungen,[1066] denen aber – sofern sie überhaupt als Verwaltungsakt zu klassifizieren sind – nur deklaratorische Bedeutung zukommt[1067].

Unter diesen Anforderungen kann der Zeitpunkt des Endes der Bergaufsicht unter Umständen in weite Ferne rücken. Sind beispielsweise dauerhaft Wasserhaltungsmaßnahmen notwendig, um gemeinschädliche Einwirkungen nach § 55 Abs. 2 i.V.m. Abs. 1 Satz 1 Nr. 9 BBergG zu verhindern, wird regelmäßig auch insoweit noch ein Abschlussbetriebsplan oder zumindest ein ergänzender Sonderbetriebsplan[1068] durchgeführt.[1069] Dies gilt selbst dann, wenn es sich um Maßnahmen handelt, die in außerbergrechtlichen Zulassungsverfahren konkretisiert werden, weil sich der Abschlussbetriebsplan auch insoweit nicht völlig enthalten kann.[1070] Verfassungsrechtliche Grenze ist nur – wie eben erörtert – der Grundsatz der Verhältnismäßigkeit, wonach betriebsplanmäßige Pflichten nach längerer Zeit enden können. *De lege ferenda* wäre zu überlegen, ob die sogenannten Ewigkeitsaufgaben nicht in die allgemeine fachbehördliche Aufsicht – etwa der Wasserbehörden – überführt werden könnten.[1071] Andererseits erfordern einzelne aufrechtzuerhaltene Maßnahmen nicht, dass der Betrieb als Ganzes unter Bergaufsicht bleibt.

[1065] *Keienburg*, in: Boldt/Weller/Kühne/von Mäßenhausen, BBergG, 2. Auflage 2016, § 69 Rn. 19.

[1066] *Beckmann*, in: Kühne/Schoch/Beckmann, Gegenwartsprobleme des Bergrechts, 1995, S. 67 (177).

[1067] *Keienburg*, in: Boldt/Weller/Kühne/von Mäßenhausen, BBergG, 2. Auflage 2016, § 69 Rn. 24.

[1068] Siehe dazu *Piens*, in: ders./Schulte/Graf Vitzthum, BBergG, 3. Auflage 2020, § 69 Rn. 43.

[1069] Siehe auch oben 3. Kapitel F. III. 1., S. 371 f.

[1070] *Piens*, in: ders./Schulte/Graf Vitzthum, BBergG, 3. Auflage 2020, § 69 Rn. 43 zur wasserrechtlichen Planfeststellung nach § 68 WHG für einen Gewässerausbau, zu der sich der Betriebsplan nicht enthalten kann (zur Frage des richtigen Trägerverfahrens für die Herstellung eines Gewässers siehe oben 3. Kapitel B. III. 2. a) bb), S. 307 f.); anders *Beckmann*, in: Frenz, BBergG, 2019, § 69 Rn. 47, der das Ende der Bergaufsicht in diesen Fällen dann aber an der zweiten Voraussetzung scheitern lässt.

[1071] Zu bereits jetzt bestehenden Möglichkeiten der Beendigung der Bergaufsicht bei bestehenden Nachsorgeverpflichtungen *M. Herrmann*, NuR 2016, S. 823 (827 ff.); *ders.*, in: von Weschpfennig, Bergbau und Wasserrecht (i.E.).

Nach dem Ende der Bergaufsicht greifen allgemeine ordnungsrechtliche oder besondere fachrechtliche Verantwortlichkeiten und Zuständigkeiten.[1072] Das schließt nicht aus, dass die Bergbehörde gleichwohl als allgemeine Ordnungsbehörde zuständig ist.[1073] Der Unternehmer oder Eigentümer kann bei etwaigen Gefahren als Verhaltens- oder Zustandsstörer herangezogen werden.[1074] Dies gilt beispielsweise für nach Ende der Bergaufsicht auftretende Tagesbruchgefahren aus oberflächennahem Altbergbau. Die Bergaufsicht lebt aber nicht wieder auf.[1075]

[1072] Rechtspolitische Kritik bei *Wagner*, ZfB 160 (2019), S. 81 (84); Reformvorschläge bei *Bethge/Elgeti/Brück von Oertzen*, in: Festgabe OLG Hamm, 2020, S. 346 (357 ff.); *Bethge/Elgeti/Dietrich*, ZfB 162 (2021), S. 109 (113 ff.).

[1073] Etwa § 48 Abs. 3 OBG NRW.

[1074] Näher *Bethge/Elgeti/Brück von Oertzen*, in: Festgabe OLG Hamm, 2020, S. 346 (349 ff.); *Keienburg*, in: Boldt/Weller/Kühne/von Mäßenhausen, BBergG, 2. Auflage 2016, § 69 Rn. 25 ff.; *Kühne*, DVBl 2006, S. 1219 (1223); *Mann*, in: Festgabe OLG Hamm, 2020, S. 278 (283 ff.).

[1075] *Beckmann*, ZUR 2006, S. 295 (296); *Kremer/Neuhaus gen. Wever*, Bergrecht, 2001, Rn. 344; *Müggenborg*, NVwZ 2012, S. 659 (663).

4. Kapitel:

Grundlegende Bemerkungen zur Steuerung der Ressourcen- und Untergrundnutzung

Wie die vorangegangenen Untersuchungen gezeigt haben, ist das Bundesberggesetz entgegen häufig vorgetragener Kritik mit seinen fachübergreifenden Schnittstellen durchaus geeignet, kollidierende Belange aufzugreifen und auszugleichen. Dabei sind allerdings – ungeachtet einer Detailkritik – auch strukturelle Defizite auszumachen. Sie betreffen insbesondere die bergrechtliche Abwägungsdogmatik,[1] die Rechtsprechung zu den Bindungswirkungen von fakultativen Rahmenbetriebsplanzulassungen[2] sowie in Teilen das Recht der obligatorischen Rahmenbetriebsplanung[3].

Rechtlich nicht grundsätzlich kritikwürdig ist es dagegen, dass das Bundesberggesetz im Kern die Sicherung der Versorgung des Marktes mit Rohstoffen zu seiner primären Steuerungsaufgabe macht und damit auf eine regulierende Begrenzung der Rohstoffförderung verzichtet. Denn innerhalb der Grenzen, die insbesondere durch kollidierende Eigentümerinteressen, Umweltbelange, wirtschaftliche Interessen der Bergbauunternehmen sowie schließlich die Gewährleistungsverantwortung des Staates für die Rohstoffversorgung markiert werden,[4] obliegt es der rechtspolitischen Entscheidung, das Bergrecht strukturell – wie bislang – wirtschaftsfreundlich auszugestalten oder künftig den Zugriff auf nichtregenerative Ressourcen zu erschweren. Letzteres erscheint zunächst durch Anpassungen des Zulassungsrechts vorstellbar, die implizit auf den Umfang bergbaulicher Aktivitäten wirken. Solche impliziten Steuerungsinstrumente zur Beschränkung bergbaulicher Tätigkeiten könnten zumeist wohl vergleichsweise leicht ins Bundesberggesetz integriert werden oder sind dort schon angelegt. So reduziert etwa eine Erhöhung der Feldes- oder Förderabgabe mitunter den wirtschaftlichen Nutzen des Vorhabens.[5] Öffentlichkeitsbe-

---

[1] Ausführlich oben 3. Kapitel A. II. 4., S. 239 ff.
[2] Ausführlich oben 3. Kapitel B. II., S. 286 ff.
[3] Ausführlich oben 3. Kapitel B. III., S. 298 ff.
[4] Ausführlich oben 1. Kapitel C. III., S. 26 ff.
[5] Vgl. auch *Hendler*, NWVBl 2011, S. 1 ff.; ferner *Sanden/Schomerus/Keimeyer/Gailhofer/Westphal/Teßmer*, Rohstoffbedarfsplanung, Umweltbundesamt, Texte 72/2019, S. 120, jeweils zur Einführung einer Kiesabgabe. Zu Reformvorschlägen betreffend die Feldes- und Förderabgaben *Keimeyer/Gailhofer/Westphal/Sanden/Schomerus/Teßmer*, Recht der Rohstoffgewinnung, Umweltbundesamt, Texte 71/2019, S. 294 ff.

teiligungen über das verfassungs- und europarechtlich Gebotene hinaus können die Informationsgrundlage für die Entscheidung verbreitern aber gleichzeitig die Zulassung verfahrensrechtlich und gesellschaftspolitisch erschweren.[6] Denn mehr Öffentlichkeitsbeteiligung führt nicht automatisch zu mehr Akzeptanz. Ähnlich verhält es sich mit derzeit nur vereinzelt[7] vorgesehenen Publizitäts- und Informationspflichten gegenüber der Öffentlichkeit.[8] Einen mitunter auch strukturell bedeutenden Eingriff in das bestehende System würde schließlich eine Reform des Berechtsamswesens mit sich bringen.[9]

Daneben tritt zunehmend die im Folgenden zu vertiefende Frage, ob und wie der Zugriff auf Ressourcen sowie die Nutzung des Untergrundes im Allgemeinen einer verstärkten *un*mittelbaren staatlichen Koordinierung und Begrenzung unterworfen werden sollte. Bereits oben wurden die regelungstechnischen Defizite des Bundesberggesetzes bei – künftig wohl noch zunehmenden – konkurrierenden Nutzungsansprüchen aufgezeigt.[10] Die jeweiligen Konflikte sind aber derart unterschiedlich, dass der Gesetzgeber keine generellen Prioritäten bestimmen kann. Ebenso dürften materiell-rechtliche Maßgaben schwer zu formulieren sein, nach denen die Bergbehörden bei jeder einzelnen Zulassung ein volkswirtschaftlich reflektiertes Bewirtschaftungsermessen ähnlich dem Wasserrecht ausüben könnten.[11] Dies gilt erst recht, soweit keine konkurrierenden Nutzungsansprüche im Raume stehen, sondern ggf. Formationen für künftige Nutzungen zu schützen sind.[12] Eine derartige übergreifende Steuerung muss letztlich auf der Ebene der Raumordnung erfolgen, an die bergrechtliche Regelungen fachrechtlich anschließen könnten (A.). Sachlich hiermit verbunden ist die Frage nach einer effektiven Mengensteuerung durch Bedarfs- oder Bewirtschaftungsplanung. Soweit eine effektive Zugriffsbegrenzung Ziel einer solchen Planung ist, handelt es sich um eine fakultative *fach*rechtliche Aufgabe. Die Raumordnung kann in einem derartigen Modell nur das Scharnier zwi-

---

[6] Zu Reformvorschlägen betreffend die Öffentlichkeitsbeteiligung sowie den Zugang zu Gerichten *Keimeyer/Gailhofer/Westphal/Sanden/Schomerus/Teßmer*, Recht der Rohstoffgewinnung, Umweltbundesamt, Texte 71/2019, S. 302, 324 ff. Vgl. auch die Analyse von *Beckmann*, UPR 2014, S. 206 ff.

[7] Vgl. etwa zum Fracking § 13b Abs. 4 Satz 2, Abs. 5 WHG; zur Untergrundspeicherung § 126 Abs. 1 Satz 2, 3 BBergG.

[8] Vgl. dazu *Schoch*, NVwZ 2008, S. 241 (245); *Voßkuhle*, VVDStRL 62 (2003), S. 266 (323). Dabei ist aber immer der Schutz von Betriebsgeheimnissen zu beachten.

[9] Zusammenfassend dazu oben 2. Kapitel D., S. 189 f.

[10] 3. Kapitel E., S. 351 ff.

[11] *Schulze/Keimeyer*, Unterirdische Raumplanung. Teilvorhaben 2: planerische und rechtliche Aspekte, Umweltbundesamt, Texte 57/2015, S. 225 f. lassen die rechtspolitische Frage dahinstehen, ob ein Bewirtschaftungsermessen eingeführt werden sollte, deuten aber verfassungsrechtliche Bedenken mit Blick auf Art. 12 Abs. 1, 14 GG an.

[12] Vgl. dazu *Bartel/Janssen*, NuR 2016, S. 237 (244 f.) zur Offenhaltung von Optionen. So verhindern irreversible Nutzungen wie die Ablagerung von CO_2 spätere anderweitige Speichernutzungen.

schen genereller fachrechtlicher Bedarfsfeststellung und Zulassung im Einzelfall sein (B.).

Bergrechtliche Steuerungsansprüche sind allerdings kompetenzrechtlich nicht ohne Weiteres realisierbar. Zwar steht dem Bundesgesetzgeber nach Art. 74 Abs. 1 Nr. 11 GG die konkurrierende Gesetzgebungskompetenz für den Bergbau zu. Sie steht aber nach Art. 72 Abs. 2 GG unter dem Vorbehalt der Erforderlichkeit einer bundeseinheitlichen Regelung (C.).

A. Steuerung durch Raumordnung

I. Unterirdische Raumordnung und bergrechtliche Bindung

Bereits das geltende Raumordnungsrecht[13] ermöglicht eine planerische Steuerung der Rohstoffgewinnung. Raumordnerische Vorgaben beschränken sich derzeit allerdings auf unspezifische Festlegungen für die Nutzung der Oberfläche sowie die Braunkohlenplanung. Das Raumordnungsrecht stellt darüber hinaus bereits jetzt ein grundsätzlich passendes Instrumentarium bereit, um auch Untergrundnutzungen raumplanerisch zu steuern,[14] wenngleich zuweilen durchaus zumindest Klarstellungsbedarf besteht. Dies betrifft insbesondere Fragen nach der Koordinierung von Stockwerknutzungen im Untergrund, die teilweise auf Basis des geltenden Raumordnungsgesetzes abgelehnt werden.[15]

Raumordnerische Festlegungen bedürfen einer wirksamen Anbindung an das Fachrecht, um effektive Steuerungswirkungen zu entfalten. Das geltende Recht ist hier durchaus lückenhaft. So greift § 4 Abs. 1 Satz 1 Nr. 3 ROG nur bei planfeststellungspflichtigen bergbaulichen Vorhaben.[16] Lange Zeit wurden raumordnerische Belange (allenfalls) über § 48 Abs. 2 Satz 1 BBergG wirksam.[17] Mittlerweile hat der Gesetzgeber in § 48 Abs. 2 Satz 2 BBergG eine Raumordnungsklausel ergänzt, nach der bei der Prüfung, ob eine Beschränkung oder Untersagung zu erfolgen hat, bei raumbedeutsamen Vorhaben Ziele

---

[13] Zum Bauplanungsrecht *Bartel/Janssen*, NuR 2016, S. 237 (242); *Hellriegel*, NVwZ 2013, S. 111 (115).

[14] Ausführlich *Bartel/Janssen*, NuR 2016, S. 237 ff. mit zahlreichen konkreten Beispielen; *Bovet*, UPR 2014, S. 418 (421 ff.); *Erbguth*, ZUR 2011, S. 121 ff.; *Hellriegel*, NVwZ 2013, S. 111 ff.; *Schilling*, Planerische Steuerung von unterirdischen Raum- und Grundstücksnutzungen, 2013, S. 235 ff.; *M. Schubert*, in: Kment, Unterirdische Nutzungen, 2015, S. 175 ff.; kritisch hingegen *Dietrich*, in: Kühne/Ehricke, Bergrecht zwischen Tradition und Moderne, 2010, S. 139 (161 ff.).

[15] *Hellriegel*, NVwZ 2013, S. 111 (112, 115 f.); anders *M. Schubert*, in: Kment, Unterirdische Nutzungen, 2015, S. 175 (193 ff.).

[16] Selbst insoweit zweifelnd *von Mäßenhausen*, in: Boldt/Weller/Kühne/von Mäßenhausen, BBergG, 2. Auflage 2016, Anh. § 48 Rn. 132.

[17] Siehe oben 3. Kapitel A. II. 3. a) cc), S. 237 f.

der Raumordnung zu beachten sind. Grundsätze und sonstige Erfordernisse der Raumordnung werden dagegen nach wie vor nicht ausdrücklich adressiert. Schon aus Gründen der Rechtsklarheit wäre zudem eine ausdrückliche Raumordnungsklausel im Berechtsamswesen zu wünschen, um nicht § 11 Nr. 10 (i.V.m. § 12 Abs. 1 Satz 1) BBergG bemühen zu müssen.[18] Damit würde ausdrücklich klargestellt, dass solche Bergbauberechtigungen nicht verliehen werden dürfen, deren Nutzung raumordnerischen Festlegungen widersprechen würde. Schließlich sollten im Anschluss an etwaige raumordnerische Festlegungen Stockwerknutzungen im Untergrund auch im Berechtsamswesen abgebildet werden.[19]

II. Grenzen der Steuerung durch Raumordnung

1. Fehlende Kenntnisse über den Untergrund

Koordinierungsmöglichkeiten durch Raumordnung stoßen aber an Grenzen. So setzen Festlegungen zur prioritären Nutzung des Untergrundes oder zumindest der Festlegung von Reservegebieten ausreichende Kenntnisse über den Untergrund voraus.[20] Selbst wenn entsprechende Daten tatsächlich existieren, bedeutet dies nicht, dass hierauf im Rahmen der Raumplanung ohne Weiteres zugegriffen werden kann. Sofern der Staat entsprechende Kenntnisse selbst etwa über die Staatlichen Geologischen Dienste Deutschlands (SGD) oder die Bundesanstalt für Geowissenschaften und Rohstoffe (BGR) generiert, unterliegt deren Verwendung für planerische Entscheidungen keinen grundsätzlichen Bedenken. Anders verhält es sich unter Umständen, wenn auf Unternehmensdaten zurückgegriffen werden muss, die urheberrechtlich geschützt sein können und möglicherweise sogar als Betriebsgeheimnis zu qualifizieren sind.[21]

---

[18] *Schulze/Keimeyer*, Unterirdische Raumplanung. Teilvorhaben 2: planerische und rechtliche Aspekte, Umweltbundesamt, Texte 57/2015, S. 218, 226.

[19] Siehe oben 3. Kapitel E. IV. 1., S. 361.

[20] Allgemein *Kahnt/Gabriel/Seelig/Freund/Homilius*: Unterirdische Raumplanung. Teilvorhaben 1: Geologische Daten, Umweltbundesamt, Texte 11/2015. *Dietrich*, in: Kühne/Ehricke, Bergrecht zwischen Tradition und Moderne, 2010, S. 139 (165 f.) schlägt daher die Bestimmung dynamischer Anpassungsobliegenheiten vor, wenn neue Erkenntnisse gewonnen werden; vgl. auch *Bovet*, UPR 2014, S. 418 (423). Zu den Grenzen der Ermittlungspflicht bei der Regionalplanung BVerwG, Beschluss vom 18. Januar 2011 – 7 B 19/10, NVwZ 2011, S. 812 Rn. 52; dazu *Sanden/Schomerus/Keimeyer/Gailhofer/Westphal/Teßmer*, Rohstoffbedarfsplanung, Umweltbundesamt, Texte 72/2019, S. 95 f.

[21] Vgl. ausführlich dazu auch *Schulze/Keimeyer*, Unterirdische Raumplanung. Teilvorhaben 2: planerische und rechtliche Aspekte, Umweltbundesamt, Texte 57/2015, S. 285 ff. In diesem Kontext sei auch verwiesen auf die Diskussionen um das am 30. Juni 2020 in Kraft getretene Geologiedatengesetz (GeolDG), das im Kern dazu dienen soll, relevante Daten für die Suche nach einem Endlager für hochradioaktive Abfälle zu generieren, siehe dazu die Entwurfsbegründung BT-Drs. 19/17285, S. 32 ff.; kritisch *Rossi*, Grundstrukturen des Geo-

2. Keine Fachplanung in der Raumordnung

Zudem stoßen raumordnerische Festlegungen an kompetenzielle Grenzen. Denn das Raumordnungsgesetz ermöglicht als Grundlage für eine überfachliche raumordnerische *Gesamt*planung keine fachplanerischen Zielsetzungen.

Ausgeschlossen sind damit zunächst Ziele der Raumordnung, die fachgesetzlich grundsätzlich zulässige Vorhaben flächendeckend verhindern. So ist etwa das raumordnungsrechtliche Verbot des unkonventionellen Frackings als Ziel der Raumordnung im Landesentwicklungsplan Nordrhein-Westfalen kompetenzwidrig, weil dem Land keine Fachkompetenz (mehr) zusteht.[22]

Problematisch ist es auch, wenn über das Ventil der Raumordnung eine nutzungspolitische Bedarfsplanung der Rohstoffgewinnung oder sonstigen Nutzung des Untergrundes[23] durchgesetzt werden soll. Raumordnerische Festlegungen müssen zwar auch den jeweiligen Bedarf berücksichtigen[24] und können auf dieser Basis einen Ausgleich konkurrierender Nutzungsinteressen ermöglichen[25] sowie Sicherungsmechanismen vorsehen[26]. Es ist auch nicht pauschal ausgeschlossen, etwa Standorte für Bergbauvorhaben mittelbar zu verknappen, wenn entsprechende Festlegungen die Standortgebundenheit von Bodenschätzen hinreichend berücksichtigen.[27] Soweit allerdings originäre Bewirtschaftungsentscheidungen wie beispielsweise Abgrabungsquoten oder gezielte

---

logiedatengesetzes im Spiegel der Grundrechte, ZfB 162 (2021), S. 97 ff.; für eine weiterreichende Bereitstellung von Daten *Umweltbundesamt* (Hrsg.), Politikempfehlungen für eine verantwortungsvolle Rohstoffversorgung Deutschlands als Beitrag zur nachhaltigen Entwicklung. Teil I – Handlungsvorschläge für eine umwelt- und ressourcenschonende Rohstoffgewinnung in Deutschland, Dezember 2020, S. 15, https://www.umweltbundesamt.de/sites/default/files/medien/1410/publikationen/2020_12_pp_bergrecht_bf.pdf, zuletzt abgerufen am 9. Juli 2021.

[22] Näher *Durner*, in: Kment, ROG, 2019, § 4 ROG Rn. 80; *Frenz*, in: Berendes/Frenz/Müggenborg, WHG, 2. Auflage 2017, §§ 13a, 13b Rn. 5 ff.; *von Weschpfennig*, in: Landmann/Rohmer, Umweltrecht, § 13a WHG Rn. 22 f., 26 (Stand: Juli 2018); ausführlich *Kment*, NWVBl 2017, S. 1 (7 ff.); vgl. auch LVerfG Schleswig-Holstein, Urteil vom 6. Dezember 2019 – LVerfG 2/18, Rn. 92 ff.; a.A. *Schink*, NWVBl 2016, S. 177 ff.; *Schlacke/Schnittker*, ZUR 2016, S. 259 (264 ff.). Zur Gesetzgebungskompetenz für die Fracking-Technologie und zu fehlenden Abweichungskompetenzen siehe auch oben Fn. 863, S. 345.

[23] *M. Schubert*, in: Kment, Unterirdische Nutzungen, 2015, S. 175 (201) zu Untergrundspeichern.

[24] Vgl. dazu *Roßnagel/Hentschel*, Rechtliche Instrumente des allgemeinen Ressourcenschutzes, Umweltbundesamt, Texte 23/2017, S. 55 ff., insb. S. 57 ff., 63 ff.; ferner *Sanden/Schomerus/Keimeyer/Gailhofer/Westphal/Teßmer*, Rohstoffbedarfsplanung, Umweltbundesamt, Texte 72/2019, S. 82 ff., 113 ff., dort allerdings schon unter einem Mengensteuerungsansatz.

[25] Vgl. *Köck*, ZUR 2016, S. 579 (586).

[26] Näher zu den damit verbundenen raumordnungsrechtlichen Fragen betreffend landesplanerische Zielfestlegungen *Kment*, UPR 2020, S. 361 ff.

[27] Vgl. eingehend *Ludwig*, in: Köck et al., Das Instrument der Bedarfsplanung, Umweltbundesamt, Texte 55/2017, S. 285 ff., u.a. zur Konzentrationsflächenplanung („Bedarfsplanung im weiteren Sinne"); ferner *H. Schulte*, Raumplanung und Genehmigung bei der Bodenschätzegewinnung, 1996, S. 138 f.

Verknappungen[28] im Interesse der Förderung von Sekundärrohstoffen, des Umweltschutzes oder zur (mittelbaren) Gestaltung der Außenhandelspolitik[29] getroffen werden, handelt es sich materiell-rechtlich um Fachplanung.[30] Solche fachplanerischen Entscheidungen im Gewande der Gesamtplanung auf Landes- oder Regionalebene sind aber *jedenfalls* dann ausgeschlossen, wenn und soweit Bundesfachrecht hierzu abschließende Vorgaben trifft. Damit sind entsprechende Steuerungsmöglichkeiten durch Raumplanung im Anwendungsbereich des Bundesberggesetzes ausgeschlossen. Denn der Fachgesetzgeber hat ausdrücklich auf eine staatliche Bedarfskoordinierung verzichtet, indem er das Instrument des Staatsvorbehalts aufgegeben hat. Stattdessen hat er ein ausdifferenziertes Konzessions- und Zulassungssystem mit gebundenen Entscheidungen installiert und die Steuerung des Rohstoffzugriffs bewusst marktwirtschaftlichen Instrumenten überlassen, die lediglich zulassungsrechtlich eingehegt werden.[31] Diese ausdrückliche gesetzgeberische Entscheidung können die Länder nicht durch formal raumordnerische Festlegungen konterkarieren.[32] Hierfür bedürfte es einer entsprechenden fachrechtlichen Öffnung.

Die Grenze zwischen zulässiger Raumordnung und unzulässiger (verdeckter) Fachplanung mag im Einzelfall fließend sein. Jedenfalls gezielte Bedarfs-

---

[28] *Sanden/Schomerus/Keimeyer/Gailhofer/Westphal/Teßmer*, Rohstoffbedarfsplanung, Umweltbundesamt, Texte 72/2019, S. 51: „Es kommt pointiert ausgedrückt gerade nicht darauf an, mittels des nachfrageorientierten Ansatzes ‚*vergleichsweise realistischere Ergebnisse*' zu erzielen […]. Selbstverständlich müssen danach – überwiegend umweltökologisch motivierte – Korrekturfaktoren (wie etwa die angestrebte Substitutionsrate) zum Einsatz kommen. Auf diese Weise ist letztlich für die Planung und Rohstoffsicherung künftig ein objektiv nachvollziehbarer Bedarf und nicht das Angebot entscheidend."

[29] Siehe dazu oben 1. Kapitel C. III. 2. b) aa), S. 40 f.

[30] Eine aktive Rohstoffplanung sowie raumplanerische Abgrabungsquoten im Bereich der *Grundeigentümer*bodenschätze (vgl. dort S. 76, 170) befürwortend *Sanden/Schomerus/Keimeyer/Gailhofer/Westphal/Teßmer*, Rohstoffbedarfsplanung, Umweltbundesamt, Texte 72/2019, S. 90, 117 f., 119 ff., 132 ff. Allerdings ist schon im Ansatz zweifelhaft, ob und inwieweit Raumordnung *Fach*planungspolitik betreiben darf, ablehnend *Durner*, Konflikte räumlicher Planungen, 2005, S. 260 f., speziell zur Braunkohlenplanung S. 388 ff.; *H. Schulte*, Raumplanung und Genehmigung bei der Bodenschätzegewinnung, 1996, S. 214 ff., 257 ff., der allerdings Gewinnungsquoten im Rahmen der Raumordnung nicht völlig ablehnend gegenübersteht, allerdings eine ausdrückliche gesetzliche Regelung fordert, S. 139 und wohl auch keine steuernde Angebotsverknappung meint.

[31] Siehe dazu oben 1. Kapitel B. II., III., S. 11 ff. sowie C. II. 1., S. 22 ff.

[32] A.A. *Sanden/Schomerus/Schulze*, Entwicklung eines Regelungskonzepts für ein Ressourcenschutzrecht des Bundes, 2012, S. 200: Nur eine nachhaltige Raumordnung führe weiter, und nicht eine, „die die verfügbaren Lagerstätten freigibt. Im Ergebnis muss daher bei § 2 Abs. 2 Nr. 1 Satz 4 ROG am Bedarf und nicht am Angebot oder der Nachfrage festgemacht werden."; *de lege ferenda: Roßnagel/Hentschel*, Rechtliche Instrumente des allgemeinen Ressourcenschutzes, Umweltbundesamt, Texte 23/2017, S. 55 ff., 65; *Sanden/Schomerus/Keimeyer/Gailhofer/Westphal/Teßmer*, Rohstoffbedarfsplanung, Umweltbundesamt, Texte 72/2019, S. 81 f. Vgl. dazu *Ludwig*, in: Köck et al., Das Instrument der Bedarfsplanung, Umweltbundesamt, Texte 55/2017, S. 295 zu Kiesen, Sanden und Steinen: „Bedürfnis [i.S.v. Nachfrage] und Bedarf fallen daher – zumindest derzeit – weitgehend zusammen."

steuerungen, die über die bloße Berücksichtigung von (belastbaren) Prognosen hinausgehen, sind bergrechtliche Entscheidungen, die der Raumordnung vorgelagert sein können[33] nicht aber selbst raumordnerisch erfolgen dürfen.

3. Die Unsicherheit von Bedarfsprognosen

Soweit im Rahmen von raumordnerischen Entscheidungen Bedarfsprognosen zulässig sind, begegnen diese mitunter erheblichen Unsicherheiten.[34] Gerade auf internationalen Rohstoffmärkten können künftige Bedarfe selbst mittelfristig kaum zuverlässig ermittelt werden, weil sich im Grunde der Bedarf an Rohstoffen und der Planungsraum im Wesentlichen decken müssen.[35]

Prognosen kommen damit praktisch nur auf regionalen Rohstoffmärkten in Betracht oder setzen voraus, dass der Bedarf nur an demjenigen in der Bundesrepublik Deutschland, einem Bundesland oder sogar lediglich einer Planungsregion orientiert wird. Mit einer derart begründeten Verknappung des Angebots würden zugleich nichtregenerative Ressourcen im eigenen Land geschützt. Allerdings wäre eine solche Gesetzgebung – ungeachtet der zweifelhaften Vereinbarkeit mit Wirtschaftsgrundrechten[36] – im Rahmen globalisierter Rohstoffmärkte problematisch, zumal Deutschland ohnehin in wesentlich stärkerem Maße von Importen abhängig ist als es selbst exportiert.[37] Zudem darf bezweifelt werden, dass ein derartiger Protektionismus tatsächlich nachhaltig in einer globalen Sichtweise wäre.[38]

Zweckmäßig können damit allenfalls Bedarfsplanungen für Rohstoffe sein, die im Wesentlichen regional verwendet werden.[39] Selbst hier dürfte aber etwa bei Kiesen, Sanden und Steinen regelmäßig das schlecht prognostizierbare Bauvolumen ausreichende Flexibilität verlangen, sodass eine Steuerung über mehrere Jahrzehnte nicht möglich ist.[40] So werden etwa energetische Sanierungen

---

[33] Dazu unten 4. Kapitel B., S. 389 f.

[34] Näher zur Ermittlung des Bedarfs *Roßnagel/Hentschel*, Rechtliche Instrumente des allgemeinen Ressourcenschutzes, Umweltbundesamt, Texte 23/2017, S. 55 ff., insb. S. 57 ff., 63 ff.; *Sanden/Schomerus/Keimeyer/Gailhofer/Westphal/Teßmer*, Rohstoffbedarfsplanung, Umweltbundesamt, Texte 72/2019, S. 47 ff., 64 ff., 108 ff.

[35] *Roßnagel/Hentschel*, Rechtliche Instrumente des allgemeinen Ressourcenschutzes, Umweltbundesamt, Texte 23/2017, S. 62.

[36] Ablehnend *Roßnagel/Hentschel*, Rechtliche Instrumente des allgemeinen Ressourcenschutzes, Umweltbundesamt, Texte 23/2017, S. 62; differenzierend *Sanden/Schomerus/Keimeyer/Gailhofer/Westphal/Teßmer*, Rohstoffbedarfsplanung, Umweltbundesamt, Texte 72/2019, S. 157 f.

[37] Vgl. *Bundesanstalt für Geowissenschaften und Rohstoffe (BGR)*, Deutschland – Rohstoffsituation 2019, S. 11 ff.

[38] Näher oben 1. Kapitel C. III. 2. b) aa), S. 40 f.

[39] *Roßnagel/Hentschel*, Rechtliche Instrumente des allgemeinen Ressourcenschutzes, Umweltbundesamt, Texte 23/2017, S. 63 ff.

[40] *Bundesanstalt für Geowissenschaften und Rohstoffe (BGR)*, Deutschland – Rohstoffsituation 2016, S. 53; vgl. auch *Roßnagel/Hentschel*, Rechtliche Instrumente des allgemeinen

künfig mehr Baustoffe erfordern als noch vor wenigen Jahren prognostizierbar war.[41]

III. Bundes„raum"planung für den Untergrund

In den vergangenen Jahren wurde – mitunter inspiriert durch das Netzausbaubeschleunigungsgesetz (NABEG) – eine bundesweite Koordinierung von Untergrundnutzungen durch eine Bundesraumordnung diskutiert. Während die bundesweite Planung der Rohstoffgewinnung[42] bzw. Untergrundnutzung[43] in jüngeren Forschungsvorhaben für das Umweltbundesamt auf Ablehnung stößt, wird die Option eines Bundesspeicherplans durchaus wohlwollend betrachtet[44]. Auch hierzu bedürfte es allerdings einer vorgelagerten (bundesweiten) Bedarfsermittlung,[45] die mit den oben angerissenen praktischen Schwierigkeiten konfrontiert wäre.

Je nach konkreter gesetzlicher Ausgestaltung bewegen sich solche bundesweiten Koordinierungen zwischen Fachkompetenzen und der Gesetzgebungskompetenz für die Raumordnung. Möglicherweise müssen sogar beide Kompetenztitel herangezogen werden.[46] Raumordnungsrechtliche Regelungen stehen in einem zusätzlichen Spannungsverhältnis zwischen einer Kompetenz nach Art. 74 Abs. 1 Nr. 31 GG, die nach Art. 72 Abs. 3 Satz 1 Nr. 4 GG Abweichungsbefugnissen der Länder unterliegt, sowie einer etwaigen Raumordnungskompetenz des Bundes Kraft Natur der Sache.[47]

Ressourcenschutzes, Umweltbundesamt, Texte 23/2017, S. 55, 62 mit Fn. 99, die für eine Verkürzung des Planungszeitraums eintreten; zur Kritik an zu knapp bemessenen Zeiträumen siehe die Darstellung bei *Sanden/Schomerus/Keimeyer/Gailhofer/Westphal/Teßmer*, Rohstoffbedarfsplanung, Umweltbundesamt, Texte 72/2019, S. 55 ff.

[41] Vgl. die Mitteilung der Kommission vom 11. Dezember 2019, COM(2019) 640 final, Der europäische grüne Deal, Ziff. 2.1.4.

[42] Ablehnend *Sanden/Schomerus/Keimeyer/Gailhofer/Westphal/Teßmer*, Rohstoffbedarfsplanung, Umweltbundesamt, Texte 72/2019, S. 77 ff.; anders wohl *Ludwig*, in: Köck et al., Das Instument der Bedarfsplanung, Umweltbundesamt, Texte 55/2017, S. 296 ff.

[43] Ablehnend *Schulze/Keimeyer*, Unterirdische Raumplanung. Teilvorhaben 2: planerische und rechtliche Aspekte, Umweltbundesamt, Texte 57/2015, S. 259 f.

[44] *Schulze/Keimeyer*, Unterirdische Raumplanung. Teilvorhaben 2: planerische und rechtliche Aspekte, Umweltbundesamt, Texte 57/2015, S. 243 ff.

[45] *Sanden/Schomerus/Keimeyer/Gailhofer/Westphal/Teßmer*, Rohstoffbedarfsplanung, Texte 72/2019, S. 78, kritisch zur Sinnhaftigkeit S. 121 ff., 168; *Schulze/Keimeyer*, Unterirdische Raumplanung. Teilvorhaben 2: planerische und rechtliche Aspekte, Umweltbundesamt, Texte 57/2015, S. 244 ff. zu einem Bundesspeicherplan.

[46] Vgl. zur Standortplanung *Durner*, Konflikte räumlicher Planungen, 2005, S. 257 ff.; *ders.*, DVBl 2008, S. 69 (76 f.); vgl. zum NABEG *Durner*, NuR 2012, S. 369 (373 f.); *Steinbach/Franke*, in: dies., Kommentar zum Netzausbau, 2. Auflage 2017, Einleitung Rn. 58 ff.

[47] Dazu *Durner*, DVBl 2008, S. 69 (75 f.) m.w.N.

B. Mengensteuerung durch Bedarfsplanung

Auch förmliche Bedarfs- oder Bewirtschaftungsplanungen werden verschiedentlich vorgeschlagen – ungeachtet der Frage, wie und in welchem Verfahren die Ergebnisse umzusetzen sind.[48] Eine formalisierte Bedarfsermittlung sieht sich zunächst im Kern denselben Schwierigkeiten ausgesetzt, die bereits oben im Rahmen der Raumplanung angesprochen wurden.[49]

Infolgedessen sehen auch diverse Studien – überwiegend im Auftrag des Umweltbundesamtes – Bedarfsplanungen durchaus unterschiedlich und differenziert. Noch in einer 2012 publizierten UBA-Studie mahnten die Autoren eine Bedarfsplanung – dort im Rahmen der Raumordnung – an.[50] Auch ein UBA-Positionspapier regte 2014 an, „das Instrument einer Rohstoffbedarfsplanung als materielle Abwägungsgrundlage für die Zulassungsentscheidung im bergrechtlichen Verfahren auf ihre Machbarkeit hin zu erforschen.“[51] 2017 analysierte ein UBA-Forschungsvorhaben zur Bedarfsplanung im Interesse des Umweltschutzes die Einführung einer Rohstoffbewirtschaftungsplanung im Bundesberggesetz.[52] Zu diesem Zwecke müsste der Anwendungsbereich erweitert werden, wenn sämtliche Kiese, Sande und Steine erfasst werden sollten. Als der Regionalplanung vorgelagertes Instrument könnte die Komplexität der Raumordnung entlastet und politisch beeinflussten regionalplanerischen Entscheidungen vorgebeugt werden.[53] Gleichwohl verwirft[54] das Gutachten entsprechende Vorstöße und verweist auf die Konzentrationsflächenplanung als effektives und bedarfsgerechtes Gestaltungsinstrument.[55]

Schließlich kommt die bislang umfangreichste und aufwändigste Studie im Auftrag des Umweltbundesamtes zur rohstoffwirtschaftlichen Bedarfsplanung

---

[48] In Betracht kommt eine Berücksichtigung unmittelbar bei der Vorhabenzulassung sowie vorgelagert im Rahmen der Raumplanung.

[49] 4. Kapitel A. II. 3., S. 387 f.

[50] Siehe oben Fn. 32, S. 386.

[51] *Penn-Bressel/Weber et al.*, Umweltverträgliche Nutzung des Untergrundes und Ressourcenschonung, Umweltbundesamt, Positionspapier, 2014, S. 35; näher bereits *Schulze/Keimeyer*, Ansätze zur Anpassung ausgewählter bergrechtlicher Regelungen unter besonderer Berücksichtigung einer schonenden Ressourceninanspruchnahme, Öko-Institut, 2014, S. 7 ff.; vgl. schon *Teßmer*, Rechtsgutachten: Vorschläge zur Novellierung des deutschen Bergrechts, 2009, S. 13: Bindung der Genehmigung an besondere Anforderungen betreffend die Bedarfsfeststellung in Abhängigkeit der Schwere der bergbaulichen Eingriffe.

[52] *Ludwig*, in: Köck et al., Das Instument der Bedarfsplanung, Umweltbundesamt, Texte 55/2017, S. 298 ff.

[53] Ablehnend zu dieser Argumentation *Sanden/Schomerus/Keimeyer/Gailhofer/Westphal/Teßmer*, Rohstoffbedarfsplanung, Umweltbundesamt, Texte 72/2019, S. 172 f.

[54] Kritisch dazu *Sanden/Schomerus/Keimeyer/Gailhofer/Westphal/Teßmer*, Rohstoffbedarfsplanung, Texte 72/2019, S. 112 ff., 159.

[55] *Ludwig*, in: Köck et al., Das Instument der Bedarfsplanung, Umweltbundesamt, Texte 55/2017, S. 320 f., zur Konzentrationsflächenplanung S. 285 ff.

zu eingeschränkt positiven Ergebnissen, was die Machbarkeit und Sinnhaftigkeit solcher Planungen betrifft. Die Autoren befürworten zunächst eine deutliche Stärkung auch der Bedarfssteuerung für Grundeigentümerbodenschätze in der Regionalplanung,[56] lehnen aber die Übertragung des Modells der Braunkohlenplanung ab, unter anderem weil diese zu unflexibel sei.[57] Die Aufnahme einer speziellen Bedarfsplanung ins Bundesberggesetz lehnen sie ebenso ab, weil mit der Raumordnungsklausel in § 48 Abs. 2 Satz 2 BBergG mittlerweile eine strikte Bindung an Ziele der Raumordnung bestehe. Es mache daher keinen Sinn, „der intensivierten Regionalplanung (Rohstoffplanung in den Regionalplänen) – über die Braunkohlenplanung hinaus – noch eine weitere Bedarfsplanung nachzuschalten".[58]

Abgesehen davon, dass es bei entsprechenden Vorschlägen auch um eine *vor*gelagerte Bedarfsplanung – quasi als Material für die Raumplanung – geht, ist diese Argumentation kompetenziell problematisch. Offenbar sollen die Ausführungen zur Mengensteuerung von Grundeigentümerbodenschätzen in der Regionalplanung umfänglich auch auf bergfreie und grundeigene Bodenschätze übertragen werden.[59] Da entsprechende *fach*planerische Festlegungen der aktiven Bedarfssteuerung im Gewand der Raumordnung aber unzulässig sind,[60] könnte eine Bedarfsplanung im Bundesberggesetz gerade ein Instrument sein, um eine entsprechende aktive Mengensteuerung in der Raumplanung vorzubereiten. Diesbezügliche spezielle Regelungen stattdessen im Raumordnungsgesetz wären zwar nicht unzulässig, müssten aber kompetenzrechtlich zumindest auch auf Art. 74 Abs. 1 Nr. 11 GG gestützt werden. Der Rechtsklarheit wäre das abträglich. Wird eine aktiv steuernde Bedarfsplanung politisch gewünscht, sollte also zumindest eine klarstellende Regelung im Sinne einer Öffnungsklausel für entsprechende Entscheidungen im Rahmen der Raumordnung erfolgen.

---

[56] *Sanden/Schomerus/Keimeyer/Gailhofer/Westphal/Teßmer*, Rohstoffbedarfsplanung, Umweltbundesamt, Texte 72/2019, S. 76 ff., zusammenfassend S. 167 f.; daran anschließend *Umweltbundesamt* (Hrsg.), Politikempfehlungen für eine verantwortungsvolle Rohstoffversorgung Deutschlands als Beitrag zur nachhaltigen Entwicklung. Teil I – Handlungsvorschläge für eine umwelt- und ressourcenschonende Rohstoffgewinnung in Deutschland, Dezember 2020, S. 35 f., https://www.umweltbundesamt.de/sites/default/files/medien/1410/publikationen/2020_12_pp_bergrecht_bf.pdf, zuletzt abgerufen am 9. Juli 2021.

[57] *Sanden/Schomerus/Keimeyer/Gailhofer/Westphal/Teßmer*, Rohstoffbedarfsplanung, Umweltbundesamt, Texte 72/2019, S. 142 ff.

[58] *Sanden/Schomerus/Keimeyer/Gailhofer/Westphal/Teßmer*, Rohstoffbedarfsplanung, Umweltbundesamt, Texte 72/2019, S. 172 ff.

[59] Ausdrücklich dann *Sanden/Schomerus/Keimeyer/Gailhofer/Westphal/Teßmer*, Rohstoffbedarfsplanung, Umweltbundesamt, Texte 72/2019, S. 208 f.; *Keimeyer/Gailhofer/Westphal/Sanden/Schomerus/Teßmer*, Recht der Rohstoffgewinnung, Umweltbundesamt, Texte 71/2019, S. 323 f.

[60] Siehe oben 4. Kapitel A. II. 2., S. 385 ff.

C. Kompetenzielle Grenzen der Steuerung durch Bergrecht – die Erforderlichkeit nach Art. 72 Abs. 2 GG

Instrumente zur Steuerung der Rohstoffgewinnung und Untergrundnutzung *de lege ferenda* müssen – ungeachtet ihrer (zunächst) rechtspolitisch zu beurteilenden Zweckmäßigkeit und materiellen Verfassungsmäßigkeit – kompetenzmäßig erlassen werden. Handelt es sich insbesondere in Abgrenzung zur Raumordnung[61] um fachrechtliche Bestimmungen, wird für ein Bundesgesetz als Kompetenzgrundlage in der Regel das Recht der Wirtschaft (Bergbau) nach Art. 74 Abs. 1 Nr. 11 GG einschlägig sein. Hierauf wurde auch seinerzeit das Bundesberggesetz in seinen zentralen Gegenständen gestützt.[62] Der sachliche Anwendungsbereich des Bundesberggesetzes wird wiederum herangezogen, um den kompetenziellen Rahmen des Rechts der Wirtschaft (Bergbau) näher zu umreißen.[63]

Sofern nun der Bundesgesetzgeber tätig werden will, unterliegt die Inanspruchnahme der hier einschlägigen konkurrierenden Gesetzgebungskompetenz des Rechts der Wirtschaft (Bergbau) nach Art. 72 Abs. 2 GG, anders als zur Entstehungszeit des Bundesberggesetzes,[64] mittlerweile strengeren Voraussetzungen. Mit der 1994 in Art. 72 Abs. 2 GG eingefügten Erforderlichkeitsklausel samt eines neuen verfassungsgerichtlichen Verfahrens nach Art. 93 Abs. 1 Nr. 2a GG wollte der Verfassungsgeber die kompetenzrechtliche Position der Länder stärken und gleichzeitig das Bundesverfassungsgericht zu einer effektiven Kontrolle anhalten.[65] Dem Bundesgesetzgeber steht im Bereich der Wirtschaft eine Gesetzgebungskompetenz nunmehr zu, wenn und soweit die Herstellung gleichwertiger Lebensverhältnisse im Bundesgebiet oder die Wahrung der Rechts- oder Wirtschaftseinheit im gesamtstaatlichen Interesse eine bundesgesetzliche Regelung erforderlich macht. Bergrechtliche Regelungen dürften dabei nach der gesetzgeberischen Intention regelmäßig zur Wahrung der Rechts- oder Wirtschaftseinheit erlassen werden.

Nach dieser Verfassungsänderung hat das Bundesverfassungsgericht den eigenen Kontrollmaßstab deutlich verschärft (I.). Vor diesem Hintergrund ist die

---

[61] Dazu oben 4. Kapitel A. II. 2., S. 385 ff.

[62] BT-Drs. 8/1315, S. 73.

[63] Hier insbesondere § 2 Abs. 1 BBergG, *Szczekalla*, in: Kahl/Waldhoff/Walter, BK-GG, Art. 74 Abs. 1 Nr. 11 Rn. 128 ff. (Stand: Dezember 2020); *Oeter*, in: von Mangoldt/Klein/Starck, GG, 7. Auflage 2018, Art. 74 Rn. 87. Ebenfalls kann die Untergrundspeicherung unter das Recht der Wirtschaft (Bergbau) gefasst werden, weil es auf „die Art und Weise der Einwirkung auf den Boden" und nicht auf den Zweck Rohstoffexploitation ankommt, *Pestalozza*, in: von Mangoldt/Klein/Pestalozza, GG, 3. Auflage 1996, Art. 74 Rn. 552.

[64] Siehe oben 1. Kapitel D. I. 1. b) bb) (2), S. 75 f.

[65] BVerfG, Urteil vom 24. Oktober 2002 – 2 BvF 1/01, BVerfGE 106, 62 (136 ff.).

kompetenzielle Zulässigkeit von Änderungen des Bundesberggesetzes zu betrachten (II.).

I. Kontrollmaßstab des Bundesverfassungsgerichts

Den nach wie vor sehr offen formulierten Maßstab[66] des Art. 72 Abs. 2 GG hat das Bundesverfassungsgericht ganz im Sinne des Verfassungsgebers über eine bloße Vertretbarkeitskontrolle hinaus näher konturiert und die Anforderungen an eine Bundeskompetenz vergleichsweise streng formuliert,[67] auch wenn dem Gesetzgeber weiterhin eine – hinsichtlich ihrer methodischen Grundlagen und Schlüssigkeit ebenfalls justiziable – Einschätzungsprärogative zukomme:[68]

„Eine Gesetzesvielfalt auf Länderebene erfüllt die Voraussetzungen des Art. 72 Abs. 2 GG [bezüglich des Merkmals Rechtseinheit] erst dann, wenn sie eine Rechtszersplitterung mit problematischen Folgen darstellt, die im Interesse sowohl des Bundes als auch der Länder nicht hingenommen werden kann. Gerade die Unterschiedlichkeit des Gesetzesrechts oder der Umstand, dass die Länder eine regelungsbedürftige Materie nicht regeln, müssen das gesamtstaatliche Rechtsgut der Rechtseinheit, verstanden als Erhaltung einer nutzungsfähigen Rechtsgemeinschaft, bedrohen".[69]

Rechtsvielfalt sei zwar grundsätzlich zulässig. Einheitliche Regelungen könnten aber erforderlich werden,

„wenn die unterschiedliche rechtliche Behandlung desselben Lebenssachverhalts unter Umständen erhebliche Rechtsunsicherheiten und damit unzumutbare Behinderungen für den länderübergreifenden Rechtsverkehr erzeugen kann".[70]

Die Wahrung[71] der Wirtschaftseinheit liege im gesamtstaatlichen Interesse, „wenn es um die Erhaltung der Funktionsfähigkeit des Wirtschaftsraums der Bundesrepublik durch bundeseinheitliche Rechtssetzung geht", oder – anders

---

[66] Kritisch daher *Oeter*, in: von Mangoldt/Klein/Starck, GG, 7. Auflage 2018, Art. 72 Rn. 92 f., 117 ff.

[67] St. Rsp. seit BVerfG, Urteil vom 24. Oktober 2002 – 2 BvF 1/01, BVerfGE 106, 62 (145 ff.). Insgesamt kritisch und dem Gericht zudem eine vage und wenig praxisgerechte Konkretisierung attestierend *Brenner*, JuS 2003, S. 852 (853 f.).

[68] BVerfG, Urteil vom 24. Oktober 2002 – 2 BvF 1/01, BVerfGE 106, 62 (150 ff.); Urteil vom 27. Juli 2004 – 2 BvF 2/02, BVerfGE 111, 226 (255); Urteil vom 17. Dezember 2014 – 1 BvL 21/12, BVerfGE 138, 136 Rn. 111; näher *Oeter*, in: von Mangoldt/Klein/Starck, GG, 7. Auflage 2018, Art. 72 Rn. 117 ff.

[69] BVerfG, Urteil vom 24. Oktober 2002 – 2 BvF 1/01, BVerfGE 106, 62 (145).

[70] BVerfG, Urteil vom 24. Oktober 2002 – 2 BvF 1/01, BVerfGE 106, 62 (146).

[71] Zur durchaus extensiven Auslegung einer *Wahrung* der Wirtschaftseinheit („*Schaffung* eines einheitlichen Wirtschaftsgebiets", Hervorh. nur hier) gegenüber einem bloß *be*wahrenden Charakter BVerfG, Urteil vom 24. Oktober 2002 – 2 BvF 1/01, BVerfGE 106, 62 (147); Beschluss vom 3. Juli 2007 – 1 BvR 2186/06, BVerfGE 119, 59 (82); kritisch dazu *Oeter*, in: von Mangoldt/Klein/Starck, GG, 7. Auflage 2018, Art. 72 Rn. 106 f., 110; *Uhle*, in: Maunz/Dürig, GG, Art. 72 Rn. 157 f. (Stand: Dezember 2015); siehe bereits *Pestalozza*, in: von

formuliert – „Landesregelungen oder das Untätigbleiben der Länder erhebliche Nachteile für die Gesamtwirtschaft mit sich bringen".[72] Im Schwerpunkt gehe es also darum, „Schranken und Hindernisse für den wirtschaftlichen Verkehr im Bundesgebiet zu beseitigen",[73] was letztlich die Zielrichtung einer Wirtschaftsförderung impliziert. Bezugspunkt soll der jeweilige Wirtschaftssektor sein, ohne dass es auf dessen Bedeutung für die Gesamtwirtschaft ankäme.[74]

Nicht notwendig sei jedoch, dass die bundeseinheitliche Regelung „unerlässlich für die Rechts- oder Wirtschaftseinheit in dem normierten Bereich" ist. Für ein gesamtstaatliches Interesse genüge es vielmehr, „dass der Bundesgesetzgeber andernfalls nicht unerheblich problematische Entwicklungen in Bezug auf die Rechts- oder Wirtschaftseinheit erwarten darf".[75]

Gegenstand der kompetenziellen Prüfung ist nach der Verfassungsrechtsprechung nicht, ob überhaupt (irgend)eine bundeseinheitliche Regelung erforderlich ist, sondern gerade die *konkrete* gesetzgeberische Entscheidung. Damit entlehnt das Gericht strukturell Elemente aus der Verhältnismäßigkeitsprüfung im Rahmen des Staat-Bürger-Verhältnisses. Die Inanspruchnahme einer Gesetzgebungskompetenz ist gleichsam ein „Eingriff" in Landeskompetenzen, der nicht nur generell wegen einer (drohenden) bundesstaatlichen Schieflage, sondern gerade in seiner konkreten Ausgestaltung erforderlich sein muss.[76]

II. Änderungen des Bundesberggesetzes
in kompetenzieller Hinsicht

Änderungen des Bundesberggesetzes bedürfen nicht immer einer eigenen Erforderlichkeitsprüfung. Gehen sie aber über punktuelle Anpassungen (1.) hinaus, stellt sich die Frage, ob nur die Änderung selbst der Erforderlichkeitsprüfung zu unterziehen ist, oder vielmehr auf das gesamte novellierte Regelungsgefüge abzustellen ist (2.). Entsprechend unterschiedlich ist der Bezugspunkt für die Erforderlichkeit berggesetzlicher Änderungen: Muss die Novellierung gegenüber

---

Mangoldt/Klein/Pestalozza, GG, 3. Auflage 1996, Art. 72 Rn. 365 ff. Selbst bei einer engen Sichtweise sollen aber aktive Maßnahmen in Richtung Bewirkung einer Wirtschaftseinheit (*Oeter*, a.a.O., Rn. 107) unter engen Voraussetzungen zulässig bleiben, etwa wenn die vorhandene Wirtschaftseinheit durch eine Wandlung der Wirtschaftsverhältnisse in eine Gefährdungslage gerät, weil dann die bewahrende Funktion greift.

[72] BVerfG, Urteil vom 24. Oktober 2002 – 2 BvF 1/01, BVerfGE 106, 62 (146 f.).

[73] BVerfG, Beschluss vom 27. Januar 2010 – 2 BvR 2185, 2189/04, BVerfGE 125, 141 (156); Urteil vom 21. Juli 2015 – 1 BvF 2/13, BVerfGE 140, 65 Rn. 49.

[74] BVerwG, Urteil vom 23. Februar 2011 – 6 C 22/10, BVerwGE 139, 42 Rn. 30.

[75] BVerfG, Urteil vom 21. Juli 2015 – 1 BvF 2/13, BVerfGE 140, 65 Rn. 49.

[76] Dazu etwa *Degenhart*, RdJB 2005, S. 117 (124 f.); *Krausnick*, DÖV 2005, S. 902 (905 f.). Ablehnend *Lübbe-Wolff/Gerhardt*, Sondervotum zur Entscheidung in Sachen Juniorprofessur, BVerfG, Urteil vom 27. Juli 2004 – 2 BvF 2/02, BVerfGE 111, 226 (274 (278 f.)).

der geltenden Rechtslage nach Art. 72 Abs. 2 GG erforderlich sein oder kommt es auf die Erforderlichkeit des novellierten Gesetzes gegenüber einer Rechtslage ohne Bundesregelung an (3.)?

1. Keine Erforderlichkeitsprüfung bei punktuellen Änderungen

Punktuelle Änderungen, wie sie in den vergangenen Jahren immer wieder vorgenommen wurden, wird man als zulässig ansehen können, ohne dass jede Anpassung separat einer Erforderlichkeitsprüfung unterzogen werden müsste. Wenn selbst im Rahmen der Fortgeltungsbestimmungen der Art. 125a Abs. 2 GG und Art. 72 Abs. 4 GG[77] für nicht (mehr) erforderliche Gesetze nach überwiegender Auffassung Modifikationen „bei Beibehaltung der wesentlichen Elemente" der Regelung zulässig sein sollen, eine „grundlegende Neukonzeption" dagegen nicht,[78] wird man im Rahmen eines Erst-Recht-Schlusses punktuelle Anpassungen auch dann ohne Erforderlichkeitsprüfung akzeptieren können, wenn das zu novellierende Gesetz den geltenden Anforderungen an die Erforderlichkeit nach Art. 72 Abs. 2 GG entspricht. Ob dies auf das Bundesberggesetz zutrifft, ist in *diesem* Rahmen also noch irrelevant.

2. Kontrollgegenstand bei weitergehenden Änderungen

Darüber hinaus scheint die Zulässigkeit von Änderungen nach Maßgabe der verfassungsgerichtlichen Obersätze durchaus prekär. Das Bundesverfassungsgericht knüpft die Erforderlichkeit bundesrechtlicher Regelungen zur Wahrung der Rechtseinheit an eine Rechtszersplitterung mit problematischen Folgen, die durch das geltende Bundesberggesetz behoben sein dürften. Mit Blick auf die Wirtschaftseinheit begegnet das Bundesberggesetz zudem effektiv Schranken und Hindernissen für den wirtschaftlichen Verkehr im Bundesgebiet.

Anpassungen wären dann – streng genommen – nur noch dann erforderlich, wenn diese einfachgesetzlichen Mechanismen versagen, nicht jedoch, wenn der Bundesgesetzgeber darüber hinaus die Konzeption des Bundesberggesetzes ändert. Soweit das Bundesverfassungsgericht auf eine separate Prüfung der Anforderungen des Art. 72 Abs. 2 GG verzichtet, wenn ein gesetzgeberisch gewähltes Instrument integraler Bestandteil eines Gesamtkonzepts im Sinne eines Unteilbarkeitsverhältnisses ist und dessen Herausbrechen die Tragfähigkeit der

---

[77] Zur Abgrenzung siehe *Uhle*, in: Maunz/Dürig, GG, Art. 125a Rn. 36 (Stand: März 2006); *H. A. Wolff*, in: von Mangoldt/Klein/Starck, GG, 7. Auflage 2018, Art. 125a Rn. 32 f.

[78] Siehe hierzu BVerfG, Urteil vom 9. Juni 2004 – 1 BvR 636/02, BVerfGE 111, 10 (29 ff.); BVerfG, Urteil vom 27. Juli 2004 – 2 BvF 2/02, BVerfGE 111, 226 (269); Urteil vom 26. Januar 2005 – 2 BvF 1/03, BVerfGE 112, 226 (250); *H. A. Wolff*, in: von Mangoldt/Klein/Starck, GG, 7. Auflage 2018, Art. 125a Rn. 35; krit. *Lindner*, NJW 2005, S. 399 ff., jeweils zu Art. 125a Abs. 2 GG; zu Art. 72 Abs. 4 GG siehe *Wittreck*, in: Dreier, GG, GG, Bd. 2, 3. Auflage 2015, Art. 72 Rn. 45; insgesamt ablehnend hingegen *Sachs/Jasper*, NVwZ 2015, S. 465 (466 ff.).

Gesamtkonstruktion gefährden würde,[79] wird diese Argumentation bei einer nachträglich hinzukommenden oder ersetzenden Norm regelmäßig nicht greifen. Nach dieser Lesart des Art. 72 Abs. 2 GG drohte allerdings eine Versteinerung des *status quo* der Rechtslage, die nur noch punktuell oder bei (partiellem) Versagen des Systems änderungsfähig wäre.

Diese Konsequenz entspricht kaum einer rechtsstaatlich konstruktiven und dynamischen Gesetzgebung. Der Gesetzgeber muss im Rahmen einer in seiner Gesamtkonzeption erforderlichen Gesetzgebung auch solchen gesellschaftlichen, sozialen oder rechtspolitischen Entwicklungen Rechnung tragen können, die für sich genommen noch keine Erforderlichkeit einer Bundesregelung zur Wahrung der Rechts- oder Wirtschaftseinheit im gesamtstaatlichen Interesse begründen. Richtiger Bezugspunkt der Prüfung nach Art. 72 Abs. 2 GG ist damit nicht die Änderung als solche, sondern das novellierte Regelungsgefüge.

Ganz in diesem Sinne prüft das Bundesverfassungsgericht in seinen Entscheidungen zur Film-[80] und Weinabgabe[81] die Erforderlichkeit des Gesamtkonzeptes, ohne dies näher zu thematisieren. Ob ein gewähltes Instrument tatsächlich integraler Bestandteil der Gesamtregelung im Sinne einer Unteilbarkeit ist, diskutiert das Gericht meist gar nicht.[82] Verneint hat es dies bislang nur im Fall einer klaren Abtrennbarkeit innerhalb eines Gesetzes[83] sowie – im Falle des Betreuungsgeldes – bei einem offensichtlich nur politisch gewollten Zusammenhang zwischen verschiedenen Förderkonzepten in unterschiedlichen Gesetzen[84].

Wenn der Zweite Senat in Sachen Studiengebührenverbot und Juniorprofessur dagegen die Novellierungen selbst einer detaillierten Erforderlichkeitsprüfung unterzieht, so spricht dies nicht gegen die hier vertretene These einer Maßgeblichkeit der Gesamtkonzeption, sondern beruht schlicht darauf, dass der Gesetzgeber den sachlichen Anwendungsbereich des Hochschulrahmengesetzes erweitert[85] bzw. ursprünglich den Ländern verbleibende Spielräume (nahezu) abschließend selbst geregelt hatte[86]. Nur in solchen Fällen kommt es folglich nicht auf das Gesamtgefüge, sondern die Novellierung selbst an.

---

[79] BVerfG, Urteil vom 21. Juli 2015 – 1 BvF 2/13, BVerfGE 140, 65 Rn. 60; siehe bereits BVerfG, Urteil vom 24. Oktober 2002 – 2 BvF 1/01, BVerfGE 106, 62 (149 f.).

[80] BVerfG, Urteil vom 28. Januar 2014 – 2 BvR 1561/12 u.a., BVerfGE 135, 155 Rn. 114 ff.

[81] BVerfG, Beschluss vom 6. Mai 2014 – 2 BvR 1139–1141/12, BVerfGE 136, 194 Rn. 112 ff.

[82] Siehe aber – bejaht – BVerfG, Beschluss vom 18. Juli 2005 – 2 BvF 2/01, BVerfGE 113, 167 (197 ff.).

[83] BVerfG, Urteil vom 24. Oktober 2002 – 2 BvF 1/01, BVerfGE 106, 62 (164 f.), dort zu einer erstmals bundeseinheitlichen Regelung.

[84] BVerfG, Urteil vom 21. Juli 2015 – 1 BvF 2/13, BVerfGE 140, 65 Rn. 56 ff.

[85] Vgl. BVerfG, Urteil vom 26. Januar 2005 – 2 BvF 1/03, BVerfGE 112, 226 (250).

[86] Vgl. BVerfG, Urteil vom 27. Juli 2004 – 2 BvF 2/02, BVerfGE 111, 226 (259 ff., 269 f.).

3. Die Erforderlichkeit berggesetzlicher Änderungen

a) Akzessorische Erforderlichkeit im Anschluss an die andauernde Erforderlichkeit des Bundesberggesetzes

Nach diesem Maßstab dürften Änderungen des Bundesberggesetzes häufig ohne Weiteres möglich sein, weil das Regelungsgefüge – ungeachtet der Einzelheiten – auch nach heutigen Maßstäben erforderlich im Sinne des Art. 72 Abs. 2 GG ist. Das Bundesberggesetz wurde maßgeblich getragen von dem Gedanken, im Sinne der Anforderungen an eine moderne Wirtschaftsordnung die Aufsuchung, Gewinnung und Aufbereitung derjenigen Rohstoffe einheitlich zu regeln, denen aus volkswirtschaftlicher und bergbaulicher Sicht eine besondere Bedeutung beigemessen wurde.[87] Hierdurch konnte ganz im Sinne des heutigen Art. 72 Abs. 2 GG eine Rechtszersplitterung mit problematischen Folgen beendet sowie die Funktionsfähigkeit des Wirtschaftsraums der Bundesrepublik zumindest gefördert[88] werden. Einheitliche bergrechtliche Zulassungsverfahren, Anforderungen an die Durchführung von bergbaulichen Vorhaben, Vorschriften zur Bergaufsicht sowie ein einheitliches Bergschadensrecht erleichtern gerade für überregional agierende Unternehmen den Rechtsverkehr deutlich und tragen so maßgeblich zum Funktionieren der Gesamtwirtschaft bei. Eine Aufhebung des Bundesberggesetzes würde zudem jedenfalls im Bereich des untertägigen Bergbaus sowie des Bohrlochbergbaus, aber auch bei großflächigen Tagebauen wie etwa bei der Braunkohlengewinnung problematische Regelungslücken hinterlassen,[89] welche die Länder nicht ohne Weiteres zeitnah und stringent schließen könnten.[90]

Hiernach kann der Bundesgesetzgeber in kompetenzieller Hinsicht zum Beispiel das Berechtsamswesen – einschließlich dessen Erstreckung auf Speichertechnologien – reformieren sowie das Zulassungsverfahren und die Zulassungsvoraussetzungen bei Betriebsplänen umgestalten, ohne dass diese Novellierungen für sich betrachtet gegenüber der derzeitigen Rechtslage erforderlich im Sinne des Art. 72 Abs. 2 GG sein müssen. Maßgeblich ist nur die Erforderlichkeit des jeweiligen bergrechtlichen Gesamtkonzepts.[91] Auch ein Verbot unkonventionellen Frackings im Bundesberggesetz wäre denkbar gewesen, weil hier lediglich bereits erfasste Rohstoffgewinnungen anders reguliert worden wären.[92]

---

[87] Siehe dazu oben 1. Kapitel D. I. 1. b), S. 69 ff.

[88] Siehe hierzu oben Fn. 71, S. 392 f.

[89] Vgl. *Teßmer*, Rechtsgutachten: Vorschläge zur Novellierung des deutschen Bergrechts, 2009, S. 21 f.

[90] Praktisch möglich wären daher nur entsprechende Freigaben, die Raum für Landesregelungen eröffnen, ohne Regelungslücken zu hinterlassen.

[91] Das kann auch nur ein Teilausschnitt aus dem Bundesberggesetz sein.

[92] *von Weschpfennig*, ZfB 157 (2016), S. 255 (261 f.). Selbst wenn man die Erforderlich-

Soweit diese Anpassungen Rückwirkungen auf die rechtliche Behandlung von Bodenschätzen haben, deren gesamtstaatliche Regulierung in kompetenzieller Hinsicht nicht (mehr) erforderlich sein sollte, wird man vom Gesetzgeber kaum entsprechende Differenzierungen verlangen können, da solche einer klar strukturierten Gesetzgebung abträglich wären. Insoweit dürfte man einen untrennbaren Sachzusammenhang[93] der Regelung annehmen können, so dass es auf die Fortgeltungsbestimmungen der Art. 72 Abs. 4 GG oder Art. 125a Abs. 2 GG nicht ankäme.

Weil Vergleichsmaßstab nicht das unreformierte Gesetz ist, sondern eine hypothetisch fehlende Bundesregelung, ist es auch irrelevant, wenn bergbauliche Tätigkeiten tatsächlich weiter beschränkt werden. Einzig wenn die Neuregelung bergbauliche Betätigungen strukturell[94] rechtlich oder faktisch stark einschränken oder sogar unmöglich machen würde, wäre die Frage aufzuwerfen, ob ein solches Regelungskonzept in seiner Gesamtheit noch den Anforderungen des Art. 72 Abs. 2 GG genügt.[95]

b) Separate Erforderlichkeitsprüfung bei sachlichen Erweiterungen

Allerdings müssen Regelungen einer separaten Erforderlichkeitsprüfung unterzogen werden, die das Bundesberggesetz in sachlicher Hinsicht erweitern. Hierzu zählen zunächst Anwendungsbereichserweiterungen durch die Berücksichtigung von Grundeigentümerbodenschätzen.

Ob dies auch für die Einführung einer bergrechtlichen Bedarfsplanung mit dem Ziel einer Reduzierung der Zugriffsmöglichkeiten auf Rohstoffe gilt, erscheint zweifelhaft. Denn einerseits wären entsprechende Landesregelungen bereits jetzt nicht möglich, weil damit die Zulassungsvoraussetzungen des Bun-

---

keit separat prüft, wäre sie wohl zu bejahen gewesen (vgl. auch *von Weschpfennig*, a.a.O., S. 262 zur separaten Regelung im Wasserhaushaltsgesetz), weil das Fracking-Moratorium (siehe hierzu oben 1. Kapitel C. III. 3. b) bb), S. 61), eine entsprechende Rohstoffgewinnung für mehrere Jahre völlig unmöglich machte und eine Neuregelung Voraussetzung für einen funktionierenden Gesetzesvollzug gewesen wäre, siehe im Übrigen unten 4. Kapitel C. II. 3. b) bb), S. 399 ff.

[93] Vgl. BVerfG, Urteil vom 21. Juli 2015 – 1 BvF 2/13, BVerfGE 140, 65 Rn. 60 mit Vergleich zu einer Bundeskompetenz kraft Sachzusammenhangs.

[94] Das wäre bei einem selektiven Verbot einzelner Betätigungen wie beim Fracking noch nicht der Fall.

[95] Ob solche Regelungen zur Wahrung der Rechtseinheit im gesamtstaatlichen Interesse erforderlich wären, um eine nutzungsfähige Rechtsgemeinschaft zu erhalten, erscheint durchaus zweifelhaft. In Bezug auf die Wirtschaftseinheit dienten solche Regelungen bereits nicht der Beseitigung von Schranken und Hindernissen für den wirtschaftlichen Verkehr im Bundesgebiet, da aus Perspektive des Bergbaus eine (hypothetische) kleinteilige Rechtszersplitterung wohl eher hinnehmbar wäre als ein bundeseinheitliches Verbot oder einheitliche weitreichende Beschränkungen, siehe aber unten 4. Kapitel C. II. 3. b) bb), S. 399 ff.

desberggesetzes modifiziert würden.[96] Dies spricht dafür, die Erforderlichkeit nach dem einheitlichen gesetzlichen Gesamtkonzept und nicht separat zu bewerten. Andererseits handelte es sich um ein konzeptionell neues und dem Bergrecht bislang unbekanntes Instrument, das je nach Ausgestaltung auch unmittelbare Rückwirkungen auf die Landes- und Regionalplanung haben könnte. Es erscheint damit nicht von vornherein ausgeschlossen, entsprechende Regelungen nicht mehr als integralen Bestandteil des bergrechtlichen Gesamtsystems anzusehen und damit einer separaten Erforderlichkeitsprüfung zu unterziehen.

aa) Problem: Keine Nachteile für die Gesamtwirtschaft durch Landesrecht

Bezüglich aller knappen und (mittlerweile) volkswirtschaftlich bedeutsamen Rohstoffe liegt es zunächst nahe, eine Einbeziehung in das Bundesberggesetz als im Sinne der Wahrung der Wirtschaftseinheit erforderlich anzusehen.[97] Jedoch impliziert die volkswirtschaftliche Bedeutung von Rohstoffen noch nicht, dass Regelungen auf Landesebene oder die Untätigkeit der Landesgesetzgeber erhebliche Nachteile für die Gesamtwirtschaft mit sich bringen. Bereits vor Inkrafttreten des Bundesberggesetzes hatten die Länder für einen Teil der Bodenschätze Regelungen erlassen, die letztlich zu einer Reduktion des Anwendungsbereichs des Bundesberggesetzes führten.[98] Seitdem hat das Berg- und Abgrabungsrecht in Relation zu zulassungsrelevanten außerbergrechtlichen Vorschriften zudem an Bedeutung verloren, sodass wesentliche Zulassungsvoraussetzungen – insbesondere im Umweltrecht – ohnehin bundesrechtlich geregelt sind. Es verbleibt lediglich der mehr rechtspraktische Umstand, dass Abbaugenehmigungen unter Bundesbergrecht tendenziell leichter zu erlangen sind als nach Landesrecht.[99]

Anders wäre dies möglicherweise dann zu beurteilen, wenn künftig die Gesamtwirtschaft durch ein in den Ländern deutlich differierendes Abgrabungsrecht erhebliche Nachteile erleiden würde oder die Versorgung der Bauindustrie mit Rohstoffen in rohstoffarmen Gegenden nicht mehr sichergestellt wäre.[100] Damit verbunden ist die Frage, inwieweit überhaupt „landesüberschreitende Aufgaben in bundesweiten Infrastrukturen"[101] wahrgenom-

---

[96] Vgl. auch oben 4. Kapitel A. II. 2., S. 385 ff. zur Unzulässigkeit entsprechender Regelungen im Rahmen der Raumplanung.

[97] In diese Richtung wohl *Schulze/Keimeyer*, Ansätze zur Anpassung ausgewählter bergrechtlicher Regelungen unter besonderer Berücksichtigung einer schonenden Ressourceninanspruchnahme, Öko-Institut, 2014, S. 17.

[98] Siehe oben 1. Kapitel D. I. 1. b) bb) (2), S. 75 f.

[99] Siehe die Nachweise oben in Fn. 403, S. 67.

[100] Vgl. *Ludwig*, in: Köck et al., Das Instument der Bedarfsplanung, Umweltbundesamt, Texte 55/2017, S. 300.

[101] BVerfG, Beschluss vom 4. Februar 2010 – 1 BvR 2514/09, GewArch 2010, S. 456 Rn. 20;

men werden,[102] soweit relevante Grundeigentümerbodenschätze wie Sand und Kies im Wesentlichen für die ortsnahe Bauindustrie gewonnen werden.[103]

Sofern man eine bundesrechtliche Pflicht zur Bedarfsplanung separat am Maßstab der Erforderlichkeit misst, wird man sie nicht auf den Tatbestand der Wahrung der Rechtseinheit stützen können, weil keine Rechtszersplitterung mit problematischen Folgen zu verzeichnen ist. Die Funktionsfähigkeit des Wirtschaftsraums der Bundesrepublik dürfte auch ohne eine staatlich gesteuerte Bedarfsplanung kaum gefährdet sein.[104] Ohnehin zielen die Novellierungsvorschläge auf eine Bedarfsregulierung im Sinne einer steuernden Verknappung der abbaubaren Bodenschätze und sind damit jedenfalls nicht im Interesse des wirtschaftlichen Verkehrs in der Bundesrepublik erforderlich. Erforderlich wäre dagegen wohl ein Bundesspeicherplan, um Versorgungsengpässen im Rahmen der Energiewende entgegenzuwirken.[105]

Insgesamt ist nach den *bisherigen* Ausführungen zu konstatieren, dass die Erforderlichkeit sowohl einer Bedarfsplanung als auch einer Anwendungsbereichserweiterung des Bundesberggesetzes um verschiedene Grundeigentümerbodenschätze – ausgehend von dem Ziel, Schranken und Hindernisse für den wirtschaftlichen Verkehr im Bundesgebiet zu beseitigen – derzeit im Wesentlichen nur schwer begründbar ist. Ähnliches gilt bezüglich der Wahrung der Rechtseinheit, da eine Rechtszersplitterung mit problematischen Folgen nicht zu beklagen ist.

bb) Aber: Regulierendes Wirtschaftsrecht zum Umwelt- und Ressourcenschutz im gesamtstaatlichen Interesse

Allerdings fokussieren die bisherigen Diskussionen um eine Bundesgesetzgebung zur Wahrung der Wirtschaftseinheit im gesamtstaatlichen Interesse einschließlich der verfassungsgerichtlichen Obersatzbildung – wohl nicht zuletzt aufgrund der bisherigen praktischen Fallgestaltungen – im Kern ausschließlich

---

Beschluss vom 4. Februar 2010 – 1 BvR 2918/09, NVwZ-RR 2011, S. 385 Rn. 13. Siehe aber auch BVerfG, Beschluss vom 27. Januar 2010 – 2 BvR 2185, 2189/04, BVerfGE 125, 141 (156 f.) zu wirtschaftlich unsinnigen Verdrängungseffekten durch differierendes Landesrecht; *Brandt*, DÖV 1996, S. 675 (683). Hierbei ist wiederum zu berücksichtigen, dass die rohstoffgewinnende Industrie wegen der Lagerstättengebundenheit örtlich nur bedingt flexibel ist.

[102] Für eine entsprechende Prüfung wohl *Sanden/Schomerus/Schulze*, Entwicklung eines Regelungskonzepts für ein Ressourcenschutzrecht des Bundes, 2012, S. 526.

[103] Vgl. oben in Fn. 457, S. 75.

[104] Vgl. auch BVerfG, Urteil vom 27. Juli 2004 – 2 BvF 2/02, BVerfGE 111, 226 (265 ff.).

[105] Näher *Schulze/Keimeyer*, Unterirdische Raumplanung. Teilvorhaben 2: planerische und rechtliche Aspekte, Umweltbundesamt, Texte 57/2015, S. 258. Je nach Ausgestaltung können hier allerdings Verwaltungskompetenzen des Bundes (dazu *Schulze/Keimeyer*, a.a.O., S. 264 f.) problematisch sein, vgl. kritisch zum NABEG *Durner*, NuR 2012, S. 369 (375 f.) m.w.N. auch zur Gegenauffassung.

den Aspekt der Wirtschafts*förderung*.[106] Hier prüft das Bundesverfassungsgericht mitunter sogar nur sehr kursorisch und im Ergebnis großzügig.[107]

Dabei gerät aber aus dem Blick, dass das Recht der Wirtschaft nach Art. 74 Abs. 1 Nr. 11 GG die staatliche Wirtschaftsintervention[108] in einem weitergreifenden Sinne erfasst. Der Staat darf „ordnend und lenkend in das Wirtschaftsleben eingreifen";[109] das „Gesetz selbst muß wirtschaftsregulierenden oder -lenkenden Inhalt haben; anderenfalls fällt es nicht in den Kompetenzbereich des Art. 74 Nr. 11 GG".[110] Grundsätzlich hat der Bund also die Möglichkeit zur Regulierung, auch wenn dies nicht primär der *Förderung* der Wirtschaft selbst dient. Im hier relevanten Kontext kann maßgeblicher Zweck der Wirtschaftsregulierung gerade der Umwelt- und Ressourcenschutz sein.[111]

Auch die Erforderlichkeitsklausel des Art. 72 Abs. 2 GG reduziert entsprechende Bundeskompetenzen nicht auf Aspekte der Wirtschafts*förderung* im Sinne einer Vermeidung von „erhebliche[n] Nachteile[n] für die Gesamtwirtschaft"[112]. Dem Merkmal der „*Wahrung* der Wirtschaftseinheit" kommt insoweit wohl ohnehin kein beschränkender Charakter zu – *jedenfalls* sofern man es mit dem Bundesverfassungsgericht nicht streng im Sinne einer bloß *be*wahrenden Gesetzgebung versteht.[113] Erforderlich im gesamtstaatlichen Interesse ist eine Regelung dann, wenn sie nicht nur aus der Sicht des Bundes oder einzelner Länder erforderlich ist, sondern vielmehr Gemeinwohlbelange der Gesamtheit betrifft.[114] Solche Gemeinwohlbelange liegen terminologisch aber nicht nur dann vor, wenn erhebliche Nachteile für die Gesamtwirtschaft drohen.

---

[106] Vgl. etwa *Herbst*, Gesetzgebungskompetenzen im Bundesstaat, 2014, S. 329 ff.; *Uhle*, in: Maunz/Dürig, GG, Art. 72 Rn. 150 ff. (Stand: Dezember 2015); zum verfassungsgerichtlichen Prüfungsmaßstab siehe oben 4. Kapitel C. I., S. 392 f.

[107] Ähnlich auch *Waldhoff*, JZ 2014, S. 407 (408) zu BVerfG, Urteil vom 28. Januar 2014 – 2 BvR 1561/12 u.a., BVerfGE 135, 155 Rn. 116 ff. In BVerfG, Beschluss vom 6. Mai 2014 – 2 BvR 1139–1141/12, BVerfGE 136, 194 Rn. 114 genügte sogar eine *export*orientierte Absatzförderung. Vgl. bereits die Kritik zur *Altenpflege*-Entscheidung bei *Brenner*, JuS 2003, S. 852 (854); *Herbst*, Gesetzgebungskompetenzen im Bundesstaat, 2014, S. 330 f., ferner S. 333 mit Fn. 98 zu weiterer Rechtsprechung.

[108] *Oeter*, in: von Mangoldt/Klein/Starck, GG, 7. Auflage 2018, Art. 74 Rn. 81.

[109] So bereits BVerfG, Urteil vom 20. Juli 1954 – 1 BvR 459/52 u.a., BVerfGE 4, 7 (13); *Szczekalla*, in: Kahl/Waldhoff/Walter, BK-GG, Art. 74 Abs. 1 Nr. 11 Rn. 28, ferner Rn. 68, 93, 113, 120 (Stand: Dezember 2020); *Wittreck*, in: Dreier, GG, Bd. 2, 3. Auflage 2015, Art. 74 Rn. 50.

[110] BVerfG, Urteil vom 6. November 1984 – 2 BvL 19/83 u.a., BVerfGE 67, 256 (275).

[111] Vgl. *Kane*, Die Gesetzgebungskompetenzen des Bundes im Umweltschutz, 2013, S. 178 ff.

[112] BVerfG, Urteil vom 24. Oktober 2002 – 2 BvF 1/01, BVerfGE 106, 62 (147).

[113] Siehe hierzu oben Fn. 71, S. 392 f.

[114] *Oeter*, in: von Mangoldt/Klein/Starck, GG, 7. Auflage 2018, Art. 72 Rn. 112; *Pestalozza*, in: von Mangoldt/Klein/Pestalozza, GG, 3. Auflage 1996, Art. 72 Rn. 364; vgl. *Uhle*, in: Maunz/Dürig, GG, Art. 72 Rn. 156 (Stand: Dezember 2015); teilweise a.A. *Kröger/Moos*, BayVBl 1997, S. 705 (709), die wohl das Interesse allein des Bundes ausreichen lassen.

Durchaus überlegenswert ist, bereits im Interesse an einer einheitlichen Regelung für volkswirtschaftlich bedeutsame Bereiche wie der Aufsuchung, Gewinnung und Aufbereitung von bestimmten Grundeigentümerbodenschätzen einen ausreichend gewichtigen Gemeinwohlbelang zu sehen. Mit Blick auf die Staatszielbestimmung des Art. 20a GG[115] im gesamtstaatlichen Interesse erforderlich sind aber jedenfalls Regelungen, die dem Schutze der natürlichen Ressourcen sowie der Umwelt dienen[116] *und* – aus welchen Gründen auch immer – auf föderaler Ebene nicht effektiv realisiert werden (können). So könnte – ungeachtet der damit einhergehenden tatsächlichen und rechtlichen Schwierigkeiten – eine länderübergreifende Bedarfs- und Bewirtschaftungsplanung einen effektiven Ressourcenschutz fördern.[117] Auch „Bottom-Down-Effekte"[118] können eine bundeseinheitliche Regelung erforderlich machen, wenn die Länder im Bereich ihrer Kompetenzen um die mildesten Umweltstandards konkurrieren[119] – ein derzeit wohl wenig realistisches Szenario.[120] Zulässig sind schließlich Regelungen, die negativen Externalitäten wie Umweltverschmutzungen in angrenzenden Bundesländern begegnen.[121] Aus länderübergreifenden umweltpolitischen Motiven kann sogar eine Regelung im gesamtstaatlichen Interesse erforderlich sein, die eine bestimmte wirtschaftliche Betätigung ganz untersagt.[122]

---

[115] Mit der Föderalismusreform 2006 hat der Verfassungsgeber gerade die meisten umweltrechtlichen Kompetenztitel der Erforderlichkeitsklausel entzogen, *Gärditz*, in: Landmann/Rohmer, Umweltrecht, Art. 20a GG Rn. 104 (Stand: Februar 2013). Dies stützt zumindest argumentativ den Umweltschutz als gesamtstaatlichen Belang i.S.d. Art. 72 Abs. 2 GG. Nach *Moewes*, NuR 2012, S. 832 (834) ist es hingegen ein „abenteuerlicher Weg", Art. 20a GG Auswirkungen auf Gesetzgebungskompetenzen zuzusprechen. Akzeptiert man allerdings, dass das gesamtstaatliche Interesse nicht eng im Sinne einer Wirtschafts*förderung* zu verstehen ist, begründet das Staatsziel Umweltschutz nicht selbst die Gesetzgebungskompetenz, sondern stützt lediglich die Annahme eines gesamtstaatlichen Interesses nach Art. 72 Abs. 2 GG.

[116] Siehe bereits *Bundesministerium für Umwelt, Naturschutz und Reaktorsicherheit*, Umweltgesetzbuch (UGB-KomE), 1998, Einleitung, S. 85.

[117] Vgl. hierzu *Ludwig*, in: Köck et al., Das Instrument der Bedarfsplanung, Umweltbundesamt, Texte 55/2017, S. 295 ff., wenngleich die Bedarfsplanung später verworfen wird (S. 320 f.). Eine entsprechende Reglementierung könnte – je nach Ausgestaltung – mittelfristig sogar einer funktionierenden Rohstoffgewinnungswirtschaft dienen, vgl. *Kane*, Die Gesetzgebungskompetenzen des Bundes im Umweltschutz, 2013, S. 178, 180.

[118] Vgl. *Oeter*, in: von Mangoldt/Klein/Starck, GG, 7. Auflage 2018, Art. 72 Rn. 113; *ders.*, in: Engel/Morlok, Öffentliches Recht als ein Gegenstand ökonomischer Forschung, 1998, S. 119 (144).

[119] Vgl. *Brandt*, DÖV 1996, S. 675 (683); *Ewer*, in: Landmann/Rohmer, Umweltrecht, Bodenschutzrecht, Vorbemerkung Rn. 159 (Stand: April 2006).

[120] Bereits die Lagerstättegebundenheit dürfte zudem entsprechende Verdrängungseffekte deutlich abschwächen.

[121] Vgl. *Oeter*, in: Engel/Morlok, Öffentliches Recht als ein Gegenstand ökonomischer Forschung, 1998, S. 119 (144).

[122] Vgl. zum Verbot des unkonventionellen Frackings *von Weschpfennig*, ZfB 157 (2016), S. 255 (262).

D. Ergebnis

Rechtspolitische Forderungen nach einer stärkeren Steuerung der Rohstoffgewinnung und Untergrundnutzung im Sinne einer nachhaltigeren Ressourcennutzung und besserer Umweltverträglichkeit begegnen mitunter Bedenken hinsichtlich der praktischen Realisierbarkeit. Namentlich die Bedarfsplanung sieht sich mit Prognoseunsicherheiten konfrontiert, deren Überplanung durchaus in die Nähe planwirtschaftlicher Elemente rücken kann.[123] Ob stärker regulierende Mechanismen in das geltende Ressourcennutzungsrecht integriert werden sollen, ist zunächst eine politische Frage.[124] Eingriffe in Grundrechte sind dabei grundsätzlich rechtfertigungsfähig, wenn die gewählten Mittel der Umwelt oder auch verbesserten Allokationen sowie der nachhaltigen Entwicklung dienen (können).

Kompetenzrechtlich ergeben sich mitunter schwierige Abgrenzungsfragen zwischen Raumordnung und Wirtschaft. Jedenfalls gezielt fachplanerische Festlegungen sind nicht mehr Gegenstand der Raumordnung. Entsprechende Regelungen sollten daher auch primär im Bergrecht verankert oder dort zumindest ausdrücklich mit entsprechenden Entscheidungen im Rahmen der Raumplanung verknüpft werden. Die Anforderungen des Art. 72 Abs. 2 GG an die Erforderlichkeit wirtschaftsrechtlicher Bundesregelungen ermöglichen aber selbst wirtschaftsbeschränkende Novellierungen. Wenn Art. 72 Abs. 1 Nr. 11 GG die Wirtschafts*regulierung* als solche erfasst, kann die Erforderlichkeitsklausel keine entsprechende Einschränkung auf die Wirtschafts*förderung* begründen.

---

[123] Diese Gefahr sehen implizit auch *Sanden/Schomerus/Keimeyer/Gailhofer/Westphal/Teßmer*, Rohstoffbedarfsplanung, Umweltbundesamt, Texte 72/2019, S. 207, verweisen aber zu Recht darauf, dass hier keine Automatismen bestehen. Es kommt also auf die nähere Ausgestaltung an.

[124] *Sanden/Schomerus/Keimeyer/Gailhofer/Westphal/Teßmer*, Rohstoffbedarfsplanung, Umweltbundesamt, Texte 72/2019, S. 207.

Zusammenfassende Thesen

Zum ersten Kapitel –
Grundlegung

Das deutsche Bergrecht, wie es heute insbesondere im Bundesberggesetz hinterlegt ist, fußt auf einer jahrhundertelangen Rechtsentwicklung, die durch unterschiedliche Staatsstrukturen und Wirtschaftssysteme geprägt ist. Ein zentraler Baustein ist dabei die Entkopplung volkswirtschaftlich bedeutsamer Bodenschätze vom Grundeigentum. Diese historische Entwicklung sowie die sogenannten bergbaulichen Sachgesetzlichkeiten – Lagerstättenbindung, dynamische Betriebsweise, unvermeidbare Schäden, Unsicherheit bergbaulicher Prognosen und hoher Investitionsaufwand bei später Rentabilität – bedingen eine partielle bergrechtliche Sonderdogmatik.

Funktional erfüllt das Bergrecht zunächst eine ordnende Funktion. Es muss dabei nicht nur insbesondere eine effektive Gefahrenabwehr und Risikovorsorge sicherstellen, sondern auch das Verhältnis zu Grundeigentümern sowie unter Bergbautreibenden klären. Primäre Zielrichtung des Bergrechts ist traditionell die Förderung der Rohstoffgewinnung, wobei die Instrumentarien je nach Wirtschaftsordnung unterschiedlich ausgestaltet wurden. Bei allen Unterschieden kommt dabei jedoch bis heute der Entkopplung bestimmter Bodenschätze vom Grundeigentum eine wichtige Funktion zu. Den Schutz endlicher Ressourcen kann das Bergrecht jenseits ordnungsrechtlicher Anforderungen zum Umgang mit der auszubeutenden Lagerstätte hingegen nur bedingt leisten. Hierzu bedarf es raumordnerischer oder bedarfssteuernder Instrumente.

Ein auf die Rohstoffgewinnung fokussiertes Regelungssystem blendet kollidierende Belange *zunächst* so weit wie möglich aus. Rechts*politische* Vorstellungen von einem modernen Bergrecht erfordern demgegenüber eine möglichst nachhaltige Ausrichtung. Ausgehend von dem völkerrechtlichen Prinzip der nachhaltigen Entwicklung muss Bergrecht ökologische, soziale und ökonomische Belange gleichermaßen beachten und ausgleichen. Ein übergreifendes Nachhaltigkeitsverständnis muss zudem Fragen des Rohstoffbedarfs sowie der Rohstoffverwendung berücksichtigen, die sich allerdings bergrechtlicher Regelung entziehen. Je nach Blickwinkel und Betrachtungshorizont kann die

Bewertung im Lichte der Nachhaltigkeit ambivalent ausfallen: Auch wenn bergbauliche Vorhaben zwangsläufig mit meist erheblichen Eingriffen in den Naturhaushalt verbunden sind, kann die Rohstoffgewinnung vor Ort einer Importlösung vorzuziehen sein. Zudem werden bestimmte Rohstoffe benötigt, um beispielsweise die Energiewende zu meistern. Alle drei Säulen der Nachhaltigkeit finden ihre *rechtliche* Konkretisierung unter anderem im Europa- und Verfassungsrecht. Innerhalb des hiernach bestehenden gesetzgeberischen Spielraums verbleibt es bei dem *politischen* Leitbild der nachhaltigen Entwicklung.

Bergbauliche Vorhaben bedingen zudem grundrechtliche Kollisionslagen, die der Gesetzgeber ausgleichen muss. Im Rahmen grundlegender Systementscheidungen – etwa zur Frage der Bergfreiheit von Bodenschätzen – hat dieser einen weiten Gestaltungsspielraum, der strukturell über die abwehrrechtliche Einschätzungsprärogative hinausreicht. Im Übrigen sind Beschränkungen von Bergbautreibenden am eingriffsabwehrrechtlichen Gehalt der Grundrechte zu messen. Unzulässig wäre hingegen die Umsetzung eines übergeordneten staatlichen Ordnungsmodells, das in der Tradition der Glykol-Entscheidung nicht mehr von einer individuellen Freiheitsentfaltung ausginge, sodass abwehrrechtlicher Schutz bereits im Ansatz leerliefe. Eingriffe können aber durch grundrechtliche Schutzpflichten oder den Schutz der Umwelt gerechtfertigt werden. Da der Staat durch die Art der Ausgestaltung des Bergrechts sein eigenes Interesse an der privaten Rohstoffgewinnung dokumentiert, obliegt ihm eine gesteigerte Schutzpflicht zugunsten der Bergbaubetroffenen. Der Gesetzgeber muss wissenschaftliche Erkenntnisse und entsprechende Unsicherheiten im Gesetzgebungsprozess bewerten, grundrechts- und staatszielkonform verarbeiten sowie Exekutivhandeln programmieren. Dabei sind selbst bei Hochrisikotechnologien ausreichende Freiräume für Forschung und damit Chancen zum Erkenntnisgewinn zu schaffen. Administrative Verbote ohne ausreichende gesetzliche Grundlage sind unzulässig.

Vor diesem Hintergrund regelt das Bundesberggesetz insbesondere die Rohstoffförderung, wobei sogenannte Grundeigentümerbodenschätze aus dem Anwendungsbereich des Gesetzes ausgeschlossen sind. Die Abgrenzung erfolgt im Grundsatz nach der volkswirtschaftlichen Bedeutung, ist aber nicht durchgehend stringent, sondern teils eher föderalpolitischen Zwängen geschuldet. Daneben werden weitere Tätigkeiten wie insbesondere die Untergrundspeicherung erfasst. Die Zulassung bergbaulicher Vorhaben erfolgt über ein abgestuftes Konzessions- und Zulassungsregime, das flexible Reaktionsmöglichkeiten insbesondere auch vor dem Hintergrund der bergbaulichen Sachgesetzlichkeiten bietet. Allerdings enthält sich ein wirtschaftsrechtlich und auf die Sicherung der Rohstoffversorgung ausgerichtetes Rechtsregime wie das des Bundesberggesetzes weitgehend konkreten materiell-rechtlichen Regelungen, sodass zunehmende umweltpolitisch motivierte Kritik nicht verwundert. Ob und inwieweit diese Kritik trägt, hängt auch davon ab, inwieweit durch bergrechtliche

Schnittstellen zu außerbergrechtlichen Regelungen sowie außerbergrechtliche Zulassungserfordernisse ein sachgerechter Interessenausgleich gewährleistet werden kann.

Zum zweiten Kapitel – Bergbauberechtigungen und polygonale Interessenkonflikte

Bergfreie Bodenschätze bedürfen vor ihrer Aufsuchung oder Gewinnung der Erteilung bzw. Verleihung einer Bergbauberechtigung. Erlaubnis, Bewilligung und Bergwerkseigentum vermitteln nicht unmittelbar Eigentum an den jeweiligen Bodenschätzen, sondern lediglich bestimmte, funktional auf die Nutzung eines Bodenschatzes gerichtete, ausschließliche Rechte am Erdkörper. Bergbauunternehmen erlangen auf diese Weise frühzeitig eine gewisse Planungssicherheit. Auch wenn Bergbauberechtigungen als solche neben das Grundeigentum treten, stellt das sogenannte Berechtsamswesen – also das Recht über die Bergbauberechtigungen – zunächst eine öffentlich-rechtliche Benutzungsordnung auf, aus der privatrechtliche Rechtsverhältnisse erwachsen.

Die Voraussetzungen zur Erteilung bzw. Verleihung einer Bergbauberechtigung ermöglichen lediglich einen rudimentären Ausgleich kollidierender Belange sowohl bergbaulicher als auch nicht bergbaulicher Art. Dabei stehen den Bergbehörden partiell gerichtlich nicht voll überprüfbare, tatbestandliche Letztentscheidungsfreiräume zu. Die Entscheidung über die Konzessionierung bleibt hingegen eine gebundene ohne Ermessen. Den Bergbehörden steht kein rohstoffbezogenes „Bewirtschaftungs"-Ermessen zu. Hierzu bedarf es vielmehr raumordnerischer oder gesetzlicher Richtungsentscheidungen. Zudem können überwiegende öffentliche Interessen zwar bereits die Erteilung einer Bergbauberechtigung ausschließen, was im Rahmen einer tatbestandlichen Abwägung zu ermitteln ist. Allerdings stellt das Berechtsamsverfahren keine geeigneten Instrumente bereit, um in einem solch frühen Verfahrensstadium die maßgeblichen Tatsachen zu ermitteln. Konfligierende Belange sind folglich in der Regel erst auf der nachgelagerten Zulassungsebene zu lösen.

Die allenfalls kursorische Prüfung im Berechtsamsverfahren wäre allerdings problematisch, wenn mit der Erteilung von Bergbauberechtigungen zugleich die spätere Zulassung von Betriebsplänen (partiell) determiniert würde.

Entgegen einiger Stimmen in der Literatur drohen jedoch durch die Konzessionierung keine Vorfestlegungen für die späteren Zulassungen von Betriebsplänen. Der Regelungsgehalt der Bergbauberechtigung erschöpft sich in der formalen Rechteverleihung. Insbesondere erstreckt sich die Regelung nicht auf zugrundeliegende Feststellungen über die Vereinbarkeit mit entgegenstehenden

Belangen, die ohnehin nicht umfassend geprüft wurden. In Betracht kommt nur ein eingeschränkter Vertrauensschutz gegenüber abweichenden Wertungen bei der Betriebsplanzulassung trotz gleichbleibender Sachkenntnis und Rechtslage.

Auch vermittelt die Bergbauberechtigung keine herausgehobene grundrechtliche Rechtsposition, die sich im Betriebsplanverfahren oder außerbergrechtlichen Verfahren gegenüber kollidierenden Belangen durchsetzen müsste. Zwar genießen Erlaubnis, Bewilligung und Bergwerkseigentum den Schutz durch Art. 14 GG. Bedingt durch deren Zweck der Sicherung der Rohstoffversorgung sowie die nur rudimentäre Prüfung entgegenstehender Belange im Konzessionsverfahren geht dieser Schutz im Kern aber nicht über denjenigen der Berufsfreiheit durch Art. 12 Abs. 1 GG hinaus. Beschränkungen aus Gründen des Umweltschutzes oder des Schutzes der Oberflächeneigentümer sind insbesondere auch deshalb eigentumsverfassungsrechtlich möglich, weil es an einer Abwägung vor der Konzessionierung fehlt. Entgegen neuerer Rechtsprechung des EGMR sowie des Bundesverwaltungsgerichts besteht auch keine regelmäßige finanzielle Ausgleichspflicht, wenn Bergbauberechtigungen nicht mehr ausnutzbar sind. Schützenswertes Vertrauen im Einzelfall und korrespondierende Ausgleichspflichten – etwa bei Konkurrenzsituationen mit Verkehrsanlagen – kommen gleichwohl in Betracht.

Bergbauberechtigungen determinieren damit die Zulassungsentscheidung zumindest nach ihrer rechtlichen Konstruktion entgegen verbreiteten Vorstellungen nur sehr rudimentär. Umweltpolitisch motivierte Forderungen nach einer Abschaffung oder grundlegenden Reform des Berechtsamswesens entbehren zumindest insoweit einer Grundlage. Allerdings könnten großzügige Entschädigungspflichten nach der neueren Rechtsprechung bei Nichtausnutzbarkeit der Berechtigungen den rechtspolitischen Druck auf eine Reform erhöhen, weil eine derartige entschädigungsrechtliche Verselbständigung umweltpolitisch kaum hinzunehmen wäre. Rechtspolitisch ist gleichwohl der Zweck des Rechtsinstituts der Bergbauberechtigung – nämlich frühzeitiger Konkurrenzschutz der Bergbauunternehmen im Interesse der Sicherung der Rohstoffversorgung – zu berücksichtigen. Werden entgegenstehende Belange im Zulassungsverfahren umfassend geprüft und gewürdigt, ist hiergegen nichts zu erinnern.

Schließlich müssen bergfreie Bodenschätze, die ihre volkswirtschaftliche Bedeutung eingebüßt haben, nicht zwangsläufig wieder dem Grundeigentum zugewiesen werden, wenngleich ein andauernder Entzug vor Art. 14 GG rechtfertigungsbedürftig bleibt. Jedenfalls sind die geänderten Rahmenumstände aber im Zulassungsverfahren zu berücksichtigen, sodass sich Interessen der Oberflächeneigentümer eher durchsetzen können.

Zum dritten Kapitel –
Vorhabenzulassung und Konfliktlösung

Die Zulassung bergrechtlicher Vorhaben zeichnet sich durch ein komplexes Geflecht aus berg- und außerbergrechtlichen Genehmigungserfordernissen sowie gestuften Verfahren aus. Die mitunter verschachtelte Verfahrensstufung mit Haupt-, Rahmen-, Sonder- und Abschlussbetriebsplänen stellt ein flexibles Instrumentarium zur Bewältigung der sogenannten bergbaulichen Sachgesetzlichkeiten bereit, das aber zugleich einen adäquaten Ausgleich kollidierender Belange erschweren kann und zudem zu offenen Fragen im Rechtsschutz führt.

Die bergrechtlichen Zulassungsvoraussetzungen werden der Idee nach abschließend in § 55 BBergG normiert, der allerdings insbesondere Umweltbelange nur rudimentär berücksichtigt. Etwaige (weitere) entgegenstehende überwiegende öffentliche Interessen nach § 48 Abs. 2 Satz 1 BBergG sind nach der insoweit zustimmungswürdigen Rechtsprechung jedoch ebenfalls bereits im Betriebsplanverfahren zu prüfen. Diese Zulassungsvoraussetzungen können durch Nebenbestimmungen sowie Sicherheitsleistungen gesichert werden, wobei letztere gerade vor dem Hintergrund des Kohleausstiegs praktisch kreativer Konkretisierung bedürfen.

Die bergrechtliche Öffnungsklausel des § 48 Abs. 2 Satz 1 BBergG ist normative Schnittstelle zu sonstigem Fachrecht. Sie gewährleistet, dass außerbergrechtliche Belange in jedem Fall zu prüfen sind. Die dogmatische und praktische Einordnung wird allerdings durch ihre – dem verworrenen Gesetzgebungsverfahren geschuldete – missratene Struktur und Systematik erschwert. § 48 Abs. 2 Satz 1 BBergG ist auch die Grundlage, um Interessen von Oberflächeneigentümern in das Betriebsplanverfahren einzubringen. Dabei hat sich das Bundesverwaltungsgericht mit seiner *Moers-Kapellen*-Entscheidung jedoch über die grundlegende Konzeption des Bundesberggesetzes zum Grundeigentumsschutz hinweggesetzt und im Wege einer bedenklichen richterlichen Rechtsfortbildung lediglich einen gewissen eigentumsverfassungsrechtlichen Mindestschutz ins Bergrecht integriert, statt den Weg zu einer verfassungsgerichtlichen Überprüfung und etwaigen gesetzgeberischen Neukonzeption zu ebnen.

Die Rechtsprechung und überwiegende Auffassung in der Literatur lehnen zudem den planerischen Charakter der Betriebsplanung ab mit der Folge, dass auch die Abwägungsfehlerlehre nicht greift. Dabei sind Betriebsplanzulassungen häufig Planungen im materiellen Sinne, wie dies beispielsweise bei der Rahmenbetriebsplanung für einen Tagebau der Fall ist. Im Rahmen des hieran anknüpfenden (ungeschriebenen) rechtsstaatlichen Abwägungsgebots sind grundrechtliche Belange sowie die kommunale Selbstverwaltungsgarantie einzustellen, soweit deren Schutz reicht. Diese Grundsätze hatte das Bundesverwaltungsgericht bereits vor Verabschiedung des Bundesberggesetzes im

Rahmen einer nicht unter Bergrecht fallenden Genehmigung einer Kiesgrube angewandt, sodass eine entsprechende Übertragung auch in Sachen *Moers-Kapellen* möglich gewesen wäre. Demgegenüber genügt die herrschende Lesart des § 48 Abs. 2 Satz 1 BBergG rechtsstaatlichen Anforderungen nicht umfänglich, obgleich die gebotene Rezeption etwa der Abwägungsfehlerlehre selbst im Rahmen der tatbestandlichen Abwägung denkbar wäre.

Ungeachtet dessen ermöglicht die bergrechtliche Öffnungsklausel eine umfassende Gesamtabwägung schon deshalb nicht, weil sie bloße Auffangvorschrift ist. Anders ist dies nur bei später drohenden Enteignungen, da im Rahmen der Betriebsplanzulassung bereits die Zulässigkeit der späteren Enteignung zu antizipieren ist, die wiederum eine Gesamtabwägung voraussetzt. Obwohl aber in dem Rahmenbetriebsplanverfahren für den Braunkohlentagebau Garzweiler – soweit ersichtlich – keine umfassende Gesamtabwägung im Sinne eines polygonalen Interessenausgleichs stattgefunden hatte, sondern lediglich entgegenstehende Belange nacheinander abgearbeitet wurden, akzeptierte das Bundesverfassungsgericht 2013 die entsprechende Rahmenbetriebsplanzulassung.

So missglückt die bergrechtliche Öffnungsklausel und deren Dogmatik sind, so vorbildlich erscheint in vielerlei Hinsicht das bergrechtliche Instrumentarium zur Verfahrensstufung. Fünf verschiedene Betriebsplanarten – Haupt- und Rahmenbetriebspläne, Sonderbetriebspläne, gemeinschaftliche Betriebspläne und Abschlussbetriebspläne – sowie neben diese präventive Bergaufsicht tretende repressive Befugnisse stellen ein vielschichtiges und flexibles Instrumentarium bereit, um sukzessiv fortschreitende Bergbaubetriebe zuzulassen und zu überwachen. Auch hier hat sich aber eine mitunter eigenwillige bergrechtliche Sonderdogmatik herausgebildet, die in dieser Form erneut nicht zwingend erscheint.

So erkennt die Rechtsprechung eine Bindungswirkung fakultativer Rahmenbetriebspläne nach § 52 Abs. 2 Nr. 1 BBergG – ähnlich dem vorläufigen positiven Gesamturteil – nur vorbehaltlich einer Änderung der tatsächlichen und rechtlichen Verhältnisse an. Diese dogmatisch nicht näher begründete Einschränkung wird allerdings weder der rechtlichen und tatsächlichen Bedeutung der Rahmenbetriebsplanzulassungen gerecht, noch fügt sie sich derart apodiktisch in die allgemeine Verwaltungsrechtsdogmatik ein. So kann durchaus auch in der Zulassung von Rahmenbetriebsplänen – ähnlich einem Vorbescheid – über bestimmte Teilaspekte der Betriebszulassung – wie etwa die Abbaugrenzen – abschließend entschieden werden. Wird das hieraus folgende Vertrauen enttäuscht, bestehen ggf. von Verfassungs wegen Entschädigungsansprüche.

Konfliktanfällig ist auch die obligatorische Rahmenbetriebsplanzulassung mit Planfeststellung bei einer Pflicht zur Umweltverträglichkeitsprüfung. Die bergrechtliche Verfahrensstufung, die unter anderem der dynamischen Betriebsweise Rechnung trägt, steht der Konzeption des Planfeststellungsrechts diametral entgegen, ein Vorhaben mit Konzentrationswirkung unter umfassender Problembewältigung zuzulassen. Gleiches gilt auch gegenüber der Vorgabe der UVP-Richtlinie, die Umweltverträglichkeit möglichst frühzeitig für ein Gesamtvorhaben zu prüfen. Hinsichtlich der UVP-Pflicht ermöglicht die EuGH-Rechtsprechung aber auch für komplexe Großvorhaben praktikable Lösungen, die freilich Abstriche hinsichtlich der Prüfungstiefe bei frühzeitiger Prüfung erfordern. Soweit die bergrechtliche Vorhabenzulassung auch weiterhin Verfahrensstufungen erfordert, hat der Gesetzgeber zahlreiche Modifikationen vorgenommen. Insbesondere sind zwar entgegenstehende Interessen bereits bei der Rahmenbetriebsplanzulassung – vorbehaltlich weniger Ausnahmen – umfassend abzuwägen, Haupt-, Sonder- und Abschlussbetriebsplanzulassungen bleiben aber weiterhin erforderlich. Allerdings genügt das Instrumentarium zur Verfahrensabschichtung nicht umfassend. So sind etwa artenschutzrechtliche Fragen *de lege lata* nur sehr unzureichend zu bewältigen. Ebenso erscheinen die an sich eindeutigen Regelungen zum obligatorischen Rahmenbetriebsplanverfahren als dem einzig möglichen Trägerverfahren für Umweltverträglichkeitsprüfungen nur bedingt praxisgerecht und werden infolgedessen nicht selten ignoriert. Neben dem sich insoweit aufdrängenden Reformbedarf wäre rechtspolitisch zu diskutieren, auch jenseits der UVP-Pflichten bergbauliche Vorhaben im Wege der Planfeststellung zuzulassen.

Richtet man den Blick auf die Schnittstellen des Bergrechts zum sonstigen Fachrecht sowie die Beziehungen paralleler Genehmigungserfordernisse, ist der Fokus erneut auf § 48 Abs. 2 Satz 1 BBergG zu richten. Die ganz herrschende, aber keinesfalls zwingende Auffassung sieht in der bergrechtlichen Öffnungsklausel die materiell-rechtliche Anordnung eines Separationsmodells, wonach im Betriebsplanverfahren im Kern nur solche entgegenstehenden öffentlichen Interessen zu prüfen sind, die nicht bereits durch andere Verfahren erfasst werden. Entstehungsgeschichtlich bezweckte der „Unbeschadet"-Vorbehalt des § 48 Abs. 2 Satz 1 BBergG allerdings nur die gesetzgeberische Klarstellung, dass das Bundesberggesetz sonstiges Fachrecht nicht überlagert. Welche entgegenstehenden Belange im Betriebsplanverfahren zu prüfen sind, ist daher eine Frage der Abgrenzung paralleler Genehmigungen. Materiell-rechtliche Anforderungen müssen also nicht zwangsläufig separiert werden, sondern können auch umfassend etwa in die bergrechtliche Zulassung einfließen. Dann wäre zwischen bloßen Prüfungs- und umfassenden Entscheidungskompetenzen zu unterscheiden.

Ungeachtet dessen sollte der Gesetzgeber die jeweiligen Regelungsgegenstände fachrechtlich strikt trennen und nicht – wie bei der Fracking-Gesetzgebung – partiell überlagern. Neuerdings besteht schließlich Streit über die Frage, ob Hauptbetriebspläne erst dann zugelassen werden können, wenn auch eine für die Durchführung erforderliche wasserrechtliche Erlaubnis vorliegt – so das OVG Münster. Mit dem Separationsmodell der herrschenden

Auffassung sowie dem bergrechtlichen Regelungsanspruch ist dies nicht mehr vereinbar.

Während das Bergrecht im Zusammenspiel mit sonstigem Fachrecht zahlreiche – wenn auch nicht durchgehend verfassungsrechtlich hinreichende – Instrumente zum Interessenausgleich bereitstellt, regelt es das sogenannte Bergnachbarrecht sowie sonstige Nutzungskonkurrenzen am Untergrund nur rudimentär. Vielfach bleiben Rückgriffe auf die allgemeinen zivilrechtlichen Regelungen notwendig. *De lege ferenda* erscheint es diskussionswürdig, das bergrechtliche Instrumentarium nachzuschärfen und insbesondere mit Blick auf sich künftig wohl verstärkende Nutzungskonkurrenzen am Untergrund den Anwendungsbereich des Berechtsamswesens deutlich auszuweiten.

Die verfahrensrechtliche Einstellung eines Betriebes erfolgt schließlich im Wege der Zulassung eines Abschlussbetriebsplans. Solange weiterhin Maßnahmen erforderlich sind, um dauerhaft Gefahren für Leben und Gesundheit Dritter sowie gemeinschädliche Einwirkungen zu vermeiden, ist der Betrieb noch nicht eingestellt, und es kann auch noch keine Entlassung aus der Bergaufsicht erfolgen. Dies führt mitunter zu sehr lang anhaltenden bergrechtlichen Pflichten etwa zur andauernden Wasserhaltung, die im Kern nur durch den Verhältnismäßigkeitsgrundsatz beschränkt werden. Dem Gesetzgeber steht es aber in den weiten Grenzen des unionalen Verursacherprinzips grundsätzlich offen, weitere Einschränkungen der Unternehmerverantwortung zu normieren.

Zum vierten Kapitel – Grundlegende Bemerkungen zur Steuerung der Ressourcen- und Untergrundnutzung

Ist zwar das Bundesberggesetz entgegen verbreiteter Ansicht – bei aller Kritik – grundsätzlich in der Lage kollidierende Belange aufzunehmen, verbleibt dessen Gesamtkonzeption freilich im Wesentlichen der bloßen Förderung der Rohstoffversorgung verpflichtet. Insbesondere ermöglicht es weder eine (bedarfsgerechte) räumliche Steuerung von Untergrundnutzungen noch eine gezielte Verknappung des Angebots von Rohstoffen.

Eine räumliche Steuerung kann grundsätzlich bereits das geltende Raumordnungsrecht leisten, stößt dabei aber an tatsächliche und kompetenzielle Grenzen. So dürfte es häufig an ausreichenden Kenntissen über den Untergrund fehlen, um raumordnerische Festlegungen treffen zu können. Zudem sind Bedarfsprognosen mit enormen Unsicherheiten verbunden. Eine gezielte Angebotsverknappung im Wege des Raumordnungsrechts wäre sogar unzulässig, weil sie das fachgesetzlich im Bundesberggesetz abschließend geregelte Zulassungsregime konterkarieren würde. Kompetenziell wäre eine solche Anordnung nicht mehr Raumordnung. Entsprechende Regelungen könnten nur im Rahmen der Wirtschaftskompetenz des Art. 74 Abs. 1 Nr. 11 GG getroffen werden – vorzugsweise im Bundesberggesetz.

Sämtliche Reformbestrebungen – etwa zum Berechtsamswesen, zum Betriebsplanverfahren oder zur Etablierung einer bergrechtlichen Bedarfsplanung – müssen allerdings nach Art. 72 Abs. 2 GG erforderlich sein. Anpassungen des geltenden Rechts sind dabei häufig ohne Weiteres möglich, weil das Bergrecht als solches weiterhin erforderlich ist. Erweiterungen des Anwendungsbereichs und wohl auch konzeptionelle Änderungen etwa durch die Einführung einer Bedarfsplanung müssen allerdings separat betrachtet den Anforderungen des Art. 72 Abs. 2 GG genügen. Im gesamtstaatlichen Interesse erforderlich sein können *insoweit* auch Regelungen im Interesse des Umweltschutzes – selbst wenn sie zu weitreichenden Beschränkungen des Bergbaus führen würden.

Literaturverzeichnis

Achenbach, Heinrich: Das französische Bergrecht, ZfB 2 (1861), S. 222–254, ZfB 5 (1864), S. 204–222.
- Die gegenseitigen Rechtsverhältnisse des Grundeigenthumes und der Industrie, ZfB 4 (1863), S. 196–224, 324–365.
- Das gemeine deutsche Bergrecht in Verbindung mit dem preußischen Bergrechte unter Berücksichtigung der Berggesetze Bayerns, Sachsens, Oesterreichs und anderer deutscher Länder. Erster Theil, Bonn 1871.

Altenschmidt, Stefan: Zur Rechtmäßigkeit von Förderabgabenverträgen, in: Pielow, Johann-Christian (Hrsg.): Bergrecht im Wandel der Zeit – gestern, heute, morgen. Festgabe zum 200-jährigen Bestehen des OLG Hamm, Stuttgart u.a., 2020, S. 112–133.

Anders, David: Der Umfang der Rechtmäßigkeitsprüfung im Baugenehmigungsverfahren, JuS 2015, S. 604–609.

Appel, Ivo: Staatliche Zukunfts- und Entwicklungsvorsorge. Zum Wandel der Dogmatik des Öffentlichen Rechts am Beispiel des Konzepts der nachhaltigen Entwicklung im Umweltrecht, Tübingen 2005.

Appel, Markus: Entstehungsschwäche und Bestandsstärke des verfassungsrechtlichen Eigentums. Eine Untersuchung des Spannungsverhältnisses zwischen Art. 14 Abs. 1 Satz 1 GG und Art. 14 Abs. 1 Satz 2 GG auf der Basis der Eigentumsrechtsprechung des Bundesverfassungsgerichts, Berlin 2004.
- Tagebaurestlochflutung im Spannungsfeld zwischen Berg- und Wasserrecht – Anmerkung zu OVG Magdeburg, Beschluss vom 26. Mai 2008 (2 L 187/06), NuR 2008, S. 553–556.

Arndt, Adolf: Zur Geschichte und Theorie des Bergregals und der Bergbaufreiheit. Ein Beitrag zur Wirtschaftsgeschichte, 2. Auflage, Freiburg im Breisgau 1916.

Asal, Martin: Das Grundeigentum und der Abbau von Bodenbestandteilen, München 1998.

Asrih, Lena: „Das synt gemeyne bergrecht...“. Inhalte und Anwendung des Freiberger Bergrechts im Mittelalter, Bochum 2017.

Bader, Johann: Die Ergänzung von Ermessenserwägungen im verwaltungsgerichtlichen Verfahren, NVwZ 1999, S. 120–125.

Bader, Johann/Ronellenfitsch, Michael (Hrsg.): BeckOK VwVfG mit VwVG und VwZG, 51. Edition, München, Stand: 1. April 2021.

Badura, Peter: Das Verwaltungsmonopol, Berlin 1963.

Baer, Susanne: Schlüsselbegriffe, Typen und Leitbilder als Erkenntnismittel und ihr Verhältnis zur Rechtsdogmatik, in: Schmidt-Aßmann, Eberhard/Hoffmann-Riem, Wolfgang (Hrsg.): Methoden der Verwaltungsrechtswissenschaft, Baden-Baden 2004, S. 223–251.

Bartel, Sebastian/Janssen, Gerold: Raumplanung im Untergrund unter besonderer Berücksichtigung des Umweltschutzes, NuR 2016, S. 237–246.

Bartels, Christoph/Klappauf, Lothar: Das Mittelalter. Der Aufschwung des Bergbaus unter den karolingischen und ottonischen Herrschern, die mittelalterliche Blüte und der Abschwung bis zur Mitte des 14. Jahrhunderts, in: Tenfelde, Klaus/Berger, Stefan/Seidel, Hans-Christoph (Hrsg.): Geschichte des deutschen Bergbaus, Band 1: Der alteuropäische Bergbau. Von den Anfängen bis zur Mitte des 18. Jahrhunderts, hrsg. von Christoph Bartels und Rainer Slotta, Münster 2012, S. 111–248.

Battis, Ulrich/Krautzberger, Michael/Löhr, Rolf-Peter: Baugesetzbuch. Kommentar, 14. Auflage, München 2019.

Bäumler, Jelena: Wem gehört der Wind? Verfassungsrechtliche Grenzen alternativer Vorteilszuordnungen, ZUR 2017, S. 667–677.

Baur, Fritz: Die „Naßauskiesung" – oder wohin treibt der Eigentumsschutz?, NJW 1982, S. 1734–1736.

Becker, Florian: Kooperative und konsensuale Strukturen in der Normsetzung, Tübingen 2005.

Beckmann, Martin: Anmerkung zu BVerwG, Urteil vom 16. März 1989 – 4 C 36/85, DVBl 1989, S. 669–672.

– Oberflächeneigentum und Bergbau, DVBl 1992, S. 741–749.

– Berg-, umwelt- und planungsrechtliche Probleme der Wiedernutzbarmachung und Folgenutzung bergbaulicher Flächen und Anlagen, in: Kühne, Gunther/Schoch, Friedrich/Beckmann, Martin: Gegenwartsprobleme des Bergrechts, Baden-Baden 1995, S. 67–114.

– Grenzen der Zumutbarkeit der Nachsorgeverantwortung eines Bergwerksunternehmens?, ZUR 2006, S. 295–300.

– Rechtliche Rahmenbedingungen der Abschlussbetriebsplanung, in: Kühne, Gunther/Ehricke, Ulrich (Hrsg.): Bergrecht zwischen Tradition und Moderne. Zivil- und öffentlichrechtliche Probleme des (ausgehenden) Steinkohlenbergbaus – Neue untertägige Nutzungsformen und -kollisionen, Baden-Baden 2010, S. 169–197.

– Rechtliche Rahmenbedingungen der Einstellung des Steinkohlenbergbaus an der Ruhr, DÖV 2010, S. 512–519.

– Öffentlichkeitsbeteiligung vor der Zulassung bergbaulicher Vorhaben, UPR 2014, S. 206–214.

Beckmann, Martin/Wittmann, Antje: Zur Flexibilisierung des Systems bergrechtlicher Zulassungen, DVBl 2021, S. 137–143.

Beddies, Dirk: Rechtsfragen im Zusammenhang mit der Einstellung eines Bergwerkes, Köln u.a. 1995.

– Die Entwicklung des bergrechtlichen Grundsatzes des „Dulde und liquidiere" und das Urteil des Bundesgerichtshofs vom 19. September 2008 (V ZR 28/08) zu § 906 Abs. 2 Satz 2 BGB, in: Baur, Jürgen F./Sandrock, Otto/Scholtka, Boris/Shapira, Amos (Hrsg.): Festschrift für Gunther Kühne zum 70. Geburtstag, Frankfurt a.M. 2009, S. 455–466.

Bellroth, Dag M.: Die Bindungswirkung bergrechtlicher Rahmenbetriebsplanzulassungen, Stuttgart u.a. 2021.

Benrath, Daniel: Paradigmenwechsel in der dauerhaften Speicherung von Kohlendioxid: vom besonderen Bergrecht zum besonderen Leitungsrecht, in: Pielow, Johann-Christian (Hrsg.): Bergrecht im Wandel der Zeit – gestern, heute, morgen. Festgabe zum 200-jährigen Bestehen des OLG Hamm, Stuttgart u.a., 2020, S. 320–344.

Berendes, Konrad/Frenz, Walter/Müggenborg, Hans-Jürgen (Hrsg.): Wasserhaushaltsgesetz. Kommentar, 2. Auflage, Berlin 2017.

Berkemann, Jörg: Das „Abwägungsmodell" des BVerwG (BVerwGE 34, 301 [1969]) – Entstehungsgeschichte und Legendenbildungen, DVBl 2013, S. 1280–1292.

Berlin, Christoph: Die nachbarrechtliche Lösung geothermischer Nutzungskonflikte, NuR 2014, S. 476–482.

Bethge, Nadine/Elgeti, Till/Brück von Oertzen, Martin: Zwischen Berg- und Ordnungsrecht – Regelungsbedarf für den Altbergbau?, in: Pielow Johann-Christian (Hrsg.): Bergrecht im Wandel der Zeit – gestern, heute, morgen. Festgabe zum 200-jährigen Bestehen des OLG Hamm, Stuttgart u.a., 2020, S. 346–362.

Bethge, Nadine/Elgeti, Till/Dietrich, Lars: Zwischen Berg- und Ordnungsrecht – Regelungsvorschläge zum Altbergbau, ZfB 162 (2021), S. 109–123.

Beyer, Stefanie: Die Verantwortung für Gefahren bei der Überplanung und Bebauung risikobehafteter Flächen unter besonderer Berücksichtigung wiedereintretender flurnaher Grundwasserstände infolge der Stilllegung von Bergbaubetrieben, Stuttgart u.a. 2005.

Bingener, Andreas/Bartels, Christoph/Fessner, Michael: Die große Zeit des Silbers. Der Bergbau im deutschsprachigen Raum von der Mitte des 15. bis zum Ende des 16. Jahrhunderts, in: Tenfelde, Klaus/Berger, Stefan/Seidel, Hans-Christoph (Hrsg.): Geschichte des deutschen Bergbaus, Band 1: Der alteuropäische Bergbau. Von den Anfängen bis zur Mitte des 18. Jahrhunderts, hrsg. von Christoph Bartels und Rainer Slotta, Münster 2012, S. 317–452.

Blümel, Willi: Der Gegenstand der Planfeststellung – Zur Zulässigkeit von Betriebsregelungen im Planfeststellungsbeschluß –, VerwArch 83 (1992), S. 146–164.

Böckenförde, Ernst-Wolfgang: Grundrechtstheorie und Grundrechtsinterpretation, NJW 1974, S. 1529–1538.

– Weichenstellungen der Grundrechtsdogmatik, Der Staat 29 (1990), S. 1–31.

Böhm, Monika: Lizenz zum Fracken? Bergrechtliche Voraussetzungen für die Erschließung unkonventioneller Erdgasvorkommen, in: Ewer, Wolfgang/Ramsauer, Ulrich/Reese, Moritz/Rubel, Rüdiger (Hrsg.): Methodik – Ordnung – Umwelt. Festschrift für Hans-Joachim Koch aus Anlass seines siebzigsten Geburtstags, Berlin 2014, S. 565–583.

Böhmer, Werner: Grundfragen der verfassungsrechtlichen Gewährleistung des Eigentums in der Rechtsprechung des Bundesverfassungsgerichts, NJW 1988, S. 2561–2574.

Bohne, Eberhard: Die Umweltverträglichkeitsprüfung bergbaulicher Vorhaben nach den Gesetzentwürfen der Bundesregierung zur Umsetzung der EG-Richtlinie vom 27.06.1985 (85/337/EWG), ZfB 130 (1989), S. 93–125.

Boldt, Gerhard: Hermann Brassert. Sein Leben und Wirken, ZfB 106 (1965), S. 42–53.

Boldt, Gerhard/Weller, Herbert: Bundesberggesetz. Kommentar, Berlin/New York 1984.

Boldt, Gerhard/Weller, Herbert/Kühne, Gunther/von Mäßenhausen, Hans-Ulrich: Bundesberggesetz (BBergG). Kommentar, 2. Auflage, Berlin/Boston 2016.

Bovet, Jana: Notwendigkeit und Steuerungsmöglichkeiten einer unterirdischen Raumordnung, UPR 2014, S. 418–425.

Braig, Katharina Franziska/Ehlers-Hofherr, Angela: Neue Maßstäbe bei der Enteignungsentschädigung für den Verlust von Bodenschätzen durch Autobahnbau. Zugleich Besprechung von EGMR, W./Bundesrepublik Deutschland, Beschwerde Nr. 32377/12, NuR 2017, 838, NuR 2017, S. 833–837.

Brandt, Edmund: Gesetzgebungskompetenz des Bundes für ein Bundes-Bodenschutzgesetz, DÖV 1996, S. 675–683.

Brassert, Hermann: Die Bergrechtsreform in Preußen, ZfB 3 (1862), S. 331–351.

Brenner, Michael: Die Neuregelung der Altenpflege – BVerfG, NJW 2003, 41, JuS 2003, S. 852–854.

Breuer, Rüdiger: Die Bodennutzung im Konflikt zwischen Städtebau und Eigentumsgarantie, München 1976.

– Grundrechte als Anspruchsnormen, in: Bachof, Otto/Heigl, Ludwig/Redeker, Konrad (Hrsg.): Verwaltungsrecht zwischen Freiheit, Teilhabe und Bindung. Festgabe aus Anlaß des 25jährigen Bestehens des Bundesverwaltungsgerichts, München 1978, S. 89–119.

– Die Verfassungsmäßigkeit der wasserwirtschaftsrechtlichen Benutzungsordnung, ZfW 18 (1979), S. 78–100.

Breuer, Rüdiger/Gärditz, Klaus Ferdinand: Öffentliches und privates Wasserrecht, 4. Auflage, München 2017.

Brockhoff, Sven: Naturschutzrechtliche Eingriffsregelung in bergrechtlichen Zulassungsverfahren, Berlin 2012.

Brüggemeier, Franz-Josef: Grubengold. Das Zeitalter der Kohle von 1750 bis heute, München 2018.

Büllesbach, Rudolf: Die rechtliche Beurteilung von Abgrabungen nach Bundes- und Landesrecht. Ein Beitrag zur Lösung des Problems paralleler Genehmigungsverfahren, Berlin 1994.

Bumke, Christian: Verfassungsrechtliche Grenzen fachrichterlicher Rechtserzeugung, in: ders. (Hrsg.): Richterrecht zwischen Gesetzesrecht und Rechtsgestaltung, Tübingen 2012, S. 33–47.

– Verwaltungsakte, in: Hoffmann-Riem, Wolfgang/Schmidt-Aßmann, Eberhard/Voßkuhle, Andreas (Hrsg.): Grundlagen des Verwaltungsrechts, Band II. Informationsordnung. Verwaltungsverfahren. Handlungsformen, 2. Auflage, München 2012, § 35.

Bundesanstalt für Geowissenschaften und Rohstoffe (BGR) (Hrsg.): Deutschland – Rohstoffsituation 2016, Hannover, November 2017.

– Deutschland – Rohstoffsituation 2018, Hannover, November 2019.

– Deutschland – Rohstoffsituation 2019, Hannover, November 2020.

Bundesministerium für Umwelt, Naturschutz und Reaktorsicherheit (Hrsg.): Umweltgesetzbuch (UGB-KomE). Entwurf der Unabhängigen Sachverständigenkommission zum Umweltgesetzbuch beim Bundesministerium für Umwelt, Naturschutz und Reaktorsicherheit, Berlin 1998.

Calliess, Christian: Rechtsstaat und Umweltstaat. Zugleich ein Beitrag zur Grundrechtsdogmatik im Rahmen mehrpoliger Verfassungsrechtsverhältnisse, Tübingen 2001.

Camilo de Oliveira, Renata: Zur Kritik der Abwägung in der Grundrechtsdogmatik. Beitrag zu einem liberalen Grundrechtsverständnis im demokratischen Rechtsstaat, Berlin 2013.

Carlowitz, Hannß Carl von: Sylvicultura oeconomica. Hausswirthliche Nachricht und Naturmäßige Anweisung zur Wilden Baum-Zucht, Leipzig 1713, zitiert nach einem Faksimile der Erstauflage, Remagen-Oberwinter 2012.

Caspar, Johannes: Gutachten zur Zulässigkeit von Explorationsbohrungen im Wattenmeer sowie zu den Voraussetzungen einer Erlaubnis zur Aufsuchung von Kohlenwasserstoffen (Erlaubnisfeld Eiderstedt) im Wattenmeer, Schleswig-Holsteinischer Landtag, Wissenschaftlicher Dienst, Kiel 2008, Umdruck 16/3396.

Cornils, Matthias: Die Ausgestaltung der Grundrechte. Untersuchungen zur Grundrechtsbindung des Ausgestaltungsgesetzgebers, Tübingen 2005.

Czychowski, Manfred/Reinhardt, Michael: Wasserhaushaltsgesetz unter Berücksichtigung der Landeswassergesetze. Kommentar, 12. Auflage, München 2019.

Dammert, Bernd/Brückner, Götz: Phasenspezifischer Rechtsschutz: Ansätze am Beispiel des Bergrechts, ZUR 2017, S. 469–478.

Dammert, Bernd/Rieger, Gunther J./Brückner, Götz: Rechtsfragen der Verfüllung von Tagebauen nach den Entscheidungen des Bundesverwaltungsgerichts vom 22.11.2018, LKV 2020, S. 446–451.

Däuper, Olaf: Die Empfehlungen der Kohlekommission. Inhalte und juristische Fragestellungen, EnWZ 2019, S. 153–159.

Degenhart, Christoph: Die Bewältigung der wissenschaftlichen und technischen Entwicklungen durch das Verwaltungsrecht, NJW 1989, S. 2435–2441.

– Anmerkungen zum Urteil des Bundesverfassungsgerichts über die „Juniorprofessur", RdJB 2005, S. 117–126.

– Grundrechtsausgestaltung und Grundrechtsbeschränkung, in: Merten, Detlef/Papier, Hans-Jürgen (Hrsg.): Handbuch der Grundrechte in Deutschland und Europa, Band III. Grundrechte in Deutschland: Allgemeine Lehren II, Heidelberg 2009, § 61.

Denneborg, Michael: Umweltauswirkungen des Grubenwasseranstiegs in Steinkohlenbergwerken in Nordrhein-Westfalen, ZfB 161 (2020), S. 77–94.

Depenheuer, Otto: Der Wortlaut als Grenze. Thesen zu einem Topos der Verfassungsinterpretation, Heidelberg 1988.

Deutscher Bundestag/Bundesarchiv (Hrsg.): Der Parlamentarische Rat 1948 – 1949. Akten und Protokolle, Band 3. Ausschuß für Zuständigkeitsabgrenzung, bearbeitet von Wolfram Werner, Boppard am Rhein 1986, Band 5/II. Ausschuß für Grundsatzfragen, bearbeitet von Eberhard Pikart und Wolfram Werner, Boppard am Rhein 1993.

Di Fabio, Udo: Risikoentscheidungen im Rechtsstaat. Zum Wandel der Dogmatik im öffentlichen Recht, insbesondere am Beispiel der Arzneimittelüberwachung, Tübingen 1994.

– Die Struktur von Planungsnormen, in: Erbguth, Wilfried/Oebbecke, Janbernd/Rengeling, Hans-Werner/Schulte, Martin (Hrsg.): Planung. Festschrift für Werner Hoppe zum 70. Geburtstag, München 2000, S. 75–96.

– Zur Theorie des grundrechtlichen Wertesystems, in: Merten, Detlef/Papier, Hans-Jürgen (Hrsg.): Handbuch der Grundrechte in Deutschland und Europa, Band II. Grundrechte in Deutschland: Allgemeine Lehren I, Heidelberg 2006, § 46.

Dieckmann, Nina: Das neue CCS-Gesetz – Überblick und Ausblick, NVwZ 2012, S. 989–995.

Dietlein, Johannes: Die Lehre von den grundrechtlichen Schutzpflichten, Berlin 1992.

– Das Untermaßverbot, ZG 10 (1995), S. 131–141.

Dietrich, Lars: Nutzungskonflikte unter Tage, in: Kühne, Gunther/Ehricke, Ulrich (Hrsg.): Bergrecht zwischen Tradition und Moderne. Zivil- und öffentlichrechtliche Probleme des (ausgehenden) Steinkohlenbergbaus – Neue untertägige Nutzungsformen und -kollisionen, Baden-Baden 2010, S. 139–167.

Dietrich, Lars/Elgeti, Till: Anmerkung zu BVerwG, Urteil vom 18. Dezember 2014 – 7 C 22/12, NVwZ 2015, S. 747–749.

Dreier, Horst (Hrsg.): Grundgesetz. Kommentar, Band I. Präambel, Artikel 1–19, 3. Auflage, Tübingen 2013, Band II. Art. 20–82, 3. Auflage, Tübingen 2015.

Dreier, Horst: Grundgesetz. Kommentar, Band I. Präambel, Artikel 1–19, 4. Auflage (i.E.).

Dünchheim, Thomas: Fracking in Deutschland – Rechtliche Grenzen und Möglichkeiten, DVBl 2017, S. 1390–1399.

Dürig, Günter: Anmerkung zu BSG, Urteil vom 19. März 1957 – 6 RKa 5/55, JZ 1958, S. 22–24.

Durner, Wolfgang: Common Goods. Statusprinzipien von Umweltgütern im Völkerrecht, Baden-Baden 2001.

– Konflikte räumlicher Planungen. Verfassungs-, verwaltungs- und gemeinschaftsrechtliche Regeln für das Zusammentreffen konkurrierender planerischer Raumansprüche, Tübingen 2005.
– Auswirkungen der Föderalismusreform auf das Eisenbahnplanungsrecht, DVBl 2008, S. 69–77.
– Das neue Raumordnungsgesetz und die Infrastrukturverantwortung des Bundes, in: Magiera, Siegfried/Sommermann, Karl-Peter (Hrsg.): Daseinsvorsorge und Infrastrukturgewährleistung. Symposium zu Ehren von Willi Blümel zum 80. Geburtstag, Berlin 2009, S. 73–90.
– Schutz der Verbraucher durch Regulierungsrecht, VVDStRL 70 (2011), S. 398–447.
– BVerfG (1. Kammer des Ersten Senats), Beschl. v. 08.12.2011 – 1 BvR 1932/11 – Gerichtliche Kontrolle der telekommunikationsrechtlichen Marktregulierung = DVBl 4/2012, S. 229 ff. – Anmerkung, DVBl 2012, S. 299–302.
– Vollzugs- und Verfassungsfragen des NABEG, NuR 2012, S. 369–377.
– Öffentlichkeitsbeteiligung und demokratische Legitimation im Energie-Infrastrukturrecht, in: Schlacke, Sabine/Schubert, Mathias (Hrsg.): Energie-Infrastrukturrecht. Kolloquium anlässlich der Verabschiedung von Prof. Dr. Wilfried Erbguth am 11. September 2014, Berlin 2015, S. 87–117.
– Modifiziertes Privateigentum – Gewässer als öffentliche Sachen, in: ders./Shirvani, Foroud (Hrsg.): Eigentum im Wasserrecht, Köln 2016, S. 17–31.
– Nachhaltigkeit durch Konzentration und Integration von Verfahren, in: Kahl, Wolfgang (Hrsg.): Nachhaltigkeit durch Organisation und Verfahren, Tübingen 2016, S. 317–334.
– BVerwGE 45, 309 (Urt. v. 05.07.1974; Az. IV C 50.72) – Flachglasentscheidung. Planerisches Abwägungsgebot, in: Steinbach, Armin (Hrsg.): Verwaltungsrechtsprechung, Tübingen 2017, Nr. 78, S. 535–541.
– SUP-pflichtige Fachpläne in der verwaltungsgerichtlichen Kontrolle. Die neuen Klagemöglichkeiten der Umweltverbände nach § 1 Abs. 1 S. 1 Nr. 4 Buchst. a) UmwRG, EurUP 2018, S. 142–157.
– Verfassungsfragen landesgesetzlicher Fracking-Verbote. Am Beispiel der „Volksinitiative zum Schutz des Wassers" des Landes Schleswig-Holstein, W+B 2019, S. 143–158.
– Die Freiheit wissenschaftlicher Forschung im Umweltrecht, WissR 54 (2021), S. 133–149.
– Umweltverfassungsrecht, in: Herdegen, Matthias/Masing, Johannes/Poscher, Ralf/Gärditz, Klaus Ferdinand (Hrsg.): Handbuch des Verfassungsrechts. Darstellung in transnationaler Perspektive, München 2021, § 26.

Durner, Wolfgang/von Weschpfennig, Armin: Anmerkung zu OVG Münster, Beschluss vom 5. Oktober 2018 – 11 B 1129/18, NVwZ 2018, S. 1821–1823.

Ebel, Herbert/Weller, Herbert: Allgemeines Berggesetz (ABG) vom 24. Juni 1865 (GS. S. 705) in der gegenwärtig geltenden Fassung nebst bergrechtlichen Nebengesetzen und sonstigen für den Bergbau wichtigen Bestimmungen mit Erläuterungen, 2. Auflage, Berlin 1963.

Ebel, Wilhelm: Über das landesherrliche Berggegal, ZfB 109 (1968), S. 146–183.

Eftekharzadeh, Puya: Was spricht gegen Fracking? – eine Stellungnahme. Mit einem Exkurs zum Fracking in den USA und Großbritannien, NuR 2013, S. 704–708.

Ehlers, Dirk: Eigentumsschutz, Sozialbindung und Enteignung bei der Nutzung von Boden und Umwelt, VVDStRL 51 (1992), S. 211–251.

Ehlers, Dirk/Pünder, Hermann (Hrsg.): Allgemeines Verwaltungsrecht, 15. Auflage, Berlin/Boston 2016.

Ehricke, Ulrich: Verkehrssicherungspflichten im Hinblick auf Geothermiebohrungen, UPR 2009, S. 281–289.

– Das Verhältnis zwischen dem Bergschadensersatzanspruch nach den §§ 114 ff. BBergG und dem nachbarrechtlichen Ausgleichsanspruch gem. § 906 Abs. 2 S. 2 BGB, in: Kühne, Gunther/Ehricke, Ulrich (Hrsg.): Bergrecht zwischen Tradition und Moderne. Zivil- und öffentlichrechtliche Probleme des (ausgehenden) Steinkohlenbergbaus – Neue untertägige Nutzungsformen und -kollisionen, Baden-Baden 2010, S. 33–98.

Eifert, Martin: Grundversorgung mit Telekommunikationsleistungen im Gewährleistungsstaat, Baden-Baden 1998.

– Regulierungsstrategien, in: Hoffmann-Riem, Wolfgang/Schmidt-Aßmann, Eberhard/ Voßkuhle, Andreas (Hrsg.): Grundlagen des Verwaltungsrechts, Band I. Methoden. Maßstäbe. Aufgaben. Organisation, 2. Auflage, München 2012, § 19.

Ekardt, Felix: Theorie der Nachhaltigkeit. Ethische, rechtliche, politische und transformative Zugänge – am Beispiel von Klimawandel, Ressourcenknappheit und Welthandel, 2. Auflage, Baden-Baden 2016.

Elgeti, Till/Dietrich, Lars: UVP-(Vorprüfungs)pflichtigkeit bergrechtlich zuzulassender Flutungen von Grubenbauen und der Aufhebungsanspruch nach § 4 Abs. 1 UmwRG. Anmerkung zu den Beschlüssen des OVG Lüneburg vom 21.10.2008 – 7 ME 170/07, NuR 2009, 58 ff., NuR 2009, S. 461–465.

Enderle, Bettina/Rehs, Alexander: Die Übertragung bergrechtlicher Rechtspositionen – Praxisprobleme beim Betrieb unterirdischer Gasspeicheranlagen, NVwZ 2012, S. 338–343.

Enders, Christoph: Neubegründung des öffentlich-rechtlichen Nachbarschutzes aus der grundrechtlichen Schutzpflicht? Konsequenzen aus dem Gentechnikbeschluß des VGH Kassel vom 6.11.1989, AöR 115 (1990), S. 610–636.

– Die Privatisierung des Öffentlichen durch die grundrechtliche Schutzpflicht und seine Rekonstruktion aus der Lehre von den Staatszwecken, Der Staat 35 (1996), S. 351–387.

Epping, Volker/Hillgruber, Christian (Hrsg.): BeckOK Grundgesetz, 46. Edition, München, Stand: 15. Februar 2021.

Erbguth, Wilfried: Anmerkungen zum administrativen Entscheidungsspielraum – Am Beispiel der Planfeststellung –, DVBl 1992, S. 398–404.

– Zulassungsverfahren des Bergrechts und Raumordnung – am Beispiel der Aufsuchung und Gewinnung von Kies und Sand in den neuen Bundesländern –, VerwArch 87 (1996), S. 258–287.

– Unterirdische Raumordnung – zur raumordnungsrechtlichen Steuerung untertägiger Vorhaben, ZUR 2011, S. 121–126.

Erbguth, Wilfried/Schink, Alexander: Gesetz über die Umweltverträglichkeitsprüfung. Kommentar, 2. Auflage, München 1996.

Erman, Walter: Bürgerliches Gesetzbuch. Handkommentar mit AGG, EGBGB (Auszug), ErbbauRG, LPartG, ProdHaftG, VBVG, VersAusglG und WEG, Band 2, 16. Auflage, Köln 2020.

Farrenkopf, Michael: Wiederaufstieg und Niedergang des Bergbaus in der Bundesrepublik, in: Tenfelde, Klaus/Berger, Stefan/Seidel, Hans-Christoph (Hrsg.): Geschichte des deutschen Bergbaus, Band 4: Rohstoffgewinnung im Strukturwandel. Der deutsche Bergbau im 20. Jahrhundert, hrsg. von Dieter Ziegler, Münster 2013, S. 183–302.

Fehling, Michael: Urbane Verkehrskonzepte der Zukunft – Ökonomische versus ordnungsrechtliche Instrumente, ZUR 2020, S. 387–393.

Fehling, Michael/Ruffert, Matthias (Hrsg.): Regulierungsrecht, Tübingen 2010.

Fellenberg, Frank/Guckelberger, Annette (Hrsg.): Klimaschutzrecht. KSG, TEHG, BEHG, München 2022.

Fessner, Michael/Bartels, Christoph: Von der Krise am Ende des 16. Jahrhunderts bis zum deutschen Bergbau im Zeitalter des Merkantilismus, in: Tenfelde, Klaus/Berger, Stefan/Seidel, Hans-Christoph (Hrsg.): Geschichte des deutschen Bergbaus, Band 1: Der alteuropäische Bergbau. Von den Anfängen bis zur Mitte des 18. Jahrhunderts, hrsg. von Christoph Bartels und Rainer Slotta, Münster 2012, S. 453–590.

Fischer-Hüftle, Peter: Bergbauberechtigungen und naturschutzrechtliche Verordnungen, NuR 1989, S. 106–113.

Forsthoff, Ernst: Die Verwaltung als Leistungsträger, Stuttgart und Berlin 1938.
– Lehrbuch des Verwaltungsrechts. Erster Band. Allgemeiner Teil, 10. Auflage, München 1973.

Franke, Peter: Spätfolgen des Bergbaus – Rechtliche Fragen aus Sicht der Bergbehörden, in: Frenz, Walter/Preuße, Axel (wissenschaftliche Leitung): Spätfolgen des Bergbaus. Technische und rechtliche Fragen, Heft 86 der Schriftenreihe der GDMB Gesellschaft für Bergbau, Metallurgie, Rohstoff- und Umwelttechnik, Clausthal-Zellerfeld 2000, S. 93–101.
– Funktionswandel der Bergbauberechtigung?, in: Baur, Jürgen F./Sandrock, Otto/Scholtka, Boris/Shapira, Amos (Hrsg.): Festschrift für Gunther Kühne zum 70. Geburtstag, Frankfurt a.M. 2009, S. 507–528.
– Die Einlagerung von CO_2 in unterirdischen geologischen Formationen unter besonderer Berücksichtigung des Bergrechts, in: Kühne, Gunther/Ehricke, Ulrich (Hrsg.): Bergrecht zwischen Tradition und Moderne. Zivil- und öffentlichrechtliche Probleme des (ausgehenden) Steinkohlenbergbaus – Neue untertägige Nutzungsformen und -kollisionen, Baden-Baden 2010, S. 99–137.

Franzius, Claudio: Technikermöglichungsrecht. Wechselbeziehungen zwischen Technik und Recht am Beispiel der Kommunikationstechnik, Verw 34 (2001), S. 487–516.
– Der „Gewährleistungsstaat" – Ein neues Leitbild für den sich wandelnden Staat?, Der Staat 42 (2003), S. 493–517.

Frenz, Walter: Bergrecht und Nachhaltige Entwicklung, Berlin 2001.
– Wiedernutzbarmachung und Biotopschutz, ZfB 143 (2002), S. 23–41.
– Unternehmerverantwortung im Bergbau. Am Beispiel der Wasserhaltung, Berlin 2003.
– Gewässerschutz nur durch unterirdische Raumplanung? – Notwendige UVP beim Abschlussbetriebsplan –, NuR 2014, S. 405–409.
– Sonderbetriebsplan als aufschiebende Bedingung, NVwZ 2012, S. 1221–1224.
– Fracking-Verbot, NVwZ 2016, S. 1042–1050.
– Überwiegende öffentliche Interessen gegen Fracking-Berechtigungen?, DÖV 2016, S. 322–329.
– Die Übertragung des BBergG auf die Windkraftnutzung. Das klassische Bergrecht als Ansatzpunkt für die Ordnung der Windkraftnutzung auf Grundstücken – nur auf den ersten Blick fernliegend, aber in Wirklichkeit sehr passend!, ZUR 2017, S. 690–698.
– Kohleausstieg und Braunkohletagebau, DVBl 2019, S. 467–473.
– (Hrsg.): Atomrecht. Atomgesetz und Ausstiegsgesetze, Baden-Baden 2019.
– (Hrsg.): BBergG. Bundesberggesetz. Kommentar, Berlin 2019.

Friauf, Karl Heinrich/Höfling, Wolfram (Hrsg.): Berliner Kommentar zum Grundgesetz, Berlin, Loseblattsammlung, Stand: Mai 2021.

Fritzsche, Carl Hellmut: Lehrbuch der Bergbaukunde mit besonderer Berücksichtigung des Steinkohlenbergbaus. Zweiter Band, 10. Auflage, Berlin u.a. 1962.

Froese, Judith: Der Eigentumsentzug ohne Güterbeschaffung als Enteignung „light"?, NJW 2017, S. 444–447.

– Ebenen und Ebenenverflechtungen des jagdlichen Eigentums, in: Dietlein, Johannes/ Froese, Judith (Hrsg.): Jagdliches Eigentum, Berlin 2018, § 6, S. 159–196.

– Entschädigung und Ausgleich, in: Depenheuer, Otto/Shirvani, Foroud (Hrsg.): Die Enteignung. Historische, vergleichende, dogmatische und politische Perspektiven auf ein Rechtsinstitut, Berlin 2018, § 9, S. 255–281.

Gaentzsch, Günter: Konkurrenz paralleler Anlagengenehmigungen, NJW 1986, S. 2787– 2795.

– Die bergrechtliche Planfeststellung, in: Franßen, Everhardt/Redeker, Konrad/Schlichter, Otto/Wilke, Dieter (Hrsg.): Bürger – Richter – Staat. Festschrift für Horst Sendler zum Abschied aus seinem Amt, München 1991, S. 403–423.

– Oberflächeneigentum und Bergbau aus der Sicht der höchstrichterlichen Rechtsprechung, DVBl 1993, S. 527–533.

– Rechtliche Fragen des Abbaus von Kies und Sand, NVwZ 1998, S. 889–897.

Gärditz, Klaus Ferdinand: Nachhaltigkeit und Völkerrecht, in: Kahl, Wolfgang (Hrsg.): Nachhaltigkeit als Verbundbegriff, Tübingen 2008, S. 137–179.

– Hochschulorganisation und verwaltungsrechtliche Systembildung, Tübingen 2009.

– „Regulierungsermessen" und verwaltungsgerichtliche Kontrolle, NVwZ 2009, S. 1005– 1011.

– Angemessene Öffentlichkeitsbeteiligung bei Infrastrukturplanungen als Herausforderung an das Verwaltungsrecht im demokratischen Rechtsstaat, GewArch 2011, S. 273– 279.

– Zeitprobleme des Umweltrechts. Zugleich ein Beitrag zu interdisziplinären Verständigungsschancen zwischen Naturwissenschaften und Recht, EurUP 2013, S. 2–16.

– Die verwaltungsprozessualen „Begleitregelungen" des UmwRG. Innerprozessuale Präklusion, Aussetzung des gerichtlichen Verfahrens zur Fehlerheilung und Auffangrechtsschutz zum Oberverwaltungsgericht, EurUP 2018, S. 158–173.

– (Hrsg.): Verwaltungsgerichtsordnung (VwGO) mit Nebengesetzen. Kommentar, 2. Auflage, Köln 2018.

Gawel, Erik: Technologieförderung durch „Stand der Technik": Bilanz und Perspektiven, in: Eifert, Martin/Hoffmann-Riem, Wolfgang (Hrsg.): Innovationsfördernde Regulierung. Innovation und Recht II, Berlin 2009, S. 197–220.

Geiger, Andreas: Der Planfeststellungsbeschluss, in: Ziekow, Jan (Hrsg.): Handbuch des Fachplanungsrechts. Grundlagen – Praxis – Rechtsschutz, 2. Auflage, München 2014, § 3.

Gellermann, Martin: Grundrechte in einfachgesetzlichem Gewande. Untersuchung zur normativen Ausgestaltung der Freiheitsrechte, Tübingen 2000.

Giesberts, Ludger/Reinhardt, Michael (Hrsg.): BeckOK Umweltrecht, 58. Edition, München, Stand: 1. April 2021.

Glaser, Andreas: Nachhaltige Entwicklung und Demokratie. Ein Verfassungsvergleich der politischen Systeme Deutschlands und der Schweiz, Tübingen 2006.

Glückert, Jürgen: Sonderbetriebsplan und Sonderbetriebsplanzulassung – Anmerkungen zu einigen offenen Fragen, in: Baur, Jürgen F./Sandrock, Otto/Scholtka, Boris/ Shapira, Amos (Hrsg.): Festschrift für Gunther Kühne zum 70. Geburtstag, Frankfurt a.M. 2009, S. 543–556.

Gocht, Werner: Wirtschaftsgeologie und Rohstoffpolitik. Untersuchung, Erschließung, Bewertung, Verteilung und Nutzung mineralischer Rohstoffe, 2. Auflage, Berlin u.a. 1983.

Golcher, Hans: Bergwerkseigentum und Grundeigentum. Rang- und wesensmäßiges Verhältnis, dargestellt an den vom Bergregal umfassten Mineralien. Zugleich ein Beitrag zur sachgemäßen Neuabgrenzung beider Rechtsbereiche im künftigen Bundesberggesetz, Essen 1969.

Gotzen, Hans-Heiner: Ortsumsiedlungen im Rheinischen Braunkohlenrevier – rechtliche Möglichkeiten und Grenzen, NWVBl 2006, S. 361–365.

von Graevenitz, Albrecht: Wider die Verrechtlichung von soft law der Europäischen Kommission, ZRP 2019, S. 75–78.

Graf Vitzthum, Wolfgang/Proelß, Alexander (Hrsg.): Völkerrecht, 8. Auflage, Berlin/ Boston 2019.

Greinacher, Dominik: CCS – Europarechtlicher Rahmen für eine neue Technik, in: Baur, Jürgen F./Sandrock, Otto/Scholtka, Boris/Shapira, Amos (Hrsg.): Festschrift für Gunther Kühne zum 70. Geburtstag, Frankfurt a.M. 2009, S. 557–573.

Große, Andreas: Zu den Genehmigungsvoraussetzungen für geothermische Anlagen, NVwZ 2004, S. 809–814.

– Strom und Wärme aus der Tiefe. Zur Genehmigung und Förderung tiefengeothermischer Anlagen, ZUR 2009, S. 535–543.

Grotius, Hugo: Mare Liberum, 1609, zitiert nach Feenstra, Robert/Vervliet, Jeroen: Hugo Grotius. Mare Liberum. 1609–2009. Original Latin Text (facsimile of the first edition, 1609) and Modern English Translation, Leiden 2009.

Hahn, C. (Hrsg.): Allgemeines Berggesetz für die Preußischen Staaten vom 24. Juni 1865. Nebst den vollständigen Materialien zur Erläuterung desselben, Berlin 1865.

Hain, Karl-Eberhard: Der Gesetzgeber in der Klemme zwischen Übermaß- und Untermaßverbot?, DVBl 1993, S. 982–984.

von Hammerstein, Fritz: Feldesüberschreitende Kohlenwasserstoff-Lagerstätten, in: Baur, Jürgen F./Sandrock, Otto/Scholtka, Boris/Shapira, Amos (Hrsg.): Festschrift für Gunther Kühne zum 70. Geburtstag, Frankfurt a.M. 2009, S. 575–597.

Hartmann, Lucas: Das Konzept der Pfadabhängigkeit – Bedingungen und Grenzen seiner Rezeption durch die Wissenschaften vom Öffentlichen Recht, in: Wagner, Eva Ellen et al. (Hrsg.): Pfadabhängigkeit hoheitlicher Ordnungsmodelle, 56. Assistententagung Öffentliches Recht, Baden-Baden 2016, S. 71–91.

Hassemer, Winfried: Juristische Methodenlehre und richterliche Pragmatik, Rechtstheorie 39 (2008), S. 1–22.

Hellgardt, Alexander: Wer hat Angst vor der unmittelbaren Drittwirkung? Die Konsequenzen der Stadionverbot-Entscheidung des BVerfG für die deutsche Grundrechtsdogmatik, JZ 2018, S. 901–910.

Hellriegel, Mathias: Rechtsrahmen für eine Raumordnung zur Steuerung unterirdischer Nutzungen. Konkurrenzkampf unter der Erde, NVwZ 2013, S. 111–116.

Hendler, Reinhard: Zur Einführung einer Kiesabgabe in Nordrhein-Westfalen, NWVBl 2011, S. 1–6.

Herbeck, Sebastian: Der Umgang mit Lagerstättenwasser nach dem Fracking-Gesetz- und Verordnungspaket des Bundes, ZfB 158 (2017), S. 1–17.

Herbert, Ulrich: Geschichte Deutschlands im 20. Jahrhundert, München 2014.

Herbst, Tobias: Gesetzgebungskompetenzen im Bundesstaat. Eine Rekonstruktion der Rechtsprechung des Bundesverfassungsgerichts, Tübingen 2014.

Herdegen, Matthias: Beurteilungsspielraum und Ermessen im strukturellen Vergleich, JZ 1991, S. 747–751.

Hermes, Georg: Das Grundrecht auf Schutz von Leben und Gesundheit. Schutzpflicht und Schutzanspruch aus Art. 2 Abs. 2 Satz 1 GG, Heidelberg 1987.

Herrmann, Martin: Die Nachsorgeverantwortung von Bergbauunternehmen, NuR 2016, S. 823–830.

– Sicherheitsleistungen nach dem Bundesberggesetz, ZfB 159 (2018), S. 271–298.

– Der Rechtsangleichungsprozess im Bergrecht nach dem Einigungsvertrag, in: Pielow, Johann-Christian (Hrsg.): Bergrecht im Wandel der Zeit – gestern, heute, morgen. Festgabe zum 200-jährigen Bestehen des OLG Hamm, Stuttgart u.a., 2020, S. 18–53.

– Ewigkeitslasten der Bergbauunternehmen? – Möglichkeiten zur Überleitung auf Dritte, in: von Weschpfennig, Armin (Hrsg.): Bergbau und Wasserrecht – Industrielle Revolution, Gegenwart und Zukunftsfragen, Köln 2022 (i.E.).

– Vorsorgevereinbarungen zur Sicherung der Wiedernutzbarmachung im auslaufenden Braunkohlebergbau, ZfB 161 (2020), S. 179–204.

Heße, Dustin/Klimke, Romy: Die EU-Verordnung zu Konfliktmineralien: Ein stumpfes Schwert?, EuZW 2017, S. 446–450.

Heunecke, Ernst: Die Abbauverträge bei der Kali- und Erdölgewinnung in der Provinz Hannover, Dissertation, 1931.

Heuvels, Klaus: Zur Verantwortlichkeit des Bergbauunternehmens für die Behandlung belasteter Grubenwässer nach Betriebsstillegung, NVwZ 1995, S. 972–975.

Hillgruber, Christian: Richterliche Rechtsfortbildung als Verfassungsproblem, JZ 1996, S. 118–125.

– Grundrechtlicher Schutzbereich, Grundrechtsausgestaltung und Grundrechtseingriff, in: Isensee, Josef/Kirchhof, Paul (Hrsg.): Handbuch des Staatsrechts der Bundesrepublik Deutschland, Band IX. Allgemeine Grundrechtslehren, 3. Auflage, Heidelberg 2011, § 200.

Hirsch, Günter: Zwischenruf. Der Richter wird's schon richten, ZRP 2006, S. 161.

Hoffmann, Jutta: Deutsche Einigung – bergrechtliche Konsequenzen für die neuen Bundesländer, BB 1991, S. 1506–1510.

– Der Einigungsvertrag – rechtliche Grundlage für die Umwandlung ehemals volkseigener hochwertiger Steine-Erden-Rohstoffe in bergfreie Bodenschätze, BB 1994, S. 1584–1590.

– Bergrechtsvereinheitlichung und Bestandsschutz für bestehende Bergbauberechtigungen, BB 1996, S. 1450–1454.

Hoffmann-Riem, Wolfgang: Grundrechtsanwendung unter Rationalitätsanspruch. Eine Erwiderung auf Kahls Kritik an neueren Ansätzen in der Grundrechtsdogmatik, Der Staat 43 (2004), S. 203–233.

– Das Recht des Gewährleistungsstaates, in: Schuppert, Gunnar Folke (Hrsg.): Der Gewährleistungsstaat – Ein Leitbild auf dem Prüfstand, Baden-Baden 2005, S. 89–108.

– Eigenständigkeit der Verwaltung, in: ders./Schmidt-Aßmann, Eberhard/Voßkuhle, Andreas (Hrsg.): Grundlagen des Verwaltungsrechts, Band I. Methoden. Maßstäbe. Aufgaben. Organisation, 2. Auflage, München 2012, § 10.

Holzapfel, Nadine: Umweltrechtliche Anforderungen an die Verwertung mineralischer Abfälle in und auf dem Boden. Eine Untersuchung unter besonderer Berücksichtigung der Verfüllung von Tagebauen, Berlin 2014.

Hoppe, Werner: Bergbauberechtigungen als verfassungskräftige Eigentumsposition und ihr Schutz gegenüber Planung, DVBl 1982, S. 101–112.

– Gelenkfunktion der Braunkohlenplanung zwischen Landesplanung und bergrechtlichem Betriebsplan?, UPR 1983, S. 105–114.

– Die Einschränkung bergbaulicher Berechtigungen durch eine Nationalparkverordnung – am Beispiel des niedersächsischen Wattenmeeres, DVBl 1987, S. 757–765.

– Nationalpark-Verordnung „Niedersächsisches Wattenmeer" und bergbauliche Berechtigungen, Köln u.a. 1987.

– Das Spannungsverhältnis von Bergwerkseigentum und Oberflächeneigentum im Lichte des Verfassungsrechts, Berlin 1991.

– Verfassungsrechtliche Grundlagen der Regelung des Verhältnisses von Oberflächeneigentum und Bergbau, DVBl 1993, S. 221–230.

– Entwicklung von Grundstrukturen des Planungsrechts durch das BVerwG – Hommage an die Leitentscheidung zum planungsrechtlichen Abwägungsgebot vom 12. Dezember 1969 (BVerwGE 34, 301) –, DVBl 2003, S. 697–706.

Hoppe, Werner/Beckmann, Martin: Grundeigentumsschutz bei heranrückendem Bergbau. Eine Untersuchung zur Reichweite des Bestandsschutzes aus Anlaß der Nordwanderung des Bergbaues in Nordrhein-Westfalen, Köln u.a. 1988.

– Zur Vereinbarkeit bergrechtlicher Duldungspflichten mit dem verfassungsgebotenen Grundeigentümerschutz, DÖV 1988, S. 893–901.

– Gesetz über die Umweltverträglichkeitsprüfung (UVPG). Kommentar, 4. Auflage, Köln 2012.

Hoppe, Werner/Beckmann, Martin/Kment, Martin: Gesetz über die Umweltverträglichkeitsprüfung (UVPG). Umweltrechtsbehelfsgesetz (UmwRG). Kommentar, 5. Auflage, Köln 2018.

Hoppe, Werner/Bönker, Christian/Grotefels, Susan: Öffentliches Baurecht. Raumordnungsrecht, Städtebaurecht, Bauordnungsrecht, 4. Auflage, München 2010.

Hornmann, Gerhard: Hessische Bauordnung (HBO). Kommentar, 3. Auflage, München 2019.

Huber, Peter-Michael: Konkurrenzschutz im Verwaltungsrecht. Schutzanspruch und Rechtsschutz bei Lenkungs- und Verteilungsentscheidungen der öffentlichen Verwaltung, Tübingen 1991.

– Die Informationstätigkeit der öffentlichen Hand – ein grundrechtliches Sonderregime aus Karlsruhe?, JZ 2003, S. 290–297.

Huck, Winfried: Die Integration der Sustainable Development Goals (SDGs) in den Rohstoffsektor, EuZW 2018, S. 266–271.

Hüffer, Uwe: Präventive Maßnahmen im Bergschadensrecht, in: ders./Ipsen, Knut/Tettinger, Peter J. (Hrsg.): Berg- und Energierecht vor den Fragen der Gegenwart. Festschrift für Fritz Fabricius zum 70. Geburtstag, Stuttgart u.a. 1989, S. 115–132.

Huss, Jürgen/von Gadow, Friederike: Einführung in das Faksimile der Erstausgabe der Sylvicultura oeconomica von H. C. von Carlowitz, 1713, in: Carlowitz, Hannß Carl von: Sylvicultura oeconomica. Hausswirthliche Nachricht und Naturmäßige Anweisung zur Wilden Baum-Zucht. Faksimile der Erstauflage. Leipzig 1713, Remagen-Oberwinter 2012.

Ibes, Vera Katharina: Der Besorgnisgrundsatz im Grundwasserschutz. Inhalt, Anwendungsbereich und Implikationen, Köln 2017.

Ibler, Martin: Die Schranken planerischer Gestaltungsfreiheit im Planfeststellungsrecht, Berlin 1988.

Ipsen, Hans Peter: Enteignung und Sozialisierung, VVDStRL 10 (1952), S. 74–123.

Ipsen, Knut: Völkerrecht, München, 7. Auflage 2018.

Isay, Rudolf: Bergbau und öffentliche Verkehrsanstalten, Glückauf 1954, S. 1519–1529.

Isensee, Josef: Das Grundrecht als Abwehrrecht und als staatliche Schutzpflicht, in: Isensee, Josef/Kirchhof, Paul (Hrsg.): Handbuch des Staatsrechts der Bundesrepublik Deutschland, Band IX. Allgemeine Grundrechtslehren, 3. Auflage, Heidelberg 2011, § 191.

– Grundrechtsvoraussetzungen und Verfassungserwartungen an die Grundrechtsausübung, in: Isensee, Josef/Kirchhof, Paul (Hrsg.): Handbuch des Staatsrechts der Bundesrepublik Deutschland, Band IX. Allgemeine Grundrechtslehren, 3. Auflage, Heidelberg 2011, § 190.

Jäkel, Nora Marie: Die Sicherheitsleistung zur Sicherstellung der Vorsorge für die Wiedernutzbarmachung der Oberfläche gemäß § 56 Abs. 2 Satz 1 i.V.m. § 55 Abs. 1 Satz 1 Nr. 7 BBergG, ZfB 157 (2016), S. 21–32.

– Die Sicherheitsleistung zur Sicherstellung der Vorsorge für die Wiedernutzbarmachung der Oberfläche im Bergrecht – § 56 Abs. 2 S. 1 i.V.m. § 55 Abs. 1 S. 1 Nr. 7 BBergG –, Stuttgart u.a. 2017.

Jänicke, Martin/Lindemann, Stefan: Innovationsfördernde Umweltpolitik, in: Eifert, Martin/Hoffmann-Riem, Wolfgang (Hrsg.): Innovationsfördernde Regulierung. Innovation und Recht II, Berlin 2009, S. 171–195.

Jarass, Hans D.: Konkurrenz, Konzentration und Bindungswirkung von Genehmigungen. Probleme und Lösungen am Beispiel der baulichen Anlagen, Berlin 1984.

– Bausteine einer umfassenden Grundrechtsdogmatik, AöR 120 (1995), S. 345–381.

– Bundes-Immissionsschutzgesetz. Kommentar unter Berücksichtigung der Bundes-Immissionsschutzverordnungen, der TA Luft sowie der TA Lärm, 13. Auflage, München 2020.

Jenisch, Uwe: Tiefseebergbau und Umweltschutz – Anforderungen an den Abbaucode (exploitation code) –, NordÖR 2017, S. 1–7.

– Draft Exploitation Regulations – der Entwurf des Abbaucodes zum Tiefseebergbau 2018, ZfB 159 (2018), S. 249–270.

Jestaedt, Matthias: Richterliche Rechtsetzung statt richterliche Rechtsfortbildung. Methodologische Betrachtungen zum sog. Richterrecht, in: Bumke, Christian (Hrsg.): Richterrecht zwischen Gesetzesrecht und Rechtsgestaltung, Tübingen 2012, S. 49–69.

Jordan, Isabelle: Das Zusammenspiel von Bergrecht und Wasserrecht im bergrechtlichen Betriebsplanverfahren, ZfB 159 (2018), S. 102–115.

Jordan, Isabelle/Welsing, Ruth: Einstellung der Grubenwasserhaltung nach Beendigung der Steinkohlengewinnung – Bergrechtliche Betrachtung, ZfB 158 (2017), S. 231–248.

– Einstellung der Grubenwasserhaltung nach Beendigung der Steinkohlengewinnung – Wasserrechtliche Betrachtung, ZfW 56 (2017), S. 121–141.

Kahl, Wolfgang: Einleitung: Nachhaltigkeit als Verbundbegriff, in: ders. (Hrsg.): Nachhaltigkeit als Verbundbegriff, Tübingen 2008, S. 1–35.

– Staatsziel Nachhaltigkeit und Generationengerechtigkeit, DÖV 2009, S. 2–13.

Kahl, Wolfgang/Gärditz, Klaus Ferdinand: Umweltrecht, 11. Auflage, München 2019.

Kahl, Wolfgang/Waldhoff, Christian/Walter, Christian (Hrsg.): Bonner Kommentar zum Grundgesetz, Heidelberg, Loseblattsammlung, Stand: April 2021.

Kahnt, René/Gabriel, Aron/Seelig, Carolin/Freund, Achim/Homilius, Antje: Unterirdische Raumplanung – Vorschläge des Umweltschutzes zur Verbesserung der über- und untertägigen Informationsgrundlagen, zur Ausgestaltung des Planungsinstrumentariums und zur nachhaltigen Lösung von Nutzungskonflikten. Teilvorhaben 1: Geologische Daten, Umweltbundesamt, Texte 11/2015, Dessau-Roßlau, Juli 2015.

Kane, Anna-Miriam: Die Gesetzgebungskompetenzen des Bundes im Umweltschutz, Baden-Baden 2013.

Karpen, Ulrich: Grundeigentum und Bergbaurechte nach dem Bundesberggesetz vom 13.8.1980, AöR 106 (1981), S. 15–41.

Karrenstein, Fabian: Wehret den Anfängen? – Versagung und Widerruf der bergrechtlichen Erlaubnis beim Fracking von Erdgas?, ZfB 153 (2012), S. 227–235.

– Errichtung und Betrieb von Erdgasspeichern in unterirdischen Hohlraumstrukturen. Untersuchungen zu den anlagenrechtlichen Anforderungen an Erdgasspeicher unter besonderer Berücksichtigung des Bergrechts, Tübingen 2016.

Kaser, Max: Das römische Privatrecht, Erster Abschnitt. Das altrömische, das vorklassische und das klassische Recht, 2. Auflage, München 1971, Zweiter Abschnitt. Die nachklassischen Entwicklungen, 2. Auflage, München 1975.

Kautz, Steffen: Artenschutz vs. Bestandsschutz? Zum Umgang mit nachträglich eingewanderten oder nachträglich entdeckten Arten bei der Planfeststellung und der immissionsschutzrechtlichen Genehmigung, UPR 2018, S. 474–482.

Keienburg, Bettina: Die Öffentlichkeitsbeteiligung im Bergrecht, Stuttgart u.a. 2004.

– Bergrechtliche Sicherheitsleistungen gemäß § 56 Abs. 2 BBergG – Voraussetzungen und Inhalt –, ZfB 154 (2013), S. 243–255.

– Das bergrechtliche Betriebsplanzulassungsverfahren. Unter besonderer Berücksichtigung des Sonderbetriebsplans „Abbaueinwirkungen auf das Oberflächeneigentum", NVwZ 2013, S. 1123–1128.

– Die Fracking-Gesetzgebung und ihre Folgen für den konventionellen Bohrlochbergbau, ZfB 157 (2016), S. 270–284.

Keimeyer, Friedhelm/Gailhofer, Peter/Westphal, Ida/Sanden, Joachim/Schomerus, Thomas/Teßmer, Dirk: Recht der Rohstoffgewinnung – Reformbausteine für eine Stärkung des Umwelt- und Ressourcenschutzes im Berg-, Abgrabungs- und Raumordnungsrecht. Instrumente zur umweltverträglichen Steuerung der Rohstoffgewinnung – INSTRO, Abschlussbericht Teil 1, Umweltbundesamt, Texte 71/2019, Dessau-Roßlau, Juli 2019.

Kirchner, Michael: Aktuelle Fragen zum Abschlussbetriebsplan, UPR 2010, S. 161–168.

Klatt, Matthias: Theorie der Wortlautgrenze. Semantische Normativität in der juristischen Argumentation, Baden-Baden 2004.

Klein, Friedrich: Eigentumsbindung, Enteignung, Sozialisierung und Gemeinwirtschaft im Sinne des Bonner Grundgesetzes, Tübingen 1972.

Klippel, Diethelm/Otto, Martin: Nachhaltigkeit und Begriffsgeschichte, in: Kahl, Wolfgang (Hrsg.): Nachhaltigkeit als Verbundbegriff, Tübingen 2008, S. 39–59.

Kloepfer, Michael: Grundrechte als Entstehenssicherung und Bestandsschutz, München 1970.

– Umweltrecht, 4. Auflage, München 2016.

Kloepfer, Michael/Durner, Wolfgang: Umweltschutzrecht, 3. Auflage, München 2020.

Klostermann, Rudolf: Lehrbuch des Preussischen Bergrechtes mit Berücksichtigung der übrigen deutschen Bergrechte, Berlin 1871.

Kment, Martin: Die Bewältigung von Nichtwissen durch adaptive Abwägung – zugleich ein Beitrag zur Dogmatik der Abwägung, ZUR 2016, S. 331–339.

- Landesplanerischer Ausschluss von Fracking-Vorhaben in NRW. Kompetenzrechtliche Grenzen, NWVBl 2017, S. 1–10.

- (Hrsg.): Raumordnungsgesetz mit Landesplanungsrecht, Baden-Baden 2019.

- Ressourcenabbau und planerische Gestaltung, UPR 2020, S. 361–372.

Knauff, Matthias: Der Gewährleistungsstaat: Reform der Daseinsvorsorge. Eine rechtswissenschaftliche Untersuchung unter besonderer Berücksichtigung des ÖPNV, Berlin 2004.

Knöchel, Harald: Der Abschlussbetriebsplan – Dogmatische Strukturen und Problemfelder in der Praxis –, ZfB 137 (1996), S. 44–59.

- Novellierung des Bundesberggesetzes?, ZfB 161 (2020), S. 173 – 178.

Knöpfle, Franz: „Tatbestands-" und „Feststellungswirkung" als Grundlage der Verbindlichkeit von gerichtlichen Entscheidungen und Verwaltungsakten, BayVBl 1982, S. 225–230.

Koch, Hans-Joachim: Unbestimmte Rechtsbegriffe und Ermessensermächtigungen im Verwaltungsrecht. Eine logische und semantische Studie zur Gesetzesbindung der Verwaltung, Frankfurt a.M. 1979.

Koch, Hans-Joachim/Rüßmann, Helmut: Juristische Begründungslehre. Eine Einführung in Grundprobleme der Rechtswissenschaft, München 1982.

Köck, Wolfgang: Die Bedarfsplanung im Infrastrukturrecht. Über rechtliche Möglichkeiten der Stärkung des Umweltschutzes bei der Bedarfsfeststellung, ZUR 2016, S. 579–590.

Köck, Wolfgang/Bovet, Jana/Fischer, Henrik/Ludwig, Grit/Möckel, Stefan/Faßbender, Kurt: Das Instrument der Bedarfsplanung – Rechtliche Möglichkeiten für und verfahrensrechtliche Anforderungen an ein Instrument für mehr Umweltschutz, Umweltbundesamt, Texte 55/2017, Dessau-Roßlau, Juli 2017.

Kodal, Kurt: Straßenrecht. Systematische Darstellung des Rechts der öffentlichen Straßen, Wege und Plätze in Bund und Ländern, 8. Auflage, München 2021.

Kohls, Malte/Lienemann, Annette/Warnke, Michaela/Wittrock, Elith: Umweltvorsorge bei der unterirdischen Speicherung von Kohlendioxid. Ein Beitrag zu den fachlichen und rechtlichen Grundlagen der Umweltvorsorge bei der Potenzialanalyse und bei Zulassungsverfahren nach dem Kohlendioxid-Speicherungsgesetz, ZUR 2015, S. 140–148.

Kolonko, Britta: Naturschutzrecht und Bergrecht – zwei unvereinbare Materien?, ZUR 1995, S. 126–134.

Kopp, Ferdinand O./Ramsauer, Ulrich: Verwaltungsverfahrensgesetz. Kommentar, 22. Auflage, München 2021.

Kopp, Ferdinand O./Schenke, Wolf-Rüdiger: Verwaltungsgerichtsordnung. Kommentar, 27. Auflage, München 2021.

Kraschewski, Hans-Joachim: Das Spätmittelalter. Die Zeit des Aufbruchs, in: Tenfelde, Klaus/Berger, Stefan/Seidel, Hans-Christoph (Hrsg.): Geschichte des deutschen Bergbaus, Band 1: Der alteuropäische Bergbau. Von den Anfängen bis zur Mitte des 18. Jahrhunderts, hrsg. von Christoph Bartels und Rainer Slotta, Münster 2012, S. 249–316.

Krause, Peter: Eigentum an subjektiven öffentlichen Rechten. Die Tragweite des Eigentumsschutzes von öffentlich-rechtlichen Leistungsansprüchen am Beispiel der Rentenversicherung, Berlin 1982.

Krausnick, Daniel: Aus dem Rahmen gefallen: Die Hochschulgesetzgebung des Bundes vor dem Aus?, DÖV 2005, S. 902–908.

Kremer, Eduard/Neuhaus genannt Wever, Peter U.: Bergrecht, Stuttgart 2001.

Krings, Günter: Grund und Grenzen grundrechtlicher Schutzansprüche. Die subjektiv-rechtliche Rekonstruktion der grundrechtlichen Schutzpflichten und ihre Auswirkung auf die verfassungsrechtliche Fundierung des Verbrauchervertragsrechts, Berlin 2003.

Kröger, Detlef/Moos, Flemming: Die Erforderlichkeitsklausel gemäß Art. 72 Abs. 2 GG n.F. im Spannungsfeld des Bundesstaates, BayVBl 1997, S. 705–713.

Kruis, Konrad: Der gesetzliche Ausstieg aus der „Atomwirtschaft" und das Gemeinwohl, DVBl 2000, S. 441–451.

Kube, Hanno: Planung in die materielle Befreiungslage – Vorausschauender Ausgleich zwischen Bauleitplanung und Naturschutz?, NVwZ 2005, S. 515–519.

Kübler, Bernhard: Ernst Schönbauer, Beiträge zur Geschichte des Bergbaurechts, Münchener Beiträge zur Papyrusforschung und antiken Rechtsgeschichte, zwölftes Heft. München, C. H. Becksche Verlagsbuchhandlung, 1929. XV und 208 S., ZRG RA 49 (1929), S. 569–575.

Kühling, Jürgen: Fachplanungsrecht, Düsseldorf 1988.

Kühn, Marcel: Bürgerbeeinflussung durch Berichterstattung staatlicher Stellen. Zugleich ein Beitrag zur Dogmatik des staatlichen Informationshandelns, Berlin 2018.

Kühne, Gunther: Der Umfang des Ersatzanspruchs des Bergbautreibenden gegen die öffentliche Verkehrsanstalt nach § 154 ABG, ZfB 107 (1966), S. 276–299.

– Anmerkung zu BGH, Urteil vom 20. Dezember 1971 – III ZR 113/69 (Hamm), NJW 1972, S. 826–827.

– Zulassung und Ausübung des Bergbaus bei Kollisionen mit anderen öffentlichen Interessen – zugleich ein Beitrag zu § 47 RegE BBergG –, ZfB 121 (1980), S. 58–72.

– Die Bedeutung der Erfordernisse der Raumordnung und Landesplanung bei bergbaulichen Vorhaben, DVBl 1984, S. 709–716.

– Verfahrensstufung im bergrechtlichen Betriebsplanverfahren – Zur Funktion und Bedeutung des Rahmenbetriebsplanverfahrens –, UPR 1986, 81–88.

– Nochmals: Bergbauliche Berechtigungen und Nationalparkverordnung Niedersächsisches Wattenmeer, DVBl 1987, S. 1259–1263.

– Bergbau und Staatseinfluß in der neueren Berggesetzgebung, JuS 1988, S. 433–439.

– Die Einführung der Umweltverträglichkeitsprüfung im Bergrecht, UPR 1989, S. 326–329.

– Die Entwicklung des Umweltschutzgedankens im Bergrecht, UTR 9 (1989), S. 165–188.

– Anmerkung zu BVerwG, Urteil vom 16. März 1989 – 4 C 36/85, JZ 1990, S. 138–139.

– Bestandsschutz und Verfahrensstufung im Betriebsplanverfahren. Bemerkungen zum Urteil des BVerwG vom 13.12.1991 – 7 C 25.90 –, UPR 1992, S. 218–221.

– Bergbauberechtigungen und Bestandsschutz – Eine rechtsvergleichende Skizze unter besonderer Berücksichtigung des anglo-amerikanischen Rechts –, in: Baur, Jürgen F./Müller-Graff, Peter-Christian/Zuleeg, Manfred (Hrsg.): Europarecht. Energierecht. Wirtschaftsrecht. Festschrift für Bodo Börner zum 70. Geburtstag, Köln u.a. 1992, S. 565–581.

– Bergrechtlicher Rahmenbetriebsplan, Anlagengenehmigungsrecht und Umweltverträglichkeitsprüfung. Fragen der Bindungswirkung und Planfeststellungspflichtigkeit von Rahmenbetriebsplanzulassungen am Beispiel des Erkundungsbergwerks Gorleben, Köln u.a. 1993.

– Rechtsfragen der Aufsuchung und Gewinnung von in Steinkohleflözen beisitzendem Methangas. Eine bergrechtliche Studie zu Problemen zusammen vorkommender Bodenschätze, Baden-Baden 1994.

– Bestandsschutz alten Bergwerkseigentums unter besonderer Berücksichtigung des Art. 14 GG, Baden-Baden 1998.

– Anmerkung zu BGH, Urteil vom 9.12.2004 – III ZR 263/04 – DVBl. 2005, 373 (OLG Naumburg), DVBl 2005, S. 978–980.

– Bergrechtliche Aspekte des Wasseranstiegs im Bergbau, DVBl 2006, S. 1219–1224.

– Obligatorische Rahmenbetriebsplanzulassung im Bergrecht und ihre Wirkungen, DVBl 2006, S. 662–672.

– Unterirdische Grundstücksnutzungen als Gegenstand des Zivil-, Berg-, Energie- und Umweltrechts – Zugleich zur rechtssystematischen Einbindung der CO_2-Speicherung –, RdE 2009, S. 14–20.

– Die betriebsplanrechtliche Relevanz bergbauinduzierter Erderschütterungen, DVBl 2010, S. 874–885.

– Bergrecht und Nachbarrecht, in: Joost, Detlev/Oetker, Hartmut/Paschke, Marian (Hrsg.): Festschrift für Franz Jürgen Säcker zum 70. Geburtstag, München 2011.

– Enteignungsentschädigung bei hoheitlichem Entzug von Bodenschätzen zugunsten öffentlicher Verkehrsanlagen, DVBl 2012, S. 661–666.

– Drei Jahrzehnte Bundesberggesetz – Entwicklungslinien und Ausblick, ZfB 154 (2013), S. 113–125.

– Verfassungsrechtliche Fragen der bergrechtlichen Enteignung. Zum Garzweiler-Urteil des BVerfG vom 17.12.2013, NVwZ 2014, S. 321–326.

– Das deutsche Bergrecht von 1865 bis zur Gegenwart, in: Tenfelde, Klaus/Berger, Stefan/Seidel, Hans-Christoph (Hrsg.): Geschichte des deutschen Bergbaus, Band 3: Motor der Industrialisierung. Deutsche Bergbaugeschichte im 19. und frühen 20. Jahrhundert, hrsg. von Klaus Tenfelde und Toni Pierenkemper, Münster 2016, S. 495–531.

– Die Stellung des Bergwerkseigentums in der straßenrechtlichen Planfeststellung, NVwZ 2016, S. 1221–1224.

– Bergbau(berechtigungen) und Eigentumsgarantie. Gewichtsverlagerungen in der höchstrichterlichen Rechtsprechung, ZfB 158 (2017), S. 71–84.

– Bergrecht im Wandel der Wirtschaftsordnungen, RdE Sonderheft/2017, S. 38–42.

– Bergrechtliche Bewilligung und Fernstraßenbau. Eine überfällige Wende durch den EGMR, NVwZ 2018, S. 214–217.

– Fragen des Berechtsamswesens im Bergrecht, ZfB 159 (2018), S. 92–101.

– Anmerkung zu dem Urteil des Bundesverwaltungsgerichts vom 25.10.2018, ZfB 160 (2019), S. 198–202.

Kühne, Gunther/Beddies, Dirk: Anmerkung zu BVerwG, Urteil vom 24. Juni 1993 – 7 C 36/92, 7 C 37/92, JZ 1994, S. 201–203.

Kullmann, Ulrich: Die Einwirkung der europäischen Gesetzgebung auf die mineralgewinnende Industrie, mining+geo 2012, S. 851–860.

Landmann, Robert von/Rohmer, Gustav: Umweltrecht. Kommentar, München, Loseblattsammlung, Stand: Februar 2020.

Langenfeld, Christine: Die rechtlichen Rahmenbedingungen für einen Ausstieg aus der friedlichen Nutzung der Kernenergie, DÖV 2000, S. 929–941.

Lantzke, Ursula: Probleme des Nachbarrechts im Bergbau, ZfB 101 (1960), S. 78–85.

Lege, Joachim: Zwangskontrakt und Güterdefinition. Zur Klärung der Begriffe „Enteignung" und „Inhalts- und Schrankenbestimmung des Eigentums", Berlin 1995.

– Die ausgleichspflichtige Inhalts- und Schrankenbestimmung: Enteignung zweiter Klasse?, in: Depenheuer, Otto/Shirvani, Foroud (Hrsg.): Die Enteignung. Historische, vergleichende, dogmatische und politische Perspektiven auf ein Rechtsinstitut, Berlin 2018, § 7, S. 221–234.

Leisner, Walter: Bestandsgarantie des Eigentums – vom Bergrecht unterminiert?, DVBl 1988, S. 555–562.

– Eigentum, in: Isensee, Josef/Kirchhof, Paul (Hrsg.): Handbuch des Staatsrechts der Bundesrepublik Deutschland, Band VIII. Grundrechte: Wirtschaft, Verfahren, Gleichheit, 3. Auflage, Heidelberg 2010, § 173.

Lepsius, Oliver: Besitz und Sachherrschaft im öffentlichen Recht, Tübingen 2002.

Levy, Ernst: West Roman Vulgar Law. The Law of Property, Philadelphia 1951.

Lieber, Tobias: Das Artenschutzrecht im Vollzug von Planfeststellungsbeschlüssen. Zum Umgang mit neuen oder bisher übersehenen Artenvorkommen, NuR 2012, S. 665–671.

Lindner, Josef Franz: Theorie der Grundrechtsdogmatik, Tübingen 2005.

– Zur Änderungs- und Freigabekompetenz des Bundesgesetzgebers nach Art. 125a II GG, NJW 2005, S. 399–402.

Linke, Bruno: Abgrabungsgesetz des Landes Nordrhein-Westfalen, Stuttgart u.a., 2. Auflage 2005.

Linke, Tobias: Die Rechtsprechung zur Grundabtretung auf dem Prüfstand. Kritische Überlegungen zum „Garzweiler"-Urteil des Bundesverfassungsgerichts vom 17.12. 2013, EurUP 2016, S. 199–220.

Lorenz, Dieter: Die öffentliche Sache als Instrument des Umweltschutzes, NVwZ 1989, S. 812–820.

Löwer, Wolfgang: Klagebefugnis und Kontrollumfang der richterlichen Planprüfung bei straßenrechtlichen Planfeststellungsbeschlüssen, DVBl 1981, S. 528–535.

– Energieversorgung zwischen Staat, Gemeinde und Wirtschaft, Köln u.a. 1989.

– Zuständigkeiten und Verfahren des Bundesverfassungsgerichts, in: Isensee, Josef/Kirchhof, Paul (Hrsg.): Handbuch des Staatsrechts der Bundesrepublik Deutschland, Band III. Demokratie – Bundesorgane, 3. Auflage, Heidelberg 2005, § 70.

– Wert der Wissenschaft – was darf Wissenschaft?, WissR 47 (2014), S. 3–26.

Lübbe-Wolff, Gertrude: Die Grundrechte als Eingriffsabwehrrechte. Struktur und Reichweite der Eingriffsdogmatik im Bereich staatlicher Leistungen, Baden-Baden 1988.

Lück, Heiner: Die Entwicklung des deutschen Bergrechts und der Bergbaudirektion bis zum Allgemeinen (preußischen) Berggesetz 1865, in: Tenfelde, Klaus/Berger, Stefan/Seidel, Hans-Christoph (Hrsg.): Geschichte des deutschen Bergbaus, Band 2: Salze, Erze und Kohlen. Der Aufbruch in die Moderne im 18. und frühen 19. Jahrhundert, hrsg. von Wolfhard Weber, Münster 2015, S. 111–216.

Ludwig, Grit: Auswirkungen der FFH-RL auf Vorhaben zum Abbau von Bodenschätzen nach dem BBergG, Baden-Baden 2005.

– Umweltaspekte in Verfahren nach dem BBergG, ZUR 2012, S. 150–157.

– Gesamtabwägung ins Bundesberggesetz! Konsequenzen aus dem Garzweiler-Urteil des BVerfG vom 17.12.2013, ZUR 2014, S. 451–457.

– Der Schutz des Oberflächeneigentums in der Vorhabenzulassung nach dem BBergG, DVBl 2016, S. 685–690.

– Modernisierung des BBergG. Kodifizierung des Richterrechts, Behebung weiterer Defizite und Anpassung grundlegender Konzepte, VerwArch 108 (2017), S. 559–583.

Ludwigs, Markus: Das Regulierungsermessen als Herausforderung für die Letztentscheidungsdogmatik im Verwaltungsrecht, JZ 2009, S. 290–297.

- Der Atomausstieg und die Folgen: Fordert der Paradigmenwechsel in der Energiepolitik einen Paradigmenwechsel beim Eigentumsschutz?, NVwZ 2016, S. 1–6.
Luhmann, Niklas: Legitimation durch Verfahren, 3. Auflage 1978, Frankfurt a.M. 1983.
Machatschki, Felix: Vorräte und Verteilung der mineralischen Rohstoffe. Ein Buch zur Unterrichtung für jedermann, Wien 1948.
Maetschke, Matthias: Ursprünge der Zwangskartellgesetzgebung. Der Entwurf eines Gesetzes über den Absatz von Kalisalzen vom 12. Dezember 1909, Baden-Baden 2008.
- Der Tote vom Mühlberg. Zur Konkurrenz zweier Herrschaftsbereiche am Beispiel des Schneeberger Bergbaureviers 1477/78, ZRG GA 134 (2017), S. 141–161.
Mangoldt, Hermann von: Das Bonner Grundgesetz, Berlin und Frankfurt a.M. 1953.
Mangoldt, Hermann von/Klein, Friedrich/Pestalozza, Christian: Das Bonner Grundgesetz. Kommentar, Band 8: Artikel 70 bis 75. Die Gesetzgebungskompetenzen, 3. Auflage, München 1996.
Mangoldt, Hermann von/Klein, Friedrich/Starck, Christian: Grundgesetz. Kommentar, Band 1. Päambel, Artikel 1–19, Band 2. Art 20–82, 7. Auflage, München 2018.
Mann, Thomas: Das Bergrecht im Spiegel seiner Fachzeitschrift – Rückblick auf 160 Jahresbände der ZfB, ZfB 160 (2019), S. 253–269.
- Bergschadensrecht als „Ewigkeitslast", in: Pielow, Johann-Christian (Hrsg.): Bergrecht im Wandel der Zeit – gestern, heute, morgen. Festgabe zum 200-jährigen Bestehen des OLG Hamm, Stuttgart u.a., 2020, S. 278–293.
Mann, Thomas/Sennekamp, Christoph/Uechtritz, Michael (Hrsg.): Verwaltungsverfahrensgesetz. Großkommentar, 2. Auflage, Baden-Baden 2019.
Masing, Johannes: Der Rechtsstatus des Einzelnen im Verwaltungsrecht, in: Hoffmann-Riem, Wolfgang/Schmidt-Aßmann, Eberhard/Voßkuhle, Andreas (Hrsg.): Grundlagen des Verwaltungsrechts, Band I. Methoden. Maßstäbe. Aufgaben. Organisation, 2. Auflage, München 2012, § 7.
von Mäßenhausen, Hans-Ulrich: Rahmenbetriebsplan und Umweltverträglichkeitsprüfung – Neueste Entwicklungen und Probleme –, ZfB 135 (1994), S. 119–139.
Maunz, Theodor/Dürig, Günter (Begr.): Grundgesetz. Kommentar, München, Loseblattsammlung, Stand: Oktober 2020.
Maunz, Theodor/Schmidt-Bleibtreu, Bruno/Klein, Franz/Bethge, Herbert: Bundesverfassungsgerichtsgesetz. Kommentar, München, Loseblattsammlung, Stand: Juli 2020.
Maurer, Hartmut/Waldhoff, Christian: Allgemeines Verwaltungsrecht, 20. Auflage, München 2020.
Menzel, Hans-Joachim: Das Konzept der „nachhaltigen Entwicklung" – Herausforderung an Rechtssetzung und Rechtsanwendung, ZRP 2001, S. 221–229.
Michael, Lothar: Rechtsetzende Gewalt im kooperierenden Verfassungsstaat. Normprägende und normsetzende Absprachen zwischen Staat und Wirtschaft, Berlin 2002.
Michael, Lothar/Morlok, Martin: Grundrechte, 7. Auflage, Baden-Baden 2020.
Michl, Fabian: Situativ staatsgleiche Grundrechtsbindung privater Akteure. Zugleich Besprechung von BVerfG, Beschluss vom 11.4.2018 – 1 BvR 3080/09, JZ 2018, S. 910–918.
Miesbach, Hermann/Engelhardt, Dieter: Bergrecht. Kommentar zu den Landesberggesetzen und den sonstigen für den Bergbau einschlägigen bundes- und landesrechtlichen Vorschriften, Berlin 1962.
Moewes, Udo: Die Gesetzgebungskompetenz des Bundes im Bereich der Kohlenstoffdioxydverpressung, NuR 2012, S. 832–836.
Möllenberg, Walter: Das Mansfelder Bergrecht und seine Geschichte, Wernigerode 1914.
Möllers, Christoph: Staat als Argument, München 2000.

- Wandel in der Grundrechtsjudikatur. Eine Analyse der Rechtsprechung des Ersten Senats des BVerfG, NJW 2005, S. 1973–1979.
- Nachvollzug ohne Maßstabbildung: richterliche Rechtsfortbildung in der Rechtsprechung des Bundesverfassungsgerichts. Zum Beschluss des BVerfG vom 15.1.2009 – 2 BvR 2044/07, JZ 2009, S. 668–673.

Müggenborg, Hans-Jürgen: Die Abgrenzung von Berg- und Bodenschutzrecht, NVwZ 2006, S. 278–281.
- Abgrenzungsfragen zwischen Bodenschutz- und Bergrecht, NVwZ 2012, S. 659–665.
- Bergbaufolgelandschaften und deren rechtliche Bewältigung, NuR 2013, S. 326–337.

Münch, Ingo von/Kunig, Philip: Grundgesetz. Kommentar, Band 1: Präambel bis Art. 69, 7. Auflage, München 2021.

Münkler, Laura: Pfadabhängigkeiten im Rechtssystem: Außerrechtliche und rechtliche Faktoren, in: Wagner, Eva Ellen et al. (Hrsg.): Pfadabhängigkeit hoheitlicher Ordnungsmodelle, 56. Assistententagung Öffentliches Recht, Baden-Baden 2016, S. 49–69.

Murswiek, Dietrich: Die staatliche Verantwortung für die Risiken der Technik. Verfassungsrechtliche Grundlagen und immissionsschutzrechtliche Ausformung, Berlin 1985.
- Entschädigung für immissionsbedingte Waldschäden, NVwZ 1986, S. 611–615.
- Zur Bedeutung der grundrechtlichen Schutzpflichten für den Umweltschutz, WiVerw 1986, S. 179–204.
- Freiheit und Freiwilligkeit im Umweltrecht – Mehr Umweltschutz durch weniger Reglementierung? –, JZ 1988, S. 985–993.
- Privater Nutzen und Gemeinwohl im Umweltrecht. Zu den überindividuellen Voraussetzungen der individuellen Freiheit, DVBl 1994, S. 77–88.
- „Nachhaltigkeit" – Probleme der rechtlichen Umsetzung eines umweltpolitischen Leitbildes, NuR 2002, S. 641–648.

Neuhaus genannt Wever, Peter U.: Konkurrierende Anträge auf Erteilung von Bergbauberechtigungen, Glückauf 130 (1994), S. 617–618.

Neupert, Michael: Rechtmäßigkeit und Zweckmäßigkeit. Das Rahmen-Bild-Modell der verwaltungsgerichtlichen Kontrolldichte bei der Eingriffsverwaltung, Tübingen 2011.
- Bergruhe und Ackerflächen – Konsequenzen für den Bergschadensausgleich, ZfB 159 (2018), S. 116–123.

Nicolaysen, Gert: Eigentumsgarantie und vermögenswerte subjektive öffentliche Rechte, in: Ipsen, Hans Peter (Hrsg.): Hamburger Festschrift für Friedrich Schack zu seinem 80. Geburtstag am 1. Oktober 1966, Berlin und Frankfurt a.M. 1966, S. 107–123.
- Bewilligung und Förderabgabe nach dem Bundesberggesetz unter besonderer Berücksichtigung der Förderung von Erdöl und Erdgas, Stuttgart u.a. 1982.

Niermann, Ralf Peter: Betriebsplan und Planfeststellung im Bergrecht, Münster 1992.

Nolte, Rüdiger: Aktuelle Rechtsprechung des Bundesverwaltungsgerichts zum Bergrecht, ZfB 159 (2018), S. 77–91.

Nusser, Julian: Fernstraße vor Bergbau. Konventionsrechtliche Impulse für den Schutz des Eigentums unter dem Grundgesetz?, NVwZ 2017, S. 1244–1251.

Obwexer, Walter: Das Ende der Europäischen Gemeinschaft für Kohle und Stahl, EuZW 2002, S. 517–524.

Oeter, Stefan: Erprobung der konstitutionellen politischen Ökonomie an Einzelfragen – Föderalismus, in: Engel, Christoph/Morlok, Martin (Hrsg.): Öffentliches Recht als ein Gegenstand ökonomischer Forschung. Die Begegnung der deutschen Staatsrechtslehre mit der Konstitutionellen Politischen Ökonomie, Tübingen 1998, S. 119–155.

Ossenbühl, Fritz: Regelungsgehalt und Bindungswirkung der 1. Teilgenehmigung im Atomrecht, NJW 1980, S. 1353–1358.

– Vorrang und Vorbehalt des Gesetzes, in: Isensee, Josef/Kirchhof, Paul (Hrsg.): Handbuch des Staatsrechts der Bundesrepublik Deutschland, Band V. Rechtsquellen, Organisation, Finanzen, 3. Auflage, Heidelberg 2007, § 101.

Ossenbühl, Fritz/Cornils, Matthias: Staatshaftungsrecht, 6. Auflage, München 2013.

Osterloh, Lerke: Was bleibt vom enteignungsgleichen und vom enteignenden Eingriff?, in: Depenheuer, Otto/Shirvani, Foroud (Hrsg.): Die Enteignung. Historische, vergleichende, dogmatische und politische Perspektiven auf ein Rechtsinstitut, Berlin 2018, § 8, S. 235–253.

Pache, Eckhard: Tatbestandliche Abwägung und Beurteilungsspielraum. Zur Einheitlichkeit administrativer Entscheidungsfreiräume und zu deren Konsequenzen im verwaltungsgerichtlichen Verfahren – Versuch einer Modernisierung, Tübingen 2001.

Pauli, Felix/Wörheide, Daniel: Verfahrensfragen bei der bauplanungsrechtlichen Bewertung von Bergbauvorhaben – Zugleich Anmerkung zu BVerwG, Urt. v. 28.9.2016 – 7 C 18.15 –, NuR 2018, S. 302–312.

Pellens, Martin: Rechtsschutz gegen Gaspipelines in Küstengewässern, NuR 1996, S. 281–287.

Penn-Bressel, Gertrude/Weber, Oliver et al.: Umweltverträgliche Nutzung des Untergrundes und Ressourcenschonung. Anforderungen an eine Raumordnung unter Tage und ein modernes Bergrecht (Langfassung), Umweltbundesamt, Dessau-Roßlau, November 2014.

Pfadt, Hubert: Rechtsfragen zum Betriebsplan im Bergrecht, Baden-Baden 1981.

Pfefferl, Jörg: Die Dichotomie konditionaler und finaler Normen. Kritische Analyse der Dichotomie als Modell der Verwaltungssteuerung und Entwicklung eines materiellen Modells rechtlicher Determination, Baden-Baden 2014.

Philipp, Ursula/Kolonko, Britta: Vereinheitlichung des Bergrechts in Deutschland. Das Gesetz zur Vereinheitlichung der Rechtsverhältnisse bei Bodenschätzen, NJW 1996, S. 2694–2698.

Pielow, Johann-Christian: Kohleausstieg und Wiedernutzbarmachung der Oberfläche im Braunkohletagebau, in: ders. (Hrsg.): Bergrecht im Wandel der Zeit – gestern, heute, morgen. Festgabe zum 200-jährigen Bestehen des OLG Hamm, Stuttgart u.a., 2020, S. 406–441.

Pielow, Johann-Christian/Weiß, Maria-Lena/Groneberg, Simon Th.: Genehmigung und Betrieb von unterirdischen Pumpspeicherkraftwerken. Rechtliche Herausforderungen einer innovativen Anlagenkonzeption, GewArch 2014, S. 270–276.

Piens, Reinhart: Nachnutzungen an Tagebaurestseen des ehemaligen Braunkohlenbergbaus, ZfB 156 (2015), S. 170–177.

Piens, Reinhart/Schulte, Hans-Wolfgang/Graf Vitzthum, Stephan: Bundesberggesetz (BBergG). Kommentar, Stuttgart u.a. 1983.

– Bundesberggesetz (BBergG). Kommentar, 2. Auflage, Stuttgart 2013.

– Bundesberggesetz einschließlich Umweltrecht des Bergbaus. Kommentar, 3. Auflage, Stuttgart 2020.

Poscher, Ralf: Grundrechte als Abwehrrechte. Reflexive Regelung rechtlich geordneter Freiheit, Tübingen 2003.

Posser, Herbert/Wolff, Heinrich Amadeus (Hrsg.): BeckOK VwGO, 57. Edition, München, Stand: 1. April 2021.

Proelß, Alexander (Hrsg.): Internationales Umweltrecht, Berlin/Boston 2017.

– (Hrsg.): United Nations Convention on the Law of the Sea. A Commentary, München 2017.

Ramsauer, Ulrich: Planfeststellung ohne Abwägung? Die Rechtsprechung zur atomrechtlichen Planfeststellung in der Kritik, NVwZ 2008, S. 944–950.

Ramsauer, Ulrich/Wendt, Henning: Einsatz der Fracking-Technologie insbesondere aus der Sicht des Gewässerschutzes, NVwZ 2014, S. 1401–1408.

Rasel, Klemens M.: Umweltrechtliche Implikationen im Bundesberggesetz, Aachen 1995.

Rausch, Jan-Dirk: Umwelt- und Planungsrecht beim Bergbau, Baden-Baden 1990.

Reimer, Franz: Das Parlamentsgesetz als Steuerungsmittel und Kontrollmaßstab, in: Hoffmann-Riem, Wolfgang/Schmidt-Aßmann, Eberhard/Voßkuhle, Andreas (Hrsg.): Grundlagen des Verwaltungsrechts, Band I. Methoden. Maßstäbe. Aufgaben. Organisation, 2. Auflage, München 2012, § 9.

Reinhardt, Michael: Wasserrechtliche Vorgaben für die Gasgewinnung durch Fracking-Bohrungen, NVwZ 2012, S. 1369–1373.

Roller, Gerhard: Enteignung, ausgleichspflichtige Inhaltsbestimmung und salvatorische Klauseln – Eine Bestandsaufnahme im Lichte der neuen Judikatur des BVerfG, NJW 2001, S. 1003–1009.

Ronellenfitsch, Michael: Umwelt und Verkehr unter dem Einfluss des Nachhaltigkeitsprinzips, NVwZ 2006, S. 385–389.

Rossi, Matthias: Grundstrukturen des Geologiedatengesetzes im Spiegel der Grundrechte, ZfB 162 (2021), S. 97–108.

Roßnagel, Alexander/Hentschel, Anja (Hrsg.): Umweltverträgliche Nutzung des Untergrunds und Ressourcenschonung – Anforderungen an die untertägige Raumordnung und das Bergrecht. Dokumentation der Fachtagung am 25. November 2014 in Kassel, Umweltbundesamt, Texte 107/2015, Dessau-Roßlau, Dezember 2015.

– Rechtliche Instrumente des allgemeinen Ressourcenschutzes, Umweltbundesamt, Texte 23/2017, Dessau-Roßlau, März 2017.

Rozek, Jochen: Die Unterscheidung von Eigentumsbindung und Enteignung. Eine Bestandsaufnahme zur dogmatischen Struktur des Art. 14 GG nach 15 Jahren ‚Naßauskiesung‘, Tübingen 1998.

Rühlemann, Carsten/Kuhn, Thomas et al.: Erkundung von mineralischen Rohstoffen der Tiefsee. Chancen und Herausforderungen eines zukünftigen Meeresbergbaus für Deutschland, Geographische Rundschau, S. 18–23.

Rung, Christoph: Die UVP-Aktualisierungsprüfung, EurUP 2014, S. 279–283.

Rupp, Hans Heinrich: Grundfragen der heutigen Verwaltungsrechtslehre. Verwaltungsnorm und Verwaltungsrechtsverhältnis, 2. Auflage, Tübingen 1991.

Rüthers, Bernd: Methodenrealismus in Jurisprudenz und Justiz, JZ 2006, S. 53–60.

Rüthers, Bernd/Fischer, Christian/Birk, Axel: Rechtstheorie mit Juristischer Methodenlehre, 11. Auflage, München 2020.

Sachs, Michael (Hrsg.): Grundgesetz. Kommentar, 8. Auflage, München 2018.

– (Hrsg.): Grundgesetz. Kommentar, 9. Auflage, München 2021.

Sachs, Michael/Jasper, Christian: Versteinerungsgefahr gebannt – Keine Modifikationskompetenz bei fortgeltendem Bundesrecht, NVwZ 2015, S. 465–470.

Salzwedel, Jürgen: Garzweiler II im Spannungsfeld zwischen Bergrecht und Wasserrecht, in: Czajka, Gerhard/Hansmann, Klaus/Rebentisch, Manfred (Hrsg.): Immissionsschutzrecht in der Bewährung – 25 Jahre Bundes-Immissionsschutzgesetz –. Festschrift für Gerhard Feldhaus zum 70. Geburtstag, Heidelberg 1999, S. 281–298.

Sanden, Joachim/Schomerus, Thomas/Keimeyer, Friedhelm/Gailhofer, Peter/Westphal, Ida/Teßmer, Dirk: Rohstoffbedarfsplanung – Konzeptionelle Eckpunkte eines Instruments zur ressourcen- und flächensparenden Rohstoffgewinnung. Instrumente zur umweltverträglichen Steuerung der Rohstoffgewinnung – INSTRO, Abschlussbericht Teil 2, Umweltbundesamt, Texte 72/2019, Dessau-Roßlau, Juli 2019.

Sanden, Joachim/Schomerus, Thomas/Schulze, Falk: Entwicklung eines Regelungskonzepts für ein Ressourcenschutzrecht des Bundes, Berlin 2012.

Sauer, Heiko: Juristische Methodenlehre, in: Krüper, Julian (Hrsg.): Grundlagen des Rechts, 4. Auflage, Baden-Baden 2021, § 10.

Schell, Thomas: Art. 15 GG im Verfassungsgefüge, Frankfurt a.M. 1996.

Schenke, Wolf-Rüdiger: Bergbau contra Oberflächeneigentum und kommunale Selbstverwaltung? Zur Bedeutung der verfassungsrechtlichen Garantie des Eigentums und der gemeindlichen Selbstverwaltung bei der bergrechtlichen Betriebsplanzulassung, Berlin 1994.

Scherzberg, Arno: Risikosteuerung durch Verwaltungsrecht: Ermöglichung oder Begrenzung von Innovationen?, VVDStRL 63 (2004), S. 214–263.

Schick, Ludwig: Nachhaltigkeit und Christentum, in: Kahl, Wolfgang (Hrsg.): Nachhaltigkeit als Verbundbegriff, Tübingen 2008, S. 80–98.

Schilling, Jan: Planerische Steuerung von unterirdischen Raum- und Grundstücksnutzungen, Frankfurt a.M. 2013.

Schink, Alexander: Verbot des Fracking als Ziel der Raumordnung?, NWVBl 2016, S. 177–182.

Schlacke, Sabine: Die jüngste Novellierung des UmwRG zur Umsetzung der Vorgaben der Aarhus-Konvention, EurUP 2018, S. 127–142.

– Aktuelles zum Umwelt-Rechtsbehelfsgesetz. Kompensationen des Wegfalls der materiellen Präklusion, Anwendungsbereich, Rügebefugnis und Kontrollmaßstab im Spiegel der Rechtsprechung, NVwZ 2019, S. 1392–1401.

Schlacke, Sabine/Schnittker, Daniel: Fracking und Raumordnung – Steuerungspotenziale der Landesentwicklungsplanung, ZUR 2016, S. 259–268.

Schlaich, Klaus/Korioth, Stefan: Das Bundesverfassungsgericht. Stellung, Verfahren, Entscheidungen, 11. Auflage, München 2018.

Schmidt, Walter: Gesetzesvollziehung durch Rechtsetzung. Untersuchungen zu den Verwaltungsvorschriften und zur „Selbstbindung der Verwaltung", Bad Homburg v.d.H. u.a. 1969.

Schmidt-Aßmann, Eberhard: Institute gestufter Verwaltungsverfahren: Vorbescheid und Teilgenehmigung, in: Bachof, Otto/Heigl, Ludwig/Redeker, Konrad (Hrsg.): Verwaltungsrecht zwischen Freiheit, Teilhabe und Bindung. Festgabe aus Anlaß des 25jährigen Bestehens des Bundesverwaltungsgerichts, München 1978, S. 569–584.

Schmidt-Aßmann, Eberhard/Schoch, Friedrich: Bergwerkseigentum und Grundeigentum im Betriebsplanverfahren – Zur verwaltungsrechtlichen Gestaltung vernetzter Grundrechtspositionen –, Stuttgart u.a. 1994.

Schmidt-Preuß, Matthias: Kollidierende Privatinteressen im Verwaltungsrecht. Das subjektive öffentliche Recht im multipolaren Verwaltungsrechtsverhältnis, 2. Auflage, Berlin 2005.

- Regulierung – Reflexionen aus Anlass der Liberalisierung im Strom- und Gassektor, in: Bauer, Hartmut/Czybulka, Detlef/Kahl, Wolfgang/Voßkuhle, Andreas: Wirtschaft im offenen Verfassungsstaat. Festschrift für Reiner Schmidt zum 70. Geburtstag, München 2006, S. 547–559.

Schmitt, Carl: Verfassungslehre, München und Leipzig 1928.

Schmitz, Holger/Helleberg, Max/Martini, Stefan: Kernenergieausstieg – Staat und Unternehmen zwischen Eingriffsgesetzen und konsensualen Lösungstechniken, NVwZ 2017, S. 1332–1338.

Schmoeckel, Mathias: Zur Ökonomisierung der Rechtswissenschaft um 1900 am Beispiel der juristischen Fakultät der Universität Bonn, in: Bayer, Walter/Lingelbach, Gerhard (Hrsg.): 100 Jahre Wirtschaftsrecht, Jena 2015, S. 145–170.

Schneider, Hans-Peter: Der Wille des Verfassunggebers. Zur Bedeutung genetischer und historischer Argumente für die Verfassungsinterpretation, in: Burmeister, Joachim (Hrsg.): Verfassungsstaatlichkeit. Festschrift für Klaus Stern zum 65. Geburtstag, München 1997, S. 903–923.

Schoch, Friedrich: Die Rechtsstellung der Gemeinden bei der bergbaulichen Betriebsplanzulassung, in: Erbguth, Wilfried/Oebbecke, Janbernd/Rengeling, Hans-Werner/Schulte, Martin (Hrsg.): Planung. Festschrift für Werner Hoppe zum 70. Geburtstag, München 2000, S. 711–721.

- Das verwaltungsbehördliche Ermessen, JURA 2004, S. 462–469.
- Der unbestimmte Rechtsbegriff im Verwaltungsrecht, JURA 2004, S. 612–618.
- Gewährleistungsverwaltung: Stärkung der Privatrechtsgesellschaft?, NVwZ 2008, S. 241–247.
- Amtliche Publikumsinformation zwischen staatlichem Schutzauftrag und Staatshaftung. Das Verbraucherinformationsrecht als Modell der amtlichen Publikumsinformation, NJW 2012, S. 2844–2850.

Schoch, Friedrich/Schneider, Jens-Peter (Hrsg.): Verwaltungsrecht. VwGO. Kommentar, München, Loseblattsammlung, Stand: Juli 2020 (bis Stand: Januar 2020 *Schoch, Friedrich/Schneider, Jens-Peter/Bier, Wolfgang* (Hrsg.): Verwaltungsgerichtsordnung. Kommentar).

Schomerus, Thomas: Die Feststellung der energiepolitischen und energiewirtschaftlichen Notwendigkeit des Tagebaus Garzweiler II nach § 48 Kohleverstromungsbeendigungsgesetz (KVBG) – rechtspolitisch verfehlt und verfassungswidrig?, NuR 2021, S. 378–386.

Schönbauer, Ernst: Beiträge zu Geschichte des Bergbaurechts, München 1929.

Schönenbroicher, Klaus/Kamp, Manuel (Hrsg.): Bauordnung Nordrhein-Westfalen (BauO NRW). Kommentar, München 2012.

Schröder, Meinhard: Verfassungsrechtlicher Eigentumsschutz von Genehmigungen, in: Durner, Wolfgang/Peine, Franz-Joseph/Shirvani, Foroud (Hrsg.): Freiheit und Sicherheit in Deutschland und Europa. Festschrift für Hans-Jürgen Papier zum 70. Geburtstag, Berlin 2013, S. 605–623.

Schubert, Mathias: Gesamtplanerische Steuerung unterirdischer Nutzungen, in: Kment, Martin (Hrsg.): Unterirdische Nutzungen. Systematisierung und planerische Steuerung, Gewinnpartizipation und Haftung, Tübingen, 2015, S. 175–202.

Schulte, Hans: Eigentum und öffentliches Interesse, Berlin 1970.

- Rechtsdogmatische und rechtspolitische Bemerkungen zum Verhältnis Bergbau – Grundeigentum, ZfB 113 (1972), S. 166–188.

- Die Bergbauberechtigungen nach dem Regierungsentwurf für ein Bundesberggesetz, ZfB 119 (1978), S. 414–427.
- Das Bundesberggesetz, NJW 1981, S. 88–95.
- Freiheit und Bindung des Eigentums im Bodenrecht, JZ 1984, S. 297–304.
- Rechtliche Gegebenheiten und Möglichkeiten der Sicherung des Abbaus oberflächennaher Bodenschätze in der Bundesrepublik Deutschland, Hannover 1986.
- Bergbau, Umweltrecht, Raumplanung, ZfB 128 (1987), S. 178–232.
- Anmerkung zu dem Urteil des VGH BW vom 9.6.1988, ZfB 130 (1989), S. 82–85.
- Zum Verhältnis Bergwerkseigentum – Grundeigentum, NVwZ 1989, S. 1138–1142.
- Kernfragen des bergrechtlichen Genehmigungsverfahrens, Baden-Baden 1993.
- Bergrechtliche und wasserrechtliche Planfeststellung bei Naßauskiesungen, ZfB 136 (1995), S. 31–37.
- Raumplanung und Genehmigung bei der Bodenschätzegewinnung, München 1996.

Schulz, Merlin: Rechtliche Anforderungen an die Zulassung stofflicher Speicher in Salzkavernen, Baden-Baden 2016.

Schulz, Thomas/Reese, Carolin: Wem gehört das Nichts? Unterirdische Speicher und Grundeigentum, RdE 2011, S. 8–15.

Schulze, Falk/Keimeyer, Friedhelm: Ansätze zur Anpassung ausgewählter bergrechtlicher Regelungen unter besonderer Berücksichtigung einer schonenden Ressouceninanspruchnahme. Implementationsanalyse Nr. 2 im Projekt Ressourcenpolitik, Projekt im Auftrag des Bundesumweltministeriums und des Umweltbundesamtes, Öko-Institut e.V., März 2014, https://refubium.fu-berlin.de/bitstream/handle/fub188/20099/PolRessxAP2_xImplementationsanalysex2-BBergG_xko.pdf?sequence=1&isAllowed=y, zuletzt abgerufen am 9. Juli 2021.
- Unterirdische Raumplanung – Vorschläge des Umweltschutzes zur Verbesserung der über- und untertägigen Informationsgrundlagen, zur Ausgestaltung des Planungsinstrumentariums und zur nachhaltigen Lösung von Nutzungskonflikten. Teilvorhaben 2: planerische und rechtliche Aspekte, Umweltbundesamt, Texte 57/2015, Dessau-Roßlau, Juli 2015.

Schulze-Fielitz, Helmuth: Grundmodi der Aufgabenwahrnehmung, in: Hoffmann-Riem, Wolfgang/Schmidt-Aßmann, Eberhard/Voßkuhle, Andreas (Hrsg.): Grundlagen des Verwaltungsrechts, Band I. Methoden. Maßstäbe. Aufgaben. Organisation, 2. Auflage, München 2012, § 12.

Schuppert, Gunnar Folke: Funktionell-rechtliche Grenzen der Verfassungsinterpretation, Königstein/Ts. 1980.

Schütz, Peter: Rechtsschutz im Fachplanungsrecht, in: Ziekow, Jan (Hrsg.): Handbuch des Fachplanungsrechts. Grundlagen – Praxis – Rechtsschutz, 2. Auflage, München 2014, § 8.

Schwabe, Jürgen: Grundrechtlich begründete Pflichten des Staates zum Schutz gegen staatliche Bau- und Anlagegenehmigungen? Oder: Schuldet der Staat aktiven Schutz gegen sich selbst?, NVwZ 1983, S. 523–527.

Schwarz, Kyrill-A.: Vertrauensschutz als Verfassungsprinzip. Eine Analyse des nationalen Rechts, des Gemeinschaftsrechts und der Beziehungen zwischen beiden Rechtskreisen, Baden-Baden 2002.
- „Güterbeschaffung" als notwendiges Element des Enteignungsbegriffes?, DVBl 2013, S. 133–140.

Seibert, Max-Jürgen: Anmerkung zu BVerwG, Urteil vom 4. Juli 1986 – 4 C 31.84 –, DVBl 1986, S. 1277–1281.

- Die Bindungswirkung von Verwaltungsakten, Baden-Baden 1989.

Sendler, Horst: Nochmals: Wassernutzung und Eigentum. Zum Vorlagebeschluß des Bundesgerichtshofs vom 13. Juli 1978, ZfW 18 (1979), S. 65–78.

Sharma, Rahul (Hrsg.): Environmental Issues of Deep-Sea Mining. Impacts, Consequences and Policy Perspectives, Cham 2019.

Shirvani, Foroud: Vertragsärztliches Nachbesetzungsverfahren und Eigentumsschutz, NZS 2014, S. 641–647.

- Eigentumsschutz und Energiepolitik. Die Garzweiler-Entscheidung des Bundesverfassungsgerichts, EnWZ 2015, S. 3–8.

Sieder, Frank/Zeitler, Herbert/Dahme, Heinz/Knopp, Günther-Michael: Wasserhaushaltsgesetz. Abwasserabgabengesetz, München, Loseblattsammlung, Stand: September 2020.

Skouris, Wassilios: Verletztenklagen und Interessentenklagen im Verwaltungsprozeß. Eine rechtsvergleichende Studie zur Anfechtungslegitimation des Bürgers, Köln u.a. 1979.

Snjka, Dominik: Internationales Planungsrecht. Eine Untersuchung unter besonderer Berücksichtigung des Umwelt-, des Infrastruktur- und des Seerechts, Tübingen 2022.

Sodan, Helge/Ziekow, Jan (Hrsg.): Verwaltungsgerichtsordnung. Großkommentar, 5. Auflage, Baden-Baden 2018.

Söhnlein, Bernd: Landnutzung im Umweltstaat des Grundgesetzes. Eine Dogmatik des Art. 20a GG und ihre praktische Anwendung, Stuttgart u.a. 1999.

Spannowsky, Willy/Runkel, Peter/Goppel, Konrad: Raumordnungsgesetz (ROG). Kommentar, 2. Auflage, München 2018.

Spannowsky, Willy/Uechtritz, Michael (Hrsg.): BeckOK Bauordnungsrecht Baden-Württemberg, 17. Edition, München, Stand: 1. April 2021.

Sparwasser, Reinhard/Engel, Rüdiger/Voßkuhle, Andreas: Umweltrecht. Grundzüge des öffentlichen Umweltschutzrechts, 5. Auflage, Heidelberg 2003.

Spiecker genannt Döhmann, Indra: Staatliche Entscheidungen unter Unsicherheit, Tübingen 2022 (i.E.).

Spieth, Friedrich/Hellermann, Niclas: Zur erforderlichen Vorsorge für die Wiedernutzbarmachung im Braunkohlenbergbau, ZfB (2017), S. 18–32.

- Feststellung der energiepolitischen Notwendigkeit des Tagebaus Garzweiler II nach § 48 KVBG – Eine verbindliche Vorgabe für die Fachplanung, NuR 2021, S. 386–393.

Spieth, Wolf Friedrich/Hong, Mathias: Wiedernutzbarmachung als ausgleichspflichtiger Eingriff? Zum Verhältnis der bergrechtlichen Stillegung zur naturschutzrechtlichen Eingriffsregelung, ZfB 142 (2001), S. 183–193.

Spieth, Wolf Friedrich/Wolfers, Benedikt: Umfang und Reichweite der Nachsorgepflicht des Bergbauunternehmers bei der Stillegung – Zu aktuellen Problemen beim Grundwasserwiederanstieg und beim Bergversatz mit Abfällen –, ZfB 138 (1997), S. 269–282.

Stapf, Johannes: Aktuelle Rechtsfragen der Geothermie, in: Kment, Martin (Hrsg.): Unterirdische Nutzungen. Systematisierung und planerische Steuerung, Gewinnpartizipation und Haftung, Tübingen, 2015, S. 203–225.

Starck, Christian: Das Verwaltungsermessen und dessen gerichtliche Kontrolle, in: Franßen, Everhardt/Redeker, Konrad/Schlichter, Otto/Wilke, Dieter (Hrsg.): Bürger – Richter – Staat. Festschrift für Horst Sendler zum Abschied aus seinem Amt, München 1991, S. 167–181.

Starre, Mario: Der Meeresboden. Haftungsregime des Tiefseebergbaus, Baden-Baden 2016.

von Staudinger, Julius: Kommentar zum Bürgerlichen Gesetzbuch mit Einführungsgesetz und Nebengesetzen. Buch 3. Sachenrecht, §§ 903–924 (Eigentum 1 – Privates Nachbarrecht), Neubearbeitung, Berlin 2020.

Steffen, Erich: Inhalt und Rechtsnatur des Staatsvorbehalts. Erster Teil. Inhalt des Staatsvorbehalts, ZfB 102 (1961), S. 310–330.

Steinbach, Armin: Rationale Gesetzgebung, Tübingen 2017.

Steinbach, Armin/Franke, Peter (Hrsg.): Kommentar zum Netzausbau. NABEG/EnLAG/EnWG/BBPlG/PlfZV, 2. Auflage, Berlin/Boston 2017.

Steinberg, Rudolf: Verfassungsrechtlicher Umweltschutz durch Grundrechte und Staatszielbestimmung, NJW 1996, S. 1985–1994.

– Der ökologische Verfassungsstaat, Frankfurt a.M. 1998.

Steinberg, Rudolf/Wickel, Martin/Müller, Henrik: Fachplanung, 4. Auflage, Baden-Baden 2012.

Stelkens, Paul/Bonk, Heinz Joachim/Sachs, Michael: Verwaltungsverfahrensgesetz. Kommentar, 9. Auflage, München 2018.

Stern, Klaus: Das Staatsrecht der Bundesrepublik Deutschland, Band I. Grundbegriffe und Grundlagen des Staatsrechts, Strukturprinzipien der Verfassung, 2. Auflage, München 1984, Band IV/1. Die einzelnen Grundrechte. Der Schutz und die freiheitliche Entfaltung des Individuums, München 2006.

Stevens, Berthold: Bergrechtliche und umweltrechtliche Genehmigungen für Tagebaue, ZUR 2012, S. 338–348.

– Klagen gegen Braunkohlenpläne, DVBl 2014, S. 349–356.

Stiens, Christoph: Der bergrechtliche Betriebsplan. Entstehung, Entwicklung und rechtliche Neubestimmung, Münster 1995.

Stober, Ingrid/Bucher, Kurt: Geothermie, 3. Auflage, Berlin, Heidelberg 2020.

Stoll, Peter-Tobias/Lehmann, Friederike: Die Speicherung von CO2 im Meeresuntergrund – die völkerrechtliche Sicht, ZUR 2008, S. 281–286.

Stüer, Bernhard: Bergbau und Grundeigentum im Widerstreit. Vertikaler Nachbarschutz des Bergbaugeschädigten oder „dulde und liquidiere"?, NuR 1985, S. 263–269.

– Handbuch des Bau- und Fachplanungsrechts. Planung – Genehmigung – Rechtsschutz, 5. Auflage, München 2015.

Stüer, Bernhard/Wolff, Katharina: Flutung der Tagebaurestlöcher Ost. Wasserrechtliche Nachsorgepflichten, LKV 2003, S. 1–7.

Szczekalla, Peter: Die sogenannten grundrechtlichen Schutzpflichten im deutschen und europäischen Recht. Inhalt und Reichweite einer „gemeineuropäischen Grundrechtsfunktion", Berlin 2002.

Teßmer, Dirk: Rechtsgutachten: Vorschläge zur Novellierung des deutschen Bergrechts im Auftrag der Bundestagsfraktion von Bündnis 90/Die Grünen, 5. Juni 2009.

– Vorschläge zur Novellierung des deutschen Bergrechts, in: Frenz, Walter (wissenschaftliche Leitung), Bergrechtsreform und Fracking, Heft 131 der Schriftenreihe der GDMB Gesellschaft für Bergbau, Metallurgie, Rohstoff- und Umwelttechnik, Clausthal-Zellerfeld 2013, S. 25–46.

– Zum Schutz potentieller FFH-Gebiete und rechtlichen Implikationen geänderter Rahmenbedingungen aus Sicht des Klimaschutzes in Bezug auf den Tagebau Hambach, NuR 2019, S. 82–91.

Thieme, Hans: Die Funktion der Regalien im Mittelalter, ZRG GA 62 (1942), S. 57–88.

Thomas, Stefan: Die Bindungswirkung von Mitteilungen, Bekanntmachungen und Leitlinien der EG-Kommission, EuR 2009, S. 423–443.

Thomasius, Harald/Bendix, Bernd: Sylvicultura oeconomica. Transkription in das Deutsch der Gegenwart, Remagen-Oberwinter 2013.

Trute, Hans-Heinrich: Die demokratische Legitimation der Verwaltung, in: Hoffmann-Riem, Wolfgang/Schmidt-Aßmann, Eberhard/Voßkuhle, Andreas (Hrsg.): Grundlagen des Verwaltungsrechts, Band I. Methoden. Maßstäbe. Aufgaben. Organisation, 2. Auflage, München 2012, § 6.

Turner, George: Das bergbauliche Berechtsamswesen. Ein Beitrag zur Lösung des Widerstreits der am Bergbau Interessierten, Essen 1966.

Uechtritz, Michael: Phasenspezifischer oder konzentrierter Rechtsschutz: Das Beispiel Raumordnungs- und Baurecht, ZUR 2017, S. 479–487.

Uekötter, Frank: Bergbau und Umwelt im 19. und 20. Jahrhundert, in: Tenfelde, Klaus/Berger, Stefan/Seidel, Hans-Christoph (Hrsg.): Geschichte des deutschen Bergbaus, Band 4: Rohstoffgewinnung im Strukturwandel. Der deutsche Bergbau im 20. Jahrhundert, hrsg. von Dieter Ziegler, Münster 2013, S. 539–570.

Uerpmann, Robert: Das öffentliche Interesse. Seine Bedeutung als Tatbestandsmerkmal und als dogmatischer Begriff, Tübingen 1999.

Vidal, Olivier/Herrington, Richard/Arndt, Nicholas: Metalle für Europas Industrie – ob die Öffentlichkeit sie will oder nicht?, in: Kausch, Peter/Matschullat, Jörg/Bertau, Martin/Mischo, Helmut (Hrsg.): Rohstoffwirtschaft und gesellschaftliche Entwicklung. Die nächsten 50 Jahre, Berlin/Heidelberg, 2016, S. 3–18.

Viertel, Berthold: Wasserrechtliche Herausforderungen bei der Einstellung der Braunkohlengewinnung im Rheinischen Revier, in: von Weschpfennig, Armin (Hrsg.): Bergbau und Wasserrecht – Industrielle Revolution, Gegenwart und Zukunftsfragen, Köln 2022 (i.E.).

Voelkel, Carl: Grundzüge des Bergrechts unter besonderer Berücksichtigung des Bergrechts Preußens, 2. Auflage, Berlin und Leipzig 1924.

Vogel, Jakob: Reform unter staatlicher Aufsicht. Wirtschafts- und Sozialgeschichte des deutschen Bergbaus und des Salzwesens in der frühen Industrialisierung, in: Tenfelde, Klaus/Berger, Stefan/Seidel, Hans-Christoph (Hrsg.): Geschichte des deutschen Bergbaus, Band 2: Salze, Erze und Kohlen. Der Aufbruch in die Moderne im 18. und frühen 19. Jahrhundert, hrsg. von Wolfhard Weber, Münster 2015, S. 11–110.

Voßkuhle, Andreas: Theorie und Praxis der verfassungskonformen Auslegung von Gesetzen durch Fachgerichte – Kritische Bestandsaufnahme und Versuch einer Neubestimmung –, AöR 125 (2000), S. 177–201.

– Beteiligung Privater an der Wahrnehmung öffentlicher Aufgaben und staatliche Verantwortung, VVDStRL 62 (2003), S. 266–335.

– Umweltschutz und Grundgesetz, NVwZ 2013, S. 1–8.

Wagner, Adolph: Allgemeine oder theoretische Volkswirthschaftslehre, Erster Theil. Grundlegung. Grundlagen der Volkswirthschaft. Volkswirthschaft und Recht, besonders Vermögensrecht, 2. Ausgabe, Leipzig und Heidelberg 1879.

Wagner, Friedrich Wilhelm: Rohstoffe in NRW – Der Weg der Bergbehörde zur modernen Rohstoff- und Energiewirtschaftsbehörde, ZfB 160 (2019), S. 81–87.

Wahl, Rainer: Entwicklung des Fachplanungsrechts, NVwZ 1990, S. 426–441.

– Die doppelte Abhängigkeit des subjektiven öffentlichen Rechts, DVBl 1996, S. 641–651.

Wahl, Rainer/Dreier, Johannes: Entwicklung des Fachplanungsrechts, NVwZ 1999, S. 606–620.

Wahl, Rainer/Masing, Johannes: Schutz durch Eingriff, JZ 1990, S. 553–563.

Waldhoff, Christian: Anmerkung zu BVerfG, Urteil vom 28. Januar 2014 – 2 BvR 1561/12 u.a., BVerfGE 135, 155, JZ 2014, S. 407–411.

Waldhoff, Christian/von Aswege, Hanka: Kernenergie als „goldene Brücke"? Verfassungsrechtliche Probleme der Aushandlung von Laufzeitverlängerungen gegen Gewinnabschöpfungen, Baden-Baden 2010.

Wallrabenstein, Astrid: Sozialstaat, in: Herdegen, Matthias/Masing, Johannes/Poscher, Ralf/Gärditz, Klaus Ferdinand (Hrsg.): Handbuch des Verfassungsrechts. Darstellung in transnationaler Perspektive, München 2021, § 7.

Wasielewski, Andreas: Das Bundesberggesetz – ein Fels in der Brandung, ZUR 2014, S. 385–386.

Weitnauer, Hermann: Bergbau und Öffentliche Verkehrsanstalten. Ihr Verhältnis zueinander nach dem ABG und de lege ferenda. Rechtsgutachten, Verkehrswissenschaftliche Lehrmittelgesellschaft mbH, Frankfurt a.M. 1971.

– Grundeigentum und Bergbau, JZ 1973, S. 73–82.

Weller, Herbert: Das Bundesberggesetz in der Bewährung – Zwei Jahre BBergG, ZfB 125 (1984), S. 161–174.

– Kollision mehrerer Bergbauberechtigungen in einem Feld, ZfB 131 (1990), S. 111–134.

Wendt, Rudolf: Eigentum und Gesetzgebung, Hamburg 1985.

von Weschpfennig, Armin: Die Fracking-Novelle – ein vorläufiger Schlusspunkt. Teil 2: Anforderungen an die wasserrechtliche Erlaubnis, Föderalismus und Auswirkungen auf das Bergrecht, ZfB 157 (2016), S. 255–269.

– Die Systematik der UVP-Pflicht im Bergrecht, EurUP 2016, S. 182–198.

– Pfadabhängigkeiten im Bergrecht und nachhaltige Ressourcenbewirtschaftung, in: Wagner, Eva Ellen et al. (Hrsg.): Pfadabhängigkeit hoheitlicher Ordnungsmodelle, 56. Assistententagung Öffentliches Recht, Baden-Baden 2016, S. 175–194.

– Die Kopplung von Berg- und Wasserrecht in der Fracking-Gesetzgebung, W+B 2017, S. 56–70.

– Maria Zaykova: Der rechtliche Rahmen für den bergbaulichen Zugang zu den Erdöl- und Erdgaslagerstätten in der Russischen Föderation im Vergleich zum deutschen Bergrecht. Veröffentlichungen des Instituts für Energie- und Regulierungsrecht Berlin, Band 57, Frankfurt am Main u.a., 2017, ZfB 158 (2017), S. 332–333.

– Pfadabhängigkeiten im Bergrecht und nachhaltige Ressourcenbewirtschaftung, DÖV 2017, S. 23–32.

– Merlin Schulz: Rechtliche Anforderungen an die Zulassung stofflicher Speicher in Salzkavernen. 2016, DVBl 2018, S. 502–503.

– Der Parlamentsvorbehalt in der Corona-Krise. Exekutive Eingriffsbefugnisse und Staatshaftung, Verw 53 (2020), S. 469–500.

– Renaissance der Legalplanung? Verfassungs- und europarechtliche Fragen anlässlich des Maßnahmengesetzvorbereitungsgesetzes vom 22. März 2020, AöR 145 (2020), S. 438–478.

– Offene Fragen der Schnittstellensystematik zwischen Berg- und Wasserrecht am Beispiel der Einstellung des Steinkohlenbergbaus, in: ders. (Hrsg.): Bergbau und Wasserrecht – Industrielle Revolution, Gegenwart und Zukunftsfragen, Köln 2022 (i.E.).

Westermann, Harry: Das Verhältnis zwischen Bergbau und öffentlichen Verkehrsanstalten als Gegenstand richterlicher und gesetzgeberischer Bewertung, Köln und Opladen 1966.

– Freiheit des Unternehmers und des Grundeigentümers und ihre Pflichtenbindungen im öffentlichen Interesse nach dem Referentenentwurf eines Bundesberggesetzes, Opladen 1973.

– Rechtsprinzipien des Preußischen Allgemeinen Berggesetzes, ZfB 106 (1975), S. 122–133.

Westhoff, Wilhelm: Bergbau und Grundbesitz nach preußischem Recht unter Berücksichtigung der übrigen deutschen Berggesetze, Band I. Der Bergschaden, Berlin 1904.

Weyreuther, Felix: Das bebauungsrechtliche Gebot der Rücksichtnahme und seine Bedeutung für den Nachbarschutz, BauR 1975, S. 1–11.

Wieland, Joachim: Verfassungsrang für Nachhaltigkeit, ZUR 2016, S. 473–483.

Wilde, Marion: Verhältnis zwischen Bergrecht und Naturschutzrecht, DVBl 1998, S. 1321–1329.

Will, Katharina: Weltraumbergbau – Aufbruch zu den Sternen, ZfB 160 (2019), S. 88–91.

Willecke, Raimund: Behördliche Zuständigkeit zur Aufsicht über die Anlage und den Betrieb von Untergrundspeichern, DVBl 1970, S. 373–379.

– Die deutsche Berggesetzgebung von den Anfängen bis zur Gegenwart, Essen 1977.

Willecke, Raimund/Turner, George: Grundriß des Bergrechts, 2. Auflage, Berlin u.a. 1970.

Wißmann, Hinnerk: Grundrechte in der Wirtschafts- und Arbeitsordnung, in: Herdegen, Matthias/Masing, Johannes/Poscher, Ralf/Gärditz, Klaus Ferdinand (Hrsg.): Handbuch des Verfassungsrechts. Darstellung in transnationaler Perspektive, München 2021, § 23.

Wolf, Matthias: Der Bergbau und die naturschutzrechtliche Kompensationspflicht, ZUR 524–531.

Wolfers, Benedikt/Ademmer, Christian: Grenzen der bergrechtlichen Nachsorgehaftung – Verhältnismäßigkeitsprüfung im Bergrecht nach dem Rammelsberg-Urteil –, DVBl 2010, S. 22–27.

Wolff, Heinrich Amadeus: Die behördliche Auswahl zwischen mehreren Bewerbern um eine bergrechtliche Berechtigung, UPR 2005, S. 409–414.

– Das Kohlendioxid-Speicherungsgesetz: Eine erste Bewertung, UPR 2013, S. 298–304.

Wolkewitz, Mathias: Nationalisierungstendenzen bei Erdöl und Erdgas?, in: Baur, Jürgen F./Sandrock, Otto/Scholtka, Boris/Shapira, Amos (Hrsg.): Festschrift für Gunther Kühne zum 70. Geburtstag, Frankfurt a.M. 2009, S. 649–666.

Wollenschläger, Ferdinand: Die Verbraucherinformation vor dem BVerfG. Zu BVerfG, Beschluss v. 21.3.2018 – 1 BvF 1/13: Bestätigung der Verfassungskonformität des § 40 Abs. 1a LFGB, Aufgabe der Glykol-Rechtsprechung und Beanspruchung des ersten Wortes gegenüber dem EuGH, JZ 2018, S. 980–987.

Wörheide, Daniel: Die Bergbauberechtigungen nach dem Bundesberggesetz, Baden-Baden 2014.

– Rechtsschutzmöglichkeiten von Grundeigentümern und Umweltverbänden im Zusammenhang mit der Gewährung von Bergbauberechtigungen, ZfB 156 (2015), S. 73–84.

Zaykova, Maria: Der rechtliche Rahmen für den bergbaulichen Zugang zu den Erdöl- und Erdgaslagerstätten in der Russischen Föderation im Vergleich zum deutschen Bergrecht, Frankfurt a.M. 2017.

Ziehm, Cornelia: Neue Braunkohlentagebaue und Verfassungsrecht – Konsequenzen aus dem Garzweiler-Urteil des BVerfG vom 17.12.2013, ZUR 2014, S. 458–462.

Ziekow, Jan: Abwägung, in: ders. (Hrsg.): Handbuch des Fachplanungsrechts. Grundlagen – Praxis – Rechtsschutz, 2. Auflage, München 2014, § 6.

– Planrechtfertigung, in: ders. (Hrsg.): Handbuch des Fachplanungsrechts. Grundlagen – Praxis – Rechtsschutz, 2. Auflage, München 2014, § 5.

Zycha, *Adolf:* Das böhmische Bergrecht des Mittelalters auf der Grundlage des Bergrechts von Iglau, Erster Band: Die Geschichte des Iglauer Bergrechts und die böhmische Bergwerksverfassung, Berlin 1900.

Stichwortregister

Jus Publicum

Beiträge zum Öffentlichen Recht

Die Schriftenreihe *Jus Publicum. Beiträge zum öffentlichen Recht* (JusPubl) soll den öffentlichrechtlichen Habilitationsschriften, aber auch Monographien der Ordinarien, eine ansprechende Heimstatt geben. Die Reihe deckt die „klassischen" Felder des öffentlichen Rechts ab, insbesondere also das Verfassungsrecht (einschließlich Grundrechtstheorie, Methodenlehre und Allgemeiner Staatslehre) und das Verwaltungsrecht. Das schließt fächerübergreifende, aber auch fachgebietsübergreifende Themenstellungen nicht aus, solange der Schwerpunkt der Arbeit im Öffentlichen Recht zu finden ist. Kaum eine Arbeit beschränkt sich auf das deutsche Recht, denn die Fragestellungen sind oft vom Europarecht beeinflusst und auch der rechtsvergleichende Blick in fremde Rechtsordnungen gewinnt zunehmend an Bedeutung; dies gilt auch für das Völkerrecht. Die anspruchsvolle und auch äußerlich ansprechende Reihe bietet mehr als nur einen zufälligen Ausschnitt gegenwärtiger Forschung im öffentlichen Recht: Sie spiegelt auch den Standard dessen wider, was (öffentlichrechtliche) Rechtswissenschaft gegenwärtig in Deutschland bedeutet und ist deshalb schon in kurzer Zeit im In- und Ausland zu einem Begriff geworden.

ISSN: 0941-0503
Zitiervorschlag: JusPubl

Alle lieferbaren Bände finden Sie unter *www.mohrsiebeck.com/juspubl*

Mohr Siebeck
www.mohrsiebeck.com